Dynamischer Immobilismus

Stephan Lessenich ist Privatdozent an der Universität Göttingen. Er habilitierte sich mit dieser Arbeit im Fach Soziologie.

Stephan Lessenich

Dynamischer Immobilismus

Kontinuität und Wandel
im deutschen Sozialmodell

Campus Verlag
Frankfurt/New York

Bibliografische Information der Deutschen Bibliothek
Die Deutsche Bibliothek verzeichnet diese Publikation in der Deutschen Nationalbibliografie.
Detaillierte bibliografische Daten sind im Internet über http://dnb.ddb.de abrufbar.
ISBN 3-593-37376-9

Das Werk einschließlich aller seiner Teile ist urheberrechtlich geschützt.
Jede Verwertung ist ohne Zustimmung des Verlags unzulässig. Das gilt insbesondere
für Vervielfältigungen, Übersetzungen, Mikroverfilmungen und die Einspeicherung
und Verarbeitung in elektronischen Systemen.
Copyright © 2003 Campus Verlag GmbH, Frankfurt/Main
Druck und Bindung: KM-Druck, Groß-Umstadt
Gedruckt auf säurefreiem und chlorfrei gebleichtem Papier.
Printed in Germany

Besuchen Sie uns im Internet: www.campus.de

Inhalt

Vorwort 9

1. Gesellschaft im Übergang:
   Kontinuität und Wandel im deutschen Sozialmodell 13

2. Die politische Regulierung sozialer Beziehungen:
   Ein Begriffsraster zur Analyse institutioneller
   Ordnungen und ihres Wandels 29

   2.1. Gesellschaft – Regime – Sozialmodell:
        Die politische Regulierung sozialer Beziehungen 30

   2.2. Interessen – Ideen – Institutionen:
        Die institutionalistische Perspektive auf Politik und Gesellschaft 33

   2.3. Orientierung – Regulierung – Institutionalisierung:
        Institutionen als Produkt und Prozess 38
        2.3.1. Was sind Institutionen? 38
        2.3.2. Leitbilder 43
        2.3.3. Relationen 48
        2.3.4. Dynamik 52

   2.4. Kontingenz – Evolution – Intentionalität:
        Institutionen als Projekt und Prozess 54

   2.5. Statik – Dynamik – Dialektik:
        Dimensionen und Paradoxien institutionellen Wandels 58

3. Varieties of capitalism – worlds of welfare – types of democracy: Das deutsche Modell im Spiegel der international vergleichenden Literatur 63

3.1. Gesellschaftsvergleich als vergleichende Institutionenanalyse 64

    3.1.1. Einheit in der Vielfalt: „Europäischer Gesellschaftsvergleich" 64

    3.1.2. Vielfalt in der Einheit: „Comparative Political Economy" 67

    3.1.3. Die Spezifizierung der Vielfalt: „Institutionelle Regime" 71

3.2. „Varieties of capitalism":
Ökonomische Institutionenordnungen im Vergleich 73

3.3. „Worlds of welfare":
Wohlfahrtsstaatliche Institutionenordnungen im Vergleich 81

3.4. „Types of democracy":
Politische Institutionenordnungen im Vergleich 91

3.5. Koordiniert, konservativ, konsensual?
Das deutsche Sozialmodell und seine Basisinstitutionen 97

4. Die Konfiguration des deutschen Sozialmodells:
Historisch-soziologische Skizzen 103

4.1. Das deutsche Sozialmodell als institutionelle Konstellation:
Eine analytische Rekonstruktion 106

4.2. Soziale Marktwirtschaft 117

4.3. Sozialpartnerschaft 131

4.4. Sozialversicherung 143

4.5. Familialismus 158

4.6. Verbundföderalismus 172

4.7. Verhandlungsdemokratie 183

4.8. Das deutsche Sozialmodell als legitime Ordnung:
Gesellschaftliche Faktoren stabilen Institutionenwandels 199

5. Die Rekonfiguration des deutschen Sozialmodells: Politisch-soziologische Fallstudien 205

5.1. „Reformstau" revisited:
Das deutsche Sozialmodell in den 1990er Jahren 207

5.2. Rekonfigurationen im deutschen Sozialmodell (1):
Die Expansion des Sozialversicherungssystems 211

    5.2.1. Das Mehrsäulensystem sozialpolitischen Bedarfsausgleichs 211

    5.2.2. Das Sozialversicherungssystem im Wandel 218

    5.2.3. „Sozialversicherung" als Legitimationsressource 233

    5.2.4. Die Kontraktion sozialversicherungsförmiger Unterstützungsbeziehungen 239

5.3. Rekonfigurationen im deutschen Sozialmodell (2):
Die Dezentralisierung des Tarifvertragssystems 248

    5.3.1. Das Mehrebenensystem arbeitspolitischer Konfliktpartnerschaft 248

    5.3.2. Das Tarifvertragssystem im Wandel 256

    5.3.3. „Sozialpartnerschaft" als Legitimationsressource 272

    5.3.4. Die Dezentrierung des sozialpartnerschaftlichen Beziehungsgefüges 279

6. Dynamischer Immobilismus: Die Dialektik von Kontinuität und Wandel im deutschen Sozialmodell 291

6.1. Rekonfigurationen im deutschen Sozialmodell: Eine Zusammenschau ... 294

6.2. Schleichwege aus der Pfadabhängigkeit: Ein Interpretationsangebot 299

6.3. Soziologie und Politik: Eine Grenzüberschreitung 308

Literatur 313

Vorwort

> Das akademische Leben ist also ein wilder Hasard. Wenn junge Gelehrte um Rat fragen kommen wegen Habilitation, so ist die Verantwortung des Zuredens fast nicht zu tragen.
>
> Max Weber, Wissenschaft als Beruf (1919)

Das vorliegende Buch stellt die überarbeitete Fassung meiner im Oktober 2001 der Sozialwissenschaftlichen Fakultät der Georg-August-Universität Göttingen vorgelegten Habilitationsschrift dar. „So eine Arbeit", wusste schon Goethe, „wird niemals ganz fertig" – und wenn man sie dann irgendwann endlich erfolgreich abgebrochen hat, mag man Gott und der Welt danken dafür. Da Gott allerdings als Danksagungsadresse in der säkularisierten Gesellschaft an Attraktivität verloren und der größte Teil der Welt nun wirklich in keiner erkennbaren Verbindung mit dem Fortgang dieses Projektes, seinen Fortschritten und Rückschlägen, gestanden hat, führt kein Weg daran vorbei, an dieser Stelle persönlich zu werden und die Verantwortlichen beim Namen zu nennen – in dem Bewusstsein, dass Danksagungen auch kompromittieren können. Wie auch immer: Auf unterschiedlichste Weise, jede auf ihre und jeder auf seine Art, haben zum Gelingen und – im Sinne Goethes – vorläufigen Abschluss dieses Unternehmens die im Folgenden genannten Personen und Institutionen beigetragen.

Unter den Institutionen sind zu nennen die Universität Göttingen, die mir im Laufe der Jahre dann doch irgendwie ans Herz gewachsen ist. Sodann die Deutsche Forschungsgemeinschaft, die durch Gewährung eines Habilitationsstipendiums das Verfassen dieses Buches ermöglicht hat, und das Europäische Zentrum für Wohlfahrtspolitik und Sozialforschung in Wien, wo ich die produktivste und zugleich erholsamste Schaffensphase verbringen durfte. Mein Dank gilt weiterhin dem Institut für Sozialpolitik sowie dem Zentrum für Europa- und

Nordamerika-Studien in Göttingen, insbesondere den Kolleginnen und Kollegen in der Humboldtallee 3, vom Keller bis zum Dachgeschoss (es gibt ihn wirklich, den vorwörtlichen *ZENS spirit*).

Persönlich danken möchte ich zunächst der Gutachterin und den Gutachtern der Habilitationsschrift, die – weit über diese Funktion hinaus – für mich über viele Jahre hinweg persönlich und/oder intellektuell prägend gewesen sind: Ilona Ostner, Franz-Xaver Kaufmann, Horst Kern und Claus Offe. Insbesondere Herrn Kaufmann verdanke ich wichtige Hinweise auf argumentative Ungereimtheiten der ursprünglichen Fassung der Arbeit, die ich mit der vorliegenden Überarbeitung weitgehend behoben zu haben hoffe. Ferner geht ein Dankeschön an all jene, die mich vor allem in der Anfangsphase mit ihren Stellungnahmen unterstützt oder gerade auch durch ihre Skepsis in meinem Vorhaben bestärkt haben: Mathias Bös, André Kaiser, Peter Lösche, Philip Manow und insbesondere Georg Vobruba sowie die anonymen Gutachter(innen) der DFG. Jens Borchert, Horst Kern, Sigrid Leitner, Bernd Marin, Ilona Ostner, der *drink tank* vom ZENS und natürlich, allen voran, Stefan Huf haben mir mit hilfreich kritischem Rat zur Seite gestanden; letzte Hinweise für die Überarbeitung verdanke ich außerdem Jens Beckert und Britta Rehder. Die Wiener Kolleginnen und Kollegen in ihrer offenen und warmherzigen Art habe ich meinerseits ins Herz geschlossen; oft und gerne denke ich an die Zeit am EZ zurück. Holger und Nicola haben es mir ermöglicht, in der Abgeschiedenheit der Metropole die ersten und letzten Gedanken in dieser Sache zu fassen – *ez dira betiko garai onenak* –, und den letzten Schliff durfte ich dem Ganzen an der überraschend sonnigen Küste von Bjerre Herred geben (Dank also wenigstens an den Wettergott). Mein ganz persönlicher Dank schließlich gilt all jenen, von denen ich nicht sehen konnte, dass sie längst neben mir saßen....

Und um nun aber auch wirklich nichts auszulassen: die Widmung. Ulrich Beck hatte dereinst den glitzernden Starnberger See vor Augen – ich hatte bloß „Baba's [lang lebe der Genitiv-Apostroph] Lädchen" im Blick. Ich widme diese Arbeit denen, die sich all die Zeit über, im Sommer wie im Winter, manchmal Tag und Nacht, davor aufgehalten haben – und deren (würde man sie danach fragen) ganz andere Perspektive auf das deutsche Sozialmodell, auf die soziale Wirklichkeit der bundesdeutschen Gesellschaft, nicht deswegen weniger berechtigt, richtig und „wahr" ist, weil sie nicht zwischen Buchdeckeln, sondern zwischen Bierdosen geäußert wird.

Göttingen, im März 2003

Nullumst iam dictum quod non sit dictum prius.

Terentius (161 v. Chr.)

Und doch sollte man, wenn es eine Wissenschaft von der Gesellschaft gibt, füglich von ihr erwarten, dass sie nicht in einer simpeln Paraphrase überlieferter Vorurteile aufgeht, sondern uns die Dinge anders betrachten lehrt, als sie gemeinhin erscheinen.

Emile Durkheim (1895)

Kapitel 1
Gesellschaft im Übergang: Kontinuität und Wandel im deutschen Sozialmodell

> „Der Anspruch des wissenschaftlichen Denkens, dem 'gesunden Menschenverstand' an Einsicht etwas wesentliches voraus zu haben, beruht einzig auf der Fähigkeit der menschlichen Vernunft, die Oberfläche der Realität von deren innerer Struktur kritisch unterscheiden zu können."
>
> Lenk 1986: 164

„Supermodels beware: a serial killer is on the loose. In recent years, once popular models from places as far apart as Sweden, Germany, Japan and East Asia have all, in turn, been pronounced dead." Das Massensterben sozioökonomischer Vorzeige-Modelle, das die britische Zeitschrift „The Economist" Ende der 1990er Jahre aufs Korn nahm[1], hat mit dem jähen Zusammenbruch der DDR und deren Rücküberführung in die Gesellschaftsordnung des deutschen Westens auch das einstmals stilbildende „Modell Deutschland" erfasst: „Economic models can be victims of fashion just as much as the long-legged sort".[2] Bis in die 1980er Jahre hinein eine Chiffre für ökonomische Prosperität, politische Stabilität und sozialen Ausgleich, sorgten die Realitäten des Vereinigungsalltags, die „Gründerkrise" der Jahre 1993/94 und die Diskussionen über die internationale Wettbewerbsfähigkeit des „Standorts Deutschland" für eine schwere Erschütterung des über Jahrzehnte gewachsenen Erfolgsnimbus der „alten" Bundesrepublik. Ein gesellschaftspolitischer Krisendiskurs, der an Intensität und Dauerhaftigkeit in Europa seinesgleichen suchte, bestimmte das politische Klima der jungen „Berliner Republik". Aus dem Musterland des Wirtschaftswunders, des politi-

---

1 „Desperately seeking a perfect model", The Economist vom 10.4.1999: 67-69 (hier: 67).
2 „Glittering economic prizes", ebda.: 17f. (hier: 17).

schen Konsensstrebens und des sozialen Friedens wurde in der öffentlichen Fremd- und Selbstwahrnehmung – gleichsam über Nacht – der Inbegriff wirtschaftlicher Verkrustungen, politischer Blockaden und gesellschaftlichen Stillstands. Nicht nur im Ausland, sondern vor allen Dingen auch im Lande selbst verlor das deutsche Modell zusehends an Kredit. 1997, im verflixten siebten Jahr der deutschen Einheit, avancierte der vielbeschworene und -beklagte „Reformstau" verdientermaßen zum deutschen „Wort des Jahres".[3]

Kaum weniger als die politische Öffentlichkeit waren auch die wissenschaftlichen Beobachter des Vereinigungsgeschehens beinahe einhellig der Meinung, dass die Bundesrepublik der 1990er Jahre eine „blockierte Gesellschaft" (Heinze 1998) geworden sei. Die lange Zeit bewährten wirtschafts- und sozialpolitischen Koordinationsmechanismen des deutschen Modells hätten „ihre Problemlösungsfähigkeit erschöpft" (Kaase und Schmid 1999: 13), die „Grenzen kollektivreflexiven, strategischen Lernens der zentralen Akteurssysteme in Deutschland" (Jürgens und Naschold 1994: 267) seien erreicht. In seltener, transdisziplinärer Eintracht wurde die Diagnose einer fortgeschrittenen Sklerotisierung der deutschen Gesellschaft gestellt: Der Politikwissenschaftler Fritz W. Scharpf (1997) beklagte die „Malaise der deutschen Politik", der Soziologe Ralf Dahrendorf (1997) stellte „englisches Tempo" „deutsche[r] Behäbigkeit" gegenüber. Den Althistoriker Christian Meier (1997) veranlasste die Untergangsstimmung des Jahres 1997 zu einer Abhandlung unter dem Titel „Zustände wie im alten Rom?", den Politologen Wilhelm Hennis (1997b) zu einer modernen Adaptation der antiken „Totenrede des Perikles auf ein blühendes Land". Das allgemein geteilte Bild vom deutschen Immobilismus war es, das es dem damaligen Bundespräsidenten Herzog geboten erscheinen ließ, an historischem Orte nationale Erweckungspredigten zu halten – gegen den „Verlust wirtschaftlicher Dynamik, die Erstarrung der Gesellschaft, eine unglaubliche mentale Depression" (Herzog 1997: 14).

Es ist diese Diagnose einer politisch stillgestellten ökonomischen und gesellschaftlichen Dynamik, die – gerade in und ob ihrer Popularität und Vielstimmigkeit – zum Widerspruch herausfordert. Die Gleichzeitigkeit eines epochalen gesellschaftlichen Umbruchs nach Art der Wiedervereinigung einerseits, der hegemonialen wissenschaftlich-politischen Stillstandsrhetorik andererseits mutet rätselhaft an – und weckt das soziologische Interesse. Wie passt beides zusammen: Umbruchsereignis und Stillstandserfahrung, Transformationsrealität und Stabilitätsdiagnostik? Sind Politik, Ökonomie und Gesellschaft der Bundesrepu-

---

3   Vgl. Frankfurter Allgemeine Zeitung vom 19.12.1997: 1.

blik tatsächlich blockiert, verknöchert und unbeweglich? Sind die behaupteten Symptome der „deutschen Krankheit" – fehlende Anpassungsbereitschaft, partikularistische Besitzstandswahrung, chronische status-quo-Orientierung – real oder bloß eingebildet? Der vielzitierte „Reformstau" – ein politisch produzierter und wissenschaftlich reproduzierter Mythos? Die Ahnung, dass dem so sein könnte, regt zur wissenschaftlich-politischen Mythenjagd an.[4]

Der behaupteten Reformunfähigkeit des deutschen Gesellschaftsmodells wird hier die These vom *dynamischen Immobilismus* desselben entgegengesetzt: die Behauptung, dass die Rede von der gesellschaftlichen Unbeweglichkeit einen breit angelegten Prozess schleichenden sozialen Wandels ignoriert, der auf die inhärente – in gewisser Hinsicht „konservative" – Dynamik des deutschen Sozialmodells verweist. Der Grundgedanke, auf dem diese Reinterpretation der gesellschaftlichen Entwicklung im Deutschland der 1990er Jahre aufbaut, ist einfach: Es ist die Einsicht in die Qualität und Funktionalität von Institutionen als gesellschaftliche Flexibilitätsreserven. Institutionelle Stabilität, so lautet die hier zu entwickelnde und zu illustrierende Überlegung, ist eine ebenso wertvolle wie unterschätzte Ressource gesellschaftlichen Wandels. Die zentralen Institutionen des „deutschen Modells" lassen sich als inhaltlich unterbestimmte, integrative Kompromissformeln deuten, deren ambivalente Konstruktionslogik prinzipiell eine flexible, stabilen Wandel gewährleistende Institutionenpolitik zulässt. In ihrer konstitutiven Doppeldeutigkeit ermöglichen sie es „unternehmerisch" disponierten Akteuren, ihre Machtressourcen zum Zwecke der Rekonfiguration ihrer institutionellen Umwelt einzusetzen, ohne einen offensichtlichen Bruch mit den Sinnkonstruktionen und symbolischen Repräsentationen der geltenden Institutionenordnung herbeiführen zu müssen.

Die vorliegende Untersuchung beschreibt die strukturellen Grundlagen und – anhand zweier Fallbeispiele – die konkreten Formen dieses spezifischen Musters institutionellen „Flexibilitätsmanagements" (vgl. Nedelmann 1995), das – so die Unterstellung – jedenfalls bislang die Entwicklungsdynamik des „deutschen Modells" in maßgeblicher Weise geprägt hat. Ob sich dieser Modus konservativ-innovativer Reproduktion des deutschen Sozialmodells am Ende des Vereinigungsjahrzehnts erschöpft hat, die Politik flexibler Ausgestaltung stabiler institutioneller Formen gewissermaßen ausgereizt ist, muss dabei einstweilen offen bleiben.[5] Einiges mag durchaus auf das Ende des „dynamischen Immobilismus"

---

4 Denn „[i]n der säkularisierten Gesellschaft tritt der Mythos mit wissenschaftlichem Anspruch auf" (Zinn 1998: 187). Zum „Soziologen als Mythenjäger" vgl. Elias 1970: 51-74.
5 Auf diese Frage wird am Ende der Untersuchung (vgl. Kapitel 6.3.) zurückzukommen sein.

hindeuten – anderes wiederum spricht für die Kontinuität dieses Entwicklungsmusters. So oder so aber erscheint Deutschland an der Wende des 20. zum 21. Jahrhundert, jenseits politischer Rhetorik und im Lichte soziologischer Analyse besehen, nicht als eine Gesellschaft im „Reformstau", sondern vielmehr als eine *Gesellschaft im Übergang*: als eine institutionelle Ordnung, die Kontinuität suggeriert, doch den Wandel praktiziert.

Die Phänomenologie einer Gesellschaft im Übergang und des Wandels in der Kontinuität verweist zurück auf das Grundanliegen und eine der Ursprungsfragen der Soziologie als wissenschaftliche Disziplin. Die Soziologie konstituierte sich an der Schwelle zum 20. Jahrhundert, in den wegweisenden Schriften ihrer (aus heutiger Sicht) Gründerväter und Klassiker, als jene Wissenschaft, die sich die Erforschung von Übergängen zum Gegenstand und Ziel setzte, nach „Antworten auf die 'großen' Fragen der Stabilitätsbedingungen und der Transformation von Gesellschaften" (Friedrichs et al. 1998: 15) suchte.[6] Fragen sozialer Ordnung und sozialen Fortschritts, gesellschaftlicher Strukturen und gesellschaftlicher Entwicklung – oder anders: der Statik und Dynamik von Gesellschaften und Gesellschaftssystemen –, bildeten von Anbeginn an den Problemkontext und Interpretationshorizont soziologischer Analyse.[7] In dieser Tradition sieht sich die nachfolgende Studie, für die das Spannungsverhältnis von Kontinuität und Wandel, von Stabilität und Flexibilität gesellschaftlicher Verhältnisse – von institutioneller Statik und gesellschaftlicher Dynamik – von erkenntnisleitendem Interesse ist.

In ihrem Mittelpunkt steht die Frage nach den *dynamisierenden Stabilitätsfaktoren* der deutschen Gesellschaft, nach den Formen, Mechanismen und Grenzen ihres „stabilen Wandels" (vgl. Schelsky 1949). Die Arbeit rekonstruiert zum einen die charakteristischen, historisch gewachsenen Strukturmerkmale des deutschen Gesellschaftsmodells, die institutionelle *Konfiguration* desselben, in ihrer Eigenart und ihrem „So-und-nicht-anders-Gewordensein" (Weber 1904: 171). Sie skizziert zum anderen die *Rekonfiguration* des Modells, seine (verbor-

---

6 Vgl. Stark 1994: 127. Schon die Thematisierung der gesellschaftlichen Dauerverunsicherung im Kommunistischen Manifest – der Verweis auf „die ununterbrochene Erschütterung aller gesellschaftlichen Zustände, die ewige Unsicherheit und Bewegung" (Marx und Engels 1848: 465) – kündet von diesem Geist: „Man könnte fast meinen, Marx und Engels wollten das Zeitalter der Soziologie ausrufen." (Ganßmann 1998: 24)
7 Vgl. hierzu Adorno 1961, der die entsprechende Fragestellung Auguste Comtes in dessen „Cours de philosophie positive" als das „erste Programm von Soziologie als Sonderzweig, als institutionell verfestigter, ordnender, klassifizierender Wissenschaft" (ebda.: 218) einer kritischen Revision unterzieht. Vgl. auch Luhmann 1981.

gene, geheime) Dynamik: wie dessen Strukturen im Zuge der Wiedervereinigungswirren „umgearbeitet, neu interpretiert und renormalisiert" (Bude 1999: 98) worden sind. Dabei gilt es zu zeigen, dass die gängigen Charakterisierungen des „deutschen Modells" und seiner jüngeren Entwicklung unterkomplex bzw. übereindeutig sind und der qualifizierenden, kontextualisierenden Relativierung bedürfen. Kontinuität und Wandel, Statik und Dynamik gesellschaftlicher Verhältnisse sind im Zusammenhang zu sehen, oder mehr noch: in ihrer wechselseitigen Bedingtheit, ihrer konstitutiven, unhintergehbaren Dialektik in den Blick zu nehmen – denn es sind spezifische Formen der Kontinuität, die den Wandel überhaupt erst ermöglichen. Diese Grundannahme soll im Folgenden am Beispiel des deutschen Sozialmodells entwickelt, illustriert und dokumentiert werden. Indem die Analyse auf die *Stabilitätsbedingungen gesellschaftlichen Wandels* verweist, die institutionelle Ordnung der deutschen Gesellschaft auf ihren „dynamischen Stabilitätswert" (Schelsky 1949: 45) untersucht und nach den Grenzen des stabilen Wandels fragt, setzt sie einen bewussten Kontrapunkt zum bisherigen Tenor der Debatte – und lässt den behaupteten „Immobilismus" des deutschen Gesellschaftsmodells als einen bemerkenswert dynamischen erscheinen.

♦

Die Untersuchung wird in fünf Schritten vollzogen, die an dieser Stelle – in aller gebotenen Kürze – vorskizziert seien. Das zu explizierende Phänomen stabilen Wandels der deutschen Gesellschaft wird im Kontext dieser Studie als Symptom und Problem „stabilen Institutionswandels" (vgl. Schelsky 1949: 44-50) thematisiert. Es sind politische, ökonomische und soziale Institutionen, die als (potenzielle) Garanten eines stabilen Gesellschaftswandels fungieren; und es ist das komplexe, spezifische Arrangement derselben, das den Gegenstand der Analyse darstellt. Entsprechend gilt es, in einem ersten Zugang zu diesem Gegenstandsbereich das häufig vage gehaltene „catch all"-Konzept der Institution mit Inhalt zu füllen und für die Zwecke dieser Untersuchung zu operationalisieren (Kapitel 2). Institutionen werden hier verstanden als Instanzen und Instrumente der *politischen Regulierung sozialer Beziehungen*. Die Makro-Institutionen einer konkreten – etwa der deutschen – Gesellschaft weisen in diesem Sinne *je spezifische Modi* der politischen Regulierung sozialer Beziehungen auf, oder umgekehrt: Die jeweilige Gesellschaft kann in den sie konstituierenden sozialen Beziehungsstrukturen als entsprechend „eingerichtet" (vgl. Polanyi 1957a) begriffen werden. Das Gesamtarrangement einer in je spezifischer Weise institutionell „eingerichteten" Gesellschaft soll dabei als *Sozialmodell* bezeichnet werden. Ein Sozialmodell – in unserem Fall: das deutsche Sozialmodell – stellt mithin ein komplexes Ensemble politisch regulierter sozialer Beziehungen dar.

Von diesem Grundverständnis von Gesellschaft als Konglomerat institutionalisierter Sozialbeziehungen ausgehend werden Institutionen einerseits als *Stabilitätsgaranten* gesellschaftlicher Ordnung und andererseits als *Dynamisierungsfaktoren* gesellschaftlicher Verhältnisse gefasst. Was den Stabilisierungsaspekt anbelangt, dienen Institutionen der Regulierung und Orientierung sozialen Handelns, der Herstellung von gesellschaftlicher Ordnung und sozialem Ordnungssinn.[8] Hinter dem Begriff der Institution verbirgt sich damit ein doppelter Prozess der Institutionalisierung[9] – der Konstitution und permanenten Reproduktion von „Leitbildern" (ideelle Dimension) und „Relationen" (materielle Dimension). Das Konzept des Leitbildes verweist auf den *handlungsorientierenden* Charakter von Institutionen: Diese sind (zum einen) damit befasst, regulative Prinzipien und Geltungsansprüche einer gesellschaftlichen Ordnung symbolisch zum Ausdruck zu bringen und deren soziale Verhaltensrelevanz sicherzustellen. Der Begriff der Relation wiederum bezeichnet den *beziehungsregulierenden* Effekt von Institutionen: Sie sind (zum anderen) darauf ausgerichtet, die Interaktionen bzw. die diesen zugrundeliegenden Beziehungsmuster zwischen gesellschaftlichen Akteuren, deren relative Positionierung in einem sozialen Feld, zu strukturieren. Mit der Prägung und Fixierung spezifischer Handlungsorientierungen und Beziehungsstrukturen setzen Institutionen dem gesellschaftlichen Leben einen stabilisierenden Rahmen; hierin liegt ihr gesellschaftlicher Stabilitätswert begründet.

Doch Institutionen erschöpfen sich keineswegs in ihren stabilisierenden Funktionen. Die Güte eines institutionellen Arrangements – sein gesellschaftlicher Mehr-Wert gewissermaßen – bemisst sich vielmehr daran, inwieweit es eine flexible Ausdeutung und Handhabung seiner orientierenden und regulierenden Vorgaben zulässt, inwiefern es also gleichsam strukturell eine flexibilisierende „Institutionenpolitik" (vgl. Lepsius 1995) ermöglicht. Hier, in der Ver-

---

8 An dieser Stelle wird auf die Herleitung der genannten Begriffe und Konzepte ebenso wie auf Verweise zu ihrer Herkunft sowie zu den für die Begriffsprägung und -verwendung relevanten Autoren verzichtet. All dies erfolgt ausführlich und reichhaltig belegt in Kapitel 2 der Untersuchung.

9 Den Prozesscharakter von Institutionen – auch in ihrer Stabilisierungsfunktion – gilt es besonders zu betonen: „Gesellschaft" ist, in Anlehnung an Polanyi (1957a) formuliert, ein eingerichteter *Prozess*.

knüpfung institutioneller Stabilitätsgarantien und institutionenpolitischer Flexibilitätspotenziale, liegt der weitergehende, *dynamische* Stabilitätswert von Institutionen verborgen – und das Geheimnis der gesellschaftlichen Dynamik im deutschen Sozialmodell: Die Kontinuität der symbolisierten Ordnungsvorstellungen erweist sich hier als Ressource des Wandels institutionalisierter Beziehungsstrukturen; im Prinzip stabile, doch im Zweifelsfall flexible (weil interpretationsoffene) institutionelle Leitbilder gewährleisten die graduelle – und zumeist kaum sichtbare – Umgestaltung gesellschaftlicher Relationen.

Ehe dieser Zusammenhang jedoch im Verlauf der Untersuchung näher beleuchtet werden kann, muss es vorab darum gehen, auf der Grundlage der skizzierten begrifflich-konzeptionellen Konkretisierungen die Strukturmerkmale des deutschen Sozialmodells – als eines spezifischen Typs der politischen Regulierung sozialer Beziehungen – in ihrer nationalen Besonderheit und historischen Bestimmtheit zu beschreiben. Um die Eigenarten des deutschen Wirtschafts-, Wohlfahrts- und Politikmodells herauszuarbeiten, wird zunächst die neuere international vergleichende Literatur zur „Comparative Political Economy" demokratisch-kapitalistischer Wohlfahrtsstaaten einer kritischen Durchsicht unterzogen (Kapitel 3). Während der hier dominierende „labelling approach" (vgl. Crouch 2003: 89-91) – das heißt konkret: die Etikettierung der Bundesrepublik als prototypischer Exponent des „rheinischen Kapitalismus" (vgl. Albert 1992) bzw. als „koordinierte" Marktökonomie, „konservativer" Wohlfahrtsstaat und „konsensuale" Demokratie – für sich genommen nicht wirklich weiterführend erscheint, kann die Analyse des deutschen Sozialmodells gleichwohl von der *relationalen Perspektive,* die wichtigen Teilen dieser Literatur zumindest implizit zugrunde liegt, durchaus profitieren.[10] An diese Perspektive anknüpfend werden die gesellschaftlichen Makrostrukturen „Kapitalismus", „Wohlfahrtsstaat" und „Demokratie" hier nämlich als *Koordinations-, Unterstützungs- und Kooperationsregime* interpretiert, d.h. als – national nach je unterschiedlichen Logiken funktionierende – institutionelle Arrangements der Regulierung ökonomischer Austausch-, gesellschaftlicher Unterstützungs- und politischer Kooperationsbeziehungen. Diese Arrangements lassen sich weiter danach ausdifferenzieren, welche sozialen Akteure jeweils die Adressaten institutioneller Regulierungs- bzw. Relationierungspraktiken sind. Damit ist eine Systematik gewonnen,

---

10 Dies gilt insbesondere für die Arbeiten von David Soskice (zu den „varieties of capitalism") und Gøsta Esping-Andersen (über die „worlds of welfare"), weniger jedoch – um den dritten zentralen Stichwortgeber für die Ausführungen in Kapitel 3 zu nennen – für das Werk Arend Lijpharts (zu den „types of democracy").

die es erlaubt, die „Basisinstitutionen" (vgl. Zapf 1991) des deutschen Sozialmodells zu identifizieren, sie auf ein und derselben Abstraktionsebene zu verorten und nach einem einheitlichen kategorialen Raster zu analysieren. Eben diesem Zweck ist Kapitel 4 der Untersuchung gewidmet. Dem zuvor dargelegten Begriffsverständnis folgend, rekonstruiert es das deutsche Sozialmodell als ein Ensemble von insgesamt sechs Basisinstitutionen, die jeweils durch die Regulierung eines bestimmten Sets sozialer Beziehungen gemäß einer spezifischen Ordnungsvorstellung gekennzeichnet sind.[11] Jede dieser Basisinstitutionen setzt individuelle, kollektive oder korporative Akteure in eine institutionell definierte Relation zueinander: Die Institutionen der Sozialen Marktwirtschaft und der Sozialpartnerschaft ordnen das Beziehungsgeflecht zwischen Unternehmen bzw. zwischen Arbeitgebern und Arbeitnehmern; Sozialversicherung und Familialismus regulieren die Beziehungsstrukturen zwischen Erwerbsbürgern bzw. zwischen Erwerbsbürgern und Nicht-Erwerbsbürgerinnen; Verbundföderalismus und Verhandlungsdemokratie schließlich prägen die Beziehungsmuster politischer Exekutiven untereinander bzw. zwischen Exekutive und Legislative. Die kursorischen historisch-soziologischen Skizzen[12] dieser sechs Institutionenkomplexe in Kapitel 4 zeigen zweierlei. Zum einen schärfen sie das Bewusstsein dafür, in welch bedeutsamem Maße bei der (Re-)Konstruktion der wirtschaftlichen, sozialstaatlichen und politischen Institutionenordnung der Bundesrepublik nach dem Zweiten Weltkrieg an institutionelle Grundfiguren und -strukturen angeknüpft wurde, deren Entstehungsgeschichte zumindest in die Zwischenkriegszeit, häufig aber auch bis in die Gründerzeit des Deutschen Reiches zurückführt. Zum anderen fügen sie sich zu dem Bild einer gesellschaftlichen Ordnung zusammen, die soziale Austausch-, Unterstützungs- und Kooperationsbeziehungen nach *der doppeldeutigen Formel des „ja – aber"* organisiert: Konkurrenz unter den Wirtschaftssubjekten wird bejaht, aber zugleich geordnet –

---

11 Wenn hier vom Sozial*modell* die Rede ist, dann bezeichnet dies die theoretische Vorstellung eines systemischen Ensembles untereinander relationierter, d.h. miteinander verknüpfter und sich wechselseitig konturierender Elemente (vgl. Mayntz und Scharpf 1995: 60). Über die *Art* der Verknüpfung und den *Modus* der wechselseitigen Konturierung dieser Elemente – also der Basisinstitutionen des deutschen „Modells" – ist damit noch nichts ausgesagt. Vielmehr ist es gerade eine originäre Aufgabe der empirischen Institutionenanalyse, die konkreten Formen ihrer regulativen Verschränkung und also der Modellintegration zu erforschen: „Denn Einheit im empirischen Sinne ist nichts anderes als Wechselwirkung von Elementen" (Simmel 1908: 18).

12 Deren Mut zum analytischen Überflug und zum synthetisierenden Urteil jeden Historiker und jede Historikerin, dessen bin ich mir wohl bewusst, vor Schreck erblassen lassen wird.

zwischen den Arbeitsmarktparteien Konflikt zugelassen, aber in geregelter Form. Ähnliches gilt für die anderen institutionellen Felder: Sozialer Ausgleich unter den Erwerbsbürgern? Ja, aber nur begrenzt. Wechselseitige Unterstützung zwischen Erwerbsbürgern und Nicht-Erwerbsbürgerinnen? Durchaus, doch nur bedingt. Da ist es kaum noch überraschend, dass auch die verbleibenden beiden Institutionen eine doppelsinnige Mischverfassung aufweisen: Der deutsche Exekutivföderalismus ist unitarischer, der Parteienwettbewerb in der Bundesrepublik zentristischer Natur.

Die Basisinstitutionen des deutschen Sozialmodells erweisen sich also im Ergebnis als auf je unterschiedliche Weise widersprüchliche, zumindest aber ambivalente Instrumente gesellschaftlicher Relationierung, der politischen Regulierung gesellschaftlicher – individueller, kollektiver, korporativer – Beziehungen. Es ist eben diese *strukturelle Ambivalenz* der bereichsspezifischen Leitbilder, es ist ihre doppelwertige Logik des „ja – aber", die den Basisinstitutionen des deutschen Sozialmodells ein langes und erfülltes Leben geschenkt hat; es ist der soziale Kompromisscharakter der ihnen zugrundeliegenden gesellschaftlichen Ordnungsvorstellungen, dem diese Basisinstitutionen ihre Dauerhaftigkeit verdanken. Die Integrationsformel – oder gewissermaßen: das Meta-Leitbild – des „ja – aber" (bzw. des „sowohl als auch") hat dem deutschen Sozialmodell eine institutionelle Ordnung beschert, die sich im Rückblick als äußerst robust, aber zugleich eben auch als erstaunlich flexibel und wandlungsfähig erwiesen hat. Grundsätzlich stabile, aber situativ flexibel ausdeutbare, weil zweideutig angelegte Leitbilder gesellschaftlicher Ordnung und Entwicklung haben es ganz unterschiedlichen sozialen Akteuren ermöglicht, „sich" – ihre Interessen, Ideen, Identitäten – in ihnen wiederzufinden. Ihre Kompromisshaftigkeit und Deutungsoffenheit hat es „institutionellen Unternehmern" über mehr als ein Jahrhundert hinweg erlaubt, das deutsche Sozialmodell durch die traditionsbewusste Modernisierung und *konservative Reform* (vgl. Mannheim 1974) seiner institutionellen Strukturen an die Bedingungen einer sich beständig verändernden – und teilweise radikal veränderten – politischen, ökonomischen und sozialen Umwelt anzupassen.

Dies ist der Hintergrund, vor dem in Kapitel 5 die Analyse der jüngsten Geschichte des deutschen Sozialmodells, seiner institutionellen Rekonfiguration im Vereinigungsjahrzehnt, erfolgt. Anhand zweier politisch-soziologischer Fallstudien – zur *Einführung der Pflegeversicherung* einerseits, zur *Entwicklung des Flächentarifvertrags* andererseits – sollen exemplarisch Erkenntnisse zu Form und Substanz gesellschaftlichen Wandels im Deutschland der 1990er Jahre gesammelt werden. Die Gegenstände der Fallanalysen sind so gewählt, dass sie zum einen den gesamten Bereich der politischen Regulierung sowohl der Produktion und gesellschaftlicher Produktionsbeziehungen wie auch der Reproduktion und sozialer Reproduktionsbeziehungen abdecken. Zum anderen stellen sie gewissermaßen „Querschnittsbereiche" dar, in denen alle sechs zuvor identifizierten und in ihren ideellen und materiellen Wirkmechanismen beschriebenen Basisinstitutionen des Sozialmodells ineinandergreifen und somit kollektiv (bzw. interaktiv) wirkungsmächtig werden. Ziel der Untersuchung ist es, an diesen beiden Beispielfällen den spezifischen Modus und die möglichen Grenzen stabilen Institutionenwandels im deutschen Sozialmodell zu bestimmen.

Der Wandel des deutschen Sozialmodells vollzieht sich – dies lehren die beiden Fallstudien – nicht als radikaler Bruch mit überkommenen gesellschaftlichen Ordnungsmustern, sondern als *traditionsverhaftete Metamorphose* derselben. Selbst mit Bezug auf die fundamentalen Transformationsprozesse in Mittel- und Osteuropa hat die soziologisch aufgeklärte institutionalistische Forschung festgestellt, dass gesellschaftlicher Wandel nicht schlicht „den Übergang von einer Ordnung zu einer anderen" (Stark 1994: 129), die Ablösung von „Gesellschaftsmodell A" durch „Gesellschaftsmodell B" bedeutet, sondern durchaus einher geht mit – für den Prozess des Wandels funktionalen – Momenten institutioneller Kontinuität. Ähnliches gilt für die Entwicklung des deutschen Sozialmodells: Der Wandel in den Mustern politischer Relationierung gesellschaftlicher Akteure, die Rekonfiguration der sozialen Beziehungsgeflechte, vollzieht sich im Schatten und im Schutze stabiler institutioneller Ordnungsvorstellungen und Repräsentationssemantiken. Es sind die bekannten Ordnungsideen in ihrem hergebrachten Ordnungssinn, die den gesellschaftlichen Wandel überformen. Es sind die überkommenen institutionellen Leitbilder, die dank ihrer konstitutiven Ambivalenz, ihres spannungsreichen Kompromisscharakters, Raum eröffnen für signifikante, machtgestützte Veränderungen in der politischen Regulierung sozialer Beziehungen.

Dies aber bedeutet, dass eben das, was seit geraumer Zeit von Seiten der großen Koalition der Stillstandskritiker als reformverhindernder Immobilismus des „deutschen Modells" gebrandmarkt wird, *umgekehrt* geradezu als konstitutive Voraussetzung für die effektive Wandlungsfähigkeit desselben betrachtet werden kann. Was weithin als „lähmende Ja-Aber-Statik" (vgl. Steglich 2002) gilt, lässt sich umgekehrt gerade als eine strukturelle Flexibilitätsressource deuten. Die politische Regulierung sozialer Beziehungen bedarf zu ihrer Dynamik stabiler „regulativer Wertmaßstäbe" (Weber 1904: 153), oder anders ausgedrückt: Es ist seine beredte politisch-normative Prinzipientreue, welche die lautlose gesellschaftspolitische Umgestaltung des deutschen Sozialmodells verbürgt. *In der Unbeweglichkeit liegt das Geheimnis der Bewegung:* Eben diesen, paradox anmutenden Zusammenhang thematisiert die dem abschließenden Interpretationsangebot vorangestellte Formel vom *dynamischen Immobilismus* des deutschen Sozialmodells (Kapitel 6).

Aus dieser Perspektive erscheint dann die oben angedeutete, tagespolitisch immer neu dramatisierte Frage, ob diese geheime Dynamik das deutsche Sozialmodell von innen heraus zerstören und damit am Ende doch noch auf den zu westdeutschen Zeiten so gerne bedeutungsschwer beschworenen Weg in „eine andere Republik" führen könnte, zu einfach gestellt. Denn einer dynamisierten Institutionentheorie, die „Kontinuität" und „Wandel" als konstitutive, dialektisch aufeinander bezogene Momente fortgesetzter Institutionalisierungsprozesse begreift, offenbaren sich die jeweiligen Antworten auf die („falsche") Frage nach Fortbestand oder Niedergang, Identitätsbewahrung oder Identitätsverlust einer institutionalisierten Ordnung als *politische Konstruktionen*, die es zugunsten der Erkenntnis einer permanenten, in sich widersprüchlichen Dynamik der Rekonfiguration institutioneller Ordnungen *soziologisch zu dekonstruieren* gilt.[13]

◆

Nachdem somit Weg und Ziel der Untersuchung erläutert worden sind, bleibt vorab nur noch die Frage zu klären, welche Absichten und Ansprüche – gegebenenfalls aber auch Fallstricke – sich hinter dieser Arbeit bzw. in ihr verbergen.

Die methodische Vorgehensweise der folgenden Studie lässt sich schlagwortartig als *selektiv, spekulativ* und *synthetisierend* beschreiben. Was ist damit gemeint? Karl Mannheim hat die Politische Soziologie – in deren Tradition sich diese Arbeit sieht – als einen Akt der „relativen Synthese" charakterisiert (vgl. Mannheim 1929: 128-133), d.h. als ein wissenschaftliches Fachgebiet, (in) dem es um die „stets zu erneuernde Zusammenschau der jeweils vorhandenen partikularen Einsichten" (ebda.: 132) gehe. Etwas derart Synoptisches, Synthetisierendes ist auch dem hier verfolgten Projekt zueigen. Das Neue, der wissenschaftliche Zusatznutzen einer solchen – notwendig vorläufigen, zeitgebundenen – Synthese[14] ergibt sich idealiter, so die berühmte Formulierung Max Webers,

---

13 Den entscheidenden Hinweis zur Selbsterkenntnis dieser konzeptionellen Pointe der im Folgenden präsentierten Argumentation verdanke ich Franz-Xaver Kaufmann. – Zur soziologischen Angemessenheit einer Transformations- gegenüber einer Transitions-Perspektive auf Phänomene makro-sozialen Wandels vgl. auch Lessenich 2003a: 26-30.

14 „Eine absolute, zeitlose Synthese zu fordern, würde unserseits ein Zurückfallen in das statische Weltbild des Intellektualismus bedeuten. In einem Gebiet, in dem alles im Wer-

„durch Beziehung *bekannter* Tatsachen auf *bekannte* Gesichtspunkte" (Weber 1904: 214).[15] Dass dieser synthetisierende Ansatz, diese Art der intellektuellen Rekombination von Bekanntem und Gewusstem, durchaus etwas Spekulatives hat, darauf verweist zu Recht schon Adam Smith in der Einleitung zu seinem Hauptwerk über den „Wohlstand der Nationen". Selbst wenn sich Smith hier mit einer gewissen Distanziertheit (und einem Schuss Selbstironie) über die Tätigkeit „sogenannter Philosophen oder Theoretiker" („philosophers or men of speculation") äußert, so weiß er doch auch – im Sinne Mannheims und Webers – Positives über sie zu sagen: „Sie sind aufgrund ihrer Spekulationen häufig imstande, Phänomene, die sehr verschieden sind und wenig Bezug zueinander haben, sinnvoll zu verknüpfen." (Smith 1776: 14) Es wäre kein geringes Lob, wenn dies auch von der vorliegenden Studie behauptet werden könnte.

Gleichwohl: Die Begrenzungen und Gefahren einer in diesem Sinne spekulativ-synthetisierenden Methode, eines „tertiäranalytischen" Deutungsangebotes[16], liegen auf der Hand. Die Entscheidung für ein begriffliches Raster (hier: den oben erläuterten Institutionenbegriff) und einen perspektivischen Rahmen der Interpretation (in diesem Fall: das Konzept des „dynamischen Immobilismus") und somit auch für eine bestimmte Abstraktionshöhe der Untersuchung ist notwendig mit Ausblendungen, Verzerrungen und (neuen) blinden Flecken

---

den begriffen ist, kann auch die adäquate Synthese nur eine dynamische, nur eine von Zeit zu Zeit neu vorzunehmende sein. Aber als solche wird sie stets eine der wichtigsten Aufgaben, die man sich überhaupt stellen kann, zu leisten haben: die in der Zeit überhaupt erreichbare umfassendste Sicht vom Ganzen zu bieten." (Mannheim 1929: 132)

15 Alle Kursivsetzungen in Zitaten bezeichnen, soweit nicht anders angegeben, Hervorhebungen im Original. – Dies ist denn auch methodisches Prinzip dieser Arbeit – ohne deswegen gleich das Webersche Prädikat der „echten Künstlerschaft" (Weber 1904: 214), die sich in solcher Neuschöpfung von Erkenntnis durch Beziehung von Bekanntem auf Bekanntes äußere, für sich reklamieren zu wollen. Die Forschungsrealität ist viel prosaischer – allzu häufig gilt doch einfach die dieser Untersuchung als Motto vorangestellte Sentenz des Terenz, die da, frei übersetzt, lautet: Es bleibt nichts mehr zu sagen, was nicht zuvor schon gesagt worden wäre (vgl. Terentius Afer 1994 [161 v. Chr.]: 66, Zeile 41). Es hat eben einen Weber, einen Simmel, einen Marx schon gegeben. Was auf deren Schultern bestenfalls – aber immerhin – zu erreichen bleibt, ist wissenschaftliche Originalität *zweiter Ordnung*: „denn es ist das Ziel jeder Wissenschaft, Entdeckungen zu machen, und jede Entdeckung verschiebt mehr oder minder die vorhandenen Anschauungen" (Durkheim 1895: 85).

16 Den zur Selbstbeschreibung hilfreichen Hinweis, dass es sich hier um eine jener „tertiäranalytischen Studien" handeln könnte, „die sich im akademischen Bereich offenbar wachsender Beliebtheit erfreuen" und insbesondere zum Markenzeichen einer „'Göttinger Schule' jüngerer Sozialwissenschaftler" geworden sein sollen, entnehme ich Alber 2000: 235f.

verbunden.[17] Die Sozialwissenschaft als „denkende Ordnung der empirischen Wirklichkeit" (Weber 1904: 150) sieht sich zwangsläufig und stets aufs Neue vor derartige Selektionsaufgaben gestellt. Zum Zwecke solch ordnender Denktätigkeit klagt Weber denn auch das „Recht der *einseitigen* Analyse der Kulturwirklichkeit unter spezifischen 'Gesichtspunkten'" (ebda: 170) ein – das Recht auf Unterscheidung des Wichtigen vom Unwichtigen.[18] Entscheidungen und Unterscheidungen, die es allerdings jeweils offenzulegen und zu begründen gilt, und die im vorliegenden Fall durch das *politisch-soziologische* Vorverständnis des zu untersuchenden Gegenstandes – durch das Verständnis des deutschen Sozialmodells als eines spezifischen institutionellen Arrangements der *politischen Regulierung sozialer Beziehungen* – strukturiert werden.

Was aber soll mit dieser politischen Soziologie des deutschen Sozialmodells und seines Wandels letzten Endes erreicht werden?[19] „Wo es um 'Institutionenwandel' geht, verbindet sich Zeitdeutung mit der Frage nach der Erklärungskraft einer theoretischen Perspektive." (Rehberg 1997: 94) Dies ist der doppelte Maßstab, der auch an die vorliegende Studie anzulegen sein wird. Auch in dieser Hinsicht liegt freilich das damit verbundene Gefahrenpotenzial auf der Hand: Zeitdiagnosen sind riskante Soziologie, Soziologie mit – im Doppelsinne – beschränkter Haftung.[20] Die Produkte der Zeitdiagnostik sind zumeist von geringer

---

17 Wie im Übrigen jede andere entsprechende (Vor-)Entscheidung auch; vgl. Rehberg 1997: 103. „Jedes Erkennen und Erhellen ist aber auch gleichzeitig ein Verdecken, so daß eine Sichtweise nicht nur mit dem charakterisiert ist, was sie mit ihren Begriffen, Aspekten, Kategorien und Fragemodi zu erfassen in der Lage ist, sondern auch dadurch, was sie übersieht und geflissentlich überdeckt." (Mannheim 1932: 20)

18 „Es gibt *keine* schlechthin 'objektive' wissenschaftliche Analyse [...] der 'sozialen Erscheinungen' *unabhängig* von speziellen und 'einseitigen' Gesichtspunkten, nach denen sie – ausdrücklich oder stillschweigend, bewußt oder unbewußt – als Forschungsobjekt ausgewählt, analysiert und darstellend gegliedert werden." (Weber 1904: 170) Im Übrigen ist diese „Einseitigkeit" der Analyse nicht nur von der Sache her, sondern auch aus Gründen der begrenzten intellektuellen Kapazitäten des forschenden Individuums geboten. Simmel etwa verweist ganz im Sinne von Mannheims *relativer* Synthese darauf, dass „jede systematisch abschließende Vollständigkeit" soziologischer Analyse „mindestens eine Selbsttäuschung" sein müsse: „Vollständigkeit kann der einzelne hier nur in dem subjektiven Sinne erreichen, daß er alles mitteilt, was ihm zu sehen gelungen ist" (Simmel 1908: 31).

19 Ich sehe hier von dem ebenso vordergründigen wie nahe liegenden Ansinnen der Verbesserung der akademischen Beschäftigungsfähigkeit des Autors, dem die Entstehung dieser Untersuchung als Habilitationsschrift zuallererst geschuldet ist, ab.

20 So Müller und Schmid 1995: 15. Vgl. kritisch zur makrosozialen Diagnosefähigkeit der Soziologie Friedrichs et al. (1998: 20, 23): „Diagnosen dienen eher einer illusionären Pseudoerkenntnis als dem wissenschaftlichen Fortschritt. [...] Je höher wir gehen, desto

Halbwertzeit, haben ihr Verfallsdatum manchmal gar schon zum Zeitpunkt ihrer Veröffentlichung überschritten – das ist ihr Dilemma. In anderer Hinsicht hingegen sind sie durchaus leistungsfähig und bisweilen auch von Dauer: in ihrem Potenzial nämlich zur Thematisierung von Dethematisiertem, „zur Freilegung der Wirklichkeit, der wirklichen Phänomene, die uns umgeben" (Mannheim 1932: 19). Neue Deutungsangebote gesellschaftlicher Realität können zur Diskussion gestellt, „bisher Unterschätztes kann [...] prägnant sichtbar gemacht werden" (Rehberg 1997: 94).[21] Bisher Unterschätztes prägnant sichtbar zu machen: Darum geht es in der Tat bei der These vom stabilen Institutionenwandel im deutschen Sozialmodell bzw. vom „dynamischen Immobilismus" desselben. Dazu bedarf es, vor allem anderen, der intellektuellen Offenheit für Zusammenhänge, Widersprüche – und für *den Zusammenhang des Widersprüchlichen*. Von einer solchen Kombination aus „relationalem" und „dialektischem" Denken ist die gesamte nachfolgende Analyse geprägt; auf die Merkmale und Konsequenzen einer derartigen Denkweise sei zum Abschluss dieser Einleitung kurz hingewiesen.

Relationales Denken im engeren Sinne ist ein Denken in „Kategorien, die stets zugleich soziale Beziehungen implizieren" (Lenk 1986: 15).[22] Relationales Denken ist, allgemeiner gesprochen, ein Denken in Wechselwirkungen – nach Georg Simmel die ureigene analytische Perspektive der Soziologie. Bei Simmel steht das Konzept der Wechselwirkung für ein Programm der dynamischen Analyse sozialer Beziehungen zwischen Individuen bzw. Gruppen von Individuen *und* kausaler Beziehungen zwischen gesellschaftlichen Phänomenen aller Art gleichermaßen – ein „Sammelbegriff für die Untersuchung der Relationalität, Reziprozität und Dynamik sozialer Vorgänge" (Nedelmann 1999: 134). *Dialektisches* Denken wiederum ist ein Denken in Formen widersprüchlicher Einheit, für

---

geringer wird die soziologische Kompetenz." Antikritisch hingegen Reese-Schäfer (1996: 385): „Es wird immer Wissenschaftler in ihren Spezialisierungsnischen geben, die sich ressentimentgeladen über effektvolle und medienwirksame Zeitdiagnosen beklagen. Oft genug fehlt es ihnen aber nur an der Präzision und Pointiertheit ihrer sprachlichen Formulierungen, gelegentlich wohl auch an Ideen." Zwischen beiden Positionen vermittelnd äußert sich Joas 1988.

21 Begrifflich geschärfte Zeitdiagnose ist somit ein wichtiges Instrument einer Sozialwissenschaft, die nicht bei der „Ordnung der Tatsachen" stehenbleiben will, sondern die „denkende *Umbildung* der unmittelbar gegebenen Wirklichkeit" (Weber 1904: 207) anstrebt.

22 Bechmann hält das Denken in Relationen für das der modernen Gesellschaft allein angemessene, weil in ihr alles gesellschaftlich vermittelt sei: „Es gibt keine 'natürlichen Sachverhalte' mehr, sondern nur noch Relationen und Relationsgefüge." (Bechmann 1993: 247)

welches zwei einander entgegengesetzte Phänomene „erst zusammen das Bewegungsganze ergeben" (Mannheim 1932: 22), ein Denken in Kategorien, die Simmel als „synthetisch" bezeichnet: Kategorien „einer Einheit, die wir nicht anders ausdrücken können als durch die Synthese oder die Gleichzeitigkeit der beiden logisch entgegengesetzten Bestimmungen" (Simmel 1908: 56). Für ein Denken in relationalen und dialektischen Bezügen verweist Wandel auf Kontinuität – und umgekehrt: Statik auf Dynamik; beide gehören untrennbar zusammen, das eine impliziert das andere, logisch wie empirisch. Für den dialektischen Verstand „erweist vieles von dem sich überhaupt als dynamisch, was dem naiven Bewußtsein statisch dünkt" (Adorno 1961: 221). Es gilt daher, beide Seiten der Medaille – Statik und Dynamik, Kontinuität und Wandel – auf „ihre Einheit in der realen Gesellschaft" (ebda.: 225) hin zu beleuchten.

Zwar hat dies Denken in relationalen und dialektischen Kategorien derzeit – im Zeitalter der Postmoderne, der Individualisierung und Pluralisierung gesellschaftlicher Lebensverhältnisse, der Gesellschaften „ohne Spitze und Zentrum" und der Dominanz entsprechender Theorien und Theoreme – nicht gerade Hochkonjunktur. Eher gilt: „Wer noch fragt, wie Widersprüchliches zusammenpaßt, ist nur ein Alteuropäer." (Graf 1999: 46) Doch der alteuropäische Geist hatte auch sein Gutes: Denn in seinem Bewusstsein für Zusammenhänge, Wechselwirkungen und Widersprüche war er zugleich sensibel für die Historizität des Sozialen, für das gesellschaftlich „Seiende" als „Gewordenes", für die Wandlungsfähigkeit und Veränderbarkeit der sozialen Welt. In eben diesem Bewusstsein durch eine relationale und dialektische, also *dynamische Perspektive* auf das deutsche Sozialmodell der Verabsolutierung herrschender wissenschaftlicher und politischer Diagnosen entgegenzuwirken – dies ist in letzter Instanz das (sei's drum: alteuropäische[23]) Anliegen dieser Arbeit. Denn unbeweglich sind nicht die gesellschaftlichen Verhältnisse; „unbeweglich ist nur die Abstraktion von der Bewegung" (Marx 1847: 130).

---

23 Durch Donald Rumsfelds Intervention ist der Begriff ja – wider Erwarten – dem Luhmannschen Bannstrahl entzogen worden und hat – wider Willen – eine positive Konnotation erhalten.

Kapitel 2
Die politische Regulierung sozialer Beziehungen: Ein Begriffsraster zur Analyse institutioneller Ordnungen und ihres Wandels

> „Die Wissenschaft allein kann uns historische Institutionen, welche immer es auch sind, mit Respekt, aber ohne Fetischismus, behandeln lehren, indem sie uns dasjenige, was sie Notwendiges und gleichzeitig Vergängliches haben, ihre Widerstandskraft und ihre unendliche Variabilität wahrnehmen läßt."
>
> Durkheim 1895: 220

Wissenschaftliche Analysen leben von der Klarheit ihrer Konzepte und der Schärfe ihrer Begriffe. Nur auf der Grundlage eines elaborierten und in sich widerspruchsfreien, die Komplexität der sozialen Realität reduzierenden begrifflichen Instrumentariums erscheint es möglich, „Ordnung in das Chaos derjenigen Tatsachen zu bringen, welche wir in den Kreis unseres *Interesses* jeweils einbezogen haben" (Weber 1904: 207). In dem Maße, in dem alle sozialwissenschaftliche Erkenntnis „sich auf eine kategorialgeformte Wirklichkeit bezieht" (Weber 1906: 290), wird die Entwicklung und Darlegung des jeweils untersuchungsleitenden, erkenntnisprägenden Kategoriengerüsts zur ersten Pflicht jeder sozialwissenschaftlichen Analyse. Das nachfolgende Kapitel soll eben dieser Anforderung Genüge tun. Ein fünfstufiges, auf jeder Stufe dreigliedriges Raster analytischer Begriffe soll dazu dienen, den Untersuchungsgegenstand des „Sozialmodells" näher zu bestimmen (Kapitel 2.1.); die hier gewählte, institutionalistische Perspektive auf diesen Gegenstand zu begründen (2.2.); den Begriff der „Institution" für die Zwecke der weiteren Untersuchung im Sinne einer „operational definition" (Peters 1999: 66) zu spezifizieren (2.3.); die Problematik der gerichteten oder ungerichteten Entwicklung von Institutionen bzw. institutionellen Ordnungen genauer zu fassen (2.4.); und schließlich die bereits erwähnte

Annahme eines dialektischen, Kontinuität und Wandel in sich aufhebenden Entwicklungsmodus des bundesrepublikanischen Institutionenensembles zu konkretisieren (2.5.). Bei aller Unverzichtbarkeit einer derart systematischen „Arbeit am Begriff" darf allerdings der letztlich rein behelfsmäßige und damit immer nur vorläufige Charakter der erarbeiteten begrifflichen Bestimmungen nicht unterschlagen werden. Diese Begriffsbestimmungen sind nichts anderes als Hilfskonstruktionen, „zweckmäßige Setzungen" (Lenk 1986: 210) heuristischer Natur. Insofern kann es nicht darum gehen, die hier vorgenommenen begrifflichen Festlegungen objektivieren zu wollen. Was vielmehr zu erarbeiten ist, ist eine der Erforschung des Gegenstandes, seiner Eigenart und seiner Geschichtlichkeit angemessene, zweckdienliche Heuristik. Schließlich sind sozialwissenschaftliche Kategorien „ebensowenig ewig wie die Verhältnisse, die sie ausdrücken. Sie sind historische, vergängliche, vorübergehende Produkte." (Marx 1847: 130) Aber als solche sind sie durchaus dazu geeignet, den Stand der Dinge auf den Begriff zu bringen.

2.1. Gesellschaft – Regime – Sozialmodell: Die politische Regulierung sozialer Beziehungen

Die Untersuchung des deutschen Sozialmodells, seiner Strukturmerkmale und seiner Entwicklungsdynamik, hat notwendig mit einer ersten begrifflichen Klärung zu beginnen: Warum die Rede nicht einfach von der deutschen Gesellschaft oder eben vom deutschen „Modell", sondern vom deutschen „*Sozial*modell"? Was hat es damit auf sich? Die Kennzeichnung des Untersuchungsgegenstandes als „Sozialmodell" ist Reflex des *politisch-soziologischen* Charakters seiner Analyse, und das heißt: des Versuchs, einen Mittelweg einzuschlagen zwischen „übersoziologisierten" und „untersoziologisierten" (vgl. Granovetter 1985: 483-487) Perspektiven auf gesellschaftliche Verhältnisse und deren Veränderung. Insbesondere die letztere, soziologisch unterdeterminierte Sichtweise hat die jüngeren Auseinandersetzungen über den Zustand und die Zukunft der bundesdeutschen Gesellschaft maßgeblich geprägt. In der so genannten Standortdebatte stand die Chiffre vom „deutschen Modell" im Wesentlichen für ein spezifisches, lange Zeit erfolgreiches Arrangement wirtschaftlicher Wertschöpfung. Die politische Kontroverse entzündete sich an divergierenden Einschätzungen der ökonomischen Effizienz dieses Arrangements unter veränderten weltwirtschaftlichen Rahmenbedingungen, an der Frage also seiner internationalen Wettbewerbsfähigkeit bzw. an unterschiedlichen Vorstellungen darüber, wie diese zu sichern und womöglich zu steigern sei. Die Eingängigkeit der diskussionsbestimmenden Diagnosen, die einen Verfall ökonomischer Dynamik und einen über lange Zeit hinweg akkumulierten politischen Reformstau konstatierten, war allerdings nicht zuletzt der Einseitigkeit ihrer wissenschaftlich-politischen Problemsicht geschuldet. Auf dem Höhepunkt der Debatte bemerkte Wilhelm Hennis diesbezüglich treffend: „Die Ökonomisierung des Diskurses über das 'Modell', zentriert um den ökonomischen Begriff 'Standort', [...] reduziert die Probleme der Bundesrepublik ganz unzulässig" (Hennis 1997a: 6) – und, so könnte man ergänzen, verzerrt sie zugleich, rückt sie in ein falsches Licht.[1]

Gegenüber einem solchen ökonomischen Reduktionismus bedarf es zunächst einer Perspektivenerweiterung, in deren Zuge die *soziale Aufladung und Überformung* wirtschaftlicher Prozesse und ökonomischer Austauschbeziehungen zum Thema wird. Es ist die institutionelle „Einbettung" ökonomischen Handelns, die gesellschaftliche Institutionalisierung der Ökonomie, die aus dieser Perspektive in den Blick gerät.[2] Doch auch diese Sichtweise verlangt ihrerseits, soll die in ihr lauernde Gefahr einer soziologischen Überdeterminierung des Gegenstandes vermieden werden, nach einem weiteren, korrigierenden Blickwinkel: dem Blick nämlich für den politischen Charakter dieses Institutionalisierungsprozesses, für die *politische Vermittlung und Regulierung* der sozialen Einbettung der Marktökonomie. „Gesellschaft" stellt sich, so gesehen, als ein komplexes Arrangement politisch regulierter und sozial eingepasster ökonomischer Beziehungen dar. Diese doppelte, politisch-soziale Überformung des Marktgeschehens soll begrifflich in der politisch-soziologischen Kategorie des „Sozialmodells" gebündelt werden. Sozialmodell meint demnach *die politisch*

---

1 Ähnliches lässt sich übrigens – wenngleich die Stoßrichtung eine gänzlich andere war – für die „Modell Deutschland"-Literatur der späten 1970er Jahre (vgl. z.B. Esser et al. 1979, 1980) behaupten: Auch ihre Charakterisierung des Modells war betont (polit-)ökonomistischer Natur und blieb soziologisch entsprechend unterbestimmt. Vgl. hierzu aber ausführlicher Kapitel 4.1. dieser Untersuchung.

2 Das Theorem der „embeddedness", das auf die klassischen Beiträge Emile Durkheims (1893: 256-276; vgl. Parsons 1949: 308-324, Streeck 1988) und Karl Polanyis (1957a, b) zurückgeht, ist seit der Wiederaufnahme durch Mark Granovetter (1985) gleichsam zur „Standardprämisse der wirtschaftssoziologischen Theoriebildung" (Huf 1999: 221; vgl. Swedberg 1997: 162-166) geworden; vgl. in diesem Sinne auch Smelser und Swedberg 1994: 14f., 18 sowie Beckert 1996.

modellierte Konfiguration sozialer Beziehungsstrukturen in einer Marktökonomie.

Unter einem etwas anderen, aber durchaus komplementären Gesichtspunkt lässt sich der analytische Gehalt der Sozialmodell-Kategorie auch auf dem Umweg über das Konzept des „Regimes" bestimmen, wie es – in gänzlich unterschiedlichen Kontexten – von Gøsta Esping-Andersen (1987, 1990) und Stephen Krasner (1983a, b) entwickelt worden ist. Esping-Andersen gilt ein (wohlfahrtsstaatliches) Regime als die in je spezifischer Weise politisch organisierte, institutionelle Verknüpfung von Arbeit und sozialer Sicherheit („work and welfare") in entwickelten demokratisch-kapitalistischen Gesellschaften. Historisch geformt, geprägt und vorangetrieben wird dieses „work and welfare"-Arrangement in der Konzeption Esping-Andersens auf der Grundlage jeweils konkreter, von Nation zu Nation unterschiedlicher politisch-sozialer Klassen-, Interessen- und Machtstrukturen. Esping-Andersen verweist in diesem Zusammenhang auf die historische Bedeutung wechselnder Klassenkoalitionen für die politische Durchsetzung und besondere Prägung national spezifischer Wohlfahrtsregime, ohne jedoch im Einzelnen auf die Mechanismen der Institutionalisierung und der politisch-sozialen Reproduktion (bzw. des Wandels) des je besonderen Arrangements von Arbeit und sozialer Sicherheit einzugehen. Diesem dynamischen Aspekt politisch institutionalisierter sozio-ökonomischer Beziehungen kommt man näher, indem man Esping-Andersens Konzept[3] mit Krasners Überlegungen zur gesellschaftlichen Wirkungsweise von (in seinem Fall: internationalen) Regimen verknüpft. Für Krasner sind Regime in erster Linie Instrumente der Handlungssteuerung, d.h. der Prägung sozialer Handlungsorientierungen nach Maßgabe bestimmter, regimespezifischer Normen und Prinzipien (vgl. ausführlicher dazu Kapitel 3.1.3.). Führt man beide Ansätze für die Zwecke der Untersuchung des hier interessierenden Gegenstandes zusammen, so kann man ein Sozialmodell in erster Annäherung als ein institutionelles Arrangement der politischen Regulierung gesellschaftlicher Arbeit und sozialer Sicherheit definieren, das von prägendem Einfluss auf die im sozio-ökonomischen Raum vorherrschenden Handlungsorientierungen und Akteursbeziehungen ist.

Als ein so verstandener Regimekomplex, als eine Konfiguration miteinander verknüpfter und sich wechselseitig konturierender institutioneller Arrangements

---

3   Lautet die analytische Formel für Esping-Andersens Regimekonstruktion „work + welfare", so betont das Konzept des Sozialmodells ausdrücklich das Moment der politischen Regulierung jenes Zusammenhangs – auf eine ebenso einfache Formel gebracht: „[work + welfare] × politics"; vgl. zu diesem Zusammenhang auch Shalev 2001.

der politischen Regulierung sozialer Beziehungen, soll im Folgenden das deutsche Sozialmodell präsentiert werden. Die notwendige Komplexitätsreduktion erfolgt dabei auf dem Wege der Bestimmung eines Ensembles von sechs so genannten Basisinstitutionen: Soziale Marktwirtschaft und Sozialpartnerschaft, Sozialversicherung und Familialismus, Verbundföderalismus und Verhandlungsdemokratie. Dabei wird angenommen, dass sie gemeinsam die Spezifik, die Eigenart der deutschen Variante politischer-sozialer Regulierung bezeichnen – und dass ihre gemeinsame Untersuchung und *nur* ihre *gemeinsame* Untersuchung diese Eigenart zu erhellen vermag.[4] Was demnach gefordert und im Folgenden angestrebt wird, ist eine jener *Konstellationsanalysen*, mit denen Max Weber der „Erkenntnis einer historischen, d.h. einer in ihrer *Eigenart bedeutungsvollen*, Erscheinung" (Weber 1904: 177) näherzukommen trachtete: eine Analyse der institutionellen Konfiguration des deutschen Sozialmodells.

2.2. Interessen – Ideen – Institutionen: Die institutionalistische Perspektive auf Politik und Gesellschaft

Das Augenmerk auf Institutionen und Institutionalisierungsprozesse, das im Konzept des Sozialmodells aufscheint, ist an sich nicht neu – doch es ist in der internationalen Politischen Soziologie über längere Zeit hinweg als analytische Perspektive eher randständig geblieben. Während hier in den ersten Nachkriegsjahrzehnten zunächst eine strukturalistische, an der Kategorie des „Interesses" orientierte und die Formen und Mechanismen der Interessenaggregation, -repräsentation und -mediation studierende Forschungsrichtung dominant war, setzte sich seit den 1970er Jahren auch in diesem Bereich zunehmend ein kulturalistischer Ansatz durch, der sich vornehmlich für die Macht der „Ideen", für Diskurse, Codes und Deutungsmuster und deren Bedeutung für politische Pro-

---

4 In die Kategorien Esping-Andersens rückübersetzt hieße das: Das institutionelle Arrangement aus Sozialer Marktwirtschaft und Sozialpartnerschaft („work") einerseits, Sozialversicherung und Familialismus („welfare") andererseits, wie wir es in der Bundesrepublik vorfinden, konstituiert und entwickelt sich im institutionellen Rahmen einer kooperativ-föderalistischen, konsensdemokratischen politischen Machtstruktur („politics") – und ist nur in dieser Rahmung auch zu verstehen. Zur Identifizierung und Illustration dieser institutionellen Ordnung vgl. ausführlich die Kapitel 3 und 4 der Untersuchung.

zesse und gesellschaftlichen Wandel interessierte.[5] Die institutionalistische Perspektive nun, die etwa seit Mitte der 1980er Jahre auf breiter Basis eine Renaissance erfährt, gewinnt ihren intellektuellen Reiz und ihren analytischen Wert dadurch, dass sie geeignet ist, *beide* Dimensionen gesellschaftlicher Realität, jene des Interesses und jene der Ideen, in sich zu integrieren, anstatt sie gegeneinander auszuspielen. Denn „Interessen" und „Ideen" bezeichnen zunächst einmal nur zwei unterschiedliche Analyseperspektiven: „Wenn man die eine wählt, muß man die andere nicht negieren." (Lepsius 1986: 30; vgl. ebenso Hall 1993: 292.) Interessen und Ideen sind beide gleichermaßen Bestimmungsmomente sozialer Strukturen und gesellschaftlicher Interaktion. Ein realitätstaugliches analytisches Konzept muss dieser elementaren Tatsache Rechnung tragen.

Ein „aufgeklärter" institutionalistischer Ansatz, wie ihn etwa M. Rainer Lepsius[6] vertritt, leistet eben dies. Interessen und Ideen sind demnach auf vielfältige Weise miteinander verwoben:

„Interessen sind ideenbezogen, sie bedürfen eines Wertbezuges für die Formulierung ihrer Ziele und für die Rechtfertigung der Mittel, mit denen diese Ziele verfolgt werden. Ideen sind interessenbezogen, sie konkretisieren sich an Interessenlagen und erhalten durch diese Deutungsmacht." (Lepsius 1990a: 7; vgl. ders. 1986: 30.)

Interessen und Ideen sind aufeinander bezogen – und es sind *Institutionen*, in denen ihre Beziehungen zusammenlaufen, die ihren gemeinsamen Bezugspunkt bilden: „Institutionen formen Interessen und bieten Verfahrensweisen für ihre Durchsetzung, Institutionen geben Ideen Geltung in bestimmten Handlungskontexten." (Lepsius 1990a: 7) Interessen sind politikfähig, Ideen deutungsmächtig nur, wenn sie in Institutionen eingehen, sich in ihnen ablagern, oder wenn Institutionen gewissermaßen um sie herum konstruiert werden (vgl. Hall 1989: 390). Interessen und Ideen erlangen Wirkung letztlich nur *als institutionalisierte* – „when they find organizational means of expression" (Hall 1986: 280).[7] Wenn sich aber der gesellschaftliche Zusammenhang von Interessen und Ideen nur als ein institutionell vermittelter herstellt, dann lässt er sich auch allein in dieser institutionellen Vermittlung darstellen. Institutionen bilden, so ver-

---

5 Vgl. z.B. den Überblick über die international vergleichende Forschung bei Hall 1997a.
6 Aber beispielsweise auch Peter Hall, der in seinen Schriften immer wieder auf „the critical role played by institutions in the definition and articulation of interests, the dissemination of ideas" (Hall 1986: 5) verweist.
7 Hall verwendet die Termini „institutional" und „organizational" insofern synonym, als er Institutionen als Organisationsformen von „state-society relations" konzeptualisiert; vgl. Hall 1986: 3-22, 259-283 sowie Abschnitt 3.3. in diesem Kapitel.

standen, ein Gravitationszentrum des Sozialen[8] – und die Institutionenanalyse dementsprechend ein solches der Sozialwissenschaft.

Wie aber kam es zur „Wiederentdeckung" von Institutionen (vgl. March und Olsen 1989) in den Sozialwissenschaften? Und welchem der multiplen (Neo-) Institutionalismen wird im Rahmen dieser Untersuchung der Vorzug gegeben? Im Hintergrund der neuen institutionalistischen Welle lassen sich sowohl endogene, wissenschaftsinterne als auch exogene, gesellschaftspolitische Bedingungsfaktoren ausmachen. Was letztere betrifft, so waren es bedeutsame makropolitische, -soziale und -ökonomische Entwicklungen, in deren Zuge etablierte Institutionensysteme in eine tiefe, teils finale Krise gestürzt wurden, durch welche die Frage nach den Bedingungen der Möglichkeit gesellschaftlicher Stabilität und institutioneller Ordnung erneut an Aktualität gewann. Hierzu zählen solch säkulare Prozesse wie das Ende der mit unbestrittener US-Hegemonie und dem Finanzsystem von Bretton Woods assoziierten weltwirtschaftlichen Nachkriegsordnung, der Strukturwandel des europäischen Nationalstaatensystems aufgrund der fortschreitenden ökonomischen und politischen Integration im Rahmen der EG/EU oder der Zusammenbruch des Staatssozialismus in Mittel- und Osteuropa und der Sowjetunion einschließlich der Revision der deutschen Teilung. Die Wiederbelebung des wissenschaftlichen Interesses am Institutionenkonzept war zugleich aber ebenso getragen von wissenschaftsimmanenten Entwicklungen. Diesbezüglich ist einerseits auf den (durchaus im Zusammenhang mit den soeben erwähnten gesellschaftlichen Umbrüchen zu sehenden) Niedergang des disziplinübergreifend etablierten Konvergenzparadigmas (vgl. dazu Goldthorpe 1984b) zu verweisen, das die sozialwissenschaftlichen Leittheorien der 1950er und 60er Jahre gleichsam zur „metahypothesis" (Rothstein 1996: 141) erhoben hatten und in dessen Schatten eine vergleichende Beschäftigung mit unterschiedlichen Institutionenordnungen in den kapitalistischen Demokratien des Westens kein lohnendes Unterfangen zu sein schien. Andererseits setzten, parallel hierzu und einigermaßen gleichzeitig, in verschiedenen sozialwissenschaftlichen Disziplinen erste vorsichtige Gegenbewegungen zu den dort jeweils dominanten, für die institutionelle Prägung des gesellschaftlichen Lebens durchweg nur wenig empfänglichen wissenschaftlichen Schulen ein: gegen die Ereignisgeschichte in der Historie, das neoklassische Paradigma in der Ökonomik, den

---

8 „Aus Interessen, Ideen und Institutionen entstehen soziale Ordnungen, die die Lebensverhältnisse, die Personalität und die Wertorientierung der Menschen bestimmen." (Lepsius 1990a: 7)

Behaviorismus in der Politikwissenschaft oder die Gruppentheorie in der Soziologie (vgl. Goodin 1996: 2-19). Der aus all diesen Quellen entspringenden Flut neoinstitutionalistischer Literatur ist mit den unterschiedlichsten Versuchen systematisierender Dammbauten begegnet worden, wobei im Wesentlichen aber zwei klassifikatorische Ansätze zu nennen sind. So hat sich zum einen die paradigmatische Unterscheidung von Thelen und Steinmo (1992: 7-10) eingebürgert, bei denen den „rational choice institutionalists" die „historical-interpretive institutionalists" gegenüberstehen, also ein „kalkulatorischer" mit einem „kulturalistischen" Ansatz konkurriert (vgl. dazu Hall und Taylor 1996; Göhler und Kühn 1999).[9] Zum anderen sind fachdisziplinäre Einteilungen geläufig, die zumeist den wirtschaftswissenschaftlichen von einem (organisations-)soziologischen und einem politikwissenschaftlichen Institutionalismus abgrenzen (vgl. z.B. Mayntz und Scharpf 1995: 40-43; Göhler und Kühn 1999: 22). Gelegentlich werden aber auch beide Ordnungsschemata verschmolzen und entsprechend „Rational Choice Institutionalism" (dem auch die Neue Institutionenökonomik subsumiert wird), „Sociological Institutionalism" und „Historical Institutionalism" (der dann im Wesentlichen deckungsgleich ist mit den institutionalistischen Ansätzen in der Politikwissenschaft) unterschieden (so bei Hall und Taylor 1996; vgl. identisch Immergut 1998). Gerade solche Synthetisierungsversuche freilich machen deutlich, dass nicht nur die sozialwissenschaftliche Institutionenforschung selbst, sondern leider eben auch die diesbezüglich um Systematisierung bemühte Sekundär- bzw. Tertiärliteratur reichlich unübersichtlich geworden ist; „da [...] von jedem Beobachter anders differenziert wird, herrscht mittlerweile auch Unklarheit darüber, in welchem Verhältnis die einzelnen Unterteilungen zueinander stehen" (Göhler und Kühn 1999: 21).[10] Unter dem Strich lassen sich somit am ehesten zwei Schlüsse ziehen. Erstens: „the 'new institutionalism' is not one thing but many" (Goodin 1996: 2). Und zweitens: „there are as many 'new institutionalisms' as there are social science disciplines" (DiMaggio und Powell 1991a: 1).[11]

---

9 Peters setzt „rational choice institutionalism" und „historical institutionalism" als Pole eines Kontinuums, auf dem er diverse weitere Neoinstitutionalismen verortet; vgl. (mit unterschiedlichen Kategorisierungen) Peters 1996, 1999.
10 Göhler selbst allerdings macht die Sache nicht gerade besser, wenn er – aus deutscher Perspektive – zusätzlich noch zwischen den verschiedenen Ansätzen des Neuen Institutionalismus und der (man ist versucht zu sagen: seiner) „Theorie politischer Institutionen" unterscheidet (vgl. Göhler und Kühn 1999).
11 Vgl. entsprechend auch Goodin 1996: 2-20; Rothstein 1996: 144.

Beide Feststellungen führen geradewegs zur angekündigten Verortung des hier verfolgten Ansatzes im Spektrum neuer und neuester Institutionalismen. In diesem weiten Feld potenzieller disziplinärer und paradigmatischer Anknüpfungspunkte bewegt sich die nachfolgende Analyse an der Schnittstelle von politikwissenschaftlichem (bzw. „historischem") und soziologischem Neoinstitutionalismus. Dabei ist es der zu analysierende Gegenstand selbst, das (deutsche) Sozialmodell und sein Wandel, oder anders: die historisch-politische Ordnung und Strukturierung gesellschaftlicher Akteursbeziehungen und -konstellationen, der (bzw. die) nach einem solchen, genuin *politisch-soziologischen* Ansatz verlangt. Diesem aber muss es dann darum gehen, die Schwächen und blinden Flecken des in der Politikwissenschaft verbreiteten „Historischen Institutionalismus" mithilfe einiger Bausteine soziologischer Institutionentheorie zu kompensieren. Dieses Vorhaben sei noch kurz erläutert, ehe im weiteren Verlauf dieses Kapitels der Begriff der Institution einer entsprechenden, politisch-soziologischen Operationalisierung unterzogen wird.

Historisch-institutionalistische Studien betonen die maßgebliche Beeinflussung der Entscheidungen und Strategien politischer Akteure durch Institutionen und institutionelle Ordnungen, die ihrerseits wiederum Ziel und Objekt strategischen politischen Handelns sind bzw. werden (vgl. Thelen und Steinmo 1992; Peters 1999: 63-77). In diesem Sinne interessieren sich die Historischen Institutionalisten vor allem für die politischen Bedingungen und Umstände institutioneller Gründungsakte („formative choices") bzw. tatsächlicher oder potenzieller Momente institutionenpolitischer Reorientierung („critical junctures") sowie für die in diesen Situationen jeweils bevorzugten, die weitere Entwicklung präjudizierenden und alle späteren Akteure (im Sinne einer „legacy of the past") bindenden institutionellen Optionen. Mit diesem doppelten Sensorium für historische Kontingenzen und politisch-institutionelle Pfadabhängigkeiten[12] hat der Historische Institutionalismus einen wesentlichen – auch theoretischen – Beitrag geleistet „for understanding policy continuities over time within countries and policy variations across countries" (Thelen und Steinmo 1992: 10). Doch hat er dabei zugleich zumindest zwei Bestimmungsmomente von Institutionen bzw. des

---

12 Das Konzept der „path dependence" bzw. des aufgrund von „increasing returns" selbstverstärkenden Entscheidungsverhaltens sozialer Akteure entstammt ursprünglich der so genannten Neuen Wirtschaftsgeschichte und ist wesentlich von Douglass C. North geprägt worden. Vgl. z.B. North 1981, 1990; zur Einordnung Priddat 1995, Plumpe 1999, weiterführend David 1994. Im politikwissenschaftlichen Kontext ist es insbesondere von Paul Pierson adaptiert worden, vgl. z.B. Pierson 2000. Zum Stand der diesbezüglichen Forschung vgl. Mahoney 2000 sowie Crouch und Farrell 2002.

Institutionellen vernachlässigt, deren stärkere Berücksichtigung gerade auch von „internen", sich der Tradition des Historischen Institutionalismus verpflichtet fühlenden Kritikern wie Kathleen Thelen und Sven Steinmo angemahnt wird. Es handelt sich zum einen um „the often neglected issue of dynamism in institutional analysis" (ebda.: 13): Mehr noch als andere institutionalistische Ansätze ist der Historische Institutionalismus „a theory premised upon stability and continuity" (Peters 1999: 68; ähnlich auch Wood 2001: 373f.). Zum anderen geht es um die in historisch-institutionalistischen Arbeiten häufig behauptete Bedeutung von Ideen, „the emphasis on embodying ideas in the structure that support institutions" (Peters 1999: 67), die in den meisten Fällen[13] jedoch nicht durch eine präzise Analyse des Zusammenspiels von institutionellen und ideellen Faktoren, „the interaction of 'ideational innovation' and institutional constraints" (Thelen und Steinmo 1992: 13f.), gedeckt ist.

Beide Desiderate historisch-institutionalistischer Forschung sollen in der vorliegenden Arbeit angegangen werden – und zwar beide gemeinsam. Denn beide konvergieren in „the question of change" (ebda.: 14), und es ist gerade die Thematisierung des Zusammenhangs von (Leit-)Ideen und Institutionen bzw. der Bedeutung ideengeleiteten Handelns institutioneller Akteure, über die im Folgenden jene zentrale Frage der Kontinuität *und* des Wandels, der Statik *und* Dynamik des deutschen Sozialmodells, ins Blickfeld der Analyse geraten soll. Die Quellen und Mechanismen institutioneller Dynamik zu erkunden (vgl. ebda.: 16) bezeichnet demnach das programmatische Ziel der nachfolgenden Untersuchung, und die Soziologisierung des Historischen Institutionalismus weist den Weg dorthin.

2.3. Orientierung – Regulierung – Institutionalisierung: Institutionen als Produkt und Prozess

2.3.1. Was sind Institutionen?

Die Rede von „Institutionen", „Institutionenordnungen" oder – neudeutsch – „institutional settings" hat sich in sozialwissenschaftlichen Diskussionen zuneh-

---

13 Insbesondere Peter Halls Arbeiten stellen diesbezüglich eine der löblichen Ausnahmen dar.

mend eingebürgert. Allzu häufig allerdings bleiben diese Begriffe „nur etikettierende Schlagworte" (Melville 1992: 4) – und demzufolge im Dunkeln, was mit ihnen konkret gemeint ist. Bezeichnenderweise wird selbst im Kontext institutionalistischer Arbeiten oft genug darauf verzichtet, für eine begriffliche Klarheit zu sorgen, die den analytischen Rückgriff auf die Kategorienwelt des Institutionellen im Grunde erst begründbar und plausibel erscheinen lassen könnte. Nicht nur für den Historischen Institutionalismus, sondern für die neoinstitutionalistischen Ansätze insgesamt klagt Peters daher zu Recht eine fundiertere Konzeptualisierung der Institutionen-Kategorie ein (vgl. Peters 1999: 145). Denn der reflexartige Verweis auf die Bedeutung institutioneller Faktoren allein ist analytisch wenig erhellend; „einen erkenntnisfördernden Sinn bekommt diese sprachliche Konvention erst, wenn der *Begriff* 'Institution' präzise bestimmt und theoretisiert wird oder genauer: wenn das oft verwendete Wort wirklich zu einem 'Begriff' geworden ist" (Rehberg 1998: 385). Was also sind eigentlich Institutionen, was macht sie aus?

Institutionen, so könnte eine relativ unverfängliche, den sozialwissenschaftlichen Minimalkonsens in Bezug auf das Wesen des Institutionellen formulierende Beschreibung lauten, finden ihre Bestimmung darin, verbindliche Regelwerke für die Handlungsvollzüge sozialer Akteure zu gewinnen und deren dauerhafte Geltung zu gewährleisten. In der klassischen, an Parsons (1951: 36-58) geschulten Formulierung Shmuel Eisenstadts stellen soziale Institutionen „patterns of normatively regulated behavior" (Eisenstadt 1968: 411) in den verschiedensten gesellschaftlichen Sphären[14] dar bzw. her. „A central defining feature of 'institutionalization' across all these spheres is the stable, recurring, repetitive, patterned nature of the behavior that occurs within institutions, and because of them." (Goodin 1996: 22) Die Beständigkeit sozialen Handelns, die Verstetigung des sozialen Geschehens, kurz: die Stabilität und Dauerhaftigkeit der gesellschaftlichen Ordnung zu verbürgen – das ist der oberste Zweck der Institutionen. Schon die Klassiker der Analyse moderner Gesellschaften waren sich darin einig: Karl Mannheim etwa galten Institutionen als „das Geformte und Erstarrte im gesellschaftlichen Leben" (Mannheim 1929: 99), Ernst Troeltsch als die „großen soziologischen Formen des Daseins" (Troeltsch 1913: 25), Gustav von Schmoller als „dauernde Formen des gesellschaftlichen Lebens" (Schmoller 1900: 61), Emile Durkheim als „kristallisiertes Leben" (Durkheim 1895: 114). Und bis heu-

---

14 Eisenstadt (1968: 410) nennt folgende „major institutional spheres": „family and kinship", „education", „economics", „the political sphere", „cultural institutions", „the sphere of stratification".

te wird ihr Stabilitätswert hervorgehoben, werden die gesellschaftlichen Stabilisierungseffekte einer institutionalisierten sozialen Praxis gewürdigt: „In an institutionalized setting, behavior is more stable and predictable. [...] [T]hat very stability and predictability is, to a very large extent, precisely why we value institutionalized patterns and what it is we value in them." (Goodin 1996: 22)

Mit dem Verweis auf den Stabilitäts- bzw. Stabilisierungsaspekt mag nun der Wesensgehalt des Institutionellen zutreffend beschrieben sein – analytisch ist die Stabilitätsthese allerdings kaum weiterführend. Denn die Stabilität gesellschaftlicher Zusammenhänge fällt ja all diesen Bestimmungen zufolge nicht vom Himmel, sondern wird gerade institutionell *hergestellt* – bloß wie? Die Dauerhaftigkeit gesellschaftlicher Verhältnisse, gerade auch institutionell produzierte Dauer, ist also keineswegs selbstverständlich, sondern höchst erklärungsbedürftig. Institutionelle Analysen gehen daher angemessener Weise nicht von der Faktizität ihres Gegenstandes aus, sondern umgekehrt „von der Unwahrscheinlichkeit auf 'Dauer' gestellter Ordnungen" (Rehberg 1998: 397), und fragen nach den Bedingungen ihrer erfolgreichen Aufrechterhaltung. Sie ontologisieren nicht herrschende institutionelle Ordnungen und gegebene Institutionenbestände, sondern suchen nach den institutionellen Mechanismen der Herstellung, Stabilisierung und Wandlung von sozialen Ordnungszusammenhängen.[15]

Die Suche nach diesen Mechanismen macht es zwingend notwendig, die institutionalistische Stabilitätsannahme umzuformulieren in die Frage nach *den Stabilisierungsleistungen von Institutionen* und eben diese Stabilisierungsleistungen näher zu spezifizieren. Hierbei lässt sich sinnvoll an die vielfach reformulierte „Leitunterscheidung" (Brodocz 2002: 211) der Institutionentheorie zwischen der „instrumentellen" und der „symbolischen" Dimension von Institutionen anknüpfen. Gerhard Göhlers allgemeine Vorüberlegungen zu einer „Theorie politischer Institutionen" etwa (vgl. z.B. Göhler 1994) attestieren sozialen Institutionen eine doppelte Funktion einerseits der *Orientierung*, andererseits der *Regulierung* (bzw. der Integration zum einen, der Steuerung zum anderen).[16] Institutionen erscheinen dann nicht schlicht und statisch als gesellschaftliche

---

15 Vgl. Rehberg 1998: 387; Blänkner und Jussen 1998: 12; Schülein 1987: 119.
16 Die Funktionen der „Integration" bzw. „Steuerung" sind bei Göhler – weil in dessen zunehmend hypertrophierenden Theoriegebäude (vgl. z.B. Göhler 1997a, b) auf einer anderen Ebene angesiedelt – nicht ganz identisch mit den Funktionszuschreibungen der „Orientierung" bzw. „Regulierung", werden in unserem Zusammenhang aber jeweils mit diesen gleichgesetzt. Ohne dass dies bei ihm explizit gemacht würde, ist Göhlers doppelte Funktionsbestimmung offensichtlich stark von Parsons' Institutionalisierungs-Begriff beeinflusst (vgl. Parsons 1940: 53 bzw. 1960: 177; Schrader 1966).

Stabilitätsgaranten, sondern gewinnen als auf Stabilität und Dauer zielende „Ordnungs- und Orientierungsleistungen" (Blänkner 1994: 102), als „sinnbezogene und ordnungsstiftende Determinierungen von sozialen Interaktionen" (Melville 1992: 7), ein Eigenleben – und werden dementsprechend auch nicht einfach ontologisch gesetzt, sondern, wie das heutzutage so üblich geworden ist, leistungsbezogen evaluiert, sprich auf die Formen und Mechanismen sowie die Geheimnisse des „Erfolgs" oder „Misserfolgs" ihrer Orientierungs- und Regulierungsleistungen hin befragt.

Beide institutionellen Funktionen, so soll im weiteren Verlauf dieser Ausführungen argumentiert werden, sind untrennbar aufeinander bezogen: Soziale Institutionen erlangen und behalten Geltung (und damit „Steuerungsfähigkeit") nur, wenn und insoweit sie kollektive soziale Wertvorstellungen (in sich) aufnehmen und ihrerseits selbst wieder normbildend wirken (d.h. „Integrationsfähigkeit" unter Beweis stellen). Die institutionellen Strukturen moderner, demokratisch-kapitalistischer Gesellschaften – oder hier: nationaler Sozialmodelle – müssen demzufolge grundsätzlich als regulativer Rahmen *und* normatives Setting zugleich verstanden werden: Es geht hier nicht allein um „instrumentelle" Steuerung gesellschaftlicher Beziehungen – um Regulierung –, sondern stets auch um „symbolische" Integration der Gesellschaft – um Orientierung – im Sinne der Institutionalisierung von „collective moral visions". „[G]overnance is a fundamentally normative matter" (Hall 1986: 275).[17]

Institutionen sind demnach „Sinngebilde mit regulierender und orientierender Funktion" (Göhler 1994: 22; vgl. Acham 1992: 33, Hall 1986: 277) – womit die nächste Aufgabe konzeptioneller Vorarbeit zur nachfolgenden Untersuchung darin bestehen muss, die Begriffe „Regulierung" und „Orientierung" inhaltlich genauer zu bestimmen. Gesellschaftliche Institutionen bzw. Institutionalisierungen – bzw., genauer noch: institutionelle Stabilisierungsleistungen – werden im weiteren wie folgt rekonstruiert: in der Orientierungsdimension – im wesentlichen mit Karl-Siegbert Rehberg – als *die symbolische Darstellung von Ordnungsprinzipien*, als Ideenfixierungen oder institutionalisierte *Leitbilder* (vgl.

---

17 Diese doppelte, normative und regulative Bestimmung des Institutionellen findet sich bereits an zentraler Stelle bei Durkheim: „Tatsächlich kann man, ohne den Sinn dieses Ausdrucks zu entstellen, alle Glaubensvorstellungen und durch die Gesellschaft festgesetzten Verhaltensweisen Institutionen nennen; die Soziologie kann also definiert werden als die Wissenschaft von den Institutionen, deren Entstehung und Wirkungsart." (Durkheim 1895: 100) March und Olsen (1989: 21-52) unterscheiden dementsprechend auch zwischen der „institutionalization of meaning" und der „institutionalization of action"; vgl. Kaiser 1999: 192-195.

Kapitel 2.3.2.); in der Regulierungsdimension – in Weiterführung des Institutionenkonzepts Peter Halls – als *die materielle Definition von Sozialbeziehungen*, als Ordnungsfixierungen oder institutionalisierte *Relationen* (vgl. Kapitel 2.3.3.). Institutionen, so soll hier behauptet und im weiteren Verlauf der Untersuchung gezeigt werden, zielen auf die ordnende Gestaltung sozialer Beziehungen durch die stabile Reproduktion (und gegebenenfalls flexible Reinterpretation) gesellschaftlicher Leitbilder. Auf eine einfache Formel gebracht: Institutionen sorgen für Ordnung und vermitteln Ordnungssinn – im Zweifelsfall, wie die Analyse des deutschen Beispieles zeigt, auch über die Veränderung der Ordnung hinweg. Neben der materialen und der symbolischen hat der Institutionenbegriff schließlich aber auch noch eine dritte – nicht eigentlich originäre, sondern von den beiden ersten abgeleitete –, prozessuale Dimension, als deren Kronzeuge hier Rainer Lepsius mit seinen Arbeiten herangezogen wird. In beiderlei Hinsicht, in ihrer Orientierungs- wie auch in ihrer Regulierungsfunktion, sind Institutionen nämlich ständig im Fluss. Institutionen sind somit genaugenommen als *permanente Prozesse der Institutionalisierung* und De-Institutionalisierung (bzw. der Institutionalisierung alternativer) sozialer Beziehungsmuster („Relationen") und gesellschaftlicher Ordnungsvorstellungen („Leitbilder") zu verstehen, wobei beide Prozesse in einem komplexen Wechselverhältnis zueinander stehen (vgl. Kapitel 2.3.4.).

Der so spezifizierte Institutionenbegriff knüpft damit an die Stabilitätsprämisse der klassischen sozialwissenschaftlichen Institutionentheorie an – und wird zugleich der weiterführenden Frage nach der Formierung, den Bestandsformen und der Transformation von Institutionen gerecht.[18] Robert Goodin hat im Zuge seines Versuchs einer interdisziplinären neoinstitutionalistischen Synthese das „moderne" institutionentheoretische Verständnis auf den Begriff gebracht und Institutionen umschrieben als „organized patterns of socially constructed *norms* and *roles*, and socially prescribed behavior expected of the occupants of those roles, which are created and re-created over *time*" (Goodin

---

18 „Das Basisthema der 'klassischen' Institutionstheorie war die Frage: Was ermöglicht die Aufrechterhaltung von hochselektiver und hochspezialisierter sozialer Realität? Diese Grundfrage soziologischer Theorie ist keineswegs aufs Altenteil abgeschoben. Auch die 'moderne' Institutionstheorie geht von ihr aus. Sie setzt genaugenommen die Beantwortung dieser Basisfrage voraus: *daß* komplexe Realität sich hält, ist ihr gewissermaßen selbstverständliche Voraussetzung geworden, auf deren Hintergrund sie nun noch weiterfragt: Und wie bringt sie es fertig, sich zu ändern und Veränderungen zu adaptieren? Die Frage nach der Dauer hat sich damit eher verkompliziert, weil es nunmehr nicht nur um Dauer als solche, sondern um das Dauern im Wandel [...] geht." (Schülein 1987: 119)

1996: 19; Hervorhebungen von mir, S.L.). „Norms", „roles", „time": Die hier vorgeschlagene Konzeptualisierung des institutionellen Faktors in demokratisch-kapitalistischen Gesellschaften nimmt diese definitorischen Eckpunkte auf – und reformuliert sie als „Leitbilder", „Relationen" und „Dynamik".

2.3.2. Leitbilder

Institutionen sind – um es zu wiederholen – verfestigte Sozialformen mit regulierender und orientierender Wirkung. Betrachtet man sie zunächst von ihrer orientierenden Seite, so kommt das darstellende, repräsentierende Moment institutioneller Praxis zum Vorschein. Die symbolische Verkörperung der Prinzipien und Geltungsansprüche einer sozialen Ordnung – das ist für Karl-Siegbert Rehberg das Wesensmerkmal des Institutionellen; Institutionen gelten ihm als „symbolische Ordnungen" (Rehberg 1994).[19] Diese *Symbolisierungsleistung* vollzieht sich in der Ausformung und Ausformulierung einer die jeweiligen Ordnungsziele zum Ausdruck bringenden „Idee" der Institution (bzw. eines Komplexes solcher Ideen). „Leitideen" fungieren als Instrument der Repräsentation, genauer: der Selbstdarstellung einer gesellschaftlichen Ordnung, der Selbstdeutung eines institutionellen Zusammenhangs. Sie stellen damit zugleich, als „ein Komplex von handlungsleitenden Ordnungsvorstellungen" (Göhler 1994: 42), Orientierungspunkte für Akteure innerhalb und außerhalb der Institutionen dar.[20] Institutionen ordnen und stabilisieren somit nicht nur gesellschaftliche Verhältnisse, sondern vermitteln – über ihre Leitideen – zunächst einmal Ordnungs*sinn* und Stabilitäts*gewissheit* (vgl. Rehberg 1994: 69f.; Evers 1993: 360). Ihre orientierende, integrierende Funktion besteht darin, bestimmte Vorstellungen sozialer Ordnung aufrechtzuerhalten (oder aber flexibel auszudeuten und auf diesem Wege zu perpetuieren) und damit dieser Ordnung wie auch sich selbst ideelle,

---

19 Die Ausführungen dieses Abschnittes beruhen, wie bereits angekündigt, ganz wesentlich auf Rehbergs institutionentheoretischen Überlegungen. Den Kern und die Schlüsselbegriffe derselben hat er m.W. zuerst 1990 im Anschluss an eine kritische Rezeption der Institutionentheorie Arnold Gehlens dargelegt (vgl. Rehberg 1990: 137-141) und in den folgenden Jahren systematisch ausgearbeitet und erweitert (vgl. als zentralen Beitrag Rehberg 1994; ferner ders. 1995, 1997, 1998). Zur kritischen Rezeption vgl. Brodocz 2002: 217-220.
20 Sie erbringen damit gewissermaßen eine doppelte Orientierungsleistung: für ihre Adressaten wie für die in den Institutionen Handelnden selbst (vgl. Göhler 1994: 42; kritisch Brodocz 2002: 213-217).

„kulturelle" Stabilität – „an identity over time" (Hall 1986: 272) – zu verleihen.[21] Die Bedeutung der „Sozialen Marktwirtschaft" als Leit- und Integrationsformel der (west-)deutschen Nachkriegsgesellschaft etwa ist ein hervorragendes Beispiel für die Sinnstiftungsfunktion einer sozialen Institution (vgl. Kapitel 4.2. dieser Untersuchung).

Rehbergs Entscheidung, die „Leitidee" als zentrales Bestimmungsmerkmal des Institutionellen zu setzen, verweist zurück auf den französischen Rechtsphilosophen Maurice Hauriou – allerdings mit wichtigen Einschränkungen.[22] Rehberg distanziert sich nämlich von der Idealisierung und Mystifizierung, die der Begriff der „idée directrice" bei Hauriou erfährt. Dieser hatte die Antwort auf die Frage nach den Entstehungsbedingungen rechtlich verfasster Verbände in der Existenz einer „Idee des in einer sozialen Gruppe zu schaffenden Werks" („idée de l'œuvre a réaliser") bzw. in den „Gemeinsamkeitsbekundungen, die innerhalb der sozialen Gruppe mit Bezug auf die Idee und ihre Verwirklichung erfolgen" (Hauriou 1925: 35f.), gefunden. Allerdings sprach Hauriou dieser „Idee des zu schaffenden Werks" objektiven Charakter, „von Anfang an objektive Natur" zu: „In Wirklichkeit kann man Ideen gar nicht erschaffen, man kann nur auf sie stoßen." (ebda.: 39) Ein solch idealistisches Verständnis des Leitidee-Begriffs, das sich in der deutschen Aneignung desselben insbesondere durch Arnold Gehlen (vgl. Rehberg 1990) fortsetzte bzw. gerade durch dessen kulturanthropologische Verallgemeinerung des Konzepts der Gefahr „metaphysischer Überhöhung" (Blänkner 1994: 106) erlag, kann plausiblerweise nicht einer kritischen Institutionenanalyse zugrunde gelegt werden. Diese muss vielmehr eine antiidealistische (Um-)Deutung des Begriffs vornehmen und Ideen auf Interessen beziehen: Dann nämlich werden Leitideen – oder, wie sie hier genannt werden, um dem anders gearteten Verständnis Ausdruck zu geben: Leit*bilder* – nicht in

---

21 In eben diesem Sinne verweist auch Bode (1999: 42) darauf, dass Institutionen „nicht einfach nur stabilisieren und ordnen, sondern auch sozialen Sinn transportieren. [...] Sie sind 'sinnvoll' nicht nur in der Weise, daß sie Ordnung herstellen, sondern auch insofern, als sie diese Ordnung mit Sinn ausstatten und diesen Sinn in stabile Formen gießen."

22 Selbstverständlich hat der Gedanke der „Leitidee" eine Vielzahl von Anknüpfungspunkten in der institutionalistisch orientierten wie auch in der nicht-institutionalistisch ausgerichteten Soziologie. In diesen gedanklichen Kontext gehören so unterschiedliche Konzepte wie Emile Durkheims „kollektive Vorstellungen" (oder „représentations collectives", vgl. Durkheim 1912: 577-587), Max Webers „regulative Wertmaßstäbe" (Weber 1904: 153) als institutionalisierte Wertvorstellungen (vgl. Lepsius 1986; ders. 1997: 57-59) oder Friedrich Tenbrucks „repräsentative Kultur" im Sinne jener „grundlegenden 'Ideen', die in einer Gesellschaft jeweils als richtig, wahr, gültig angesehen oder respektiert werden" (vgl. Tenbruck 1990: 29-37, hier: 32).

„Augenblicken der Eingebung" (Hauriou 1925: 39) gleichsam „entdeckt", sondern in Prozessen der Verausgabung gesellschaftlicher Machtressourcen *hergestellt*.[23] Dann gibt es keine ursprünglichen, „objektiv" gültigen Ideen, sondern allein solche, die sozial konstruiert und in ihrer Geltung durchgesetzt worden sind. Leit*bilder* sind selbst Gegenstand und Resultat von Institutionalisierungsbewegungen, Teil eines konkreten – national je spezifischen – institutionenpolitischen Prozesses: „Over time, each nation builds up a set of politically evocative concepts and collective reference points" (Hall 1989: 383f.) politischen und sozialen Handelns.

Nimmt man diese Perspektive ein, dann kommt das Kontingente, Nicht-Determinierte der jeweiligen Repräsentationsform einer sozialen Ordnung bzw. der Realisierungsform des sie verkörpernden Prinzips in den Blick: „Leitideen sind also nicht einfach auf den Begriff gebrachte 'Notwendigkeiten', sondern sie symbolisieren jeweils durchgesetzte (wenn zuweilen auch auf lange Traditionen zurückgreifen könnende) Ordnungsarrangements." (Rehberg 1994: 67) Institutionen und ihre Leitbilder sind nicht fraglos gültig, sondern umstritten und umkämpft, Bezugspunkte affirmativ-bejahenden ebenso wie widerstrebend-ablehnenden Verhaltens. Interessanterweise negieren Institutionen allerdings, einmal etabliert, genau diesen Umstand und behaupten sich und ihre Ordnungsziele (bzw. eben ihre Leitbilder als deren Ausdruck) als alternativlos, ewig und eigengültig. Gerade dies – die Symbolisierung und im Zweifel auch kontrafaktische Suggestion von Dauer – ist ein wesentlicher Aspekt institutioneller Stabilisierungsleistungen. Die im deutschen Kontext auffällige Stilisierung der Institution „Sozialversicherung" zum „immer schon" bestehenden, bewährten und bewahrenswerten Modus gesellschaftlichen Bedarfsausgleichs mag als Illustration des Versuchs dienen, kontingenten Phänomenen die Aura der Fraglosigkeit zu verleihen (vgl. dazu Kapitel 4.4. und 5.2. dieser Arbeit). Die konkreten institutionellen Mechanismen, die diesem Zweck dienen, sind vielfältig und umfassen mindestens jene der Ausgrenzung, Tabuisierung, Autonomisierung und Enthistorisierung; sie seien hier nur stichwortartig beschrieben.[24]

Institutionelle Leitbilder werden in Auseinandersetzung mit anderen – potenziell wirkungsmächtigen und ordnungsstiftenden – Ideenkomplexen formuliert und durchgesetzt. Mit der erfolgreichen Institutionalisierung einer Ordnungsvor-

---

23 Vgl. diesbezüglich Roger Chartiers passenden Begriff der „Vorstellungs-Hersteller" (Chartier 1989: 11).

24 Rehbergs jüngere Veröffentlichungen widmen sich im Wesentlichen der theoretischen und empirischen Fundierung eben dieser Mechanismen; vgl. dazu insbesondere Rehberg 1998.

stellung als Leitbild werden alternative Leitbilder nicht nur situativ ausgegrenzt, sondern zudem wird danach getrachtet, diese nicht-realisierten „Gegenbilder" auch dauerhaft aus dem Kanon des Realisierbaren auszuscheiden. Die Erkundung der Basisinstutionen des deutschen Sozialmodells und ihrer Eigenarten (in Kapitel 4 der Untersuchung) liefert reichhaltiges Anschauungsmaterial für diesen Sachverhalt.

„Jede Leitidee leistet eine Heraushebung aus einer Vielzahl oftmals unvereinbarer Orientierungsmöglichkeiten; sie ist eine Synthese von Widersprüchlichem und verleugnet zugleich die Mehrzahl der in ihr spannungsreich verarbeiteten und der mit ihr konkurrierenden Sinnsetzungen und Ordnungsentwürfe." (Rehberg 1994: 68)[25]

Diese symbolische Ausgrenzung des Anderen ist notwendig mit Machthandlungen, mit dem Einsatz von Machtressourcen verbunden – und in institutionalisierten Leitbildern spiegelt sich dementsprechend prinzipiell eine konkrete, institutionell geronnene Machtbeziehung wider. Gleichwohl wird dieser Zusammenhang häufig tabuisiert, erscheinen Leitbilder als konsensual etablierte, einheitlich akzeptierte, von Machtprozessen und -konstellationen abgekoppelte Wert- und Ordnungsvorstellungen – man denke nur an das Leitbild kooperativer Konfliktregulierung im Rahmen der deutschen Institution der „Sozialpartnerschaft" (vgl. Kapitel 4.3. und 5.3.) oder, erneut, an die Wettbewerbsordnung der „Sozialen Marktwirtschaft". Hier wie dort präsentiert sich „institutionelle Macht [...] als 'reine Geltung'" (Rehberg 1994: 73). Mit dieser „Machtferne" erlangt das institutionalisierte Leitbild zugleich einen gewissen Grad an – symbolischer – Autonomie von Ort und Zeit seiner Entstehung und Durchsetzung. Es versieht sich sozusagen mit einer Eigenwürde, einer Realität sui generis – entwickelt eine Eigengeltung, die es vor politischen Anfechtungen schützen und einer zwanghaften Selbstbegründung tendenziell entheben soll. Von ganz besonderer Bedeutung für diese Autonomisierung des institutionalisierten Leitbildes sind zudem Entwurf und Vermarktung einer institutionellen Eigengeschichte im Sinne der wirkungsmächtigen Rekonstruktion der symbolisierten Ordnung als einer zeitlosen, „unendlichen Geschichte" (s.o.). Enthistorisierung der Institution und Ver-

---

25 Als Moment der „Selektivität" und damit „faktischen Normativität" findet sich dieser Ausgrenzungsmechanismus auch in der „Theorie der Institution" Schüleins wieder: Die nicht-realisierten Alternativen erscheinen hier als „Nicht-Institutionalisierung, die quasi als Negativ der Institution – als potentielle Negation – immer zugleich mitproduziert wird" (Schülein 1987: 159; vgl. ebda.: 146). Als solche stellt das Nicht-Realisierte allerdings auch eine permanente Bedrohung der durchgesetzten Institution dar: „Das [...] Ausgegrenzte lauert ständig auf eine Chance, in die Realität zu drängen." (Ebda.: 158) – Vgl. ähnlich, aus diskurstheoretischer Perspektive, auch Lyotard 1986: 59-61.

stetigung des Institutionalisierten gehen dann Hand in Hand: „Dauer und Entzeitlichung ergänzen sich, und dem Vergangenen wird jede Kontingenz genommen, der *status quo* zum Endpunkt einer langen Verkettung von 'Notwendigkeiten'." (Rehberg 1998: 401)

Eine kritische Analyse von Institutionen und ihren Leitbildern am Beispiel des deutschen Sozialmodells wird für all diese Mechanismen und Prozesse sensibel sein, denn sie geht grundsätzlich von der faktischen Relevanz gesellschaftlicher Machtausübung und sozialer Kontrolle in und durch Institutionen aus. Die Institutionalisierung eines Leitbildes, die ideologische Selbstauslegung einer sozialen Ordnung, die beständige Vergegenwärtigung ihrer „Identifikations- und Zielbestimmungsformeln" (Rehberg 1994: 69) – all dies ist ja kein Selbstzweck, sondern dient nichts anderem als der Durchsetzung der Geltung dieser Ordnung. „Geltung" einer Ordnung aber bedeutet – hier schlägt die Stunde Max Webers – mehr „als eine bloße, durch Sitte oder Interessenlage bedingte Regelmäßigkeit eines Ablaufs sozialen Handelns" (Weber 1922: 16). Institutionen müssen mehr gewährleisten als nur die „zufällige" Regelmäßigkeit gesellschaftlicher Interaktion. Geltung, so Weber, erlangt eine Ordnung erst, wenn das soziale Handeln tatsächlich „an angebbaren 'Maximen' [...] orientiert wird" – und zwar deshalb, weil diese Maximen „als irgendwie *für* das Handeln geltend: verbindlich oder vorbildlich, angesehen werden" (ebda.). Nur jener sozialen Ordnung also kommt Geltung zu, die den Handelnden „als vorbildlich oder verbindlich oder gelten *sollend* vorschwebt" (ebda.) – und die Funktion der Orientierung des Handelns auf solch vorbildliche, verbindliche, sprich: „gültige" Ziele übernehmen institutionalisierte, autoritativ (d.h. „auch gegen Widerstreben"[26]) durchgesetzte Leitbilder.[27]

Gerade in diesen Zusammenhängen nun – in dem über institutionalisierte, gesellschaftlich akzeptierte Leitbilder vermittelten Prozess der Autonomisierung

---

26 Um aus Max Webers berühmter Definition von „Macht" zu zitieren (vgl. Weber 1922: 28).
27 Vgl. hierzu auch Lepsius 1995 bzw. Rehberg 1995: 181-184 sowie Kapitel 4.8. dieser Untersuchung. – Insofern sind z.B. all jene Konzepte institutioneller „Responsivität" abzulehnen, für welche die symbolische Funktion politischer Institutionen allein darin besteht, gesellschaftliche Wertvorstellungen „abzubilden", und für die Institutionen „ideologisch" (erst dann) werden, wenn sie sich von diesen Vorstellungen „abkoppeln" (vgl. z.B. Göhler 1997c, insb.: 41-45): Institutionen sind eben nicht bloße Projektionen der in einer Gesellschaft „ohnehin" existierenden Ordnungsvorstellungen, sondern sie haben konstitutiv auch eine eigenständige ideologische Funktion im Sinne der Beeinflussung und Formung dieser Vorstellungen (und es ist keineswegs so, dass – wie Göhler behauptet – solche „Praktiken" nur „von autoritären und totalitären Regimen her geläufig" wären; vgl. ebda.: 45).

einer Institution – liegt zugleich die potentielle Dynamik, die latente Variabilität institutioneller Ordnungen begründet. Die allmähliche Verselbständigung und faktische Fraglosigkeit der Ordnungsvorstellungen einer Institution öffnen nämlich den Möglichkeitsraum für flexible Interpretationen und innovative Implementationen derselben – und somit die institutionenpolitische Option, Kontinuität gewissermaßen bloß zu fingieren.[28] Institutionenwandel, und damit der Wandel der institutionell geformten gesellschaftlichen Ordnung, findet dann – wie die Untersuchung des deutschen Sozialmodells und seines Wandels zeigen soll – „hinter dem Rücken" der etablierten Leitbilder statt, indem überkommene Wertbegründungen sozialer Ordnung für gesellschaftliche Innovationen instrumentalisiert werden. Denn „[d]ie Brechung der Tradition gelingt immer am besten im Namen traditionell akzeptierter Wertvorstellungen, auch wenn die Neuerung die tradierte Wertvorstellung auflöst" (ebda.: 26).

2.3.3. Relationen

Was die Leitbilder für die Orientierungsdimension, sind „Relationen" in der hier zu präsentierenden Konzeption für die Regulierungsdimension der Institution. Mit diesem Begriff ist das sozial prägende, konstituierende Moment institutioneller Praxis angesprochen: die Fixierung gesellschaftlicher Positionen und sozialer Beziehungsmuster. Der „relationale" Charakter von Institutionen ist in der institutionalistischen Literatur insbesondere von Peter Hall (1986, insb.: 19; vgl. auch Melville 1992: 9f.) hervorgehoben worden. In Halls Verständnis zeichnen sich Institutionen dadurch aus, dass sie Individuen „relationieren", d.h. diese in eine bestimmte, politisch definierte Beziehung zueinander setzen. Institutionen weisen Individuen spezifische Rollen zu und strukturieren die Beziehungen zwischen den derart bestimmten Rollenträgern.[29] Sie positionieren den sozialen Akteur in gesellschaftlichen Zusammenhängen „by establishing his institutional responsibilities and relationships to other actors" (Hall 1986: 19). Die *Relationierungsleistung* von Institutionen bezieht sich demnach auf die strukturelle „Zueinanderordnung von individuellen, kollektiven und korporativen Akteuren"

---

28 Vgl. zur „realitätsschaffenden Macht institutioneller 'Fiktionen'" knapp Rehberg 1998: 406f. (hier: 407). Beispielhaft für die Institution Kirche vgl. Geyer 1999, für die Institution Sozialversicherung Lessenich 1999.

29 Parsons (1951: 39) spricht von Institutionen als einem Komplex institutionalisierter Rollenzusammenhänge („role integrates") bzw. entsprechender Statusbeziehungen („status-relationships").

(Mayntz 2002: 31) und besteht im Kern in der – selbst wieder gesellschaftlich begrenzten – Steuerung ihrer Handlungsverflechtungen, ihrer relativen Positionen und Interaktionen.[30] Institutionelle Vorgaben stellen gesellschaftliche Beziehungsstrukturen und Akteurskonstellationen her und setzen zugleich den Rahmen für deren Wandel.

Die klassische analytische Fundierung einer solch „relationalen" Perspektive auf die Eigenart des Institutionellen findet sich in Georg Simmels Wechselwirkungssoziologie, oder genauer: in seinem Verständnis der Gesellschaft als Konglomerat von Prozessen und Formen der Wechselwirkung bzw. der „wechselseitigen Verhaltungsweisen" von Individuen (und der Soziologie als „Wissenschaft von den Beziehungsformen der Menschen untereinander"; vgl. Simmel 1894, hier: 58). Für Simmel sind die Formen gegenseitiger Relationierung das spezifisch Gesellschaftliche – und all jene „überindividuellen Organisationen", die gängigerweise als Institutionen firmieren, sind ihm zufolge „nichts anderes als die Verfestigungen – zu dauernden Rahmen und selbständigen Gebilden – von unmittelbaren, zwischen Individuum und Individuum stündlich und lebenslang hin und her gehenden Wechselwirkungen" (Simmel 1917: 38). Zwar gewinnen diese verfestigten, institutionalisierten Sozialbeziehungen Simmel zufolge durchaus „Eigenbestand und Eigengesetzlichkeit, mit denen sie sich diesen gegenseitig sich bestimmenden Lebendigkeiten auch gegenüber- und entgegenstellen können" (ebda.). Aber es war keineswegs diese institutionelle Rahmung und Formung interindividueller Beziehungen, die Simmel interessierte; für ihn blieb das eigentlich Faszinierende am gesellschaftlichen Geschehen die primäre, originäre, „lebendige" gesellschaftliche Form der Wechselbeziehung zwischen Menschen, „der gegenseitigen Relation derselben" (Simmel 1894: 58).

Damit kann Simmel eine Analyse moderner Gesellschaften unter dem Aspekt institutionalisierter Relationen zwar begrifflich inspirieren, nicht aber wirklich kategorial leiten – ganz ähnlich, wie dies zuvor bereits für Hauriou und dessen Konzept der Leitidee konstatiert wurde. Denn indem Simmel die Formen und Mechanismen der institutionellen Prägung des gesellschaftlichen Handelns (bzw. der sozialen Wechselwirkungen) systematisch unterschätzt, findet er keinen analytischen Zugang zum Phänomen politischer Herrschaft – „nicht nur hinsichtlich des (modernen) Staates, sondern auch im Hinblick auf die *herrschaftliche Formung sozialer Beziehungen*" (Nolte 1998: 247; Hervorhebung von mir, S.L.). Entsprechend gilt es, Simmels gesellschaftsanalytischen Begriff der Relation

---

30 Zum Verständnis von Gesellschaft als „Verflechtungszusammenhang" – und gesellschaftlicher Entwicklung als Wandel sozialer „Figurationen" – vgl. Elias 1970 (insb.: 139-145).

aufzunehmen und gewissermaßen zu politisieren: Dann nämlich kommen Relationen von Anfang an als politisch regulierte, herrschaftlich überformte soziale Beziehungsmuster in den Blick – und „überindividuelle Organisationen" der politischen Regulierung sozialer Beziehungen wie etwa die Basisinstitutionen des deutschen Sozialmodells werden zum ureigenen, vorrangigen Gegenstand soziologischen Interesses.

Was nun ist aber im Kontext der folgenden Untersuchung mit dem Begriff der „Relation" bzw. ihrer Institutionalisierung konkret gemeint? Was bedeutet es praktisch, wenn die Rede davon ist, dass soziale Akteure in einer institutionell bestimmten Beziehung zueinander stehen? Institutionen beeinflussen nicht nur die Handlungsziele sozialer Akteure. Sie bestimmen, so die Annahme, auch maßgeblich deren Interaktionsorientierungen (vgl. Hall 1986: 19; Locke und Thelen 1995: 339). Thematisiert man Institutionen als „objektivierte soziale Beziehungen" (Strünck 2000: 44), als „patterned relations" (Thelen und Steinmo 1992: 12), dann ist eben dieser Aspekt ihrer gesellschaftlichen Wirkung angesprochen: Wenn Institutionen soziale Akteure in eine institutionell definierte Beziehung zueinander setzen, so prägen sie damit die Interpretation dieser Beziehung durch die Akteure selbst und darüber vermittelt auch die Wahl der Formen, in denen diese untereinander (d.h.: miteinander, gegeneinander, nebeneinander) agieren. Institutionen können die Strukturen der Interaktion gesellschaftlicher Akteure stabilisieren, indem sie deren Positionierung zueinander stabil halten – und umgekehrt zur Veränderung der Interaktionsformen sozialer Akteure beitragen „by altering their relationship to other actors" (Hall 1986: 277; vgl. Thelen und Steinmo 1992: 9, Dyson 1992: 25). Kurz: Institutionen formen die Interaktionsorientierungen von Akteuren in sozialen Handlungskonstellationen[31] – und bewirken damit die Ausbildung institutionenbedingt aufeinander bezogener, *relationaler* Akteursidentitäten.

---

31 Dies ist auch die Grundannahme des so genannten „akteurzentrierten Institutionalismus"; vgl. Mayntz und Scharpf 1995 sowie Scharpf 2000a: 73-94. Mayntz und Scharpf unterscheiden dabei ausdrücklich zwischen kognitiven und moralischen Aspekten der Handlungsorientierung zum einen und dem „in geläufigen Handlungstheorien" unterbelichteten, „relationalen" Aspekt der Interaktionsorientierung zum anderen (1995: 52-58, hier: 57). – Mit dem Verhältnis von Institution, Interaktion und Relation beschäftigt sich auch Schülein, der Institutionen als „fixierte interaktive Prozesse" bzw. als auf primären Relationierungen aufbauende und zugleich über diese hinaus weisende „sekundäre Relationen" konzeptualisiert (vgl. Schülein 1987: 132-170; hier: 139, 133). Allerdings ist seine eigenwillige „Theorie der Institution" seltsam hermetisch, so dass sie kaum systematische Anknüpfungspunkte bietet für die hier bezweckte Operationalisierung des Institutionenbegriffs.

Institutionen relationieren gesellschaftliche Akteure somit gewissermaßen auf doppelte Weise: mit den Wertvorstellungen einer sozialen Ordnung und mit den Handlungsdispositionen anderer sozialer Akteure. Dabei gilt, wie für die Institutionalisierung von Leitbildern bereits dargelegt, auch für die Institutionalisierung sozialer Relationen und entsprechender Interaktionsorientierungen, dass es in institutionellen Kontexten stets um Machtprozesse und -beziehungen geht. Denn wenn Institutionen Relationen zwischen gesellschaftlichen Akteuren festlegen, dann sind damit ganz wesentlich auch Dominanz- und Abhängigkeitsbeziehungen gemeint, die zwischen diesen herrschen bzw., der institutionellen Logik gemäß, zwischen ihnen herrschen sollen (vgl. Mayntz und Scharpf 1995: 47f.) – die sozialen Unterstützungsbeziehungen im Rahmen des Institutionenkomplexes Ehe und Familie sind nur das offensichtlichste Beispiel hierfür (vgl. Kapitel 4.5. der Untersuchung). Gesellschaftliche Relationen, institutionalisierte soziale Beziehungsmuster, sind machtbesetzt – ganz gleich, ob die jeweilige Akteursbeziehung (und die entsprechende Interaktionsorientierung) institutionell als eine feindliche, eine kompetitive, eine egoistische oder aber, wie dies im Verlauf der Untersuchung für die Basisinstitutionen des deutschen Sozialmodells gezeigt werden soll, grundsätzlich als eine kooperative Beziehung angelegt ist.[32] Institutionen sind geronnene Machtrelationen (vgl. Goodin 1996: 10) – doch geronnen und gefestigt ist nur die Form, die diese Beziehung annimmt, in die sie institutionell gebracht worden ist, nicht jedoch die Beziehung selbst „in ihrem fortwährend sich realisierenden Leben" (Simmel 1917: 38). Gesellschaft, das wusste Simmel immer von neuem zu betonen, ist in diesem Sinne „keine Substanz, [...] sondern ein *Geschehen*" (ebda.: 39).[33] Und gesellschaftliche Relationen sind, auch und gerade in ihrer institutionalisierten Form, Ausdruck und Inbegriff dieser immerwährenden – hier am Beispiel des deutschen Sozialmodells zu rekonstruierenden – Dynamik.

---

32 Vgl. für eine erste Erläuterung dieser vier Optionen Mayntz und Scharpf (1995: 57). Demnach erscheint die institutionalisierte Akteursbeziehung „entweder als eine 'feindliche', in der der Verlust des anderen als eigener Gewinn erscheint, eine 'kompetitive', in der es um die Differenz zwischen eigenem und fremdem Gewinn geht, eine 'egoistisch-rationale', in der allein der Gewinn zählt, und [sic] eine 'kooperative', in der das Streben nach gemeinsamem Nutzen dominiert". Vgl. hierzu auch Scharpf 1989.

33 Weswegen Simmel (1908) es auch vorzieht, nicht von „Gesellschaft", sondern von den wechselnden „Formen der Vergesellschaftung" als Gegenstand der Soziologie zu sprechen.

2.3.4. Dynamik

Institutionen – institutionalisierte Leitbilder und Relationen – sind demzufolge einerseits etwas Festgefügtes und Gesetztes; sie stabilisieren gesellschaftliches Handeln und gesellschaftliche Interaktion. Zugleich aber sind sie auch etwas Fließendes, Bewegtes: Sie werden gerade *durch* gesellschaftliches Handeln und gesellschaftliche Interaktion selbst – in ihren Orientierungs- und ihren Regulierungsleistungen, in deren „Erfolg" oder „Misserfolg" – immer wieder neu bestimmt. „Die 'moderne Gesellschaft' ist das Produkt und zugleich der Produzent von spezifischen institutionellen Ordnungen." (Lepsius 1977: 17) Was hieraus für eine sozialwissenschaftliche Institutionenanalyse folgt, liegt auf der Hand: Es bedarf einer Kategorienbildung, die beides – Stabilisierung und Neubestimmung, Statik und Dynamik des Institutionellen – zu fassen vermag. Institutionen sind etwas gesellschaftlich Hergestelltes, ein *Produkt* gesellschaftlichen Handelns – und als ein solches sind sie in steter Veränderung begriffen, sind sie stets *Prozess*. Somit kommt es entscheidend auf die analytische Blickrichtung an, was jeweils im Vordergrund der Betrachtung steht: „Es ist [...] eine Frage der *Perspektive*, ob man es mit einem Prozeß oder mit einem Produkt zu tun hat." (Schülein 1987: 129)[34]

Wir betrachten im Folgenden Institutionen – mit Rainer Lepsius – als stetigen, dauernden Prozess der Herstellung einer sozialen Ordnung (vgl. Lepsius 1995 und insb. 1997). Das bedeutet: Institutionell geprägte Ordnungen sind in permanentem Wandel begriffen. „Institutionenwandel ist ein andauernder Vorgang der Institutionalisierung und Entinstitutionalisierung" (Lepsius 1997: 63) – und letzteres heißt zugleich: der Institutionalisierung veränderter oder anderer – gesellschaftlicher Leitbilder und Relationen, sozialer Wertorientierungen und Beziehungsmuster.[35] Damit nähern wir uns nun endgültig der angestrebten, operationalen Definition des Institutionsbegriffs: Institutionen sind „soziale Strukturierungen" (ders. 1995: 394), die bestimmte Wertbezüge und spezifische Akteursbeziehungen gesellschaftlich handlungsrelevant werden lassen. Anders ausgedrückt: Institutionen sind – selbst gesellschaftlich mitbestimmte – Prozesse, in denen soziales Handeln auf *institutionell geprägte Wertvorstellungen und*

---

34 „Entitäten sind nur innerhalb einer bestimmten Distanzzone als solche identifizierbar; tritt man näher, so löst sich das Produkt auf in einen Prozeß und umgekehrt." (Schülein 1987: 129)

35 „Instead of speaking of institutions as given, constant, self-contained entities, it might be more profitable to talk about the *process of institutionalization*." (Eisenstadt 1968: 414)

Akteurskonstellationen bezogen (und dadurch in gewünschte, gewollte Bahnen gelenkt bzw. zu lenken versucht) wird. Es gibt demnach keinen festen, unveränderlichen Bestand an Institutionen, sondern eine beständige Abfolge von Veränderungen, von Umbauten der institutionellen Ordnung, Prozesse des Übergangs „von einer Geformtheit in eine andere" (Melville 1992: 15). Was die Institutionenanalyse auf dieser Grundlage fixiert, sind „patterns of institutionalization" (Eisenstadt 1968: 410; vgl. Parsons 1951: 45-58) – mehr oder weniger flüchtige, nie aber „zeitlose" Momentaufnahmen, oder, in Anlehnung an einen bekannten und glücklich gewählten Buchtitel (vgl. Honneth et al. 1989): *Zwischenbetrachtungen* im Prozess der Institutionalisierung und Gegen-Institutionalisierung (und damit verbunden: der Regulierung und Re-Regulierung) gesellschaftlicher Wertorientierungen und sozialer Beziehungen. Solche Zwischenbetrachtungen zeigen dann, im Doppelsinne, *das Produkt im Prozess* – „daß etwas an einer Stelle in Bewegung ist, es an anderer Stelle steht, mit anderen Worten: daß dasselbe zugleich als Prozeß und als Produkt vorhanden ist" (Schülein 1987: 130).

Dass für den institutionalistischen Blick in der Regel gleichwohl das Dauerhafte, Statische und Festgefügte das Bild der Institution dominiert, liegt wohl an der Qualität der Momentaufnahmen. Entsprechend wichtig ist es, in institutionellen Analysen begrifflich wie konzeptionell offen zu bleiben für Mechanismen des Wandels durch Selbststabilisierung, der bloßen *Behauptung* institutioneller Kontinuität und Stabilität auch über Wandlungen der institutionellen Umwelt wie vor allem auch der Institution selbst hinweg.[36] Diese Offenheit beinhaltet, die zentrale Bedeutung des *ideologischen Moments* für die Stabilisierung bzw. *Stabilitätsstilisierung* institutioneller Ordnungen zu betonen: all jener Praktiken also des Beharrens auf hergebrachten, institutionell gestützten, „guten alten Werten", des „tying present activities to past ideals" (Hall 1986: 272) – auch wenn beides, symbolisierte Wertvorstellungen und materielle Regulierungen, durchaus nicht deckungsgleich sein mag, sondern das Festhalten an Bewährtem geradezu die Veränderung des Überkommenen gewährleisten soll. Eine der wesentlichen Aufgaben institutioneller Analyse ist es in diesem Sinne, „die 'fiktionale', gleichwohl wirksame und insofern 'reale' Herstellung von Geltung begründender 'Dauer' zu rekonstruieren" (Rehberg 1998: 387). Es ist gerade

---

36 Für jede kritische Institutionenanalyse gilt, dass sie „nicht von fixen Ordnungen ausgeht, sondern von Ordnungs*behauptungen*, nicht von unbefragten Geltungen, sondern von Geltungs*ansprüchen*, nicht von institutionellen Normerfüllungen, sondern von Handlungs- und Rollen*stilisierungen*." (Rehberg 1998: 406)

eine solche Betrachtungsweise des Institutionalisierungsprozesses, die ein Verständnis des Zusammenhanges von „Kontinuität" und „Wandel" ermöglicht. Und eben diese komplexe, nur scheinbar paradoxe Konstellation von Kontinuität und Wandel, Statik und Dynamik, ist es auch, die im Zuge der Untersuchung des deutschen Sozialmodells, seiner institutionellen Konfiguration und Rekonfiguration, zu erörtern sein wird.

2.4. Kontingenz – Evolution – Intentionalität: Institutionen als Projekt und Prozess

Wie aber geht nun dieser Wandel vonstatten? Wie konzeptualisiert man institutionelle – und, darüber vermittelt, gesellschaftliche – Dynamik? Mit Robert Goodin lassen sich drei Modi institutionellen Wandels, oder besser drei Modi der *Interpretation* desselben, unterscheiden: Kontingenz, Evolution und Intentionalität (vgl. Goodin 1996: 24-37). „Kontingenz" meint dabei nichts anderes als den Zufall (Goodin spricht denn auch von „accident") – „transpersonale Ereignismuster, die sich dem Zugriff der Menschen entziehen" (Koselleck 1968: 160) und zum immanenten Grund historischen Wandels werden: „What happens just happens. It is [...] purely a matter of contingency." (Goodin 1996: 24) „Evolution" hingegen verweist auf eine zwar gleichfalls überpersonale, jedoch gerichtete geschichtliche Entwicklung, und zwar gemäß eines spezifischen Selektionsprinzips: „there are, on these accounts, some selection mechanisms at work [...] which pick out some variants for survival" (ebda.: 24f.) „Intentionalität" schließlich impliziert strategisch, zielorientiert Handelnde, die durch ihren Einsatz gesellschaftliche Veränderungen herbeiführen – wenn auch nicht immer die eigentlich bezweckten: „The changes that ensue from their intentional interventions may or may not be exactly what was intended by any one (or by any subset) of them." (ebda.: 25)[37] Lassen sich diese drei Optionen analytisch durchaus trennen, so ist gleichwohl davon auszugehen, dass empirisch stets Faktoren zusammenwirken, die sich als solche der Kontingenz, der Evolution und der Intentionalität deuten lassen: „Any actual instance of social or institutional change is almost certain to involve a combination of all three of these elements." (Ebda.: 25) Auf der Grundlage dieser Erkenntnis und unter Bezug auf die hier vorgeschlagene

---

[37] Entsprechend gilt: „Institutions are often the product of intentional activities gone wrong" (Goodin 1996: 28).

Operationalisierung des Institutionenbegriffs als Prozess der Institutionalisierung gesellschaftlicher Leitbilder und sozialer Relationen lässt sich dann institutioneller Wandel wie folgt modellieren.

Institutionen bzw. institutionelle Ordnungen, in ihren Ordnungsstrukturen und ihrem Ordnungssinn, entstehen unter durchaus *kontingenten* Umständen einer bestimmten historisch-politischen Kräftekonstellation. Es sind jeweils die zu einem konkreten historischen Zeitpunkt mächtigen, durchsetzungsfähigen Ideen- und Interessenträger, die ihre gesellschaftlichen Ordnungsvorstellungen symbolisch und materiell zu institutionalisieren vermögen. Dies ist auch die Ausgangsannahme des Historischen Institutionalismus (vgl.o.): Institutionen sind „artifactual residuals of past actions and choices" (Goodin 1996: 20), und diese früheren, „ursprünglichen" institutionellen Ordnungshandlungen und -entscheidungen wirken gleichsam selbstverstärkend und -reproduzierend und programmieren somit die weitere gesellschaftliche Entwicklung.[38] Konkret und in der hier eingeführten Terminologie ausgedrückt: Die einmal institutionalisierten Relationen im Sinne spezifischer sozialer Beziehungsmuster und ihnen entsprechender Interaktionsorientierungen sozialer Akteure verfestigen und routinisieren sich, während die institutionalisierten Leitbilder – sprich: gesellschaftspolitischen Zielvorgaben – als *Selektionsmechanismus* und Wegweiser der weiteren institutionellen Richtungsentscheidungen dienen. Die gesellschaftliche Wirksamkeit der Leitbilder, die gleichsam den Pfad der weiteren institutionellen Entwicklung vorgeben, verdankt sich dabei freilich keinem übermächtigen, metaphysischen Automatismus, wie dies in historisch-institutionalistischen Analysen oftmals anklingt: „there is a certain sense of *deus ex machina* in the historical institutionalist approach, with decisions taken at one time appearing to endure on auto-pilot" (Peters 1999: 71). Die institutionellen Leitbilder realisieren sich nicht „von selbst", sondern vielmehr im *intentionalen Handeln* sozialer Akteure, deren

---

38 Vgl. zu diesem Selbstverstärkungsmechanismus allgemein Schülein (1987: 128f.): „Wo einmal eine bestimmte Alternative realisiert ist, wird die Wahrscheinlichkeit, daß an ihr festgehalten wird, durch das Eigengewicht und die Mächtigkeit des Realisierten entscheidend erhöht." Die Gründe institutioneller Beharrung erschöpfen sich dabei nicht allein in dem für Historische Institutionalisten zentralen, politischen Faktor der in Institutionen geronnenen und durch diese reproduzierten Macht. Ebenso dürften die in das institutionelle Arrangement eingegangenen und bei einer potentiellen Veränderung desselben entstehenden Kosten wie auch gewissermaßen die „Kultur" der Institutionen, also die in unserem Kontext hervorgehobenen, institutionell gesetzten und verstetigten gesellschaftlichen Handlungs- und Interaktionsorientierungen sozialer Akteure, eine bedeutsame Rolle spielen (vgl. dazu Rothstein 1996: 152f.; Genschel 1996: 59-61; Wood 2001: 370-383).

Handlungen und Entscheidungen sie orientieren: „The selection may be being done *in terms of* the animating idea of the institution in question, but the selection is done *by* intentional agents working within and internalizing the animating ideas of that institution." (Goodin 1996: 27)[39] Diese institutionell „eingebetteten" Handelnden, die sich in institutionell geprägten Handlungs- und Akteurskonstellationen bewegen, sorgen dafür, dass die „patterns of socially constructed norms and roles", von denen oben in Goodins Minimaldefinition der Institution die Rede war, „are created and re-created over time" (Goodin 1996: 19), sich also verstetigen und das weitere institutionelle Entscheidungshandeln im Sinne des institutionalisierten Leitbildes stabilisieren.[40]

Mit der Annahme institutionell eingebetteter Akteure, denen gleichwohl Spielräume für intentionales Handeln bleiben, ist der Grundstein gelegt für eine handlungstheoretische Läuterung des historisch-institutionalistischen Pfadabhängigkeitstheorems, für seine Befreiung von funktionalistischem und deterministischem Ballast. Denn die Annahme institutionell gesetzter Prämien auf institutionentreues Handeln sozialer Akteure muss keineswegs zwangsläufig die Möglichkeit grundlegender institutioneller Reformen ausschließen.[41] Beides lässt sich vielmehr durchaus zusammendenken:

„A properly scientific actor-centred approach must simultaneously accept the full force of what path dependence theory is telling us about the sheer difficulty of change in a context of increasing returns, and posit the potentially creative actor who, within these constraints, nevertheless finds a way out." (Crouch 2003: 94)

Dieser potentiell kreative Akteur, der im Angesicht wahrgenommener institutioneller Innovationsbedarfe – sei es aus Gründen exogener „Schocks", gestörter System- oder prekär gewordener Sozialintegration – den Weg aus der Enge institutioneller Vorgaben zu finden in der Lage ist, wird vom neueren soziologischen Institutionalismus in der Figur des „institutional entrepreneur" typisiert (vgl.

---

39 „Institutionen handeln immer nur durch Akteure, die sich ihren Leitideen verpflichtet fühlen." (Lepsius 1995: 399)
40 „Animating principles are themselves inanimate. They are incapable of 'working themselves out', in any literal sense at all. What animating principles 'animate' is intentional agents who internalize them, and what 'working themselves out' amounts to is those intentional agents implementing them consistently across the whole range of their appropriate application." (Goodin 1996: 27) Vgl. in diesem Sinne auch March und Olsens Konstruktion einer handlungsleitenden institutionellen „logic of appropriateness" (March und Olsen 1989: 23f., 160-162).
41 So aber das den Neoinstitutionalismus beherrschende „Negativparadigma" (vgl. Wiesenthal 2003: 31-35, hier: 32).

DiMaggio 1988; Beckert 1999). Der „institutional entrepreneur" ist das dynamisierende konzeptionelle Element einer dynamischen Institutionentheorie. Dahinter verbergen sich Akteure, die dank ihrer strategischen Positionierung und ihrer Ressourcenausstattung in der Lage sind, die Gestalt eines institutionellen Arrangements in ihrem Sinne zu beeinflussen. Dem Typus des institutionellen „Unternehmers", der an der Schöpfung neuer Institutionen interessiert ist, kann in Anlehnung an eine Unterscheidung Schumpeters (vgl. Schumpeter 1911: 110-139) der Typus des institutionellen „Managers" gegenübergestellt werden, dessen Einsatz der Verteidigung bestehender Institutionen gilt (vgl. dazu Beckert 1999: 781, 785f.). Handelt der „Manager" auf der Basis von eingespielten Routinen, so lässt der „Unternehmer" diese zugunsten institutioneller Innovationstätigkeit hinter sich. Antwortet der „Manager" auf Veränderungen seiner Umwelt mit Anpassungsreaktionen, so übt sich der „Unternehmer" in schöpferischem, kreativem Handeln. Kurz: Der eine schwimmt *„mit* dem", der andere *„gegen* den Strom" (Schumpeter 1911: 118).[42]

Stellt die „Entdeckung" des „institutional entrepreneur" auch einen wesentlichen Fortschritt im Sinne einer dynamischen Institutionenanalyse dar, so lassen die in der vorliegenden Untersuchung präsentierten Fallstudien (vgl. Kapitel 5) zugleich Zweifel aufkommen, ob bzw. inwieweit die binäre Codierung von innovativem „Unternehmer"- und konservativem „Manager"-Verhalten tatsächlich trägt. Die beiden analysierten Fallbeispiele jedenfalls geben Anlass zu der weiterführenden Annahme, dass es neben (bzw. zwischen) den beiden Verhaltensmustern der routinisierten Anpassung des „Managers" und der kreativen Zerstörung des „Unternehmers" ein drittes Handlungsmuster geben mag: jenes der „routinisierten Zerstörung" gewissermaßen, als eine Kreuzung der beiden Schumpeterschen Typen (vgl. Lessenich 2003b). Der Blick auf die Entwicklung des deutschen Sozialmodells in den 1990er Jahren lässt deutlich werden, wie über (bzw. unter) den Wolken kontinuitätsverbürgender handlungsorientierender Leitbilder die Freiheit zur Umgestaltung beziehungsregulierender Normen (hier: der Sozialpartnerschaft bzw. der Sozialversicherung) zwar nicht grenzenlos – weil eben *an den glaubhaften legitimatorischen Bezug auf jene Leitbilder rückgebunden* – war, aber immerhin doch bemerkenswerte sozialregulative Verän-

---

42 Für Schumpeter (1911: 121) verkörpern diese beiden personifizierten Verhaltenstypen – Beckerts „Manager" wird bei ihm etwas umständlich als „Wirt schlechtweg" bezeichnet – die „Statik" bzw. „Dynamik" wirtschaftlicher Entwicklung: Der „Unternehmer"-Typ macht durch Führerschaft den „Schritt aus dem Bezirk der Routine", aus „gewohnten Bahnen" – er tritt an, „etwas Anderes, Neues zu tun, als das Gewohnte und Erprobte" (ebda.: 124, 125).

derungen ermöglichte. Der Akteurstypus, der von diesen institutionellen Handlungsspielräumen zu profitieren und sie entsprechend zu nutzen vermag, könnte tentativ – in Abgrenzung zu den Figuren des „Managers" und des „Unternehmers" – als institutioneller *Agent* bezeichnet werden: als ein mit den notwendigen Machtressourcen und der staatlichen Lizenz zum unauffälligen, weil an bewährte Routinen anknüpfenden Handeln ausgestatteter Akteur transformativer Institutionenpolitik. Der Wandel im deutschen Sozialmodell stellt sich somit weniger als ein Ergebnis routinisierter Anpassung oder kreativer Zerstörung dar, sondern vielmehr als die Summe einer Vielzahl von strategischen Akten der *konservativen Subversion*: als ein Resultat der Politik nicht von „Managern" *mit* den oder von „Unternehmern" *gegen* die bestehenden Institutionen, sondern von Agenten der Innovation, die *mit* den Mitteln der Institution *gegen* eben diese arbeiten.

Diese Akteure haben dann für die Durchsetzung ihrer institutionenpolitischen Projekte – und damit kommen wir zu dem Ausgangspunkt einer handlungstheoretisch unterfütterten Pfadabhängigkeitsthese zurück – eben jenen Spielraum, den ihnen die historisch überkommenen, institutionalisierten gesellschaftlichen Ordnungsvorstellungen geben oder lassen. Die institutionellen Arrangements demokratisch-kapitalistischer Gesellschaften bilden demnach einen durchaus verfestigten, zugleich jedoch flexibel ausdeutbaren und handhabbaren Interpretations- und Handlungsrahmen sozialer Akteure. Der gesellschaftliche Wert, die Güte von Institutionen im Sinne der Ermöglichung eines stabilen Gesellschaftswandels bemisst sich demgemäß womöglich gerade daran, inwiefern und in welchem Maße sie eine solch flexible Ausdeutung und Handhabung ihrer institutionellen Prämissen zulassen oder gar anreizen. Die Basisinstitutionen des deutschen Sozialmodells, so lautet die Botschaft der vorliegenden Untersuchung, weisen aufgrund ihrer spezifischen, kompromisshaften Konstruktionslogik einen besonders hohen Flexibilitätsfaktor auf.

2.5. Statik – Dynamik – Dialektik: Dimensionen und Paradoxien institutionellen Wandels

Es sind somit flexibilitätsfreundliche Wertprämissen, es sind wertelastische institutionelle Leitbilder, die einen Wandel der institutionellen Ordnung einer Gesellschaft ermöglichen, welcher nach außen hin eher als vorsichtige Anpassung denn als weitreichende Veränderung derselben erscheint. Neues entsteht nicht aus Neuem – oder aus dem Nichts –, sondern aus der Umgestaltung des Vorhandenen, im Wege der Metamorphose des Bestehenden (vgl. Stark 1995): Dies ist der Nenner, auf den die Wandlungstendenzen des deutschen Sozialmodells bzw. seines institutionellen Arrangements in der nachfolgenden Studie gebracht werden sollen. Zum Abschluss dieser konzeptionellen Vorüberlegungen kann nunmehr die bereits in der Einleitung geäußerte Annahme einer *Dialektik* von Kontinuität und Wandel im deutschen Sozialmodell wiederaufgenommen und im Lichte des zuvor entwickelten kategorialen Bezugsrahmens präzisiert werden.

Die Fortentwicklung des deutschen Sozialmodells vollzieht sich, so die am Anfang dieser Studie stehende Vermutung, in Form einer spezifischen, normativ-regulativen Dialektik. Die Kontinuität – oder genauer: die flexible Stabilität – der in den verschiedenen institutionellen Feldern des deutschen Sozialmodells institutionalisierten Leitbilder geht demnach einher mit stetigen, in Schüben beschleunigten Re-Regulierungen der in eben diesen Bereichen, im Bannkreis eben jener Leitbilder, institutionalisierten Beziehungsmuster individueller, kollektiver und korporativer Akteure. „Miteinander einhergehen" meint hier jedoch mehr als die bloße Koexistenz, ein eher zufälliges Aufeinandertreffen von (relativer) Stabilität hier und (schleichender) Bewegung dort. Vielmehr sind beide Phänomene wechselseitig aufeinander bezogen, stehen in einem Verhältnis gegenseitiger Steigerung zueinander, das die – häufig bloß floskelhafte Züge tragende – Bemühung des Begriffs der „Dialektik" erklärt und legitimiert: Es ist die dialektische Konstellation von Statik und Dynamik,[43] die in der titelgebenden – auf das Immobilismus-Verdikt der deutschen Standortdebatte reagierenden – Formel vom *dynamischen Immobilismus* des deutschen Sozialmodells aufscheint. Die *symbolische Kontinuität* seiner Basisinstitutionen, so lautet die leitende Annahme in ihrer kürzesten Form, ist verknüpft mit dem *substanziellen Wandel* der durch diese geprägten Beziehungsstrukturen. An den orientierenden Wertbezügen institutionellen Handelns wird im Grundsatz festgehalten, doch

---

43 „Statik" und „Dynamik" lassen sich grundsätzlich in dreierlei Weise zueinander in Beziehung setzen: Erstens als *exklusive* Kategorien – dann heißt es entweder „alles fließt" (so die postmodernistische Fehldeutung des Gesellschaftlichen als absolute Bewegung) oder „nichts geht mehr" (der einfache Slogan politisch-ökonomischer Sklerotisierungsdiagnosen); zweitens als *dualistische* Kategorien: dann werden eindeutige Gegensätze konstruiert, bei denen das eine auf Kosten des anderen geht, also „rigide" Institutionen zu Lasten „flexibler" Märkte etwa oder „Regulierung" versus „Liberalisierung"; drittens eben – so wie hier – als *dialektische*, sich wechselseitig bedingende und aneinander steigernde, *in sich vermittelte* Kategorien.

werden sie durchaus flexibel interpretiert und ausgedeutet und in entsprechende Steuerungs- bzw. Umsteuerungsmaßnahmen gesellschaftlicher Handlungsbedingungen und Akteursbeziehungen übersetzt. Im Schutze, gleichsam im Schatten stabiler Repräsentationen institutioneller Ordnung kann sich auf diese Weise der materiale Gehalt derselben, ihre gesellschaftsstrukturierende Substanz, verändern. In den zu Beginn eingeführten Kategorien Göhlers ausgedrückt: Kontinuität in der Orientierungsdimension (Integrationsdimension) schafft „Autonomiegewinne" (Vobruba 1992) für Wandel in der Regulierungsdimension (Steuerungsdimension) sozialer Institutionen.[44]

Ziel der nachfolgenden Untersuchung ist es demnach, *die dynamischen Momente der Modell-Statik* freizulegen – einen Blick zu werfen hinter die stabilen Kulissen bzw. unter die starre Oberflächenstruktur des deutschen Sozialmodells, um dort gewissermaßen nach der *geheimen Dynamik* desselben zu suchen. Es soll versucht werden, die geläufige (historisch-)institutionalistische Betonung des begrenzenden zu Lasten des befähigenden Charakters von Institutionen, ihrer Starrheit anstelle ihrer Wandlungspotentiale, in einem Wort: „the trap of apparent immobility" (Peters 1999: 68) zu umgehen, indem gezeigt wird, wie Kontinuität und Wandel institutioneller Ordnungen zusammenpassen, wie beides ineinander greift. Aus einer solchermaßen dynamisierten Perspektive auf den Sachverhalt institutioneller Stabilität erscheinen die zentralen Institutionen bzw. Institutionenkomplexe des deutschen Sozialmodells als Kontinuität und Wandel *vermittelnde* Instanzen, als Statik *und* Dynamik integrierende und prozessierende gesellschaftliche Entitäten. Sie sind, um eine institutionentheoretische Überlegung Helmut Schelskys aufzunehmen, „Erfüllungssynthesen" (Schelsky 1949: 41) ganz besonderer Art: Sozialformen von erheblichem „dynamischem Stabilitätswert" (ebda.: 45). Der Modus ihrer Entwicklung – und damit der bisherigen Entwicklung des Sozialmodells als solchem – lässt sich entsprechend charakterisieren als eine Bewegung, die Neues und Altes integriert, getreu „der parado-

---

44 Vgl. zur Einsicht in die flexibilitätsverbürgenden Potenziale institutioneller Rigidität insbesondere auch Vobruba 1991. – Ein ähnliches, ausgeprägt „rational choice"- und „incremental change"-lastiges Argument bezüglich der institutionenpolitischen „dynamics of inertia" findet sich bei Genschel 1997 (vgl. auch ders. 1996). Demnach sind die irreversiblen Investitionen in bestehende institutionelle Arrangements („sunk costs"), das Handeln risikoaverser Akteure unter Bedingungen von Ungewissheit sowie die mit der Austragung politischer Konflikte verbundenen Transaktionskosten Quellen institutioneller Beharrung, welche unter bestimmten Bedingungen aber ihrerseits die Grundlage eines gradualistischen Institutionenwandels im Sinne institutioneller Anbauten („patching up") und Transfers („transposition") abgeben kann.

xen Formel: Stabilität durch (begrenzte) Flexibilität" (Nedelmann 1995: 22).[45] Damit ist es dem (bundes-)deutschen Sozialmodell, so die Behauptung, in der Vergangenheit gelungen, sich und seine Basisinstitutionen auf stabile Weise zu reproduzieren – „also fortschrittliche und konservative Kräfte in einem die Stabilität garantierenden Maßstab [zu] mischen" (Schelsky 1949: 51). Inwieweit auch noch die Entwicklung des Sozialmodells im Jahrzehnt nach der deutschen Einigung von 1989/90 diesem Reproduktionsmodus eines auf bewahrenden Wandel angelegten, „konservativen Reformismus" (Mannheim 1927: 33) folgte und wo möglicherweise Grenzen des Prinzips liegen, „gleichzeitig Kontinuität von *und* Bruch mit alten Strukturen in ein und derselben Form zu verbinden" (Nedelmann 1995: 24): Das sind die Fragen, die diese Untersuchung an- und ihren Verfasser in den letzten Jahren umgetrieben haben. Wie auch die Antwort auf die zuletzt angedeutete Fragestellung lauten mag – soviel scheint sicher: Das „Neue" kommt auf „alten" Sohlen. Vielleicht hatte Luhmann am Ende ja doch recht – jedenfalls mit der folgenden, alteuropäisch anmutenden Sentenz: „Jede Änderung muß Bestehendes voraussetzen, sich in Bestehendes einfügen, sich mit Bestehendem abstimmen oder abfinden – und sei es nur, um es nachher ebenfalls zu ändern." (Luhmann 1968: 75)

---

45 Für Nedelmann ist eine solche „institutionelle Stabilisierung" eine zu den Optionen der „Institutionalisierung" bzw. der „Ent-Institutionalisierung" alternative Variante institutionellen „Flexibilitätsmanagements"; vgl. ausführlich hierzu Nedelmann 1995: 21-35. Zu Schelskys Institutionentheorie vgl. auch Schäfers 1985.

Kapitel 3
Varieties of capitalism – worlds of welfare – types of democracy: Das deutsche Modell im Spiegel der international vergleichenden Literatur

> „Es ist zwar wahr, daß die rechtlichen, moralischen und wirtschaftlichen Einrichtungen unendlich variabel sind, doch sind diese Variationen nicht so beschaffen, daß sie sich der wissenschaftlichen Erfahrung entziehen."
>
> Durkheim 1895: 166

Möchte man die für diese Untersuchung erkenntnisleitende Frage nach Kontinuität und Wandel im deutschen Sozialmodell beantworten, so gilt es zunächst, die historisch gewachsene „Identität" – oder genauer: die sozialwissenschaftlichen *Identitätskonstruktionen* – des „deutschen Modells" zu erfassen. Was ist das Charakteristische dieses Modells, oder besser: Welche Charakteristika lassen sich ihm aus der Perspektive wissenschaftlicher Beobachtung zuschreiben? Das Charakteristische eines Gegenstandes oder Sachverhalts, so wird im Folgenden zu argumentieren sein, erschließt sich nicht aus sich bzw. aus diesem selbst heraus, sondern einzig und allein aus dem *Vergleich* desselben mit anderen, vergleichbaren Gegenständen oder Sachverhalten. Max Weber hat diese Einsicht mit Bezug auf einen seiner Forschungsgegenstände einst folgendermaßen ausgedrückt: „Ich meine: das, was der mittelalterlichen Stadt *spezifisch* ist, [...] ist doch nur durch die Feststellung: was *andern* Städten (antiken, chinesischen, islamischen) *fehlte*, zu entwickeln, und so mit Allem." (Weber zit. n. von Below 1925: XXIV.) „Und so mit Allem" – das heißt in unserem Zusammenhang: Was einem – etwa dem deutschen – Sozialmodell spezifisch ist, ergibt sich allein aus dem Vergleich unterschiedlicher Sozialmodelle. Eben diesem, notwendigerweise und begründetermaßen makroskopischen Vergleich ist das nachfolgende, dritte Kapitel der vorliegenden Untersuchung gewidmet. Es wirft zunächst einen Blick auf Ziele, Methoden und Konzepte des Gesellschaftsvergleichs (Kapitel 3.1.), um sodann einen Überblick über die jüngere sozialwissenschaftliche Forschung zur institutionellen Vielfalt „moderner" – das heißt nach herkömmlichem Verständnis: kapitalistisch organisierter, wohlfahrtsstaatlich regulierter und demokratisch verfasster – Gesellschaften zu geben (Kapitel 3.2. bis 3.4.).[1] Auf der Grundlage dieses Durchgangs durch die international vergleichende Literatur werden schließlich die aus deren Sicht charakteristischen Merkmale des „deutschen Modells" bzw., darüber hinausgehend, die Basisinstitutionen des deutschen Sozialmodells identifiziert (Kapitel 3.5.). Deren eingehende Analyse anhand der in Kapitel 2 entwickelten Kategorien wird sodann Gegenstand des vierten Kapitels dieser Untersuchung sein.

3.1. Gesellschaftsvergleich als vergleichende Institutionenanalyse

3.1.1. Einheit in der Vielfalt: „Europäischer Gesellschaftsvergleich"

Der Vergleich moderner Gesellschaften lässt sich – wie grundsätzlich jeder Akt des Vergleichens – wahlweise in generalisierender oder aber in individualisierender Absicht vollziehen: „[M]an kann vergleichen, um ein Allgemeines zu finden, das dem Verglichenen zugrunde liegt; und man kann vergleichen, um den einen der verglichenen Gegenstände in seiner Individualität schärfer zu erfassen und von den andern abzuheben." (Hintze 1929: 251; vgl. Bloch 1928: 138, Haupt und Kocka 1996: 7.) Was hier als forschungsstrategische Wahl zwischen zwei sich ausschließenden Herangehensweisen erscheint, ist tatsächlich keineswegs so scharf und eindeutig voneinander zu trennen. Schon die für Otto Hintze noch so selbstverständliche fachdisziplinäre Zuordnung beider Ansätze – „[d]as erstere tut der Soziologe, das zweite der Historiker" (Hintze 1929: 251) – hat sich mittlerweile aufgelöst: Wie die weiteren Ausführungen zeigen werden, hat der „individualisierende" Gesellschaftsvergleich auch in der Soziologie durchaus seinen Platz, während der „generalisierende" Gesellschaftsvergleich maßgeblich von Historikern (oder aber von einer bestimmten Spezies historisch arbeitender

---

[1] „Jene, *sehr* bescheidene, *Vor*arbeit kann uns ja die Soziologie, wie ich sie verstehe, liefern." (Weber zit. n. von Below 1925: XXIV.)

Soziologen) getragen und vorangetrieben wird. Doch auch methodisch spricht wenig dafür, von einer klaren Frontstellung beider Perspektiven auszugehen, vielmehr von ihrer wechselseitigen Ergänzung. Denn einerseits findet sich in gesellschaftsvergleichenden Studien häufig eine hybride Herangehensweise, indem diese zwar zunächst individualisierend ansetzen, um dann auf dieser Grundlage aber Typisierungen vorzunehmen, also generalisierend zu verfahren. Und andererseits ist davon auszugehen, dass die Analyse der *Gemeinsamkeiten* einer Reihe von Gesellschaften einen wichtigen, wenn nicht unverzichtbaren Schritt vor und zu einer Untersuchung der zwischen jenen Gesellschaften bestehenden *Unterschiede* darstellt.[2]

Die generalisierende Perspektive – „emphasizing uniformity among variety" (Boje 1996: 14) – wäre demnach die logische (und forschungspraktische) Voraussetzung für einen individualisierenden, genauer: einen die Besonderheiten des jeweils interessierenden Falls mit den allgemeinen Merkmalen einer Gruppe von Fällen *kontrastierenden* Vergleichs. In diesem Sinne betonte beispielsweise Andrew Shonfield, Gründervater der neueren vergleichenden Kapitalismusforschung, dass die ebenso auffälligen wie vielbeschworenen, identitätsstiftenden „big differences" in der Wirtschafts- und Wirtschaftsordnungspolitik westlicher Industrienationen vor dem Hintergrund einer „certain uniformity in the texture of these societies" (Shonfield 1965: 65) zu sehen seien.[3] Und Hartmut Kaelble, einer der Protagonisten des historisch-soziologischen bzw. sozialgeschichtlichen Forschungsprogramms eines „Europäischen Gesellschaftsvergleichs", verweist darauf, dass es gerade einer die *Einheit* des Untersuchungsobjektes „Europa" be-

---

2 Dies mag in zweierlei Hinsicht gelten: Zum einen lässt sich wissenschaftshistorisch argumentieren, dass erst auf der Basis des Paradigmas der „modernen" Gesellschaft (im Singular) die komparative Analyse „moderner" Gesellschaften (im Plural) Fuß fassen konnte. Zum anderen geht es um die forschungslogische Vorgängigkeit der Suche nach den Strukturähnlichkeiten zweier oder mehrerer Objekte, welche die strukturellen oder funktionalen Differenzen derselben umso deutlicher hervortreten lassen. Letzterer Aspekt soll hier im Vordergrund des Interesses stehen.

3 „In terms of what they do, rather than what they say about it, [...] the similarities are striking." (Shonfield 1965: 65) Shonfield zählt als gemeinsame Momente und Motive eines in zunehmendem Maße „geplanten Kapitalismus" (so der Titel der deutschen Übersetzung seines Hauptwerkes) auf: die staatliche Intervention in den Wirtschaftskreislauf, die öffentliche Sorge um die soziale Wohlfahrt der Bevölkerung, die Regulierung von Märkten und Wettbewerb, die staatliche Förderung von Forschung und Entwicklung sowie von Aus- und Weiterbildung, schließlich die Einführung von Elementen der Wirtschaftsplanung (vgl. ebda.: 66f.).

tonenden Herangehensweise bedarf, um die *Vielfalt* desselben überhaupt ermessen zu können: Etwa „die Debatten über nationale Sonderwege [...] hätte man streng genommen eigentlich nicht führen können, ohne die gesamteuropäischen Entwicklungen zu kennen und zu klären, wodurch sich diese nationalen Sonderwege wirklich von dem europäischen Gesamttrend absetzen" (Kaelble 1999: 51f.).

Worin bestehen nun aber die strukturellen Gemeinsamkeiten z.B. der europäischen Nationalgesellschaften, was verleiht der europäischen Zivilisation „eine gewisse Einheitlichkeit" (ebda.: 45)? Die empirischen Befunde zu dieser Frage sind durchaus kontrovers zu nennen. Kaelble selbst benennt im Rahmen einer umfangreichen Synopse des sozialhistorischen Forschungsstandes als gemeinsame Strukturmerkmale europäischer Gesellschaften (bzw. „der" europäischen Gesellschaft) Sozialformen und Entwicklungsprozesse in den Bereichen Familie, Beschäftigung, Unternehmen, soziale Mobilität, soziale Ungleichheit, Urbanisierung, Wohlfahrtsstaat und Arbeitskonflikt (vgl. Kaelble 1987: 17-98), unterzieht diese Auflistung in einer späteren Veröffentlichung allerdings einer nicht unerheblichen Revision (vgl. ders. 1997: 29-42).[4] Göran Therborn verweist – neben der Eigenschaft Europas als weltgrößter Produzent und Exporteur von Ideologien und „isms" (Therborn 1997a: 365) – auf die besondere Bedeutung industrieller Klassenstrukturen und eines interventionistischen Wohlfahrtsstaates als europäische Gemeinsamkeiten bzw. Spezifika gegenüber dem „Rest der Welt" (vgl. Therborn 1997a: 364; ebenso ders. 1997b). Colin Crouch hingegen ist sehr viel skeptischer, was die mögliche Identifizierung einer „distinctive [Western] European social form" (Crouch 1999: 396; vgl. ders. 1998) angeht. Zwar listet auch er eine – teilweise mit Kaelbles Auswahl übereinstimmende – Reihe gesellschaftlicher Eigenarten europäischer Nationen auf,[5] hebt demgegenüber jedoch stets die Bedeutsamkeit und Dominanz von „intra-continental differences" (Crouch 1999: 408) hervor. Folgerichtig ist das Spezifische der europäischen

---

4   Zehn Jahre nach der ersten Zusammenstellung werden nicht nur die Faktoren „Mobilität" und „Ungleichheit" zur Kategorie „soziale Milieus" zusammengefasst, sondern vor allen Dingen das „europäische" Unternehmen und der „europäische" Arbeitskonflikt von der Liste gestrichen und – kommentarlos – durch den „europäischen" Konsum ersetzt.

5   Es sind dies: die soziale Klassen- und Ungleichheitsstruktur, das Familienmodell, Städtebau und Stadtplanung – drei Faktoren, die sich auch bei Kaelble finden; darüber hinaus betont Crouch die relative religiöse, ethnische und politisch-kulturelle Homogenität, die Konsensbereitschaft sowie die Wertschätzung institutioneller Stabilität (vgl. Crouch 1999: 396-404).

Gesellschaft(en) für Crouch letztlich auch nicht substanzieller, sondern vielmehr formaler bzw. prozeduraler Natur: Es ist „the way in which diversity itself is handled" – als „ordered, limited and structured diversity" (ebda.: 404) –, wodurch sich diese Gesellschaften ihm zufolge auszeichnen.

Die Ordnung, Begrenzung und Strukturierung gesellschaftlicher Vielfalt, kurz: *die Institutionalisierung von Diversität*, sei es im Hinblick auf soziale Klassenbeziehungen, politische „cleavages" oder konfessionelle Spaltungen, kann demzufolge als die Eigenart der demokratisch-kapitalistischen Wohlfahrtsstaaten Europas gelten (vgl. Crouch 2000: 77-81; weiterführend auch Aust et al. 2002: 274-284). Das einende Band der europäischen Gesellschaften ist die Tatsache der institutionellen Ordnung gesellschaftlicher Vielfalt – doch endet hier die Einheit auch schon wieder, denn diese institutionelle Ordnung gesellschaftlicher Vielfalt ist selbst wiederum vielgestaltig, sprich: von Nation zu Nation unterschiedlich. Insofern ist die Einsicht in die gewissermaßen meta-strukturellen Gemeinsamkeiten der europäischen Gesellschaften nicht mehr als ein Startschuss für den europäischen Gesellschaftsvergleich als Vergleich institutioneller Ordnungen – für die komparative Analyse *der Vielfalt institutioneller Ordnungen gesellschaftlicher Vielfalt.*

3.1.2. Vielfalt in der Einheit: „Comparative Political Economy"

Die Makro-Institutionen der modernen Gesellschaft – Kapitalismus, Wohlfahrtsstaat und Demokratie als komplexe institutionelle Ordnungen – sind gleichermaßen allgemein wie singulär. Kapitalismus, Wohlfahrtsstaat und Demokratie sind gesellschaftliche Strukturen, die nach dem Zweiten Weltkrieg in der gesamten westlichen (und nach dem Ende des Kalten Krieges, jedenfalls dem Anspruch nach, auch in weiten Teilen der östlichen) Hemisphäre Verbreitung fanden – die aber im Rahmen des „embedded liberalism compromise" (Ruggie 1998) der Nachkriegszeit[6] durchaus offen waren für nationalspezifische Struktur-

---

6   Ruggie zufolge lebten nach 1945 – und jedenfalls bis in die 1970er Jahre hinein – eine multilaterale Weltwirtschaftsordnung und ein interventionistischer Nationalstaat in einträchtiger und einträglicher Symbiose miteinander: „the postwar international economic order rested on a grand domestic bargain: societies were asked to embrace the change and dislocation attending international liberalization, but the state promised to cushion those effects by means of its newly acquired domestic economic and social policy roles." (Ruggie 1998: 89; vgl. ausführlich ders. 1983.)

bildungen und insofern eine nicht unerhebliche institutionelle Varianz zeitigten. Dem *singulären Allgemeinen*, also der je nach gesellschaftlichem Kontext spezifischen Ausprägung solch „evolutionärer Universalien" (Parsons 1964) moderner Vergesellschaftung wie Volksherrschaft, Marktwirtschaft und Sozialstaat, geht eine Forschungsrichtung nach, die sich zu Beginn der 1980er Jahre als „Comparative Political Economy" zunächst im Bereich der vergleichenden Kapitalismusforschung konstituiert hat und sich seither als sozialwissenschaftliche Wachstumsbranche wachsender Beliebtheit erfreut. Ihr Wahlspruch lautet: „Generic concepts [...] conceal as much as they reveal" (Kitschelt et al. 1999b: 427) – weswegen diese, so die Forderung, auch generell der Spezifizierung bedürften.[7]

Die Selbstbezeichnung und das Selbstverständnis als vergleichende *politische Ökonomie* verweist auf die Wiederbelebung jenes Sinnes für die Gesellschaftlichkeit und die Historizität von Ökonomie, ökonomischem Handeln und ökonomischer Entwicklung, welcher schon die klassische Politische Ökonomie ebenso wie deren Kritik vor allem anderen auszeichnete (vgl. Bürgin und Maissen 1999). Doch fehlte den frühen (ähnlich wie so manchem späteren) Politökonomen einstweilen noch das systematische Verständnis für die damit gegebene gesellschaftliche *Variabilität* ökonomischer Austauschbeziehungen – eine Einsicht, die erst den neueren Ansatz der *vergleichenden* Politischen Ökonomie auszeichnet und dessen Forschungsprogrammatik bestimmt. „As theoretical approach, [...] its great analytical asset lies in its sensitivity to historical transformation and cross-national variation." (Esping-Andersen 1999: 11) Der Leitspruch der modernen „Comparative Political Economy"-Forschung wurde insofern ansatzweise bereits hundert Jahre zuvor formuliert – von Friedrich Engels: „Die Bedingungen, unter denen die Menschen produzieren und austauschen, wechseln von Land zu Land, und in jedem Lande wieder von Generation zu Generation. Die politische Ökonomie kann also nicht dieselbe sein für alle Län-

---

7 Als einer der Wegbereiter dieser Entwicklung kann Stein Rokkan gelten, dessen bahnbrechenden Arbeiten der Erforschung der in Westeuropa bestehenden Formenvielfalt politischer, sozialer und kultureller Konfigurationen – jener „territorialen Vielgestalt, die sich Europa nennt" (Rokkan 1980: 128) – gewidmet waren; vgl. die Rekonstruktion von Rokkans Gedankengebäude bei Flora 1981 und 1999 sowie – knapper – bei Lepsius 1980. – Die Etablierung der „Comparative Political Economy" als eigenständiger Forschungsansatz markiert der Sammelband von Goldthorpe (1984a). Vgl. zum Zusammenhang von „Comparative Political Economy" und der Renaissance des Institutionalismus in den Sozialwissenschaften auch Thelen und Steinmo (1992: 5f.).

der und für alle geschichtliche Epochen." (Engels 1878: 136)[8] Doch während die Klassiker letztlich doch von der Erkundung dieser Differenzen absahen und sich der generalisierenden Analyse der kapitalistischen Gesellschaftsformation widmeten, wendete sich die jüngere Schule eben jenen von Land zu Land wechselnden Bedingungen und institutionellen Gestaltungen der kapitalistischen Produktionsweise zu. Und was für das gesellschaftliche System von Produktion und Distribution wirtschaftlicher Werte – „den" Kapitalismus – gilt, trifft ebenso gut auch für jenes der Reproduktion und Redistribution sozialer Güter („den" Wohlfahrtsstaat) sowie für das System der politischen Verfasstheit des gesellschaftlichen Zusammenhangs von Produktion und Reproduktion („die" Demokratie) zu: Es gibt nicht jeweils nur ein einziges solches System, sondern diverse. Die gesellschaftliche Entwicklung schafft ein, zwei, viele Kapitalismen, Wohlfahrtsstaaten und Demokratien – und es gilt, eben diese Vielfalt (und deren Wandel) zu untersuchen.

Aber wie? „The challenge is to capture some of the complexity of the political [economic, social; S.L.] world without altogether forsaking the parsimony on which good social science depends." (Hall 1997a: 189) Der Komplexität gerecht werden, ohne sich in ihr zu verlieren: Das ist der Ruf nach Typenbildung.[9] Wenn Gattungsbegriffe wie Kapitalismus, Wohlfahrtsstaat und Demokratie nur die halbe Wahrheit sagen, dann mag die analytische Konstruktion bzw. Rekonstruktion unterschiedlicher *Typen* des Kapitalismus, des Wohlfahrtsstaates und der Demokratie einen Weg zu fundierterer Erkenntnis bahnen, der sich gleich-

---

8   Die Formulierung „von Land zu Land" gilt übrigens auch heute noch – der Tatsache „offenkundiger, und offenkundig zunehmender, Überlagerungen nationaler [...] Kontexte durch internationale [...] Verflechtungszusammenhänge, Austauschbeziehungen und Integrationsprozesse" (Schriewer 1999: 70) zum Trotz. Nicht nur die Unterschiedlichkeit und Eigenart nationaler Institutionenordnungen und die im Zeitalter der „Globalisierung" sich bestätigende „Beharrungskraft variierender sozial-kultureller Interrelationsgefüge" (ebda.: 75) lassen Nationalgesellschaften bzw. nationale Sozialmodelle immer noch als sinnvolle Analyseobjekte bzw. angemessene Analyseebenen erscheinen. Auch in Zukunft werden darüber hinaus gesellschaftliche Strukturen und Prozesse maßgeblich durch eben diese Institutionenordnungen und Interrelationsgefüge beeinflusst werden, wird gesellschaftlicher Wandel und werden insbesondere auch die politischen und sozialen Konflikte über diesen Wandel im Rahmen und nach den Regeln jener Ordnungen und Gefüge sich vollziehen. – Als ein methodologisch begründetes Plädoyer für „institutions, states, or societies as the units of analysis" vgl. auch Janoski und Hicks (1994: 4-6, hier: 5).

9   Auch dies ist in gewisser Weise ein Vermächtnis Stein Rokkans: „In der Vielfältigkeit der Entwicklung in Europa sah er eine Herausforderung, die vergleichende Sozialforschung sowohl historisch wie typologisch weiter zu entfalten." (Lepsius 1980: 115)

wohl nicht im undurchdringlichen Gewirr der „ganzen Wahrheit" – sprich: der „schrecklichen Vielfalt" (Schriewer 1999: 69) der sozialen Realität – verliert. Ein Mittelweg, der einerseits unterhalb des Abstraktionsniveaus ahistorischer Universalien ansetzt, der andererseits aber „an [die] Stelle der unendlichen Menge von Individuen eine beschränkte Anzahl von Typen" (Durkheim 1895: 168) zu setzen versteht.

Die Typenbildung hat eine lange Tradition in den Sozialwissenschaften: Vergleich und Typenbildung gehen hier häufig Hand in Hand.[10] Webers vielzitierte idealtypische Methode etwa ist eine genuin vergleichende: Sie versteht sich als Rückbezug des empirisch Gegebenen auf einen idealen Grenzfall, als die „logisch *vergleichende* Beziehung der Wirklichkeit auf Ideal*typen*" (Weber 1904: 200; vgl. ders. 1917: 535f.). Der Idealtyp selbst ist nicht als eine Darstellung der Wirklichkeit, sondern als eine radikale Abstraktion der Realität zu verstehen. Er ermöglicht „Relationserkenntnis" (Schriewer 1999: 58), indem empirische Wirklichkeit und idealtypische Konstruktion zueinander ins Verhältnis gesetzt werden (vgl. Mommsen 1974a: 193; ders. 1974b: 226).[11] Der mit Idealtypen operierenden Sozialwissenschaft stellt sich dementsprechend „die Aufgabe, in jedem *einzelnen Falle* festzustellen, wie nahe oder wie fern die Wirklichkeit jenem Idealbilde steht" (Weber 1904: 191). Das heißt zum Beispiel: Die empirische Realität von Kapitalismus, Wohlfahrtsstaat und Demokratie in einer Gesellschaft erschließt sich über den Vergleich ihrer je konkreten Institutionalisierung bzw. Institutionalisierungen in dieser Gesellschaft mit idealtypischen Konstruktionen, abstrakten Modellen von „Kapitalismus", „Wohlfahrtsstaat" und „Demokratie". Die Einsicht in die spezifische institutionelle Realität des deutschen Kapitalismus, des deutschen Wohlfahrtsstaates und der deutschen Demokratie etwa ergibt sich somit aus der „Messung" ihrer relativen Nähe zu (oder Entfernung von) stilisierten Modellen etwa eines „rheinischen" Kapitalismus, eines „skandinavischen" Wohlfahrtsstaates oder einer „angelsächsischen" Demokratie. „Denn Zweck der idealtypischen Begriffsbildung ist es überall, *nicht* das Gattungsmäßige, sondern umgekehrt die *Eigenart* von Kulturerscheinungen scharf zum Bewußtsein zu bringen." (Weber 1904: 202)

---

10 Für Eisenstadt gehört beides untrennbar zusammen: „the selection of 'problems' for comparison and the consequent attempt to construct 'types' of societies, institutions, organizations, or patterns of cultural orientations" fallen für ihn in eins (vgl. Eisenstadt 1968: 423).
11 Zur Abgrenzung des Vergleichs, als methodischer Akt der systematischen Relationierung, von einem „willkürlichen Komparatismus" vgl. auch Bourdieu 1970: 33f.

Eben diese Vermessung des deutschen Sozialmodells, seine Verortung im Rahmen bestehender, bereichsspezifischer Typologisierungen, wird die Aufgabe der nachfolgenden Abschnitte dieses Kapitels sein. Dabei gilt es allerdings zweierlei zu bedenken: Zum einen kann die Konstruktion von (Ideal-)Typen nicht mehr sein als ein Hilfsmittel zur „denkenden Ordnung" gesellschaftlicher Phänomene, ein Instrument, das geeignet ist, der Hypothesenbildung die Richtung zu weisen – „ein Weg zum eigentlich erklärenden Teil der Wissenschaft" (Durkheim 1895: 176; vgl. Weber 1904: 190). Ausschließlich in dieser Weise, als „ein Mittel der Gruppierung der Tatsachen" (Durkheim 1895: 176) und als heuristischer Türöffner für die Erkundung des deutschen Sozialmodells, soll hier auf bereits vorhandene Typenbildungen zurückgegriffen werden. Zum anderen herrscht in der international vergleichenden Forschung eindeutig die Bildung statischer Strukturtypen (anstelle dynamischer Verlaufstypen) vor – sie tendiert „toward the study of comparative statics" (Thelen und Steinmo 1992: 14; vgl. Kitschelt et al. 1999b: 428). Eine Untersuchung des deutschen Sozialmodells, die dieses in Relation zu Strukturtypen des Kapitalismus, des Wohlfahrtsstaates und der Demokratie definiert und somit innerhalb einer mehrdimensionalen Modellstatik verortet, läuft insofern Gefahr, die Dynamik ihrer Bezugsmodelle wie auch ihres Gegenstandes selbst aus den Augen zu verlieren. Um dieser Gefahr zu entgehen, erscheint eine Verknüpfung der Problematik von Vergleich und Typenbildung mit den inhaltlich-konzeptionellen Überlegungen des vorangegangenen Kapitels zum Institutionenbegriff sinnvoll. Die Vermittlung vermag das Konzept des „institutionellen Regimes" zu leisten.

3.1.3. Die Spezifizierung der Vielfalt: „Institutionelle Regime"

Das „Regime"-Konzept (vgl. o., Kapitel 2.1.) stellt einen Ertrag der jüngeren sozialwissenschaftlichen Forschung im Bereich der Internationalen Beziehungen dar. In Stephen Krasners bekannter Formulierung sind (internationale) Regime definiert als „principles, norms, rules, and decision-making procedures around which actor expectations converge in a given issue-area" (Krasner 1983a: 1). „Normen" und „Prinzipien"[12] machen die entscheidenden Bestandteile eines Re-

---

12 „Principles are beliefs of fact, causation and rectitude. Norms are standards of behavior defined in terms of rights and obligations. Rules are specific prescriptions or proscriptions for action. Decision-making procedures are prevailing practices for making and implementing collective choice." (Krasner 1983a: 2)

gimes aus: Akteurshandeln im Rahmen von Regimen ist normengeleitetes und prinzipiengestütztes, durch regimespezifische Normen und Prinzipien geprägtes Handeln.[13] Die Entstehung, Aufrechterhaltung und Auflösung institutioneller Regime ist Krasner zufolge im wesentlichen drei Faktoren geschuldet: ökonomischen Interessen, politischer Macht und einem Bestand an diffusen, fallweise spezifizierbaren und abrufbaren gesellschaftlichen Werten.[14] Einmal errichtet, können solche Regime durchaus ein Eigenleben entwickeln und von intervenierenden – also Interessen, Macht und Werte in gesellschaftliches Handeln vermittelnden – Variablen zu unabhängigen Faktoren gesellschaftlicher Strukturierung werden (vgl. Krasner 1983b).[15]

Um nun die Vielfalt institutioneller Ausprägungen von Demokratie, Kapitalismus und Wohlfahrtsstaat angemessener beschreiben zu können und zugleich das zuvor angesprochene Problem statischer Typenkonstruktionen zu entschärfen empfiehlt es sich, Krasners Regime-Konzept zu adaptieren und unterschiedliche Demokratie-, Kapitalismus- und Wohlfahrtsstaats-*Typen* als je verschiedenartige *institutionelle Regime* des politischen Systems, des ökonomischen Systems und des Systems sozialer Sicherung zu begreifen. Dies liegt vor allem auch deswegen nahe, weil die grundlegende Akteurszentrierung des Regime-Konzepts – „[i]t is the infusion of behavior with principles and norms that distinguishes regime-governed activity" (Krasner 1983a: 3) – ganz offenkundig dem für diese Untersuchung entwickelten Verständnis von Institutionen und Sozialmodellen entspricht. Dementsprechend einfach ist es auch, die Regime-Begrifflichkeit in die für den hier interessierenden Zusammenhang ausgearbeitete Terminologie von Leitbildern, Relationen und ihrer institutionalisierten Dynamik zu übersetzen:

---

13 Krasner spricht dementsprechend des Öfteren von „regime-governed behavior" als „patterned behavior" bzw. „patterned human interaction" (vgl. Krasner 1983a: 3 und 9, 10).

14 „Werte" spielen somit in Krasners Konzeption eine doppelte Rolle als regime-interne bzw. -externe Variable: Es gibt „general and diffuse principles and norms that condition the principles and norms operative in a specific issue-area" (Krasner 1983a: 17). – Neben Interessen, Macht und Werten erwähnt Krasner im Übrigen als nachrangige, sekundäre Bestimmungsfaktoren der Regimebildung auch Brauch und Sitte („habit and custom") sowie Wissen („knowledge"); vgl. Krasner 1983a: 10-20.

15 „Regimes may assume a life of their own, a life independent of the basic causal factors that led to their creation in the first place." (Krasner 1983b: 357) Krasner unterscheidet in Bezug auf diese Autonomisierung der Regime von ihren politischen, ökonomischen und gesellschaftlichen Bedingungsfaktoren zwischen einfachen Mechanismen der Entkopplung („lags") und komplexen Prozessen der Rückkopplung („feedback"); vgl. Krasner 1983b: 359-367.

„Regime", als Komplexe bereichsspezifischer Normen und Prinzipien, orientieren demnach die in ihrem je konkreten Wirkungsbereich sich bewegenden Akteure auf bestimmte Handlungsziele (Stichwort „Leitbilder") und regulieren die Beziehungen – die Konflikt- und Kooperationsverhältnisse – zwischen diesen Akteuren (Stichwort „Relationen"). Konkret: Das institutionelle Regime des politischen Systems setzt politische Orientierungsmaßstäbe und reguliert die Beziehungsstrukturen politischer Akteure, und dasselbe gilt für das institutionelle Regime des Wirtschafts- und des Wohlfahrtssystems mit Bezug auf die in diesen Bereichen herrschenden Ordnungsvorstellungen und die dort operierenden Akteure.

Wenn also im Folgenden systematisch die internationale Forschungsliteratur zu den „varieties of capitalism", „worlds of welfare" und „types of democracy" gesichtet wird, so sollen „Kapitalismus", „Wohlfahrtsstaat" und „Demokratie" jeweils – der Herangehensweise dieser Studie entsprechend – unter dem Aspekt politisch regulierter Sozialbeziehungen, also *in ihren gesellschaftlichen Relationierungsstrukturen,* betrachtet werden. Die Rekonstruktion unterschiedlicher Typen politischer, ökonomischer und wohlfahrtsstaatlicher Institutionenordnungen dient dann dem Zweck, in einem nächsten Schritt das politische, ökonomische und wohlfahrtsstaatliche Institutionenregime der *deutschen* Gesellschaft (bzw. die Basisinstitutionen des deutschen Sozialmodells) identifizieren und auf ihre spezifischen gesellschaftlichen Ordnungsleistungen – d.h.: auf ihre konkrete Orientierungs- und Regulierungspraxis und deren Wandel in der Zeit – hin untersuchen zu können.

3.2. „Varieties of capitalism": Ökonomische Institutionenordnungen im Vergleich

Die vergleichende ökonomische Institutionenanalyse ist als Forschungsprogramm nicht erst in den letzten Jahren entstanden. Schon Gustav von Schmoller (und mit ihm die gesamte „Historische Schule") sah jede Nationalökonomie in ein jeweils besonders konfiguriertes Institutionengefüge eingebettet, dessen Spezifität und Singularität es herauszuarbeiten gelte (vgl. Plumpe 1999).[16] Verharr-

---

16 „Das vergleichende Studium der Volkswirtschaft verschiedener Zeiten und Länder [...] wird vor allem die Institutionen und Organe vergleichen, die wirtschaftliche, Familien-,

ten die Untersuchungen der „Historischen Schule" aber durchweg im Beschreibenden, so war es nach dem Zweiten Weltkrieg Andrew Shonfield, der Kriterien und Kategorien eines systematischen Kapitalismusvergleichs entwickelte und damit zum Gründervater jenes „varieties of capitalism"-Ansatzes wurde, der in den achtziger und vor allen Dingen in den neunziger Jahren des nunmehr vergangenen Jahrhunderts Hochkonjunktur hatte. Dieser Boom kam zustande, als zunehmend offensichtlich wurde, dass das beginnende Ende des „goldenen Zeitalters" der Nachkriegsprosperität in den fortgeschrittenen kapitalistischen Industrienationen keineswegs einheitliche, sondern durchaus divergierende wirtschaftspolitische Reaktionen nach sich zog (vgl. Goldthorpe 1984b; Kitschelt et al. 1999a). Die von Land zu Land unterschiedlichen Antworten auf weitgehend identische ökonomische Herausforderungen riefen eine rasch anwachsende Forschergemeinde auf den Plan, die dieses Phänomen mit den bedeutsamen Variationen erklärte, welche die westlichen Industriestaaten im Hinblick auf ihre wirtschaftlichen Regulierungsstrukturen und Institutionenordnungen aufweisen: „The emerging literature [...] is marked by its focus on the way in which multiple institutional frameworks in the political economy of a nation interact to produce unique types of outcomes." (Hall 1999: 43) Der Zusammenbruch des Staatssozialismus zu Beginn der 1990er Jahre gab der vergleichenden Kapitalismusforschung dann einen weiteren, entscheidenden Produktivitätsschub: Um den Systemgegensatz als Analyseobjekt gebracht, widmete sich die Zunft um so mehr den internen Differenzierungen des „siegreichen" Systems. „The claim is that there are distinctive 'varieties of capitalism' each characterized by a specific constellation of organizational structures" (ebda.).

Die Grundannahme dieses Forschungsansatzes[17] ist eine doppelte: Es gibt national unterschiedlich ausgestaltete „Produktionsregime", verstanden als das je spezifische „Ensemble der Institutionen der ökonomischen Wertschöpfung" (Naschold 1997: 24), und die verschiedenartige Konfiguration dieser Institutionen führt zu erkennbaren Unterschieden in den Beziehungsstrukturen und Verhaltensmustern der relevanten ökonomischen Akteure verschiedener Nationen – mit

---

Gemeinde- und Staatsverfassung, die agrarischen und gewerblichen Betriebs- und Unternehmungsformen, die Institutionen des Markt- und Verkehrswesens, des Geld- und Kreditwesens, die Art wie Arbeitsteilung und Klassenbildung sich in Vereinen und Korporationen, Ständen und Institutionen fixiert haben." (Schmoller 1900: 64)

17 Vgl. für eine Zusammenschau der Forschungsergebnisse den Band von Hall und Soskice 2001a. Knappe Darstellungen des Ansatzes finden sich bei Hall und Soskice 2001b: 6-21, Ebbinghaus und Manow 2001b: 3-7 sowie Hoffmann 2003.

dem Resultat beispielsweise national differierender Reaktionsweisen auf veränderte weltwirtschaftliche Rahmenbedingungen.[18] Das wesentliche Charakteristikum der jüngeren Forschung ist dabei, dass es gegenüber der vergleichenden Politökonomie der 1970er und 80er Jahre zu einem systematischen Perspektivenwechsel in Bezug auf die ins Visier zu nehmenden „relevanten ökonomischen Akteure" kommt: Nicht mehr die organisierte Arbeiterschaft in ihrer politischen Stellung und organisatorischen Stärke bildet hier, wie in den Blütezeiten von Neokorporatismusforschung und Machtressourcenansatz üblich,[19] den zentralen Gegenstand analytischen Interesses, sondern vielmehr die Strukturen, Formen und Mechanismen der Unternehmensorganisation und -kooperation: „it is not the organization of labor, but that of business which determines a country's or region's 'type' of capitalism" (Kitschelt et al. 1999b: 429). Es sind die Unternehmen und die institutionalisierten Muster des Unternehmenshandelns, die dieser Konzeption zufolge das Gravitationszentrum eines Produktionsregimes, der regimespezifischen Interaktionsprozesse und Politikarenen, bilden.[20] Die einzelnen Arbeiten der neueren komparativen Kapitalismusanalyse verbindet also, jenseits aller Differenzen im Detail, die forschungsstrategische Entscheidung „to employ a model of the political economy that is centered on firm behavior" (Hall 1999: 148).

---

18 Vgl. zur Grundlegung des Konzepts des „Produktionsregimes" z.B. Soskice (1999a: 101f.): „By a production regime is meant the organization of production through markets and market-related institutions. It analyzes the way in which the microagents of capitalist systems – companies, customers, employees, owners of capital – organize and structure their interrelationships, within a framework of incentives and constraints or 'rules of the game' set by a range of market-related institutions within which the microagents are embedded."

19 Vgl. als repräsentative Werke dieser beiden Forschungsrichtungen bspw. Schmitter und Lehmbruch 1979 sowie Lehmbruch und Schmitter 1982 einerseits, Korpi 1983 oder Esping-Andersen 1985 andererseits.

20 „The premise is that many of the actions a firm takes will depend on the actions of others in the economy, [...] and that all of these actions will depend, in turn, on the institutional settings in which the actors are embedded. [...] It is this network of institutionalized relationships surrounding the firm that accounts for many of the continuities we see across political economies over time." (Hall 1999: 149) Der Perspektivenwechsel vom Analysefaktor Arbeit zum Analysefaktor Kapital kündigte sich bereits in den 1980er Jahren an, als sich die Korporatismusforschung für organisierte Unternehmensinteressen zu interessieren begann; vgl. hierzu insbesondere die Arbeiten von Schmitter und Streeck (Schmitter und Streeck 1981, Streeck und Schmitter 1985; zuletzt auch Schmitter und Streeck 1999).

Abbildung 3.1
„Varieties of capitalism" in der international vergleichenden Literatur

Autor(en)	Unterscheidung / Typen	Weitere Differenzierung	Zentrales Unterscheidungskriterium
Albert	Neo-amerikanisches vs. rheinisches Modell des Kapitalismus		Dauerhaftigkeit und Institutionalisierungsgrad der Beziehungen zwischen relevanten ökonomischen Akteuren
Soskice; Hall/Soskice	Liberal vs. coordinated market economies (LMEs vs. CMEs)	CMEs: group- vs. industry-coordinated economies; industry-CMEs: centralized egalitarian vs. flexibly coordinated model	Patterns of business coordination
Kitschelt et al.		Industry-CMEs: nationally vs. sector-coordinated economies	
Rhodes/ van Apeldoorn	Market-oriented vs. network-oriented capitalism	Network-oriented capitalism: social market vs. pragmatic type	Corporate governance
Windolf/Beyer	Competitive vs. co-operative capitalism		Structure of corporate networks
Crouch/Streeck; Hollingsworth et al.	Free-market vs. institutional economies		Modes of economic governance
Hollingsworth/ Boyer	Social systems of standardized vs. flexible production	Spatial-territorial arenas	Economic coordinating mechanisms

Anmerkung: Die Stichworte in der Tabelle sind original den – meist englischsprachigen – Texten entnommen; auf eine Übersetzung wurde verzichtet. Folgende Texte liegen dieser Synopse zugrunde: Albert 1992; Soskice 1990 und 1999a, Hall und Soskice 2001b; Kitschelt et al. 1999b; Rhodes und van Apeldoorn 1997; Windolf und Beyer 1996; Crouch und Streeck 1997, Hollingsworth et al. 1994; Hollingsworth und Boyer 1997.

Damit wäre der Ausgangspunkt markiert für jene Unterscheidung fortgeschrittener Industriekapitalismen in „business-coordinated market economies" oder „CMEs" einerseits und „uncoordinated or liberal market economies" bzw. „LMEs" andererseits, die David Soskice in die internationale Debatte eingeführt hat (vgl. Soskice 1999a, hier: 103) und in der sich die Mehrzahl der neueren Typologisierungsversuche kapitalistischer Ökonomien bündeln lässt (vgl. Abbildung 3.1). Zwar hat in der breiteren sozialwissenschaftlichen Rezeption der Diskussion um die „varieties of capitalism" die Vulgärvariante dieser Unterscheidung, Michel Alberts plakative Entgegensetzung eines „rheinischen" und eines „neo-amerikanischen" Modells des Kapitalismus (vgl. Albert 1992; vgl. ders. 1998), zunächst deutlich stärkeren Widerhall gefunden. Doch ist der analytische Gehalt derselben als äußerst dürftig zu bezeichnen,[21] wohingegen eine genauere Auseinandersetzung mit Soskices CME/LME-Typologie und deren Implikationen durchaus weiterführend ist.

Wie bereits erwähnt, sind Produktionsregime als auf den ökonomischen Wertschöpfungsprozess bezogene Instanzen der „Organisation der gegenseitigen Beziehungen der Akteure auf der Mikroebene – Unternehmer, Verbraucher, Arbeitnehmer und Kapitaleigner –" (Soskice 1999b: 203) zu verstehen, wobei die Unternehmen und insbesondere auch die Beziehungen der Unternehmen untereinander[22] den Kristallisationskern dieses Handlungszusammenhangs bilden und seinen spezifischen Charakter prägen. Soskice unterscheidet nun grundsätzlich zwei Spielarten kapitalistischer Ökonomien, deren zentraler Unterschied darin besteht, ob sie sich durch ein Produktionsregime auszeichnen, das langfristige, kooperative Beziehungen zwischen den genannten ökonomischen Akteuren anreizt oder aber eine kurzatmige Wettbewerbsorientierung unter ihnen

---

21 Vermutlich stehen wie so häufig das eine und das andere – publizistischer Erfolg und analytische Unterkomplexität – auch in diesem Fall in einem ursächlichen Zusammenhang. Jedenfalls folgt Alberts Pamphlet ausdrücklich der Maxime, „daß man in einem Zeitalter, in dem die Erfordernisse des Fernsehens uns dazu zwingen, jedes Thema, so komplex es auch sein mag, in drei Minuten abzuhandeln, die Überzeichnung wagen muß" (Albert 1992: 21). Konsequenterweise – d.h.: der Einfachheit und öffentlichen Resonanz halber – hätten seine beiden Schlagwörter allerdings „rheinischer" versus „texanischer" Kapitalismus lauten müssen, denn, so erfährt man jedenfalls im französischen Original: „Rhénan rime avec texan: le Texas est l'image exacerbée de l'Amérique." (Albert 1991: 24)
22 Soskice bezeichnet diese Beziehungsstrukturen als „intercompany system", welches gemeinsam mit dem Finanzierungs- und dem Ausbildungssystem sowie dem System industrieller Beziehungen den institutionellen Rahmen eines Produktionsregimes ausmache (vgl. Soskice 1999a: 101f.).

befördert („long-term cooperative" versus „short-term competitive relations"; vgl. Soskice 1999a: 103-112). Erstere bezeichnet er als „koordinierte", letztere als „unkoordinierte" Marktwirtschaften (vgl. ansatzweise auch schon Soskice 1990; zusammenfassend Hall und Soskice 2001b: 21-33).

In den unkoordinierten oder „liberal market economies" (LMEs), die vornehmlich im angelsächsischen Raum verbreitet sind, findet die Koordination des Akteurs-, sprich Unternehmenshandelns vorrangig über eine einzige Institution statt: den Markt. Nicht-marktförmige Koordinationsinstrumente sind unterentwickelt, und vor allen Dingen der Staat spielt keine die Kooperation der Marktparteien anregende Koordinatorenrolle. Dementsprechend markt- und wettbewerbsfreundlich (bzw. -lastig) ist das „liberale" Produktionsregime in allen seinen Bereichen: Unternehmens- und Arbeitsbeziehungen, Finanzierung und Ausbildung. Das institutionelle Gefüge koordinierter Marktwirtschaften (CMEs) hingegen ist auf die Herausbildung langfristiger Kooperationsbeziehungen angelegt – zwischen einzelnen Unternehmen ebenso wie zwischen Unternehmensleitung und Belegschaft, Unternehmerverbänden und Gewerkschaften oder Unternehmensführung und Unternehmenseignern bzw. -finanziers. Der Staat spielt hierbei eine bedeutsame intervenierende Rolle, indem er den regulativen Rahmen setzt für eine in den verschiedenen Bereichen wirksame, von gesellschaftlichen (häufig korporativen) Akteuren gemeinschaftlich organisierte Produktion kollektiver Güter wie z.B. eines überbetrieblichen Systems der Aus- und Weiterbildung oder der Diffusion technologischer Innovationen.

Die „koordinierten" Marktwirtschaften stellen allerdings nur im unmittelbaren Kontrast zu den „unkoordinierten" Ökonomien einen homogenen Typus dar. Für sich betrachtet, lassen sich innerhalb der CMEs verschiedene Untergruppen ausmachen. Soskice unterscheidet hier eine europäische Variante[23] „industriell koordinierter Ökonomien", in denen die wesentlichen Koordinationsprozesse und Kooperationsbeziehungen innerhalb einzelner Industriebranchen verlaufen, von den asiatischen „group-coordinated economies", in denen Koordination und Kooperation sich hauptsächlich im Rahmen der großen Unternehmensgruppen vollziehen, welche ihrerseits in Konkurrenz zueinander stehen (vgl. Soskice 1999a: 106). Und innerhalb des europäischen Modells wiederum stehen sich (bzw. standen sich bis in die jüngste Vergangenheit hinein) der zentralistischere

---

23 Genaugenommen handelt es sich um eine nord- und westeuropäische Variante, denn weder die südeuropäischen Nachzügler- noch die osteuropäischen Transformationsökonomien lassen sich diesem Typus zuordnen (und im Übrigen auch Frankreich nicht); vgl. Soskice 1999a: 103.

„skandinavische" und der flexiblere, auf der Unternehmensebene stärker autonomieverbürgende „germanische" Kapitalismus gegenüber (vgl. Soskice 1999a: 124).[24] Die Unterscheidung verschiedener, offenkundig real existierenden nationalen Ausprägungen (Deutschland, Schweden, Japan) nachempfundener Subtypen des koordinierten Kapitalismus ist allerdings eher dazu geeignet, die idealtypische Konstruktion zweier Modelle bzw. das (im Sinne der Weberschen Methode „einseitige") Konstruktionsprinzip dieser typisierenden Unterscheidung zu verwässern:[25] Im Kern geht es bei der Gegenüberstellung von koordinierten und unkoordinierten Marktökonomien um die institutionellen Voraussetzungen stabiler, langfristig angelegter ökonomischer Kooperationsbeziehungen, die im einen Typus – koordinierter Kapitalismus – gegeben sind, im anderen – unkoordinierter Kapitalismus – hingegen nicht (und in der Realität konkreter Produktionsregime eher gegeben sind oder eben eher nicht).[26] Dies gilt in ähnlicher Weise für all jene Analysen, die von der Vielfalt ökonomischer „governance mechanisms" oder „modes of governance" (vgl. Crouch und Streeck 1997 bzw. Hollingsworth et al. 1994; auch Crouch 1999: 167-193) ausgehen und – je nachdem,

---

24 Eine ähnliche Differenzierung in Bezug auf die „industry-coordinated market economies" nehmen Kitschelt et al. vor: „At least until the early 1980s, national concertation clearly set apart the Scandinavian countries from the primarily sectoral coordination of the 'Rhine' capitalist European continent" (Kitschelt et al. 1999b: 429). Albert hingegen umgeht eine differenziertere Betrachtung seines „rheinischen" Modells, das sich ihm zufolge „nicht nur, von den Niederlanden bis in die Schweiz, den ganzen Rhein entlang wiederfindet, sondern in gewisser Weise auch in Skandinavien und vor allem, mit den unvermeidlichen kulturellen Verschiebungen, auch in Japan" (Albert 1992: 25). Dass eben diese „kulturellen Verschiebungen" allerdings von zentraler Bedeutung sind und eine für kulturelle Eigenarten sensiblere Analyse nicht auf die Idee käme, den europäischen und den asiatischen Kapitalismus zu einem einzigen Typus zusammenzufassen, betont dagegen Graf 1999 (insb.: 105-107); vgl. in diesem Sinne auch Crouch 2003: 75f.
25 Die Verwechslung von Ideal- und Realtypen ist ein Standardproblem nicht nur der vergleichenden Kapitalismusforschung; zur Unterscheidung vgl. z.B. Kvist und Torfing 1996: 3. Zur Kritik an einer zwanghaften Zuordnungsmanie von Fällen zu Typen am Beispiel des „varieties of capitalism"-Ansatzes vgl. Crouch 2003: 89-91.
26 Die idealtypische Unterscheidung markt- und netzwerkorientierter Kapitalismen bei Rhodes und van Apeldoorn 1997 (im Anschluss an De Jong 1995) ist deutlich Soskices Dichotomie von LMEs und CMEs nachempfunden. Hingegen gewinnen Windolf und Beyer 1996 ihre Konstrukte des „kompetitiven" und „kooperativen" Kapitalismus induktiv aus der empirischen Untersuchung der Koordinationsstrukturen in britischen und deutschen Unternehmensnetzwerken.

ob die Steuerungsmechanismen „Markt" und „Unternehmung" („markets and hierarchies"; vgl. Williamson 1975) weitgehend unbehelligt wirken können oder aber in mehr oder weniger weitreichendem Maße durch die marktfremden Steuerungsmechanismen „Staat", „Verbände" und „Gemeinschaften" beeinflusst werden, – zur Unterscheidung von „free-market economies" einerseits und „institutional economies" andererseits gelangen.[27] Auch hier gilt das Interesse in letzter Instanz dem Ausmaß und der Form nicht-marktförmiger, „institutioneller" Koordination ökonomischen Handelns, sprich: Produktionsregimen als Instrumenten gesellschaftlicher Relationierung.[28]

Versteht man demnach Produktionsregime als ökonomische *Koordinationsregime* (vgl. Hollingsworth et al. 1994: 10), als *institutionelle Arrangements der Handlungs- und Akteurskoordination in kapitalistischen Ökonomien*, so werden damit auch die Ergebnisse komparativer Untersuchungen zur Regulierung der Arbeitsbeziehungen unmittelbar anschlussfähig. Dann lassen sich nämlich spezifischen Varianten des Kapitalismus jeweils kongruente Systeme industrieller Beziehungen zuordnen: „Pluralistische" und „korporatistische" Systeme, wie sie etwa Colin Crouch in seiner Theorie industrieller Austauschbeziehungen rekonstruiert (vgl. Crouch 1993a: 23-49),[29] fügen sich dann nahtlos in den idealtypischen Dualismus unkoordinierter und koordinierter Kapitalismen ein. Das von Crouch entwickelte dynamische Modell macht nämlich auf sehr anschauliche

---

27 Vgl. Crouch und Streeck (1997: 3): „some national economies were found to be more 'institutional' than others, in that they tended to subject a wider range of economic activities to governance mechanisms other than and in addition to market exchange and managerial prerogative, while typically also modifying the two through various forms of social intervention." – Eine im hier interessierenden Kontext nicht weiter zu verfolgende Ausweitung des Konzepts der Produktionsregime stellt jenes der „Social Systems of Production" dar, bei dem es empirisch um Produktionssysteme im engeren Sinne und theoretisch um die Bedeutung der regionalen und sektoralen Variabilität von „production patterns" geht (vgl. dazu Hollingsworth und Boyer 1997; Hollingsworth 1997).

28 Vgl. aber zur Kritik nicht nur am Konzept der „Koordination" bei Hall und Soskice 2001b, sondern auch an der Vorstellung einer die einzelnen institutionellen Komplexe eines (Produktions-)Regimes „wahlverwandtschaftlich" untereinander verbindenden, kohärenten Ordnungslogik sowie an dem darüber vermittelten gesamtsystemischen Erklärungsanspruch der „varieties of capitalism"-Forschung jüngst eindrucksvoll Crouch 2003.

29 Crouch unterscheidet insgesamt drei Modi der Interessenvermittlung – „contestation", „pluralism" und „corporatism" –, wobei man im letzteren Fall mit Ebbinghaus, parallel zur Ausdifferenzierung eines „skandinavischen" und eines „germanischen" Modells des Kapitalismus bei Soskice, weiter zwischen „corporatism" und „social partnership" trennen könnte (vgl. Ebbinghaus 1998: 13-17).

Weise klar, wie beim Übergang von einer pluralistischen – „liberalen", marktförmigen – zu einer korporatistischen – „institutionellen", koordinierten – Struktur der industriellen Beziehungen nicht nur die Häufigkeit, sondern auch die Förmlichkeit des Austausches zwischen den Akteuren des Systems zunimmt, *Interaktionsbeziehungen* sich also zunehmend verstetigen und institutionalisieren. Die Richtung dieser Dynamik verweist auf das allgemeine Konstruktionsprinzip, den Funktionsmechanismus koordinierter Marktökonomien: Der institutionelle Kontext ist hier so beschaffen, dass die Marktakteure in eine institutionell definierte Beziehung zueinander gesetzt werden und dadurch eine spezifische, „relationale" Identität entwickeln; eine Identität „not so much towards alter as *towards the relationship itself* or the institutional context within which ego and alter are both defined" (Crouch 1993a: 29; Hervorhebung von mir, S.L.). Erst auf der Grundlage solch institutionell vermittelter Akteursidentitäten können dann jene Langfristorientierung und Kooperationsbereitschaft der relevanten ökonomischen Akteure erwachsen, die als Strukturmerkmale eines koordinierten Kapitalismus gelten.[30]

3.3. „Worlds of welfare": Wohlfahrtsstaatliche Institutionenordnungen im Vergleich

Die international vergleichende Wohlfahrtsstaatsforschung hat eine bewegte Geschichte hinter sich. In den vergangenen beiden Jahrzehnten hat sie sich, ausgehend von der Identifizierung „des" Wohlfahrtsstaates als Strukturmerkmal fortgeschrittener Industriegesellschaften, zunächst der Unterscheidung verschiedener – erfolgreicher und weniger erfolgreicher, umfassender und weniger umfassender – Realisierungen der wohlfahrtsstaatlichen Programmatik zugewendet, um sich schließlich der Erforschung der institutionellen Vielfalt nationaler Ausprägungen von Wohlfahrtsstaatlichkeit zu widmen. Die Geburt einer genuin vergleichenden, die Pluralität sozialpolitischer Entwicklungspfade betonenden

---

30 Bzw. – alternativ – die individualistische Konkurrenzorientierung, welche die unternehmerischen Akteure in unkoordinierten Marktökonomien auszeichnet. „Companies in both forms of market economy [...] adjust their strategies to exploit the *comparative institutional advantage* of the market economy in which they find themselves." (Wood 2001: 377; vgl. Hall und Soskice 2001b: 36-44.)

Wohlfahrtsstaatsforschung war das Ergebnis eines doppelten Generationenkonflikts (vgl. Baldwin 1996; Kvist und Torfing 1996: 4-15): Nicht allein die Kritik an älteren, funktionalistischen Theorien, für die der Wohlfahrtsstaat eine evolutionäre Universalie der industriegesellschaftlichen Moderne darstellte (vgl. klassisch Wilensky und Lebeaux 1965; Wilensky 1975), hat das Feld für die komparativistische Wende in der Wohlfahrtsstaatsforschung bereitet. Auch die nachfolgende, sogenannte sozialdemokratische Generation von Studien (vgl. exemplarisch Esping-Andersen 1985), die eine erste Differenzierung einführte, indem sie die „guten" von den „schlechten" Wohlfahrtsstaaten schied, „the small elect of the solidaristic welfare states and the large mass of the residuals" (Baldwin 1996: 38) einander gegenüberstellte, hinterließ ein wachsendes Unbehagen, nicht zuletzt wegen einer recht unverblümt sich Bahn brechenden Tendenz zur empirischen Überbewertung und normativen Überhöhung des „schwedischen Modells" wohlfahrtsstaatlicher Entwicklung und sozialpolitischer Regulierung.

Parallel zur Entgegensetzung von universalistischen und residualen Wohlfahrtsstaaten hat sich eine zweite, weniger freizügig mit den Etiketten „gut" und „böse" operierende Kontrastierung eingebürgert, und zwar die Unterscheidung zwischen „Bismarck"- und „Beveridge"-Staaten bzw. -Systemen. Während die einen Sozialpolitik traditionell als Arbeiterpolitik betrieben haben und den sozialen Risiken der Lohnarbeiterexistenz in erster Linie durch die Errichtung einkommensbezogener, beitragsfinanzierter Sozialversicherungssysteme begegnet sind, standen in den anderen die Anfänge wohlfahrtsstaatlicher Intervention ganz im Zeichen der Armutsbekämpfung, was sich in der gesetzlichen Verankerung zumeist einheitlicher, steuerfinanzierter sozialer Fürsorgeleistungen niederschlug (vgl. in diesem Sinne z.B. die Typenbildung bei Ferrera 1993 oder Bonoli 1997).[31]

Es war Gøsta Esping-Andersen vorbehalten, der vergleichenden Wohlfahrtsstaatsforschung neues Leben einzuhauchen und den Quantensprung von zwei zu drei Wohlfahrtsstaatstypen zu wagen, den Übergang „from a simple Manichean duality to a New Testament trinity" (Baldwin 1996: 38). Selbst der Forschungstradition des „sozialdemokratischen Modells" entstammend, löste sich Esping-Andersen mit seinem mittlerweile zum modernen Klassiker avancierten Werk „The Three Worlds of Welfare Capitalism" (1990) aus dem universalistisch-

---

31 Ferrera (1993: 63-102) unterscheidet innerhalb der Bismarck- und Beveridge-Tradition jeweils noch ein „modello puro" und ein „modello misto", Bonoli 1997 zwischen „high-spenders" und „low-spenders".

residualen Kategorienkorsett, indem er eine ältere Unterscheidung von Richard Titmuss[32] wiederaufnahm und diesen beiden Modellen ein drittes, korporatistisches hinzufügte.[33] Damit war offenbar ein Bann gebrochen: Esping-Andersens Typologisierung stellte den Startschuss dar für vielfältige Versuche der Modifizierung und Erweiterung derselben, für den akademischen Wettbewerb um die Entdeckung immer neuer Wohlfahrtsmodelle bzw., in Esping-Andersens Terminologie, wohlfahrtsstaatlicher „Regime-Typen". Zwar erscheint Peter Baldwins sarkastischer Kommentar zur wohlfahrtsstaatlichen Regime-Debatte – „[w]ith sufficient determination we could doubtless find as many different categorizations of welfare states as the English have religions or the French sauces" (Baldwin 1996: 39) – leicht übertrieben. Aber in der Tat lässt sich festhalten, dass die vielgestaltige Ausweitung des Typenkanons (vgl. hierzu den Überblick in Abbildung 3.2) gerade den größten Vorzug von Esping-Andersens Kategorisierung zu entwerten drohte: ihre ergreifende, heuristisch wertvolle Schlichtheit (vgl. Kohl 2000: 116-129; Ebbinghaus und Manow 2001b: 7-12).

Esping-Andersens Analyse erhebt einerseits den Anspruch, die wesentlichen institutionellen und materiellen Differenzen zwischen nationalen wohlfahrtsstaatlichen Regimen an drei zentralen Kategorien festmachen zu können (vgl. Esping-Andersen 1990: 21-29): an dem je spezifischen „welfare mix", d.h. der relativen Bedeutung öffentlicher und privater Wohlfahrtsleistungen; an dem jeweils gewährleisteten Grad der „de-commodification", sprich dem Ausmaß, in welchem durch staatliche Politiken die Marktabhängigkeit von Individuen und Haushalten eingeschränkt und ihnen eine „genuine 'work-welfare choice'" (Castles und Mitchell 1993: 104) eingeräumt wird; sowie an der dem Wohlfahrtssystem innewohnenden „logic of stratification", also der Art und Weise, in der durch sozialpolitische Maßnahmen marktbedingte soziale Ungleichheiten eingeebnet oder aber reproduziert bzw. verstärkt werden. Andererseits geht es

---

32 Titmuss hatte bereits Mitte der 1970er Jahre neben dem „residualen" und dem „institutionellen" sozialpolitischen Ordnungsmodell ein drittes, „meritokratisches" (bzw., im Original, ein „industrial achievement-performance model") unterschieden, dieses Schema aber nicht weiter ausbuchstabiert, geschweige denn empirisch überprüft (vgl. Titmuss 1974: 23-32).

33 Esping-Andersens Triade nimmt damit beide zuvor angesprochenen Unterscheidungen in sich auf: Während das korporatistische Modell dem Bismarck-Typus entspricht, werden dem Beveridge-Typ zwei Ausprägungen zugeschrieben: das ausgebaute, universalistische Modell einerseits und das abgespeckte, residuale Modell andererseits. Vgl. hierzu auch Lessenich 2001.

darum, die anhand dieser Kriterien festzustellenden Unterschiede zwischen den entwickelten Wohlfahrtsstaaten zu erklären, und zwar, der Tradition des Machtressourcenansatzes entsprechend, „in terms of state traditions and dominant patterns of power mobilization" (Esping-Andersen 1999: 12). Entsprechend tragen die drei Typen wohlfahrtsstaatlicher Regulierung, die Esping-Andersen entlang der drei genannten Vergleichsdimensionen konstruiert und denen sich seiner Analyse zufolge die Wohlfahrtsstaaten der westlichen Welt mehr oder weniger eindeutig zuordnen lassen,[34] die Namen jener politischen Bewegung, die historisch als Wegbereiterin des jeweiligen wohlfahrtsstaatlichen Entwicklungspfades aufgetreten ist.

Abbildung 3.2
„Worlds of welfare" in der international vergleichenden Literatur

Autor(en)[2]	Unterscheidung / Typen	Differenzierung / Ergänzung	Zentrales Unterscheidungskriterium
Ferrera (1993); Bonoli	Modello occupazionale vs. modello universalistico di solidarietà (Bismarckian vs. Beveridgean welfare states)		Modus der Vergesellschaftung sozialer Risiken
Esping-Andersen (1990)	Welfare-state regime-types: liberal, social-democratic, conservative-corporatist		Public-private interplay, degree of de-commodification, logic of stratification
Esping-Andersen (1999)	Models of welfare state solidarity: residual, universalistic, corporativist		Principles of risk management; de-familiarization

---

34 Esping-Andersens Typenbildung entspricht auch eine regionale Zuordnung: Die skandinavischen Wohlfahrtsstaaten kommen dem „sozialdemokratischen" Regime-Typ am nächsten, während die angelsächsischen Nationen am ehesten dem „liberalen" Typ entsprechen und die kontinentaleuropäischen Sozialstaaten am ausgeprägtesten Merkmale des „konservativen" Typs aufweisen.

Autor(en)	Unterscheidung / Typen	Differenzierung / Ergänzung	Zentrales Unterscheidungskriterium
Castles/Mitchell	Families of nations	Liberal regime-type: liberal vs. radical family of nations	Modes of income redistribution
Ferrera (1998)	Geo-social European families	Conservative regime-type: continental vs. latin family	Rules of access, benefit formulae, financing regulations, organizational arrangements
Baldwin; Crouch	Welfare state models	Conservative regime-type: christian democratic, Bismarckian, mediterranean	Concept of community
Lessenich; Götting/ Lessenich	Wohlfahrtsstaatliche Regime-Typen	Ergänzung: Postautoritäre Wohlfahrtsstaaten	Institutionelle Differenzierung von Arbeits- und Sozialpolitik
Langan/Ostner; Ostner	Wohlfahrtsstaatliche Ernährer-Modelle	„Starke", „moderate" und „schwache" Ernährer-Wohlfahrtsstaaten	Individualisierungspotential von Sozialpolitik
Torfing; Jessop	Keynesian welfare national state (KWNS) vs. Schumpeterian workfare postnational regime (SWPR)	KWNS: liberal social-market, statist social-democratic, corporatist conservative variants; SWPR: neo-liberal, neo-statist, neo-corporatist variants	Forms of economic and social regulation

Anmerkung: Die Stichworte in der Tabelle sind original den – meist englischsprachigen – Texten entnommen; auf eine Übersetzung wurde verzichtet. Folgende Texte liegen dieser Synopse zugrunde: Ferrera 1993, Bonoli 1997; Esping-Andersen 1990, 1999; Castles und Mitchell 1993; Ferrera 1998; Baldwin 1996, Crouch 1999; Lessenich 1995a, Götting und Lessenich 1998; Langan und Ostner 1991, Ostner 1995; Torfing 1999, Jessop 1994.

Der „sozialdemokratische" Wohlfahrtsstaat weist dem Staat eine umfassende, universalistische Wohlfahrtsverantwortung zu; in Verfolgung der allgemeinen Zielvorgabe einer Emanzipation der Individuen von Marktabhängigkeiten wird er zum Dreh- und Angelpunkt sozialpolitischer Problemdefinitionen und Interessenlagen.³⁵ Auf der Grundlage eines breiten gesellschaftlichen Wohlfahrtskonsenses kommt es hier zur institutionellen Verankerung eines Systems der Staatsbürgerversorgung, das jeden Menschen mit dem prinzipiell gleichen Recht auf die Inanspruchnahme eines weitreichenden Angebots sozialer Leistungen und Dienstleistungen ausstattet – unabhängig vom erwerbsarbeitsvermittelten ökonomischen Status des einzelnen. Im „liberalen" Modell hingegen, das sich die Wahrung der Marktkonformität sozialpolitischer Institutionen und Interventionen zum obersten Gebot gemacht hat, kommt dem Staat die Aufgabe zu, die Hegemonie privater, marktförmiger Lösungen der Wohlfahrtsproblematik zu gewährleisten. Durch seine sicherungspolitische Zurückhaltung zwingt er die sozialen Akteure zur Übernahme individueller bzw. kollektiver Eigenverantwortung. Nur wer hierzu materiell nicht in der Lage ist, kann mit einer bedürftigkeitsgeprüften öffentlichen Fürsorgeleistung rechnen. Der „konservative" Regime-Typ schließlich steht in der spätfeudalistisch-paternalistischen Tradition einer herrschaftlichen Bändigung anarchischer Marktkräfte zum Zwecke der Aufrechterhaltung überkommener gesellschaftlicher Abhängigkeiten, Bindungen und Statushierarchien. Die maßgebliche Sicherungstechnik dieses Modells ist die Zwangsmitgliedschaft in der gegliederten Sozialversicherung, die sowohl die Rückkoppelung von Sicherungsansprüchen an das System der Erwerbsarbeit als auch die Übertragung der jeweiligen Stellung auf dem Arbeitsmarkt in unterschiedliche soziale Versorgungslagen bewerkstelligt. Wer sich dagegen materielle Sicherheit nicht durch abhängige Beschäftigung „verdient" hat, wird subsidiär auf die Sicherung über private, insbesondere familiale Unterhaltsbeziehungen verwiesen.³⁶

Esping-Andersen hat in seiner jüngsten größeren Arbeit – in Reaktion auf seine vielen Kritiker und zumal auch Kritikerinnen – eine bedeutsame Reformulierung seines Regime-Konzeptes vorgenommen (vgl. Esping-Andersen 1999, insb.: 32-46, 60-67, 73-94). Hatte er lange Zeit an seiner reduktionistischen Interpretation des „welfare mix" – als Frage eines wechselseitigen Verdrängungs-

---

35 Zum Überblick über die Charakteristika der drei Modelle vgl. die Übersichten bei Kohl 1993: 71 und Lessenich 1995b: 57 bzw. 1994: 240. Vgl. darauf aufbauend auch Schmid 1996: 55-61, Aust und Bieling 1996: 144-147, Bieling 1997: 31-35 sowie Czada 1999a: 80-85. Eine knappe Zusammenschau bietet auch Schmidt 1998: 215-228.

36 Zur Kritik an der „sergio-leonesk" anmutenden normativen Aufladung auch dieser Typologie, in der die Rollen des „good guy" und des „bad guy" klar verteilt sind und der „konservative" Typus die dritte Rolle des „hässlichen", weil an der „falschen" Gesellschaftsvorstellung orientierten Modells spielt, vgl. Manow 2002: 203-206 (hier: 203).

wettbewerbs zwischen Staat und Markt – festgehalten und entsprechende feministische Kritik an einem derart eingeschränkten Verständnis gesellschaftlicher Wohlfahrtsproduktion (vgl., stellvertretend für viele andere, Orloff 1993) geflissentlich ignoriert, so vollzieht er nun eine radikale Wende und erklärt den privaten Haushalt und die Haushaltsökonomie zum zentralen Desiderat politökonomischer Gesellschafts- und Wohlfahrtsstaatsanalyse: „A welfare regime can be defined as the combined, interdependent way in which welfare is produced and allocated between state, market, *and family*." (Esping-Andersen 1999: 34f.; Hervorhebung von mir, S.L.).[37] Entsprechend gilt auch nicht mehr dem Niveau der De-Kommodifizierung – dem Ausmaß wohlfahrtsstaatlicher „politics against markets" (vgl. Esping-Andersen 1985) – das hauptsächliche Augenmerk, sondern dem Grad der „De-Familiarisierung", d.h. dem Maß, in dem die gesellschaftliche Wohlfahrtsproduktion Haushalt und Familie entzogen und auf dritte Instanzen (den Staat oder den Markt) übertragen wird.

Diese Weiterentwicklung der wohlfahrtsstaatlichen Analysekategorien geht einher mit einer Revision des Regime-Konzepts, seiner Redefinition als Modus der Vergesellschaftung sozialer Risiken: „How risks are pooled defines, in effect, a welfare regime" (Esping-Andersen 1999: 33). Staat, Markt und Familie werden dementsprechend als „three radically different principles of risk management" (ebda.: 35) verstanden – und das je spezifische Risikomanagement bzw. das je konkrete Mischungsverhältnis unterschiedlicher Prinzipien der Vergesellschaftung von Risiken bestimmt den Charakter wohlfahrtsstaatlicher Regime:

„Social risks are the building blocks of welfare regimes. [...] They can [...] be internalized in the family, allocated to the market, or absorbed by the welfare state [...]. Where the state absorbs risks, the satisfaction of need is both 'de-familialized' (taken out of the family) and 'de-commodified' (taken out of the market)." (ebda.: 40)

Freilich geht diese Reformulierung des Regime-Konzepts nicht mit einer Revision der ursprünglichen Typenbildung einher: Zwar spricht Esping-Andersen nun nicht mehr von den „three worlds of welfare capitalism", sondern von „three distinct models of welfare state solidarity" (ebda.: 40),[38] doch bleibt seine Ty-

---

37 Die schonungslose Selbstkritik, die dieses Buch durchzieht, ist bemerkenswert. Symptomatisch hierfür mag folgende Selbstanklage stehen (Esping-Andersen 1999: 47, Fn. 1): „The lack of systematic attention to households is painfully evident in my own 'Three Worlds of Welfare Capitalism'. It starts out by defining welfare regimes as the interaction of state, market, and family and subsequently pays hardly any notice to the latter."
38 Esping-Andersen nähert sich hiermit stark dem Ansatz von Ferrera 1993 an, ohne diesen jedoch zu nennen; vgl. ähnlich, aber mit Bezug auf Ferrera, auch Lessenich 1999a.

penwelt nichtsdestotrotz in Ordnung. Nach wie vor lassen sich ein „residual", ein „corporativist" und ein „universalistic approach" wohlfahrtsstaatlicher Solidaritätsproduktion unterscheiden.³⁹

Demzufolge ist auch der umfangreichen Kritik, die an dieser Typenbildung in den vergangenen Jahren geübt worden ist, nicht der Stachel genommen (vgl. Lessenich 2000: 59f.). Dies gilt zum einen für den Verweis auf die inhärente Statik von Esping-Andersens Typenkonstruktion (vgl. Borchert 1998; anders Kohl 2000: 125f.) – ein Problem, das dieser neuerdings zwar ebenfalls selbst thematisiert, doch als letztlich unvermeidbar ansieht: „Typologies [...] are inherently static. [...] Any typology of welfare regimes therefore remains valid only as long as history stands still." (Esping-Andersen 1999: 73)⁴⁰ Zum anderen sind – wie erwähnt – zahlreiche Versuche unternommen worden, Esping-Andersens Typologie zu modifizieren. Neben dem Vorschlag, den liberalen Regime-Typ weiter in „liberale" und „radikale" Wohlfahrtsstaaten auszudifferenzieren (vgl. Castles und Mitchell 1993),⁴¹ sind in dieser Beziehung insbesondere all jene Ansätze zu

---

39 Insofern nimmt Esping-Andersen zwar die konzeptionelle Kritik am Regime- und Dekommodifizierungs-Begriff auf, hält aber der Welle feministischer Gegen-Typologisierungen (vgl. bspw. früh schon Langan und Ostner 1991; Lewis 1992) seinerseits entgegen, dass „'bread-winner regimes' and 'welfare regimes' are two distinct dependent variables" (1999: 74), weswegen seine eigene Typologie durch die Konstruktion von wohlfahrtsstaatlichen „Ernährermodellen" nicht in Frage gestellt werde. Vgl. als Überblick über die äußerst umfangreiche feministische Auseinandersetzung mit Esping-Andersens Ansatz z.B. Sainsbury 1994, Duncan 1995, O'Connor 1996, Orloff 1996 sowie Lewis 1997, in jüngster Zeit Adams und Padamsee 2001, Brush 2002 sowie Mahon 2001.

40 Als einen Versuch, Esping-Andersens Typologie zu dynamisieren, kann man allerdings Torfings These des Übergangs vom „KWNS" zum „SWPR" lesen. Was nach den Namen zweier amerikanischer Radiosender klingt, steht für den „Keynesian welfare national state" einerseits und das „Schumpeterian workfare postnational regime" andererseits (vgl. dazu auch Jessop 1994) – zwei regulationspolitische Meta-Arrangements, die Torfing (1999: 372-378) zufolge jeweils nationale Spielarten aufweisen, die sich wiederum zu liberalen, etatistischen und korporatistischen bzw. – im Falle des SWPR – neoliberalen, neoetatistischen und neokorporatistischen Varianten bündeln lassen.

41 Allerdings sprechen Castles und Mitchell nicht von „worlds of welfare", sondern von „families of nations", womit sie Ländergruppen eines gemeinsamen geographischen, sprachlichen, kulturellen und historischen Entwicklungszusammenhangs meinen (vgl. Castles 1993), und identifizieren davon ausgehend innerhalb der englischsprachigen Länderfamilie eine Gruppe von Wohlfahrtsstaaten (namentlich Australien und Neuseeland), die aufgrund eines progressiven Steuersystems und tarifrechtlicher Vorkehrungen trotz niedriger Sozialausgabenniveaus hohe Umverteilungseffekte erzielen. Es ist diese besondere wohlfahrtsstaatliche Konstellation, die von den Autoren als „radikal" bezeichnet wird.

nennen, die sich an Esping-Andersens Konstruktion eines „konservativen" Regime-Typs stoßen (vgl. Lessenich und Ostner 1998; Manow 2002). In der Tat spricht einiges dafür, dass es sich bei Esping-Andersens Typentrias im Grunde genommen um zwei zu „Idealtypen" erhobene Realtypen handelt (nämlich Schweden und die Vereinigten Staaten; vgl. Rieger 1998: 75-81), wohingegen der konservative Regime-Typ als Residualkategorie dient – als Auffangbecken für all jene Fälle, die sich weder dem sozialdemokratischen noch dem liberalen Typus zuordnen lassen.[42] Insofern ist es kaum überraschend, dass von verschiedenen Seiten Vorschläge gemacht worden sind, auf welche Weise „this residuum can be broken up further" (Crouch 1999: 388): Sei es durch die Erweiterung um einen vierten, „lateinischen" oder „mediterranen" Typ rudimentärer, klientelistischer und familienzentrierter Wohlfahrtsstaatlichkeit (vgl. etwa Leibfried 1992, Ferrera 1996; zusammenfassend Ferrera 1998, kritisch Castles 1995); durch die Unterscheidung konservativer Wohlfahrtsstaaten mit staatsautoritär-paternalistischem Erbe von solchen mit stark christlich-demokratischen Traditionen (vgl. Baldwin 1996: 40; Crouch 1999: 386-388);[43] oder aber durch die Konstruktion eines „postautoritären" Regime-Typs, dessen spezifische Konstellation sich allmählich ausdifferenzierender, institutionell eigenständiger Sphären arbeits- und sozialpolitischer Regulierung einige spät demokratisierte Nationen Südeuropas mit den neu entstehenden Wohlfahrtsstaaten in Mittel- und Osteuropa verbindet (vgl. Lessenich 1995a: 217-235; Götting und Lessenich 1998).

Für all diese Klassifizierungen wie für Esping-Andersens Ursprungstypologie allerdings gilt, dass derartige Typenbildungen mit den jeweils gewählten Bestimmungskriterien von Wohlfahrtsstaatlichkeit, also mit „the criteria employed to demarcate a regime" (Esping-Andersen 1999: 86), stehen und fallen.[44] Insofern

---

42 „Esping-Andersen's analysis brings together as 'traditional': the Protestant corporate state of Bismarck's Germany that had only recently ceased its 'Kulturkampf' against Roman Catholics; the anti-corporatist, fiercely secular, liberal French republic; strongly Catholic, corporatist Austria; and the consociational, incipiently corporatist Netherlands. Welfare policy had not begun in Italy or Spain." (Crouch 1999: 386)

43 Kersbergens Untersuchung zum „Social Capitalism" (1995) allerdings bringt diese beiden Spielarten „konservativer" Wohlfahrtsstaatlichkeit wieder auf einen gemeinsamen institutionellen Nenner.

44 Auch hier gibt sich Esping-Andersen (1999: 86) mittlerweile einigermaßen selbstkritisch: „if alternative attributes were considered, the classification might break down". Und dies gilt in gleicher Weise für die – bei Esping-Andersen stets quantitative – Operationalisierung der bevorzugten Untersuchungsvariablen: „Of course, in the final analysis it all comes

sollte man komplexen Typologien und insbesondere quantitativen Indikatoren der Fallzuordnung durchaus skeptisch gegenüberstehen und stattdessen einer offenen Kategorisierung im Sinne eines Kontinuums von qualitativ zu definierenden Modellen wohlfahrtsstaatlicher Solidaritätskonstruktion den Vorzug geben. Wie zuvor die Wirtschaftsregime entwickelter kapitalistischer Gesellschaften sollten auch deren Wohlfahrtsregime als Instrumente gesellschaftlicher Relationierung, als handlungs- und beziehungsstrukturierende institutionelle Arrangements verstanden werden: als „institutional configurations [...] moulding the 'opportunity structure' and thus the strategies of the various actors [...] as well as the cognitive and normative schemes of policy-makers and the policy-takers" (Ferrera 1998: 87). Wohlfahrtsstaaten wären demnach im Kern *Solidaritätsregime*, sprich: *institutionelle Arrangements der Konstruktion sozialer Unterstützungsbeziehungen*, die sich nach dem Grad der Generalisierung und Institutionalisierung gesellschaftlicher Solidaritätsstrukturen unterscheiden lassen. Zum einen gibt es nämlich nationale Differenzen hinsichtlich des personellen Einzugsbereichs wohlfahrtsstaatlicher Solidaritätskonstruktionen, zum anderen hinsichtlich des Ausmaßes, in dem es tatsächlich wohlfahrts*staatliche* Instanzen sind, denen die Organisation solcher Solidaritätsbeziehungen überantwortet wird (vgl. Lessenich 1999a: 28-32). Ist der Bezugspunkt sozialwissenschaftlicher Kapitalismusanalyse mithin die je konkrete Gestalt ökonomischer Koordinationsregime, mit „koordinierten" und „liberalen" Marktwirtschaften als polaren Typen, so läßt sich als Gegenstand sozialwissenschaftlicher Wohlfahrtsstaatsforschung die je spezifische Ausprägung gesellschaftlicher Solidaritätsregime ausmachen, mit – der Systematik zuliebe – „solidarischen" und „individualistischen" Wohlfahrtsstaaten als Polen des Kontinuums.

---

down to the choice of indicators and measurement" (ebda.: 92). Damit ist eigentlich alles gesagt in Sachen Typenkonstruktion und ihrer „empirischen" Fundierung. Esping-Andersen jedenfalls ist vorsichtig geworden, wenn es um die Verteidigung seiner drei Welten geht: „The results presented here suggest that, *as far as my choice of attributes and measurements is concerned*, a simple 'three worlds' typology may suffice" (Esping-Andersen 1999: 94; Hervorhebung von mir, S.L.). Dass sich selbst an dieser Aussage zweifeln lässt, zeigen allerdings Obinger und Wagschal 1998.

3.4. „Types of democracy":
Politische Institutionenordnungen im Vergleich

Auch in der vergleichenden Politikwissenschaft hat die Konstruktion unterschiedlicher Typen demokratischer politischer Systeme eine weit hinter die jüngste Vergangenheit zurück reichende Tradition. Über den Wandel von politisch-soziologischen zu politökonomischen und später neo-institutionalistischen Ansätzen (vgl. Lane und Ersson 1999: 158f.) hinweg ist der Systematisierungs- und Kategorisierungsbedarf der Disziplin erhalten geblieben: „Typologies have been an integral feature of postwar analysis of democratic systems." (Lange und Meadwell 1985: 82) Dabei galt das Forschungsinteresse in diesem Bereich zunächst den Bedingungsfaktoren der politischen Stabilität unterschiedlicher demokratischer Systeme (vgl. insbesondere Lijphart 1968, 1977; Sartori 1976). Diese input-Orientierung[45] der Forschung wandelte sich in den 1970er Jahren zur output-Orientierung, als zunehmend die ökonomische Performanz konkurrierender politischer Systeme in den Mittelpunkt vergleichender Untersuchungen zu rücken begann.[46] Nicht mehr politischen Kulturen und Parteien galt nun die größte Aufmerksamkeit, sondern gesellschaftlichen Interessen und Verhandlungssystemen, deren Organisationsgrade und -formen mit dem wirtschaftlichen Erfolg industrieller Demokratien in Beziehung gesetzt wurden.[47] „In the turn to political economy, corporatism, interests, state, and economy have

---

45 Während Lijphart einen eher kulturalistischen Ansatz vertrat und in seinen frühen Studien zur „consociational democracy" vorrangig an den Modi der politischen Elitenkooperation interessiert war, verfolgte Sartori demgegenüber einen stärker institutionalistischen Ansatz, dessen besonderes Augenmerk den Strukturen des Parteienwettbewerbs galt.

46 Mit den konkurrierenden politischen Systemen sind hier die des demokratischen Kapitalismus gemeint. Der Systemvergleich im Sinne der Kontrastierung der politischen Systeme kapitalistischer und sozialistischer bzw. kommunistischer Gesellschaften war in der frühen Nachkriegszeit von der Totalitarismustheorie dominiert (vgl. die klassische Ausarbeitung bei Friedrich und Brzezinski 1956), ehe der Demokratievergleich diesen Gegenstand mitsamt seiner Theorie zusehends verdrängte. Erst in jüngster Zeit, seit dem Zusammenbruch der Sowjetunion und der politischen Systeme im Osten Europas, erfährt die Totalitarismustheorie eine merkwürdige Wiedergeburt; vgl. hierzu kritisch K. H. Roth 1999 (insb.: 49-117).

47 Lange und Meadwell unterscheiden in diesem Zusammenhang Autoren, die dem Neokorporatismus-Ansatz verpflichtet sind, von jenen, die dem Machtressourcen-Ansatz folgen, und bilden auf dieser Grundlage eine „labor inclusion" bzw. eine „labor power typology" westlicher Demokratien (vgl. Lange und Meadwell 1985: 92-99).

replaced pluralism, values, society, and culture." (Lange und Meadwell 1985: 106)

Doch die Hausse politökonomischer Konzeptbildung wurde jäh gestoppt, als 1984 Arend Lijpharts „Democracies" erschien – eine umfassende Studie, die das klassische Konzept der älteren Staatswissenschaft bzw. Demokratieforschung, nämlich das der Institutionen, analytisch wiederbelebte und damit als Bindeglied zwischen „altem" und „neuem" Institutionalismus im sozialwissenschaftlichen Demokratievergleich gelten kann. Lijphart lieferte die für die weitere Forschung maßgebliche, richtungsweisende Unterscheidung zweier „diametrically opposed models of democracy: the majoritarian model (or the Westminster model) and the consensus model" (Lijphart 1984: 3; vgl. Abbildung 3.3).

Abbildung 3.3
„Types of democracy" in der international vergleichenden Literatur

Autor(en)	Unterscheidung / Typen	Weitere Differenzierung	Zentrales Unterscheidungskriterium
Lijphart	Majoritarian vs. consensus model of democracy	Majoritarian, majoritarian-federal, consensual-unitary, consensus democracy	Institutional limits to majority rule
Schmidt	Mehrheits- vs. Verhandlungsdemokratie		Zahl und Gewicht der institutionellen Begrenzungen der zentralstaatlichen Exekutive
Colomer	Institutional majoritarianism vs. institutional pluralism		Number of and power differences between the institutional actors involved in political decision-making
Kaiser	Veto points democracy	Consociational, delegatory, expert, legislatory veto points	Windows of influence for political actors

Anmerkung: Die Stichworte in der Tabelle sind original den – meist englischsprachigen – Texten entnommen; auf eine Übersetzung wurde verzichtet. Folgende Texte liegen dieser Synopse zugrunde: Lijphart 1984, 1989; Schmidt 1995, 1997; Colomer 1996; Kaiser 1998b.

Das entscheidende Differenzierungskriterium beider Modelle ist für Lijphart die Frage, ob in den politischen Entscheidungsstrukturen eines demokratischen Systems die Unterstützung oder aber die Einschränkung der Mehrheitsherrschaft angelegt ist. Während im einen Fall die Mehrheitsregel relativ uneingeschränkte Geltung (und die jeweils regierende Partei somit freie Bahn) hat, werden im anderen Fall der Mehrheit bzw. der auf diese sich stützenden Regierung auf vielfältige Weise Handlungsgrenzen gesetzt – durch institutionelle Strukturen „requiring or encouraging: the *sharing of power* between the majority and the minority (grand coalitions), the *dispersal of power* (among executive and legislature, two legislative chambers, and several minority parties), a *fair distribution of power* (proportional representation), the *delegation of power* (to territorially or nonterritorially organized groups), and a *formal limit on power* (by means of the minority veto)" (Lijphart 1984: 30).

Bei dem Begriffspaar „Mehrheits"- und „Konsensusdemokratie" handelt es sich um zwei abstrakte, auf der Grundlage polar entgegengesetzter Eigenschaftskataloge konstruierte Modelle (vgl. zusammenfassend Lane und Ersson 1994: 70-73; Schmidt 1995: 239-252). Die Kataloge enthalten jeweils acht mehrheits- bzw. konsensdemokratische Merkmalsbestimmungen, die entlang zweier Dimensionen clustern (vgl. Lijphart 1984: 211-215; ders. 1989: 35-37; Lijphart et al. 1988: 8-12). In der „executives-parties dimension" fasst Lijphart Charakteristika des Parteien- und Wahlsystems sowie der Gestaltung der Exekutivmacht zusammen, in der „federal-unitary dimension" Merkmale der Staats-, Parlaments- und Verfassungsorganisation. In allen acht Punkten[48] repräsentiert die Konsensdemokratie das exakte Spiegelbild der Mehrheitsdemokratie – doch in der Welt real existierender Demokratien gibt es keineswegs nur „schwarz" und „weiß". In der empirisch-quantitativen Untersuchung von 22 politischen Systemen westlicher Nationen ergeben sich entsprechend vier Ländercluster, von denen zwei (das majoritär-föderale und das konsensual-unitarische, denen die Hälfte der untersuchten Fälle zuzuordnen sind) genuine Mischtypen darstellen. Nur drei

---

48 Exekutivmacht (Ein- vs. Mehrparteienregierung), Beziehungen zwischen Exekutive und Legislative (Dominanz der Exekutive vs. relative Unabhängigkeit der Legislative), Parteiensystem (Zwei- vs. Mehrparteiensystem), „cleavage"-Struktur (ein- vs. multidimensional), Wahlrecht (Mehrheits- vs. Verhältniswahlrecht), Zentralisierungsgrad (zentralisierte vs. dezentralisierte Staatsorganisation), Kammersystem (Ein- vs. Zweikammersystem) sowie Verfassungsrecht (Parlamentssouveränität vs. extraparlamentarische Verfassungshütung). Lijphart und Crepaz 1991 fügen diesem Katalog noch eine neunte Variable – den Modus der Interessenorganisierung („pluralistisch" vs.. „korporatistisch") – hinzu.

Länder weisen hinsichtlich beider Merkmalsdimensionen eindeutige und kongruente Werte auf und lassen sich demgemäß als entschieden majoritäre bzw. konsensuale Demokratien bezeichnen.[49]

Lijpharts Demokratietypen sind in der Folgezeit von anderen Autoren aufgenommen und weiterentwickelt, vor allen Dingen auch explizit neo-institutionalistisch gewendet worden. Drei Ansätze sind diesbezüglich besonders erwähnenswert.[50] Manfred G. Schmidt hat versucht, das Spezifische des konsens- bzw., in seiner Terminologie, verhandlungsdemokratischen Pols des Kontinuums genauer herauszuarbeiten. Er verweist darauf, dass der Typus der Konsensdemokratie nicht in eins zu setzen ist mit real existierenden Konkordanzdemokratien, die bei Lijpharts Konstruktion des Gegenbilds zur (konkret: britischen) Mehrheitsdemokratie Pate gestanden haben mögen (vgl. Schmidt 1995: 241f.): Während in konkordanzdemokratischen Systemen „Entscheidungsmaximen des gütlichen Einvernehmens" (ebda.: 230) herrschen und in der Tat der Konsens aller beteiligten Parteien oder Gruppen das Sollergebnis des politischen Prozesses darstellt, geht es in Verhandlungsdemokratien um die Institutionalisierung von Formen und Mechanismen politischer Kompromisssuche und -findung – um „Gegenkräfte, Kontrollinstanzen, Mitregenten oder Nebenregierungen" (ebda.: 248), die sicherstellen, dass auch die Interessen starker (bzw. gut organisierter) Minderheiten Eingang in den Prozess staatlicher Politikproduktion finden. Schmidt ergänzt daher Lijpharts Merkmalskatalog um weitere Indikatoren der „Temperierung oder 'Mäßigung' der Demokratie" (ebda.: 250) und entwickelt einen Index der institutionellen Fesselung der zentralstaatlichen Exekutive („Institutionen-Index"; vgl. Schmidt 1997: 549-558),[51] der die spezifische Eigenart von Verhandlungsdemokratien als innenpolitisch „semisouveräne" Staaten (vgl. Katzenstein 1987) besser zu fassen vermag.

---

49 Es sind dies Neuseeland und das Vereinigte Königreich auf der einen sowie die Schweiz auf der anderen Seite (vgl. Lijphart 1984: 216; Lijphart et al. 1988: 12; Lijphart 1989: 33-35). – Vgl. weiterführend – mit (von 21 auf 36 Nationen) erweitertem Ländersample, etwas weiter ausdifferenziertem Merkmalskatalog und dem erkenntnisleitenden Interesse an der Problemlösungsfähigkeit der beiden Demokratietypen – auch Lijphart 1999.

50 Vgl. zu älteren und neueren Typologien demokratischer Regime auch den Überblick bei Fuchs 2000 (insb.: 34-37).

51 Schmidts „Institutionen-Index" setzt sich aus folgenden sechs Variablen zusammen: EU-Mitgliedschaft, Föderalismus, Rolle der Zweiten Kammer, Hürden für Verfassungsänderung, Autonomie der Zentralbank, Direktdemokratie. Vgl. ähnlich auch den „institutional autonomy" bzw. „overall influence index" bei Lane und Ersson (1999: 186f., 234-236) sowie den „constitutional structure"-Index bei Huber et al. (1993: 728).

Ganz ähnlich ist Josep María Colomers Unterscheidung von „institutional majoritarianism" und „institutional pluralism" angelegt (vgl. Colomer 1996). Für seine Kategorisierung demokratischer politischer Systeme ist vornehmlich die Anzahl und relative Machtausstattung der relevanten institutionellen Akteure – Exekutivgewalten, Parlamentskammern, Parteien, territoriale Regierungen usw. – von Belang. Der Grad des institutionellen Pluralismus eines Systems bemisst sich dann daran „how many actors can be considered necessary to agree in order to make a policy decision" (ebda.: 9). Je mehr konkurrierende, handlungsfähige Akteure im politischen Spiel sind, desto größer wird der Druck zu „negotiations among institutions, 'cohabitation' of differently oriented powers, coalition politics, or several of these features" (ebda.: 14) – in einem Wort: zum Rekurs auf verhandlungsdemokratische Verfahren. Die neo-institutionalistische, akteursorientierte Weiterentwicklung des Mehrheits-/Konsensdemokratie-Konzepts bei Colomer äußert sich auch darin, dass dieser den – im Kontext der vorliegenden Untersuchung nunmehr sattsam bekannten – Begriff der „institutional regimes", „in the sense of rules of the political game" (ebda.: 1), in die vergleichende Analyse demokratischer politischer Systeme einführt (und dementsprechend von majoritären und konsensuellen „Regimen" spricht).

Hier nun schließt André Kaisers Konzept der „veto point democracy" (vgl. Kaiser 1998a, b) nahtlos an. Für den Neo-Institutionalismus fungieren politische Institutionen als strukturierende Variablen bzw. „structural incentives for political action" (Kaiser 1997: 422) – und die Rede von „institutionellen Regimen" verweist darauf, dass es komplexe institutionelle Konstellationen, mehrdimensionale Anreizstrukturen sind, welche die Muster von Kooperation und Konflikt zwischen politischen Akteuren prägen: „daß politische Systeme aus untereinander verflochtenen institutionellen und organisatorischen Strukturen bestehen, die das Handeln politischer Akteure systematisch strukturieren" (Kaiser 1998a: 525). Kaisers neo-institutionalistische Reformulierung des Lijphartschen Modelldualismus majoritärer und konsensualer Demokratien basiert folgerichtig auf der Annahme, „daß Institutionen strategische Kontexte für politische Akteure etablieren, die als 'Vetopunkte' im politischen Entscheidungsprozeß genutzt werden können" (Kaiser 1998a: 529). Dabei verweist er auf die Bedeutung formaler Schranken der Mehrheitsregel wie auch auf informelle Verfahren ihrer Aushebelung und unterscheidet vier Typen von Vetopunkten – solche der Konkordanz, der Delegation, der Expertise und der Legislative (vgl. Kaiser 1998a: 538; 1998b: 213f.) –, die komplementär existieren oder aber funktional äquivalent wirken können.⁵² Auf dieser konzeptionellen Grundlage lassen sich dann die Pole auf einem Kontinuum von einem Minimum zu einem Maximum an Vetopunkten mit den Begriffen „Mehrheits"- und „Verhandlungsdemokratie" bezeichnen.⁵³

Den Begriff der Verhandlungsdemokratie zieht Kaiser – wie schon Schmidt – jenem der Konsensdemokratie vor, weil damit beide Modelle gleichermaßen nach der in ihnen maßgeblich zur Anwendung kommenden Entscheidungsregel, dem Mehrheitsprinzip oder aber eben dem Verhandlungsmodus, benannt werden. Die institutionellen Regime politischer Systeme lassen sich somit grundsätzlich ebenfalls als Instrumente gesellschaftlicher Relationierung deuten – als *Kooperationsregime* bzw. als *institutionelle Arrangements der Strukturierung von Akteursbeziehungen in politischen Entscheidungskontexten*, die eher konfliktorisch-kompetitiv oder eher kooperationsfördernd angelegt sein können. Als Verhandlungsdemokratie ist dann jener Typus politischer Systeme zu bezeichnen, der die maßgeblichen politischen Akteure durch die institutionelle Definition ihrer relativen Positionen und wechselseitigen Beziehungen zu kooperativem Verhalten veranlasst – der „institutionelle Arrangements enthält, die die Akteure zu Verhandlungen über Kompromisse zwingen" (Kaiser 1998a: 536f.).⁵⁴

---

52 Die Kritik an Lijpharts Typenkonstruktion und Variablenoperationalisierung, die Kaisers Alternativvorschlag zugrundeliegt, ist eine Kritik an falsch verstandener, empirisch-quantitativ fundierter Idealtypenbildung schlechthin: Die entsprechenden Ansätze zeichneten sich vorrangig dadurch aus, „daß sie auf willkürlichen Zusammenstellungen von Indikatoren beruhen, denen eine Identitätsannahme zugrundeliegt: Die Indikatoren sind von konkreten politischen Systemen abgeleitet, und es wird angenommen, daß sie überall, wo sie existieren, in gleicher Weise wirken, also identisch sind" (Kaiser 1998a: 528). Kaiser plädiert demgegenüber für eine qualitative, Kontexten und funktionalen Äquivalenten gegenüber sensible Analyse, die sich in ihren Urteilen über den „majoritären" oder „konsensualen" Charakter einer Demokratie nicht sklavisch abhängig macht von der „Entscheidung darüber, was in den Index aufgenommen wird" (ebda.: 533).

53 Allerdings wird man bei einer entsprechenden Verortung konkreter politischer Systeme nicht nur die Problematik funktionaler Äquivalente berücksichtigen sondern „zudem davon ausgehen müssen, daß sich eine erhebliche Varianz zwischen [...] einzelnen Politikfeldern findet" (Kaiser 1998a: 539).

54 Die jüngste Spezifizierung des Konzepts der „Verhandlungsdemokratie", die auf der systematischen Unterscheidung dreier Dimensionen derselben – parteipolitische Konkordanz, korporatistische Verbändeeinbindung und konstitutionelle Politikverflechtung – beruht, findet sich bei Czada 2003.

3.5. Koordiniert, konservativ, konsensual? Das deutsche Sozialmodell und seine Basisinstitutionen

Die Rekonstruktion politischer, wohlfahrtsstaatlicher und ökonomischer Institutionenordnungen als typische (im Idealfall: idealtypische) Arrangements der *institutionellen Rahmung und Strukturierung von Akteursbeziehungen* folgte einem konkreten Zweck: die relative Nähe des deutschen Sozialmodells zu diesen (Ideal-)Typen und damit die institutionellen Spezifika dieses Modells bestimmen zu können. Mit den maßgeblichen Autoren der neueren vergleichenden Analyse von Kapitalismen, Wohlfahrtsstaaten und Demokratien – David Soskice, Gøsta Esping-Andersen und Arend Lijphart – lässt sich das Deutschland der Nachkriegszeit dem Typus der koordinierten Marktökonomie, des konservativen Wohlfahrtsstaats bzw. der Konsensdemokratie zuordnen. Ist hiermit ein erster Schritt zur Charakterisierung des deutschen Sozialmodells getan, so hat der nächste Schritt darin zu bestehen, die „drei k's" – koordiniert, konservativ, konsensual – näher zu spezifizieren bzw. in die Terminologie dieser Untersuchung zu übersetzen. Koordinierter Kapitalismus, konservativer Wohlfahrtsstaat und konsensuale Demokratie sind als je besondere Regime-Typen, als spezifische *Muster gesellschaftlicher Relationierung* zu qualifizieren – und das deutsche Sozialmodell als ein Konglomerat institutioneller Regime, an deren Vorgaben ökonomische, soziale und politische Akteure ihr jeweiliges Handeln bzw. die Gestaltung ihrer Beziehungen zu anderen Akteuren ausrichten.

Auf dem Weg vom – bei aller Unzulänglichkeit der Konstruktionen im Einzelfall – idealtypischen Begriff politischer, ökonomischer und wohlfahrtsstaatlicher Regime zur historischen Realität des deutschen Sozialmodells, dessen ausführliche Darstellung im anschließenden Kapitel 4 erfolgt, bilden die folgenden, absichtsvoll kurz gehaltenen Ausführungen zu den Basisinstitutionen des deutschen Modells die konzeptionelle Brücke (vgl. zum Überblick Abbildung 3.4). Sie tragen einerseits der Überzeugung Rechnung, dass nur durch eine – in der vergleichenden Forschung leider absolut unübliche – multidimensionale Analyse, nur durch die *Zusammenschau* politischer, ökonomischer und wohlfahrtsstaatlicher Institutionenordnungen *gleichermaßen*, die institutionelle Gestalt (und der Gestaltwandel) einer real existierenden Gesellschaft angemessen erfasst werden kann.[55] Sie lassen andererseits nochmals das Grundprinzip der

---

55 Zu ersten Versuchen einer systematischen Verknüpfung von „varieties of capitalism"- und „worlds of welfare"-Analyse vgl. die Beiträge zu Ebbinghaus und Manow 2001a. Die Inte-

hier vorgeschlagenen analytischen Rekonstruktion des deutschen Sozialmodells deutlich hervortreten, nämlich das Prinzip der Suche nach einer begrenzten Zahl *bereichsspezifischer Arrangements der Institutionalisierung gesellschaftlicher Beziehungen*. In diesem – *und nur in diesem* – spezifischen Sinne werden die folgenden sechs Institutionenkomplexe als „Basisinstitutionen" des deutschen Sozialmodells unterschieden. Eine anders angelegte „Rasterfahndung", auf der Grundlage eines alternativen kategorialen Suchrasters durchgeführt, müsste zwangsläufig auch zu einem anders gearteten Phantombild des „deutschen Modells" führen.

Abbildung 3.4
Die Basisinstitutionen des deutschen Sozialmodells
als institutionelle Arrangements gesellschaftlicher Relationierung

Makrostruktur	Regimeform	Regimefunktion	Akteurskonstellation	Basisinstitution
Kapitalismus	Koordinationsregime	Koordinierung ökonomischer Austauschbeziehungen	Unternehmen – Unternehmen	Soziale Marktwirtschaft
			Unternehmen – Arbeitnehmer	Sozialpartnerschaft
Wohlfahrtsstaat	Solidaritätsregime	Regulierung gesellschaftlicher Unterstützungsbeziehungen	Erwerbsbürger – Erwerbsbürger	Sozialversicherung
			Erwerbsbürger – Nicht-Erwerbsbürgerinnen	Familialismus
Demokratie	Kooperationsregime	Organisation politischer Kooperationsbeziehungen	Exekutive – Exekutive	Verbundföderalismus
			Exekutive – Legislative	Verhandlungsdemokratie

gration auch der „types of democracy"-Dimension in derartige Analysen stellt nach wie vor ein Desiderat der Forschung dar, auf das Shalev 2001 (insb.: 289-292) zutreffend hinweist.

Die institutionelle Ordnung kapitalistischer *Ökonomien* erfolgt – wie gesehen – über sogenannte Produktionsregime, die hier als institutionelle Arrangements der Koordinierung ökonomischer Austauschbeziehungen (oder „Koordinationsregime") definiert worden sind. Diese institutionelle Koordinationsleistung wird auf zwei unterschiedlichen Ebenen erbracht – mit Bezug auf jeweils unterschiedliche Akteure: Zum einen werden die Beziehungen zwischen Unternehmen, zum anderen die Beziehungen zwischen Unternehmen und ihren Beschäftigten (sei es innerbetrieblich, zwischen Unternehmensleitung und Belegschaft, oder überbetrieblich, zwischen Arbeitgeberverbänden und Gewerkschaften) in bestimmter Weise strukturiert. Der deutsche Fall entspricht weitgehend jenem Typus der „koordinierten" Marktökonomie, den Soskice der „liberalen" Variante der Marktwirtschaft gegenüberstellt. Die deutsche Wirtschaft weist, was die Unternehmensbeziehungen angeht, die wesentlichen Merkmale eines „densely networked, alliance capitalism" (Gourevitch 1996: 239) auf. Die institutionelle Ordnung der Arbeitsbeziehungen wiederum setzt Maßstäbe des Interessenausgleichs und der gemeinsamen Verantwortlichkeit[56], die Kritiker bisweilen vom „deutschen Kuschel-Kapitalismus" (Rudzio 2000: 40) sprechen lassen. Als Basisinstitutionen des deutschen Kapitalismus sollen daher im Folgenden einerseits die *„Soziale Marktwirtschaft"*, die damit auf ihren regulativen Kern als Wettbewerbsordnung (bzw. als in spezifischer Weise „organisierter" Kapitalismus) zurückgeführt wird, andererseits die *„Sozialpartnerschaft"* identifiziert und auf ihre spezifischen Koordinationsfunktionen hin untersucht werden.

Die verschiedenen *wohlfahrtsstaatlichen* Regime, die Esping-Andersen zu typisieren versucht hat, wurden hier, seiner eigenen konzeptionellen Reorientierung folgend, als institutionelle Arrangements der Regulierung gesellschaftlicher Solidaritätsbeziehungen (kurz „Solidaritätsregime") gefasst. Während die Zuordnung Deutschlands zum „konservativen" (statt „liberalen" oder „sozialdemokratischen") Typus wohlfahrtsstaatlicher Organisation begrifflich wenig weiterführend ist, kann die Bestimmung der Basisinstitutionen des deutschen Wohlfahrtsstaats inhaltlich durchaus an diese Einordnung anknüpfen. Auch hier sind zwei Ebenen der Beziehungsregulierung zu unterscheiden: Einerseits die der Erwerbsbürger – als relevante soziale Einheiten einer wohlfahrtsstaatlich verfassten Erwerbsgesellschaft – untereinander, andererseits diejenige, auf welcher Erwerbsbürger und Nicht-Erwerbsbürger (und spezifischer: Nicht-Erwerbsbürger-

---

56 Der englische Begriff für „Mitbestimmung" – „co-determination" – bringt diesen Zug des deutschen Modells gut zum Ausdruck.

innen) in Beziehung zueinander gesetzt werden. Deutschland ist ein „Erwerbspersonensozialstaat" (Schmidt 1998: 216), in seinen Organisations- und Leistungsstrukturen ganz zugeschnitten auf die Sicherung der Erwerbstätigen. Die zentrale Instanz, die diesen Bereich reguliert, ist die Institution *„Sozialversicherung"*. Zugleich sind im deutschen Fall weite Teile gesellschaftlicher Wohlfahrtsproduktion dem Erwerbssektor entzogen und in die Obhut von privaten Haushalten bzw. Familien gelegt,[57] die Beziehungen zwischen Erwerbstätigen und Nicht-Erwerbstätigen demnach in bestimmter Weise vorstrukturiert. Dieses zweite grundlegende institutionelle Merkmal des deutschen Wohlfahrtsstaates soll hier als *„Familialismus"* bezeichnet[58] und als Teil des spezifisch deutschen Solidaritätsregimes näher analysiert werden.

Im Bereich der *Politik* bzw. der politischen Verfasstheit der Gegenwartsgesellschaften als Demokratien schließlich spielen institutionelle Arrangements der Organisation politischer Kooperationsbeziehungen (oder „Kooperationsregime") eine wichtige Rolle für die je konkrete Gestalt von Politikformulierungs- und Entscheidungsprozessen. Erneut sind zwei Ebenen mit unterschiedlichen Akteurskonstellationen zu differenzieren: Auf der einen Seite die Beziehungen zwischen politischen Exekutivgewalten unterschiedlicher territorialer Einheiten bzw. Untereinheiten – je nach Staatsorganisation –, auf der anderen jene zwischen Exekutive und Legislative bzw., davon abgeleitet, zwischen Regierung und Opposition und den sie jeweils tragenden Parteien. Die analytische Trennung dieser beiden Beziehungsstrukturen entspricht Lijpharts (faktoranalytischer) Unterscheidung einer „federal-unitary" und einer „executives-parties dimension". Deutschland wird von Lijphart in der ersten Dimension eindeutig dem föderalistischen Pol zugeordnet – sicherlich eine korrekte Charakterisierung, die dahingehend zu konkretisieren wäre, dass es sich im deutschen Fall um ein föderalistisches System mit einem hohen Grad an Entscheidungs- bzw. „Politikverflechtung" (vgl. Scharpf 1985) handelt; entsprechend soll hier vom *„Verbundföderalismus"* als politische Basisinstitution die Rede sein. In der zweiten Dimension beurteilte Lijphart 1984 die deutsche als eine – wenn auch

---

57 Ein weiteres Spezifikum des deutschen Wohlfahrtsstaates, die para-staatliche Erbringung sozialer Dienstleistungen durch Wohlfahrtsverbände, sollte in diesem Zusammenhang nicht unerwähnt bleiben.

58 Dies ist die einzige im sozialwissenschaftlichen Sprachgebrauch bislang nicht fest etablierte Bezeichnung für eine der sechs hier identifizierten Basisinstitutionen. Der Terminus wird auch von Esping-Andersen zur Beschreibung des konservativen Regime-Typs gebraucht, ist bei ihm jedoch nicht relational angelegt (vgl. Esping-Andersen 1999: 45).

keineswegs eindeutig – majoritäre Demokratie; dies widersprach schon damals der gängigen Beschreibung Deutschlands als Prototyp einer Konsensgesellschaft. Lijpharts zunächst entwickelter Merkmalskatalog der Mehrheits- bzw. Konsensusdemokratie wurde den Besonderheiten von politischen Systemen mit einer Vielzahl von – gegebenenfalls auch unterhalb der verfassungsrechtlichen Ebene angesiedelten oder informellen – Vetopunkten nicht gerecht und überbetonte daher den mehrheitsdemokratischen Charakter der Bundesrepublik. In der 1999 erschienenen konzeptionellen Weiterentwicklung von „Democracies" wurde dieser Mangel behoben – und Deutschland firmiert nun als eindeutig konsensuales System (vgl. Lijphart 1999: 243-257).[59] Die bundesdeutsche Demokratie weist als Strukturmerkmal „ein hochgradig differenziertes System von Gegenkräften und Gegengewichten zur Zentralregierung und zur Parlamentsmehrheit" (Schmidt 1995: 246) auf – und lässt sich insofern treffend als „wohltemperierte Demokratie" bezeichnen.[60] Die „Konsens"- bzw., mit Schmidt und Kaiser, die *„Verhandlungsdemokratie"* bildet somit die in unserem Kontext letzte, sechste Basisinstitution des deutschen Sozialmodells.

Sinn und Zweck dieser ersten Annäherung an den deutschen Fall auf dem Weg über die Rekonstruktion „abstrakter Systemtypologien" war es – und kann es auch grundsätzlich nur sein –, „ein Vorverständnis der Betriebsweise politischer und ökonomischer [sowie wohlfahrtsstaatlicher, S.L.] Systeme zu vermitteln" (Czada 2003: 200). Spezifisch „deutsch" an der „Betriebsweise" des deutschen Sozialmodells ist dabei, so wird im Weiteren zu zeigen sein, weniger die Existenz jeder einzelnen der soeben identifizierten Basisinstitutionen *für sich genommen*: Auch andere Gesellschaften lassen sich als Verhandlungsdemo-

---

59 Wie so oft gilt auch hier: Die Zuordnung von Fällen zu Typen „is to some extent a result of our operational definitions" (Lijphart 1984: 217). Deutschland wird bei Lijphart (1984: 216; vgl. insb. auch Lijphart et al. 1988: 12) zunächst im Übrigen dem majoritär-föderalistischen Typus zugeschlagen, obwohl sich der deutsche Fall – dem mehrheitsdemokratischen *bias* der Variablenoperationalisierung zum Trotz – als nur mäßig majoritär erweist. Schon unter Einschluss der Korporatismusvariable zeigt sich der eher konsensdemokratische Charakter des politischen Systems der Bundesrepublik dann allerdings auch in Lijpharts Typologisierung deutlicher (vgl. Lijphart und Crepaz 1991: 245f.). Neuerdings nun, bei Betrachtung auch der Variablen „interest group pluralism" und „central bank independence", verortet er Deutschland „on the clearly consensual side" (Lijphart 1999: 249, Fn. 3) seiner typologischen Landkarte.

60 Vgl. die entsprechenden Ergebnisse – auf der Grundlage einer für institutionelle „veto points" sensibleren Indexbildung – bei Schmidt 1997: 554, Colomer 1996: 13, Huber et al. 1993: 728 sowie Lane und Ersson 1999: 187, 235.

kratien, Sozialversicherungsstaaten oder selbst als Soziale Marktwirtschaften bezeichnen. Spezifisch ist vielmehr die *Kombination* dieser sechs hier identifizierten Institutionenkomplexe, das institutionelle Gesamtensemble, und spezifisch sind auch die konkreten *Realisationsformen* und Funktionsmechanismen dieser Basisinstitutionen in Gestalt ihrer operativen „micro-institutions" (vgl. Gourevitch 1996). Vorerst handelt es sich bei der Rede von Sozialer Marktwirtschaft und Sozialpartnerschaft, Sozialversicherung und Familialismus, Verbundföderalismus und Verhandlungsdemokratie jedoch um bloße begriffliche Etiketten institutioneller Relationierungsgefüge, deren historisch-kulturelle Eigenart und historisch-konkreten Ausformungen es im nachfolgenden, vierten Kapitel zu bestimmen gilt. Zusammengenommen ergibt sich damit, so jedenfalls die Absicht, ein mehrdimensionales und vielschichtiges, aber zugleich auch in seiner Komplexität reduziertes Bild des deutschen Sozialmodells: als ein Ensemble makro-institutioneller Arrangements der politischen Regulierung sozialer Beziehungen.

Kapitel 4
Die Konfiguration des deutschen Sozialmodells: Historisch-soziologische Skizzen

„Es wird nun eben die Aufgabe sein müssen, das, was uns hier undeutlich vorschwebt, so deutlich zu formulieren, als dies bei der unausschöpfbaren Mannigfaltigkeit, die in jeder historischen Erscheinung steckt, überhaupt möglich ist."

Weber 1905: 29f.

Wenn nun im Folgenden genauer erkundet wird, was denn eigentlich „typisch deutsch" zu nennen sei, dann geht es nicht um die populär-verquere Frage nach einem deutschen „Volkscharakter" oder einer deutschen „Leitkultur", nach deutschen Tugenden oder „deutschen Sitten" (vgl. dazu Bausinger 2000; Goettle 1991). Vielmehr nähern wir uns hier einem Problemzusammenhang, der weder deutsche Stammtische noch deutsche Feuilletons zu erregen in der Lage ist: der Frage nach den institutionellen Charakteristika des deutschen Sozialmodells, nach den institutionellen Fundamenten ökonomischer „Koordination", wohlfahrtsstaatlichen „Konservatismus" und politischen „Konsensualismus". Genau genommen richtet sich der Blick dabei auf das deutsche – korrekter: westdeutsche – Sozialmodell der Nachkriegszeit, sein institutionelles Profil und dessen ideologische Überformung. Doch lassen sich die Eigenarten des bundesrepublikanischen Sozialmodells einigermaßen zuverlässig nur bestimmen, wenn neben Ansätzen des internationalen (wie in Kapitel 3) auch Elemente des intertemporalen Gesellschaftsvergleichs herangezogen werden. Denn selbst ein gesellschaftshistorischer Einschnitt der radikaleren Art, wie er 1945 und in den Jahren danach auf deutschem Territorium sich vollzog, verändert letztlich „nur einen relativ kleinen Teil derjenigen Bestände, die zuvor in einer Gesellschaft akkumuliert worden sind. Immer wirkt das einmal Akkumulierte in die neue Zeit hinüber, wirkt Geschichte fort." (Borchardt 1983: 45)[1] Insofern gilt es, die komplexen gesellschaftsgeschichtlichen „Bestände" zu sichten, welche die Grundlage für die Konstitution des bundesdeutschen Sozialmodells bildeten, um auf diese Weise sowohl institutionelle Neuerungen als auch Kontinuitäten im Sinne der „Teilidentität der Bundesrepublik" (Lepsius 1983: 137) mit ihren Vorläufergesellschaften ausmachen zu können. Erst ein solcher – notwendig unvollkommener – Versuch der gesellschaftsgeschichtlichen Konturierung (vgl. dazu Schildt 1999a: 22) des deutschen Sozialmodells *as we know it* lässt die Eigenarten und vor allen Dingen den *Prozess* der „Systemindividualisierung" dieses Modells (vgl. Lübbe 1975)[2] gegenüber vergleichbaren, aber gleichermaßen eigenartigen, „sonderbaren" Gesellschaftsordnungen demokratisch-kapitalistischer Wohlfahrtsstaaten plastisch werden.

Dabei ist allerdings darauf zu achten, einen in der Tat „typisch deutschen", historisch äusserst wirkungsmächtigen Fehler zu vermeiden: die „Exotisierung" (Lepsius 1969: 24) des deutschen Falls und die Stilisierung der gesellschaftsgeschichtlichen Entwicklung in Deutschland zu einem „Sonderweg". Ralf Dahrendorf hat eindringlich darauf hingewiesen, dass zwischen der Betonung der Eigenart(en) einer, konkret eben der deutschen, Gesellschaft und der Behauptung ihrer Einzigartigkeit strikt zu unterscheiden sei. Die Analyse „der Eigentümlichkeit deutscher Strukturen" habe per se nichts mit der Vorstellung zu tun, wonach „alle anderen Länder dem 'Modell' entsprächen, nur Deutschland aus der Reihe getreten sei" (Dahrendorf 1965: 58) – im Gegenteil. Gleichwohl gehörte eben diese Vorstellung eines exklusiven Sonderweges über lange Jahre zum Kernbestand deutscher Selbstinterpretation und steigerte sich zeitweilig sogar bis hin zu einer politisch wirkungsmächtigen „Ideologie des deutschen Weges" (Faulenbach 1980: 12).[3] Bei Lichte besehen, gibt es allerdings aus-

---

1 Vgl. ähnlich auch Lepsius (1983: 138): „Jede neue politische Ordnung führt zur Selektion der Traditionsbestände und zur Neubildung mindestens auf der Ebene der Institutionen und der sie legitimierenden Wertvorstellungen." Gleichwohl dürfe man „begründet annehmen, [...] daß mit einem Regimewechsel nicht ein 'Typenwechsel' einer ganzen Gesellschaft und ihrer Kultur verbunden ist."

2 „Die historische Erklärung erklärt einen einzigartigen Zustand eines Systems, sozusagen die Individualität dieses Systems unter vergleichbaren anderen. Die historische Erklärung beantwortet [...] die Frage, wieso funktionsanaloge Dinge hier so und dort anders sind [...]. Historische Prozesse sind, insoweit, in genereller Formulierung, Prozesse der Systemindividualisierung, durch die Systeme unter analogen einzigartig und unverwechselbar, also identifizierbar werden." (Lübbe 1975: 164)

3 Vgl. dazu, aus Anlass der Wiederkehr der „sonderwegszentrierten" Geschichtsschreibung in der „Berliner Republik", zuletzt auch Doering-Manteuffel 2001.

schließlich „Sonderwege" in die demokratisch-kapitalistische Moderne: nationalspezifische Pfade, die zu jeweils historisch besonderen, eigenartigen Varianten eines gleichen gesellschaftlichen Strukturtyps führen.[4] Nationale Entwicklungspfade, die wiederum untereinander höchst interdependent sind. So lässt sich gerade die Frage nach der *longue durée* des deutschen Sozialmodells, nach den Kontinuitäten und Diskontinuitäten der institutionellen Ordnung der deutschen Gesellschaft, ohne den Bezug auf internationale politische, ökonomische und kulturelle Konstellationen schlechterdings nicht stellen, geschweige denn beantworten. Und zumal die Neu(be)gründung des deutschen Sozialmodells nach 1945/49 lässt sich nur im Kontext der historisch einmaligen weltwirtschaftlichen Nachkriegsprosperität, einer zwischen Ost und West geteilten, in „kalten Kriegen" verstrickten Staatenwelt sowie der „doppelten Staatsgründung" (Kleßmann 1991) und der daraus folgenden, vierzigjährigen Koexistenz zweier deutscher Frontstaaten begreifen. Die entstehende Bundesrepublik war gleichsam der „Musterfall eines *'penetrated system'*" (Wollmann 1991: 553)[5], welches seine innere Dynamik im „Windschatten" des Ost-West-Konflikts entfalten konnte und seine strukturellen Eigenarten nur angetrieben und begünstigt durch diese spezifische historisch-politische Konstellation zu entwickeln vermochte (vgl. Greiner 1997: 35; Seibel 1992: 351). Welche gesellschaftliche *Ordnung* und welche ihr entsprechenden *Ordnungsideen* unter diesen Bedingungen als spezifisch „deutsches Modell" institutionalisiert wurden – die *institutionellen Ordnungs- und Sinnstrukturen* des deutschen Sozialmodells –, gilt es nun zu identifizieren.[6]

---

4 Zu den wesentlichen, zum Teil eng miteinander verbundenen historischen Versatzstücken deutscher Besonderheit rechnet Faulenbach (vgl. 1980: 8-12) die „verspätete" deutsche Nationalstaatsbildung, die bloß partielle – ökonomische, aber nicht politische – Modernisierung der deutschen Gesellschaft, die Dauerhaftigkeit des monarchisch-konstitutionellen Verfassungstyps, die ausgeprägt gesellschaftsordnende Funktion des Staates, die politische und ökonomische Schwäche des Bürgertums sowie die Wirkungsmacht besonderer geistesgeschichtlicher Traditionsbestände (Idealismus, Romantik, Historismus). Auf die meisten dieser Eigenarten wird im Verlauf der folgenden Ausführungen zurückzukommen sein.

5 Vgl. ebenso Heidenheimer 1991: 33f. – „[L]ooked at in a longer historical setting, perhaps no advanced industrial society can claim to be quite so completely a product of the international system as the Federal Republic of Germany" (Dyson 1992: 7).

6 Auch Lepsius ist der Ansicht, dass die fortdauernde Bedeutsamkeit historischer, im Sinne aller internationaler Bedingungszusammenhänge zum Trotz bleibend nationalspezifischer, Entwicklungen insbesondere in zwei Bereichen vermutet werden dürfe: „im Bereich der institutionellen *Ordnung* und der durch sie beeinflußten Interessenorganisation und Interessenaustragung und im Bereich der kulturell geprägten *Ordnungsideen*, die die Zielvorstellungen und die Legitimität der Mittel für die Zielerreichung bestimmen" (Lepsius 1983: 143; Hervorhebungen von mir, S.L.).

4.1. Das deutsche Sozialmodell als institutionelle Konstellation: Eine analytische Rekonstruktion

Die institutionellen Charakteristika des deutschen Gesellschaftsmodells sind zum Gegenstand sozialwissenschaftlichen Interesses im Grunde erst wieder geworden, seitdem die Bundesrepublik nicht mehr in Systemkonfrontation (oder jedenfalls -konkurrenz) zu ihrer „sozialistischen" Gegengesellschaft steht und die institutionellen Eigentümlichkeiten der „alten" Bundesrepublik wahlweise als absterbende Reminiszenzen einer vergangenen Zeit oder aber als langlebige Hypotheken des „neuen Deutschland" gesehen werden. Erst mit der Zäsur von 1989/90 hat das „deutsche Modell" wieder die Schwellen einer breiteren – politischen, aber auch wissenschaftlichen – Aufmerksamkeit überschritten: „[D]ie Aufhebung der Selbstverständlichkeiten schärft die Reflexion" (Rehberg 1997: 110).

Breite Übereinstimmung herrscht dabei unter den Experten darüber, dass das deutsche Gesellschaftsmodell der Nachkriegszeit in allgemeinster Form als „politisch regulierter sozialer Kapitalismus" (Esser 1998: 124) beschrieben werden kann. Diese Formel umschreibt retrospektiv nicht allein das (jedenfalls seit den späten 1950er Jahren) wesentliche Strukturmerkmal der bundesdeutschen Gesellschaftsordnung, sondern zugleich auch den ordnungspolitischen „Basiskonsens" (Kaufmann 1997b: 164) der westdeutschen Gesellschaft. Wirtschaftliche und soziale Entwicklung galten demnach als im Grundsatz komplementäre Prinzipien, die Sicherung der Balance zwischen wirtschaftlicher Effizienz und sozialer Kohäsion als doppelte, wechselseitig aufeinander bezogene staatliche Ordnungsaufgabe (vgl. Kaufmann 1997b: 173, 190; Streeck 1997: 42; Schmidt 1990: 26; Simonis 1998b: 12). „[S]ocial welfare and economic efficiency are not antithetical but mutually reinforcing" (Katzenstein 1989: 353), so lautete das gesellschaftspolitische Credo von bundesrepublikanischen Eliten und bundesdeutscher Bevölkerung in den goldenen Zeiten der Nachkriegsordnung.[7]

Das unter dieser gesellschaftspolitischen Maßgabe operierende Institutionensystem Westdeutschlands ist in den 1990er Jahren zum Gegenstand einer Vielzahl insbesondere politikwissenschaftlicher, institutionalistisch orientierter Einzelstudien geworden, die sich in einer ersten Annäherung drei Gruppen zuordnen lassen. Eine erste Gruppe von Untersuchungen stellt das bundesdeutsche Produktionsmodell (oder -regime) in den Mittelpunkt der Analyse. Als „deutsches

---

[7] Linda Weiss bezeichnet Deutschland angesichts dieser „*combined* developmental and distributive capacities" als „dualistic state" (vgl. Weiss 1998: 116-166, hier: 118).

Modell" wird hier eine *politisch-ökonomische* Konfiguration bezeichnet, welche spezifische Elemente der konzertierten makroökonomischen Steuerung, der institutionellen Koordination von Wirtschaftssektoren sowie der inner- und zwischenbetrieblichen Produktionsorganisation in sich vereint (vgl. z.B. Naschold 1997: 28-31, Jürgens und Naschold 1994: 240-242; vgl. dazu auch Czada 1999b: 406f., Zimmer 1999: 213-216). Während aus dieser Sicht die Institutionen politischer Regulierung v.a. in ihrer produktionsbezogenen Funktionalität in den Blick kommen, stellt für eine zweite Gruppe von Modellanalytikern umgekehrt das Politikregime selbst die zentrale, unabhängige Untersuchungsvariable dar. Hier liegt das Augenmerk vorrangig auf *politisch-institutionellen* Besonderheiten, die vor allem in der Existenz von politischen, teils para-staatlichen Instanzen der offiziellen und inoffiziellen Mit- bzw. Gegenregierung gesehen werden (vgl. maßgeblich Schmidt 1990, 1996; vgl. auch Weßels 1999: 96f.), und die aus der Bundesrepublik, so das mittlerweile geflügelte Wort, einen (bis 1990) nicht nur außenpolitisch, sondern darüber hinaus auch innenpolitisch „halbsouveränen Staat" („semisovereign state"; vgl. Katzenstein 1987 bzw. ders. 1989: 333) haben werden lassen.

Eine dritte Gruppe von Studien schließlich richtet ihr Interesse, von der spezifischen institutionellen Organisation von Politik und Ökonomie in Westdeutschland ausgehend, stärker auf die gesellschaftsweite, bereichsübergreifende Durchsetzung zweier *institutioneller Metaprinzipien* im „deutschen Modell", nämlich der Prinzipien von Kooperation und Konsens.[8] Kooperation, genauer: „antagonistische Kooperation" (Scharpf 1987: 151-198), ist demzufolge der Funktionsmodus, der sowohl der politischen wie auch der ökonomischen Institutionenordnung zugrundeliegt:

„both the economic and political systems of Germany are marked by a style of decision-making that attaches great importance to consultation among the affected interests and, in many cases, to securing consensus from them on the course of action to be taken" (Hall 1997b: 304).

Ein dichtes Netzwerk von Institutionen und ein breiter ideologischer Konsens bildeten, in der Terminologie Webbers, „the 'hardware' [...] and the 'software'

---

8 Hierzu ist zum einen anzumerken, dass auch die zuvor genannten Autoren diesen beiden Strukturprinzipien zentrale Bedeutung beimessen, der Fokus ihrer Untersuchungen aber doch stärker auf konkrete institutionelle Konfigurationen in Ökonomie und Politik gerichtet ist. Zum anderen ist festzustellen, dass man nach einer eindeutigen Bestimmung und Abgrenzung der Konzepte „Kooperation" und „Konsens" in der Literatur zum „deutschen Modell" in aller Regel vergeblich sucht; am ehesten entgeht diesem Urteil wohl noch die Untersuchung von Scharpf 1987.

that produced such extensive cooperation" (Webber 1997: 230) in beiden Sphären der bundesdeutschen Gesellschaft. Mit gewissen Einschränkungen lassen sich auch die beiden – trotz ihrer Kürze – wohl elaboriertesten soziologischen Analysen des „deutschen Modells" dieser Strömung zuordnen. So war es für Rainer Lepsius die neugeschaffene bundesdeutsche Institutionenordnung (die er durch ein zentristisches Parteiensystem, kooperativen Föderalismus, dezentrale Konfliktaustragung in den Arbeitsbeziehungen und normative Integration durch Verrechtlichung gekennzeichnet sieht), welche wesentlich zur Institutionalisierung von politischer Kooperation und gesellschaftlichem Konsens beigetragen hat – also dazu, „alle politischen Eliten in einen Prozeß komplexer Interessenvermittlung einzubinden und auch die Bevölkerung im ganzen auf eine durch die Verfassung rechtlich sanktionierte Wertbeziehung zu orientieren" (Lepsius 1990b: 81). Und für Wolfgang Streeck konvergieren die institutionellen Strukturen der früheren Bundesrepublik (die er als das Zusammenspiel von „socially instituted markets", „negotiated management", „enabling state intervention", „quasi-public associational governance" und „cultural traditionalism" beschreibt; vgl. Streeck 1997: 47) in einem spezifischen, unterschiedlichste gesellschaftliche Bereiche überspannenden Muster organisierter Kooperation: „Widespread organized cooperation among competitors and bargaining between organized groups [...] is probably the most distinctive feature of the German political economy" (ebda.: 39).

Bieten die zahlreichen genannten Studien einzelner Autoren aus jüngerer Zeit ein vielfältiges, perspektivenreiches, aber insofern letztlich auch wenig systematisches Bild des „deutschen Modells", so liegt der bislang einzige Versuch einer kollektiven und koordinierten Bestandsaufnahme desselben mittlerweile mehr als zwei Jahrzehnte zurück. In den späten 1970er und frühen 1980er Jahren diffundierte die Debatte um das sogenannte „Modell Deutschland" von der politischen Sphäre in die Sozialwissenschaften und fand dort über mehrere Jahre hinweg eine äußerst kritische Rezeption. Zu den Bundestagswahlen des Jahres 1976 als sozialdemokratischer Wahlkampf- und Erfolgsslogan geboren, gewann das „Modell Deutschland"-Konzept in den Folgejahren im öffentlichen Diskurs der Bundesrepublik an Popularität, was wiederum eine Reihe von Kritikern auf den Plan rief, die in einer Art konzertierter (Gegen-)Aktion[9] auf die Konstruktions-

---

9 Die wissenschaftliche Debatte wurde im Wesentlichen von einer Gruppe Konstanzer Autoren und im Umfeld der Berliner Zeitschrift „Probleme des Klassenkampfs" („Prokla") geführt. Vgl. zum akademisch-sozialen Entstehungszusammenhang des „Modell Deutschland"-Ansatzes Simonis 1998c: 257-260.

schwächen und Reproduktionskosten jenes Modells verwiesen (vgl. Esser et al. 1979, 1980; o.V. 1980; Markovits 1982; retrospektiv Simonis 1998c). Den Doppelcharakter des „Modell Deutschland" als „ideologische Formel" und „reale Struktur" (Esser et al. 1979: 2) in Rechnung stellend, beschrieben sie dieses (in der alsbald adaptierten Terminologie der französischen Regulationstheoretiker ausgedrückt) als Synthese eines spezifischen Akkumulationsregimes, eines darauf bezogenen Politikmodells und eines aus beiden resultierenden Vergesellschaftungsmodus. Den Kern des Arrangements bildet demzufolge ein exportorientierter, auf Erhaltung und Steigerung der internationalen Wettbewerbsfähigkeit gerichteter Akkumulationsprozess, dessen weltmarktinduzierte Sachzwänge als „funktionaler Imperativ für Kapital, Arbeit und Politik" (ebda.) wirksam werden. Flankiert wird das „Exportmodell" dementsprechend einerseits durch eine den funktionalen Erfordernissen desselben Rechnung tragende wirtschaftliche und gesellschaftliche Modernisierungspolitik des Staates sowie andererseits durch kooperative Gewerkschaften, die als „massenintegrative Apparate" (ebda.: 3) die Akzeptanz des Modells jedenfalls im gesellschaftlichen Kernbereich sicherstellen. Von diesem politisch formierten „korporatistischen Block" wird mit einer Mischung sozialstaatlich-protektiver und sicherheitsstaatlich-repressiver Instrumentarien ein unstrukturiertes gesellschaftliches Segment „funktionsloser oder 'gefährlicher' Randexistenzen" abgespalten (ebda.: 9; vgl. auch Esser und Fach 1981, Hirsch 1980). Gerade diese Tendenzen innergesellschaftlicher Polarisierung aber führten zu offenkundigen Funktionsproblemen eines Modells, das im Übrigen zusehends an die Grenzen fortgesetzter außenwirtschaftlicher Expansion gerate und das sich folglich, so die damalige (leicht kryptische) Prognose der Modell-Kritiker, in nicht allzu ferner Zukunft vor „die System-Frage in einer neuen Dimension" (Esser et al. 1979: 11) gestellt sehen könne.

Das hier wiedergegebene Bild vom „Modell Deutschland" war – ignoriert man für einen Moment die sprachlichen Grausamkeiten des deutschen akademischen Marxismus der 1970er Jahre und sieht man ferner von der damals offensichtlich unvermeidlichen Endzeit- und Erlösungsmetaphorik ab – sicherlich nicht allzu weit entfernt von der politisch-ökonomischen Realität der Zeit. Und in seinen wesentlichen Bestandteilen ist es neueren Analysen des deutschen Modells, die dessen Strukturmerkmale mit dem „moderneren" wissenschaftlichen Vokabular von Koordination, Kooperation und Konsens (aber auch Exklusion) zu fassen versuchen, keineswegs so unähnlich. Doch blieb die damalige Erkundung des institutionellen Fundaments der Bundesrepublik durch die Adepten des „Modell Deutschland"-Ansatzes leider ähnlich selektiv wie jener Korporatismus, den sie wortreich zu geißeln verstanden. Vor allem aber vermochte sich dieser Ansatz zeit seines (dann auch eher kurzen) Lebens nicht aus der Frontstellung zum dezidiert affirmativen „Modell Deutschland"-Diskurs in der politischen Öffentlichkeit der Bundesrepublik[10] zu lösen und konnte sich demzufolge auch nicht von den analytischen Begrenzungen befreien, welche eine ausschließlich negative Bezugnahme auf die dominante Modellideologie notwendig mit sich brachte.[11] Die in sich stets bruchstückhaft bleibende Analyse des deutschen Modells als eines – wie auch immer spezifischen – „'Modells' bürgerlicher Klassenherrschaft" (o.V. 1980: 9) allein konnte und kann die Spezifik des deutschen Sozialmodells eben nicht in ihrer ganzen Komplexität abbilden. Insofern dürften auch die zaghaften Versuche zur Wiederbelebung eines gewendeten, vom „neomarxistischen Zeitgeist" (Simonis 1998c: 261) befreiten und retrospektiv umgedeuteten „Modell Deutschland"-Ansatzes[12] alles andere als erfolgversprechend sein, wenn es – wie hier – darum geht, die institutionellen Fundamente des bundesdeutschen Sozialmodells freizulegen und den Wandel von der „alten" zur

---

10 Es ist aus heutiger Sicht kaum mehr vorstellbar, aber durchaus wahr (und also keine Fehlwahrnehmung der damaligen Kritiker), dass es in der Bundesrepublik der ausgehenden 1970er Jahre einen „herrschenden Konsens, der das 'Modell Deutschland' zum Exportschlager hochstilisiert[e]", gab, in dessen Rahmen die politischen Eliten selbiges „den europäischen Nachbarn sowie den kapitalistischen Konkurrenzmächten USA und Japan zur Nachahmung empfehlen" konnten (vgl. Esser et al. 1979: 1).

11 Als Beispiele seien nur der teilweise krude ökonomische Funktionalismus des Ansatzes angeführt oder die weitestgehende Verkennung jener „konservativ-revolutionären" Dialektik kapitalistischer Sozialpolitik, die Eduard Heimann bereits ein halbes Jahrhundert zuvor offengelegt hatte (vgl. Heimann 1929, dazu Huf 1998: 38-43; wenigstens ansatzweise findet sich dieser Gedanke in o.V. 1980: 8).

12 Georg Simonis hat mit dem von ihm herausgegebenen Band „Deutschland nach der Wende" (Simonis 1998a) erste Anstrengungen in diese Richtung unternommen, in deren Vordergrund allerdings eine fragwürdige Form kollektiver Vergangenheitsbewältigung steht. Zum einen nämlich zieht Simonis dem „Modell Deutschland"-Ansatz den kritischen Stachel, indem zum „Erkenntnisinteresse" desselben nunmehr ganz *mainstream*-artig Fragen der „Leistungsfähigkeit" und der „Handlungsspielräume" von Politik bzw. der „Folgen politischen Handelns für das Wohlergehen des Einzelnen sowie für die Stabilität der Gesellschaft insgesamt" (Simonis 1998b: 13) erklärt werden. Zum anderen wird der Ansatz auch noch ex post geläutert, wenn Simonis betont, dieser habe sich „als nicht-reduktionistisch und funktionalistisch" – letzteres ein Freudscher Druckfehler: gemeint ist selbstverständlich das negierende „-funktionalistisch" – verstanden (1998c: 263) und „entgegen den damals gängigen marxistischen staats- und gesellschaftstheoretischen Ansätzen die *relative Autonomie* staatlicher Politik" (ebda.: 262) betont. Wer die Texte der „Konstanzer Schule" von damals heute liest, wird diese Behauptung als rückwärtsgewandte Utopie bezeichnen müssen.

„neuen" Bundesrepublik angemessen zu erfassen. Zu diesem doppelten Zweck bedarf es vielmehr zusätzlicher, theoretisch wie systematisch über die bisherigen entsprechenden Ansätze hinausweisender wissenschaftlicher Anstrengungen.[13]

Im Folgenden soll der Versuch unternommen werden, eine konsequent *theoriegeleitete* und zugleich, gemessen an den bislang vorliegenden Untersuchungen, *umfassendere* Analyse des institutionellen Profils des deutschen Sozialmodells vorzunehmen. Umfassender vor allen Dingen insofern, als nicht die Institutionen des deutschen Produktions- oder Politikregimes in ihrer je besonderen Konfiguration zentral gestellt werden. Vielmehr soll die Zusammenschau der Basisinstitutionen des deutschen Modells in Politik, Ökonomie *und* Wohlfahrtsstaat, in ihren spezifischen Ausformungen und ihrer historischen Prägung, ein möglichst großflächiges Panorama des deutschen Sozialmodells präsentieren. Der Begriff der „Basisinstitutionen" knüpft dabei an die Terminologie Wolfgang Zapfs[14] an, der in Konkretisierung der abstrakteren Vorstellung „evolutionärer Universalien" moderner Gesellschaften bei Parsons (1964) als derartige Grundinstitutionen „Konkurrenzdemokratie, Marktwirtschaft und Wohlstandsgesellschaft mit Wohlfahrtsstaat und Massenkonsum" nennt (Zapf 1991: 35; vgl. auch Eisenstadt 1968: 410). Für die Zwecke der vorliegenden Untersuchung werden diese Makrostrukturen weiter ausdifferenziert, indem für den deutschen Fall – als institutionelle „Dimensionen der Variation" (Zapf 1991: 35) derselben und wie

---

13 Das Verdikt mangelnder Systematik der Bestandsaufnahme betrifft die älteren ebenso wie die jüngeren Arbeiten zum „Modell Deutschland" bzw. „deutschen Modell". Eine unzureichende theoretische Fundierung derselben hingegen ist hauptsächlich dem „Modell Deutschland"-Ansatz anzukreiden, zumal dieser damals wie heute mit explizitem, äußerst weitreichendem theoretisch-explikativem Anspruch auftrat und -tritt. So geht es laut Simonis (1998c: 279) um kein geringeres Anliegen als jenes, „die Formen, Strategien, Ziele und Resultate der Politik in staatlich verfaßten, entwickelten (modernen) kapitalistischen Gesellschaftsformationen zu erklären". Nicht nur an diesem mehr als anspruchsvollen Ziel gemessen ist die Darlegung der „theoretischen Grundlagen" des Ansatzes bei Simonis (vgl. ebda.: 265-267; 1998b: 14f.) von geradezu atemberaubender Schlichtheit. Die diesbezügliche Rechtfertigung aber ist noch beeindruckender und bedarf wohl keines weiteren Kommentars: Simonis (1998b: 14) zufolge „behaupten die Vertreter des Modell-Deutschland-Ansatzes, daß der von ihnen konzipierte theoretische Rahmen für diesen Zweck [das o.g. Anliegen, S.L.] besonders gut geeignet ist. Nur ist leider diese Überzeugung nicht so ohne weiteres nachvollziehbar oder gar nachprüfbar; es existiert keine Arbeit, in der die theoretischen Annahmen des Modell-Deutschland-Ansatzes systematisch dargestellt werden. Diese Lücke kann und will auch der vorliegende Band nicht schließen, da es ihm um die Anwendung des Ansatzes und nicht um seine theoretische Explikation geht."

14 Rieger (1992a: 25) spricht in ähnlicher Weise von „Kerninstitutionen", Rehberg (1997: 98) von „Leitinstitutionen".

im vorherigen Kapitel bereits ausgeführt – die sechs Basisinstitutionen Verbundföderalismus und Verhandlungsdemokratie, Soziale Marktwirtschaft und Sozialpartnerschaft sowie Sozialversicherung und Familialismus unterschieden werden. Wenn von diesen institutionellen Eckpfeilern des deutschen Sozialmodells und von den ideologischen Fundamenten, in die sie eingelassen sind, in den folgenden Abschnitten jeweils kurze historisch-soziologische Skizzen angefertigt werden, dann geht es dabei weder um historiographisch anspruchsvolle Erzählungen – dies hätte nicht allein die zeitlichen Ressourcen des Verfassers überstiegen – noch um eine Aneinanderreihung aufwendiger bereichsspezifischer Literaturberichte – das würde die intellektuelle Duldsamkeit des Publikums überbeanspruchen. Vielmehr geht es hier darum (und *kann* es auch nur gehen), das völlig unüberschaubare empirische und analytische Material zu den fraglichen institutionellen Komplexen, Max Webers Plädoyer für eine *einseitige* Analyse unter *spezifischen* Gesichtspunkten (vgl. Kapitel 1) folgend, einer besonderen „Optik" gemäß zu ordnen.[15] Dabei musste selbst eine außergewöhnliche Kapazität wie Weber vornehm einräumen, es sei bei einer derartigen Vorgehensweise „leider fast unvermeidlich, daß man, weil man schließlich unmöglich Spezialist auf *allen* Gebieten sein kann, dem Forscher, der *ein* großes Gebiet *ganz* beherrscht, Anstoß erregt" (Weber zit. n. von Below 1925: XXIV). Ein amerikanischer Sozialwissenschaftler hat die damit zusammenhängende Problematik etwas weniger diplomatisch umschrieben: Man könne eben „kein soziologisches Omelette braten, ohne ein paar historische Eier zu zerschlagen" (Ronald Dore zit. n. Burke 1989: 130). Welches soziologische Omelette hier gebraten werden soll, oder förmlicher ausgedrückt: welche „einseitigen Gesichtspunkte" die folgenden Analysen leiten werden, sei an dieser Stelle nochmals in aller Kürze in Erinnerung gerufen (vgl. ausführlich dazu Kapitel 2).

Die Struktur des deutschen Sozialmodells wird im Folgenden analysiert als eine empirisch-konkrete Konstellation von Basisinstitutionen der gesellschaftlichen Handlungsorientierung und -koordination, der institutionellen Prägung der Identitäten und Beziehungsmuster politischer, ökonomischer und sozialer Akteure. Zwischen diesen institutionellen Teilordnungen und ihrer jeweiligen

---

15 Vgl. Dahrendorf 1965: 43. Nicht nur in diesem Sinne – des Bezugs auf eine klare theoretische Perspektive, welche allein es ermögliche, „das unendliche Material der Realität einer Gesellschaft zu gliedern und auf einen gemeinsamen Aspekt zu beziehen" (ebda.) – ist die große Studie Ralf Dahrendorfs zu „Gesellschaft und Demokratie in Deutschland" als vorbildlich zu bezeichnen. – Zur Aussichtslosigkeit einer „Dechiffrierung der empirischen Komplexität" per sozialwissenschaftlicher Analyse vgl. Wiesenthal 2003: 63.

Praxis wertbezogener gesellschaftlicher Relationierung dürfen durchaus, in Webers Begrifflichkeit formuliert, historisch gewachsene Komplementaritäten oder „Wahlverwandtschaften" (vgl. dazu Rieger 1992b; vgl. auch Kitschelt u.a. 1999b: 430) vermutet werden. Dies sollte allerdings keineswegs im Sinne funktional (prä-)determinierter Beziehungsstrukturen zwischen den einzelnen institutionellen Ordnungen des Sozialmodells verstanden werden, sondern eher im Sinne einer „mutual limitation of variability in the interrelationship between the different institutional spheres" (Eisenstadt 1968: 426). Es soll hier also keineswegs eine inhärente, systemische „logic of coherence" (vgl. Crouch 2003: 82-86) des deutschen Modells behauptet werden.[16] Mögliche Formen und Mechanismen wechselseitiger Relationierung der institutionellen Ordnungen des Modells gilt es nicht pauschal und a priori zu postulieren, sondern sind im Einzelfall empirisch zu eruieren: „the more actor-centred a theory is, the more it will postpone the search for such links to its empirical application rather than its initial formulation" (ebda.: 84f.).

Eben dieser Prämisse folgt die vorliegende Untersuchung: Die Einsicht in die komplexen Verflechtungs- und Vermittlungszusammenhänge der deutschen Institutionenordnung wird den beiden in Kapitel 5 zu präsentierenden Fallstudien zum „dynamischen Immobilismus" desselben überantwortet. Zuvor wird das deutsche Sozialmodell in den nachfolgenden Abschnitten rekonstruiert als eine konkrete, spezifische und dynamische Konstellation *bereichsspezifischer Arrangements der politischen Regulierung sozialer Beziehungen*. Die historisch geprägten Eigenarten gesellschaftlicher Beziehungsmuster („Relationen") und die historisch verfestigten Vorstellungen gesellschaftlicher Ordnung („Leitbilder") bestimmen die Perspektive, unter der die sechs Basisinstitutionen des deutschen Sozialmodells zunächst je für sich betrachtet werden. Institutionelle Leitbilder werden dabei – dies nur zur Erinnerung – als „legitimierende Wertbindungen" (Lepsius 1990b: 63) und normative „Überzeugungssysteme" (Lehmbruch 1999: 58) verstanden, in deren Rahmen soziale Relationen, also die zwischen gesellschaftlichen Akteuren bestehenden Beziehungsmuster, politisch konfiguriert (und beständig rekonfiguriert) werden. Die Betonung der Bedeutung institutioneller Leitbilder als institutionalisierte Ordnungsideen ist dabei – auch darauf sei hier erneut hingewiesen – nicht zu verwechseln mit einer „idealistischen" Deutung gesellschaftlicher Entwicklungsprozesse (einschließlich der damit einherge-

---

16 Vgl. hierzu auch Kapitel 4.8. – Zur Problematik von Aussagen über systemische Interdependenzen und funktionale Zusammenhänge bei der kausalen Rekonstruktion makrosozialer Phänomene vgl. allgemein Mayntz 2002: 33-35.

henden Unterschätzung der interessenpolitischen Dimension gesellschaftlicher Dynamik). Der Vorteil der hier gewählten institutionalistischen Perspektive besteht ja gerade darin, mit der Analyse institutioneller Leitbilder die *institutionalisierten Handlungsspielräume* für eine politische – per definitionem: interessengeleitete und machtbewehrte – Gestaltung und *Umgestaltung gesellschaftlicher Relationen* in den Blick zu bekommen.[17]

Abbildung 4.1
Dimensionen und Phasen der Institutionalisierung des deutschen Sozialmodells

Basisinstitution	Kaiserreich	Weimarer Republik	National- sozialismus	Bundes- republik
Soziale Marktwirtschaft	1	1	2	3
Sozial- partnerschaft	1	3	2	3
Sozial- versicherung	3	3	2	3
Familialismus	1	1	2	3
Verbund- föderalismus	3	3	0	3
Verhandlungs- demokratie	1	1	0	3

Erläuterung:

0	Inexistenz
1	Autoritäre Vorformen bzw. Protoinstitutionalisierungen
2	Faschistische Adaptation bzw. Überformung
3	Institutionalisierung

---

17 „Interessen (materielle und ideelle), nicht: Ideen, beherrschen unmittelbar das Handeln der Menschen", so formuliert es Max Weber in einer klassischen Passage seines Werks. „Aber: die 'Weltbilder', welche durch 'Ideen' geschaffen wurden, haben sehr oft als Weichensteller die Bahnen bestimmt, in denen die Dynamik der Interessen das Handeln fortbewegte." (Weber 1915/19: 252) Erst in institutionellen Strukturen jedoch verschmelzen beide Dimensionen, erst in institutioneller Vermittlung werden sie sozial wirkungsmächtig (vgl. dazu oben, Kapitel 2.2.).

In den folgenden beiden Kapiteln soll die Fruchtbarkeit dieser institutionalistischen Perspektive am Beispiel der institutionellen Konfiguration und Rekonfiguration des deutschen Sozialmodells einem ersten Test unterzogen werden. Zu diesem Zweck werden zunächst die institutionellen Basisstrukturen des deutschen Sozialmodells als Ergebnis eines historischen Prozesses der „Systemindividualisierung" (Lübbe, s.o.) skizziert (Kapitel 4.2. bis 4.7.). Die dabei verfolgte „idiosynkratische", den „integrationsbezogenen 'Eigensinn' nationaler Traditionen" gesellschaftlicher Entwicklung betonende Methode (vgl. Kaufmann 2001: 814-816, 825) lässt zum einen deutlich werden, in welch bedeutsamem Maße bei der Konstruktion der Institutionenordnung der Bundesrepublik an die institutionellen Grundfiguren und -strukturen angeknüpft wurde, deren Entstehungslinie teils in die Zwischenkriegszeit, teils aber auch bis in die Gründerzeit des Deutschen Reiches zurückführt (vgl. Wollmann 1991: 554, Nolte 2000: 214; siehe den Überblick in Abbildung 4.1).[18] Zum anderen fällt auf, wie diese institutionellen Traditionsbestände „were refashioned and modernized, with some elements discarded but also with an important thread of continuity" (Dyson 1992: 12).

In diesem Prozess der beständigen Umarbeitung und Modernisierung des institutionellen Arrangements kam dem Staat bzw. staatlichen Instanzen eine zentrale Rolle zu – einem Staat, der spätestens in der Bundesrepublik seine etatistischen Allüren ablegte um sich darauf zu verlegen, einen die produktive Interaktion gesellschaftlicher Akteure ermöglichenden, „befähigenden" regulativen Rahmen zu setzen.[19] Staatliche Regulierung im (bundes-)deutschen Sozialmodell verstand sich darauf, die verschiedenen Akteure der unterschiedlichsten gesell-

---

18 Die Zeit des Nationalsozialismus bleibt in allen sechs nachfolgenden Teilstudien zugegebenermaßen mehr oder weniger unterbelichtet. Dies sollte nicht als Zeichen sozialwissenschaftlichen Eskapismus gedeutet werden, sondern ist der Tatsache geschuldet, dass das Sozialmodell des faschistischen Deutschland, in seiner effektiven Suspendierung der politischen sowie seiner rassistischen und militaristischen Überformung der ökonomischen und wohlfahrtsstaatlichen Institutionenordnung, sich gegen eine einfache Integration in die hier vorgenommene, bereichsspezifische Rekonstruktion großer Entwicklungslinien sperrt. Der Wahrung der Untersuchungssystematik und der Nachvollziehbarkeit der Darstellung wegen wurde aber darauf verzichtet, in jedes Teilkapitel einen entsprechenden Exkurs zum Sozialmodell des Nationalsozialismus aufzunehmen. Gleichwohl sollte deutlich werden, an welchen Punkten die Institutionenordnung der Bundesrepublik jeweils an Entwicklungen der NS-Zeit anknüpfte oder aber bewusst mit diesen zu brechen suchte.
19 Damit ist, dies sei hier nur am Rande angemerkt, eben jene staatliche Interventionsweise bezeichnet, die Kritiker des deutschen Modells heute erst wortreich meinen einfordern zu müssen.

schaftlichen Bereiche jeweils in *eine kompromisshafte – und kompromissformelhaft versinnbildlichte und legitimierte – institutionelle Ordnung* einzubinden (vgl. Abbildung 4.2). Diese bereichsspezifischen Kompromissstrukturen gaben, in ihrer grundsätzlichen Mehrdeutigkeit und gesellschaftlichen Implementationsoffenheit, jenem *stabilen* Wandel Raum, der das entwicklungslogische Strukturprinzip des deutschen Sozialmodells darstellt und der sich zunächst in der im Folgenden beschriebenen Dauerhaftigkeit und Persistenz seiner Basisinstitutionen manifestiert (vgl. zusammenfassend dazu Kapitel 4.8.).

Abbildung 4.2
Das deutsche Sozialmodell:
Bezüge, Prinzipien und Ideen institutioneller Ordnung

Makrostruktur	Ordnungsprinzip	Basisinstitution	Ordnungsbezug: Relation	Ordnungsidee: Leitbild
Kapitalismus	Koordination	Soziale Marktwirtschaft	Unternehmen – Unternehmen	geordnete Konkurrenz
		Sozialpartnerschaft	Unternehmen – Arbeitnehmer	geregelter Konflikt
Wohlfahrtsstaat	Solidarität	Sozialversicherung	Erwerbsbürger – Erwerbsbürger	begrenzter Ausgleich
		Familialismus	Erwerbsbürger – Nichterwerbsbürgerin	bedingte Unterstützung
Demokratie	Kooperation	Verbundföderalismus	Exekutive – Exekutive	bündischer Unitarismus
		Verhandlungsdemokratie	Exekutive – Legislative	kompetitiver Zentrismus

Zugleich lässt sich der multidimensionale Kompromisscharakter des deutschen Modells aber eben auch als Opportunitätsstruktur für Prozesse stabilen *Wandels* deuten, wie sie im anschließenden Kapitel 5 am Beispiel von zwei der jüngsten Vergangenheit entnommenen Fällen genauer analysiert werden. Die beiden dort vorgestellten Fallstudien lassen exemplarisch deutlich werden, in welcher Weise in der Fortentwicklung des deutschen Sozialmodells institutionelle Traditionen aufgenommen und dabei in ihrem materialen Gehalt verändert werden können – und wie in diesem institutionenpolitischen Prozess letztendlich „die modifizierte Tradition gegen diese selbst gekehrt" (Mooser 1983: 181) zu werden vermag.[20]

4.2. Soziale Marktwirtschaft

Wer heute „Soziale Marktwirtschaft" sagt oder hört, denkt an Ludwig Erhard und volle Regale, an Wirtschaftswunder und Wettbewerb – und nicht an Bismarck und Industriekartelle, die Weltwirtschaftskrise und den Staat. Dies ist verständlich – und gleichwohl irreführend. Die Soziale Marktwirtschaft wurde nicht erst 1948 geboren, oder anders: Sie war eine Geburt aus dem Geist und der Krisenerfahrung der Vorkriegszeit und, ebenso wie jene Theorien des Neo- bzw. Ordoliberalismus, denen sie Ausdruck und Gestalt zu geben antrat, ein vielfach gebrochenes und höchst ambivalentes Konstrukt. Anders als es der offizielle Gründungsmythos der Bundesrepublik suggeriert, stehen Konzeption und Institutionalisierung der Sozialen Marktwirtschaft nach dem Zweiten Weltkrieg in einer ideengeschichtlichen und institutionellen Tradition, die man mit Dahrendorf als Amalgam von „Staatskapitalismus" und „Staatssozialismus" beschreiben kann (vgl. Dahrendorf 1965: 48-53). Die Frage, welche Konsequenzen diese Vorgeschichte für die Vorstellung und Ausgestaltung von gesellschaftlichen Beziehungsmustern in der deutschen Nachkriegsökonomie hat, bildet den Fluchtpunkt der folgenden Ausführungen.[21]

Die Bedeutung des Staates und staatlicher Intervention für die Entwicklung der deutschen Gesellschaft ist nur schwerlich zu überschätzen. Mit der Auflösung der ständegesellschaftlichen Ordnung wird die Gemeinwohlsicherung, die Beförderung von „gemeiner Wohlfahrt und Sicherheit" (so die im 18. Jahrhundert übliche Formel), nach und nach zur anerkannten („polizey"-)staatlichen Aufgabe (vgl. Maier 1966: 93-95; Kaufmann 1994: 20f.). Klassischerweise

---

20 Vgl. dazu dann wiederum resümierend Kapitel 6. – Mooser zeichnet diesen Prozess am Beispiel sozialpolitischer Interventionen des Nationalsozialismus an der Macht nach (vgl. Mooser 1983: 180-182). Wie zu zeigen sein wird, handelt es sich dabei allerdings keineswegs um ein spezifisches Merkmal „totalitärer" Institutionenpolitik, sondern um den spezifischen Modus institutionenpolitischer Dynamik im deutschen Sozialmodell.
21 Im Mittelpunkt stehen dabei in diesem Abschnitt die in Dahrendorfs Terminologie „staatskapitalistischen" Aspekte des deutschen Sozialmodells. Auf seine „staatssozialistischen" Züge wird insbesondere in Kapitel 4.4. (Sozialversicherung) Bezug genommen.

wurde in politischer Theorie und Praxis dem Staat ein besonderer sittlicher Wert als einer der Gesellschaft enthobenen und gleichsam über ihr thronenden, „überindividuellen Individualität" (Rothfels 1953: XXIV) zugeschrieben. Die Wirkungsmacht der traditionellen Staatsideologie, in der man „das Kernstück der deutschen politischen Tradition des 19. Jahrhunderts" (Faulenbach 1980: 288) sehen mag, äußerte sich in einem verallgemeinerten Zutrauen (und Anspruch), gesellschaftliche Fragen im weitesten Sinne „vom Staat her und durch staatliche Mittel" (Rothfels 1953: XXXV) lösen zu können (und zu sollen). Die Betonung der gesellschafts- und wirtschaftsordnenden Funktion des Staates war die bestimmende Komponente zumal der preußischen und hernach preußisch-deutschen Staatsidee (vgl. Faulenbach 1980: 236-240). Wie kein anderer verkörperte Bismarck dieses sublimierte und quasi-religiöse (protestantisch-lutherische) Staatsethos in seiner Person, wenn er unentwegt den Vorrang des Staates vor den Partikularismen der Gesellschaft und im Zweifel selbst vor den Idealen der Nation einklagte.

Leitendes Ziel der Politik im Kaiserreich war es, die staatliche Ordnungsmacht (und gegebenenfalls auch Ordnungsgewalt) gegenüber dem – so der Eindruck der herrschenden Eliten – doppelten Ansturm kapitalistischer und sozialistischer Anarchie aufrechtzuerhalten (vgl. Dahrendorf 1965: 54). Diese Richtschnur staatlichen Handelns sollte nicht als bloßer politischer „Konservatismus" im Sinne einer Programmatik der statischen Bewahrung überkommener wirtschaftlicher und gesellschaftlicher Strukturen missverstanden werden. Bei aller Resistenz gegen eine Modernisierung des politischen Herrschaftssystems – und unter Nutzung der aus der vordemokratischen Verfassung des Kaiserreichs resultierenden politischen Handlungsspielräume (vgl. Kapitel 4.7. zur Verhandlungsdemokratie) – wurde vielmehr bereits seit Ende der 1870er Jahre eine aktive Politik der staatlichen Ordnung (bzw. „Umordnung") von Wirtschaft und Gesellschaft betrieben, die als „konservativ" zu bezeichnen eher in die Irre führt. Das Deutsche Reich nach 1871 ist wohl angemessener als autoritäres Entwicklungs- und Modernisierungsregime[22] zu verstehen, das am Beginn einer – nach der Krise des Liberalismus – säkularen Tendenz zunehmender Staatstätigkeit bzw. Staatsintervention[23] steht, die durch Krisen und Kriege (Gründerkrise, Große De-

---

22 Vgl. hierzu Rüschemeyers Konzept der „partiellen Modernisierung" (Rüschemeyer 1969; vgl. auch Wehler 1975: 12, 68f.).
23 Bereits 1863 bzw. 1879 entwickelte in diesem Zusammenhang Adolph Wagner sein Gesetz der wachsenden Staatstätigkeit bzw., als finanzwissenschaftliche Formulierung der Problematik, des zunehmenden Staatsbedarfs und wachsender Staatsausgaben (vgl. Abelshauser 1994: 200).

pression, Erster Weltkrieg, Weltwirtschaftskrise, Zweiter Weltkrieg) vorangetrieben wurde und in der nationalsozialistischen Wirtschaftsordnung des totalen Krieges gipfelte (vgl. Borchardt 1983: 42). An dieser Entwicklung – zumal an ihrem alles zuvor Dagewesene und Gekannte in den Schatten stellenden Höhepunkt – gemessen, kam es in der Bundesrepublik zweifelsohne zu markanten Rückbildungen staatlicher Intervention und damit in wesentlichen Bereichen zum wirtschaftspolitischen „Rückgriff auf frühere marktwirtschaftliche Ordnungsmuster" (ebda.). Doch in eben diesem Rückgriff „mischte sich [...] durchaus Altes und Neues" (ebda.: 43): Der Liberalisierungsprozess wurde begleitet, überlagert und unterlaufen vom Neuaufbau und der Reetablierung staatlicher Interventionsmechanismen, die, im Schutze einer anti-interventionistischen Programmatik und Rhetorik durchgesetzt, in vielfältiger Weise an die Traditionen deutscher Staatstätigkeit anzuknüpfen wussten. Schon die Wirtschaftsordnungspolitik des Kaiserreichs nämlich hatte sich keineswegs ausschließlich in einem hierarchischen Etatismus ergangen, sondern den Primat des Marktes im Rahmen einer „korporativen Marktwirtschaft" (Abelshauser 1987b: 159) respektiert und – darauf wird zurückzukommen sein – eine ihrer zentralen Aufgaben in der Steuerung des Marktgeschehens durch staatlich induzierte oder flankierte Koordination privater Unternehmen und Unternehmensinteressen gesehen.

Der *ambivalente, liberal-interventionistische Charakter* der nach dem Zweiten Weltkrieg etablierten „Sozialen Marktwirtschaft" korrespondiert mit der Selbststilisierung der akademischen Ideengeber des Konzepts zu Verkündern eines „dritten Weges" zwischen Individualismus und Kollektivismus, Kapitalismus und Bolschewismus, Manchesterliberalismus und Zwangswirtschaft (vgl. Sturm 1999: 95-98; Katterle 2000; Manow 2001).[24] Ordoliberale (Eucken, Miksch, Böhm) und neoliberale (Rüstow, Röpke) Theoretiker gleichermaßen plädierten für eine Wirtschaftsordnung jenseits der Extreme,[25] eine Marktwirtschaft mit menschlichem Antlitz, in der das Prinzip der Freiheit auf dem Markt mit jenem marktkonformer sozialer Verantwortlichkeit zu verbinden sei (vgl. Nicholls 1994). Die Wirtschafts- und Währungsreform vom Juni 1948 stellte den

---

24 Zu den Vorboten einer solchen Ideologie des „dritten Weges" in den Nachwehen der Weltkriegsniederlage 1918/19 vgl. auch Faulenbach 1980: 279-289.
25 Das Denken in Wirtschaftsordnungen hatte eine lange Tradition in dem gegen die nationalökonomische Orthodoxie des 19. Jahrhunderts gerichteten Ordnungsdenken der Historischen Schule (vgl. als Endpunkt Sombart 1925). Zur Genealogie der Sozialen Marktwirtschaft vgl. auch Gutmann 1998 und Tribe 1995: 203-240.

„quasirevolutionären Gründungsakt" (Borchardt 1983: 21)[26] einer solchen Ordnung dar: einer sozial verpflichteten Marktwirtschaft, die ihren Erfolg neben einer Vielzahl politisch-ökonomischer Bedingungsfaktoren (Nachkriegsrekonstruktion, Westintegration, Korea-Krieg, Unterbewertung der DM usw.) insbesondere jenem als „Wunder" erfahrenen langanhaltenden Wirtschaftsaufschwung verdankte, der den Westdeutschen stabile Beschäftigung, steigende Einkommen und – im Gegensatz zu den ostdeutschen Landsleuten – stetig verbesserte Konsumchancen bescherte (vgl. Mooser 1983: 162). Es war diese „Legitimation der Wirtschaftsordnung durch Lebensgefühl" (Sturm 1999: 197), welche die Soziale Marktwirtschaft von einem eher diffusen theoretischen Konzept und einer zunächst parteipolitisch gebundenen Reformprogrammatik zur hegemonialen „politischen Leitidee" (vgl. Blum 1969: 122-128), zum „quasi-official credo of West Germany's economic policy" (Giersch et al. 1992: 16) und, weitreichender noch, zur „guiding interpretation of social reality" (Lehmbruch 1992: 34) in der bundesdeutschen Ökonomie werden ließ.

„Die Suche nach einem Dritten Weg zwischen Kapitalismus und Sozialismus endete in einer Mythologisierung der 'Sozialen Marktwirtschaft', die den Zeitgenossen immer mehr als einzig mögliche und einzig vernünftige Wirtschaftsordnung erschien." (Sturm 1999: 197)[27]

Hinter diesem Schleier der Fraglosigkeit lassen sich Widersprüche und Ambivalenzen sowohl des theoretischen wie auch des real existierenden Ordoliberalismus trefflich ignorieren. Ein Blick auf die historischen Traditionslinien der Sozialen Marktwirtschaft kann helfen, diesen Schleier zu lüften – und vor allen Dingen jenen verleugneten Staatsinterventionismus im deutschen Nachkriegs-

---

26 Borchardt (1983: 21) sieht das revolutionäre Moment in jenem „Akt der Liquidation der finanziellen Kriegsfolgen durch eine massenhafte Enteignung", auf den sich die Weimarer Republik nicht habe stützen können – mit langfristig katastrophischen Folgen (vgl. auch Schmidt 1990: 26; allgemein Schmidt 1989).

27 Insofern lässt sich sagen, dass die Soziale Marktwirtschaft „zu einer Art Nebenverfassung im politischen Common sense" (Seibel 1992: 352) Westdeutschlands bzw. „zum in Bagehots Begrifflichkeit 'dignified part' der deutschen Wirtschaftsverfassung" (Sturm 1999: 206) geworden ist. Im Übrigen hat es in der Geschichte der Bundesrepublik auch nicht an Versuchen gefehlt, entgegen der (vom Bundesverfassungsgericht 1954 in seiner Entscheidung zum Investitionshilfegesetz bestätigten) wirtschaftsordnungspolitischen Neutralität des Grundgesetzes die Grundsätze der Sozialen Marktwirtschaft verfassungsinterpretatorisch festzuschreiben; vgl. dazu Wahl und Rottmann 1983: 372-374. Als „gemeinsame Wirtschaftsordnung" wurde die Soziale Marktwirtschaft schließlich im Staatsvertrag über eine Währungs-, Wirtschafts- und Sozialunion der Bundesrepublik mit der DDR von 1990 festgeschrieben (vgl. Sturm 1999: 194; Karpen 1990).

modell zu begreifen, den Linda Weiss in einer glücklichen Formulierung als „state activism dressed up in market clothing" (Weiss 1998: 127) bezeichnet hat.

„Staatliche Ordnungspolitik [...] und eine enge Symbiose von Staat, Wirtschaft und anderen gesellschaftlichen Großgruppen, die über ihren jeweiligen autonomen Bereich hinaus Aufgaben in korporativem Geiste erfüllen, sind die wesentlichen Charakterzüge, die die deutsche Version von 'Marktwirtschaft' von vielen anderen Ausprägungen neoliberaler Wirtschaftspolitik unterscheiden." (Abelshauser 1994: 201)

Beide Eigenarten des deutschen Kapitalismus sind nicht als institutionelle Errungenschaften der Nachkriegszeit zu verstehen; sie lassen sich vielmehr bis in die 1880er Jahre zurückverfolgen. Die Entwicklung der Industriewirtschaft im Kaiserreich erfolgte in einer spezifischen institutionellen Konstellation: dem „Duumvirat von Organisiertem Kapitalismus und Interventionsstaat" (Wehler 1974: 48f.). Mit einer Vielzahl marktordnender, interventionistischer und wohlfahrtsstaatlicher Einzelmaßnahmen begleiteten und beschleunigten staatliche Instanzen einen Industrialisierungsprozess, der nicht zuletzt eben wegen dieser staatlichen Eingriffe zunehmend Züge der Konzentration, Bürokratisierung und verbandsförmigen Organisation annahm.

Die erklärenden und begünstigenden Faktoren jener aktiven staatlichen Begleitung der wirtschaftlichen Entwicklung, die der kurzen „liberalen" Ära der 1870er Jahre ein Ende bereitete, und insbesondere auch der spezifischen Form, die dieser Interventionismus annahm, sind vielschichtig (vgl. zum Folgenden Wehler 1974: 39, 45-48; Abelshauser 1994: 209f.). Grundlegend war wohl die Problematisierung der ökonomischen Rückständigkeit, die das Deutsche Reich relativ zu anderen, konkurrierenden Nationen, insbesondere im Vergleich zu England, auszeichnete (vgl. dazu allgemein Gerschenkron 1962). Die langandauernde (und wiederkehrende) industrielle Krise, die 1873 einsetzte und bald durch eine agrarische Parallelkrise begleitet wurde, erhöhte den wirtschaftspolitischen Problemdruck. Nicht nur die Prägekraft einer tiefverwurzelten, wohlfahrts- und „polizei"-politischen Tradition und die im Denken der herrschenden Eliten fest verankerte Aversion gegen den Liberalismus des Marktes sprachen für eine staatspolitische Reaktion auf die ökonomische Problemsituation. Es war insbesondere die kurz nach Reichsgründung noch wenig gefestigte und vor allen Dingen auch als prekär wahrgenommene Machtposition des Reiches nach außen wie nach innen, die eine massive Intervention des Staates zugunsten der Erhaltung seiner wirtschaftlichen Machtgrundlagen nahelegte.[28] Ermöglicht wurde

---

28 Jenseits der grundsätzlich in Rechnung zu stellenden institutionellen Eigeninteressen an Systemerhaltung, welche die neomarxistische Staatstheorie der 1970er Jahre als „Interesse

diese staatliche Aktivität interessanterweise durch das funktionale Zusammenspiel zweier konträrer Elemente, nämlich einer hochentwickelten preußischen Staatsbürokratie einerseits mit jener Gesetzgebung der liberalen Phase andererseits, die einen für die weitere Entwicklung günstigen industrie-, bank-, aktien-, börsen- und handelsrechtlichen Rahmen geschaffen hatte. Das wirtschaftspolitische Modernisierungsregime, das auf diesen Grundlagen[29] – und nicht selten auf Druck der „Wirtschaftssubjekte" selbst – errichtet wurde, war durch ein äußerst vielfältiges Instrumentarium charakterisiert. Zu nennen sind in diesem Zusammenhang u.a. direkte öffentliche Interventionen in infrastrukturpolitischer Hinsicht[30]; die Schutzzollpolitik; flankierende Maßnahmen wie die Beförderung des Universalbankensystems, die Errichtung eines interregionalen Finanzausgleichs, eine frühe planmäßige Bildungspolitik und die Einführung der Sozialversicherung (vgl. dazu Kapitel 4.4.); sowie insbesondere auch marktregulierende Eingriffe im Sinne der Etablierung einer spezifischen Wettbewerbsordnung: des „organisierten Kapitalismus"[31].

Die Kartellorganisation stellte jedenfalls bis zur Mitte des 20. Jahrhunderts das „institutionelle Kernstück moderner deutscher Industriewirtschaft" (Abelshauser 1994: 203) dar. Der deutsche Industriekapitalismus war klassischerweise eine Kartellwirtschaft – und zwar von staatlichen Gnaden: „it is through state sponsorship that industry has come to play a strong coordinating role" (Weiss 1998: 132). Die spezifische Form industrieller Koordination in der deutschen Ökonomie lässt sich im Wesentlichen auf zwei Begriffe bringen: Kartellierung und Assoziation (vgl. zum Folgenden Wehler 1974: 40-42; Abelshauser 1987b: 150-159). Zum einen entstanden in den wichtigsten Industriesektoren, unter den Auspizien staatlicher Instanzen und (im Doppelsinne) reger Anteilnahme expandierender Großbanken (vgl. Hilferding 1910), Großunternehmen mit verzahnten Besitz- und Leitungsstrukturen („interlocking directorates"), die sich zunehmend untereinander über ihre Unternehmenspolitik verständigten und zu wirtschaftlichen Kartellen bzw. Syndikaten zusammenschlossen. Zum anderen kam es auch zu Formen „politischer Kartellbildung": Neben der Neuschöpfung, Wieder-

---

des Staates an sich selbst" thematisiert hat (vgl. dazu Offe 1975: 13; Vobruba 1983: 35-39).

29 Sowie auf der Basis der preußischen Strukturreformen der ersten Hälfte des 19. Jahrhunderts; vgl. Reideged 1996: 30-37.
30 Zu denen z.B. „die Verstaatlichung der preußischen Eisenbahnen zum damals größten Unternehmen der Welt" (Abelshauser 1994: 202) zu zählen ist.
31 Vgl. Jaeger 1988: 91-144. Die Begrifflichkeit geht auf Rudolf Hilferding zurück; vgl. dazu Winkler 1974a, b.

belebung bzw. öffentlich-rechtlichen Aufwertung ständischer Interessenvertretungen wie Handels-, Handwerks- und Gewerbekammern (aber auch Landwirtschaftskammern) gehörten dazu die Gründung und der fortwährende Ausbau branchenspezifischer, regionaler und nationaler industrieller Interessenverbände (bzw. entsprechender Spitzen- und Dachverbände), die in Anbetracht zyklisch sich wiederholender Krisen und der Ausdehnung wirtschaftlich relevanter Staatstätigkeit den Kontakt und die Nähe zu öffentlichen Institutionen und politischen Entscheidungsprozessen suchten und fanden (vgl. Abromeit 1990; Crouch 1993b; Streeck 1983).[32] Die Ökonomie des Deutschen Reiches stellte sich somit als verbandsstrukturierte, korporative Marktwirtschaft dar, die durch ein hohes Maß an unternehmerischer Kooperation, Verflechtung und Selbstorganisation einerseits sowie durch eine intensive, auf die Neuordnung des Marktwettbewerbs und die Formierung von Unternehmerinteressen gerichtete Staatsintervention andererseits gekennzeichnet war.[33] Beide Elemente wurden nach 1945, nach ihrer zwischenzeitlichen Überformung durch den totalen Staat im Nationalsozialismus, in neuer, modernisierter Form wieder aufgenommen.

Für die weitere Entwicklung bis zum Richtfest der Sozialen Marktwirtschaft im Jahre 1948 hat Werner Abelshauser auf die nicht bloß weltwirtschaftliche, weltpolitische und wirtschaftspolitische, sondern auch im engeren Sinne ordnungspolitische Epochenbedeutung der Weltwirtschaftskrise hingewiesen (vgl. Abelshauser 1991). Anders als die Große Depression des letzten Viertels des 19. Jahrhunderts, die sich im Kern als eine – begrenzte – „Krise des Kapitals" be-

---

32 In diesen Kontext gehört auch die Kooperation der industriellen Spitzenverbände mit den ebenfalls sich bildenden Organisationen der industriellen Arbeitnehmerschaft; vgl. dazu das folgende Kapitel 4.3. (Sozialpartnerschaft).
33 Damals konstituierte sich Deutschland, so Abelshauser (1987b: 160), als „das Land der Kartelle, Verbände und Kammern". Die seit den 1870er Jahren staatlicherseits vorangetriebene berufsständische Reorganisation der Ökonomie konnte sich dabei auf eine lange politische und rechtsphilosophische Tradition berufen (vgl. Abelshauser 1987b: 152-154, Nolte 2000: 160, Gall 1995; zur Renaissance berufsständischen Denkens in den 1920er und frühen 1930er Jahren auch Nolte 2000: 171-179). Abelshauser gilt das Deutsche Reich gleichwohl, aufgrund der umfangreichen institutionellen Verflechtungen zwischen Staat und Wirtschaft und der ausgeprägt korporatistischen Formen des Interessenausgleichs, als protomoderner Wegbereiter des „postliberalen" Zeitalters: „Das Wilhelminische Deutschland [...] mit einer kapitalistischen Wirtschaftsordnung, die durch die Vielfalt ihrer 'organisierten' Träger, von Konzernen, Kartellen, Syndikaten, Wirtschaftsverbänden, Gewerkschaften, Genossenschaften, Kammern, Spitzenverbänden oder Wirtschaftsräten geprägt war, [...] trägt schon eher die Züge des kommenden 20. Jahrhunderts denn die Last der alten Ordnung." (Abelshauser 1987b: 159; vgl. ders. 1984).

greifen und entsprechend durch Maßnahmen der Beschleunigung der Kapitalakkumulation und der Restrukturierung des industriellen Sektors bearbeiten ließ, führten die ökonomischen Erschütterungen der Jahre nach 1929, „weit über das Wirtschaftliche hinaus" (Abelshauser 1991: 19f.), Staat und Gesellschaft als Ganzes in die Krise. Diese existenzielle Krisensituation trieb – ganz in der Tradition deutschen Ordnungsdenkens – die wirtschafts- und sozialtheoretische Suche nach neuen Ordnungsvorstellungen und -strukturen an.³⁴ Es war dies die Geburtsstunde der Konzeption einer „Sozialen Marktwirtschaft", die nach 1945 eben nicht, wie die Legende es will, „wie Manna vom Himmel" (ebda.: 28) fiel,³⁵ und die ebensowenig Ausdruck jenes intellektuellen Widerstands gegen staatliche Kontrolle und Lenkungswirtschaft war, den sowohl die Protagonisten des Konzepts wie insbesondere auch ihre bzw. seine bundesrepublikanischen Epigonen und Apologeten für sich in Anspruch nahmen und nehmen (vgl. z.B. Reuter 1998).³⁶

Der gemeinsame Nenner aller ordnungspolitischen Reaktionen auf die Katastrophenerfahrung der Weltwirtschaftskrise nämlich war der „Primat des Staates" (vgl. Abelshauser 1991: 20-22) – und selbst die liberale Ökonomenzunft jener Zeit plädierte für einen „liberalen Interventionismus", einen „neuen Liberalismus" in einem „starken Staat [...] oberhalb der Wirtschaft, oberhalb der Interessenten" (Rüstow zit. n. Abelshauser 1991: 21). Die deutsche neoliberale Doktrin der frühen 1930er Jahre war insofern durch eine doppelte Ambivalenz geprägt: Zum einen erstreckte sich ihr Liberalismus nicht auf die politische Sphäre, wo der Staat eine durch partikulare Interessen unangefochtene Stellung über den gesellschaftlichen „Egoismen" einnehmen sollte, um in angemessener Weise das gesellschaftliche „Gemeinwohl" verfolgen zu können (vgl. Manow 1999: 7-13; Haselbach 1991).³⁷ Zum anderen war es auch mit dem ökonomischen Antietatismus der bald so genannten „Freiburger Schule" nicht ganz so weit her, wie

---

34 Vgl. allgemeiner hierzu die umfassenden Studien von Nolte 2000 und Jaeger 1988.
35 Lehmbruch (1992: 33) spricht vom „powerful myth of the 'social market economy' as a supposedly fundamental post-war political innovation".
36 In einem redaktionellen Beitrag der Frankfurter Allgemeinen Zeitung zum hundertsten Geburtstag Wilhelm Röpkes liest sich die offiziöse Erzählung dann z.B. so: „Die Soziale Marktwirtschaft ist eine deutsche Erfindung. Sie ist geboren in den dunkelsten Zeiten deutscher Geschichte, ein Kind unerschütterlicher Überzeugungen und persönlichen Einsatzes. Im Widerstand gegen die Zwangsherrschaft der Nationalsozialisten bereiteten die Mitglieder der liberalen Freiburger Schule die geistigen Grundlagen für eine freiheitliche Nachkriegs-Wirtschaftsordnung." (FAZ vom 9.10.1999: 15)
37 Auf den autoritären Charakter des deutschen Wirtschaftsliberalismus jener Zeit hat schon damals Hermann Heller hingewiesen (vgl. Heller 1933).

es auf den ersten Blick erscheinen mochte. Eine Wirtschaftsordnungskonzeption, die „einer vom Staat geordneten und beaufsichtigten gebundenen Konkurrenz" (Miksch zit. n. Abelshauser 1991: 27) das Wort redete, konnte nicht nur „von Anfang [an] zum festen Bestandteil ordnungspolitischer Theorie und Praxis im Dritten Reich" (Abelshauser 1991: 23) werden, sondern vor allem auch bei den Planungen für die wirtschaftliche Nachkriegsordnung innerhalb des NS-Regimes – unter der Formel einer „gelenkten Unternehmerwirtschaft" – eine prominente Rolle spielen (vgl. Haselbach 1991: 77-115; Herbst 1982: 341-452; Roth 1995, 1998). Gleichwohl wird man mit Philip Manow konstatieren können:

> „Of the many collective myths that necessarily stood at the beginning of the second German republic, the myth that the doctrine of Ordoliberalism was a new, liberal, non-interventionist concept was to become the most prominent and most long-lived of all." (Manow 1999: 14)[38]

Nach 1945 wurde zwar der vorübergehend verlorengegangene Primat der Wirtschaft wiederhergestellt. Doch kam dem Staat im Konzept der Sozialen Marktwirtschaft nach wie vor eine nicht bloß dienende, sondern auch gestaltende Funktion als Garant der Wirtschafts- und Sozialordnung zu. Alfred Müller-Armack, enger Weggefährte Erhards sowie Vordenker, Namensgeber und politischer Geburtshelfer der Sozialen Marktwirtschaft, stellte gleich 1946 klar, „es wäre ein verhängnisvoller Irrtum, der Automatik des Marktes die Aufgabe zuzumuten, eine letztgültige soziale Ordnung zu schaffen und die Notwendigkeiten des staatlichen und kulturellen Lebens von sich aus zu berücksichtigen" (Müller-Armack 1946: 106).[39] Er sprach sich daher für das Prinzip einer „gesteuerten Marktwirtschaft" aus, demzufolge ein ganzer „Kreis sichernder, fördernder, steuernder, antreibender und bremsender wirtschaftspolitischer Maßnahmen" ebenso legitim wie funktionsnotwendig sei (vgl. ebda.: 111-116, hier: 116).[40] Damit begründete er ein gleich in mehrfacher Hinsicht *offenes und flexibles* – und ge-

---

38 Zu den Widersprüchen der ordoliberalen Doktrin ist im Übrigen auch ihre erklärte Wohlfahrtsstaatsaversion zu zählen: „the irony of the German postwar equilibrium lies in the fact that the aliberal Bismarckian welfare state was indispensable to the functioning and success of the seemingly liberal social market economy" (Manow 1999: 16). Vgl. dazu aber Kapitel 4.4. (Sozialversicherung).

39 „Es bedarf vielmehr hier einer bewußten Einstellung der marktwirtschaftlichen Ordnung in eine übergreifende Lebensordnung, welche die notwendigen Korrekturen und Ergänzungen zu dem rein technisch verlaufenden Prozeß der Gütererzeugung vollzieht. Der Liberalismus hat es unterlassen, diese vordringliche Aufgabe sich zu eigen zu machen." (Müller-Armack 1946: 106)

40 Auch Müller-Armack „konnte dabei stillschweigend auf seine eigenen, in der Umbruchphase der Jahre 1932/33 formulierten Erkenntnisse zurückgreifen" (Abelshauser 1991: 21).

rade deswegen so *erfolgreiches und stabiles*[41] – wirtschaftsordnungspolitisches Konzept (vgl. Sturm 1999: 197, 203; Zinn 1998: 187; Lehmbruch 1992: 35): Ein Konzept, das die Logik der Marktallokation und die Logik der Staatsintervention gleichermaßen zu ihrem Recht kommen lässt – ohne deren jeweiligen Grenzen eindeutig zu definieren. Ein Konzept, das in seiner konstitutiven Unbestimmtheit (vgl. Schlecht 2001) und seiner auf den sozialen Frieden hin orientierten Grundidee – als „irenische Formel" in Müller-Armacks Diktion (vgl. Zinn 1992: 43-49) – eklektische politische Interpretationen[42] zulässt und gesellschaftliche Kompromissbildung[43] begünstigt. Ein Konzept schließlich, das in der konkreten Ausgestaltung der „gesteuerten Marktwirtschaft" historisch äußerst variabel gewesen ist und unter seinem breiten Dach sowohl (semi-)keynesianischen Strategien der „Modernisierung der Volkswirtschaft" als auch (gemäßigt) monetaristischen Politiken „liberaler Erneuerung" Raum geboten hat.[44]

Bereits in seiner mittlerweile klassischen vergleichenden Untersuchung der „changing balance of public and private power" in kapitalistischen Industrienationen kam Andrew Shonfield zu der Erkenntnis, dass in der Wirtschaftspolitik der deutschen Sozialen Marktwirtschaft liberale Theorie und interventionistische Praxis systematisch auseinanderfielen (vgl. Shonfield 1965: 265-297; vgl. auch Altvater 1991). Die Soziale Marktwirtschaft der Nachkriegszeit stellt somit keinen radikalen Bruch in (und mit) der Geschichte der deutschen Wirtschaftsordnungen dar; „a high degree of political control of the economy has remained a characteristic of the German experience, regardless of the nature of the political

---

41 Eben dieser Zusammenhang von Offenheit und Flexibilität einerseits, Erfolg und Stabilität andererseits ist es, der allen institutionellen Ordnungen des deutschen Sozialmodells zu eigen ist und die *flexible Stabilität*, den „dynamischen Immobilismus" desselben ausmacht.

42 Bis hin zu seiner Adaptation als „grüne Ordnungsökonomik" (vgl. Gerken und Schick 2000) – eine Entwicklung, die (vielleicht) weniger für die „Verbürgerlichung" der Grünen als vielmehr für die Inklusivität des Konzepts und für den „kompetitiven Zentrismus" bundesdeutscher Politik spricht (vgl. Kapitel 4.7. zur Verhandlungsdemokratie).

43 Bis hin zur – im Begriff der Irenik als Vorstellung ja auch enthaltenen – Aussöhnung der beiden großen Konfessionen in Deutschland im und mit dem Konzept der Sozialen Marktwirtschaft (vgl. zu den protestantischen bzw. katholischen Wurzeln desselben Nutzinger und Müller 1997 bzw. Langner 1980).

44 Insofern handelte es sich sowohl beim Übergang zum „Leitbild des 'aktiven Staates'" (vgl. Zimmer 1999: 218-223) in den 1970er Jahren wie auch bei der nachfolgenden Wende „vom keynesianischen Überschwang zur Herrschaft des Geldes" (vgl. Polster und Voy 1991: 201-205) um Akzentverschiebungen *innerhalb* des Paradigmas der Sozialen Marktwirtschaft.

regimes" (Schmidt 1989: 65).[45] Die politische Regulierung der Ökonomie ist in der Sozialen Marktwirtschaft der Bundesrepublik nicht unbedingt weniger effektiv, aber doch weniger sichtbar geworden: „the state's transformative capacity was partially submerged rather than dismantled" (Weiss 1998: 119). Im Mittelpunkt des staatlichen Ordnungsinteresses stand nach wie vor – wie schon in den Jahrzehnten zuvor – das, was Shonfield in seiner Untersuchung „organized private enterprise" (vgl. Shonfield 1965: 239-264) nannte, sprich die Koordination von Unternehmensbeziehungen. Den Kern dieser Koordinationsanstrengungen bildet die direkte und indirekte, teilweise auch durch bi- oder tripartistische Institutionen (vgl. Kapitel 4.3. zur Sozialpartnerschaft) vermittelte Förderung eines Systems der zwischen- und überbetrieblichen Kooperation zum Zwecke der Herstellung kollektiver Güter, welches als zentrales Element eines geordneten Wettbewerbs zu sehen ist.

Der (Wieder-)Aufbau eines solchen „state-sponsored and state-informed system of coordination" (Weiss 1998: 130) ökonomischer Beziehungen ist – aus jener politisch-soziologischen Perspektive, die dieser Untersuchung zugrundeliegt, – das zentrale analytische Moment neuerer Studien zur politischen Ökonomie des deutschen Produktionsmodells (vgl. Kapitel 3.2.). Die deutsche Spielart der Marktwirtschaft wird in diesen Analysen übereinstimmend als „alliance" (Gourevitch 1996), „network" (Rhodes und van Apeldoorn 1997), „coordinated" (Soskice 1999a) oder „co-operative capitalism" (Windolf und Beyer 1996) charakterisiert. Man kann sie in historischer Perspektive als modernisierte Variante des organisierten Kapitalismus der Vorkriegszeit sehen, mit einem ausdifferenzierten System der Bank-Industrie-Verflechtung, Staat-Industrie-Kooperation und politisch induzierten Unternehmenskoordination (vgl. Abelshauser 2001). Die wesentlichen institutionellen Aspekte dieses Systems seien hier kurz dargestellt.[46]

---

45 Dieser bleibende staatliche Ordnungsdrang setzt den Rahmen für die politische Konstitution auch der weiteren im Verlaufe dieses Kapitels zu skizzierenden Basisinstitutionen des deutschen Sozialmodells.

46 Wie in den folgenden Abschnitten auch kann es hier um kaum mehr als eine stichwortartige Auflistung der wesentlichen Elemente des institutionellen Arrangements und den Verweis auf allenfalls die obersten Spitzen wahrer Eisberge an Literatur zu diesen einzelnen Elementen gehen – alles andere würde den Rahmen dieses Kapitels wie auch einer halbwegs glaubwürdigen Bibliographie sprengen. Auf einige der angesprochenen institutionellen Bausteine des Modells wird jedoch im Rahmen der beiden Fallstudien zum Wandel desselben (vgl. Kapitel 5) ausführlicher zurückzukommen sein.

Banken üben im wirtschaftlichen Koordinationsregime des deutschen Modells eine Scharnierfunktion aus. Sie treten nicht allein als Kapitalgeber eines traditionell stark kreditfinanzierten (statt börsenfinanzierten) privaten Unternehmenssektors auf (vgl. Crouch 1999: 187-190), sondern sind auch Dreh- und Angelpunkt jener ausgeprägten, meist auf eine Branche konzentrierten industriellen Kapital- und Personalverflechtungen, die ein charakteristisches Merkmal des deutschen „kooperativen Kapitalismus" darstellen (vgl. Windolf und Beyer 1995, 1996; Dyson 1986; Chandler 1990[47]). Als Kreditgeber und Anteilseigner in Personalunion zeichnen sie mitverantwortlich für die typische Langfristorientierung deutscher Unternehmenspolitik und -strategie, „nurturing and investing in the long-term future of the firm" (Weiss 1998: 146; vgl. Wever und Allen 1993). Diese Eigenart des deutschen Nachkriegskapitalismus wurde von Anbeginn an, teilweise noch vor Gründung der Bundesrepublik, staatlich gefördert: durch die Kreditpolitik der Bundesbank (bzw. Bank deutscher Länder) gegenüber den Privatbanken sowie der öffentlichen Banken und Sparkassen gegenüber ihren Firmenkunden, durch steuerliche Anreize für langfristige Anlageformen und private Vermögensbildung oder eine strategische Privilegierung industrieller Investitionen gegenüber konsumptiven Verwendungen von Kapital. Dieses staatlich gerahmte System der „producer economics" (Weiss 1998: 124)[48] bildet den Hintergrund einer auf verschiedenste Bereiche sich erstreckenden öffentlichen Förderung privater Unternehmenskoordination im Sinne der Produktion von Kollektivgütern (vgl. Soskice 1999b; Streeck 1991: 42-48). Ein hohes Maß an – jeweils staatlich herbeigeführter, unterstützter oder flankierter – *Kooperation im Wettbewerb* zu diesem Zweck findet sich beispielsweise in der beruflichen Bildung und Weiterbildung („duales System"), in der Forschungs- und Techno-

---

47 Chandler beschreibt ausführlich die Herausbildung kooperativer Unternehmensstrategien in der deutschen Industriewirtschaft des späten 19. Jahrhunderts und stellt den „cooperative managerial capitalism" (vgl. Chandler 1990: 393-592) dem kompetitiven Charakter der US-amerikanischen Ökonomie gegenüber.

48 Angesichts dessen keynesianische Konzepte in der deutschen Wirtschaftspolitik auf Jahrzehnte hinaus keine Chance hatten (vgl. dazu Allen 1989). Dies bedeutet allerdings nicht, dass die deutsche Wirtschaft nicht damals schon, lange bevor man von der Existenz „kollektiver Freizeitparks" wusste, in der Öffentlichkeit als „consumer economics" wahrgenommen worden wäre – das volle-Regale-Syndrom der späten 1940er und die beständig wachsende Versorgung der Bevölkerung mit (allerdings insbesondere langlebigen) Konsumgütern in den 1950er und 60er Jahren machten es möglich. Doch hatte der Konsumentenkredit in der Bundesrepublik zu keinem Zeitpunkt auch nur annähernd eine derartige ökonomische Bedeutung wie etwa in den USA, und auch die massenhafte Verbreitung der Kreditkarte ließ hierzulande bis weit in die 1980er Jahre auf sich warten.

logiepolitik bzw. bei der Verbreitung technischer Standards oder hinsichtlich der Abstimmung von Lohnpolitiken und der Vereinheitlichung von Lohnstrukturen insbesondere innerhalb einzelner Branchen, teilweise aber auch zwischen ihnen. Zentrale Bedeutung für den Erfolg dieser Kooperationsprozesse hat zum einen die zugleich hoch konzentrierte wie funktional (zwischen Industrie und Handwerk, nach Branchen und Unternehmensgrößen) ausdifferenzierte Organisation von Unternehmensinteressen. Zum anderen aber auch die Sicherstellung einer umfassenden, betrieblichen und überbetrieblichen Arbeitgeber-Arbeitnehmer-Koordination[49], die von separat organisierten und agierenden Interessenverbänden betrieben wird und auf dem Wege öffentlicher Statusgarantien für beide Seiten (vgl. Offe 1981) gleichfalls staatliche Förderung genießt (vgl. ausführlich hierzu das nachfolgende Kapitel 4.3.). Als Ergebnis der unternehmerischen Selbst- und Fremdkoordination in all diesen – untereinander komplementären – arbeits- und produktionspolitischen Arenen hat sich in den vergangenen Jahrzehnten der „typisch deutsche" Pfad inkrementeller wirtschaftlich-industrieller Innovation herausgebildet (vgl. Weiss 1998: 136-144): Jenes Wettbewerbsmodell, das sich um den Fertigungsmodus diversifizierter Qualitätsproduktion und den Sozialtypus des gut ausgebildeten und gut verdienenden Facharbeiters rankt (vgl. Streeck 1991; vgl. auch Kapitel 4.5. zum Familialismus) – und dessen lange Zeit äußerst erfolgreiche „high skill – high price – high quality"-Strategie im Zuge der Entwicklung zur internationalisierten Dienstleistungsökonomie zuletzt unter erheblichen Druck geraten ist (vgl. Naschold 1997; Streeck 1997; Kern und Sabel 1994). Nicht diese neuartigen Funktionsprobleme aber, sondern eine kurze zusammenfassende Rekapitulation des hier in Frage stehenden Wesensgehalts der Sozialen Marktwirtschaft[50] als Basisinstitution des deutschen Sozialmodells soll uns abschließend beschäftigen.

Die Wirtschaftsordnung des deutschen Sozialmodells ist geprägt durch eine Politik der *Koordination von Unternehmensbeziehungen*, die eine lange historische Tradition vorweisen kann. Nach den staatsinterventionistischen Exzessen der Kriegswirtschaft wurde in den folgenden Jahren der „Wettbewerb als [...] soziologisches Organisationsmittel wieder in sein Recht zurückversetzt" (Müller-Armack 1946: 118) – und doch sogleich wieder ordnungspolitisch überformt. Die „wiederentdeckten" Wirtschaftssubjekte wurden wie schon früher zu Ob-

---

49 Zur Arbeitgeber-Arbeitnehmer-Koordination als – zusammen mit der Bank-Industrie-Verflechtung – institutionelles Herzstück deutscher „corporate governance" vgl. Jürgens et al. 2000: 59-66 und Ziegler 2000: 198-201.

50 Das im engeren Sinne *Soziale* an der „Sozialen Marktwirtschaft" und dessen konkrete Ausformung wird – wie bereits erwähnt – in Kapitel 4.4. (Sozialversicherung) abgehandelt.

jekten ordnungspolitischer Begierde. Als „bewußt gestaltete Marktwirtschaft" (ebda.) gründet die bundesdeutsche Ökonomie zu einem erheblichen Maß auf Mechanismen der nicht-marktförmigen Koordination, die aber zu einem kleineren Teil direkt in den Händen des Staates liegt, vielmehr größtenteils von diesem an die „Gesellschaft", nämlich an korporative Akteure – Unternehmen und Unternehmensverbände[51] – delegiert wird (vgl. Ritter 1979: 403-406). Der bundesdeutsche Staat der Sozialen Marktwirtschaft bediente sich bei der Ordnung des Marktgeschehens einer intermediären sozialen Infrastruktur, die über viele Jahrzehnte hinweg gewachsen war. Er blieb auf diese Weise einerseits deutlich interventionistischer als der Staat in „liberalen" Marktökonomien wie den USA oder Großbritannien, andererseits aber unsichtbarer – und letztlich doch kaum weniger präsent – als staatliche Instanzen in erklärtermaßen „gelenkten" Marktwirtschaften wie Frankreich oder auch Japan: „the state's transformative role after 1945 is not so much downgraded as moved behind the scenes" (Weiss 1998: 128).[52] Dieser Zuschnitt staatlicher Wirtschaftsordnungspolitik in der entstehenden Sozialen Marktwirtschaft war nicht zuletzt einer historisch-politischen Konstellation geschuldet, in der wirtschaftlicher Etatismus für deutsche Verhältnisse diskreditiert schien und der westliche Teil Deutschlands um seinen Platz in den „geopolitics of state denial" (vgl. ebda.: 129f.) des beginnenden Kalten Krieges zu kämpfen begann. In jener Situation stellte das neue – und eben doch nicht so neue – Leitbild einer *geordneten Konkurrenz* (vgl. o., Abbildung 4.2) eine ökonomisch richtungweisende, politisch korrekte und gesellschaftlich akzeptierte

---

51 Auch Arbeitgeber- und Arbeitnehmerorganisationen sind, wie bereits angemerkt, wichtige Elemente in diesem „system of semi-devolved coordination" (Weiss 1998: 163). Hierauf wird ausführlich im folgenden Abschnitt eingegangen.

52 Auf diese Kurzformel lässt sich mit Bezug auf den deutschen Fall auch die Studie Shonfields bringen: Einerseits betont er den Widerspruch zwischen einer anti-interventionistischen Wirtschaftsdoktrin und dem faktischen wirtschaftspolitischen Interventionismus in der Bundesrepublik: „economic doctrine is on the whole a less useful guide to economic practice among the Germans than it is among the British or Americans" (Shonfield 1965: 297). Andererseits kritisiert er – ganz im Zeichen beginnender Planungseuphorie – den im Gegensatz zur französischen Wirtschaftspolitik „restliberalen" Versuch „to intervene constantly and yet not to plan" (ebda.). Das liberalistische Credo und die Zurückhaltung gegenüber einem wirtschaftspolitischen Planungsdiskurs können aber durchaus auch als komparative Vorteile der Bundesrepublik im internationalen wirtschaftlichen Wettbewerb gesehen werden, denn atemberaubender Exporterfolge zum Trotz „Germany has not seemed as economically threatening as Japan to liberal economic orders like the United States, even though its capitalist institutions diverge substantially from Anglo-American orthodoxy" (Weiss 1998: 166).

Integrationsformel dar, unter deren Auspizien forthin die Produktionsbeziehungen im deutschen Modell politisch ausgestaltet wurden. Das geheime Credo der Sozialen Marktwirtschaft – „viel Ordo, wenig Liberalismus" – erwies sich dabei als eine über die wirtschaftspolitischen Gezeitenwechsel hinweg erstaunlich robuste ordnungspolitische Maßgabe.[53]

4.3 Sozialpartnerschaft

Stellt die Soziale Marktwirtschaft die spezifische Form der Gestaltung der Produktionsbeziehungen im deutschen Sozialmodell dar, so ist die Sozialpartnerschaft der charakteristische Modus der Ordnung der Arbeitsbeziehungen in der Bundesrepublik. Auch dieses zweite zentrale Merkmal der deutschen Wirtschaftsordnung weist eine lange institutionelle wie ideengeschichtliche Tradition auf. Die industriekapitalistische Umwälzung und klassenpolitische Erschütterung der deutschen Gesellschaft hat von Beginn an politisch-ideologische Gegenbewegungen hervorgerufen, die in einer diffusen „Sehnsucht nach Synthese" (Dahrendorf 1965: 185)[54] ihren gemeinsamen Nenner fanden. Bei aller Differenz im Detail zielten gesellschaftspolitische Ordnungsentwürfe ständischer oder bündischer, organizistischer oder korporativistischer Natur im Kern auf „Pazifizierung und Harmonisierung bei Aufrechterhaltung der sozialen Unterschiede" (Faulenbach 1980: 286) – auf die „Paralysierung" (ebda.) der gesellschaftlichen Konflikte, die sich aus diesen sozialen Unterschieden und ihrer ständigen Verschärfung durch die politisch-ökonomische Dynamik jener Zeit ergaben. Rückwärtsgewandte, einer „besseren", ständegesellschaftlichen Vergangenheit verpflichtete Ordnungsvorstellungen dieser Art bildeten den Ausgangspunkt einer Entwicklung, in deren Verlauf sich der Versuch einer Immobilisierung des ge-

---

53 „Vor allem nach der politischen 'Wende' des Jahres 1982, die ganz im Zeichen neoliberaler Rückbesinnung stand, wurde deutlich, daß Neoliberalismus in Deutschland eine größere (ordnungspolitische) Rolle des Staates, aber auch stärker korporatistisch geprägte Formen des Interessenausgleichs beinhaltet als in anderen Ländern mit neoliberaler Wirtschaftspolitik." (Abelshauser 1994: 227)
54 Dieses Motiv – oder genauer: die „Ideologie der inneren Geschlossenheit der Gesellschaft", die sich aus einer komplementären nationalistischen „Ideologie des permanenten Notstandes" speist, – bildet den Dreh- und Angelpunkt von Dahrendorfs Analyse der deutschen Gegenwartsgesellschaft (Dahrendorf 1965, hier: 156, 237). Vgl. auch Kapitel 4.7. zur Verhandlungsdemokratie.

sellschaftlichen Konfliktpotenzials in die Suche nach dessen Institutionalisierung verwandelte. Seit dem Vormärz waren bürgerliche, nicht zuletzt auch durch die Soziallehren der beiden christlichen Kirchen beeinflusste Sozialreformer in Theorie und Praxis (und in nicht ganz selbstloser Weise) darum bemüht gewesen, *den* politisch relevanten sozialen Konflikt des Industriezeitalters – den Antagonismus von Kapital und Arbeit – auf dem Wege seiner Organisierung und Prozeduralisierung zu entschärfen (vgl. Reulecke 1986). Am Ende des 19. und zu Beginn des 20. Jahrhunderts stand dann nicht mehr die Aufhebung oder Stillstellung, sondern die Ordnung und Kanalisierung des kapitalistischen Klassenkonflikts im Mittelpunkt gesellschaftspolitischer Konzeptionen.[55] Dieses langfristige politisch-ideologische Umschalten von überkommenen Prämissen der Interessenharmonie auf die „modernere" Vorstellung einer Interesseninterdependenz zwischen Arbeitgebern und Arbeitnehmern spiegelt und bündelt sich in der Ausformung eines historisch neuartigen, die *ambivalente Vorstellung antagonistischer Kooperation* verkörpernden institutionellen Arrangements: der „Sozialpartnerschaft".

Die Entstehung sozialpartnerschaftlicher Strukturen in der deutschen Wirtschaftsordnung ist der besonderen sozialhistorischen Konstellation geschuldet, die den Übergang vom Kaiserreich zur Weimarer Republik bestimmte. Und erneut spielten staatliche Instanzen und staatspolitische Interessen eine wichtige Rolle bei der institutionellen Verfestigung dieses ordnungspolitischen Strukturmusters. Wie gesehen war die Korporatisierung der Wirtschaft und die Inkorporierung industrieller Interessen in wirtschaftspolitische Planungs- und Entscheidungsprozesse – auch als Alternative zur effektiven Parlamentarisierung derselben (vgl. Crouch 1986: 200f.) – im letzten Viertel des 19. Jahrhunderts dezidiert vorangetrieben worden. Die liberale Marktwirtschaft, wie sie sich in den kurzen 1870er Jahren etablieren konnte, wurde in den folgenden Jahrzehnten allerdings nicht allein durch Wirtschaftsverbände, -kammern und -kartelle, sondern auch seitens einer sich zunehmend organisierenden Arbeiterschaft in die Zange genommen. Die rasch sich ausprägende und häufig kritisch beäugte[56] Zentralisierung, Bürokratisierung und negative Staatsfixierung der deutschen Arbei-

---

55 Ständegesellschaftlichen Ordnungsvorstellungen wurde allerdings erst in der Zeit nach dem Zweiten Weltkrieg endgültig abgeschworen; vgl. dazu Nolte 2000: 77-107, 159-187.

56 Dahrendorf beispielsweise geht mit der auf Staat, Nation und Ordnung fixierten organisierten Arbeiterbewegung hart ins Gericht und wirft ihr vor, seit jeher für eine „Politik der Umklammerung" optiert zu haben, „wie sie nicht erst die SPD der Bundesrepublik erfunden hat" (Dahrendorf 1965: 220). Vgl. dazu auch Kapitel 4.7. (Verhandlungsdemokratie).

terbewegung war dabei keineswegs allein den Idiosynkrasien ihrer Führungsfiguren, sondern auch – und wohl vornehmlich – den funktionalen Bedingungen gesellschaftspolitischer Einflussnahme im Kaiserreich zuzuschreiben: „the fact of an organized capitalism encouraged a tightly organized bureaucratic labour movement. The motive for developing in this way was oppositional; if capital and the state expressed their strength in this way, labour must too." (Crouch 1986: 201) Bis zum Ende des autoritär-paternalistischen Hohenzollernregimes gleichwohl politisch marginalisiert,[57] war es maßgeblich staatliche Intervention, die der akkumulationsbedingten – und aus staatlicher Sicht vor allen Dingen: akkumulationsrelevanten – „relationalen Dynamik" (Becker 1986: 110) von Kapital und Arbeit[58] eine veränderte Richtung gab und die Organisationen der Arbeiterschaft zum gesellschaftlichen „Ordnungsfaktor" (Schmidt 1971) aufsteigen ließ. Zunächst im Zeichen des „Kriegssozialismus" und dann im Zuge revolutionärer und nachrevolutionärer Staatspolitik wurde die organisierte Arbeiterschaft in jenes „politische Kartell" gesellschaftlicher Großgruppen aufgenommen, das den „Markt" interessenpolitischer Kooperation unter sich aufgeteilt hatte (vgl. Abelshauser 1987b: 149, 159f.; Feldman 1974). Sowohl im Verhältnis zum Staat als auch – und unter dem Gesichtspunkt der Sozialpartnerschaft: insbesondere – im Verhältnis zu ihrem klassenpolitischen Antagonisten[59] wurden die Gewerkschaften damit zum anerkannten, zumindest formal gleichberechtigten Gegenüber.

Die „Ausdehnung der organisierten gesellschaftlichen Beziehungen [zwischen Kapital und Arbeit, S.L.] bis hin zur informellen Tarifautonomie am Ende des Ersten Weltkriegs" (Wehler 1974: 44) und die gleich in den ersten Nachkriegsjahren auf breiter Basis einsetzende gesetzliche Regelung des industriellen Konflikts – in Theodor Geigers mittlerweile klassisch gewordener Begrifflich-

---

57 Auch wenn die Gewerkschaften die ihnen im Rahmen des „Protokorporatismus" (vgl. Manow 1999: 6) der Sozialversicherungsselbstverwaltung gewährten Handlungsspielräume und Professionalisierungschancen durchaus intensiv zu nutzen wussten (vgl. Kapitel 4.4.).
58 Zum Verständnis von Lohnarbeit und Kapital als „relationale Klassen" i.S. einer strukturell dynamisierten Beziehung vgl. ausführlich und sehr instruktiv Becker 1986: 94-125.
59 Der Begriff Sozialpartnerschaft bezeichnet im Folgenden eben dieses, durch autonome Selbststeuerung charakterisierte Verhältnis zwischen organisiertem Kapital und organisierter Arbeiterschaft. Hingegen wird das Verhältnis der Gewerkschaften (bzw. Unternehmer- und Arbeitgeberverbände) zum Staat, etwa in Form verbandlicher Mitgestaltung des Politikprozesses, hier – ebenso wie tripartistische Politikstrukturen – unter den Begriff des Korporatismus gefasst. Die Trennschärfe zwischen beiden Begriffen ist allerdings nicht immer leicht herzustellen, da sozialpartnerschaftliche und korporatistische Institutionen und Verfahrensweisen häufig miteinander verschränkt sind bzw. ineinandergreifen.

keit: die „Institutionalisierung des Klassengegensatzes" (vgl. Geiger 1949: 182-196) in der Wirtschaftsordnung der Weimarer Republik – führte zu einer langfristigen, durchgreifenden Veränderung des Charakters ökonomischer Klassenbeziehungen (vgl. zum Folgenden Mooser 1983: 184f.; Fürstenberg 1988: 119f.). Durch den Aufbau einer rechtlich sanktionierten, beide Parteien wechselseitig verpflichtenden Ordnung kommt es zu einer weitreichenden, inhaltlichen und formalen „Relativierung des Lohnkampfparadigmas" (Fürstenberg 1988: 127). Nicht nur, dass sich der Gegenstand des Kampfes ausdifferenziert, indem er die Lohnfrage zu transzendieren und sich der Tendenz nach auf die Gesamtheit der Rahmenbedingungen von Arbeitsorganisation und Arbeitskräfteeinsatz auszuweiten beginnt. Nicht nur, dass sich der Inhalt des Kampfes wandelt, insofern die Durchsetzung von Forderungen zusehends ergänzt oder gar ersetzt wird durch die „Gestaltung von Wirkungszusammenhängen [...], die die Erfüllung von Forderungen erst realisierbar macht" (ebda.: 130). Auch der Kampf selber – die Form, in der er ausgetragen wird, – verändert sich grundlegend, wenn die Kampfparteien unter staatlicher Aufsicht sich daran machen, „an die Stelle eines von antagonistischen Kräften bestimmten Marktmechanismus paritätische Vereinbarungen zu setzen" (ebda.: 119): Dann werden aus asymmetrischen Marktbeziehungen jedenfalls formal symmetrische Kooperationsbeziehungen, und aus Klassengegnern werden Sozialpartner. Der Klassenkonflikt wird nicht bloß kanalisiert, in „geregelte Bahnen" gelenkt, sondern zugleich auch entpersonalisiert, sprich auf Repräsentanten, Gremien und Verbände verlagert – und im Zweifelsfall auch von den beiden Konfliktparteien auf einen gemeinsamen Dritten, nämlich den Staat, projiziert. Hält man sich an die Terminologie Niklas Luhmanns, der durch die Institutionen des Wohlfahrtsstaats ständisches „Sozialvertrauen" in modernes „Systemvertrauen" transformiert sieht (vgl. Luhmann 1975; Huf 1998: 113-123; vgl. auch Kapitel 4.4. zur Sozialversicherung), dann verwandelt die Institution der Sozialpartnerschaft gewissermaßen frühkapitalistisches Sozialmisstrauen zwischen den Arbeitsmarktparteien in die „spätkapitalistische" Kombination von Sozialvertrauen und Systemmisstrauen (wobei letzteres durch die wirtschafts- und sozialpolitische Leistungsbereitschaft des Staates wiederum in Systemvertrauen umgemünzt werden kann).

Die Epochenbedeutung, die im Hinblick auf die ordnungspolitische Durchsetzung der Sozialen Marktwirtschaft – wie bereits geschildert – der Weltwirtschaftskrise der späten 1920er und frühen 1930er Jahre zukam, ist mit Blick auf die Institutionalisierung der Sozialpartnerschaft eindeutig dem Ersten Weltkrieg zuzuweisen (vgl. Preller 1949: 71-80).[60] Vorbereitet wurde ihr Durchbruch in dem halben Jahrhundert zuvor, also in den Jahren seit etwa 1870, die als die „Wendezeit" von individualistischen zu kollektivistischen Regelungsformen und Deutungsmustern im Arbeitsrecht und als „'Wurzelzone' der Entstehung paritätischer Verfahrensweisen und Institutionen" nicht nur im Deutschen Reich gelten können (vgl. Stourzh 1986: 31, 24). Hier lagen die Anfänge des deutschen Tarifvertragswesens[61], der Ausbildung zunächst vereinzelter, später umfangreicherer „Kooperationszonen" (Fürstenberg 1988: 120) zwischen Arbeitgeber- und Arbeitnehmervertretern und ihrer Einübung in wiederholte, bald auch regelmässige Verhandlungsrituale und Vertragsabschlüsse. Es war die hiermit verbundene Anerkennung eines wechselseitigen aufeinander Angewiesenseins[62] und die *gemeinsame Verpflichtung auf eine geordnete Auseinandersetzung*, „die neben der zunehmenden paritätischen Partizipation in öffentlichen Gremien aus 'Klassenkampfgegnern' eben zunächst 'Verhandlungspartner', dann 'Vertragspartner', 'Arbeitsmarktpartner' und schließlich (erst nach dem zweiten Weltkrieg gebräuchlich geworden) 'Sozialpartner' werden ließ" (Stourzh 1986: 24). Zwischen 1916 und 1920 kam es dann im Zeichen von Weltkrieg und (gescheiterter) Revolution zu einer jener Beschleunigungen der Geschichte in diesem Jahrhundert, die im institutionellen Profil der deutschen Wirtschafts- und Gesellschaftsordnung bleibenden Eindruck hinterlassen haben:

„Jahrzehntelang vorbereitete [...] Verhandlungs-, Schlichtungs- und Mitwirkungsmechanismen gerinnen nun sehr schnell zu einem Institutionengefüge der Arbeitsbeziehungen, das wir ohne Schwierigkeiten auch im Institutionengefüge der Gegenwart wiedererkennen" (Stourzh 1986: 31f.; vgl. Horn 1983, Ritter 1998a: 57-62).

Mit der staatlich veranlassten Zusammenarbeit der Repräsentanten von Kapital und Arbeit in zahlreichen Zentralbehören (Reichswirtschaftsamt, Kriegsernährungsamt, Kriegsrohstoffabteilung) sowie der Einführung obligatorischer Arbeiter- und paritätischer Schlichtungsausschüsse im Rahmen des Vaterländischen Hilfsdienstgesetzes von 1916 wurden bereits während des Krieges wesentliche institutionelle Grundlagen der „zivilen" Koordination beider Parteien in den ersten Nachkriegsjahren geschaffen. Vom Hilfsdienstgesetz lässt sich eine

---

60 „Wenn der Krieg [...] auch nicht alle Wünsche des Arbeitsrechts zum Ausreifen brachte, so ist während seines Verlaufes doch ohne Zweifel die Grundlage für das kollektive Arbeitsrecht der Nachkriegszeit gelegt worden." (Preller 1949: 80)
61 Bzw., wie es in Österreich treffender heißt, des Kollektivvertragswesens.
62 Vgl. zu diesem Motiv und seinen kulturellen bzw. ideologischen Wurzeln ausführlicher Kapitel 4.5. (Familialismus).

Linie zunehmend freiwilliger Kooperationsbereitschaft und ihrer politischen Institutionalisierung ziehen, die über die November- und Dezemberabkommen der Jahre 1918/19 und die entsprechenden Bestimmungen der Weimarer Reichsverfassung zur Tarifvertragsverordnung von 1919 und zum Betriebsrätegesetz von 1920 verläuft (vgl. dazu Rösner 1990: 206-225; Preller 1949: 226-252). Das sogenannte Stinnes-Legien-Abkommen vom November 1918 beinhaltete nicht nur die Anerkennung der Gewerkschaften als Tarifparteien durch die Arbeitgeberseite und den gemeinsam geäußerten Anspruch einer autonomen verbandlichen Steuerung des Tarifwesens, sondern entwarf auch schon das zu etablierende Strukturmuster betrieblicher und überbetrieblicher Mitbestimmung, das nach dem Willen beider Seiten Arbeiter- und Schlichtungsausschüsse auf der Betriebs- bzw. Tarifvertragsebene sowie einen Zentralausschuss auf der Verbandsebene umfassen sollte.[63] Die im darauffolgenden Jahr verabschiedete Weimarer Reichsverfassung (WRV) verlieh diesen Anliegen höchste staatsrechtliche Weihen. In Artikel 159 und 165 wurden Koalitionsfreiheit bzw. Tarifautonomie verfassungsrechtlich festgeschrieben. Zum Zwecke der gleichberechtigten und gemeinschaftlichen Regelung der Lohn- und Arbeitsbedingungen[64] wurde die Schaffung von Arbeiterräten auf Betriebs-, Bezirks- und Reichsebene in Aussicht gestellt, ferner auch die eines Reichswirtschaftsrates, der wichtige wirtschafts- und sozialpolitische Gesetzentwürfe der Reichsregierung begutachten sollte.

Das Dezember-Abkommen von 1919 enthielt dann die Satzung jenes ein Jahr zuvor zwischen den Arbeitsmarktparteien verabredeten Zentralausschusses, der als „Zentralarbeitsgemeinschaft der industriellen und gewerblichen Arbeitgeber und Arbeitnehmer Deutschlands" in den ersten Jahren der Weimarer Republik maßgeblichen Einfluss auf die Ordnung der Arbeitsbeziehungen nehmen sollte.

---

63 Die Kehrseite dieser Zivilisierung des Klassenkonflikts und überhaupt das Nachtgesicht der Einflussnahme der Arbeiterbewegung auf die Geschicke der Republik in den Jahren 1918 bis 1920 war selbstverständlich ihr „Bündnis mit militärischen und paramilitärischen Kräften der Rechten gegen den Extremismus der Linken, also die Fortführung einer staatskonservativen Politik der Repression", mit der die soziale Revolution in Deutschland verhindert wurde – und die nach Ansicht Dahrendorfs jene „Zeitbombe im Keller der deutschen Geschichte" zurückließ, die dann zu Beginn der 1930er Jahre explodierte (vgl. Dahrendorf 1965: 254).

64 „Die Arbeiter und Angestellten sind dazu berufen, gleichberechtigt in Gemeinschaft mit den Unternehmern an der Regelung der Lohn- und Arbeitsbedingungen sowie an der gesamten wirtschaftlichen Entwicklung der produktiven Kräfte mitzuwirken. Die beiderseitigen Organisationen und ihre Vereinbarungen werden anerkannt." (WRV Artikel 165, Absatz 1; zit. n. Rösner 1990: 217.)

Die Magna Charta der deutschen Sozialpartnerschaft war „durchdrungen von der Erkenntnis und der Verantwortung, daß die Wiederaufrichtung unserer Volkswirtschaft die Zusammenfassung aller wirtschaftlichen und geistigen Kräfte und allseitiges, einträchtiges Zusammenarbeiten verlangt" (zit. n. Rösner 1990: 212), und enthielt dementsprechend die Selbstverpflichtung beider Seiten zu gemeinschaftlichem Handeln – gerade auch im Hinblick auf die Beeinflussung „aller sie betreffenden Gesetzgebungs- und Verwaltungsangelegenheiten" (ebda.). So sollte es denn auch geschehen. Die Tarifvertragsverordnung desselben Jahres trug den Interessen der Tarifparteien nach selbstbestimmter und – übrigens nicht nur von staatlicher Seite – unangefochtener Ausgestaltung und Festigung ihres Aktionsbereichs in umfassender Weise Rechnung. Sie legte u.a. jene Prinzipien der „Unabdingbarkeit" und der „Allgemeinverbindlichkeit" – also der Unwirksamkeit potentieller Abweichungen von tarifvertraglichen Vereinbarungen (das spätere „Günstigkeitsprinzip") bzw. einer möglichen Ausdehnung des tarifvertraglichen Geltungsbereichs auf Außenstehende durch öffentliche Instanzen – fest, die dann auch die rechtlichen Grundpfeiler des bundesdeutschen „Tarifkartells" bilden sollten (vgl. dazu ausführlich Kapitel 5.3.1.).

Als Innovation von mindestens gleichartiger historischer Tragweite – als „ein Quantensprung in der Entwicklung des deutschen Arbeitsrechts" hin zu „einem Modell von Betriebsverfassung, das für Deutschland bis heute prägend geblieben ist" (Blanke 1995: 12; vgl. ebenso Engelhardt 1982: 391f.), – muss das Betriebsrätegesetz aus dem Jahr 1920 gelten. Als Ausfluss von Ideen des Betriebsfriedens und der Betriebsgemeinschaft, allerdings kompromisshaft verwoben mit in ihrem antibürokratischen und antiinstitutionellen Impuls „gekappten rätedemokratischen Konzepten" (Blanke 1995: 12)[65], konnte das Gesetz selbst auf eine weit zurückreichende und weithin akzeptierte Tradition zurückgreifen. Nachdem die Arbeiterschutzgesetzgebung Mitte des 19. Jahrhunderts erste rechtliche Eingriffe in die innerbetriebliche Arbeitsordnung bzw. in das uneingeschränkte herrschaftliche Verfügungsrecht des Arbeitgebers vorgenommen hatte, kam es aufgrund eines kaiserlichen Erlasses bereits zu Beginn der 1890er Jahre insbesondere in Preußen zur Einrichtung von Arbeiter- bzw. Fabrikausschüssen zwecks „Pflege des Friedens zwischen Arbeitgebern und Arbeitneh-

---

65 Ebenso wie die erwähnten rätedemokratischen Bestimmungen in Artikel 165 WRV ist das Betriebsrätegesetz in seiner konkreten Form nicht zuletzt auch als Konzession der SPD und der sozialdemokratischen Gewerkschaftsbewegung an die zwar politisch-militärisch geschlagene, gleichwohl aber sozial noch virulente Rätebewegung der Kriegs- und unmittelbaren Nachkriegszeit zu werten, von der das Gesetz gleichwohl erbittert bekämpft wurde (vgl. Blanke 1995: 16f.).

mern" (Wortlaut des Erlasses, zit. n. Blanke 1995: 15). Seit 1909 für das gesamte Reichsgebiet zwingend vorgeschrieben, erhielten diese Ausschüsse effektive Mitbestimmungsrechte allerdings erst mit dem Hilfsdienstgesetz von 1916. Das Betriebsrätegesetz bildete damit den vorläufigen Höhepunkt einer Entwicklung, in deren Verlauf, mit Friedrich Naumann gesprochen, aus rechtlosen „Betriebsuntertanen" berechtigte „Betriebsbürger" wurden (Naumann zit. n. Stourzh 1986: 27) – oder vielleicht genauer: anerkannte Mitglieder einer Betriebsgemeinschaft. Zentrale Aufgabe der neu zu konstituierenden Betriebsräte war es nämlich laut Gesetz, den Arbeitgeber in der Erfüllung der Betriebszwecke zu unterstützen, „das Einvernehmen innerhalb der Arbeitnehmerschaft sowie zwischen ihr und dem Arbeitgeber zu fördern" und damit „den Betrieb vor Erschütterungen zu bewahren" (zit. n. Blanke 1995: 18). Die wesentlichen Strukturmerkmale der konfliktregulierenden Zusammenwirkung von Arbeitnehmern und Arbeitgebern, die das deutsche Modell der Betriebsverfassung in der zweiten Hälfte des 20. Jahrhunderts auszeichnen, waren hier im Kern bereits angelegt: die duale Struktur der Interessenvertretung durch die institutionelle und legitimatorische Verselbständigung der Betriebsräte gegenüber den Gewerkschaften; die Trennung betrieblicher und tariflicher Regelungsbereiche und das Primat der Tarifvertragsparteien zur Regelung der Arbeitsbeziehungen; das Gebot der Zusammenarbeit mit der Betriebsleitung zum Wohle des Betriebs; die Verrechtlichung und Proceduralisierung betrieblicher Konflikte, ihre Pazifizierung (Streikaufrufsverbot) und Entpolitisierung; schließlich das bei alledem unangetastete Direktionsrecht des Arbeitgebers (vgl. Blanke 1995: 18f.).

Waren die entscheidenden institutionellen Grundlagen für eine sozialpartnerschaftliche Koordination der Beziehungen zwischen Unternehmern und Arbeitnehmern damit bereits zu Beginn der Weimarer Republik geschaffen, so fehlte es jedoch einstweilen noch an den grundlegenden sozialen Funktionsvoraussetzungen derselben, die sich letztendlich erst nach 1945 einstellen sollten. Denn das System der Sozialpartnerschaft bedarf einer nicht bloß formalen und punktuellen, sondern der faktischen und dauerhaften Anerkennung gemeinsamer Existenzberechtigung und wechselseitiger Funktionsnotwendigkeit durch die beiden Konfliktparteien. Diese Voraussetzung war jedoch in den 1920er Jahren noch nicht gegeben. Zunehmende staatliche Interventionen insbesondere im Bereich der Lohnpolitik (auf der Grundlage der Schlichtungsverordnung von 1923), wachsender innerverbandlicher Widerstand gegen eine kooperative Politik auf beiden Seiten und vor allem das zunehmend aggressiv vorgetragene und offensiv verfolgte Verlangen der Unternehmer nach einer Revision jener materiellen Grundlagen der Weimarer Ordnung, die aus dem Kompromiss der beiden Arbeitsmarktparteien hervorgegangen waren, führten in Verbindung mit den tendenziell sich verschlechternden ökonomischen Rahmenbedingungen zunächst zur Auflösung der Zentralarbeitsgemeinschaft[66] und später zum völligen Zusammenbruch der Kooperation in der Weltwirtschaftskrise[67] (vgl. Abelshauser 1987b: 159-169; Rösner 1990: 225-239). Diese leistete dann allerdings nicht einer Wiederbelebung marktförmig-pluralistischer Formen der Konfliktaustragung zwischen Kapital und Arbeit Vorschub, sondern, in Gestalt der nach 1933 errichteten nationalsozialistischen Arbeitsordnung, einer autoritären Überformung sozialpartnerschaftlich-korporativer Interessenpolitik[68] unter Führung jenes „starken Staates", dem allein noch die Wiederherstellung geordneter Verhältnisse in Wirtschaft und Gesellschaft zugetraut wurde (vgl. o., Kapitel 4.2.).

Nach dem Untergang des „Dritten Reichs" wurde der zu Beginn der Weimarer Republik eingeschlagene sozialpartnerschaftliche Weg – unter insgesamt günstigeren Bedingungen – wieder aufgenommen (vgl. Schmid und Wiebe 1999: 361). Das vor der nationalsozialistischen Machtübernahme institutionalisierte System der Arbeitgeber-Arbeitnehmer-Koordination wurde nach 1945 in seinen Grundstrukturen adaptiert und, im Rahmen eines insgesamt „auf Kompromiß und gesamtgesellschaftliche Begründungspflicht" (Lepsius 1990b: 74) ausgerichteten Wirtschaftsstils, teilweise ausgeweitet. Die „multiple Institutionalisierung" des Klassenkonflikts (vgl. ebda.: 71-77), seine Fragmentierung und Desaggregierung in separate Konfliktarenen, ist das spezifische Merkmal der institutionellen Ordnung der Arbeitsbeziehungen in der Bundesrepublik (vgl. Kapitel 5.3.1.) – und das Geheimnis ihrer im internationalen Vergleich außerordentlichen Stabilität.[69] Die institutionelle Verselbständigung von betrieblicher und überbetrieblicher Konfliktaustragung, das duale System von Betriebsrat und Ta-

---

66 De facto 1924 durch Austritt des Allgemeinen Deutschen Gewerkschaftsbundes (ADGB).
67 Der in der Verfassung (WRV Artikel 165) als beratendes Gremium vorgesehene Reichswirtschaftsrat war von Anbeginn an ein wirkungsloses Instrument geblieben. Als allein dauerhaft funktionierende Institution des Weimarer Paritarismus erwiesen sich die Selbstverwaltungsgremien der Sozialversicherung, die zumindest formal selbst die Zeit des Nationalsozialismus überleben sollten (vgl. Kapitel 4.4.).
68 Im Zuge derer wieder auf die Fiktion einer Interessenidentität zwischen Arbitnehmern und Arbeitgebern umgeschaltet wurde und deren weitere Entwicklung von Hachtmann mit den beiden Schlagworten „kumulative Radikalisierung" und „Militarisierung der Arbeit" umschrieben wird (vgl. Hachtmann 1998, hier: 54). Zur Unterscheidung von „gesellschaftlichem" und „autoritärem" Korporatismus vgl. zuerst Schmitter 1977.
69 Die Darstellungen des deutschen Systems industrieller Beziehungen aus dieser Perspektive sind kaum zu überblicken; als Auswahl vgl. Jacobi et al. 1998, Visser und van Ruysseveldt 1996, Streeck 1993 oder Jacobi und Müller-Jentsch 1990.

rifvertragsautonomie (vgl. Schmidt und Trinczek 1991), wurde weithin unverändert übernommen. Zwischen diese beiden wurde zusätzlich eine dritte Ebene der Interessenrepräsentation eingezogen: die Mitbestimmung auf der Ebene der Unternehmensführung. Der Sozialpartnerschaftsgedanke ist auf diese Weise in einer dreigliedrigen Struktur institutionalisierter „Konfliktableiter" aufgehoben, deren politischer, ökonomischer, sozialkultureller und organisatorischer Nährboden nun sehr viel kräftiger war als noch ein Vierteljahrhundert zuvor. Er konnte damit in der Bundesrepublik – anders als zu Weimarer Zeiten – langfristig verhaltensleitend werden.[70]

Die Tarifautonomie wurde durch Artikel 9 (Absatz 3) des Grundgesetzes verfassungsrechtlich geschützt und noch 1949 im Tarifvertragsgesetz näher geregelt. Zwar wurde dabei auf das historisch vergiftete Instrument staatlicher Zwangsschlichtung bewusst verzichtet und stattdessen die relative Friedenspflicht der Tarifvertragsparteien sowie ihre Selbstbindung und Selbststeuerung „im Rahmen einer gesamtwirtschaftlichen Orientierung" (Lepsius 1990b: 74) betont. Aber insgesamt knüpfte man nahtlos an die institutionelle Tradition der Vorkriegszeit an, wobei nicht nur der Anfang der 1950er Jahre einsetzende, anhaltende Nachkriegsboom[71], sondern insbesondere auch die Neugründung der Gewerkschaften nach dem Doppelprinzip der Einheits- und Industriegewerkschaft mit branchenspezifischem Organisations- und Repräsentationsmonopol dazu beitrug, dass sich die Logik der Tarifautonomie dauerhaft durchsetzen konnte.[72] Zug um Zug „bildeten sich die Konturen eines flächendeckenden, in

---

70 Vielleicht sollte an dieser Stelle betont werden, dass es sich bei der sozialpartnerschaftlichen Ausgestaltung der Arbeitsbeziehungen in der Bundesrepublik – wie auch zuvor – keineswegs um eine bloß „ideologische" Veranstaltung oder gar um den Ausdruck einer vornehmlich sozialpsychologisch zu erklärenden, „deutschen" Sehnsucht nach harmonischen Formen des „Kuschel-Kapitalismus" (Rudzio 2000: 40) handelt. Selbstverständlich stehen hinter dieser – wie jeder anderen – institutionellen Ausgestaltung auch rationale (aber eben institutionell eingebettete) Kalküle der Beteiligten, etwa i.S. der Berechenbarkeit von Handlungsfolgen oder der Verlässlichkeit von Problemlösungen. „Auch kooperative Tarifpolitik bleibt grundsätzlich interessen- und damit machtorientiert." (Fürstenberg 1988: 131)

71 Der eigentlich ein doppelter – den Weltkriegszerstörungen und der Korea-Krise geschuldeter – Kriegsboom war; vgl. dazu ausführlich Abelshauser 1983: 63-102.

72 Zum entwicklungsgeschichtlichen Zusammenhang von Tendenzen der „Unitarisierung" im System der Interessenorganisation, insbesondere der Arbeitsbeziehungen, und im deutschen Bundesstaat sowie entsprechenden institutionellen „Isomorphien" (vgl. DiMaggio und Powell 1991b: 67-74) zwischen beiden Bereichen vgl. Lehmbruch 2003 (siehe auch Kapitel 4.6.).

autonome Branchenstrukturen gegliederten Tarifsystems heraus, in dem die IG Metall als stärkste Gewerkschaft die Tariffüherschaft übernahm" (Schauer 1999: 428), und das bald auch die Expansion des bundesdeutschen Sozialstaats tarifpolitisch zu flankieren begann (vgl. Kapitel 4.4.).[73] Das Betriebsverfassungsgesetz von 1952 reproduzierte – wie bereits angedeutet – praktisch sämtliche Grundprinzipien des Betriebsrätegesetzes von 1920 und nahm dabei nicht nur dessen Geist, sondern vielfach auch dessen Buchstaben wortgetreu auf.[74] Neu war vor allem die Ausweitung des Geltungsbereichs des Gesetzes durch Absenkung der betriebsratsrelevanten Betriebsgröße (von 20 auf fünf Beschäftigte). Die Novellierung des Gesetzes von 1972 brachte dann insbesondere die gesetzliche Verankerung des Instituts des Sozialplans und das Kooperationsgebot für betriebliche und überbetriebliche Interessenvertreter mit sich: „Arbeitgeber und Betriebsrat arbeiten unter Beachtung der geltenden Tarifverträge vertrauensvoll und im Zusammenwirken mit den im Betrieb vertretenen Gewerkschaften und Arbeitgebervereinigungen zum Wohl der Arbeitnehmer und des Betriebs zusammen." (§ 2 Abs. 1 BetrVG, zit. n. Lampert 1997: 238.)

Die Beteiligung der Arbeitnehmer an Entscheidungsprozessen auf Unternehmensebene schließlich wurde 1951 nach langen Vorberatungen zunächst für Kapitalgesellschaften des Bergbaus und der Eisen und Stahl erzeugenden Industrie eingeführt (vgl. Rösner 1990: 161-192) und 1976 durch das umstrittene Mitbestimmungsgesetz auf weitere Wirtschaftsbereiche ausgedehnt. War die sogenannte „Montanmitbestimmung" insbesondere auf Druck der Besatzungsmächte zustandegekommen und als Akt der Demokratisierung der zu Zeiten des Nationalsozialismus besonders kompromittierten Wirtschaftssektoren (und zugleich der Zurückdrängung des Einflusses der Banken in den Aufsichtsräten der entsprechenden Unternehmen; vgl. Dyson 1992: 17) angelegt, so entsprang das Nachfolgegesetz der „Politik der inneren Reformen" der sozialliberalen Koalition. Allerdings blieb es in seinen Regelungen deutlich hinter dem Gesetz von 1951 zurück,[75] und ohnehin ist das Instrument der Mitbestimmung aufgrund

---

73 Von exemplarischer, bis heute nachgerade mythischer Qualität ist diesbezüglich der 1956 von der IG Metall in Schleswig-Holstein erfolgreich geführte Arbeitskampf zur Durchsetzung der Lohnfortzahlung im Krankheitsfall.

74 Schauer betont, dass mit dem Gesetz „der Einfluß zurückgedrängt werden sollte, den die Betriebsräte in der unmittelbaren Nachkriegszeit erlangt hatten" (1999: 426). Obwohl dies durchaus zutrifft, war die damalige sozialhistorische Konstellation in keinster Weise mit jener nach dem Ersten Weltkrieg vergleichbar.

75 Die Montanmitbestimmung sieht die strikt paritätische Besetzung der Aufsichtsräte in Unternehmen mit mehr als 1000 Beschäftigten sowie die Figur des Arbeitsdirektors als

seiner Beschränkung auf Großunternehmen nicht annähernd ähnlich flächendeckender Natur wie Betriebsrat oder Tarifvertrag. Ergänzt wird diese Trias sozialpartnerschaftlicher Institutionen durch eine erhebliche Zahl paritätisch besetzter Gremien im Bereich parastaatlicher Einrichtungen[76] sowie durch korporatistische Formen der Interaktion von Staat und Verbänden, als deren paradigmatischer Ausdruck die – allerdings nicht sonderlich langlebige und in ihrer tatsächlichen wirtschaftspolitischen Bedeutung oft überschätzte – „Konzertierte Aktion" der späten 1960er und frühen 1970er Jahre zu sehen ist, durch welche die gesamtwirtschaftliche Rationalität verbandlicher Selbststeuerungsprozesse sicherzustellen versucht wurde (vgl. Weßels 1999, 2000).[77]

Zusammenfassend wird man festhalten können, dass die Ordnung der Arbeitsbeziehungen im deutschen Sozialmodell durch die Institutionalisierung multipler „Kooperationszonen" (Fürstenberg, s.o.) erfolgt, die durch eine sozialpartnerschaftliche Logik bestimmt sind. Ihre Wurzeln reichen weit in das 19. Jahrhundert zurück, doch lässt sich ihre effektive institutionelle Verankerung auf die Zeit des Ersten Weltkrieges und der ersten Jahre danach datieren. Seither

---

eines fest an das Vertrauen der Belegschaft gebundenen Vorstandsmitglieds vor. Nach dem Mitbestimmungsgesetz von 1976, das nur in Unternehmen mit mehr als 2000 Arbeitnehmern greift, sind sowohl die Aufsichtsratsparität als auch die Stellung des Arbeitsdirektors in letzter Instanz der Verfügungsmacht der Anteilseigner unterstellt.

76 Etwa in der Sozialversicherung, aber auch z.B. bei den Berufsgenossenschaften oder im beruflichen Bildungswesen. Fürstenberg (1988: 129) sieht hierin „Ansätze zu korporativen Strukturen der gesamtgesellschaftlichen Mitbestimmung".

77 Aus heutiger Sicht kaum vorstellbar ist die Tatsache, dass die Errichtung der Konzertierten Aktion 1965 von dem – noch unter konservativer Ägide – neugeschaffenen „Sachverständigenrat zur Begutachtung der gesamtwirtschaftlichen Entwicklung" vorgeschlagen wurde (vgl. Schauer 1999: 429). Dass allerdings erst mit ihr der Schritt der Sozialpartner von gemeinsam akzeptierten Regeln zu gemeinsam geteilten Zielen der Konfliktaustragung vollzogen worden sei, wie dies z.B. Beyme (vgl. Beyme 1999: 33) behauptet, dürfte zu bezweifeln sein. Vielmehr hat das Stabilitätsgesetz von 1967, in dessen Kontext die Konzertierte Aktion zu sehen ist, eher jene strategische und interessenpolitische Interdependenz einzelner wirtschaftspolitischer Akteure formal festgeschrieben, die von den Tarifparteien ohnehin schon seit längerem internalisiert und für handlungsleitend erachtet worden war. Daran änderte sich auch grundsätzlich nichts, als die Gewerkschaften 1976 die Konzertierte Aktion verließen – aufgrund der (später zurückgewiesenen) Verfassungsbeschwerde der Arbeitgeberverbände gegen das neue Mitbestimmungsgesetz. Seltsamerweise konnten aber weder der zweifelhafte Erfolg noch die offen zutage getretenen inneren Widersprüche dieser Einrichtung verhindern, dass die Konzertierte Aktion bis heute „an attractive formula for many political decision-makers" (Lehmbruch 1992: 40), aber auch für das politische Publikum und für nicht wenige Sozialwissenschaftler (vgl. z.B. Schroeder und Esser 1999) geblieben ist.

erfolgt die *Arbeitgeber-Arbeitnehmer-Koordination* in der deutschen Ökonomie nach dem Leitbild des *geregelten Konflikts*, welches spätestens mit Gründung der Bundesrepublik der deutschen Betriebs-, Unternehmens- und allgemeiner Arbeitsverfassung die kompromisshafte Qualität eines sozialen Kooperationsverhältnisses unter antagonistischen Interessen verliehen hat (vgl. o., Abbildung 4.2). Das Prinzip friedlicher, kooperativer Konfliktaustragung – die ambivalente Logik der *Konfliktpartnerschaft* (vgl. Müller-Jentsch 1991) – hat für die Arbeitsbeziehungen im deutschen Sozialmodell „eine ausgeprägt verhaltensnormierende Verbindlichkeit" (Engelhardt 1988: 376f.) erlangt. Durch die institutionelle Ausdifferenzierung dreier relativ autonomer Konfliktarenen – Betrieb, Unternehmen, Tarifvertrag – ist „ein gleichsam hydraulischer Mechanismus der Problemverlagerung" (Blanke 1995: 24) etabliert worden, der „elastische Austragungschancen" (Lepsius 1990b: 74) bietet und die flexible Regulierung von Konflikten in einem stabilen institutionellen Rahmen erlaubt.[78]

4.4. Sozialversicherung

Auch in dem folgenden, dritten Akt des Sechsteilers „Deutsches Sozialmodell" spielt der Staat als politischer Akteur und Schöpfer gesellschaftlicher Relationierungsinstrumente eine tragende Rolle. Spätestens im Verlauf des zweiten Drittels des 19. Jahrhunderts wurde die „soziale Frage" zum bestimmenden Gegenstand geistiger Auseinandersetzung – und damit zum Ausgangspunkt der Konstitution einer deutschen „Sozialwissenschaft" (vgl. Pankoke 1970). Die unaufhaltsame Auflösung der traditionellen Ständeordnung, der Übergang von der Agrar- zur Industriegesellschaft und die allmähliche Durchsetzung des Lohnarbeitsverhältnisses riefen eine breite wissenschaftliche und politische Diskussion um die angemessene Form des Umgangs mit den sozialen und politischen Konsequenzen dieser gesellschaftlichen Entwicklungstendenzen hervor. Der weithin herrschenden Meinung zufolge stellten die immer deutlicher sichtbar werdenden Phänomene des Bevölkerungswachstums, der Binnenwanderung, der Urbanisierung, des Funktionsverlustes der Familie als Produktions- und Unterstützungsgemeinschaft, der Existenzunsicherheit und Proletarisierung der hand-

---

78 *Wie* flexibel diese Regulierung sein – und dass sie dabei die Stabilität des institutionellen Ordnungsrahmens gegebenenfalls unterlaufen – kann, zeigt im Einzelnen die Fallstudie in Kapitel 5.3.

arbeitenden Unterschichten einen tendenziell systemgefährdenden Problemzusammenhang dar, der eine aktive Reaktion der Staatsgewalt geradezu zwingend erforderlich erscheinen ließ (vgl. Lampert 1998: 19-41). Die „soziale Frage" wurde – anders als beispielsweise in England (vgl. Ritter 1983) – als Arbeiterfrage definiert, als ein Problem der mit der Industrialisierung einhergehenden Bildung einer neuen sozialen Klasse und insbesondere eines in seiner sozialen und politischen Sprengkraft kaum zu überschätzenden Klassengegensatzes (vgl. Kapitel 4.3.). Die entscheidenden gedanklichen Anstöße für eine wirksame Einhegung des aufkommenden Klassenantagonismus, für seine *Aufhebung in einem aktiven, „sozialen Staat"*, lieferte im deutschen Kontext Lorenz von Stein (vgl. Böckenförde 1976). Theoretisch an Hegel und empirisch an der Untersuchung der sozialen Bewegung in Frankreich geschult, bildet von Steins um die Jahrhundertmitte entwickelte Idee eines „sozialen Königtums" – seine Konzeption einer staatlich induzierten Sozialreform unter Einsatz einer die Bedingungen des antagonistischen Klasseninteresses verändernden sozialen Verwaltung – den Dreh- und Angelpunkt aller weiteren „Sozialpolitik"[79] einschließlich ihres zentralen Wertbezugs: der Vorstellung einer staatlich geeinten Gesellschaft (vgl. Ritter 1998b: 9-25; Ritter 1996).

Die ersten, Ende der 1830er Jahre einsetzenden Maßnahmen des arbeiterzentrierten Staatseingriffs waren solche des Arbeiterschutzes, der Regelung der Arbeitsbeziehungen und der Umgestaltung des Armenwesens.[80] Der entscheidende Schritt in Richtung auf den „Sozialstaat" heutiger Prägung wurde jedoch erst zu Beginn der 1880er Jahre mit der Ausdifferenzierung der staatlich vermittelten Existenzsicherung des Arbeiters aus der privaten oder lokalen Fürsorge und ihrer eigenständigen Institutionalisierung in Form der Sozialversicherung gegangen. Der Prozess der Gründung der Sozialversicherung(en), der durch die Kaiserliche (Sozial-)Botschaft von 1881 eingeleitet wurde und in der Sozialpolitikgeschichtsschreibung (häufig allzu einseitig) mit dem Namen Bismarcks verbunden wird, hat nicht nur der deutschen Sozialpolitik eine internationale Vorreiterrolle eingebracht, sondern auch die Art und Weise der politischen Ord-

---

[79] Man denke etwa nur an den Einfluss von Steins auf Bismarcks wichtigste sozialpolitische Berater, Hermann Wagener und Theodor Lohmann, oder auf Gustav von Schmoller, die zentrale Figur der wissenschaftlichen Sozialreformpropaganda im letzten Drittel des 19. Jahrhunderts.

[80] Als frühe Meilensteine seien die preußischen Gesetze zum Kinderarbeitsverbot (1839) und zur Abkehr vom Heimatprinzip in der Armenhilfe (1842/1855) erwähnt (vgl. Reidegeld 1996: 51-64); letzteres stellte übrigens eine der wichtigsten Maßnahmen zur Herstellung eines funktionsfähigen Arbeitsmarktes dar.

nung gesellschaftlicher Beziehungen im deutschen Wohlfahrtsstaat bis auf den heutigen Tage maßgeblich beeinflusst. Die Neuordnung nahm institutionelle Traditionen gesellschaftlicher Selbsthilfe nach Art des gewerkschaftlichen bzw. genossenschaftlichen Hilfskassenwesens auf und knüpfte konzeptionell an bereits verbreitete privatrechtliche Formen der Versicherung auf Gegenseitigkeit an.[81] Das qualitativ Neuartige an der staatlichen Sozialreform war somit – im deutschen Kontext und mit Blick auf ihre systematischen Anknüpfungspunkte – nicht eigentlich im Versicherungsprinzip selbst zu sehen, sondern in der spezifischen Rechtsform, die diesem gegeben wurde: in der Form einer reichseinheitlichen, öffentlich-rechtlichen Zwangsversicherung.

„Der 'Systemsprung' [...] lag darin, daß der Staat nicht nur den äußeren Rahmen für die Risikoabsicherung bestimmte, sondern selbst in die entsprechenden Rechtsverhältnisse verstrickt wurde, unmittelbar oder mittelbar zur Befriedigung von Individualinteressen verpflichtet werden konnte." (Tennstedt 1997: 92; vgl. ders. 1996: 25-31 sowie Kapitel 5.2.1 dieser Untersuchung.)

Die Motive der politischen Entscheidungsträger – maßgeblich Bismarcks – für die Konstitution der Sozialversicherung (bzw. zunächst der Unfallversicherung) als Instrument der Arbeiterpolitik (vgl. Leibfried und Tennstedt 1985) einerseits, als Garant eines subjektiven öffentlichen Rechts (des Arbeiters) auf soziale Sicherung andererseits, waren äußerst vielfältiger Natur.[82] Die gängige Erklärung nach dem Muster „Zuckerbrot und Peitsche" (vgl. Rosenberg 1967: 202-227)[83], derzufolge die Sozialversicherung Teil einer das autoritäre Herrschaftssystem stabilisierenden, präventiv-repressiven Doppelstrategie gegenüber der sozialdemokratischen Arbeiterbewegung gewesen sei, ist dabei nach allen Erkenntnissen

---

81 Aber auch an Vorläuferinstitutionen im Rahmen der preußischen Bergwerksverfassung.
82 Vgl. zum politisch-sozialen Entstehungskontext der deutschen Sozialversicherung u.a. Stolleis 2001: 223-267 und 1979; Reulecke 1999; Ritter 1998b: 27-52, 1983: 18-75; Lampert 1998: 19-69; Reidegeld 1996: 150-251.
83 Die klassische Formel lautet: „Die deutsche Sozialversicherungsordnung ist als ein politisches Anhängsel zum Sozialistengesetz entstanden. Sie war das Zuckerbrot, das die Peitsche ergänzte." (Rosenberg 1967: 213) Handlich wie es ist, hat dieses Erklärungsmuster weite Verbreitung insbesondere auch in der internationalen Literatur zum deutschen Wohlfahrtsstaat gefunden. Breit rezipierte englischsprachige Überblicksdarstellungen wie etwa jene Jens Albers, der die Entstehungsgeschichte des Bismarckschen Sozialstaates ganz im Sinne der genannten Formel als „Social protection in defence of traditional authority" resümiert (vgl. Alber 1986: 5-8), haben dazu geführt, dass in der internationalen wissenschaftlichen Debatte das deutsche Wohlfahrtsregime mit seiner Bezeichnung als „konservativer Wohlfahrtsstaat" zumeist als hinlänglich beschrieben und begriffen gilt (vgl. diesbezüglich maßgeblich Esping-Andersen 1990: 40f., 58-61; s.u., Kapitel 5.2.1).

der neueren Forschung als höchst unzureichend zu bezeichnen. Und dies nicht nur, weil die Sozialdemokratie selbst die Sozialversicherung als obrigkeitsstaatlichen Entmündigungsversuch – sprich: als Peitsche – ablehnte und im Grunde genommen bis zum Ende des Kaiserreichs in Fundamentalopposition zum Prozess ihrer Institutionalisierung verharrte.[84] Darüber hinaus war die vermeintliche Bedrohung durch den politischen Katholizismus – die Gefahr „der 'schwarzen Internationale'" (Tennstedt 1997: 90) und ihrer Reichsfeindschaft – jedenfalls in der Entstehungszeit der Sozialversicherung eine mindestens ebenso wichtige Triebkraft für das Ansinnen Bismarcks, die Arbeiter durch soziale Leistungen an den Staat bzw. an die („weltliche") Reichsidee zu binden. Im Kontext eines wegen seiner politischen Repression gesellschaftlich agierenden und sozial sich engagierenden Katholizismus wuchs im Umfeld des Reichskanzlers die Überzeugung, „daß 'den materiellen Tendenzen der Gegenwart gegenüber' der 'Sozial-Kaiser stärker' sei 'als selbst der Sozial-Papst'" (ebda.).[85]

Doch die Sozialversicherungspolitik war keineswegs bloß negativ determiniert. Nicht nur aus Gründen des Kampfes gegen soziale Bewegungen oder religiöse Glaubenssysteme unterschieden sich die „sozialen Aktionen der achtziger Jahre [...] scharf von dem liberalen Typus der Sozialreform, wie er in England zumal sich ausgebildet hatte" (Rothfels 1953: XLVIf.). Mindestens ebenso bedeutsam waren vielmehr zwei positive, faktisch eng miteinander verbundene Bestimmungsfaktoren wirtschaftspolitischer und staatspolitischer Natur. Die ökonomische Funktionalität einer verläßlichen Existenzsicherung des Arbeiters angesichts wirtschaftlicher Wechsellagen und völlig neuartiger Mobilitätserfordernisse des Arbeitsmarktes war schon damals weithin anerkannt (vgl. Rosenberg 1967: 192-202; Abelshauser 1996: 380-384) – bis tief in das unternehmerische Lager hinein, wo politisch maßgebliche Kreise die Sozialversicherungsgesetzgebung nicht zu Unrecht als Akt öffentlicher Wirtschaftsförderung zu

---

84 Insofern kam der Sozialdemokratie vor dem Ersten Weltkrieg allenfalls ein „'negatorische[r]' Einfluß" (Döhler 1993: 129) zu; in den wesentlichen Strukturfragen der Ausgestaltung des Sozialversicherungssystems blieb sie einflusslos (vgl. ebda.: 128f.). Was für die organisierte Arbeiterbewegung galt – die einhellige Ablehnung der Sozialversicherungsidee –, musste allerdings nicht zwangsläufig auch für die Betroffenen selbst gelten. Für die Altersrentner etwa bedeutete ihr Einschluss in das öffentlich-rechtliche Sicherungssystem häufig eine Verbesserung ihres materiellen Versorgungsniveaus, vor allen Dingen aber auch einen sozialen Statusgewinn gegenüber sie versorgenden Familienverband sowie im öffentlichen Leben.

85 „Spielte man auf römischer Seite den Sozialpapst aus, so werde man finden, daß der Sozialkaiser wuchtiger sei, denn dessen Reich sei von dieser Welt." (Bismarck zit. n. Tennstedt 1997: 90.)

schätzen und ihrerseits zu fördern wussten.[86] Sozialversicherungspolitik war somit konstitutiver Bestandteil der aktiven politischen Strategie einer „Modernisierung der Volkswirtschaft" im Kaiserreich (vgl. Kapitel 4.2.).[87] Als solche aber war sie gleich in mehrerlei Hinsicht von geradezu elementarer staatspolitischer Bedeutung: Nicht nur in dem unmittelbaren und bereits erwähnten Sinn, dass die fortgesetzte Funktionsfähigkeit der Marktökonomie als wesentliches Moment der Systemstabilisierung gelten musste. Und auch nicht allein in dem allgemeinen Sinne, wonach die Ausgestaltung der sozialen Sicherung als öffentlich-rechtliche Arbeiterversicherungspolitik „von Staats wegen und um des Staates willen" (Rothfels 1953: XLV) vollzogen wurde. Nicht die „Verstaatlichung" gesellschaftlicher Selbsthilfe war das entscheidende Moment der Reform, sondern – konkreter – ihre „Verreichlichung" (Tennstedt 1997: 95).

Die Sozialversicherung als organisatorisch vom Reich bestimmte (aber von den Versicherten über Beitragszahlungen finanzierte) Zwangsversicherung[88] war ein zentrales Element in jenem Zielsystem der „'Anreicherung' der Reichsgewalt" (ebda.: 94), das nach der Errichtung eines deutschen Nationalstaates Bismarcks Leitmotiv darstellte (vgl. Huf 1998: 165-172). Die Politik der „inneren Reichsgründung", wie sie von Florian Tennstedt überzeugend als gesellschaftspolitisches Motivationssyndrom staatlichen Handelns seit Beginn der 1870er Jahre beschrieben worden ist, richtete sich gleichermaßen gegen einzelstaatlichen Partikularismus wie gegen die Gesellschaftsprogrammatik des Liberalismus, „d.h. die bisher axiomatisch geltenden Trennungslinien von Staat und Gesellschaft w[u]rden systematisch überschritten, und zwar durch den neuen Zentralstaat 'Reich'" (Tennstedt 1997: 95). Die Sozialversicherung als öffentlich-rechtliche Institution spielte für diese strategische Ausrichtung hoheitlicher Intervention im neuen Staatswesen eine wichtige Rolle – und ihre mit Arbeit-

---

86 Dies zeigt Tennstedt eindrucksvoll am Beispiel der Diskussion um die 1884 eingeführte öffentlich-rechtliche Unfallversicherung, die er zu Recht als „Knotenpunkt" (Tennstedt 1997: 97) der Entwicklung des Bismarckschen Sozialversicherungswesens (1883 Krankenversicherung, 1889 Alters- und Invaliditätsversicherung) darstellt. Zum Einfluss der Arbeitgeberseite auf den Prozess der Einführung einer vierten Säule der Sozialversicherung, der Arbeitslosenversicherung, in der zweiten Hälfte der 1920er Jahre vgl. Mares 1997.
87 Vgl. allgemein zur Diskussion um den „wirtschaftlichen Wert der Sozialpolitik" Vobruba 1989 sowie Huf 1998 (insb.: 127-155).
88 Mit seiner persönlichen Präferenz einer rein staatlichen Lösung insbesondere bei der Alters- und Invaliden-Zwangsversicherung, die die Arbeiter zu Staatsrentnern hätte werden lassen, konnte sich Bismarck letztlich nicht durchsetzen: Die endgültige Lösung sah die nur um geringe staatliche Zuschusszahlungen aufgestockte Beitragsfinanzierung des Systems vor (vgl. Stolleis 1979: 408-410; Wiesenthal 2003: 40-45).

geber- und Arbeitnehmervertretern beschickten Selbstverwaltungsgremien eigneten sich zugleich in besonderer Weise[89] als „institutionelle Kristallisationskerne" (Abelshauser 1994: 211) jener korporativen „Durchgliederung" der Gesellschaft, mit deren Hilfe Bismarck „das Deutsche Reich in eigener Weise innerlich zu 'gründen'" trachtete (vgl. Faulenbach 1980: 239; vgl. auch Kapitel 4.3.).

Von seinem historischen Entstehungskontext wie auch insbesondere seiner politischen Intention her war das „soziale Königtum" des Kaiserreichs somit sicherlich kein „sozialer Kapitalismus" (vgl. Kersbergen 1995) im „modernen" Sinne einer politisch zivilisierten, gesellschaftlichen Bedürfnissen angepassten Marktwirtschaft. Im Kern war es nicht eine irgendwie geartete soziale Idee, sei es christlich-humanitärer oder bürgerlich-sozialreformerischer Art, welche die ursprüngliche geistige Patenschaft für den deutschen Sozialstaat und seine Ausgestaltung entlang des Versicherungsprinzips für sich reklamieren könnte. Am Anfang standen vielmehr handfeste wirtschaftspolitische bzw. unternehmerische Interessen sowie ein spezifisches Staats-, konkret: Reichsethos der dominanten politischen Elite. Preußisch-deutsche Sozialpolitik war – anders als die liberale Sozialreform der Zeit – nicht vom Einzelnen oder der Gesellschaft, sondern von der Idee des Staates her gedacht (vgl. Faulenbach 1980: 154). Und dennoch war eine bestimmte – als solche nicht unbedingt intendierte – staatliche, genauer: wohlfahrtsstaatliche Ordnung gesellschaftlicher Beziehungen im Kapitalismus das Ergebnis der Institutionalisierung des Sozialstaates als Sozialversicherungsstaat. Der Staat – das Reich – gewann gesellschaftsgestaltende Kraft, schwang sich auf zum „Organisator der sich kreuzenden gesellschaftlichen Elemente" (vgl. Faulenbach 1980: 236-240, hier: 238). Diese „sich kreuzenden gesellschaftlichen Elemente" waren die Arbeiter, die Arbeitnehmer, die Erwerbstätigen[90]: Sie (und ihre Familienangehörigen; vgl. Kapitel 4.5. zum Familialismus) wurden auf spezifische Weise, nach der Logik der Sozialversicherung, in eine wechsel-

---

89 Wenn auch eher gegen Bismarcks Willen, wurde doch die Idee der Selbstverwaltung maßgeblich von Vertretern des Zentrums im Kampf um das Zwangsprinzip verfochten – als „'gesellschaftliches' Korrelat zum Zwang", wohingegen Bismarck die folgerichtige Ergänzung des Zwangsmechanismus eher im Staatszuschuss sah (vgl. Stolleis 1979: 406-408, hier: 406). Letztlich aber ließ die beitragsfinanzierte Variante paradoxerweise „größeren Raum für paritätisch besetzte Vertretungskörperschaften von Arbeitgebern und Versicherten, als dies eine staatliche Reichsversicherung gestattet hätte" (Abelshauser 1996: 383).

90 Der Kreis der Versicherten wurde, ausgehend vom Kern der gewerblichen Arbeiterschaft und mit Unterschieden in den einzelnen Sozialversicherungszweigen, beständig erweitert, zunächst 1911 um bestimmte Gruppen von Angestellten, im weiteren Verlauf auch auf Handwerker, Landwirte und Selbständige.

seitige Unterstützungsbeziehung zueinander gebracht. Diese „institutionelle Relationierung" (Nullmeier und Rüb 1993: 86) der Adressaten untereinander war nicht die handlungsleitende Perspektive der politischen Akteure. Aber sie war das gesellschaftliche Resultat ihres wirtschafts- und staatsbezogenen Handelns.

In ihrer gesellschaftlichen Qualität lässt sich die Sozialversicherung beschreiben als Institution des politischen Risikoausgleichs, des politisch gewollten Ausgleichs sozialer Risiken.[91] Innerhalb des Kreises ihrer Adressaten konstruiert sie ein „*dauerhaftes Muster sozialer Beziehungen, das über legitimierten Zwang Erwartungen und Verhalten von Akteuren stabilisiert*" (Nullmeier und Rüb 1993: 85). Der Zuschnitt der Risikogemeinschaft, innerhalb welcher versicherungstechnisch ausgleichende Gerechtigkeit geübt wird, ist in diesem Sinne eine gesellschaftspolitisch höchst bedeutsame Entscheidung.[92] Das deutsche Sozialversicherungsmodell[93] beruht auf „the basic idea of creating sociopolitical communities" (Korpi und Palme 1998: 668) des gesellschaftlichen Bedarfsausgleichs innerhalb der wirtschaftlich aktiven Bevölkerung: Arbeiter[94] werden hier auf Gegenseitigkeit versichert, nicht Arme öffentlich alimentiert oder Bürger staatlich versorgt. Erwerbsbeteiligung ist das wesentliche Zugangskriterium, der Beschäftigungs- und Einkommensstatus der maßgebliche Differenzierungsfaktor,[95] die paritätische Finanzierung und Verwaltung das charakteristische Organisationsmerkmal.[96] Selbstverständlich – und dies gilt es hier zu betonen –

---

91 Vgl. zu den besonderen Charakteristika der *Sozial*versicherung Nullmeier und Rüb 1993: 83-87, Rüb 1998, Drewke 1999; ausführlicher auch Kapitel 5.2.1. dieser Untersuchung.

92 Bei Baldwin fungieren solche Risikogemeinschaften bzw. gesellschaftliche Risikokoalitionen als die maßgeblichen Akteure national spezifischer wohlfahrtsstaatlicher Entwicklung; vgl. Baldwin 1990a (insb.: 10-31) und 1990b.

93 Zur institutionellen Konfiguration des deutschen Sozialstaats im internationalen Vergleich vgl. z.B. Kaufmann 2001, 1999; Schmidt 1998: 215-228; Rieger 1992a: 70-150; Ritter 1989; Alber 1986.

94 Von der ursprünglichen Konstruktion her genauer: männliche, qualifizierte Industriearbeiter – der charakteristische Sozialtypus und regulative Bezugspunkt des deutschen Produktionsmodells (vgl. Manow 1997: 24-32; vgl. auch Kapitel 4.5. zum Familialismus).

95 Der Beschäftigungsstatus entscheidet bzw. entschied lange Zeit über die Zuordnung zu einer der Teilrisikogemeinschaften der „gegliederten" Sozialversicherung (Arbeiter vs. Angestellte in der Rentenversicherung; verschiedene Kassenarten in der Krankenversicherung). Der Einkommensstatus bestimmt in einem System der einkommensproportionalen Beitragserhebung und beitragsäquivalenten Leistungszuweisung maßgeblich den jeweiligen Sicherungsstandard des Versicherten.

96 Korpi und Palme unterscheiden fünf Typen von „social insurance institutions" (vgl. Korpi und Palme 1998: 665-669; vgl. auch Clasen 1997) und sehen das von ihnen so genannte „corporatist model" durch die im Text genannte Kombination von Eigenschaften gekenn-

macht die Sozialversicherung allein nicht den deutschen Sozialstaat aus. Sie wird durch steuerfinanzierte Fürsorgeprogramme (vornehmlich die Sozialhilfe), Versorgungssyteme zur öffentlichen Alimentierung von Schutzbefohlenen (insbesondere der Beamten) und ein ausdifferenziertes System sozialer Dienstleistungsproduktion ergänzt. Aber das Versicherungsprinzip ist das historisch wie systematisch „grundlegende ordnungspolitische Konzept der deutschen Sozialpolitik" (Alber 1989: 37), die *Relationierung der Erwerbstätigen im Solidarzusammenhang der Sozialversicherung* ihr funktionaler Kern. Um diesen Kern herum sind die weiteren Institutionen deutscher Sozialstaatlichkeit konstruiert worden, auf ihn hin ist das soziale Sicherungssystem zentriert.[97]

Die Geschichte der deutschen Sozialpolitik im 20. Jahrhundert lässt sich dementsprechend als eine Geschichte der „Stabilisierungskrisen" (Döhler 1993: 127) der Sozialversicherung rekonstruieren, in deren Verlauf sich die Grundstrukturen des – wenn man zur Personalisierung historischer Prozesse neigt – „Bismarckschen Sozialstaates" auch über politische Systembrüche hinweg, vom Kaiserreich über die Weimarer Republik und das NS-Regime bis in die Bundesrepublik, erhalten haben (vgl. Abelshauser 1999).[98] Die maßgeblichen sozialpolitischen Akteure der Weimarer Zeit, Sozialdemokratie und Zentrum, nahmen den in den Jahrzehnten vor dem Ersten Weltkrieg gesponnenen „staatssozialistischen Faden" (Dahrendorf 1965: 209) auf und verstärkten, verfeinerten und „vergesellschafteten" ihn. Die Weimarer Reichsverfassung sah – darin ganz Dokument postrevolutionären Kompromisses – einen umfassenden Katalog sozialer Grundrechte vor, die de jure weitreichende, unmittelbar wirksame Interventionsermächtigungen des Staates begründeten.[99] Die 1920er Jahre erwiesen sich da-

---

zeichnet. Die Bezeichnung „korporatistisch" benutzen sie dabei „in its original meaning of state-induced cooperation between employers and employees within specific sectors of industry" (ebda.: 668, Fn. 8) und meinen somit – in der hier verwendeten Terminologie – die sozialpartnerschaftliche Finanzierungs- und Selbstverwaltungsstruktur des Sozialversicherungswesens. Zur „Korporatisierung" der Sozialversicherung in einem weiteren Sinne, nämlich der verbandlichen Organisation sozialversicherungsbezogener Interessen und des Aufbaus kollektivvertraglicher Beziehungen zwischen denselben, vgl. Döhler und Manow-Borgwardt 1992 sowie Döhler und Manow 1997.

97 Schmidt 1998 (hier: 216) spricht dementsprechend von einem „Erwerbspersonensozialstaat", Vobruba 1990 von „lohnarbeitszentrierter Sozialpolitik".

98 Vgl. zum intertemporalen Vergleich z.B. Ritter 1998b; Lampert 1998: 63-115; Schmidt 1998: 23-173; Tennstedt 1996; Alber 1989: 44-67; Zöllner 1981.

99 Auch wenn sie de facto keineswegs immer einzulösen waren. Die sozialrechtlichen Garantien der WRV umfassten, neben Koalitionsfreiheit und betrieblicher und überbetrieblicher

raufhin als sozialpolitisch äußerst aktives Jahrzehnt, in dessen Verlauf sich das Deutsche Reich – unter widrigen ökonomischen Bedingungen (und teilweise auch aufgrund derselben) – endgültig zum Wohlfahrtsstaat moderner Prägung entwickelte (vgl. Abelshauser 1987a; Tennstedt 1996: 32-44). In diesen Zeitraum fällt nicht nur die Erweiterung des Sozialversicherungssystems um eine vierte Säule, die Arbeitslosenversicherung (1927), die allerdings praktisch ohne Probezeit sofort in die Turbulenzen der Weltwirtschaftskrise geraten sollte (vgl. Preller 1949: 418-453). Es war dies auch die Zeit vielfältiger sozialpolitischer Anbauten an das Hauptgebäude der Sozialversicherung, die von der Ausweitung des öffentlichen Wohnungsbaus und der öffentlichen Fürsorge über die (mit letzterem in Verbindung stehende) Institutionalisierung der freien Wohlfahrtspflege und (wie bereits gesehen) sozialpartnerschaftlicher Arbeitsbeziehungen bis hin zur Aufnahme aktiver Arbeitsmarktpolitik[100] reichten. Es war die Blütezeit des Verbändewesens und der Kartellierung sozialpolitischer Interessenvermittlung.[101] Und es war die Hochzeit des gestalterischen Einflusses jenes politischen Katholizismus, dem die Errichtung der Sozialversicherung das Wasser hatte abgraben sollen: Stärker noch als im Kaiserreich waren es die Zentrumsfraktion im Reichstag, die vom Zentrum gestellten Arbeitsminister, eine zentrumsnahe höhere Beamtenschaft im sozialrechtlichen Verantwortungsbereich und ein gesellschaftlich wie politisch höchst einflussreicher Verbandskatholizismus, die als sozialpolitisches Netzwerk gemeinsam am sozialstaatlichen Faden weiterspannen und ihn lila einfärbten (vgl. Kapitel 4.5. zum Familialismus) – ein Netzwerk, das trotz seiner Sprengung durch den Nationalsozialismus auch in den ersten Jahrzehnten der Bundesrepublik die Entwicklung des deutschen Sozialstaates wieder maßgeblich zu prägen wusste.[102] Die weitgehend unverändert erhalten

---

Mitbestimmung, u.a. das Recht auf Arbeit, die Sozialbindung des Privateigentums, den Schutz der Arbeitskraft und eben das Sozialversicherungswesen (Artikel 161).

100 Das Gesetz von 1927 hieß nicht zufällig „Gesetz über Arbeitsvermittlung und Arbeitslosenversicherung" – in dieser Reihenfolge.

101 Insbesondere im Gesundheitswesen, wo seit dem „Berliner Abkommen" von 1913 und endgültig mit der Errichtung des Reichsausschusses der Ärzte und Krankenkassen 1923 „sozialpartnerschaftliche" Tendenzen dominant wurden.

102 Entscheidend hierfür war die Gründung der so genannten „Sozialausschüsse" innerhalb der CDU, die nach 1945 das sozialkatholische Erbe des Zentrums antraten. Angesichts der säkularen Bedeutung der katholischen Soziallehre für die deutsche Sozialpolitik wird bisweilen auch von Deutschland als einem „katholischen Sozialstaat" gesprochen (vgl. z.B. Nullmeier und Rüb 1993: 404-418, Lessenich und Ostner 1995; vgl. auch Kapitel 4.5.). Hingegen ist der entsprechende politische Einfluss der protestantischen Sozialethik deutlich geringer zu veranschlagen (vgl. Kaufmann 1988, Kersbergen 1995: 205-228; vgl.

gebliebene, strukturkonservative Ministerialbürokratie zumindest konnte ihren Einfluss aber auch zu Zeiten des Faschismus geltend machen und sorgte mit einer Funktionswahrnehmung, in der „die Bewahrung des Bismarckschen Erbes [...] oberste Priorität" (Döhler 1993: 132) hatte, dafür, dass die Strukturen des Sozialversicherungsstaates auch im Zeichen der rassen-, bevölkerungs- und wehrpolitischen Neuausrichtung der deutschen Sozialpolitik erhalten blieben (vgl. Tennstedt 1996: 44-52; Teppe 1977).[103]

Die Rekonstruktion des sozialen Sicherungssystems nach dem Zweiten Weltkrieg hielt – gleichsam gegen die Zeichen der Zeit – an den überkommenen Traditionen des deutschen Sozialversicherungsmodells fest. Nachdem die Neuordnungsinitiativen der Besatzungsmächte vor Gründung der Bundesrepublik nicht fruchteten und der Gestaltungsauftrag daher doch wieder in deutsche Hände überging, war die Vorentscheidung für institutionelle Kontinuität in der Grundsatzfrage – für das Prinzip der Arbeitnehmerversicherung und gegen ein System der Staatsbürgerversorgung, für „Bismarck" und gegen „Beveridge" – praktisch bereits gefallen (vgl. ausführlich dazu Hockerts 1980). Noch 1948 wurde im bizonalen Wirtschaftsrat ein Rentenanpassungsgesetz, 1949 dann ein Sozialversicherungsanpassungsgesetz (und eben nicht: -neuordnungsgesetz) verabschiedet – mit den Stimmen von CDU/CSU und SPD, womit die Weimarer Tradition der „Koexistenz zweier Sozialstaatsparteien" (Leisering 1999: 186) fortgesetzt und speziell die bundesdeutsche Tradition einer „Großen Sozialversicherungskoalition" begründet wurde (vgl. auch Kapitel 4.7. zur Verhandlungsdemokratie sowie die Fallstudie in Kapitel 5.2.). Das im selben Jahr verabschiedete Grundgesetz verankerte das Prinzip der Sozialstaatlichkeit fest in der bundesdeutschen Verfassungsordnung[104], ohne jedoch, ähnlich wie in der Frage

---

aber international vergleichend Manow 2002). Interessant ist in diesem Zusammenhang das sozialpolitikwissenschaftliche Konvertitentum Manfred Schmidts, der in seiner deutschsprachigen Beschreibung der „Politik des mittleren Weges" betont, dass diese historisch „ohne den christlichen Erziehungs- und Wohlfahrtsgedanken des lutherischen Protestantismus nicht zu denken" (Schmidt 1990: 26) gewesen wäre, während er in der englischen Fassung des Textes – und nach allgemeiner Auffassung (vgl. z.B. Ritter 1998b: 20; Nolte 2000: 303) wohl angemessener – „conservative-reformist tendencies, mainly of a Catholic predisposition" (Schmidt 1989: 61), für die Entwicklung verantwortlich macht.

103 Zu sozialpolitischen Brüchen und Kontinuitäten zwischen Nationalsozialismus und Bundesrepublik (bzw. DDR) vgl. Hockerts 1998b sowie die Beiträge zu Hockerts 1998a.

104 Wenn auch weitaus weniger offensiv als die Weimarer Verfassung dies getan hatte. Gleichwohl waren Relevanz und Reichweite der Sozialstaatsklausel, wie sie aus den Artikeln 20 (Absatz 1) und 28 (Absatz 1) hervorging – insbesondere in ihrer Abgrenzung bzw. Verortung gegenüber dem Prinzip des Rechtsstaates – in den ersten Jahren der

der Wirtschaftsordnung, bereits dessen konkrete Ausgestaltung zu präjudizieren. Die endgültige Entscheidung in dieser Frage blieb daher dem Gesetzgeber überlassen und fiel – nachdem dieser zunächst vornehmlich mit dem Erlass sozialpolitischer „Notstandsgesetze" zur Überwindung der Kriegsfolgen und der Flüchtlingsproblematik[105] beschäftigt gewesen war – erst Ende der 50er Jahre.

Die Rentenreform von 1957, zu der die von Adenauer in seiner Regierungserklärung von 1953 angekündigte und bei der beratenden Wissenschaft hektische Betriebsamkeit auslösende „umfassende Sozialreform" (vgl. dazu Mackenroth 1952; Schreiber 1957) mit der Zeit geschrumpft war, wird in der Forschung einmütig als zentrale Weichenstellung, als langfristig wirksame „Richtungsentscheidung der deutschen Sozialpolitik" (Abelshauser 1996) gewertet. Und sie war dies in zweifacher Hinsicht. Zum einen wurde hier die triadische Konstruktion des bundesdeutschen Sozialstaates[106] „von ihrem Kern her" (Leisering 1999: 183), der Sozialversicherung, entwickelt. Zum anderen ging erst mit diesem Gesetz die Soziale Marktwirtschaft der Bundesrepublik tatsächlich „jene Verbindung von neoliberaler Marktwirtschaft und staatlicher Sozialpolitik ein, für die sie seitdem beispielhaft steht" (Abelshauser 1996: 376). In den Jahren zuvor hatte das offizielle, insbesondere von Ludwig Erhard propagierte ordnungspolitische Credo gelautet, dass allein die funktionierende Marktallokation der Produktionsfaktoren für steigenden Wohlstand und dessen gerechte Verteilung sorgen werde. Die Förderung des Wohneigentums und der privaten Vermögensbildung, nicht aber der Aufbau von kollektivem „Sozialvermögen" nach Art der Sozialversicherung galt als die angemessene Form einer sozialpolitischen Flankierung der Marktwirtschaft. Mit der Rentenrefom wurde die Soziale Marktwirtschaft „von der Erhardschen Auslegung des Volkskapitalismus, die das Soziale in der Wirtschaft selbst fand, zu einer gemischten Sozialverfassung umgedeutet, die Markt und eigenständige Sozialstaatlichkeit kombinierte" (Leisering 1999: 188) – Sozialstaatlichkeit aus eigenem Recht und marktwirtschaftlicher Notwendigkeit. 1957 hatte sich somit „Bismarck", sprich die deutsche Sozialversicherungstradition, nicht nur gegen „Beveridge", die Idee eines Neuaufbaus des sozialen Siche-

---

Bundesrepublik heftig umstritten. Vgl. Lampert und Bossert 1992: 17-40, Zacher 1987; zur damaligen Kontroverse auch Forsthoff 1968.
105 Soforthilfegesetz 1949, Bundesversorgungsgesetz 1950, Lastenausgleichsgesetz 1952.
106 Leisering (1999: 184) spricht vom „triadischen Sozialversicherungsstaat" und meint damit seine Ausdifferenzierung in das Kernsystem der (Sozial-)Versicherung (für Arbeitnehmer) und die angelagerten Systeme der sozialen Versorgung (insbesondere für Beamte, Kriegsopfer) und Fürsorge (für nachweislich Bedürftige). Zur ordnungspolitischen Trias von Versicherung, Versorgung und Fürsorge vgl. auch Quante 1957.

rungssystems nach dem Prinzip der Staatsbürgerversorgung, sondern auch gegen Erhards Schrumpfversion sozialstaatlicher Intervention durchgesetzt – und zwar mit Hilfe Adenauers, der, wie weiland der „Eiserne Kanzler", im Programm der Sozialreform „eine Chance zur innenpolitischen Fundamentierung des neuen Staates, komplementär – wenn auch phasenverschoben – zu der außenpolitischen Grundlegung" der Bundesrepublik (Hockerts 1980: 285; vgl. ebda.: 279-299 und ders. 1986) sah und gleichzeitig dessen wahlpolitische Bedeutung klar erkannt hatte.[107]

Die 1957er Reform führte zur Wiederherstellung der ständisch gegliederten und beitragsfinanzierten Alterssicherung traditionellen Zuschnitts – aber sie brachte auch, im Rahmen institutioneller Kontinuität, weitreichende Neuerungen mit sich, die sich mit den beiden Schlagworten Lebensstandardsicherung und Dynamisierung umschreiben lassen (vgl. Rüb und Nullmeier 1991: 438-441; Schmähl 1999: 398-408). Einerseits wurde nunmehr der durch Erwerbsarbeit erzielte individuelle Einkommensstandard des Versicherten über das Ende der Erwerbszeit hinaus verlängert. Die Altersrente ist seither kein „Zubrot" (vgl. Tennstedt 2001) mehr, die persönliche Lebenseinkommenskurve wird durch die Rentenversicherung geglättet. Die individuellen Einkommensdifferenzen unter den Versicherten finden allerdings weitgehend[108] Entsprechung in unterschiedlichen Rentenhöhen – die Lebensstandardsicherung ist somit auch eine relative Statussicherung. Andererseits wurde die Altersrente jetzt als „Produktivitätsrente" angelegt: Die Rentner sollen nicht von der allgemeinen Wohlstandsentwicklung abgekoppelt werden, sondern am gegenwärtigen gesellschaftlichen Reichtum und seiner Mehrung teilhaben.[109] Dies aber ist nur im Umlagever-

---

107 1957 standen Bundestagswahlen an; die CDU/CSU erzielte die absolute Mehrheit der Stimmen.

108 Teilweise ist auch in der Gesetzlichen Rentenversicherung das Prinzip der Äquivalenz von Beiträgen und Leistungen durch das Prinzip des Solidarausgleichs gebrochen. Die Aufstockung niedriger Renten nach einem (fiktiven und am Durchschnitt aller Einkommen bemessenen) „Mindesteinkommen" kann als Prototyp solcher versicherungsinternen Umverteilungsströme gelten. Anrechnungs- und beitragsfreie Zeiten haben einen ähnlichen, die Nachteile der individuellen Erwerbsbiographie solidarisch ausgleichenden Effekt.

109 Dass die Sozialrentner als die armen Verwandten der zweiten deutschen Demokratie angesehen und eine Rentenrefom – speziell eine Dynamisierung der Renten – für sozialpolitisch vordringlich gehalten wurde(n), lag nicht allein an der verbreiteten materiellen Unterversorgung dieser Bevölkerungsgruppe, sondern insbesondere auch an ihrem immer spürbareren Zurückbleiben im Vergleich zu den stetig wachsenden Realeinkommen der aktiven Bevölkerung. Eben jene dynamisierende Komponente der Reform aber – mit ihren erwarteten tarifpolitischen und inflationären Konsequenzen – war es zugleich, die den

fahren möglich, also in Form jenes als „Generationenvertrag" bekannt gewordenen Systems, nach welchem die Erwerbstätigen aus ihren laufenden Arbeitseinkommen die Rentenansprüche der in derselben Periode nicht mehr Erwerbstätigen abgelten.[110] Damit wurden die versicherten Arbeitnehmer – die „heute" und „einst" Erwerbstätigen – rentenpolitisch in einen ganz neuartigen, engen Unterstützungszusammenhang gebracht.

Die erfolgreiche Rentenreform war der Startschuss für einen langanhaltenden, umfassenden Prozess der Expansion des bundesdeutschen Sozialstaats, der „Inklusion" (vgl. Luhmann 1981) immer weiterer Bevölkerungsgruppen in seine Leistungssysteme: „Statt einer Sozialreform aus einem Guß, wie es sich Adenauer [...] vorgestellt hatte, wurde die Sozialreform zur *permanenten Aufgabe* umdefiniert" (Rüb und Nullmeier 1991: 440). In sämtlichen Bereichen sozialpolitischer Intervention – sei es nun der Armutspolitik (mit dem Markstein des Bundessozialhilfegesetzes von 1961[111]), der Arbeitsmarktpolitik (mit dem Arbeitsförderungsgesetz von 1969 als Wasserscheide) oder der Familienpolitik (mit dem Bundeserziehungsgeldgesetz von 1985 als wichtigem Einschnitt) – kam es mittel- oder langfristig zu einer bedeutsamen Ausdehnung und Intensivierung sozialstaatlicher Aktivität[112]. Die im Jahre 1995 erfolgte Einführung einer fünften Säule der Sozialversicherung, der Gesetzlichen Pflegeversicherung, kann als vorläufiger Höhepunkt – und womöglich letzter Akt (vgl. dazu Kapitel 5.2.) – der säkularen „Selbstbehauptung des Bismarckschen Sozialstaates" (Abelshauser 1999; vgl. Schewe 2000) gesehen werden. Das ordnungspolitische Verständnis von „sozialer" Marktwirtschaft bzw. „marktgerechter" Sozialpolitik erwies sich in diesem Prozess als äußerst flexibel und dehnbar – als kompatibel auch mit Interventionen, die weit über jene Maßnahmen einer sozialpolitischen Flankierung der Wettbewerbsordnung oder einer nachträglichen Korrektur der am Markt sich ergebenden Einkommensverteilung (vgl. Achinger 1955) hinaus-

---

massiven Widerstand nicht nur Erhards als Bundeswirtschaftsminister, sondern auch des Bundesfinanzministeriums, der Bundesbank und der Arbeitgeberverbände hervorrief.
110 Folgerichtig wurde 1957 vom vorher geltenden Kapitaldeckungsverfahren auf das Umlageverfahren umgestellt. Vgl. ausführlich zur Geschichte der Sozialversicherungsfinanzierung Manow 1998, 2000.
111 Das bezeichnenderweise als Instrument der sozialpolitischen Bearbeitung jener Restbestände von Einkommensarmut konzipiert war, die sich – so die Überzeugung – im Zeichen von Vollbeschäftigung und ausgebauter Sozialversicherung langfristig auflösen würden; vgl. dazu z.B. Leisering 1993.
112 Ergänzt durch die sozialpolitischen Früchte einer Tarifpolitik, deren sozialpartnerschaftliche Handlungsstrategien „auf eine 'sozialverträgliche' Ausgestaltung des Arbeitsverhältnisses gerichtet" (Fürstenberg 1988: 126) waren; vgl. Kapitel 4.3.

gingen, welche der ordoliberalen reinen Lehre einzig als „ökonomisch korrekt" gelten.[113] Es war eben diese Tendenz einer fortschreitenden sozialpolitischen Normierung des kapitalistischen Produktionsprozesses, die maßgeblich zu der spektakulären Anhebung der materiellen Lage der Arbeitnehmerschaft in der Bundesrepublik beigetragen hat (vgl. Zapf und Habich 1999) – einer umfassenden Wohlstandssteigerung, die aus heutiger Sicht nachgerade als „sozialgeschichtlich revolutionär" (Mooser 1983: 162) bezeichnet werden muss. Es waren „sozialpolitische Integrationsklammern" (vgl. Kleßmann 1991: 236-251), die die postfaschistische – anders als die präfaschistische – deutsche Gesellschaftsordnung nachhaltig zusammenhielten. Und es war die erst langsam, dann um so schneller sich ausbildende „sozialpolitische Identität der Bundesrepublik" (Mooser 1983: 146), die diese in ihrer vierzigjährigen, teils ausgesprochenen, teils unausgesprochenen „Legitimitätskonkurrenz" (Kielmansegg 2000: 554) mit jener anderen deutschen Teilgesellschaft namens DDR systematisch die Nase vorn haben ließ.[114]

Was bleibt nun als Fazit im Hinblick auf die Analyse der Sozialversicherung als eine der Basisinstitutionen des deutschen Sozialmodells – und als spezifisches Arrangement der politischen Regulierung sozialer Beziehungen – festzuhalten? Zunächst die Kontinuität und Strukturkonstanz der Sozialversicherung als institutioneller Kern des deutschen Sozialstaates seit den sozialpolitischen Reformen der 1880er Jahre. Arbeit, genauer: Lohnarbeit bildet die Grundlage für die Konstruktion einer Risikogemeinschaft, innerhalb welcher ein in Grenzen solidarischer Ausgleich der mit der Lohnarbeit verbundenen Risiken organisiert wurde – begrenzt eben durch den konstitutiven Bezug auf den Arbeitsmarkt sowie auf die individuelle Leistungsfähigkeit des Versicherten am Arbeitsmarkt[115]. Der durch Erwerbsbeteiligung und Leistungsgerechtigkeit *begrenzte*

---

113 Gerade diese politische Flexibilität, die Tatsache, dass diese sozialpolitischen Interventionen typischerweise immer wieder im Namen der Sozialen Marktwirtschaft selbst initiiert und mit explizitem Verweis auf selbige legitimiert worden sind und werden, – die offenkundige Offenheit des Konzeptes also – ist es, welche dessen publizistischen und akademischen Gralshüter zu immer wiederkehrenden Akten der Exegese der ordoliberalen Klassiker und einer nicht enden wollenden, stets gleich gestrickten, epidemischen Bekenntnisliteratur zu einer per se „sozialen" Marktwirtschaft treibt. Vgl. – pars pro toto – Dierkes und Zimmermann 1996; Schlecht 2001.

114 „Der Antikommunismus der allermeisten Arbeiter bildete sich zwar nicht erst im 'Wirtschaftswunder', wurde von diesem aber doch täglich neu genährt." (Mooser 1983: 162) Vgl. dazu auch Kapitel 5.7. (Verhandlungsdemokratie).

115 Nach der zirkulären, meritokratischen Logik: hohe Leistung = hohes Einkommen = hohe Beiträge = hohe Leistungen.

Ausgleich ist das Leitbild, nach dem die Institution der Sozialversicherung die Arbeitnehmer miteinander relationiert und ihre *wechselseitigen Beziehungen als Erwerbsbürger* ordnet (vgl. o., Abbildung 4.2). Dabei hat sich die Sozialversicherung nicht nur als in zunehmendem Maße inklusive sozialpolitische Institution, sondern der von ihr postulierte begrenzte Ausgleich auch als eine „integrative semantische Formel" (Leisering 1999: 190), als flexibel ausdeutbares Leitbild gesellschaftlicher Ordnung, erwiesen. Im Kontext der gleichfalls unterbestimmten Formel von der „sozialen" Marktwirtschaft erwies sich der Rekurs auf das Ordnungselement Sozialversicherung als „eine offene politische Semantik" (Leisering 1999: 188), die in der Geschichte des deutschen Sozialmodells sowohl unterschiedlichen politischen Interpretationen als auch wechselnden sozialen Erfordernissen offenstand (vgl. ähnlich auch Döhler 1993: 125, 129). Zu dieser Flexibilität der Institution Sozialversicherung hat deren *hybride Konstruktion* als System des staatlich gerahmten und veranlassten, doch (durch Beitragszahlungen der Versicherten und die Selbstverwaltungsaktivitäten ihrer Repräsentanten) gesellschaftlich getragenen und verantworteten Bedarfsausgleichs maßgeblich beigetragen. Nicht nur im Verlauf der letzten hundert, sondern selbst der letzten zehn Jahre, darauf wird noch ausführlich zurückzukommen sein (vgl. Kapitel 5.2.), haben sich auf dieser Grundlage bemerkenswerte Veränderungen der sozialpolitisch gestalteten sozialen Ordnung vollziehen können – „auch wenn das zentrale Ordnungs*prinzip* sozialer Sicherung, die Sozialversicherung, als sich durchziehende Organisationsform und Legitimationsformel ein hohes Maß von Strukturkontinuität suggerierte" (Leisering 1999: 185f.; Hervorhebung von mir, S.L.).[116]

---

116 Der 1986 mit der Berücksichtigung von Kindererziehungszeiten in der Rentenversicherung vollzogene Schritt hin zu einer – laut Leisering – „ordnungspolitisch markanten Erweiterung des versicherungsrelevanten Arbeitsbegriffs von Erwerbs- auf Familienarbeit" (Leisering 1999: 187) ist, so gesehen, ordnungspolitisch „markant" nur insofern, als er eben genau diese auffällige und bezeichnende, strukturelle Flexibilität der Institution Sozialversicherung unter Beweis stellt. Er unterwirft die Sozialversicherung nicht der Logik der sozialstaatlichen Expansionstendenz „von Arbeitnehmer- zu umfassender Bürger- und Bürgerinnenpolitik" (ebda.: 186), sondern ist als ein nur wegen besagter Flexibilität der Institution erfolgversprechender Versuch zu sehen, die Sozialversicherung eben dieser Logik zu entziehen und in ihrer grundsätzlichen *Erwerbs*bürgerorientierung zu erhalten. Vgl. dazu Lessenich 1999b (insb.: 162f.) sowie auch das nun folgende Kapitel 4.5.

4.5. Familialismus

Während Soziale Marktwirtschaft, Sozialpartnerschaft und Sozialversicherung sozialwissenschaftlich etablierte – und sicher auch dem nicht-wissenschaftlichen Alltagsverständnis des „deutschen Modells" unmittelbar zugängliche – Begriffe zur Beschreibung spezifisch „deutscher" gesellschaftlich-institutioneller Zusammenhänge darstellen, handelt es sich bei dem Begriff des Familialismus um eine auf den ersten Blick sperrige, vor allen Dingen aber weitaus weniger geläufige politisch-soziologische Kategorie, die einführend einiger klärender Anmerkungen bedarf. „Familialismus" meint im Folgenden die spezifische Form politisch regulierter sozialer Beziehungen, welche die Familienordnung – vorrangig verstanden als die Ordnung der Geschlechterbeziehungen bzw. des Eheverhältnisses – historisch im deutschen Sozialmodell angenommen hat. Der Familialismus ist das fehlende Glied in der Kette jener Basisinstitutionen, die gemeinsam die institutionelle Substanz des deutschen Modells gesellschaftlicher Produktion und Reproduktion ausmachen.[117]

Familialismus als politisch-ideologische Tradition und institutionelle Realität deutscher Gesellschaftsordnung[118] hat viele Gesichter. Im Vordergrund der folgenden Betrachtungen stehen allerdings weniger die „patriarchale Familie" als mikrosozialer Ordnungstyp oder das gesellschaftspolitische Deutungsmuster der Familie als „sittliche Instanz", beides zweifellos wichtige Facetten des familialistischen Gehalts deutscher Gesellschaftsordnung. Nicht die typische, rechtlich sanktionierte, paternalistisch-disziplinierende Struktur innerfamilialer Herrschaftsverhältnisse steht im Mittelpunkt des Interesses – und auch nicht das Phänomen des auf die Familie bezogenen öffentlichen Institutionenschutzes, also der „institutionalisierten Vorliebe für die Familie" (Dahrendorf 1965: 343), sei es als Keimzelle des Staates oder als Ort sozialer Geborgenheit und Gemeinschaft. Aus der Perspektive des hier verfolgten Ansatzes von zentraler Bedeutung ist vielmehr der arbeits- bzw. *arbeitnehmergesellschaftliche Aspekt* des deutschen Familialismus: die im Zuge des historischen Prozesses der Auslagerung der Erwerbsarbeit aus dem familialen Kontext erfolgende, normativ verbindliche Etablierung eines spezifischen – konkret: geschlechtsspezifischen – Musters innerfamilialer Arbeitsteilung.

---

117 Die Charakteristika des politisch-institutionellen Rahmens dieses Modells, den die beiden Basisinstitutionen des Verbundföderalismus und der Verhandlungsdemokratie bilden, werden in den zwei nachfolgenden Abschnitten (Kapitel 4.6. und 4.7.) erörtert.

118 Für eine allgemeinere Fassung von Familialismus als alternativer „Denkstil" (im Sinne Karl Mannheims) zu Etatismus und Individualismus vgl. Fux 1994: 203-212.

Die Separierung einer „öffentlichen" Sphäre der Erwerbstätigkeit von einer „privaten" der Nichterwerbstätigkeit und die regulative Verknüpfung beider Bereiche (vgl. Leitner 1999: 59-65), oder anders: die Konstruktion der Rollen des Erwerbsbürgers und des Nichterwerbsbürgers, ihre geschlechterdifferente Zuweisung[119] und die *politische Relationierung beider Sozialrollen* (und ihrer Träger) über die Institution Ehe bilden den funktionalen Kern des familialistischen Arrangements, wie es hier verstanden werden soll. Der ehezentrierte Familialismus als spezifische Form der Ordnung der Beziehungen zwischen Erwerbsbürgern und Nichterwerbsbürgern bzw. Nichterwerbsbürger*innen* ist als konstitutives Funktionselement eines Sozialmodells zu sehen, das auf koordinierten Unternehmensbeziehungen einerseits und kooperativen Arbeitsbeziehungen andererseits beruht, und das arbeitnehmerseitig um die Sozialfigur des Facharbeiters kreist. Von den typischen Lebens- bzw. Lohnarbeitsrisiken des männlichen, qualifizierten Industriearbeiters und Familienversorgers her ist das soziale Sicherungssystem der Bundesrepublik (als Sozialversicherungssystem) konstruiert – und komplementär hierzu sind die gesellschaftliche Arbeitsteilung zwischen den Geschlechtern und die innerfamilialen Rollenzuschreibungen angelegt (vgl. Achinger 1958: 39-41; Ostner 1990; Hinrichs 1996). Auch diese Seite des institutionellen Arrangements beruht dabei maßgeblich auf staatlicher Rahmensetzung: „Erst durch die kumulative Wirkung sozialpolitischer Maßnahmen [...] wurde jene scharfe Trennlinie zwischen Erwerbstätigen und Nicht-Erwerbstätigen geschaffen, die unsere heutigen Verhältnisse kennzeichnet." (Kaufmann 1995: 77)[120] Erst durch sozialpolitische Intervention wurden arbeits-

---

119 Die historisch eng verknüpft ist mit der geschlechterdifferenten Zuweisung der politischen Staatsbürgerrolle; vgl. Kulawik 1998. In den historischen Kontext der rechtlichen Konstruktion des Nichterwerbstätigen-Status gehören im Übrigen z.B. auch das Verbot der Kinderarbeit und die Durchsetzung der allgemeinen Schulpflicht.
120 Kaufmann bezieht diese Aussage – und den Begriff der „Versorgungsklassen" (s.u.) – auf die sozialpolitische Konstruktion der Sozialfigur des Rentners (und des Jugendlichen) und, davon ausgehend, auf die sozialstaatliche Herstellung von „Solidarität zwischen den Generationen" (vgl. Kaufmann 1995: 76-81). Sie umschreibt aber ebenso gut die sozialpolitische Regulierung der Geschlechterbeziehungen. – Umgekehrt bildet das Geschlechterverhältnis – bzw. das Feld Erwerbsarbeit versus Familienarbeit – allerdings ganz offenkundig nicht alle Spielarten der „Trennlinie zwischen Erwerbstätigen und Nicht-Erwerbstätigen" ab: Neben der Beziehung zwischen den Erwerbstätigen und der nicht mehr oder noch nicht erwerbstätigen Generation, die im ersten Fall im Rahmen der Sozialversicherung und im zweiten im Rahmen der (steuerfinanzierten) Bildungs-, Ausbildungsförderungs- und Familienpolitik sozialpolitisch reguliert wird, fällt rein systematisch natürlich auch die Fürsorgeprogrammatik des deutschen Sozialhilfesystems unter die Ru-

gesellschaftliche „Erwerbsklassen" und „Versorgungsklassen" (vgl. Lepsius 1979b) voneinander geschieden und zueinander in Beziehung gesetzt, und durch sozialstaatliche Aktivität wurde diese Beziehung immer neu – und auf immer neue Weise – reproduziert (vgl. dazu auch Lenhardt und Offe 1977). Sozialpolitisches Handeln generell zeichnet sich durch sein gesellschaftsgestaltendes, beziehungsstrukturierendes Potential aus.

„Diese strukturprägende Kraft [...] wohlfahrtsstaatlichen Handelns kommt jedoch im Falle von Familienpolitik besonders unmittelbar und plastisch – sozusagen in mikrosozialer Verdichtung – zur Geltung: sie ist 'Gesellschaftspolitik' par excellence" (Schultheis 1995: 764).[121]

In welcher Weise dies für den deutschen Fall zutrifft, ist im Folgenden zu skizzieren.

Die geschlechtsspezifische Zuweisung von Arbeit und Nicht-Arbeit bzw. Erwerbsarbeit und Familienarbeit bildete bereits den funktionalen Kern der intensiven Debatten, die in den 1870er und 1880er Jahren, parallel zur Einführung der Arbeitersozialversicherung, um Fragen des industriellen Arbeitsschutzes geführt wurden. Die geschlechterdifferenten Arbeitsschutzregelungen der Gewerbeordnungsnovellen von 1878 und insbesondere 1891, regulativer Ausdruck eines durch sozialmedizinische Argumente unterfütterten „Sittlichkeits"-Diskurses, dienten de facto als Instrumente einer Politik der Verhinderung industrieller Frauen- und insbesondere Ehefrauenarbeit. (Ehe-)Frauen wurden systematisch als das schwächere und daher schutzbedürftige – staatlichen Schutzes bedürfende – Geschlecht konstruiert und „als Repräsentantinnen der Sittlichkeit zum *Mittel* der sittlichen Hebung des männlichen Arbeiters degradiert" (Kulawik 1998: 120): Denn „für den guten Wirtschaftszustand des Arbeiters, für die sparsame Verwendung seines Einkommens, für die günstige Gestaltung seines ganzen sozialen Lebens", so die für den Zeitgeist durchaus repräsentative Erkenntnis

---

brik der Gestaltung der Beziehungen zwischen Erwerbstätigen und Nicht-Erwerbstätigen. Während die Sozialhilfe aber modell-logisch ein residuales (zum Sozialversicherungssystem nachrangiges; vgl. Kapitel 4.4. und 5.2.1.) Element der Gesamtkonstruktion darstellt, kommt der komplementären Beziehung von Erwerbstätigkeit und Familienarbeit konstitutive Bedeutung für selbige zu, weswegen sie hier auch im Zentrum der Analyse steht.

121 Der ehezentrierte Familialismus als Basisinstitution ist aus dieser Perspektive folglich alles andere als eine „abgeleitete" Größe. Gerade *weil* hier die politische Regulierung sozialer Beziehungen besonders deutlich fassbar wird, kann man ihn vielmehr geradezu als die *fokale Institution* des deutschen Sozialmodells – in jedem Fall aber, werkgeschichtlich gesehen, der vorliegenden Untersuchung über dieses Modell – bezeichnen (vgl. diesbezüglich die Vorarbeiten bei Lessenich 1996a: 212-214 und 1998).

eines der Mitbegründer des akademisch-sozialreformerischen „Vereins für Socialpolitik" im Jahre 1872, seien die besonderen „Eigenschaften der Frau von der höchsten Wichtigkeit und geradezu von entscheidender Bedeutung" (Gustav Schönberg, zit. n. Kulawik 1998: 120). Frauenschutz und Männerförderung waren also aufs engste miteinander verschränkt: Mit der Geschlechtertrennung der Gewerbeordnung erfuhren bereits beim „Startschuß in den Wohlfahrtsstaat" (Kulawik 1998: 122) die gegenläufigen, aber wechselseitig aufeinander bezogenen Rollenzuschreibungen für Männer und Frauen ihre sozialpolitische Normierung.[122]

Die spezifische Form der Regulierung des Geschlechterverhältnisses durch selektiven Arbeiterinnenschutz stellte dabei den sozialpolitischen Konvergenzpunkt ganz unterschiedlicher – und z.T. auch ganz unterschiedlich motivierter – politischer Akteure dar: bürgerlich-konfessionelle Sozialreformer und sozialdemokratische Arbeiterbewegung trafen sich in diesem Punkt ebenso wie bürgerliche und proletarische Frauenbewegung (vgl. Kulawik 1998: 118-127; ausführlich auch dies. 1999: 61-128). Entscheidender Einfluss in diesem Zusammenhang kam jedoch dem parlamentarischen Wirken des politischen Katholizismus zu. „War der Familialismus für alle politische Akteure in Deutschland bedeutsam, so stellte er innerhalb des katholischen Weltbildes gleichsam das Herzstück dar" (Kulawik 1998: 121) – und wenn auch die Position der Zentrums-Partei im Sinne des Schutzes der Familie durch Beschränkung der Erwerbstätigkeit insbesondere verheirateter Frauen nicht immer gesetzesfähig war, so wurde der politische Diskurs zum Thema doch maßgeblich von dieser Position her bestimmt.[123]

---

122 Kulawik verweist auch auf den unterschiedlichen Effekt politischer Aktivierung bzw. Passivierung, der von der Gewerbeordnungsnovelle von 1891 ausging: „Frauen wurden aufgrund ihrer angeblichen 'Eigenart' in körperlicher, sittlicher und politischer Hinsicht, also qua Geschlecht, zu Objekten staatlicher Regulierung gemacht. [...] Für Arbeiter-Männer brachte das Gesetz, trotz der in ihm enthaltenen repressiven Bestimmungen, eine Bestätigung ihres Subjektstatus. Mit den Arbeiterausschüssen [...] beinhaltete das Gesetz 'Spurenelemente' [...] eines kollektiven Arbeitsrechts." (Kulawik 1998: 123; vgl. dazu auch oben, Kapitel 4.3.) Der Frauenarbeits- und später auch der Mutterschutz sind somit prototypische Beispiele für die von Claus Offe beschriebene „nicht-integrierende Gesellschaftspolitik", d.h. einer Politik der „Zuteilung von institutionellen und finanziellen Statusrechten, die die gesellschaftlichen Options- und Aktionsmöglichkeiten [...] auf ein bestimmtes Alternativenspektrum festlegen und dieses schützen" (Offe 1975: 43).

123 Auch in diesem Fall gilt es freilich festzuhalten, dass die gesellschaftspolitische Strategie des politischen Katholizismus mit Beschreibungen wie „konservativ" oder gar „reaktionär" nicht hinlänglich zu erfassen ist, ging es hier doch nicht um ständestaatlichen Roman-

Ähnliche diskursive Anknüpfungspunkte – die Bezugnahme auf die „familiäre Arbeit" von Frauen und auf deren Schutzwürdigkeit in eben dieser Funktion – lassen sich auch in den frühen Diskussionen um die von den Sicherungsansprüchen des Arbeiter-Mannes abgeleiteten Sozialleistungen für Ehe-Frauen ausmachen. Doch erfolgte die gesetzliche Verankerung von rein familialistisch begründeten – genauer: von allein aufgrund des Ehestatus zugänglichen – Sozialversicherungsleistungen, jedenfalls auf breiter Basis, erst in der Zeit nach dem Zweiten Weltkrieg. Erst der Sozialversicherungsstaat der Bundesrepublik schritt zur sozialpolitischen Institutionalisierung eines genuin ehezentrierten Familialismus. Ein Blick auf die Entwicklungsgeschichte des prototypischen Instruments abgeleiteter sozialer Sicherung, der Witwenrente, erweist sich in dieser Hinsicht als äußerst instruktiv (vgl. zum Folgenden Ellerkamp 2000). Die Inklusion der Witwen in die Leistungssystematik der deutschen Sozialversicherung erfolgte nämlich erst spät – und zunächst auch nur unter lohnarbeitszentrierten Prämissen. Anfangs fast vollständig von den Sicherheitsverbürgungen der Arbeiterrentenversicherung ausgeschlossen,[124] erhielten Arbeiterwitwen mit dem Erlass der Reichsversicherungsordnung (RVO) im Jahre 1911 einen bedingten, an die eigene Erwerbsunfähigkeit gekoppelten, in der Höhe äußerst reduzierten Rentenanspruch.[125] Der Übergang zu familienbezogenen Anspruchsvoraussetzungen erfolgte in der Arbeiterrentenversicherung erstmals im Jahre 1938 – seither erhielten Witwenrente all jene Frauen, die zum Zeitpunkt ihrer Verwitwung mehr als drei (waisenrentenberechtigte) Kinder erzogen.[126] 1949, mit dem Sozialversicherungsanpassungsgesetz, wurde dann (auch) für Arbeiterwitwen ein unbedingter, allein an den Ehestatus geknüpfter Rentenanspruch geschaffen, und

---

tizismus, sondern um die politische Ordnung der Industriegesellschaft: „um die Schaffung einer neuen, durchaus modernen Ordnung, deren Grundlage nicht ständisch, sondern geschlechtsspezifisch war" (Kulawik 1998: 121).

124 Als Schrumpfform ihrer ursprünglich diskutierten Einbeziehung in das 1889 errichtete Rentenversicherungssystem blieb zum Ende des Gesetzgebungsprozesses nur das „Trostpflaster" (Ellerkamp 2000: 198) der Erstattung der Beitragszahlungen des verstorbenen Versicherten an die hinterbliebene Ehefrau.

125 Diese Konstruktion entsprach ganz der ursprünglichen Logik der Rentenversicherung als den Unterhaltsbedarf altersbedingt Erwerbsunfähiger bezuschussende *Invaliden*versicherung. Allerdings gewährte das ebenfalls 1911 verabschiedete Angestelltenversicherungsgesetz den *Angestellten*witwen bereits unbedingte (und besser dotierte) Rentenansprüche.

126 1927 war mit der Einführung einer Altersgrenze von 65 Jahren erstmals ein soziales Kriterium des Leistungsbezugs eingeführt worden, „das den strikten Invaliditätsnachweis und den Zwang zur Witwen-Erwerbsarbeit in jedem Alter entscheidend abschwächte" (Ellerkamp 2000: 207).

1957, im Zuge der „Großen Rentenreform", erhielt die Witwenrente – ähnlich wie die Altersrente – schließlich Unterhaltsersatzfunktion.[127] Erst damit wurden alle Witwen prinzipiell – selbst im Falle ihrer Erwerbsfähigkeit – vom Zwang zur Arbeitsmarktteilnahme entbunden, sprich „dekommodifiziert".

Der langwierige sozialpolitische Prozess der parallelen „Normalisierung" des Arbeits- bzw. Erwerbsbürgers (vgl. Arbeitsgruppe Sozialpolitik 1986) und der in ihrer gesellschaftlichen Funktion auf diesen bezogenen (und in ihrer Existenzsicherung von ihm abhängigen) Haushaltsbürgerin wurde früh schon familienrechtlich flankiert. Das Bürgerliche Gesetzbuch (BGB) von 1896, in Kraft getreten im Jahr 1900, schrieb nicht nur die bürgerliche Familie als „sittliche" und folglich schützenswerte Institution fest, sondern fixierte auch die Hausfrauenehe als den normativen Standard innerfamilialer Arbeitsteilung. Während dem Mann als Haushaltsvorstand[128] der Erwerb des Familieneinkommens zukam, wurde der Frau das Recht auf eigene Erwerbstätigkeit nur für den als Ausnahme betrachteten Fall zugestanden, dass der Ehemann selbst nicht in der Lage war, für den Unterhalt der Familie zu sorgen; ansonsten oblag der Ehefrau die Führung des gemeinsamen Haushaltes.[129] Diese komplementären Bestimmungen überlebten den dreifachen Systembruch von 1918, 1933 und 1949 und hatten – dem Wortlaut nach – bis 1957 Bestand. Der sie beseelende Geist der erwerbsgesellschaftlich funktionalen Geschlechtertrennung hingegen blieb, wie zu sehen sein wird, auch darüber hinaus lebendig. In jedem Fall wurde er von der staatsbürgerlichen Gleichberechtigungsnorm (einschließlich des Frauenwahlrechts), welche die Weimarer Reichsverfassung erstmals begründete, nicht wesentlich berührt. Und die Frauen- und Familienpolitik des nationalsozialistischen Staates ging von der ursprünglichen Ideologie des Mutterkultes und der Politik der Restriktion weiblicher Erwerbstätigkeit erst seit 1936 – und radikal[130] nur in den letzten

---

127 Seither werden soziale Kriterien (Kinderzahl und Lebensalter der Betroffenen) nur mehr als Bestimmungsfaktoren der Höhe des Anspruchs auf („große" oder „kleine") Witwenrente herangezogen. Der Systemlogik gehorchend, ist die Leistungshöhe allerdings in jedem Fall gegenüber den originären, als „familiensichernd" konzipierten Rentenansprüchen des verstorbenen Arbeitnehmers abgesenkt.
128 Nach § 10 BGB war der Frau die Unterhaltung eines eigenen Wohnsitzes verboten.
129 §§ 1360 bzw. 1356 BGB; vgl. Gerlach 1996: 86-88. Laut Sachße und Tennstedt bezeichnete dies den vorläufigen juristischen Endpunkt des Prozesses der „Verhaustierung" (Sachße und Tennstedt 1982: 94) der Frau. Schon das Preußische Allgemeine Landrecht von 1794 hatte geschlechtsspezifische Zuständigkeitszuschreibungen vorgenommen, dies allerdings mit einem vergleichsweise „progressiven" Ansatz der individualrechtlichen Emanzipation der Familienmitglieder verbunden (vgl. Gerlach 1996: 84f.).
130 Bis hin zur Einführung der Melde- und Arbeitspflicht für Frauen im Jahr 1943.

Jahren des paneuropäischen Vernichtungsfeldzuges – ab (vgl. Schulz 1998: 123-126).

Nach 1945 kam es dann zur Reaffirmierung und ehezentrierten Konsolidierung einer arbeitsgesellschaftlichen Familien- und Geschlechterordnung, die in ihrer Grundstruktur, den kriegsbedingten „Modernisierungseffekten" zum Trotz, noch weitestgehend den normativen Vorgaben aus der Zeit vor der Jahrhundertwende entsprach. „Weder Nationalsozialismus noch DDR" (Schulz 1998: 123), so lautete das Motto der Neubegründung des Familialismus in der Bundesrepublik. Doppelte Abgrenzung von einer Politik der Instrumentalisierung der Familie – im Dienste eines selektiven Pronatalismus im deutschen Faschismus bzw. eines dezidierten Produktivismus im sozialistischen Ostdeutschland – war die Devise. Getragen wurde die Erneuerungsbewegung von zwei ganz unterschiedlichen ideologischen Lagern, deren gesellschaftliche Ordnungsvorstellungen sich allerdings in der doppelten Gegnerschaft zum gesellschaftspolitischen Kollektivismus trafen, oder genauer: in ihrer dreifachen Gegnerschaft zu faschistischem und kommunistischem Kollektivismus einerseits, liberalistischem Individualismus andererseits. Das Prinzip der „Subsidiarität" war der gemeinsame Nenner, auf den sich die gesellschaftlichen Ordnungsvorstellungen von Neoliberalismus und Sozialkatholizismus bringen ließen. Noch im Verlauf der 1950er Jahre avancierte es zum Leitprinzip der sozialpolitischen Institutionalisierung des Familialismus in Westdeutschland (vgl. zum Folgenden Niclauß 1998: 73-85; Nolte 2000: 290-303).

Den von ihnen jeweils für zentral erachteten Krisensymptomen gesellschaftlicher Entwicklung – den Ambivalenzen der Massengesellschaft[131] im einen, dem Antagonismus der Klassengesellschaft im anderen Fall – suchten neoliberale wie sozialkatholische Ordnungstheoretiker gleichermaßen mit einer gesellschaftspolitischen Programmatik der Balance von Freiheit und Bindung zu begegnen. Während zur Sicherung der Freiheit beide Seiten für das Prinzip gesellschaftlicher Dezentralisierung eintraten und die Bedeutsamkeit der Selbstbestimmung von Individuen und „kleinen Einheiten" für die „gute" Ordnung der Gesellschaft betonten, verwiesen sie zugleich auf die Notwendigkeit der gesellschaftlichen Rückbindung dieser kleinen Einheiten bzw. des Individuums, ihrer positiven Bezogenheit auf eine sie umgebende Gemeinschaft.[132] Wohlgemerkt

---

131 Im Rahmen der kulturphilosophischen Kritik des Neoliberalismus an den „Vermassungstendenzen" der Zeit erschien bspw. auch das „Massenphänomen" des Nationalsozialismus als Ausdruck einer allgemeinen Kulturkrise (vgl. Niclauß 1998: 75-78; Haselbach 1991).

132 Beide Ansätze nahmen dabei auf die eine oder andere Weise Bezug auf die Idee des „Personalismus": „Person bedeutete in diesem Sinne mehr als bloße Individualität: Die

zeichneten sich beide Positionen auch durch im Endeffekt weitreichende Differenzen aus: Während der Neoliberalismus den Wert der Freiheit stärker betonte und ihn in einer marktliberalen Wirtschaftsordnung am besten aufgehoben sah, maß der Sozialkatholizismus dem Aspekt der Bindung größere Bedeutung bei und propagierte das Bild einer relationalen Gesellschaftsordnung. Zwar sahen beide Seiten im Subsidiaritätsgedanken – in der Idee der unterstützten Selbstbestimmung der kleinen Einheiten – das adäquate Prinzip „antitotalitärer" Gesellschaftsordnung (vgl. auch Kapitel 5.7. zur Verhandlungsdemokratie). Der Neoliberalismus verknüpfte das Subsidiaritätsprinzip jedoch mit dem des Wettbewerbs, der Sozialkatholizismus hingegen mit jenem der Solidarität. „Subsidiarität" erwies sich insofern als formales, *inhaltlich unterbestimmtes Ordnungsprinzip*, das „bei seiner Anwendung einen breiten Anwendungsspielraum" (Niclauß 1998: 83; vgl. Sachße 1994) ließ – wie sich dies überhaupt bei so vielen Ordnungselementen des deutschen Sozialmodells zeigt. Das neoliberale Subsidiaritätsverständnis fand Eingang in die Gestaltung und insbesondere offizielle Darstellung bundesdeutscher Wirtschaftspolitik (vgl. dazu Kapitel 5.2.), die sozialkatholische Subsidiaritätslogik wiederum inspirierte die Rekonstruktion der deutschen Sozialpolitik nach 1945/49 (und sei deswegen im Folgenden noch etwas ausführlicher erläutert).[133] Beide Positionen konvergieren aber in der Vorstellung einer der Marktwirtschaft widergelagerten Gesellschaftspolitik: im Ziel der „gesellschaftspolitische[n] Absicherung des Arbeitnehmers" (Niclauß 1998: 83) – bzw., von der Gesellschaft her gedacht, der Einbettung der Arbeitnehmergesellschaft in eine gemeinschaftliche Ordnung.

Genau dies ist die Funktion des familialistischen Arrangements in seiner bundesdeutschen, sozialkatholisch geprägten Adaptation. Entscheidend für das Verständnis des (Ehe-)Familialismus im deutschen Sozialmodell der Nachkriegszeit ist die Verschränkung von Subsidiaritäts- und Solidaritätsprinzip im deutschen sozialkatholischen Denken (vgl. Nell-Breuning 1957; Lessenich 1996a: 212-214). Gesellschaftliche Aufgaben werden demnach delegiert, weil sie auf diese Weise besser – und das heißt: zum Wohle aller – erfüllt werden können. Subsidiarität ist in dieser Sicht ein Akt der Dezentralisierung, der ohne das Prinzip

---

Fähigkeit des Menschen zur Selbstbestimmung sollte vielmehr ergänzt werden durch seine vernunftbedingte Eigenschaft, sich in die Gemeinschaft einzuordnen, die ihm ihrerseits bei der Verwirklichung seines Lebensziels die notwendige Unterstützung gibt." (Niclauß 1998: 80)

[133] Als im engeren Sinne *politisches* Ordnungsprinzip liegt es im Übrigen auch der demokratischen Staatsorganisation der Bundesrepublik zugrunde; vgl. dazu Kapitel 4.6. (Verbundföderalismus).

solidarischer Rückkopplung gesellschaftlich wertlos bleibt. Der einzelne ist für sein Wohlergehen nicht nur auf die Gewährung individueller Freiheitsräume, sondern auch auf Unterstützungsangebote seitens der Gemeinschaft angewiesen. Einzelwohl und Gemeinwohl sind untrennbar aneinander gebunden – was die gegenseitige Angewiesenheit auf (Hilfe-)Leistungen der jeweils anderen Seite einschließt. Oswald von Nell-Breunings Konzept der „Leistungsgemeinschaft", ursprünglich als Element berufsständischer Ordnung entwickelt,[134] erhellt die zentrale Konstruktionsidee auch der Familienordnung sozialkatholischer Lesart: Die „leistungsgemeinschaftliche Ordnung [...] kennt ein Oben und Unten, achtet und ehrt aber den Dienst dessen, der unten steht, ebensosehr wie den Dienst dessen, der oben steht, *weil beide zur gemeinsam zu vollziehenden Leistung gleich unentbehrlich sind*" (Nell-Breuning 1947, zit. n. Nolte 2000: 300; Hervorhebung von mir, S.L.). Von zentraler, allgemeiner Bedeutung ist hier die Idee der Gleichwertigkeit des Verschiedenen, der wechselseitigen Abhängigkeit und Unterstützungsbedürftigkeit: Man ersetze „oben" und „unten" durch „außen" und „innen", und das Zitat liest sich als Charakterisierung der familialen (ehelichen) Leistungsgemeinschaft. Die Familie kennt ein Außen und ein Innen: Mann und Frau nehmen in Beruf und Haushalt, Erwerbsarbeit und Familie zwar unterschiedliche und insofern ungleiche Positionen ein. In ihrer wechselseitigen Bezogenheit und Komplementarität aber sind ihre jeweiligen Rollen doch wieder gleich, weil funktional gleich gewichtig und insofern gleichermaßen „würdig". Die „Normalverteilung" von Leistung und Gegenleistung zwischen Mann und Frau[135] in Ehe und Familie – der Mann als im öffentlichen Raum tätiger Ernährer, die Frau als in der häuslichen Sphäre tätige Erziehende – ist Ausdruck familialer bzw. ehelicher Solidarität, die durch staatliche Sozialpolitik sowohl wegen ihrer funktionalen Bedeutung als auch aufgrund ihres sittlichen Wertes subsidiär zu stützen ist (vgl. Ostner 1993: 95-103, 1998: 244f.).[136]

---

134 Diesbezüglich sei auf die Bedeutung der beiden päpstlichen Sozialenzykliken „Rerum Novarum" (1891) und insbesondere „Quadragesimo Anno" (1931) verwiesen; letztere war unter maßgeblicher Beteiligung Nell-Breunings entstanden.
135 Dasselbe lässt sich aber auch für „Jung" und „Alt", also als familiale Generationenbeziehung, durchspielen: Dann erscheinen Eltern und ihre Kinder als nicht gleichzeitige, sondern sequenzielle, im Lebenszyklus einander abwechselnde Geber und Empfänger wechselseitiger Unterstützung – die Idee des „Generationenvertrags".
136 In der Terminologie der neueren Wohlfahrtsstaats- bzw. Sozialpolitikforschung lässt sich dies auch als ein institutionelles Arrangement wechselseitig aufeinander bezogener Sphären der Kommodifizierung und De-Kommodifizierung interpretieren – und als potenzieller Verteilungskonflikt zwischen den Geschlechtern (und Generationen), der sich aus dem

Die politische Wirkungsmächtigkeit dieser Sozialphilosophie der *Relationierung von Ehemann und Ehefrau als Arbeitsbürger und Haushaltsbürgerin*[137] ist maßgeblich verantwortlich für die spezifisch familialistische Prägung des deutschen Sozialstaates der Nachkriegszeit.[138] Erst mit Beginn der Bundesrepublik kann von einer systematisch betriebenen „Familienpolitik" im heutigen Verständnis dieses Begriffes gesprochen werden (vgl. Lampert 1996: 143-146) – einer „Familienpolitik für die Hausfrauenehe" (vgl. Braig 1991: 163-181), deren Entwicklung seit 1953 dem neu geschaffenen Bundesministerium für Familienfragen anvertraut war. In den frühen Debatten um die Einführung erster Familienbeihilfen, etwa im Vorfeld des Kindergeldgesetzes von 1954, ging es vornehmlich um die Frage, wie man die Frauen von einem eigenständigen finanziellen Beitrag zum Familienunterhalt entlasten und ihnen ein Dasein als Hausfrau und Mutter ermöglichen könnte (vgl. Schulz 1998: 130).[139] Wie in einem Brennglas bündelte sich die Logik des ehezentrierten Familialismus bundesdeutscher Prägung in der Reform der familienrechtlichen Bestimmungen des BGB (vgl. Ruhl 1992), die auf Mahnung des Bundesverfassungsgerichts 1957 zustandekam.[140] Das „Erste Gleichberechtigungsgesetz" ist als politisch erfolg-

---

personellen (bzw. zeitlichen) Auseinanderfallen von Kommodifizierung und De-Kommodifizierung ergibt. Vgl. in diesem Sinne Lessenich 1998: 98-103.

137 Mittlerweile sollte deutlicher geworden sein, warum das Feld der Relationierung von Erwerbstätigen und Nicht-Erwerbstätigen hier rein familialistisch operationalisiert wird: Geht es hier doch um die politisch konstruierte Beziehung zwischen Erwerbstätigen einerseits und legitimerweise oder mehr noch erwünschtermaßen Nicht-Erwerbstätigen andererseits, was in Bezug z.B. auf die nicht erwerbstätigen Sozialhilfebezieher offensichtlich nicht der Fall ist. Frauen (und auf andere Weise Rentner) sind gleichsam die „deserving non-employed", die funktional konstitutiven und normativ akzeptierten *Nichterwerbsbürger(innen)* der bundesdeutschen Arbeitsgesellschaft (– zumindest gewesen).

138 Zum internationalen Vergleich des bundesdeutschen Sozialstaats als Protyp des Modells starker männlicher Ernährer- und weiblicher Familienpflichten vgl. z.B. Langan und Ostner 1991; Ostner 1995; Pfau-Effinger 1995. Zur Entwicklung von Familienrecht, Familienpolitik und Familiendiskurs in der Bundesrepublik vgl. als Überblick u.a. Wingen 1997: 20-38; Lampert 1996: 147-179; Walter 1995; Limbach 1988; Wirth 1979.

139 Zum besonderen Engagement der katholischen Kirche in der Frage der Verhinderung der Müttererwerbstätigkeit vgl. Ruhl 1993 und 1994: 176-178. Aber auch die Sozialdemokratie vertrat „in der Mehrzahl während der fünfziger Jahre eine Mutterschaftsideologie, die sich wie bereits in der Weimarer Zeit nicht grundsätzlich von der der Bürgerlichen unterschied" (Schulz 1998: 123).

140 Der Gesetzgeber hatte die im Grundgesetz festgelegte Frist, innerhalb welcher dem Gleichberechtigungsgebot nach Artikel 3 GG zuwiderlaufende rechtliche Bestimmungen

reicher Versuch zu werten, den in Artikel 3 GG verankerten Gleichberechtigungsgrundsatz mit Hilfe der in Artikel 6 GG festgehaltenen Verpflichtung des Staates auf den besonderen Schutz von Ehe und Familie zu unterlaufen.[141] Dem neuen § 1356 BGB zufolge durfte die Ehefrau von nun an auch de jure einer eigenen Erwerbstätigkeit nachgehen – allerdings nur insoweit, als die Erfüllung ihrer Pflichten in Ehe und Familie sichergestellt blieb. Die einseitige eheliche Unterhaltsverpflichtung wurde in eine gegenseitige umformuliert, doch gleichzeitig ging das BGB (§ 1360) weiterhin davon aus, dass der Beitrag der Frau zum Familienauskommen in der Regel schon durch die Führung des Haushaltes erfüllt sei.[142]

Das auf diese Weise fort- und festgeschriebene Modell der Hausfrauenehe stand 1958 bei der Reform des Steuerrechts im Sinne des „Ehegattensplittings" Pate, die in den Grundzügen bis heute Bestand hat.[143] Das Ehegattensplitting, bei dem die gemeinsame steuerliche Veranlagung dem Grundsatz der gemeinschaftlichen Erwirtschaftung des Haushaltseinkommens – durch die außerhäusliche Erwerbsarbeit des Ehemanns und die innerhäusliche Familienarbeit der Ehefrau – folgt, wirkt im doppelten Sinne einer „Präferierung der 'Gattenfamilie'" (Schultheis 1995: 771) gegenüber der unehelichen Lebensgemeinschaft sowie der Subventionierung der Hausfrauen- bzw. Versorgerehe insbesondere gegenüber einer Doppelverdienerehe.[144] Es wertet die Vollzeiterwerbsarbeit des Man-

---

entsprechend angepasst werden sollten, 1953 tatenlos verstreichen lassen; vgl. Braig 1991: 165-167.

141 Zur konstitutiven Widersprüchlichkeit beider verfassungsrechtlicher Bestimmungen – „of combining the individual rights of women with the relational obligations of women within the family" (Schissler 1993: 328) – vgl. Moeller 1995 und 1993: 180-209.

142 Immerhin hatte auch das Bundesverfassungsgericht trotz aller Anmahnung einer Reform der familienrechtlichen Bestimmungen des BGB die Familie durchaus als „ureigensten" Tätigkeitsbereich der Frau bestimmt und gewissen Differenzierungen des Gleichheitsgrundsatzes „im Hinblick auf die biologischen oder funktionalen (arbeitsteiligen) Unterschiede nach der Natur des jeweiligen Lebensverhältnisses" (zit. n. Berghahn 1999: 317) nicht a priori widersprochen.

143 Auch diese Neuerung kam aufgrund eines vorherigen Urteils des Bundesverfassungsgerichts zustande, das die steuerrechtliche Benachteiligung von Doppelverdienerehen moniert hatte, welche sich bei gemeinsamer Veranlagung aufgrund des progressiven Charakters des Steuersystems ergab. Überhaupt kann das Verfassungsgericht als der wichtigste Impulsgeber bundesdeutscher Familienpolitik angesehen werden.

144 Das Splitting-Prinzip mildert den Effekt der Steuerprogression bei gemeinsamer Veranlagung, indem der zu versteuernde Einkommensbetrag beider Eheleute zusammengerechnet und halbiert und anschließend der auf die Hälfte entfallende Steuerbetrag verdoppelt wird. Im Falle der Versorgerehe kommen die beiden Ehepartner damit in den

nes auf – zu Lasten der Erwerbstätigkeit der Frau, denn der Steuervorteil ist maximal, wenn der Ehemann über ein hohes, die Ehefrau hingegen über keinerlei eigenes Einkommen verfügt, und er sinkt in dem Maße, wie sich die Einkommen der beiden Ehepartner angleichen. Ein (abgeschwächter) Förderungseffekt ergibt sich damit auch zugunsten einer ungleichgewichtigen Einkommenserzielung in Form der so genannten Zuverdienerehe – eine familiale bzw. eheliche Erwerbskonstellation, die durch weitere steuerrechtliche, aber auch tarifpolitische Regelungen zusätzliche Unterstützung erfährt.[145]

Die „Große Familienrechtsreform" der sozialliberalen Koalition 1976/77 sollte dieser Konstellation zumindest privatrechtlich die Grundlage entziehen – und auch rückblickend sieht die offiziöse Familienpolitikgeschichtsschreibung hier den Grundstein für einen Wandel des Familienleitbildes von der traditionellen Hausfrauenehe hin zu einem Modell „gleichberechtigter und gleichverpflichteter Partnerschaft" gelegt (vgl. z.B. Lampert 1996: 12-16, hier: 14). In der Tat überließ § 1356 BGB in seiner neuen Fassung die Regelung der Haushaltsführung dem „gegenseitigen Einvernehmen" der Ehepartner und konstatierte in Absatz 2 eindeutig: „Beide Ehegatten sind berechtigt, erwerbstätig zu sein." (Zit. n. Lampert 1996: 14, Fn. 18). Doch der unmittelbar darauf folgende Zusatz – „[b]ei der Wahl und Ausübung einer Erwerbstätigkeit haben sie auf die Belange des anderen Ehegatten und der Familie die gebotene Rücksicht zu nehmen" (vgl. ebda.) – ließ den Bruch mit dem alten Modell schon deutlich weniger radikal erscheinen. Nicht allein innereheliche Machtverhältnisse, kulturelle Prädispositionen oder die Opportunitätsstrukturen des Erwerbssystems verhinderten fortan die tatsächlich gleichberechtigte Erwerbstätigkeit der Frau. Auch die staatliche familienpolitische Intervention folgte keineswegs einer ungebrochenen Logik der

---

Genuss einer in Gänze fiktiven Einkommenszurechnung auf die Ehefrau (vgl. Braig 1991: 168-170). Die Neuregelung i.S. der ehelichen Erwerbsgemeinschaft knüpfte logisch an den im Jahr zuvor eingeführten gesetzlichen Güterstand der „Zugewinngemeinschaft" an, aus dem ein rechtlicher Anspruch (der Ehefrau) auf Zugewinnausgleich (und mit der Reform 1976/77 zusätzlich auch auf Versorgungsausgleich) bei Tod des Partners oder Scheidung der Ehe abgeleitet wurde. Die Steuerermäßigung für Ehegatten ist quantitativ gesehen der wichtigste Posten staatlicher „Familienpolitik". In den 1970er und 80er Jahren entfiel auf diese Maßnahme durchweg ein Drittel des Gesamtumfangs des gesetzlichen Familienlastenausgleichs (vgl. Kaufmann 1989: 553f.).

145 Zu erwähnen sind in diesem Zusammenhang beispielsweise das System der Lohnsteuerklassen, das Institut der „geringfügigen Beschäftigung" – eindeutig eine Hausfrauendomäne – oder die Vereinbarungen der Tarifparteien über Lohnabschlagsklauseln für Frauen, die später – erneut auf höchstrichterliche Intervention – durch die Einführung formal geschlechtsneutraler „Leichtlohngruppen" ersetzt wurden.

Gleichberechtigung – bis heute „kann nicht davon ausgegangen werden, daß die durchgängige parallele Erwerbstätigkeit [...] das (propagierte) familienpolitische Leitbild bestimmt" (Gerlach 1996: 172). Das Familienrecht übergab den Stab der Regulierung einer „die Belange des anderen Ehegatten und der Familie" berücksichtigenden Frauenerwerbstätigkeit an die Familien- und Sozialpolitik – und dort bastelte man weiter „an einer gleichberechtigten, nun als partnerschaftlich charakterisierten Hausfrauenehe" (Braig 1991: 180).[146]

Auch nach 1977 konzipierten die sozialen Sicherungssysteme der Bundesrepublik Frauen als nichterwerbstätige Ehegattinnen, die es als schwächeren Partner einer sozialen Beziehung und nicht als autonomes Individuum zu schützen gelte (vgl. Ostner 1993). Die vom Erwerbsarbeitsrisiko des Mannes und seiner Absicherung abgeleiteten weiblichen Sicherungsansprüche in der Sozialversicherung – die Witwenrenten etwa (s.o.)[147] oder die Mitversicherung in der Gesetzlichen Krankenversicherung – sind genuiner Ausdruck dieser Konstruktion. Auch die nicht-rechtlichen Barrieren für weibliche Erwerbstätigkeit wurden nur sehr langsam und widerstrebend abgebaut – was beispielsweise für die höchst lückenhafte Versorgung mit Kinderbetreuungseinrichtungen zutrifft.[148] Wichtige familienpolitische Maßnahmen insbesondere der 1980er Jahre schließlich bewirkten zwar eine Flexibilisierung der weiblichen Familienrolle und eine Modernisierung des Arrangements der Hausfrauenehe, keineswegs aber die Ab-

---

146 Auch Berghahn betont den Sachverhalt, dass mit „der 'großen' Ehe- und Scheidungsrechtsreform vom Leitbild der Hausfrauenehe *offiziell* Abschied genommen wurde. *Inoffiziell* geistert es noch heute durch das Sozial- und Steuersystem" (Berghahn 1999: 317). Dass die Aufforderung des Gesetzgebers, „die Belange des anderen Ehegatten und der Familie" zu berücksichtigen, sich nach wie vor einseitig an die Ehefrau und nicht an den Ehemann richtete, zeigte sich in dem die Reform flankierenden Dritten Familienbericht von 1979, der die Verknüpfung von Erwerbs- und Familienarbeit dezidiert als Recht der Frau formulierte: „Die Frau hat das Recht sowohl auf eine gleichberechtigte Integration in Beruf und öffentlichem Leben als auch auf die Erfüllung der Aufgaben einer Familienhausfrau bei der Versorgung von Haushalt und Kindern." (Zit. n. Gerlach 1996: 183.)

147 Bis zur – wiederum vom Bundesverfassungsgericht angestoßenen – Reform des Hinterbliebenenrechts 1985/86 hatte die Frau in jedem Fall, der Mann hingegen nur dann einen Anspruch auf Hinterbliebenrente, wenn die Frau vor ihrem Tod den Familienunterhalt überwiegend durch ihr Erwerbseinkommen bestritten hatte (vgl. dazu Nullmeier und Rüb 1993: 145-155).

148 Die zudem häufig in der Hand freier, insbesondere kirchlicher Träger sind – ein weiteres Ergebnis der Herrschaft des Subsidiaritätsprinzips in der deutschen Sozialpolitik. Die Einführung eines Rechtsanspruches auf einen Teilzeitkindergartenplatz 1992 kam bezeichnenderweise im Rahmen eines Allparteienkompromisses zur Reform des Abtreibungsrechts zustande. Vgl. zu diesem Komplex auch Meyer 1994.

kehr vom Ernährer-Erzieherinnen-Modell (vgl. Lessenich 1996a, b). Die Einführung des Erziehungsgeldes 1985 oder die Anerkennung von Kindererziehungszeiten in der Rentenversicherung 1986 (und erweitert 1992) zum Beispiel, aber auch die entsprechende Anrechnung von Zeiten häuslicher Pflege auf die Altersrente und die Ausweitung von Pflegegeldern im Jahr 1995[149], schufen de facto Anreizstrukturen für eine sequenzielle Zuverdienerinnenehe, nicht aber für die dauerhafte Vollzeiterwerbstätigkeit von Frauen bzw. Müttern oder für eine Angleichung weiblicher und männlicher Erwerbsbiographien. „Das gesamte Feld der 'Vereinbarung von Beruf und Familie' ist und bleibt vorerst ein weibliches." (Berghahn 1999: 341; vgl. Mayer et al. 1991.)

Es zeigt sich somit, dass im bundesdeutschen Sozialstaat „das ehezentrierte Allein- oder Hauptemährermodell von Anfang an stark ausgeprägt war und auch heute noch immer wirkungsmächtig ist" (Berghahn 1999: 342). Allerdings blieb dieses Modell im historischen Verlauf nicht statisch und starr: Die beiden Familienrechtsreformen in der Bundesrepublik und die jeweils nachfolgende Frauenerwerbsarbeitspolitik verweisen auf das nicht unerhebliche *Modernisierungs- und Flexibilitätspotenzial*, das im institutionellen Arrangement der Hausfrauen- und Versorgerehe steckte und immer noch steckt. Über die Jahrzehnte hinweg lag die familialistische Substanz des deutschen Sozialmodells in der Ordnung der über die Ehe vermittelten Beziehungen zwischen Erwerbstätigen und Nichterwerbstätigen – *zwischen Erwerbsbürgern und Nichterwerbsbürgerinnen* – gemäß dem Leitbild der *bedingten Unterstützung* (vgl. o., Abbildung 4.2): der zwar ungleichartigen, aber wechselseitigen Solidarität zwischen den Geschlechtern unter der Bedingung der Wahrung ihrer aufeinander bezogenen Funktionszuschreibung als Ernährer und Erziehende. Diese soziale Konstruktion gegenseitiger Abhängigkeit und Unterstützung wurde – unter Einsatz von Recht, Geld und Moral – politisch gestützt und gefördert; der Staat kam der Solidargemeinschaft „Ehe und Familie" subsidiär zu Hilfe. Der ehezentrierte Familialismus lässt sich damit in besonders plastischer Weise als eines jener basalen Arrangements der politischen Regulierung sozialer Beziehungen, als eine der Basisinstitutionen der Relationierung gesellschaftlicher Akteure begreifen, die gemeinsam, in ihrem dynamischen Zusammenspiel, das deutsche Sozialmodell konstituieren.

---

149 Im Rahmen der Einführung der Pflegeversicherung; eine Vorläuferregelung zum Pflegegeld gab es bereits seit dem Gesundheitsreformgesetz 1989 in der Krankenversicherung (vgl. dazu ausführlich Kapitel 5.2.).

4.6. Verbundföderalismus

And now for something completely different – könnte man jedenfalls meinen. Nach dem Untergang des nationalsozialistischen Staates 1945 allerdings wurden die soeben geschilderten Bestrebungen zur Ordnung der *gesellschaftlichen* Beziehungen nach Maßgabe des Subsidiaritätsprinzips durchaus in Verbindung gesehen mit der gleichzeitigen Wiederherstellung dezentralisierter *politischer* Strukturen im westlichen Teil Deutschlands. Oder umgekehrt ausgedrückt: „Föderalismus" galt den politischen Akteuren und intellektuellen Stichwortgebern der postfaschistischen Gründerzeit nicht bloß als formale staatsrechtliche Maxime, sondern vielmehr als „ein politisch-soziales Gestaltungsprinzip von umfassender Bedeutung" (Niclauß 1998: 85). Der „universale Föderalismusbegriff" (ebda.) eines Georg Laforet etwa erhob das Prinzip der „Einheit in wohlgeordneter Vielheit" (Laforet 1947: 69) zur Maxime des zukünftigen Staats- *und* Gesellschaftsaufbaus gleichermaßen.[150] Schutz gegen mißbrauchbare Machtzusammenballung durch konsequente Dezentralisierung lautete die föderalistische Parole in politisch-institutioneller Hinsicht – eine Forderung, die einen akuten vergangenheitskritischen Impuls mit der Rückbesinnung auf eine historisch weit zurückreichende Tradition der Staatsorganisation auf deutschem Territorium zu verbinden verstand.

„Die Geschichte Deutschlands ist die Geschichte von Teilstaaten in einer bundesstaatlichen Gesamtordnung." (Lepsius 1990b: 68) Mit der Reichsgründung 1870/71 entfaltete das föderale Prinzip seine Wirkung erstmals in der deutschen Geschichte im nationalstaatlichen Rahmen. Seither ist die politische Ordnung durch den „Dualismus zwischen einem einzelstaatlichen Föderativsystem und einem reichseinheitlichen Zentralismus" (Lepsius 1990b: 68) bestimmt. Der deutsche Bundesstaat ist seit Bismarcks Zeiten ein institutionalisierter „Kompromiß zwischen dem föderalen und dem unitarischen Prinzip" (Conze 1983: 453f.) – und ist dies auch geblieben. Bei allem Wandel über die Zeit haben sich die wesentlichen, damals etablierten Konstruktionsprinzipien des deutschen Staatswesens erhalten. „Its central idea has [...] remained the same" (Dyson 1992: 13): die Idee nämlich des Verbundföderalismus, also der institutionellen Verschränkung der beiden Ebenen des Reiches und der Einzelstaaten,

---

[150] Und deckte sich damit weitgehend mit den abstrakten Subsidiaritätsvorstellungen einer neoliberalen Kulturphilosophie à la Rüstow oder Röpke und insbesondere mit jenen der katholischen Soziallehre. Vgl. zur Bedeutung des Subsidiaritätsprinzips im föderalistischen Denken auch Deuerlein 1972: 319-326.

des Bundes und der Länder.[151] Auch in diesem Bereich sind mithin mehr Kontinuitäten festzustellen, als der bloße Blick auf die politischen Systembrüche des 20. Jahrhunderts vermuten lassen würde (vgl. Nipperdey 1986) – Kontinuitäten, die das deutsche Sozialmodell der Nachkriegszeit auch in seiner politisch-institutionellen Rahmung als ein historisch gebundenes und gewachsenes erscheinen lassen.

Die Gründung des Deutschen Reiches erfolgte der bündischen Tradition (vgl. Deuerlein 1972: 66-95) entsprechend als Zusammenschluss einer Vielzahl konstitutioneller Monarchien zu einer ebensolchen.[152] Hier schlossen Fürstenstaaten einen Bund, deren Regierungen von parlamentarisch nicht verantwortlichen Beamtenkabinetten gebildet wurden – und eben diese Struktur wurde auf Reichsebene reproduziert. Auch dort nahm die Reichsregierung gegenüber dem (anders als in den Ländern nicht nach ungleichem, sondern nach allgemeinem Männerwahlrecht gewählten) Reichstag eine relativ verselbständigte Position ein, während der Bundesrat, in dem die Regierungen der Gliedstaaten repräsentiert waren, als das zentrale Gesetzgebungsorgan des Reiches fungierte. Der preußisch-deutsche Bundesstaat konstituierte sich somit als ein Föderalismus der Exekutivgewalten – und der Bundesrat in seiner „dynastisch-bürokratischen Konstruktion" (Lehmbruch 1998: 70) diente als der föderative Gegenpol zum Reichstag, als „das institutionelle Bollwerk gegen alle auf Parlamentarisierung der Reichsregierung zielenden Bestrebungen" (Scharpf 1991: 147). Gleichzeitig aber war die bündische Idee allerdings gebrochen durch die hegemoniale Stellung des spätabsolutistischen Preußen, das als Machtkern des neuen Reiches und als Basis der Reichsgewalt eine deutlich herausgehobene Stellung gegenüber den anderen Einzelstaaten einnahm.[153] Die in der Föderativverfassung vorgesehene politische Arbeitsteilung zwischen dem Reich und den Gliedstaaten – Zentralisierung wesentlicher Bereiche der Gesetzgebung, Dezentralisierung der Vollzugszuständigkeit – führte von Anbeginn an, und historisch zunehmend, zu

---

151 „[B]ei den beiden großen institutionellen Gelegenheiten, bei denen sich im Prozeß der Verfassungsgebung ein *window of opportunity* für eine Rekonstruktion des Bundesstaates zu öffnen schien, nämlich 1919 und 1949, hat sich dieses Modell als hochgradig pfadabhängig erwiesen." (Lehmbruch 1999: 56; vgl. ders. 2002.)
152 Vgl. zu den Strukturen des Reichsföderalismus Lehmbruch 1998: 59-65; Deuerlein 1972: 66-95; Burg 1992.
153 Das Verhältnis zwischen Preußen und dem Reich war – in Zeiten der organisatorischen und personalen Verknüpfung von preußischer und Reichsregierung bis 1918, vor allem aber auch in den Jahren danach – Stein des Anstoßes einer permanenten Diskussion über die innere „Reichsreform" (vgl. Deuerlein 1972: 183-193; John 1992).

umfangreichen Aushandlungsprozessen und einem prinzipiellen Kooperationsbedarf zwischen beiden Seiten.[154] Dieser wurde insbesondere dadurch noch verstärkt (und entwickelte sich tendenziell zum Kooperations*zwang*), dass den Gliedstaaten, gleichsam als Entschädigung für die weitreichende Entäußerung gesetzgeberischer Kompetenzen, umfassende Mitwirkungsrechte an der Gesetzgebung des Reiches zugesprochen wurden: Sämtliche Reichsgesetze bedurften der Zustimmung durch die Länderregierungen im Bundesrat. Vervollständigt wurde dieses System interorganisatorischer Verflechtungen[155] durch die Finanzverfassung des Kaiserreichs, die zwar formell ein Trennsystem errichtete, faktisch aber das Reich zunächst zum „Kostgänger der Länder" (Lehmbruch 1998: 61) werden ließ, und in deren Rahmen sich längerfristig eine wechselseitige Ressourcenabhängigkeit[156] zwischen Reich und Einzelstaaten ausbildete (vgl. Witt 1992: 79-86).

Die zentralen Merkmale der Ordnung der bundesstaatlichen Beziehungen im Kaiserreich haben sich, mit Ausnahme ihrer hegemonialen „Verzerrung" zugunsten Preußens, bis zum heutigen Tage dem Prinzip nach erhalten: Auch noch der deutsche Föderalismus der Gegenwart ist – freilich im Rahmen parlamentarisch-demokratischer Strukturen – Exekutivföderalismus, kooperativer Föderalismus, Verbundföderalismus. Und auch die charakteristische Tendenz nicht nur zur Zentralisierung von Entscheidungsprozessen, sondern vor allen Dingen zur Unitarisierung im Sinne der Vereinheitlichung rechtlicher Rahmenbedingungen und materieller Lebensverhältnisse, die bereits in den letzten Jahrzehnten des 19. Jahrhunderts weithin sichtbar wurde, hat sich – wie zu sehen sein wird – nach dem Zweiten Weltkrieg in der Bundesrepublik wiederholt bzw. fortgesetzt (vgl. Hesse 1962; Abromeit 1992; Lehmbruch 2002). Schon die zeitgenössische Forschung hat vom Föderalismus des Deutschen Reiches vor 1918 als Reflex eines

---

154 Der kooperative Regierungs- und Verwaltungsföderalismus des Kaiserreichs ist seinerseits als Fortsetzung der Praktiken aus der Zeit vor der Nationalstaatsbildung zu sehen, als im Zeichen territorialer Zersplitterung die Politik des Reiches im wesentlichen in der Kompromissbildung zwischen Fürsten bestand (vgl. Benz 1999: 136). Das Prinzip der Verhandlungen zwischen Exekutiven gilt spätestens seit Fritz Scharpfs (1985) bahnbrechendem Aufsatz – neben dem Prinzip der Einstimmigkeit – als eine der beiden zentralen „Pathologien" auch noch des gegenwärtigen Systems des Verbundföderalismus in der Bundesrepublik (aber auch auf europäischer Ebene).
155 Vgl. zur Interpretation föderalistischer Staatsorganisation als Problem interorganisatorischer Beziehungsstrukturen Benz 1985: 59-86.
156 Im Zuge der Finanzreform von 1904 wurde mit der Erbschaftssteuer die erste Verbundsteuer eingeführt.

"bündischen Unitarismus" gesprochen.[157] Die vereinheitlichenden Tendenzen waren vornehmlich das Ergebnis jener staatlichen Wirtschaftsordnungspolitik, von der hier bereits ausführlich die Rede war (vgl. Kapitel 4.2.) – und die Zentralisierung von Gesetzgebungsbefugnissen war ihr Instrument. Schon in den Anfängen des Bundesstaates dominierte der wirtschaftliche Entwicklungsrückstand des Reiches die Problemwahrnehmung der öffentlichen Instanzen, namentlich der Staatsbürokratie der preußischen Hegemonialmacht, und das liberale deutsche Bürgertum der Zeit war weniger an politischer Selbstbestimmung als an kapitalistischen Marktbedingungen interessiert – an der Herstellung einer einheitlichen Wettbewerbsordnung und eines großen deutschen Binnenmarktes sowie an der außenpolitischen Absicherung der wirtschaftlichen Expansion (vgl. Lehmbruch 1998: 65, 107, 109). „Diese Forderungen waren durchaus im Einklang mit der wirtschaftspolitischen Orientierung der Bürokraten, und die Zauberformel, um sie mit der Länderautonomie verträglich zu machen, war eben der 'bündische Unitarismus'." (ebda.: 65)[158]

Die Unitarisierungstendenz im Reichsgebiet setzte sich, ungeachtet aller weiterhin bestehenden politisch-kulturellen Regionalpartikularismen,[159] auch unter den radikal veränderten Bedingungen der Zeit nach dem Ersten Weltkrieg fort – so sehr, dass die Weimarer Republik als „dezentralisierter Einheitsstaat" bezeichnet worden ist (vgl. Deuerlein 1972: 171-177; vgl. auch Lehmbruch 1998: 65-77). Die Bismarcksche Konstruktion blieb insofern erhalten, als es nach wie vor die Länderregierungen und deren Bürokratien waren, die in der nunmehr in Reichsrat umbenannten Länderkammer an der Gesetzgebung des Reiches mitwirkten. Allerdings wurde 1918 die effektive Parlamentarisierung der Reichsregierung vollzogen: Diese war nicht länger eine Regierung von parlamentarisch letztlich nicht rechenschaftspflichtigen Bürokraten, sondern von nunmehr auf das Vertrauen der Parlamentsmehrheit angewiesenen Politikern. Der Reichstag wurde damit gegenüber dem Reichsrat aufgewertet – nicht zuletzt auch insofern, als dessen früheres, absolutes Zustimmungserfordernis zu den Gesetzen der Reichsregierung zu einem einfachen Einspruchsrecht abgeschwächt worden war.[160] Im

---

157 Zuerst Erich Kaufmann in seiner im Jahr 1917 erschienenen Studie über „Bismarcks Erbe in der Reichsverfassung"; vgl. dazu Lehmbruch 1998: 63.
158 „Der Übergang zum 'interventionistischen' Staat [...] ist hier gerade darum, weil die liberale Periode schon unitarische Prädispositionen geschaffen hatte, mit einer kräftigen Verstärkung der gesellschaftlichen und staatlichen Vereinheitlichungstendenzen verbunden." (Lehmbruch 1998: 107; vgl. dazu ausführlicher auch Kapitel 4.2.)
159 Vgl. als Dokument dieser regionalen Vielfalt sehr anschaulich Haffner 1940.
160 Welches aber vom Reichstag nur mit Zweidrittel-Mehrheit umgangen werden konnte.

Übrigen hatte die Weimarer Verfassung die Kompetenzen der Länder weiter beschnitten, und die Reichsleitung konnte sich aufgrund der Auflösung der staatsrechtlich hegemonialen Stellung Preußens von dem dominanten Einfluss des wichtigsten Einzelstaates zumindest in Teilen emanzipieren. Andererseits blieb Preußen „gleichwohl als der bei weitem stärkste Einzelstaat eine weiterhin gewichtige autonome politische Potenz" (Lehmbruch 1998: 68) – und die Parlamentarisierung nicht nur des Reichskabinetts, sondern auch der Länderregierungen stärkte deren Legitimität und „auch die Beharrungskraft der politisch-administrativen Organisation der Einzelstaaten" (ebda.). Nichtsdestotrotz mussten sie per saldo einen Machtverlust im bundesstaatlichen System hinnehmen, wozu die zentralisierende Reform der Finanzverfassung unter Reichsminister Erzberger maßgeblich beizutragen wusste (vgl. Witt 1992: 90-98). Mit ihr bildete sich endgültig eine später in der Bundesrepublik fortgeführte Tradition aus, „die sich an der Leitvorstellung vom Gesamtstaat als einem einheitlichen Wirtschaftsgebiet orientierte und deshalb immer mehr die Entwicklung zu Verbundlösungen im Steuersystem und zu einem intensivierten Finanzausgleich beförderte" (Lehmbruch 1999: 56). Aller Tendenz zum „Reichsunitarismus" (Deuerlein 1972: 171) zum Trotz blieben die verbundföderalistischen Strukturen der Weimarer Republik erhalten und funktionsfähig – bis mit dem so genannten „Preußenschlag" Reichskanzler Papens[161] im Jahr 1932 „nicht nur der politische Richtungsgegensatz beider Regierungen, sondern auch der Dualismus Preußen-Reich im Wege des Staatsstreiches ausgeschaltet" (Lehmbruch 1998: 74) wurde. Die nach der Machtübergabe an Hitler 1933/34 vollzogene „Gleichschaltung" sämtlicher Länder durch die Einsetzung von Reichskommissaren und später Reichsstatthaltern war die konsequente Fortführung dieser Politik – und der vorläufige Schlussstrich unter sechs Jahrzehnte bundesstaatlicher Entwicklung.

An diese Tradition wurde nach dem Krieg jedoch nahtlos angeknüpft – auf Druck der Alliierten, insbesondere der amerikanischen Besatzungsmacht, und auf Initiative der Ministerpräsidenten der Länder, die schon vor der Gründung der Bundesrepublik existierten und angesichts des Zusammenbruchs der deutschen Zentralgewalt 1945 über einen entscheidenden Organisationsvorsprung gegenüber dem Bund bzw. der Bundesregierung verfügten. Dass das Leitbild des „bündischen Unitarismus" wieder aufgenommen wurde (vgl. Lehmbruch 1998: 90-99) und die von Anbeginn an einsetzenden, vereinheitlichenden

---

[161] Papen enthob in verfassungswidriger Weise den (sozialdemokratischen) preußischen Ministerpräsidenten Braun seines Amtes und übernahm als „Reichskommissar" selbst die preußischen Regierungsgeschäfte.

Effekte des westdeutschen Föderalismus eher noch umfassender werden konnten als im Verlauf der Vorgeschichte, lag entscheidend an der gesellschaftshistorischen Konstellation der unmittelbaren Nachkriegszeit. Zum einen hatten der Zerfall des Deutschen Reiches und die Zerschlagung Preußens auf dem Gebiet der westlichen Besatzungszonen eine deutsche Teilgesellschaft hinterlassen, die bereits per se eine „strukturelle soziale Ausgewogenheit" (Lepsius 1974: 149) von bis dahin ungekanntem Ausmaß aufwies, und in der die zuvor virulenten, maßgeblich auf den alten Regionalstrukturen aufbauenden soziopolitischen Konfliktlinien („cleavages") deutlich entschärft worden waren: „Die Teilung Deutschlands hat aus der Bundesrepublik einen in seiner sozialen und kulturellen Binnenstruktur weit homogeneren Staat entstehen lassen, als dies das Deutsche Reich je war" (Lepsius 1983: 136; vgl. auch Ritter 1998a: 18-24, sowie Kapitel 4.7. zur Verhandlungsdemokratie). Zum anderen setzten die westdeutschen Länder (bis auf Bayern) angesichts der Nöte und Probleme des Wiederaufbaus akut nicht wirklich auf größtmögliche Autonomie gegenüber einer künftigen Zentralregierung, sondern vielmehr pragmatisch „auf ihre Mitbestimmung bei den Richtungsentscheidungen über den Zustand des Ganzen und auf die Dezentralisierung der Umsetzung dieser Entscheidungen" (Zintl 1999: 473) – also auf das alte Bismarcksche Modell des Verbundföderalismus. Schon im Deutschland des Kaiserreiches hatte es – wie gesehen – eines zentralen politischen Akteurs bedurft, der in der Lage war, reichseinheitliche Rahmenbedingungen einer nachholenden ökonomischen Modernisierung herzustellen. Nunmehr waren es die umfassenden Kriegszerstörungen und der massive Zustrom von (bis 1950) acht Millionen Flüchtlingen[162] aus den ehemaligen östlichen Reichsgebieten, die das teilweise existenzielle Interesse der Länder an der Herstellung und Stabilisierung jener „Einheitlichkeit der Lebensverhältnisse" hervorriefen, die 1949 im Grundgesetz niedergelegt wurde (vgl. Beyme 1999: 28). Nicht also in erster Linie „weil die historische Differenz unterschiedlicher Individualitäten in der Bundesrepublik kaum mehr oder nur noch schwach gegeben war" (so Nipperdey 1986: 103), sondern eher umgekehrt: weil die neukonstituierten Länder ein institutionelles Eigeninteresse am mitbestimmten (Wieder-)Aufbau des deutschen Weststaates hatten, feierte die Idee des bündischen Unitarismus ein Comeback und „ist die von den Staatsaufgaben vorangetriebene unitarisierende Entwicklung der Bundesrepublik so schnell und so reibungslos vor sich gegangen" (ebda.; vgl. dazu auch Abromeit 1992: 33-80).

---

162 Die damals tatsächlich auch noch „Flüchtlinge" hießen und erst später in der politischen Sprache Westdeutschlands zu „Vertriebenen" wurden.

Gegenüber der Verfassung der Weimarer Republik stärkte das Bonner Grundgesetz zunächst eindeutig die Position der Länder und ihres Repräsentationsorgans, des Bundesrates[163]: Es erklärte die Gesetzgebung grundsätzlich zur Ländersache und verwies nur einige klar umrissene Politikbereiche in die Zuständigkeit des Bundes; es machte die Länder im Regelfall für die Ausführung von Bundesgesetzen verantwortlich; und es sah prinzipiell die Mitwirkung der Länderregierungen an der Gesetzgebung des Bundes vor. Insbesondere all jene Bundesgesetze, die Länderinteressen berührten, bedurften demnach der Zustimmung des Bundesrates – und anders als zu Weimarer Zeiten konnte dieser bei einem möglichen Einspruch von der Parlamentsmehrheit nicht überstimmt, sondern allenfalls im Wege eines gemeinsamen Vermittlungsverfahrens umgestimmt werden. Ließ diese Konstruktion theoretisch breiten Raum für die Entwicklung eines nur lose verkoppelten Systems einzelstaatlicher Partikularismen, so kehrte die bundesstaatliche Praxis nach 1949 ebenso schnell wie dauerhaft zum altbewährten, seit der Reichsgründung eingespielten Tausch von Eigenständigkeit gegen Einfluss (vgl. Scharpf 1991), von „Eigenkompetenz" gegen „Mitbestimmungskompetenz" (Nipperdey 1986: 103), zurück. Insbesondere die kleineren, strukturschwachen Länder sahen ihre wirtschaftlichen Entwicklungschancen nur mit Unterstützung einer starken Zentralgewalt gewahrt – und die großen, leistungsfähigen Länder stimmten der Ausweitung von Bundeskompetenzen nur unter der Bedingung erweiterter eigener Mitspracherechte zu. In dieser Konstellation kam es nicht nur zur weitgehend konsensual vollzogenen Ausweitung jenes Katalogs von Materien, die laut Artikel 74 GG in den Bereich der konkurrierenden Gesetzgebung fallen und also auch bundesgesetzlicher Regulierung offenstehen. Auch die darüber hinausgehende, abstrakt gehaltene „Bedürfnisklausel" nach Artikel 72 (Absatz 2) GG, die eine bundesgesetzliche Regelung u.a. für den Fall rechtfertige, dass „die Wahrung der Rechts- oder Wirtschaftseinheit, insbesondere die Wahrung der Einheitlichkeit der Lebensverhältnisse über das Gebiet eines Landes hinaus sie erfordert" (zit. n. Laufer und Münch 1998: 127), wurde von den politischen Akteuren zunehmend extensiv interpretiert.[164] Im Gegenzug wurden die Bestimmungen zur Zustimmungspflichtigkeit von Bundesgesetzen (Art. 84 Abs. 1 GG) gleichfalls weit ausge-

---

163 Zum föderativen System der Bundesrepublik vgl. Pilz und Ortwein 1995: 46-72; Hesse und Ellwein 1997: 66-107; Laufer und Münch 1998: 109-141.

164 Mit tatkräftiger Hilfe des Bundesverfassungsgerichts, das die Auslegung dieses Kriteriums schon früh „allein dem pflichtgemäßen Ermessen des Bundesgesetzgebers überantwortete" (Zintl 1999: 477).

legt;[165] etwa die Hälfte aller seit Beginn der Bundesrepublik vom Bundestag beschlossenen Gesetze bedurften infolgedessen der Zustimmung des Bundesrates (vgl. Lehmbruch 1998: 91f.). Die hierdurch sich ergebenden Erfordernisse zur Kooperation zwischen Bund und Ländern, aber auch zur „horizontalen Selbstkoordination" der Länder untereinander (vgl. Lehmbruch 1998: 99-105), führten zur stetigen Zunahme von Zahl und Bedeutung föderaler Planungs- und Koordinationsgremien. Der kooperative Charakter des bundesdeutschen Föderalismus wurde desweiteren gefördert durch die Regelungen zum (horizontalen) Länderfinanzausgleich sowie durch die faktische Missachtung des Prinzips der finanziellen Eigenverantwortung von Bund und Ländern, das auf Mahnung der Alliierten in das Grundgesetz Eingang gefunden hatte.[166] Bereits die Finanzreform von 1955 vollzog die verfassungsrechtliche Besiegelung jenes (schon vorab praktizierten) „kleinen Steuerverbundes", in dessen Rahmen das Aufkommen der Einkommens- und Körperschaftssteuer zwischen Bund und Ländern aufgeteilt wurde. Den Meilenstein des Übergangs zu einer umfassenden föderalen Aufgaben- und Finanzierungsverflechtung setzte allerdings erst die noch von der Großen Koalition durchgeführte Reform der Finanzverfassung von 1969.[167] Sie markiert die Fortentwicklung des deutschen „Mitbestimmungsföderalismus" (Zintl 1999: 475) zu einem System der „Politikverflechtung" (Scharpf 1976), in dessen Rahmen die bundesstaatlichen Kooperationsbeziehungen vom Kompetenzbereich des Bundes, auf den sie bis dahin zumindest formal beschränkt geblieben waren, auf jenen der Länder ausgeweitet wurden (vgl. Pilz und Ortwein 1995: 46-72; Lehmbruch 1998: 114-125). Im Bereich der Ressourcenaufbringung wurden 1969 der föderale Steuerverbund auf die Kommunen ausgeweitet und die Zahl der Verbundsteuern erhöht – womit wiederum auch die Zustimmungsrechte des Bundesrates gestärkt wurden. Auf der Seite der Aufgabenerfüllung wurde umgekehrt die bereits zuvor zunehmend gängige Praxis der „Mitregierung" des Bundes in den Ländern nun auch verfassungsrechtlich verankert: Der neue Artikel 91a GG übertrug dem Bund das

---

165 So dass der Bundesrat z.B. erfolgreich geltend machen konnte, dass Bundesgesetze schon aufgrund der in ihnen enthaltenen, die Landesbehörden bindenden Ausführungsbestimmungen zustimmungspflichtig seien – und zwar das Gesetz als Ganzes, auch in seinen materiellen Teilen. Auch diese extensive Auslegung wurde vom Bundesverfassungsgericht ausdrücklich gebilligt.
166 Zur Finanzordnung im deutschen Bundesstaat vgl. Laufer und Münch 1998: 199-245.
167 Zur politikgeschichtlichen „Epochenbedeutung der Großen Koalition" vgl. Lehmbruch 1999 (hier: 42). Görtemaker spricht gar von der „Umgründung" der Bundesrepublik noch vor Beginn der Ära Brandt (vgl. Görtemaker 1999: 475-596).

Recht zur Mitwirkung (sprich: ein durch Kofinanzierung erworbenes Mitbestimmungsrecht) bei der Erfüllung einer Reihe von Länderaufgaben, den nunmehr so genannten „Gemeinschaftsaufgaben", von denen die inhaltlich dehnbarste der „Verbesserung der regionalen Wirtschaftsstruktur" galt (vgl. Lehmbruch 1999: 50-53; Zintl 1999: 478f.). Zugleich wurde – zusätzlich zu den bereits existierenden Bundesergänzungszuweisungen im Rahmen des vertikalen Finanzausgleichs – das Institut der Finanzhilfen des Bundes an die (strukturschwachen) Länder geschaffen, die dem „Ausgleich unterschiedlicher Wirtschaftskraft" dienen sollten (Artikel 104a GG), und die Errichtung gemeinsamer Gremien zur Finanz- und Investitionsplanung vorgesehen.

Das durch diese Bestimmungen teils in seinem Bestand gefestigte, teils deutlich erweiterte *Geflecht komplexer, wechselseitiger Mitbestimmung* (der Länder im Bund und des Bundes in den Ländern) ist bis heute ein dauerhaftes – und umstrittenes – „Erbe der Großen Koalition" (Lehmbruch 1999: 55) geblieben.[168] Seit der Verabschiedung der Einheitlichen Europäischen Akte 1986 wird dieses System eines kooperativen Föderalismus durch eine dritte Ebene überlagert, was nicht nur zur Ausdehnung der politischen Mitwirkungsrechte der Länder bis auf die europäische Ebene (Neufassung von Artikel 23 GG von 1992), sondern auf der anderen Seite auch zu einer weiteren Verkomplizierung der binnenstaatlichen Kooperationsprozesse geführt hat (vgl. Benz 1999: 146-149; Götz 1995). Gleichwohl wird man nicht behaupten können, dass die Kooperation zwischen den Exekutiven des Bundes und der Länder, Kern des deutschen Modells des Verbundföderalismus, durch diesen externen Faktor elementar und auf Dauer gestört worden wäre – ebensowenig wie durch den mit dem parlamentarischen Regierungssystem verbundenen Parteienwettbewerb, der im politischen System der Bundesrepublik das seiner Genese nach vordemokratische Prinzip des Exekutivföderalismus ergänzt.[169] Den allfälligen Prozessen parteipolitischer

---

168 Allerdings bereinigt um die ursprünglich keynesianisch-„systempolitische" Aufladung des Systems föderaler Politikverflechtung, das – wie auch das System korporatistischer Verbändezusammenarbeit (vgl. Kapitel 4.3.) – in den späten 1960er und frühen 1970er Jahren als Teil eines großangelegten gesellschaftspolitischen Steuerungs- und Koordinierungsarrangements gesehen wurde; vgl. dazu ausführlich Lehmbruch 1999.

169 Die unterschiedlichen, tendenziell gegenläufigen Handlungslogiken eines auf Konkurrenz und Konflikt geeichten Parteiensystems einerseits und eines auf Kooperation und Verhandlung beruhenden föderativen Systems andererseits bzw. das Problem der Kongruenz beider Systeme, ihrer Handlungslogiken und Entscheidungsregeln, bilden den zentralen Gegenstand der großen (zuerst 1976 erschienenen) Studie Gerhard Lehmbruchs zum „Parteienwettbewerb im Bundesstaat" (1998). Lehmbruch sucht in der Geschichte der Bundesrepublik nach Belegen für seine These, „daß die eigentümliche Konstruktion des

Die Konfiguration des deutschen Sozialmodells 181

„Instrumentalisierung" des Bundesrates zum Trotz – und nicht selten gerade aufgrund derselben – kam es in der Bundesrepublik keineswegs zu strukturellen „Politik"- oder „Reformblockaden": „der Stillstand der Politik wurde vielmehr durch inkrementelle Anpassungen verhindert" (Benz 1999: 142).[170] Die institutionellen Strukturen des westdeutschen Bundesstaates der Nachkriegszeit führten nicht zur politischen Blockierung der jeweiligen Regierungen, wohl aber zu einer Beschränkung ihres politischen Handlungsrepertoires, zu einer zumindest teilweise erzwungenen Kompromissbereitschaft und folgerichtig zu einer Zügelung oder Mäßigung ihres politischen Impetus – „zu einer Kurskorrektur zur Mitte hin" (Nipperdey 1986: 104). Eben dieses Charakteristikum politischen Handelns im deutschen Sozialmodell steht im Mittelpunkt der Betrachtungen des folgenden Abschnitts (Kapitel 4.7.).

Zuvor gilt es jedoch resümierend festzuhalten, dass das politische System in Deutschland seit den Zeiten des Deutschen Reiches durch Strukturen eines „Regierungsföderalismus" (Benz 1999: 135) gekennzeichnet gewesen ist, in dessen Rahmen die *Beziehungen zwischen den Exekutivgewalten* von Reich und Einzelstaaten – später Bund und Ländern – nach dem Leitbild eines *bündischen Unitarismus* geordnet werden (vgl. o., Abbildung 4.2). Das insbesondere ökonomisch bestimmte politische Ziel der Herstellung einheitlicher bzw. gleichwertiger[171] Wirtschafts-, Arbeits- und Lebensverhältnisse auf dem Territorium des

---

deutschen Bundesstaates insbesondere das Steuerungspotential des Parteienwettbewerbs deutlich begrenzt und darüber hinaus in bestimmten Konstellationen zu schwerwiegenden institutionellen Funktionsstörungen führen kann" (Lehmbruch 1998: 11; vgl. insb. ebda.: 136-175). Allerdings betont die offensichtlich unter dem Eindruck des „Reformstaus" der späten 1990er Jahre (insbesondere der im Bundesrat gescheiterten Steuerreform der Regierung Kohl 1997/98; vgl. Lehmbruch 1998: 9-13) stehende Neuauflage der Untersuchung allzu sehr die politisch dysfunktionalen Effekte des bundesdeutschen Verbundföderalismus und überzeichnet insbesondere den Wettbewerbscharakter des bundesdeutschen Parteiensystems; vgl. hierzu ausführlicher das nachfolgende Kapitel 4.7. zur Verhandlungsdemokratie.

170 Benz nennt als Beispiel für das von ihm hervorgehobene verbundföderalistische Muster „inkrementeller Anpassungen" die Einführung der Pflegeversicherung (vgl. Benz 1999: 145). Gerade dieser Fall aber zeigt freilich, dass sich auf dem Wege des politischen „Inkrementalismus" weitreichende Veränderungen in der Ordnung gesellschaftlicher Beziehungen vollziehen können (vgl. dazu ausführlich Kapitel 5.2.). Zur Frage der Problemlösungsfähigkeit des bundesdeutschen Föderalismus vgl. auch Wachendorfer-Schmidt 1999 (ebenfalls mit Bezug u.a. auf die Pflegeversicherung; vgl. ebda.: 33) sowie Hesse und Renzsch 2000.

171 Nach der Vereinigung von Bundesrepublik und DDR wurde die „Bedürfnisklausel" der konkurrierenden Gesetzgebung nach Art. 72 Abs. 2 GG im Jahre 1994 umformuliert.

deutschen Bundesstaates hat zu einer ausgeprägten Unitarisierung geführt, die politikhistorisch als „Surrogat für Zentralisierung" (Lehmbruch 1998: 59) gedeutet werden mag.[172] Dabei erwies sich der deutsche Verbundföderalismus insofern als *mobile institutionelle Form*, als er mit dem Übergang zur Weimarer Republik demokratisiert und im Verlauf der Geschichte der Bundesrepublik zunehmend zu einem System der Politikverflechtung im Sinne der wechselseitigen Durchdringung der Aufgabenbereiche und der Entscheidungsdomänen von Bund und Ländern erweitert wurde.[173] Beide Seiten sahen sich nach dem Untergang des nationalsozialistischen Staates gleichsam als Teil einer (wie auch immer konfliktbehafteten) *politischen Leistungsgemeinschaft*[174] und entwickelten ein System kooperativer, von Aushandlungsprozessen und Einigungszwängen dominierter bundesstaatlicher Beziehungen. Ein System „föderalistischer Machtkorrektive", das im operativen Geschäft über erhebliche Flexibilitätsreserven verfügte und – wie im Fortgang dieser Untersuchung zu sehen sein wird – nach wie vor verfügt (vgl. Wachendorfer-Schmidt 1999: 16-29), und das im Übrigen nicht unwesentlich „zur Entpolarisierung der politischen Konflikte" (Schildt 1999a: 29) im deutschen Sozialmodell der Nachkriegszeit beigetragen hat.

Seither lautet die entsprechende Bestimmung: „Der Bund hat in diesem Bereich das Gesetzgebungsrecht, wenn und soweit die Herstellung gleichwertiger Lebensverhältnisse im Bundesgebiet oder die Wahrung der Rechts- oder Wirtschaftseinheit im gesamtstaatlichen Interesse eine bundesgesetzliche Regelung erforderlich macht." (Zit. n. Laufer und Münch 1998: 129.)

172 In welchem Maße die regulative Unitarisierung von der staatlichen Rechtsordnung auch auf andere gesellschaftliche Regelungsbereiche ausstrahlte, zeigt Lehmbruch am Beispiel der Entwicklung der Arbeitsbeziehungen (vgl. Lehmbruch 1998: 110f. und 2003; vgl. auch Kapitel 4.3.). Lepsius hingegen betont den Umstand, dass die Tendenz zur Unitarisierung der materiellen Lebensverhältnisse von „einem allgemeinen Muster organisatorischer Differenzierung" (Lepsius 1990b: 69) entsprechend des föderativen Prinzips konterkariert wurde, was maßgeblich zur Ausprägung eines tatsächlich *bündischen* Unitarismus beigetragen habe (vgl. ebda.: 68-71).

173 „Das 'bündische' Strukturelement war jetzt nicht mehr wie zur Bismarckzeit ein Instrument, dessen sich die Zentralregierung gegenüber dem Parlament bedienen konnte, sondern wurde – und zwar eindeutiger als in der Weimarer Republik – zu einer Schranke, die den Aktionsspielraum der Bundesregierung einengte und die erst im Wege des Verhandelns überwunden werden konnte." (Lehmbruch 1998: 91)

174 Vgl. zum Begriff der „Leistungsgemeinschaft" die Ausführungen in Kapitel 4.5. – Laufer und Münch erheben ein „wechselseitiges Treueverhältnis zwischen Bund und Ländern" – „als wesentliche Bestandteile eines gemeinsamen Ganzen" – zum ungeschriebenen Verfassungsgrundsatz der Bundesrepublik (vgl. Laufer und Münch 1998: 123, 124).

4.7. Verhandlungsdemokratie

Wenn von der deutschen „Verhandlungsdemokratie" die Rede ist, dann ist damit durchaus nicht immer dasselbe gemeint. Gerhard Lehmbruch etwa hat in seiner erstmals 1976 erschienenen, seither breit rezipierten und zwei Jahrzehnte später neu edierten Studie zum politischen Institutionengefüge der Bundesrepublik die soeben beschriebenen Strukturen eines kooperativen Föderalismus als das genuin verhandlungsdemokratische Element der westdeutschen Nachkriegsdemokratie bezeichnet, dem der Parteienwettbewerb als konkurrenzdemokratisches Moment gegenübergestellt sei (vgl. Lehmbruch 1998).[175] Für andere Analysen des politischen Systems der Bundesrepublik hingegen sind Verbundföderalismus bzw. bundesstaatliche Politikverflechtung einerseits, das Parteiensystem in seiner nach 1945 etablierten und gewachsenen Struktur andererseits zwei gleichermaßen konstitutive Elemente der bundesdeutschen Verhandlungsdemokratie (vgl. z.B. Benz 1999: 42; Katzenstein 1999: 565-569). Eben diese Überzeugung liegt auch den folgenden Ausführungen zur Verhandlungsdemokratie als sechster (und letzter) Basisinstitution des deutschen Sozialmodells zugrunde: Sie ist vollständig nur als Zusammenspiel verschiedener institutioneller Teilarrangements zu verstehen – als Kombination der Effekte eines komplexen Systems der politischen Bund-Länder-Kooperation und eines im Grundsatz konsensbewehrten und auf politische Kompromissbildung angelegten Systems der Parteienkonkurrenz, aber auch eines in die politische Arena ausstrahlenden Systems sozialpartnerschaftlich ausgestalteter industrieller Beziehungen.[176] Gleichwohl sind diese drei Bereiche, der hier bezweckten Präsentation von Institutionen als Instrumenten der Ordnung sozialer Beziehungen folgend, analytisch voneinander zu trennen: Der bereits erfolgten Darstellung der institutionellen Komplexe „Sozialpartnerschaft" (als Arena der Koordination der Beziehungen zwischen Arbeitgebern und Arbeitnehmern) und „Verbundföderalismus" (als Terrain der Kooperation zwischen territorialen Exekutiven bzw. Administrationen – Regierungen und Verwaltungen – im deutschen Bundesstaat) ist daher an dieser Stelle

---

175 Ein konkurrenzdemokratisches Moment, das aber, so Lehmbruch, gerade durch den kooperativen *bias* des bundesdeutschen Föderalismus seines Wettbewerbscharakters beraubt werde. Dazu aber mehr im Verlauf dieses Abschnitts.

176 Vgl. im Sinne dieses weiten, die Interaktionseffekte der drei Teilkomplexe betonenden Verständnisses des Konzepts jetzt auch Czada 2003. Lehmbruch selbst erweitert in einer neueren Veröffentlichung sein Konzept der bundesdeutschen Verhandlungsdemokratie, indem er es auf die Verbindung von Verbundföderalismus plus Korporatismus bezieht (vgl. Lehmbruch 1999: 42).

die historisch-soziologische Skizze eines weiteren Teilbereichs der bundesdeutschen Institutionenordnung hinzuzufügen. Der institutionelle Komplex „Verhandlungsdemokratie" im engeren, „eigentlichen" Sinne umfasst dann das Feld der Beziehungen zwischen Exekutive und Legislative, oder genauer zwischen Regierung und Parlament – und noch präziser: zwischen Regierungsfraktion und Oppositionsfraktion, Regierungspartei und Oppositionspartei – auf Bundesebene. Es geht also im Folgenden um den politisch-institutionellen Kernbereich der vielzitierten deutschen „Konsensgesellschaft", seine historischen Wurzeln und kulturellen Fundamente.

Bereits das politische System des Kaiserreichs war, der autoritären Herrschaftsform zum Trotz, auch durch „verhandlungsdemokratische" Elemente gekennzeichnet (vgl. Lehmbruch 1998: 31-37) – eine Verhandlungsdemokratie im hier dargelegten (und im Weiteren zu spezifizierenden) Sinne jedoch war das Deutsche Reich zu keiner Zeit. Der mit der Verfassung von 1871 begründete monarchische Konstitutionalismus (vgl. Böckenförde 1972) war in seinem konstitutiven Dualismus von gouvernementalem und demokratischem Prinzip, in seiner Kombination von autoritärem Militärkönigtum und (allerdings auf Männer beschränktem) demokratischem Reichstagswahlrecht, ein durchaus zweischneidiges Schwert. Die verquer wirkende Konstruktion einer in bestimmten Sachentscheidungen auf die Zustimmung des Parlamentes angewiesenen, personell und legitimatorisch aber von diesem entkoppelten Regierung – von der etatistischen Historikerzunft der Zeit als die dem preußisch-deutschen Reich einzig angemessene Verfassungsform gepriesen, von liberalen Historikern bereits zu Weimarer Zeiten als „Königsherrschaft mit Scheinkonstitutionalismus" (Johannes Ziekursch, zit. n. Faulenbach 1980: 219) kritisiert[177] – bestimmte zunehmend

---

177 Dass die konstitutionelle Verfassungsstruktur die Herrschaft einer traditionellen Führungsschicht verlängerte, die schon zu Beginn des Kaiserreiches und zumal zum Ende desselben kaum noch dem gesellschaftlichen Entwicklungsstand der Zeit entsprochen habe, ist die zentrale These bei Arthur Rosenberg (vgl. Rosenberg 1928). Hingegen verteidigte vor 1918 beispielsweise Otto Hintze den monarchisch-konstitutionellen Verfassungstypus als „eine Verfassungsform eigener Art, [...] die entstanden ist durch die Aufpfropfung konstitutioneller Institutionen auf den monarchischen Stamm und die einen ganz anderen Hintergrund hat als das parlamentarische System" (Hintze 1911: 387) – ein System, das seiner Ansicht nach den deutschen Verhältnissen völlig unangemessen sei: „Wir haben doch etwas mehr zu verlieren als die kleinen und jugendlichen Nationen, die wir auf dem Balkan oder sonstwo sich dem allein seligmachenden Parlamentarismus in die Arme werfen sehen: eine Großmachtstellung, eine blühende Volkswirtschaft und eine hochausgebildete Geisteskultur." (Hintze 1914: 423) Die in der deutschen Geschichtswissenschaft der Zwischenkriegszeit in restaurativer Absicht zur „verfassungsgeschichtlichen Sonder-

die Handlungslogik beider Seiten. Sie führte dazu, dass sich schon im Laufe der Entwicklung des wilhelminischen Deutschland „Prozesse des Aushandelns (*'bargaining'*) als das dominante Regelsystem durchgesetzt haben" (Lehmbruch 1998: 31). Dem Parlamentarismus war auf diese Weise der stärkste Motor parteipolitischen Wettbewerbs genommen: „Beschränkt auf die Mitwirkung an Gesetzgebung und Haushaltspolitik, ferngehalten von den Regierungsämtern, fehlte ihm der Antrieb der Konkurrenz um die Regierungsmacht." (ebda.: 35) Die im Reichstag vertretenen Parteien[178] verlegten sich stattdessen auf informelle, zumeist bilaterale Aushandlungsprozesse mit der jeweiligen Regierung, um sich politisch wie personell ihre Einflusssphäre zu sichern.[179] Die kaiserlichen Beamtenregierungen ihrerseits bestärkten die politischen Parteien direkt oder indirekt in ihrem lobbyistischen Verhalten[180]:

„Unter den Bedingungen eines demokratischen Wahlrechts lag eben die einzige Möglichkeit, die institutionelle Unabhängigkeit der Regierung vom Parlament zu wahren und die volle Parlamentarisierung zu verhindern, in einer Politik der wechselnden Allianzen, der temporären Gesetzgebungsmehrheiten" (ebda.: 35).[181]

Dass sich das Kaiserreich gleichwohl nicht sinnvoll als Verhandlungsdemokratie bezeichnen lässt, liegt nicht allein an der verfassungspolitisch verfügten Isolierung der Regierungsgeschäfte von einem parteienpluralistisch strukturierten Parlamentarismus, der den herrschenden Eliten als Inbegriff partikularer Interessen-

---

wegsideologie" (Faulenbach 1980: 215; vgl. ebda.: 213-240, 279-289) überhöhte vermeintliche Einzigartigkeit der Bismarckschen Verfassungskonstruktion, die selbst noch bei Werner Conze nachklingt (vgl. Conze 1983: 454), ist freilich von der neueren vergleichenden Verfassungsgeschichte nachdrücklich infragegestellt worden (vgl. Kirsch 1999).
178 Lehmbruch spricht von einer „Parteien-Pentarchie" (1998: 33) aus Konservativen, Rechtsliberalen, Linksliberalen, Katholiken und Sozialisten.
179 Auf diese Weise entwickelte sich laut Lehmbruch (1998: 34) die politische Kultur „eines Vielparteiensystems, in dem das Mehrheitsprinzip zurücktrat hinter dem Regelsystem des Aushandelns mit Repartierung von politischem Einfluß". Seibel spricht in diesem Zusammenhang von einem „Arrangement zwischen altem Regime und Bürgertum unterhalb der Schwelle der politischen Demokratie" (Seibel 1992: 351), in dessen Rahmen die Interessen der bürgerlichen Schichten administrativ (statt politisch) befriedigt wurden.
180 Das darüber hinaus auch den engen Beziehungen einiger Parteien zu organisierten Interessengruppen geschuldet war – so etwa der Deutsch-Konservativen Partei zum „Bund der Landwirte", des Zentrums zum „Volksverein für das katholische Deutschland" oder der SPD zu den Freien Gewerkschaften.
181 „Insbesondere die katholische Zentrumspartei rückte [...] nach dem Scheitern des Kulturkampfes zunehmend in eine Schlüsselstellung als kaum zu entbehrender Bündnispartner." (Lehmbruch 1998: 34)

gebundenheit und damit geradezu als institutionalisierter Antipode des „Gemeinwohls" galt. Es liegt maßgeblich auch an der soziokulturellen Fragmentierung des damaligen Parteiensystems, dessen segmentierte, „versäulte" Struktur die Herausbildung eines parteiübergreifenden, das parlamentarische Parteienspektrum überwölbenden Grundkonsenses vor (aber auch nach) 1918 ebenso effektiv wie nachhaltig verhinderte. Die Parteien im wilhelminischen Deutschland fungierten, in Rainer Lepsius' bekannter Formulierung, als „Aktionsausschüsse" (Lepsius 1966: 37) politisch mobilisierter Gesinnungsgemeinschaften – als politische Repräsentanten in sich geschlossener sozialkultureller Milieus[182], die sich „durch symbolisch dramatisierte Moralgrenzen" (ebda.: 49) voneinander absetzten und politisch unüberwindbare, weil vorpolitisch motivierte und strukturierte Gegensätze untereinander aufbauten. Diese Gegensätze wurden gewissermaßen parteipolitisch eingefroren und überlagerten konsequent den potenziell wirkungsmächtigen Antagonismus zwischen autokratisch und demokratisch gesinnten Kräften im Reichstag.[183] Es fehlte somit an einem das Parteiensystem integrierenden, allgemein geteilten normativen Wertbezug – oder genauer: Es entstand damit eine strategische Situation, in der allein ein einziger, inhaltlich unbestimmter Wertkomplex die Moralgrenzen überwinden konnte, nämlich der Bezug auf die Nation, auf nationale Identifikation und nationale Geschlossenheit. Auf diese Weise „wurde die Erhaltung der nationalen Einheit zu einem politischen Orientierungsziel, auch für die Gestaltung der Binnenordnung, wie dies in kaum einem anderen Industriestaat der Fall war" (Lepsius 1969: 22). Mit dem Akt der Reichsgründung[184] herrschte im kaiserlichen Deutschland ein autoritär

---

182 Zum „Milieu" als durch „eine komplexe Konfiguration religiöser, regionaler, sozialer und wirtschaftlicher Faktoren" bestimmte Strukturkategorie vgl. Lepsius 1966 (hier: 38), der von vier „politisch dominanten Sozialmilieus" (ebda.: 49) im Kaiserreich spricht: dem konservativen, bürgerlich-protestantischen, katholischen und sozialistischen.

183 Lehmbruch (1998: 34f.) bezeichnet diese Struktur als „segmentierten Pluralismus". Antiparlamentariern wie Otto Hintze diente der damit benannte Sachverhalt zur Polemik gegen die parlamentarische Regierungsform selbst: „Nicht die Zersplitterung und die Zahl der Parteien ist das, was die parlamentarische Regierung bei uns unmöglich macht, sondern der ungeheure Gegensatz, der zwischen ihnen vorhanden ist. Man braucht sich bloß die unüberbrückbare Kluft zwischen der Staats- und Weltanschauung des Zentrums und der Sozialdemokratie zu vergegenwärtigen, um sich von der Unmöglichkeit zu überzeugen, daß solche Parteien *abwechselnd* die Regierung führen könnten." (Hintze 1914: 423)

184 Wie schon im exkludierenden Ursprung des kleindeutschen Nationalstaats antipolitische Homogenitätsideale aufschienen, die noch in der gegenwärtigen Debatte um eine „deutsche Leitkultur" fortleben, thematisiert Gustav Seibt in einem brillianten Essay (vgl. Seibt 2000).

gestifteter und durchgesetzter, zuletzt – am Vorabend des Ersten Weltkrieges – quasi-religiös aufgeladener, der Nation als apolitischer Letztbestimmung allen politischen Handelns verpflichteter Konformitätsdruck, der die parteipolitischen Lager ideologisch zu einen verstand, ohne jedoch die nach wie vor zwischen ihnen bestehenden soziokulturellen Barrieren abbauen zu können.

Dementsprechend war auch noch der nach 1918 auf deutschem Territorium einsetzende Demokratisierungsprozess soziokulturell überformt. Bis in die Endphase der Weimarer Republik hinein blieb die Konfiguration des deutschen Parteiensystems als „pentapartito", wie sie sich noch vor der Jahrhundertwende herausgebildet hatte, in ihren Grundzügen erhalten (vgl. Lehmbruch 1998: 33; Lepsius 1966: 31f.). Das Weimarer Parteiensystem konservierte damit zum Teil anachronistisch anmutende konfessionelle und regionale Konfliktlinien, die sich erst im Zuge der nationalsozialistischen Herrschaft und des Zweiten Weltkrieges auflösen sollten. Erst danach bestanden tatsächlich die institutionellen und politisch-kulturellen Bedingungen für die Entwicklung verhandlungsdemokratischer Beziehungen zwischen Regierung und Parlament, regierenden und opponierenden Parteien. Zuvor kam es zwar zu einer effektiven Parlamentarisierung der Regierung und „zu einem 'zentristischen', um die Mitte gruppierten Koalitionsregime" (Lehmbruch 1998: 36) im Reichstag, das „durch ständig erneute Aushandlungsprozesse mehr oder weniger wirkungsvoll integriert" (ebda.: 37) wurde.[185] Die andere Seite der Weimarer Medaille aber war dazu angetan, diese Ansätze verhandlungsdemokratischer Aktivität ebenso wirkungsvoll zu durchkreuzen – je länger demokratische Verhältnisse bestanden, desto mehr. So fehlte der Weimarer Republik jener parteiübergreifende formale (was die Akzeptanz des parlamentarisch-demokratischen Systems anbelangt) und auch inhaltliche (auf die Formel „Grundgesetz und Soziale Marktwirtschaft" zu bringende) Basiskonsens, der sich in der Bundesrepublik bereits im Verlaufe des ersten Jahrzehnts ihrer Existenz herausbilden konnte (vgl. Kaufmann 1997b: 164-169).[186]

---

185 „Dabei verschoben sich die Mehrheiten im Laufe der zwanziger Jahre im großen und ganzen von der Weimarer Koalition (SPD, Zentrumspartei, Deutsche Demokratische Partei) über die 'Große Koalition' (unter Einbeziehung der Deutschen Volkspartei) und die 'Kleine Koalition' (Zentrum und Liberale) bis hin zum weiter rechts angesiedelten Bürgerblock (Zentrum, Liberale und Deutschnationale) und dann – vor dem Zusammenbruch des parlamentarischen Regierungssystems im Jahre 1930 – noch einmal zurück zur Großen Koalition." (Lehmbruch 1998: 36)

186 Faulenbach (1980: 5) spricht mit Bezug auf die intellektuelle Diskussion von grundsätzlich divergierenden Interpretationen „des geschichtlichen Moments der Gegenwart der

Die Beziehungen zwischen Regierung und Parlament waren im Übrigen noch stark von den in der konstitutionellen Ära eingeübten Verhaltensweisen geprägt: Die Fraktionen der Regierungsparteien standen dem – nunmehr aus ihren eigenen Reihen rekrutierten – Kabinett und dem jeweiligen Regierungschef relativ distanziert und autonom gegenüber. Und in den zehn Jahren, „in denen, zumindest nach der Verfassungstheorie, eine Art parlamentarischer Regierung bestand, gab es nie eine Möglichkeit, zwischen Regierung und loyaler Opposition eine wirkliche Beziehung herzustellen" (Kirchheimer 1967: 61). Somit war es eine in sich noch eher fragmentierte und desintegrierte „politische Klasse" (vgl. Borchert 2000: 29-39), die im Verlaufe der 1920er Jahre von den Parteien der „Opposition aus Prinzip", „die zur Belagerung der bestehenden Ordnung aus zwei Richtungen ansetzten" (Kirchheimer 1967: 60), in die Zange genommen wurde.[187]

Nicht zufällig wurden daher nach dem Untergang des nationalsozialistischen Staates, der das politische System der Weimarer Republik hinweggefegt hatte, die politischen Handlungsanleitungen und -rechtfertigungen für die Rekonstruktion der demokratischen Ordnung aus der Abgrenzung von „Weimarer Verhältnissen" gewonnen, denen im Westdeutschland der Nachkriegszeit geradezu sprichwörtliche Bedeutung zukam. Bundesrepublik und Weimarer Republik traten in einen symbolischen Verweisungszusammenhang zueinander, in dessen Rahmen „Bonn" als Chiffre für die Abwesenheit der Pathologien von „Weimar" fungierte (vgl. zum folgenden Schirmer 1997; ähnlich auch Steinbach 1994). Prosperität statt Krise, Stabilität statt Chaos, sozialer Friede statt Klassenkampf: So lauteten die Bonner Normalitätskonstruktionen, die dem Weimarer Ausnahmezustand entgegengesetzt wurden. Nicht so sehr der Nationalsozialismus, sondern vielmehr die Weimarer Republik – und, wie zu sehen sein wird, die DDR als ostdeutsche Gegengründung – stellte mithin das bestimmende, prägende, im negativen Sinne richtungsweisende Vergleichssystem der entstehenden Bundesrepublik dar.[188] Und die historisch-geographische Dichotomie „Bonn

---

Weimarer Republik", sprich ihres historischen Ortes im Kontext der deutschen Geschichte. Vgl. für die Historiographie der Bundesrepublik entsprechend Nolte 2002.

187 Insbesondere die Opposition „von rechts" machte dabei die politische Klasse des Weimarer Parlamentarismus für den Verlust all dessen verantwortlich, was Otto Hintze (s.o.) unmittelbar vor dem Ende des Kaiserreiches an Deutschland gepriesen und durch die Parlamentarisierung bedroht gesehen hatte: seine „Großmachtstellung", seine „blühende Volkswirtschaft" und seine „hochausgebildete Geisteskultur".

188 Der Nationalsozialismus selbst mit seinen Verbrechen und seiner Suspendierung zivilisatorischer Minimalstandards, so wäre diesbezüglich Lepsius (vgl. ders. 1989: 233, 244;

versus Weimar" deckte sich im öffentlichen Bewußtsein mit der politisch-geographischen Gegenüberstellung von „Mitte" und „Rändern":

„Entsprechend der Theorie, daß die Weimarer Republik zwischen den Mühlsteinen des Extremismus zermahlen worden sei, ist [seither, S.L.] der Bereich des Positiven, Legitimen und Dazugehörigen in der Mitte des politischen Spektrums angesiedelt, die Gefahr, das Illegitime, Nicht-Dazugehörige an den Rändern." (Schirmer 1997: 136)

Die „Mitte", seit jeher eine zentrale Denkfigur deutscher Gesellschaftsbeschreibung, erlangte in der frühen Bundesrepublik eine nie dagewesene Bedeutung (vgl. Nolte 2000: 318-351). Die vielfältigen – sozioökonomischen, politisch-institutionellen und politisch-kulturellen – Bedingungsfaktoren dieser das politische System der Nachkriegszeit bestimmenden „Gravitationskraft der Mitte" (Schirmer 1997: 138) seien im Folgenden im Einzelnen erläutert.

„Die westdeutsche Bundesrepublik war in für deutsche Verhältnisse historisch einmaliger Weise ein sowohl ökonomisch als auch soziologisch homogenes Gemeinwesen." (Seibel 1992: 350) Die mit der territorialen Beschneidung zum deutschen Weststaat einhergehenden Prozesse der Einebnung regionalwirtschaftlicher Disparitäten, der Entspannung des Konfessionskonflikts und der Enthierarchisierung des Föderalismus (vgl. Kapitel 4.6.) bedeuteten, „daß *dieser* Staat von Spannungen unbelastet war, die im deutschen Nationalstaat seit 1871 immer zu latenter politischer Instabilität [...] beigetragen hatten" (Seibel 1992: 350; vgl. gleichlautend Lepsius 1983: 136, Conze 1983: 21, Ritter 1998a: 18-24). Von besonderer Bedeutung für die Renaissance der „Mitte" aber war die anhaltende ökonomische Prosperitätsphase, in deren Zuge sich auch jene Schichtzugehörigkeiten und milieuspezifischen Bindungen zunehmend verflüssigten bzw. tendenziell auflösten, die den (selektiv) egalisierenden Ansturm der nationalsozialistischen „Volksgemeinschaft" überlebt hatten.[189] Mag Helmut Schelskys gleich zu

---

1990b: 84) zu relativieren, ist zunächst vornehmlich auf dem Umweg über die Abgrenzung der postfaschistischen Machteliten von den politischen Gelegenheitsstrukturen, welche die Weimarer Republik für die nationalsozialistische „Machtergreifung" geboten habe, zu einem normativen Bezugspunkt der politischen Kultur der Bundesrepublik geworden.

189 Zum Nationalsozialismus als Sprengmeister der traditionellen Sozialmilieus vgl. Nolte 2000: 201-205. Dieser verweist allerdings zu Recht darauf, dass die „modernisierenden" Effekte des NS-Regimes in bestimmten gesellschaftlichen Bereichen keinesfalls die Qualifizierung desselben als „moderne", sprich in einem normativen Sinne „Modernität" verkörpernde politisch-soziale Bewegung rechtfertigen, wie dies zu Beginn der 1990er Jahre in teilweise apologetischer Absicht getan wurde (vgl. Nolte 2000: 190-192; ausführlich dazu auch Frei 1993).

Beginn der 1950er Jahre geprägte Formel von der „nivellierten Mittelstandsgesellschaft" (i.S. einer materiellen Homogenisierung der Lebensverhältnisse und einer Vereinheitlichung der Lebensweisen; vgl. Schelsky 1953) auch überzogen gewesen sein: Sie traf jedenfalls den Geist (und war selbst Ausdruck) einer Zeit, die von einer „Verallgemeinerung des Bürgerlichen" (Nolte 2000: 318) gezeichnet war[190], und in der sich das Konfliktpotenzial der politischen und ökonomischen Verfassungskämpfe der Weimarer Periode (und auch noch der frühen Nachkriegszeit) nach und nach „im Pragmatismus und Ökonomismus von Parteien und Gewerkschaften auflöste" (Mooser 1983: 182).

Neben der geographischen Lage der Bundesrepublik – im Westen des ehemaligen Reichsgebietes – war das Interesse der westlichen Siegermächte, allen voran der Vereinigten Staaten, an einem stabilen, ökonomisch wie militärpolitisch in internationale Systemstrukturen eingebundenen deutschen Teilstaat die zweite „als Geschenk in den Schoß gefallene Errungenschaft der Nachkriegszeit" (Seibel 1992: 351). Erst diese internationale politökonomische Konstellation ermöglichte es nämlich der Bundesrepublik, „jene strukturellen Vorteile ihres Regierungssystems zu entwickeln, die *diesen* deutschen Staat gemessen am Maßstab wirtschaftlicher Prosperität und politischer Stabilität so erfolgreich werden ließen" (ebda.). Es war tatsächlich die neue politische Institutionenordnung, zu deren wesentlichen Elementen – wie eingangs dargelegt – neben dem Föderalismus und dem System der Arbeitsbeziehungen das Parteiensystem und auch die Verfassungsgerichtsbarkeit zu zählen sind (vgl. Lepsius 1990b; ähnlich auch Schmidt 1989: 58), die ihren Gestaltern die Gelegenheit gab, „gleichsam ex post den Nationalsozialismus zu verhindern" (Lepsius 1983: 231; ähnlich auch Beyme 1999: 22f.) und die politische Auseinandersetzung in der neuen demokratischen Ordnung auf einen Kurs jenseits der Extreme zu orientieren:

„Dieser institutionelle Rahmen förderte eine instrumentelle Einstellung und einen Konsens über die Verfahrensmuster der Konfliktformierung und des Interessenausgleichs, entdramatisierte Wertkonflikte und legitimierte die notwendigen Kompromisse zwischen gegensätzlichen Wertüberzeugungen" (Lepsius 1990b: 81).

---

190 Nolte zitiert in diesem Zusammenhang ein Umfrageergebnis aus der frühen Bundesrepublik, wonach der Begriff „bürgerliche Partei" mehrheitlich mit der Vorstellung assoziiert wurde, „daß eine solche Partei 'das ganze Volk umschließt, nicht nur bestimmte Schichten' – eine Auffassung, die einen fundamentalen Wandel im Vergleich zur politischen Kultur der Weimarer Republik signalisierte" (Nolte 2000: 318). Zum sozialstrukturellen Wandel in der Bundesrepublik und seiner gesellschaftlichen Deutung vgl. auch Becks Konzept des „Fahrstuhleffekts" (vgl. Beck 1986: 124f.).

Er bereitete den Boden für jene „Politik des mittleren Weges" (Schmidt 1990), die heute weithin als Charakteristikum und Effekt der bundesdeutschen Verhandlungsdemokratie gilt.

Das politische Institutionensystem, das 1949 und in den Folgejahren in der Bundesrepublik errichtet wurde, entsprach in seinen Grundzügen weitgehend der Konzeption einer „konstitutionellen Demokratie" (vgl. Niclauß 1998: 73-109), wie sie nach dem Kriege von christlich-konservativer Seite vertreten wurde. Der Grundgedanke dieses Demokratiekonzepts bestand in der Idee der Machtbeschränkung bzw. der Verhinderung von politischen Machtkonzentrationen, wie sie sich insbesondere in der Endphase der Weimarer Republik mit so verhängnisvollen Konsequenzen ergeben hatten. Das Ziel der Aufteilung und Ausbalancierung politischer Macht war daher von maßgeblicher Bedeutung für die Ausarbeitung weiter Teile des Grundgesetzes: Es ging den „Verfassungsvätern" (bzw. einer relevanten Fraktion derselben) um die institutionelle Zügelung der Mehrheitsherrschaft auf dem Wege der Errichtung unterschiedlichster Instanzen der Mit-, Neben- und Gegenregierung. Die Elemente politischer Verhandlungs- und Kompromissorientierung, die dadurch Eingang in die bundesdeutsche Verfassung gefunden haben, beschränken sich keineswegs auf den Bereich der vertikalen Gewaltenteilung zwischen Bundes- und Länderregierungen, der hier bereits ausführlich gewürdigt worden ist (vgl. Kapitel 4.6.). Insbesondere auch die horizontale Gewaltenteilung auf Bundesebene wurde in vielfältiger Weise im Grundgesetz verankert. Dabei wurde die Position des Bundespräsidenten (gegenüber jener des Reichspräsidenten in der Weimarer Verfassung) durch die weitreichende Beschneidung seiner Kompetenzen entscheidend geschwächt und seine Rolle im politischen System verhandlungsdemokratisch umgepolt: Die Abkehr von der Direktwahl zugunsten der Bestimmung durch die von den Parlamenten besetzte Bundesversammlung sollte sicherstellen, „daß sich aus der Wahl ein überparteilicher Führungsauftrag ableiten ließ" (Hesse 1999: 648), der es dem Staatsoberhaupt ermöglichte – bzw. nahelegte –, als „Moderator" (ebda.: 649) der Parteipolitik zu agieren. Die Entscheidung für die Einführung des Verhältniswahlrechts zum Bundestag wiederum bedeutete für die um die Mehrheit konkurrierenden politischen Parteien de facto, sich vom Traum der Alleinregierung verabschieden und sich grundsätzlich ihre Koalitionsfähigkeit bewahren zu müssen. Die Einführung der so genannten Fünf-Prozent-Klausel[191]

---

191 Die im Zuge der Änderungen des Bundestagswahlgesetzes von 1953 und 1956 im Sinne der bis heute gültigen Regelung verschärft wurde.

verhinderte zugleich die Zersplitterung des Parteienspektrums und prämierte die großen Parteien in dessen Mitte. Von besonderer institutioneller Bedeutung für die Herausbildung verhandlungsdemokratischer politischer Prozeduren nach 1949 war die Errichtung des Bundesverfassungsgerichts und die damit einhergehende formelle wie informelle Stärkung der Rolle der Verfassungsgerichtsbarkeit im politischen System und im politischen Alltag der Bundesrepublik. Die materielle Verrechtlichung des politischen Prozesses durch die im Grundgesetz verankerten Grundrechte, die prozessuale Sicherung dieser Verfassungsrechte durch das Bundesverfassungsgericht sowie die effektive Regelung des „Organstreits" zwischen den obersten Verfassungsorganen (Bundestag, Bundesrat, Bundespräsident, Bundesregierung, zum Teil auch den Parteien) durch selbiges stellen eine wesentliche institutionelle Neuerung gegenüber den Regierungssystemen der Vorgängerregime dar (vgl. Wahl und Rottmann 1983, insb.: 340-345; Lepsius 1990b: 77-79). Zwar können die Weimarer Jahre als „Inkubationszeit" (Wahl und Rottmann 1983: 356) einer umfassenden, wirksamen Verfassungsgerichtsbarkeit gesehen werden, doch der Staatsgerichtshof der Weimarer Reichsverfassung mit seinen damals noch begrenzten Kompetenzzuschreibungen war als institutionelles Gegengewicht zum Parlament bzw. zu dessen fortschreitender Entmachtung – oder gar als „Hüter der Verfassung" in der seit Beginn der 1930er Jahre sich beschleunigenden Staatskrise – völlig überfordert (vgl. ebda.: 359). Das Bonner Grundgesetz versuchte dieser Erfahrung Rechnung zu tragen und die Position des Bundesverfassungsgerichts nachhaltig zu stärken – mit Erfolg, wie die weitere Entwicklung zeigen sollte. Die Rechtsprechung des Gerichtes hat wiederholt zur autoritativen Entscheidung von Wertkonflikten und zur Neutralisierung politischer Kontroversen in der Bundesrepublik beigetragen. Mehr noch: Seine Spruchpraxis hat gleichsam eine „materielle Vorwirkung" (Dose 1999: 25) entwickelt, indem die politischen Akteure, insbesondere der Gesetzgeber, in ihren Aktivitäten mögliche Urteile der Verfassungsrichter in einem Akt „vorauseilenden Gehorsam[s]" (Beyme 1999: 32) antizipieren. „Die Verfassung in der Konkretisierung, die sie durch die Rechtsprechung des Bundesverfassungsgerichts erfahren hat, ist dadurch zum normativen Wertbezug des politischen Prozesses und der politischen Kultur geworden" (Lepsius 1990b: 78) – und das Verfassungsgericht selbst zum „deus ex machina" (Kirchheimer 1967: 79) der politischen Konfliktlösung und damit zu einer Institution, die maßgeblich zur

Verhandlungs- und Kompromissneigung der Parteien und zum zentristischen Charakter der deutschen Politikgestaltung beigetragen hat.[192]

Das westdeutsche Staatswesen, so ließen sich die politisch-institutionellen Vorkehrungen des Grundgesetzes zur horizontalen (und vertikalen) Gewaltenteilung zusammenfassend und in ihrem kumulativen Effekt charakterisieren, stellt die prototypische Verkörperung eines „Grand Coalition State" (Schmidt 1996) dar. „It is almost impossible in the Federal Republic not to be governed by a formal or informal Grand Coalition of the major established parties and a formal or hidden Grand Coalition of federal government and state governments." (Ebda.: 95)[193] Institutionelle Konstruktionen der Gegen-, Neben- und Mitregierung ließen aus politischen Konkurrenten – und sei es gegen ihren erklärten Willen – Verhandlungspartner werden. „The proliferation of veto-points [...] imposed very effective restraints of the free working of political competition and partisan politics and on the sovereign powers of an elected government." (Manow 1999: 15) Die Institutionenordnung selbst beförderte auf diese Weise eine „Politik des mittleren Weges" (s.o.; vgl. Schmidt 1990, 1989, 1991: 189). Die Einrichtung einer „gemischten Verfassung" (Niclauß 1998: 93; vgl. Abromeit 1989) zog – so könnte man sagen – eine *gemischte Staatstätigkeit* nach sich, eine Politik des „sozialen Kapitalismus" (vgl. Hartwich 1978: 101-114), die wirtschaftliche Prosperität mit sozialem Ausgleich zu verbinden versuchte und zumindest zeitweilig auch beides miteinander zu kombinieren verstand (vgl. Kapitel 4.1.).

Manfred G. Schmidt hat diese institutionell präjudizierte, zentristische Ausrichtung deutscher Nachkriegspolitik als Ergebnis eines Prozesses des Lernens aus den politischen und ökonomischen Katastrophen der Vorkriegszeit beschrieben: „The genesis of that policy [...] lie[s] in processes of political and institu-

---

192 Ausdruck der Verhandlungsorientierung der politischen Akteure ist des Weiteren auch der institutionalisierte – allerdings nicht verfassungsrechtlich sanktionierte – Einfluss außerparlamentarisch organisierter Interessen auf die Politikformulierung und -implementation. Die teilweise enge Kopplung des Parteiensystems mit dem Verbändewesen und die verbreitete Wahrnehmung öffentlicher Aufgaben durch korporative Akteure haben im Verlauf der Nachkriegsgeschichte in einem zuvor nicht dagewesenen Ausmaß zur „gesellschaftlichen Einbettung der Staatsstrukturen" (Seibel 1992: 352) geführt: „Die Bundesrepublik ist [...] ein in ausgeprägter Weise vergesellschafteter Staat" (Zimmer 1999: 214). Zimmer spricht darüber hinaus auch vom „verhandelte[n] Staat des Modell Deutschland" (vgl. ebda.: 213-216), in – allerdings falscher – Anlehnung an Scharpfs Konzept des „verhandelnden" Staates (vgl. Scharpf 1993; ferner auch Ritter 1979).
193 Zu den „konkordanzdemokratischen Elementen" im politischen System der Bundesrepublik vgl. resümierend auch Abromeit 1989: 169-173.

tional learning from historical catastrophes and in a specific compromise between economic liberalism, conservative reformism and Social Democracy." (Schmidt 1989: 89) Doch die informelle Große Koalition, die der Ausgestaltung der gesellschaftlichen Nachkriegsordnung im Westen Deutschlands spätestens seit Ende der 1950er Jahre zugrundelag, ist ohne die Bezugnahme auf einen weiteren (und letzten), politisch-kulturellen Faktor nicht hinreichend zu verstehen. Die Rede ist von der politischen Kultur der deutschen Teilung und des Kalten Krieges.

„Kein anderes Ereignis des an Zäsuren nicht gerade armen Jahrhunderts bewirkte in Deutschland ähnlich umfassende und nachhaltige Veränderungen sowohl der äußeren wie vor allem auch der inneren Verhältnisse wie die beiden Staatsgründungen des Jahres 1949." (Czada 1999b: 398)

Was die Weimarer Republik in retrospektiver Hinsicht war, wurde die Deutsche Demokratische Republik für die Gegenwart der Nachkriegsjahrzehnte: zur „Vergleichsgesellschaft" (Lepsius 1981: 215) der Bundesrepublik und zum politisch-kulturellen Antagonisten ihrer politischen Eliten.

Der „Antitotalitarismus", der politische Abwehrkampf gegen „totalitäre" Bestrebungen von „rechts" wie von „links", lässt sich mit Fug und Recht als tragende Säule der bundesdeutschen Staatsdoktrin und ideologische Klammer der westdeutschen „Konsensgesellschaft" bezeichnen. Der Nationalsozialismus und das kommunistische Regime in der „Sowjetzone" dienten als Projektionsflächen eines „breiten antitotalitären Konsenses" (Schildt 1999a: 32), der, unter konservativer Hegemonie stehend, „die Sozialdemokratie prinzipiell einschloß" (ebda.). Allerdings wurde jenen beiden ideologischen Kontrahenten durchaus unterschiedliche Aufmerksamkeit zuteil. Während nämlich einerseits zunächst eine stillschweigende Übereinkunft dahingehend bestand, „das NS-Regime zu dämonisieren und damit aus der realen Geschichte zu verbannen" (ebda.: 137), womit umgekehrt – wie erwähnt – „Weimar" als politisch-institutioneller Ermöglichungszusammenhang der „deutschen Katastrophe" ins Visier geriet, wurde ein expliziter, teilweise aggressiver Antikommunismus[194] zum eigentlichen, politisch folgenreichen Kern des offiziellen „antitotalitären" Affektes.

Mit der Gründung zweier deutscher Staaten wurde „der grundlegende normative Konflikt zwischen Kapitalismus und Sozialismus sozusagen externali-

---

194 Welcher den Deutschen vom „Antibolschewismus" der nationalsozialistischen Zeit her ja durchaus vertraut war. Die Doktrin des „Antitotalitarismus" erlaubte es, diese antikommunistische Tradition fortzuführen und mit den normativen Ansprüchen des westlichen Parlamentarismus zu kombinieren (vgl. dazu ausführlich K. H. Roth 1999).

siert" (Kaufmann 1997b: 155f.; ähnlich auch Czada 1999b: 397) – war „das, was kommunistische Opposition aus Prinzip war, nun zu einer fremden staatlichen Organisation geworden" (Kirchheimer 1967: 74), die einen nicht unerheblichen Teil des früheren „gesamtdeutschen" Territoriums beherrschte. Angefacht durch den Kalten Krieg, der die deutsche Politik bis weit in die 1970er Jahre hinein auf entscheidende Weise geprägt hat, konnte die DDR zum alter ego der westdeutschen Gesellschaft werden und als „ständiger Hintergrund des Positiven" (Schildt 1999a: 164) fungieren, das seine Heimat in der Bundesrepublik hatte. Zugleich ließ sich der zwischengesellschaftliche Systemgegensatz in idealer Weise auch innergesellschaftlich funktionalisieren: Die auf den rechten wie insbesondere auch den linken Rand des politischen Spektrums zielende „innerstaatliche Feinderklärung" (Seifert 1991) etablierte sich zusehends als die Kehrseite des „eingebauten" Zentrismus der westdeutschen Politik, ihrer konsensdemokratischen „Einrichtung". Die Verfassungswidrigkeit, später dann „Verfassungsfeindschaft" der „Extremisten" wurde zum logischen Gegenpol des einheitlichen normativen Wertbezuges der Teilnehmer am politischen Wettbewerb auf die vom Bundesverfassungsgericht festgestellte „freiheitlich-demokratische Grundordnung". In den ersten Jahren nach Gründung der Bundesrepublik wurden dementsprechend zunächst die (nazistische) Sozialistische Reichspartei (SRP, 1952) und dann die Kommunistische Partei Deutschlands (KPD, 1956) für verfassungswidrig erklärt und die Auflösung beider Organisationen verfügt.[195] Die später, schon unter der Großen Koalition, erlassenen so genannten Notstandsgesetze[196] sowie der 1972 unter sozialliberaler Ägide verfügte, vornehmlich gegen Aktivisten der kommunistischen Neugründung DKP gerichtete „Radi-

---

195 Bezeichnenderweise wurden von der Bundesregierung beide Verbotsanträge gemeinsam gestellt: „Im Sommer 1951 hatte das Bundesministerium der Justiz darauf aufmerksam gemacht, daß es 'eine psychologische Erleichterung' für das Bundesverfassungsgericht darstelle, wenn die KPD in eine Klage einbezogen würde. Am 16. November 1951 reichte [der damalige Bundesinnenminister, S.L.] Lehr in Karlsruhe die Klage gegen beide Parteien ein." (Blasius 2000: 16)
196 Die in ihrem Gehalt und ihren Absichten von Lehmbruch auf eigentümliche Weise verharmlost werden, wenn er „erinnerte Bürgerkriegserfahrungen" – das „Weimarer Trauma der älteren Generation der politischen Eliten" (Lehmbruch 1999: 42) – als Motivation der Gesetze ausmacht und die ganze Aufregung darüber im Kern zu einem intergenerationalen „Mißverständnis" (ebda.: 43) erklärt: „Der Nachkriegsgeneration [...], weitgehend unbelastet vom Weimarer Trauma, waren solche Überlegungen kaum noch zugänglich [...]. Deshalb führte der Anachronismus des an Barrikadenerfahrungen orientierten Programms der Notstandsverfassung bei dieser Generation zu einer Dramatisierung und Überbewertung der dahinterstehenden Intentionen der 'Herrschenden'" (ebda.).

kalenerlass", in dessen Zeichen die Definitionsmacht über das Spektrum legitimer politischer Betätigung an die Verfassungsschutzbehörden überging (vgl. Seifert 1991: 360; Dose 1999: 127f.), waren dann weitere Elemente des Versuchs, die bundesdeutsche Gesellschaft „antitotalitär" – als „wehrhafte Demokratie" – zu integrieren und den ostdeutschen Sozialismus auf westdeutschem Boden zu schlagen.[197]

Nur die erwähnten Faktoren sozioökonomischer, politisch-institutioneller und politisch-kultureller Natur zusammengenommen vermögen jene massive „Gravitationskraft der Mitte" (Schirmer, s.o.) zu erklären, die sich in der zentristischen Struktur des deutschen Parteiensystems und in der verhandlungsdemokratischen Überformung des Parteienwettbewerbs in der Bundesrepublik niedergeschlagen hat. Das Vielparteiensystem der Vorkriegszeit unterlag nach 1945 einem tiefgreifenden Konzentrationsprozess, im Zuge dessen die kleineren Parteien – bis auf die liberale FDP – von nur noch zwei Großparteien, den Christdemokraten auf der einen und den Sozialdemokraten auf der anderen Seite, aufgesogen wurden (vgl. Lehmbruch 1998: 37-45). Von entscheidender Bedeutung für die organisatorische Ausdünnung und die erheblich gestiegene Integrationskraft des westdeutschen Parteiensystems war dabei die „Entsäulung" (Lepsius 1979a: 179) der Parteien des bürgerlich-konservativen und des katholischen Milieus und deren Verschmelzung in der neugegründeten Christlich-Demokratischen Union (CDU), die als „große integralistische Mittelstandspartei" (Lepsius 1990b: 65) und konfessionsüberspannende Volkspartei *selbst* schon eine Kompromissinstitution par excellence darstellte.[198] Die Konzentrationstendenz innerhalb des (nunmehr) christlich-konservativen sowie des sozialistisch-sozialdemokratischen

---

197 Kirchheimer verweist auf die lange Zeit gängige Praxis, „abweichende Meinungen und interne Kritik abzuwerten und jede Kritik mißtrauisch zu prüfen, die der aus Ostdeutschland kommenden ähnelt, auch wenn sie organisatorisch von ihr unabhängig ist. Die bloße Tatsache, daß es zwei einander ausschließende Herrschaftssysteme auf deutschem Boden gibt, verdreht jede Opposition in Opposition der beiden Systeme untereinander und raubt so den rein innenpolitischen Konflikten einen Teil ihrer Substanz und Bedeutung." (Kirchheimer 1967: 75) In dieser Atmosphäre wurde die Formel „Geh doch nach drüben" zum bis in die Spätphase der „alten" Bundesrepublik gern benutzten, weil äußerst wirkungsvollen Instrument der Kritik- und Konfliktentsorgung (vgl. dazu auch Schirrmacher 2000).

198 Die historische Voraussetzung hierfür wiederum bildet die Sprengung insbesondere des katholischen Milieus und seiner Organisationsstrukturen durch den Nationalsozialismus – aber auch das durch den Krieg (und die faktische Vernichtung des ostdeutschen Großgrundbesitzes) entschärfte Spannungsverhältnis zwischen dem spätfeudal-agrarischen und dem bürgerlich-industriellen Flügel der deutschen Rechten.

Lagers ging zudem einher mit einer zunehmenden Annäherung *zwischen* beiden Seiten. Dies lag nicht allein an den frühen Wahlerfolgen der Adenauer-CDU, die mit der Zeit auch die SPD veranlassten, auf den marktwirtschaftlichen und westintegrationistischen Kurs der Christdemokraten einzuschwenken.[199] Auch im Interesse der Koalitionsfähigkeit mit den Liberalen schien es grundsätzlich – zunächst aber den Sozialdemokraten als der strukturell schwächeren Partei – geboten, die programmatischen Kanten (in diesem Fall nach „links") abzuschleifen.[200] Und im Übrigen hatten die – christdemokratisch dominierten – Gründerjahre der Bundesrepublik, wie im Verlauf der vorangegangenen Abschnitte gesehen, bereits weitreichende politikinhaltliche Vorentscheidungen mit sich gebracht. „Die Prägekraft, die die in den 50er Jahren getroffenen wirtschafts- und gesellschaftspolitischen Entscheidungen für Kursbestimmung und den künftigen 'Handlungskorridor' der Bundesrepublik hatten, kann gar nicht hoch genug veranschlagt werden" (Wollmann 1991: 554) – ein Handlungskorridor, „der scharfe Ausbrüche weder nach 'links' noch nach 'rechts' erlaubt" (ebda.). Im Zweifelsfall waren es dann wechselseitige Verdächtigungen und Unterstellungen, „eine andere Republik" zu wollen – eines der bonmots der Bonner Republik –, die fortan die jeweils beschuldigte Seite zur Aufgabe politischer Alleingänge und zum Zusammentreffen beider Lager auf dem tugendhaften Pfad der Mitte

---

199 „Nach ihrer ersten Wahlniederlage im Jahre 1953 leitete die SPD den langwierigen Rückzug an allen Fronten ein." (Kirchheimer 1967: 68) Spätestens die zweite verlorene Bundestagswahl 1957 bestärkte die Sozialdemokratie dann darin, „sich endgültig von der Vorstellung freizumachen, daß sie gegen wichtige Vorhaben und Entschlüsse der Regierung opponieren müsse" (ebda.: 67). Das Godesberger Programm von 1959 dokumentierte dann in auch für den Wahlbürger klar ersichtlicher Form ihre Ankunft in der Mitte der bundesdeutschen Gesellschaft.
200 Kirchheimer (1967: 64-86) beschreibt den „Verfall der Opposition" im Deutschland der Nachkriegszeit ausgehend vom Konzept oppositioneller Parteiarbeit, das Kurt Schumacher 1949 als Erwiderung auf die erste Regierungserklärung Konrad Adenauers proklamiert hatte: „Das Wesen der Opposition ist der permanente Versuch, an konkreten Tatbeständen mit konkreten Vorschlägen der Regierung und ihren Parteien den positiven Gestaltungswillen der Opposition aufzuzwingen." (Schumacher zit. n. Kirchheimer 1967: 65.) Kirchheimer zeichnet für die ersten zwanzig Jahre bundesrepublikanischer Politikgeschichte nach, wie die sozialdemokratische Opposition eben diese Programmatik nach und nach aufgab. Mit Ausnahme des Widerstands der CDU/CSU gegen die Ostpolitik der Regierung Brandt/Scheel setzte sich diese Verfallsgeschichte auch in den Zeiten christdemokratischer Opposition und zumal in der Phase neuerlicher sozialdemokratischer Opposition (vgl. dazu z.B. Borchert 1996) insofern fort, als auf die Entwicklung und Verteidigung gesellschaftspolitischer Gegenentwürfe jedenfalls in den Kernbereichen der Wirtschafts- und Sozialpolitik weitestgehend verzichtet wurde.

führten. „Die politische Kultur in der Bundesrepublik ist insofern zentristisch, nicht polarisierend, und pragmatisch, nicht ideologisch." (Lepsius 1990b: 66) Selbstverständlich blieben die beiden Großparteien als politische Konkurrenten im Grundsatz jeweils auf „die Machtausübung unter Ausschluß der anderen" (Lehmbruch 1998: 37) fixiert – doch, so Otto Kirchheimer zutreffend, „politischer Wettbewerb heißt nicht notwendig Opposition" (1967: 58). Gerade *weil* Regierungswechsel angestrebt werden und jederzeit möglich sind – und weil die Chance zur Alleinregierung bei nüchterner Betrachtung minimal ist –, hat sich im Verlauf der Zeit auf beiden Seiten eine parteipolitische Programmatik und vor allen Dingen ein Parteiverhalten herausgebildet, „das auf den zentralen wirtschafts- und sozialpolitischen Handlungsfeldern relativ ausgeglichen ist und Unterschiede nur in abgegrenzten Sachbereichen betont und, um Wähler zu mobilisieren, dramatisiert" (Lepsius 1990b: 66; vgl. ders. 1979a: 176). Rainer Lepsius hat zur Bezeichnung dieses Sachverhaltes den treffenden Begriff des „kompetitiven Zentrismus" (vgl. Lepsius 1990b: 64-68) geprägt: Dieser stellt das Leitprinzip eines Parteiensystems dar, in dem an die Stelle inhaltlicher, zielgerichteter Opposition zunehmend taktische, diffuse Konkurrenz tritt.[201] Die „Reduktion der Opposition auf die bloßen Konkurrenzmerkmale" (Kirchheimer 1967: 71)[202] führt dann tendenziell zur politischen Entleerung des Parteien-

---

201 Gerhard Lehmbruch konstatiert in seiner bereits mehrfach erwähnten Studie zum „Parteienwettbewerb im Bundesstaat" eine im Grunde genommen bis heute andauernde „dualistische Polarisierung des Parteiensystems" (Lehmbruch 1998: 49), einen „polarisierten Wettbewerb" (vgl. ebda.: 45-48), den er an dem wechselseitigen hegemonialen Führungsanspruch der beiden Großparteien, an ihrem Nullsummenspiel im Hinblick auf die Frage der Regierungsbildung, festmacht. So richtig diese Feststellung ist, so reduktionistisch ist zugleich Lehmbruchs Verständnis von „Polarisierung". Für Kirchheimer etwa würde die Rede von einem *polarisierten* Wettbewerb notwendig den Verweis auf oppositionelle Konflikte zwischen den Wettbewerbern im Sinne der „Verfolgung verschiedenartiger Ziele in dem einen oder anderen Feld der Politik" (Kirchheimer 1967: 73f.) beinhalten. Gerade das Fehlen dieses oppositionellen Elements im Rahmen der christdemokratisch-sozialdemokratischen Konkurrenz hingegen veranlasste ihn dazu, diese als *reine* Wettbewerbsstruktur zu bezeichnen, in welcher allfällige Dramatisierungen parteipolitischer Unterschiede weitestgehend taktischer Natur sind. Ich schließe mich hier Kirchheimers Begriffsverständnis an.

202 Kirchheimer hat bloße Wettbewerbsparteien, die primär am Wahlerfolg orientiert und ideologisch eher konturlos sind, als „catch-all parties" bzw. „Allerweltsparteien" bezeichnet und ihren historischen Aufstieg als ein allen hochindustrialisierten Gesellschaften gemeinsames Phänomen gewertet, das im deutschen Fall durch die Teilung des Landes nach dem Zweiten Weltkrieg nur eine spezifische Ausprägung angenommen habe (vgl. Kirchheimer 1965; kritisch dazu Schmidt 1985).

wettbewerbs, „dessen Widerhaken durch das alles durchdringende Verhandeln auf bürokratischer [...] Ebene stumpf geworden sind" (ebda.: 83).

Fassen wir zusammen: Elemente verhandlungsdemokratischer Beziehungen zwischen Exekutive und Legislative finden sich bereits im wilheminischen Deutschland, doch erst in einem System parlamentarischer Parteienregierung (das es im Kaiserreich noch nicht gab) und unter Bedingungen eines der Parteienkonkurrenz entzogenen, formalen wie materialen Basiskonsenses (der in der Weimarer Republik noch fehlte) kann man sinnvollerweise von der Existenz einer „Verhandlungsdemokratie" sprechen. Eine Verhandlungsdemokratie in diesem doppelten Sinne wurde erst nach dem Zweiten Weltkrieg im westlichen Teil Deutschlands institutionalisiert. Im deutschen Sozialmodell der Nachkriegszeit wurden die *Beziehungen zwischen Exekutive und Legislative* – hier operationalisiert als die Arena der Kooperation zwischen Regierung und Parlament bzw. zwischen den Parteien der Regierung und der Opposition – nach dem Leitbild des *kompetitiven Zentrismus* geordnet (vgl. o., Abbildung 4.2). Eine relativ homogene Sozialstruktur und die lang andauernde wirtschaftliche Prosperität, ein von zahlreichen Gegengewichten zur Bundesregierung durchsetztes politisches Institutionensystem sowie die politische Kultur der deutschen Teilung und des Systemwettbewerbs ließen politische Verhandlungen und Kompromisse zum Regelsystem des Politikprozesses werden und die politisch-programmatischen Differenzen zwischen den beiden dominanten Großparteien, insbesondere im Kernbereich der Wirtschafts- und Sozialpolitik, zusehends zusammenschrumpfen. Wenngleich die Konkurrenz um die Regierungsmacht stets virulent blieb, wuchs und gedieh im Windschatten dieser Auseinandersetzung eine *politische Kompromisskultur*, bildeten sich immer wieder informelle sachpolitische Koalitionen, mit deren Hilfe das (west-)deutsche Sozialmodell lange Zeit erfolgreich auf dem vom Ausland – und nicht zuletzt auch von den „17 Millionen Brüdern und Schwestern im Osten" – neidvoll beäugten Pfad des goldenen Mittelweges voranschreiten konnte.

4.8. Das deutsche Sozialmodell als legitime Ordnung: Gesellschaftliche Faktoren stabilen Institutionenwandels

In den vorangegangenen Abschnitten konnte das deutsche Sozialmodell als historisch gewachsene institutionelle Konstellation – einer methodischen Vorgabe Max Webers folgend – „aus seinen einzelnen der geschichtlichen Wirklichkeit zu entnehmenden Bestandteilen allmählich *komponiert* werden" (Weber 1905: 30). Dabei ging es nicht um die (schon gar nicht umfassende) Darstellung von Details der institutionellen Konstruktion, sondern im Kern um die Erhellung der „Logik systemischer Strukturbildungen" (Schriewer 1999: 102) im deutschen Sozialmodell. Als charakteristische Strukturbildungen wurden sechs „Basisinstitutionen" identifiziert, die sodann auf die ihnen zugrundeliegenden Ordnungsvorstellungen („Leitbilder") sowie auf die durch sie regulierten sozialen Beziehungsmuster („Relationen") hin befragt worden sind. In der Zusammenschau (vgl. ein letztes Mal Abbildung 4.2) ergibt sich dabei das Bild einer gesellschaftlichen Ordnung, in welcher soziale Koordinations-, Solidaritäts- und Kooperationsbeziehungen jeweils gemäß einer *konträre Momente integrierenden Logik des „ja – aber"* organisiert werden. Unter den Wirtschaftssubjekten herrscht Konkurrenz – aber eine geordnete. Zwischen den Arbeitsmarktparteien regiert der Konflikt – allerdings ein geregelter. Desgleichen in den anderen institutionellen Feldern: Der soziale Ausgleich unter den Erwerbstätigen ist ein begrenzter, ihre Unterstützung für die Nicht-Erwerbstätigen eine bedingte. Der deutsche Bundesstaat ist unitarischen, der Wettbewerb unter den bundesdeutschen Parteien zentristischen Charakters.

Die Basisinstitutionen des deutschen Sozialmodells erweisen sich damit im Ergebnis allesamt, auf je unterschiedliche Weise, als in sich widersprüchliche, spannungsreich angelegte, nach einer doppelsinnigen Logik operierende Instanzen der politischen Regulierung gesellschaftlicher – individueller, kollektiver, korporativer – Beziehungen. Das deutsche Sozialmodell repräsentiert in hohem Maße den Versuch, widerstreitende gesellschaftliche Interessen und gesellschaftspolitische Zielsetzungen in institutionellen Kompromissfiguren zu integrieren. In seinen Basisinstitutionen schlagen stets zwei Herzen zugleich. Und es ist der „einseitige Gesichtspunkt" (Weber, s.o.) einer analytischen Perspektive, welche nach den Orientierungs- und Regulierungsleistungen gesellschaftlicher Institutionen fragt, die diese „institutionalisierte Zweideutigkeit" (Dahrendorf 1965: 69) des deutschen Modells systematisch offenzulegen vermag.

Die am Ausgang der historisch-soziologischen Rekonstruktion der Modellkonfiguration stehende Annahme, dass das deutsche Sozialmodell nicht ohne weiteres als ein gesellschaftliches „Nachkriegsmodell" zu bezeichnen (und zu untersuchen) ist, dürfte dabei im Zuge der Ausführungen dieses Kapitels an Plausibilität gewonnen haben. Das (west-)deutsche Sozialmodell wurde zwar insbesondere in den ersten zwei Nachkriegsjahrzehnten neu konfiguriert, doch die Wurzeln jeder einzelnen hier identifizierten Basisinstitution reichen weit in die deutsche Geschichte, zumeist bis in die Zeiten des wilhelminischen Deutschland, zurück (vgl. hierzu nochmals Abbildung 4.1). Jede einzelne ist durch eine ihr eigene historische Dynamik gekennzeichnet, und diese ist ihrerseits – mal mehr, mal weniger – auch durch die spezifische Gestalt und Dynamik der jeweils anderen Institutionenkomplexe des deutschen Sozialmodells mitgeprägt worden; auf die entsprechenden Querverbindungen und Interdependenzen ist im Zuge der vorangegangenen Ausführungen des öfteren verwiesen worden. Gleichwohl sind die Basisinstitutionen des deutschen Sozialmodells nicht als Teile eines widerspruchsfreien, in sich geschlossenen Funktionssystems zu verstehen: „certainly there can be no presumption of a preestablished fit between them" (Streeck 1997: 54). *Kohärent* zeigt sich das deutsche Modell bemerkenswerterweise vor allem in der *Inkohärenz* seiner einzelnen institutionellen Komplexe, in der Formverwandtschaft nämlich seiner Basisinstitutionen als institutionalisierte Kompromissformen (und -formeln).

Wie ist diese Ambivalenz zustande gekommen? Man wird nicht ernstlich von einem strategisch-intentionalen Aufbau des deutschen Sozialmodells sprechen können. Doch dürfte jene bereits im Kaiserreich einsetzende staatliche Intervention in modernisierungspolitischer – genauer: wirtschafts- und produktivitätspolitischer – Absicht, die auch in der Zeit nach dem Zweiten Weltkrieg nicht nachließ, durchgängig das wichtigste Bestimmungsmoment des hier rekonstruierten historischen Entwicklungsprozesses gewesen sein. Ein Staat, der zuletzt, zu Zeiten der Bundesrepublik, „stark" nur in seinen sozialregulativen, gesellschaftsordnenden Effekten, nicht jedoch in der Wahl seiner bevorzugten Instrumente – der rechtlichen Rahmung gesellschaftlicher Aktivitäten, der Delegation von Staatsaufgaben an intermediäre Akteure – war, stand und steht im Mittelpunkt der institutionellen Konfiguration des deutschen Sozialmodells. Die politische Elite und Verwaltungsbürokratie eines aktivistischen Interventions- und zunehmend auch Wohlfahrtsstaates war es, die die Wirtschaftssubjekte zu einem Verhalten im Geiste geordneter Konkurrenz und geregelten Konflikts anhielt, die Beziehungen des begrenzten Ausgleichs und der bedingten Unterstützung unter ihren Arbeitsbürgern organisierte – und die dabei nach (zum Teil extern gesetzten oder ererbten, zum Teil von ihr selbst mitgeprägten) Maßgaben eines bündischen Unitarismus und, in der jüngeren Vergangenheit, eines kompetitiven Zentrismus agierte. Die Geschichte des deutschen Sozialmodells lässt mithin die Konturen einer durch und durch „politischen Gesellschaft" (vgl. Greven 1999) erkennen.

Deren Ordnungsmuster haben sich über die Zeit als erstaunlich robust erwiesen – aber zugleich „auch als erstaunlich flexibel und wandlungsfähig" (Nolte 2000: 161). Um genau zu sein: Die deutsche Institutionenordnung erwies sich *deshalb* als äußerst robust, *weil* sie so erstaunlich flexibel war. Die Ambivalenz der institutionalisierten Ordnung gewährleistete deren Stabilität *und* Wandlungsfähigkeit zugleich. Die Zweideutigkeit und gewissermaßen Unentschiedenheit der institutionalisierten Leitbilder gesellschaftlicher Ordnung, ihr charakteristisches Doppelgesicht, das in den Kompromissformeln der geordneten Konkurrenz und des geregelten Konflikts, des begrenzten Ausgleichs und der bedingten Unterstützung, des bündischen Unitarismus und des kompetitiven Zentrismus aufscheint, offenbarte sich als eine stetige Quelle stabilen Gesellschaftswandels. Die systematische Interpretations- und Implementationsoffenheit dieser Leitbilder hat es möglich gemacht, dass sich das deutsche Sozialmodell über den hier betrachteten Zeitraum hinweg in einem Prozess beständiger, gradueller und unauffälliger Modernisierung an die Bedingungen einer sich wandelnden gesellschaftlichen Umwelt anpassen und die gesellschaftspolitische Prägekraft seiner institutionellen Strukturen auf immer neue, doch stets an das Alte anknüpfende Weise bewahren konnte.

Dabei war es freilich nicht allein die Altehrwürdigkeit der Basisinstitutionen bzw. ihrer jeweiligen Leitbilder, d.h. nicht nur bloße Langlebigkeit, die den stabilen Wandel des deutschen Sozialmodells in seiner hier rekonstruierten Konfiguration bis in die jüngste Vergangenheit hinein ermöglicht hat. Die Disposition der individuellen, kollektiven und korporativen Akteure im deutschen Sozialmodell, ihr gesellschaftliches, wirtschaftliches und politisches Handeln an diesen Leitbildern auszurichten – mit anderen Worten: die gesellschaftliche Akzeptanz und Legitimität des institutionellen Handlungsrahmens – beruhte und beruht nicht ausschließlich auf der „Geltung des immer Gewesenen" (Weber 1922: 19). Max Webers kategoriale Unterscheidung gesellschaftlicher „Geltungsgründe" einer „legitimen Ordnung" (vgl. ebda.: 19f.)[203] kennt weitere Faktoren institutioneller Legitimität jenseits der „Tradition", nämlich den „Glauben" – an das Vorbildliche oder Werthafte einer Ordnung – und die „Satzung", die kraft Legalität Geltung erzeugt. Interessanterweise muss dabei auch an die

---

203 Die „Geltung" einer Ordnung bemisst sich nach Weber an ihrem „Prestige der Vorbildlichkeit oder Verbindlichkeit", d.h. an der das tatsächliche soziale Handeln leitenden *Vorstellung* ihrer Legitimität: „Handeln, insbesondre soziales Handeln und wiederum insbesondre eine soziale Beziehung, können von seiten der Beteiligten an der *Vorstellung* vom Bestehen einer *legitimen Ordnung* orientiert werden. Die Chance, daß dies tatsächlich geschieht, soll 'Geltung' der betreffenden Ordnung heißen." (Weber 1922: 16)

Legalität der Satzung – unabhängig davon, ob sie aufgrund von Interessenvereinbarung oder durch bloßen Herrschaftsakt zustandegekommen ist, – *geglaubt* werden, soll sie den Handelnden als legitim und damit als Richtschnur ihres Handelns gelten. „In aller Regel ist Fügsamkeit in Ordnungen außer durch Interessenlagen der allerverschiedensten Art durch eine Mischung von Traditionsgebundenheit und Legalitätsvorstellung bedingt" (ebda.: 20) – und es ist davon auszugehen, dass dies auch im Falle der Geschichte des deutschen Sozialmodells die zentralen Faktoren der relativen Kontinuität seiner institutionellen Ordnung, der stabilen Reproduktion des institutionellen Gesamtarrangements im und durch das Handeln gesellschaftlicher Akteure, gewesen sind.

Die konkreten Mechanismen dieser stabilen Reproduktion – und der spezifische Modus des Wandels, der damit gleichwohl einhergeht – sind nun in einem weiteren Schritt der Untersuchung zu erkunden, und zwar an zwei Beispielen aus der jüngeren Geschichte des deutschen Sozialmodells. Der Untergang der DDR und der Beitritt der neuen Länder nach Artikel 23 des bundesdeutschen Grundgesetzes 1989/90 hatte „letzte Zweifel an der Überlegenheit des westdeutschen Modells verschwinden [lassen], stattete die 'success story' der Bundesrepublik ex post mit einer überwältigenden Logik aus und machte sie damit erst perfekt" (Schildt 1999a: 17). Doch Jubel und Selbstbestätigung waren nicht von langer Dauer. Rückblickend stellt sich die Vereinigung der beiden deutschen Staaten vielmehr als Ausgangspunkt zunehmender Zerknirschung und Selbstkritik dar, als Katalysator der öffentlichen Debatte um die Wettbewerbs- und Reformfähigkeit des „deutschen Modells" – und als Motor einer neuerlichen Rekonfiguration desselben. Und auch in diesem Fall fand der Wandel des Sozialmodells und seiner Basisinstitutionen nicht im Kampf gegen die etablierte Institutionenordnung statt – auch wenn die politische Rhetorik bisweilen anderes glauben machen wollte –, sondern *innerhalb* derselben, im Rahmen der gewachsenen, *geltenden* Institutionenordnung.

Dies ist die Geschichte, die es im Folgenden zu erzählen gilt. In den Hinterhöfen des öffentlichen Marktgeschreis (im Doppelsinne) um politischen „Reformstau" und gesellschaftlichen Immobilismus vollzog sich, so lässt sich diese Geschichte schlagwortartig zusammenfassen, eine stille Dynamik gesellschaftlichen Wandels, kam es zu verborgenen, *heimlichen Strukturveränderungen* im deutschen Sozialmodell, welche die institutionelle Ordnung desselben prima facie unangetastet ließen. Schon in früheren Phasen seiner Entwicklung zeichnete sich das deutsche Sozialmodell, wie in diesem Kapitel dargelegt, durch die flexible Stabilität seiner Basisinstitutionen aus, durch seine Fähigkeit zum stabilen Wandel. In den 1990er Jahren nun erwies das deutsche Modell aufs

Neue – und auf eindrucksvolle Weise – seinen *dynamischen Immobilismus*. Erneut sind es die bekannten Ordnungsideen in ihrem hergebrachten Ordnungssinn, die den gesellschaftlichen Wandel überformen, die überkommenen institutionellen Leitbilder, die signifikanten Veränderungen in der politischen Regulierung sozialer Beziehungen Raum geben. Die Geltung der alten institutionellen Ordnung bleibt auch in diesem Prozess erhalten, weil deren Maximen von den sozialen Akteuren „als irgendwie *für* das Handeln geltend: verbindlich oder vorbildlich, angesehen werden" (Weber 1922: 16). Sie bleibt erhalten, weil sich die Protagonisten des institutionellen Umbaus – die „institutional entrepreneurs" im deutschen Sozialmodell –, die Opportunitätsstrukturen der doppeldeutigen Sinnkonstruktion seiner Basisinstitutionen nutzend, in ihren institutionenpolitischen Aktivitäten ordnungskonform verhalten, d.h. weil sie ausdrücklich im Einklang mit den Leitbildern der geltenden Ordnung handeln und gerade *aus dieser Institutionentreue die Legitimation ihres Handelns beziehen*.[204] Wie trügerisch demnach Institutionentreue sein kann, zeigen die beiden folgenden Fallstudien.[205]

---

204 Zur Legitimation politischen Handelns durch Wertkonformität vgl. Parsons 1960 (insb.: 172-174, 177-180).
205 „An der Geltung einer Ordnung 'orientieren' kann man sein Handeln nicht nur durch 'Befolgung' ihres [...] Sinnes. Auch im Fall der 'Umgehung' oder 'Verletzung' ihres [...] Sinnes kann die Chance ihrer in irgendeinem Umfang bestehenden Geltung [...] *wirken*." (Weber 1922: 16)

Kapitel 5
Die Rekonfiguration des deutschen Sozialmodells: Politisch-soziologische Fallstudien

> „Wie ein seiner bloßen Merkmalsdefinition zufolge statisches Gebilde gleich dem Wassertropfen unter dem Mikroskop lebendig zu werden, zu wimmeln beginnt, so wird die fixierte Aussage, etwas sei so und nicht anders, durch die minutiöse Beschreibung des logischen Sachverhalts selber dynamisch."
>
> Adorno 1961: 229

Das Gesellschaftsmodell der „alten" Bundesrepublik, dessen Magnetwirkung auf den ostdeutschen Teilstaat und seine Bürger und Bürgerinnen Ende der 1980er Jahre endgültig übermächtig geworden war, ist in den 1990er Jahren in seine schwerste Krise geraten. Der ökonomische Erfolg, der die westdeutsche Gesellschaftsgeschichte praktisch von Beginn an auf Schritt und Tritt begleitet hatte, blieb nun – vom kurzen Strohfeuer des Vereinigungsbooms abgesehen – mit einem Male aus. Auf ein veritables „Wirtschaftswunder", wie es einst den westlichen Ländern in die Wiege gelegt worden war, wartete man in den neuen Bundesländern vergebens. Das in seltsam ahistorischer Reminiszenz an den sagenumwobenen Wiederaufstieg der westdeutschen Wirtschaft geprägte Wort von den „blühenden Landschaften", in die sich der östliche Teil der größer gewordenen Republik nach dem Willen der Vereinigungseliten schon bald verwandeln sollte, verschwand bereits kurz nach seiner Schöpfung wieder aus dem offiziellen politischen Sprachschatz und wurde fortan allenfalls noch in kritisch-parodistischer Absicht zitiert.

Spätestens seit der Rezession der Jahre 1993/94 bestimmten nicht hemdsärmelige Aufbauhelfer, sondern zugeknöpfte Modellskeptiker das politische Klima und den öffentlichen Diskurs der „neuen" Bundesrepublik. Die so genannte „Standort"-Problematik avancierte – um eine eigenwillige Wortschöpfung des damaligen Bundespräsidenten Herzog zu verwenden – zum „Megathema" deutscher Gesellschaftspolitik der späten 1990er Jahre. Dazu trugen weniger die – letztlich doch abstrakt bleibenden – Wettbewerbszwänge der nach dem Ende der Systemkonkurrenz zunehmenden (oder zumindest zunehmend reflektierten) ökonomischen „Globalisierung" bei. Viel bedeutsamer – jedenfalls viel unmittelbarer wirksam – waren die veränderten politischen Handlungsspielräume und gesellschaftlichen Machtverhältnisse im Zeichen der europäischen Wirtschafts- und Währungsunion und der damit verbundenen „Maastricht-Kriterien", die in autoritativer Weise das neue erste Gebot öffentlicher Intervention formulierten: „Du sollst sparen".[1] Zwar kursierten in der wissenschaftlichen Debatte durchaus unterschiedliche Diagnosen sowohl hinsichtlich der Performanz wie auch in Bezug auf die Perspektiven des deutschen Produktions-, Wohlfahrts- und Politikregimes.[2] Doch in der politischen Diskussion waren eindeutig jene Positionen tonangebend, die das entscheidende Wettbewerbsproblem des deutschen Modells in einem veränderungsaversen Institutionengefüge sahen, welches in systematischer Weise partikularistische Besitzstandswahrung und eine konsensuale Orientierung am status quo prämiere. Dieser dem deutschen Sozialmodell innewohnende Immobilismus sei – so das dominante Argumentationsmuster – „nicht mehr durch traditionelle Strukturanpassung, sondern letztlich nur noch durch einen institutionellen Regimewechsel in Richtung auf ein – nicht näher spezifiziertes – angelsächsisches Wirtschafts- und Gesellschaftsmodell zu durchbrechen" (Naschold 1997: 33).

Dem auf diese Weise suggerierten Bild von politischen Blockaden, ökonomischen Verkrustungen und gesellschaftlichem Stillstand soll an dieser Stelle ein Panorama des institutionellen Wandels im deutschen Sozialmodell der 1990er Jahre entgegengesetzt werden. Anhand zweier Fallbeispiele aus der deutschen Arbeits- und Sozialpolitik des vergangenen Jahrzehnts wird die Gegenrechnung zur zuletzt so häufig bemühten „Reformstau"-Rhetorik aufgemacht: Denn

---

1 Zu den strukturellen Herausforderungen und Verletzlichkeiten des Wohlfahrtsstaates in den „offenen" Volkswirtschaften der 1990er Jahre vgl. z.B. Scharpf 2000b: 68-85, Schwartz 2001 und Pierson 2001a.

2 Naschold (1997: 31-35) unterscheidet vier konkurrierende Interpretationsmuster, in deren Rahmen die deutsche Wirtschaftskrise der 1990er Jahre vornehmlich als Struktur- bzw. Kostenkrise, als Konjunkturkrise (verschärft durch externe Schocks), als Erosion der Innovationsdynamik oder aber als Wettbewerbsschwäche gegenüber Hochtechnologieökonomien gedeutet wird. Für eine wohltuend unaufgeregte Diskussion von Chancen und Risiken des deutschen Wohlfahrtsregimes unter veränderten Rahmenbedingungen vgl. Kaufmann 1997a.

tatsächlich ist das deutsche Sozialmodell jener Zeit durch eine „lautlose Dynamik" (Czada 1999b: 410) der Veränderung, eine Dynamik „reformlosen Wandels" (vgl. ebda.: 411), gekennzeichnet, deren Wurzeln bis weit in die 1980er Jahre zurückreichen, die sich allerdings im Zuge der Standortkrise im Westen und der Transformationskrise im Osten in bemerkenswerter Weise verstärkt hat. Im Folgenden werden die Ausprägungen und Mechanismen der gewissermaßen *„subcutan* sich vollziehenden Strukturveränderungen" (Seibel 1992: 358) im sozialen Sicherungssystem sowie im System industrieller Beziehungen[3] des vereinigten Deutschland nachgezeichnet – und dabei das institutionentheoretische Paradoxon illustriert, dass gesellschaftliche Strukturveränderungen durchaus im Rahmen unveränderter institutioneller Formen vonstatten gehen können.

5.1. „Reformstau" revisited: Das deutsche Sozialmodell in den 1990er Jahren

Die in Kapitel 4 herausgearbeitete *Ambivalenz* der bundesdeutschen Institutionenordnung und die über ihre spannungsreich angelegten Kompromissinstitutionen vermittelte Dualität von Stabilität und Wandel, von Strukturkonstanz und Anpassungsfähigkeit, Prinzipientreue und Deutungsoffenheit bezeichnen einen Sachverhalt, von dem sich die neue deutsche Standort- bzw. „Reformstau"-Debatte in ihrer dezidierten Eindeutigkeit bislang kaum hat behelligen lassen. Beunruhigender ist jedoch, dass selbst sozialwissenschaftliche Analysen des „deutschen Modells" bzw. seiner tragenden Pfeiler in aller Regel auf die äußerliche „Stabilität" der jeweiligen Institution fixiert sind – sei es nun in affirmativer oder abwertender, entwarnender oder dramatisierender Absicht. Doch ist die fortgesetzte Existenz, das Weiterleben einer Institution denn auch gleichbedeutend mit institutioneller Kontinuität? Einem solchen institutionalistischen Kurzschluss entgeht, wer den Institutionen-Begriff hinlänglich spezifiziert (vgl. Kapitel 2.3.): Werden die Orientierungs- und die Regulierungsfunktion von Institutionen unterschieden, institutionelle Ordnungsideen und institutionalisierte

---

3 Die Formeln vom „reformlosen Wandel" bzw. „subcutan sich vollziehenden Strukturveränderungen" sind bei Czada 1999b (vgl. auch ders. 1994: insb. 260f.) und Seibel 1992 auf den Entwicklungsmodus des deutschen Regierungssystems bezogen und werden hier in einen breiteren Argumentationskontext – den institutionellen Wandel im deutschen Sozialmodell – gestellt.

Beziehungsmuster – Leitbilder und Relationen – analytisch voneinander getrennt, so lassen sich *Stabilität* wie auch *Wandel* institutioneller Arrangements beobachten und die *dialektische Beziehung* beider Momente beschreiben: als Umgestaltung institutionalisierter Austausch-, Unterstützungs- und Kooperationsbeziehungen unter Bezugnahme auf die angestammte Ordnungsidee der die jeweiligen Beziehungen strukturierenden Institution.

Institutionelle Leitbilder, so der Ausgangspunkt der in diesem (und dem folgenden) Kapitel präsentierten Reinterpretation der jüngeren Entwicklung des deutschen Sozialmodells, sind konkreten institutionellen Arrangements zugrunde liegende, abstrakte gesellschaftliche Ordnungsvorstellungen (vgl. Döhler 1993: 136-138)[4], die in ihrer strukturellen Unterbestimmtheit und Ambivalenz flexible Legitimationsressourcen für Veränderungen der Institution selbst – ihres „Charakters" – darstellen können. Die Chancen für derartige Veränderungen steigen in dem Maße, wie politische oder soziale Akteure sich in ihren Handlungen des argumentativen Bezugs und legitimatorischen Verweises auf eine normativ aufgeladene Ordnungsidee bedienen können.[5] Institutionelle Leitbilder vermögen somit nicht nur – wie etwa Döhler dies betont – „jenen Interessen zusätzliche Legitimation [zu] beschaffen, die für den Bestand des Ordnungsmodells eintreten" (Döhler 1993: 137): Sie sind keineswegs bloße Instrumente des politisch-sozialen Modell-Konservatismus. Vielmehr können sie ebensogut – und im Zweifelsfall sogar *gleichzeitig* – auch solche gesellschaftlichen Aktivitäten mit einem kognitiven Bezugspunkt und einer „normativen Dignität" (ebda.) ausstatten, die – gegebenenfalls im Namen seines Erhalts – auf eine substanzielle Veränderung des etablierten Ordnungsmodells zielen. Im Grundsatz stabile, im Einzelfall jedoch flexibel ausdeutbare institutionelle Leitbilder ermöglichen dann, so das im weiteren auszuarbeitende Argument, die Dynamisierung institutionali-

---

4   Döhler spricht nicht von Leitbildern, sondern von „ordnungspolitischen Ideen" – gemeint ist aber hier wie dort dasselbe.

5   Die Tatsache, dass der Wandel in institutionellen Kontexten demokratisch verfasster Gesellschaften der legitimatorischen Bezugnahme auf allseits akzeptierte Ordnungsideen bedarf, ist dabei nicht mit der eher an Lehrbücher zur politischen Bildung gemahnenden Annahme zu verwechseln, dass Gesellschaften dieses Typs letztlich auf den „Wertpräferenzen und Interessen des 'Wählervolkes'" (Wollmann 1991: 557) beruhten und also „von unten" geprägt würden. Vielmehr wird hier von der Annahme ausgegangen, dass es institutionell (vor-)geformte Problemwahrnehmungen und Ordnungsvorstellungen sind, die als „frames" die Handlungsorientierungen politischer und sozialer Akteure prägen (vgl. Rein 1987; Denzau und North 1993).

sierter Relationen, sprich: den – unterschwelligen, unspektakulären – Strukturwandel von Akteurs- und Sozialbeziehungen.

In diesem Sinne gilt es zu betonen, dass die Annahme der Bedeutsamkeit institutioneller Handlungsprägungen, also die Unterstellung normrationalen – „leitbildgeleiteten" – Handelns sozialer Akteure, keineswegs prinzipiell deren mangelnde Flexibilität, die situative Unangemessenheit ihrer Handlungen impliziert.[6] Ganz im Gegenteil kann gerade die Normorientierung des Handelns zugleich dessen Situationsangemessenheit gewährleisten, kann die Orientierung an institutionell verfestigten Leitbildern begründungs- und damit handlungsentlastend wirken und ein flexibles, situationsadäquates Verhalten erst ermöglichen. Die beiden hier referierten Beispiele eines normbestimmten, *leitbildkongruenten Strukturwandels* bestätigen eben diese Annahme: Die institutionell geprägten Verhaltensorientierungen – in den untersuchten Fällen an den etablierten Regularien des gesellschaftlichen Bedarfsausgleichs einerseits, der kollektiven Konfliktregelung andererseits – sind so fest in den Wahrnehmungsstrukturen und Denkhorizonten der beteiligten Akteure verankert, dass sozialer Wandel sich *nur durch sie vermittelt* vollziehen kann – und dies aber, so die Pointe des Arguments, auf eben diese Weise auch tatsächlich tut.

Anhand zweier Fälle (mikro-)institutionellen[7] *Wandels durch Stabilität* im deutschen Sozialmodell der 1990er Jahre soll dieser Zusammenhang in den folgenden beiden Abschnitten veranschaulicht werden: am Beispiel der Expansion des Sozialversicherungssystems durch Errichtung der Sozialen Pflegeversicherung zum einen, dem der Dezentralisierung des Tarifvertragssystems durch die Institutionalisierung so genannter Öffnungsklauseln zum anderen. Wenngleich es sich dabei offensichtlich um „different stories in different sectors" (Dyson 1992: 24) handelt – und sie auch als solche erzählt werden –, so lässt sich doch in beiden Bereichen eine strukturell ähnlich gelagerte, gleichgerichtete *Konstellation des Wandels* ausmachen, die gekennzeichnet ist durch *vier gemeinsame Elemente*: die Stabilität der zentralen (sozial- bzw. arbeitspolitischen) Ordnungsidee; die Erosion der Institution durch Überdehnung; die damit einher gehende Veränderung der institutionalisierten Beziehungsstrukturen; sowie die daraus

---

6   Eben dies suggeriert jedoch Roland Czadas Entgegensetzung von normrationalem und interessenrationalem Handeln bzw. institutionellen und situativen Gelegenheitsstrukturen, die er seiner Analyse der deutschen Vereinigungspolitik unterlegt (vgl. Czada 1994): Institutionelle Beharrung und situative Anpassung erscheinen bei ihm als Pole eines (politischen) Handlungskontinuums und nicht, wie im Folgenden, als zwei Seiten derselben Medaille.

7   Zur Unterscheidung von Mikro- und Makro-Institutionen (die hier als Basisinstitutionen bezeichnet werden) vgl. Gourevitch 1996 sowie Kogut 1997: 63.

(unmittelbar oder mittelbar) resultierende Schrumpfung des institutionell gesicherten Bezugsrahmens gesellschaftlicher Solidarität. In beiden Fällen wird die jeweilige Institution mit neuartigen Problemkomplexen konfrontiert, deren – leitbildgetreuen Verhaltensroutinen gehorchende – Bearbeitung den Charakter der Institution nachhaltig zu verändern verspricht. Im ersten Fall ist es die – normrationale – sozialversicherungsförmige Bearbeitung der Pflegebedürftigkeitsproblematik, durch welche die im Sozialversicherungssystem (als erwerbsarbeitszentriertes System leistungsgerechter Existenzsicherung) institutionalisierten Unterstützungsbeziehungen durchkreuzt werden – ein *systemkonformer Systembruch*, dessen Ausstrahlungseffekte in Kernbereiche des Sozialversicherungswesens bereits sichtbar werden (Kapitel 5.2.). Im zweiten Fall ist es das Problem der Beschäftigungssicherung, das, dem angestammten Handlungsrepertoire des (auf generalisierte Normierungen betrieblicher Arbeitsbedingungen angelegten) Tarifvertragssystems überantwortet, die institutionalisierten Austauschbeziehungen zwischen den Interessenorganisationen von Kapital und Arbeit unterläuft und zu *regelkonformen Regelabweichungen* führt, die sich mittlerweile nicht mehr allein auf Fragen der Arbeitszeitgestaltung beschränken, sondern zunehmend das Herzstück der Tarifpolitik – die Entlohnungsfrage – betreffen (Kapitel 5.3.).[8]

Das deutsche Sozialmodell ist, wie erläutert, eine komplexe Ordnung in ihrer Inkohärenz kohärenter Makroinstitutionen (vgl. Kapitel 4.8.). Während die Querverbindungen zwischen denselben im Rahmen der oben vorgenommenen historisch-soziologischen Rekonstruktion der Modellkonfiguration zwangsläufig abstrakt bleiben mussten, treten diese Interaktionseffekte im Zuge der nun folgenden politisch-soziologischen Fallstudien deutlich zutage. Deren zentrales Anliegen ist nicht etwa die Durchführung der x-ten „Policy-Analyse" sozial- und arbeitspolitischer Reformprozesse. Vielmehr geht es um Einblicke in ein institutionelles „Flexibilitätsmanagement", welches „gleichzeitig Kontinuität von *und* Bruch mit alten Strukturen in ein und derselben Form zu verbinden" (Nedelmann

---

[8] Die Anlage dieser Studie scheint die Untersuchung eines weiteren, dritten Falls institutionellen Wandels durch Kontinuität – aus dem Bereich der Basisinstitutionen des *politischen* Systems – nahezulegen. Hierauf ist nicht allein aus pragmatischen Gründen verzichtet worden – sondern v.a. auch deswegen, weil die hier interessierenden gesellschaftlichen Struktureffekte politischer Regulierung (bzw. einer *veränderten* Regulierung sozialer Beziehungen) in diesem institutionellen Feld weitaus weniger plastisch werden als in den stattdessen ausgewählten Bereichen der Arbeitsbeziehungen und der sozialen Sicherung. Gleichwohl bleibt eine entsprechende Analyse auch jenes Bereiches ein Desiderat der Forschung.

1995: 24) vermag. Gefragt wird nach den gesellschaftlichen Struktureffekten, die der Prozess „reformlosen Wandels" (Czada, s.o.) des deutschen Sozialmodells nach sich zieht – und zwar im Sinne der Umgestaltung gesellschaftlicher Relationierungsmuster und der Revision gesellschaftspolitischer Generalnormen des deutschen Sozialmodells der Nachkriegszeit. Denn es ist letztlich der in der Nachkriegszeit gewachsene soziale Bezugsrahmen von Werten wie Sicherheit, Egalität und Solidarität, welcher in Frage steht, wenn jenes „eigentümliche Ensemble von institutionellen Erfindungen" (Bude 1999: 99), das hier unter dem Namen „deutsches Sozialmodell" firmiert, nunmehr auf „typisch deutsche" Weise rekonfiguriert wird.

5.2. Rekonfigurationen im deutschen Sozialmodell (1): Die Expansion des Sozialversicherungssystems

5.2.1. Das Mehrsäulensystem sozialpolitischen Bedarfsausgleichs

Der deutsche Sozialstaat ist in seiner Organisations- und Funktionsweise durch die Dominanz des Sozialversicherungsprinzips gekennzeichnet. Seinen wissenschaftlichen Beobachtern gilt er daher als der Prototyp des „Sozialversicherungsstaates" (vgl. Riedmüller und Olk 1994): Auch wenn seine zahlreichen sozialpolitischen Leistungsprogramme durchaus unterschiedlichen Gestaltungsprinzipien und Logiken folgen,[9] so werden soziale Risiken hier doch vornehmlich und typischerweise in der Form ihrer versicherungsförmigen Kollektivierung bearbeitet (vgl. Leibfried und Wagschal 2000: 9; Kohl 2000: 134; Tragl 2000: 150). Das System „gehobener", statusorientierter Sozialversicherungsleistungen, das von fünf Säulen (bzw. „Sozialversicherungszweigen": Unfall-, Kranken-, Renten-, Arbeitslosen- und Pflegeversicherung) getragen wird und gewissermaßen das Standardinstrumentarium zur gesellschaftlichen Deckung

---

9   Vgl. Leibfried und Wagschal 2000: 8. Dies allerdings ist kein Spezifikum des deutschen Falls: „In den meisten Ländern [...] stellt das sogenannte 'System der sozialen Sicherung' eben kein 'System' im Sinne eines an übergreifenden Zielvorstellungen orientierten, in sich konsistenten Projekts von aufeinander abgestimmten Elementen dar, vielmehr ein Konglomerat von Einzelprogrammen, die unter Umständen unterschiedlichen Gestaltungsprinzipien folgen." (Kohl 2000: 140)

individueller Sicherungsbedarfe darstellt, wird ergänzt durch einen subsidiären, bedürftigkeitszentrierten „Unterbau" (Rüb 1998: 334), dessen systemlogisch nachrangigen „Sozialhilfen" jenen Personen zugedacht sind, die vorübergehend in Not geraten oder in bestimmten Lebenssituationen der öffentlichen Fürsorge bedürfen.[10] Darüber hinaus existieren – gleichsam als „Nebenbauten" dieses zweistöckigen Hauptgebäudes – noch organisatorisch eigenständige, der berufsständischen Tradition des deutschen Sozialstaates geschuldete Versorgungssysteme insbesondere für Beamte, Selbständige und Landwirte.

Die systemprägende Institution der Sozialversicherung selbst lässt sich verstehen als ein Instrument des gesellschaftlichen bzw. politischen Risikoausgleichs: Sozialversicherungen sind „öffentlich-rechtliche Institutionen zur Reduktion von Unsicherheit durch politisch gewollten Ausgleich von sozialen Risiken" (Rüb 1998: 335; vgl. ebda.: 334-339).[11] Die primäre, konstitutive gesellschaftliche Bezugsgruppe dieses *sozial-politischen* Risikoausgleichs[12] sind die Erwerbstätigen (einschließlich ihrer Familienangehörigen; vgl. Kapitel 4.5.). Die Bundesrepublik ist, in den Begriffen Zachers (2000: 62), „Arbeitnehmerstaat" und „Sozialleistungsstaat" – bzw., so wäre Zachers Aussage zu konkretisieren, sie ist *als* Arbeitnehmerstaat Sozialleistungsstaat; dies ist der analytische Kern

---

10 „Die Funktionsweise der Sozialversicherung muß [...] im Zusammenhang mit den anderen Bestandteilen des Systems gesehen werden. Die Sozialversicherung setzt die Sozialhilfe immer schon als 'Ausfallbürge' und komplementäre Sicherung für Personen mit 'schlechter' Erwerbs- oder Ehebiographie voraus." (Leisering 1995: 863)

11 Vgl. zur sozialwissenschaftlichen Theorie der Sozialversicherung insbesondere Ewald 1989 und 1993, ferner Rüb 1998 sowie Drewke 1999; zur Sozialversicherung als Rechtstypus Bogs 1973: 407-448; zur ordnungspolitischen Verortung des Sozialversicherungsprinzs Schmähl 1985, Meinhold 1985; und zur institutionellen Logik des deutschen Sozialversicherungssystems Offe 1990: 182-184, 1998: 361-363.

12 Die auf den ersten Blick tautologisch anmutende Betonung des *sozial-politischen* Charakters sozialpolitischer Intervention – im Sinne der *politischen Regulierung sozialer Beziehungen* – ist die Quintessenz einer im Wortsinne *politischen Soziologie* der Sozialpolitik *als Gesellschaftspolitik*, wie sie von dieser Arbeit verfolgt wird und – in der Tradition von Hans Achinger (vgl. Achinger 1958) – theoretisch weiter zu fundieren wäre: „a theory of the welfare state must assume political power and legislation as a systematic reference point in the construction and maintenance of social solidarity" (Kaufmann 2000: 295). – Dass die politische Regulierung sozialer Beziehungen grundsätzlich sowohl gesellschaftlich gefordert und erforderlich wie auch politisch gewollt ist, bedeutet freilich – um sogleich hyperfunktionalistischen und steuerungsoptimistischen Fehldeutungen des hier verfolgten Ansatzes vorzubeugen – nicht, dass konkrete sozialpolitische Interventionen immer auch gesellschaftlichen Forderungen und Erfordernissen Rechnung tragen bzw. stets die politisch beabsichtigten Effekte zeitigen würden.

der Rede vom deutschen „Sozialversicherungsstaat" (vgl. Vobruba 1990). Die Sozialversicherung räumt den in ihren verschiedenen Säulen Versicherten einen Status in Form subjektiver öffentlicher Rechte ein, der im Falle des Risikoeintritts – Unfall, Krankheit, Alter (bzw. altersbedingte Beendigung des Erwerbslebens), Arbeitslosigkeit, Pflegebedürftigkeit – einlösbare, erwartungssichere Leistungsanrechte garantiert. Dieser versicherungsrechtliche Status nun ist in Ergänzung zum bzw. in Abhängigkeit vom arbeitsrechtlichen Status der betreffenden Person konstruiert: Der Arbeitsvertrag ist die eigentliche rechtliche Grundlage sowohl für die unmittelbaren wie auch für die abgeleiteten Ansprüche (der Angehörigen des Versicherten) auf sozialen Risikoausgleich. Mit den Bismarckschen Sozialversicherungsgesetzen wurde eine Statusordnung konstituiert, „die ein paternalistischer Staat autoritativ den Vertragsbeziehungen auferlegt, indem er denjenigen seiner Unterworfenen Pflichten (Beiträge) und Rechte (Leistungen) zuordnet, die die ökonomische Funktion eines regulären Arbeitnehmers ausfüllen" (Offe 1998: 360). Sozialversicherungsrechtliche Sicherungsansprüche stellen seither einen „Sonderstatus" (Rüb 1998: 336) der als Erwerbstätige (zwangsweise) Versicherten dar, einen „Status im Status" (ebda.): Der Sozialversicherungsstatus ist im Arbeitnehmerstatus aufgehoben. Er gilt von seiner historischen Intention her „nur für erwerbstätige Arbeiter" (Offe 1998: 360) und ist dementsprechend funktional auf die Risiken der Lohnarbeit bzw. auf die Sicherung der Arbeitskraft und die Wiederherstellung der Erwerbsfähigkeit der Lohnarbeitenden[13] bezogen.

Es handelt sich demnach beim deutschen Sozialversicherungssystem – in das Begriffsraster dieser Untersuchung gebracht – um einen politischen Mechanismus der *gesellschaftlichen Relationierung von Erwerbsbürgern und -bürgerinnen*, um ein Instrument der Herstellung und Garantie eines begrenzten Bedarfs- bzw. Risikoausgleichs zwischen ihnen (vgl. Kapitel 4.4.). Begrenzt ist diese Ausgleichsgemeinschaft nach außen durch das Zugangskriterium der Erwerbsbeteiligung, nach innen durch das regulative Prinzip der Leistungsgerechtig-

---

13 Sprich auf deren „(Re-)Kommodifizierung"; vgl. zu diesem funktionalen Zusammenhang wegweisend Lenhardt und Offe 1977. Offes in einem jüngeren Beitrag zu den Organisationsprinzipien des deutschen Wohlfahrtsstaates enthaltener Ansatz, die Sozialversicherungsprogrammatik – in Abgrenzung vom historisch vorgängigen Arbeitsschutz – als Schutz der Arbeiter „außerhalb der Arbeit" (Offe 1998: 360) zu charakterisieren, lässt hingegen diesen konstitutiven Kommodifizierungsbezug der Sozialversicherung verblassen und auch das jüngste Objekt der deutschen Sozialversicherungsbegierde, die Pflegebedürftigkeit, als erwerbsbezogenes „Standard-Risiko außerhalb der Arbeit" (ebda.: 378, Fn. 2) erscheinen. Genau dies ist sie aber – so das im Folgenden zentrale Argument – *nicht*.

keit.[14] Geübt wird hier eine Solidarität unter Leistungsfähigen und -bereiten, der nicht nur nach Bedarfs-, sondern insbesondere auch nach Leistungskriterien interne Grenzen gesetzt sind, was sich in der prinzipiellen Erwerbseinkommensbezogenheit der Sozialversicherungsleistungen bzw. im Grundsatz der „Lebensstandardsicherung" manifestiert.[15] Unter Beachtung dieser Maßstäbe setzt die „Statusgruppe der 'Versichertengemeinschaft'" (Offe 1998: 361), deren Mitglieder in der Logik der Sozialversicherung als mehr oder weniger typische Repräsentanten der Sozialfigur des „Normalarbeiters" gedacht werden,[16] ihr durch Beitragszahlung akkumuliertes „Sozialvermögen" (Abelshauser 1996: 380) für soziale Ausgleichszahlungen ein – z.B. für Umverteilungen zwischen der Generation der Erwerbstätigen und jener der aus Altersgründen Inaktiven in der Gesetzlichen Rentenversicherung („intergenerationale Solidarität"); zwischen Kinderlosen und Familien im Rahmen der beitragsfreien Mitversicherung von Kindern in der Gesetzlichen Krankenversicherung („intragenerationale Solidarität"); zwischen Erwerbstätigen und Erwerbslosen in der Arbeitslosenversicherung („interpersonelle Solidarität"); oder, erneut in der Gesetzlichen Krankenversicherung, zwischen gesunden und kranken Arbeitnehmern, „guten" und „schlechten" Risiken („solidarischer Risikoausgleich"[17]).

Die Vorherrschaft der Sozialversicherungslogik ist somit das Markenzeichen eines Sozialstaates, der seit seinen Anfängen in der Sozialgesetzgebung der 1880er Jahre den von der vergleichenden Wohlfahrtsstaatsforschung identifizierten, idealtypischen Attributen des so genannten „konservativen" Wohlfahrtsstaates – Etatismus, Paternalismus, Korporatismus, Subsidiarität – (nicht ganz

---

14 Letzteres bei monetären Leistungen. Zur Sozialversicherung als „Kompromiß zwischen kollektivistischen und individualistischen Werten" vgl. Leisering 2000: 97 und 1995: 872.
15 Bogs (1973: 444) spricht angesichts des Prinzips der „Leistungsdifferenzierung nach Vorsorgeaufwand" – in glaubhafter politökonomischer Unschuld – von der „Arbeitswert-Gerechtigkeit" der Sozialversicherungsleistungen. Die strukturelle Begrenztheit des Bedarfsausgleichs – und also seines Umverteilungsanspruchs – ist Offe (1990: 180-185) zufolge in maßgeblicher Weise für die moralische Anspruchslosigkeit des Sozialversicherungssystems und damit für dessen breite Akzeptanz in der Bevölkerung verantwortlich.
16 Im Kern zutreffend spricht Leisering daher von der „Erwerbs-, Männer- und Mittelschichtzentrierung" (Leisering 1995: 863) der Sozialversicherung. Zum Konzept des „Normalarbeitsverhältnisses" und der Strukturierung der sozialen Sicherung entlang seiner Parameter vgl. grundlegend Mückenberger 1990.
17 Zur Unterscheidung der genannten vier Solidaritätstypen und ihrer Realisierung innerhalb der verschiedenen Sozialversicherungszweige vgl. Tragl 2000: 155-172. Was hier als Charakteristikum der Sozialversicherung insgesamt gilt – der (politisch organisierte) solidarische Risikoausgleich –, wird bei Tragl begrifflich enger gefasst.

zufällig) in beinahe jeder Hinsicht entspricht (vgl. Kohl 2000: 129-141; s. dazu Kapitel 3.3.). Ein aktiver Staatsinterventionismus, der die sozialen Strukturen der Marktgesellschaft durch eine industrielle Statusordnung zu überformen trachtete; eine „fürsorgliche" politische Elite, die für die ihr „Schutzbefohlenen" obligatorische Sicherungseinrichtungen zu schaffen und für deren Finanzierung auch die freie Unternehmerschaft in die Pflicht zu nehmen entschlossen war; berufsständische und genossenschaftliche Traditionen, welche die Entwicklung eines nach Berufsgruppen fragmentierten und durch die Begünstigten (sowie die Finanziers) selbst verwalteten Sicherungssystems nahelegten;[18] schließlich die Bedeutung der Familie als soziale Institution und als Versorgungsinstanz ihrer Mitglieder sowie eines nicht-staatlichen, weltanschaulich gebundenen Verbandswesens in der sozialen Dienstleistungsproduktion[19] – all diese Faktoren lenkten den entstehenden deutschen Sozialstaat auf den Weg zum Sozialversicherungsstaat und bedingten zu einem guten Teil seine konkrete institutionelle Ausgestaltung, die bis auf den heutigen Tage, über zwei Jahrhundertschwellen hinweg, Bestand hat. Vor allem in dieser letzteren Einschätzung sind sich die Experten einig. Der Verweis auf die „notorische institutionelle 'Robustheit'" (Bönker und Wollmann 2000: 515; ähnlich Offe 1998: 361), auf die „erstaunliche Kontinuität" (Leisering 2000: 95) zunächst des deutschen, dann des bundesdeutschen Sozialstaates gehört zu den *musts* jeder einschlägigen Abhandlung. Diese Kontinuität gilt nach allgemein geteilter Meinung insbesondere und „zuallererst für das Überleben des Sozialversicherungsprinzips" (ebda.: 102) selbst, dessen „Beharrungskraft gegenüber Änderungsversuchen" (ebda.: 104) – allen politischen Systemwechseln und ökonomischen Strukturveränderungen zum Trotz – nach gängiger Ansicht geradezu sprichwörtlicher Natur ist.

---

18 Die berufsständische Fragmentierung der Sozialversicherung, auf die sich Esping-Andersens (mittlerweile gängige) Etikettierung des kontinentaleuropäischen Wohlfahrtsstaates als „konservativ-*korporatistischer*" Regimetypus (vgl. Esping-Andersen 1990) im Wesentlichen bezieht, hat im deutschen Fall – und nicht nur dort – allerdings im Laufe der letzten Jahrzehnte stark abgenommen und ist insofern kaum mehr als Charakteristikum der Sozialversicherungsstaaten zu sehen: „In Bezug auf Leistungen, Finanzierung und institutionellen Aufbau ist das fragmentierte System in ein dicht geknüpftes quasi-universalistisches Arrangement übergegangen" (Leisering 2000: 100; vgl. ebda.: 104).

19 Zum „subsidiarity model" sozialer Dienstleistungsproduktion in kontinentaleuropäischen Wohlfahrtsstaaten vgl. Anttonen und Sipilä 1996: 95-97. Zum Kreis „intermediärer Instanzen" gehören neben den hier hauptsächlich angesprochenen Wohlfahrtsverbänden aber auch die zuvor erwähnten Selbstverwaltungsgremien der Sozialversicherung sowie die Koordinations- und Verhandlungssysteme korporativer Akteure in den einzelnen Sicherungszweigen (vgl. Leisering 2000: 98-100; s. auch Kapitel 4.4.).

In Anbetracht all dessen musste die Ausdehnung und weitere Ausdifferenzierung des Systems sozialversicherungsförmigen Bedarfsausgleichs, wie sie sich Mitte der 1990er Jahre mit der Einführung der Gesetzlichen Pflegeversicherung als fünfte Säule der Sozialversicherung vollzog, den sozialpolitisch kundigen Beobachter zwar einerseits verwundern – doch andererseits auch wieder nicht. Auf der einen Seite musste die späte Erweiterung des deutschen Sozialversicherungssystems – die Errichtung der Arbeitslosenversicherung als vierte Säule im Jahre 1927 lag mehr als zwei Generationen zurück – zwar grundsätzlich als Anachronismus erscheinen zu einer Zeit, die international (aber auch in Deutschland selbst) eindeutig eher durch eine Tendenz zum Abbau denn zum Ausbau sozialpolitischer Sicherheitsverbürgungen gekennzeichnet war (vgl. Manow und Seils 2000: 154; Meyer 1996: 17-19). In anderer Hinsicht aber schien dieser Prozess sehr viel weniger erstaunlich und alles andere als kontraintuitiver Natur zu sein, bestätigte doch der deutsche Sozialstaat, in seinem Rückgriff auf das altehrwürdige Sozialversicherungsprinzip zwecks Bearbeitung eines (zwar nicht „neuen", aber) weiteren sozialen Problems,[20] offensichtlich alle Stabilitäts- und Kontinuitätsthesen: In der deutschen Sozialpolitik blieb alles beim Alten, nur auf höherem Niveau. Der deutsche Sozialstaat blieb sich selbst, als Sozial*versicherungs*staat, noch nach über einem Jahrhundert treu.

Die Erzählungen, die von dieser Geschichte künden, sind Legion. Erschien das deutsche Sozialversicherungsregime nach der Wiedervereinigung allein schon durch die detailgetreue Replikation seines Institutionenbestandes in Ostdeutschland gestärkt, so spiegelte die Einführung der Pflegeversicherung nach allgemeinem Dafürhalten erneut die Traditionsbindung der Sozialpolitik, ja bot geradezu „ein Lehrstück über die 'Pfadgebundenheit' der Wohlfahrtsstaatsentwicklung" (Götting und Hinrichs 1993: 69; vgl. gleichlautend Götting et al. 1994: 306, Haug und Rothgang 1994: 25, Hinrichs 1995: 237, Jochem 2001: 207). Die politische Stärke der „traditionellen Sachwalter des Sozialversicherungsstaats" (Hinrichs 1995: 237), die „verhandlungsdemokratischen Imperative" (Jochem und Siegel 2000: 59) wohlfahrtsstaatlicher Politik in der Bundesrepublik, überhaupt die „Verkrustung" (Zacher 2000: 78) ihres gesamten Herrschaftssystems lasse, so die Generalthese, andere als „'pfadtreue' Problemlö-

---

20 Eben diese Eventualität war noch wenige Jahre zuvor von Claus Offe praktisch ausgeschlossen worden, als er zu prognostizieren gewagt hatte, „daß das Sozialversicherungsprinzip [...] sein Expansionspotential weitgehend erschöpft hat und deshalb als Organisationsmuster für die kollektive Verarbeitung neu auftauchender Bedarfslagen [...] keine nennenswerte Rolle mehr spielen wird" (Offe 1990: 196). Sozialwissenschaftliche Prognostik ist eben ein riskantes Geschäft.

sungen" (Schmidt 2000a: 161) praktisch gar nicht (mehr) zu[21] – und die Pflegeversicherung stehe sinnbildlich für diese Tatsache. Für die politikwissenschaftliche Sozialpolitikforschung hierzulande scheint die Unmöglichkeit von Strukturreformen der sozialen Sicherung, „die alte Bahnen verlassen" (ebda.), damit beschlossene Sache:

„Aufgrund der institutionellen Verfestigungen und der Akteursdichte in Deutschlands Politik im Allgemeinen und im Bereich der wohlfahrtsstaatlichen Politik im Besonderen, erscheinen [...] radikale Umbaureformen als das *unwahrscheinlichste Resultat* 'vetospielerpenetrierter' Entscheidungsprozesse." (Jochem und Siegel 2000: 59)

Ein genauerer Blick auf die Pflegeversicherung, auf die mit ihr einhergehenden institutionellen Innovationen und die von diesen ausgehenden gesellschaftlichen Strukturierungseffekte, zeigt allerdings, dass die vermeintlich höchst unwahrscheinlichen „radikalen Umbaureformen" tatsächlich – *against all odds* – vor unseren Augen (wenngleich hinter den Rauchschwaden „vetospielerpenetrierter Entscheidungsprozese") vonstatten gehen. Mehr noch: Das Beispiel der Pflegeversicherung zeigt, dass Umbauten im deutschen Wohlfahrtsstaat durchaus nicht „die alten Bahnen verlassen" müssen, um radikal zu sein. Aufgrund der inhärenten Doppelsinnigkeit (auch) der wohlfahrtsstaatlichen Basisinstitutionen des deutschen Sozialmodells genügt es vielmehr, wieder auf alte Bahnen einzuschwenken, auf sozialpolitische Traditionsbestände zurückzugreifen, um weitreichende Veränderungen des gesellschaftlichen Arrangements herbeizuführen. Eine eingehendere, politisch-soziologische Analyse (im hier postulierten Sinne) vermag zum einen das Erstaunen über den gleichsam antizyklischen Expansionsakt des deutschen Sozialstaats zu relativieren, handelte es sich doch bei der Ausweitung der Sozialversicherungsprogrammatik um Leistungen im Falle der Pflegebedürftigkeit in nicht unwesentlichem Maße um eine bloße Refinanzierung derselben. Zum anderen und vor allen Dingen aber erweist sich bei genauerer Betrachtung, dass die Übertragung der dem deutschen „Erwerbspersonensozialstaat" (Schmidt 1998: 216) entsprechenden Versicherungsform auf die Absicherung eines eindeutig nicht erwerbsarbeitsbezogenen Lebensrisikos erhebliche Abweichungen von der etablierten Sozialversicherungslogik und entsprechende Restrukturierungen der in der Sozialversicherung institutionalisierten

---

21 Sowohl Zacher 2000 als auch Schmidt 2000a replizieren in ihren Beiträgen die bekannte – insbesondere auf die politische Realität der kontinentaleuropäischen Nationen gemünzte – espingandersonianische Diagnose einer „'frozen' welfare state landscape" (Esping-Andersen 1996a: 24), einer „mutual complicity in favour of the status quo" (ders. 1996c: 265): „Welfare state reform has, so far, been limited to marginal adjustments" (ders. 1996b: 82).

gesellschaftlichen Beziehungsmuster mit sich brachte. Die Pflegeversicherung – für nicht wenige Beobachter „lediglich ein weiterer Zweig der Sozialversicherung" (G. Roth 1999: 419) – hat Rekonfigurationen der Programmatik „begrenzten Ausgleichs" hervorgebracht, die das Gesicht des deutschen Sozialversicherungsstaates verändert haben.

5.2.2. Das Sozialversicherungssystem im Wandel

Der Problemhintergrund der im Jahre 1994, nach einem etwa zwanzigjährigen Vorlauf mehr oder weniger intensiver Debatten, vollzogenen Neuordnung der sozialen Sicherung im Falle von Pflegebedürftigkeit lässt sich als multiples Überforderungssyndrom – der Pflegebedürftigen selbst, ihrer „informellen" Pflegepersonen, der Pflegeinfrastruktur bzw. der professionellen Pflegekräfte sowie nicht zuletzt der Kostenträger des Pflegefallrisikos – charakterisieren.[22] Doch der Reihe nach. Die wirtschaftliche Überforderung der Pflegebedürftigen stellte das wichtigste sozialpolitische Motiv einer gesetzlichen Neuregelung dar. Die kollektiven Sicherungssysteme der Bundesrepublik sahen bis zur Einführung der Pflegeversicherung im Eintritt von Pflegebedürftigkeit keinen leistungsbegründenden Tatbestand, sondern vielmehr ein grundsätzlich privat abzusicherndes Lebensrisiko. Erst im Rahmen des Gesundheitsreformgesetzes (GRG) von 1988 wurde der Leistungskatalog der Gesetzlichen Krankenversicherung (GKV) um Leistungen für die (ambulante) Betreuung Schwerpflegebedürftiger erweitert.[23] Ansonsten gerieten Pflegebedürftige bis 1995 nicht als solche, sondern als (aufgrund ihres Pflegebedarfs) *finanziell* Bedürftige in den Blick des deutschen Sozialstaats. Die Übernahme der von den Betroffenen nicht aus eigenem Einkommen und Vermögen zu deckenden Kosten für ambulante Pflegedienste bzw. stationäre Versorgung erfolgte in der Regel[24] nach dem Bundessozialhilfegesetz (BSHG), das im Rahmen der Hilfen in besonderen Lebenslagen („Hilfe zur Pflege", §§ 68-69 BSHG) entsprechende Bestimmungen sowohl zur Finanzie-

---

22 Vgl. zum Folgenden Götting und Hinrichs 1993: 50-54 sowie ausführlich Meyer 1996: 27-99. Zu den sozioökonomischen und politisch-institutionellen Bedingungsfaktoren des (west-)deutschen „Pflegeregimes" vgl. auch Bräutigam und Schmid 1996: 276-280.
23 Die so genannte „kleine Pflegeversicherung" gemäß der damaligen §§ 53-57 SGB V.
24 Nur eine kleine Minderheit der Pflegebedürftigen erhielt Leistungen im Rahmen der Unfallversicherung, des Bundesversorgungs- oder Lastenausgleichsgesetzes, aufgrund beihilferechtlicher Regelungen oder aber auf Grundlage eines Landespflegegesetzes (in Berlin, Bremen und Rheinland-Pfalz); vgl. Behning 1999: 133, Meyer 1996: 29-31.

rung als auch zur Leistungserbringung enthielt. Insbesondere bei Heimunterbringung der – zumeist hochbetagten und in ihrer Mehrzahl weiblichen – Pflegebedürftigen stellte zu Beginn der 1990er Jahre, angesichts einer wachsenden Diskrepanz zwischen der Entwicklung der Alterseinkommen einerseits und der Kosten vollstationärer Pflege andererseits, die Sozialhilfefinanzierung der Pflegebedürftigen den Regelfall dar.[25] Diese Situation – dass langjährige Beitrags- und Steuerzahler aufgrund von Pflegebedürfigkeit im Alter der Sozialhilfe anheimfallen und zu „Taschengeldempfängern" degradiert würden – wurde in der öffentlichen Diskussion als gesellschaftspolitisch skandalös und unerträglich gebrandmarkt.[26] Im christdemokratisch-liberal gefärbten Regierungslager wurde dabei insbesondere – ganz im Sinne der Sozialversicherungslogik – die „Gerechtigkeitslücke" moniert, die sich aus dieser späten Entwertung der Lebensleistung und der damit verbundenen Tendenz zur regelhaften Nivellierung der Alterseinkommen auf Armutsniveau ergebe (vgl. Meyer 1996: 34f., 87).

Neben der materiellen Überforderung der Pflegebedürftigen wurde ferner die psychophysische und psychosoziale Überbelastung der informellen Pflegepersonen, in aller Regel also der weiblichen Familienangehörigen, problematisiert. Entsprechende Überlastungserfahrungen seien nicht nur individuell, sondern auch gesellschaftlich prekär, weil sie – zusätzlich zu den ohnehin zu gewärtigenden Effekten des demographischen Wandels und der zunehmenden Frauenerwerbstätigkeit – dazu angetan seien, die Bereitschaft zur privaten, häuslichen Pflege älterer Angehöriger nachhaltig zu schwächen. Deren unbedingter Vorrang vor außerhäuslicher, institutioneller, überhaupt auch professioneller Pflege wurde unter Verweis auf ihren doppelten (Mehr-)Wert – „nicht nur mit dem Kostenargument (häusliche Pflege ist billiger), sondern auch mit dem Qualitätsargument (häusliche Pflege ist menschenwürdiger)" (Meyer 1996: 67) – über

---

25 Unmittelbar vor Einführung der Pflegeversicherung lag der Anteil der Sozialhilfeempfänger(innen) unter den pflegebedürftigen Heimbewohner(inne)n in Westdeutschland bei zwei Dritteln, in Ostdeutschland bei fast 100 Prozent (vgl. Pabst und Rothgang 2000: 347).
26 Die offizielle Diktion griff dabei zur Legitimation ihres Ansinnens interessanterweise auf die Sozialfigur des lebenslangen Arbeitnehmers zurück, obwohl der – genauer: die – typische Pflegebedürftige diesem Bild keineswegs entsprach. So heißt es im Gesetzentwurf der Regierungsfraktionen vom 27.6.1993 in Bezug auf den Ist-Zustand kritisch, der durchschnittliche Pflegebedürftige werde „zum Taschengeldempfänger, auch wenn er in einem erfüllten Arbeitsleben jahrzehntelang Beiträge und Steuern zum Ausbau des sozialen Sicherungssystems entrichtet hat" (zit. n. Meyer 1996: 27), und zum angestrebten Soll-Zustand entsprechend: „Wer sein Leben lang gearbeitet und eine durchschnittliche Rente erworben hat, soll wegen der Kosten der Pflegebedürftigkeit nicht zum Sozialamt gehen müssen" (zit. n. Sebaldt 2000: 183).

Jahre hinweg auf beredte Weise von Regierungsseite eingefordert[27] und fand schließlich auch Eingang in den endgültigen Gesetzestext (§ 3 SGB XI). Gleichwohl wurde aber – allerdings von anderen Akteuren – nicht nur die drohende informelle „Unterstützungslücke", sondern auch die unbestreitbare „Qualitätslücke" in der professionellen pflegerischen Versorgung thematisiert. Die insbesondere von den Betroffenen (den Pflegeberufen und ihren Professionsvertretern, Wohlfahrtsverbänden und Einrichtungsträgern) als „Pflegenotstand" (vgl. Alber 1990; Schölkopf 1998) apostrophierten, offensichtlichen Mengen- und Qualitätsdefizite in Bezug auf Pflegeinfrastruktur, Pflegepersonal und Pflegeausbildung wurden in unregelmäßigen Abständen (vornehmlich auf dem Wege eindringlicher Medienberichterstattung) zum Gegenstand der pflegepolitischen Diskussion. Auch in dieser dritten sozialpolitischen Dimension des Themas versprach man sich – nach ursprünglich starker Zurückhaltung[28] schließlich umso mehr auch auf Seiten der Regierungsparteien – durch die Einführung der Pflegeversicherung positive Effekte.

Die Schilderung des Problemhintergrundes des Pflegeversicherungsgesetzes muss freilich solange unvollständig bleiben, wie nicht das zentrale Element des pflegebezogenen Überforderungssyndroms, die Überforderung der Finanzkraft der Sozialhilfeträger, Erwähnung findet. Diese von niemandem zu übersehende

---

27 Die doppelte Begründungsformel findet sich schon Mitte der 1970er Jahre auf lokaler Ebene, als die Kommunen „noch weitgehend unbestritten für sich in Anspruch nehmen konnten, mit ihrer ambulanten Strategie (Substitution der stationären Pflege durch Familie plus andere Dienste) das gemeinhin zwischen Bedarfsdeckung und Kostenminimierung bestehende Spannungsverhältnis zur allgemeinen Zufriedenheit aufzulösen" (Meyer 1996: 67). Dass der Grundsatz „ambulant vor stationär" politisch handlungsleitend werden konnte, steht auch im Zusammenhang mit der damaligen sozialpolitischen Neupositionierung der (oppositionellen) CDU/CSU, die dank ihres Generalsekretärs Heiner Geißler die „Neue Soziale Frage" für sich entdeckte und in diesem Kontext die Pflegeproblematik zum Kristallisationspunkt der Einforderung einer „neuen Subsidiarität" bzw. einer „Kultur des Helfens" werden ließ (vgl. ebda.: 258-260). In Helmut Kohls erster Regierungserklärung hieß es denn auch programmatisch: „Wir wollen mehr Selbst- und Nächstenhilfe der Bürger füreinander" (zit. n. Meyer 1996: 260), und in ihrem Bericht zu Fragen der Pflegebedürftigkeit vom 5.9.1984 forderte die Bundesregierung folgerichtig unter Verweis auf die Tatsache, dass häusliche Pflege „nicht nur humaner, sondern auch ökonomischer" sei, eine Verbesserung der Pflegesituation „durch Eigeninitiative und in Eigenverantwortung" ein (zit. n. Behning 1999: 148 bzw. Meyer 1996: 261).

28 Bis zum Ende der 1980er Jahre und dem jähen Gesinnungswandel von Bundesarbeitsminister Blüm in der Frage der Pflegeversicherung (s.u.) hatte sich die Bundesregierung konsequent gegen Forderungen nach einer „großen" gesetzlichen Lösung der Pflegeproblematik unter Einbeziehung des stationären Bereichs gewehrt.

und von den betroffenen örtlichen und überörtlichen Sozialhilfeträgern[29] bzw. ihren Spitzenverbänden immer wieder mit Verve in die Diskussion eingebrachte „Finanzierungslücke" wurde ihrerseits in zweierlei Hinsicht thematisiert. Zum einen verwiesen Länder und Kommunen auf die im Zusammenspiel stetig ansteigender Fallzahlen und Fallkosten überbordende Belastung ihrer Haushalte und forderten vehement eine gerechtere Lastenaufteilung auf unterschiedliche Finanzierungsträger ein.[30] Zum anderen wurde die Regelfinanzierung des Pflegefallrisikos über die Sozialhilfehaushalte als systemwidriger Zustand kritisiert, sind doch im deutschen Sicherungssystem für den Schutz gegen die typischen „Wechselfälle des Lebens" die Sozialversicherungen vorgesehen, wohingegen die Sozialhilfe von ihrer Intention her als letztes Netz einzelfallorientierter Nothilfe in unvorhersehbaren, atypischen Lebenslagen konzipiert war. Offenbar war nun aber, was die soziale Problematik der Pflegebedürftigkeit anging, „die tatsächliche Entwicklung [...] in die genau entgegengesetzte Richtung gegangen" (Meyer 1996: 81): Hier wurde die Sozialhilfe von einer Einrichtung vorübergehender Individualfürsorge zu einer Instanz kollektiver Regel- und Dauerversorgung.[31]

Mit dem „Gesetz zur sozialen Absicherung des Risikos der Pflegebedürftigkeit" vom 26.5.1994 ist diesem Zustand ein Ende bereitet worden, indem „das Pflegefallrisiko als allgemeines Risiko anerkannt" (Meyer 1996: 17) und in den

---

29 Im Bereich der „Hilfe zur Pflege" nach BSHG waren die örtlichen Träger der Sozialhilfe – d.h. die Kommunen – für die ambulanten und die überörtlichen Träger – je nach Bundesland Landschaftsverbände, Landeswohlfahrtsverbände oder auch das Land selbst – für die stationär erbrachten Hilfen und deren Finanzierung zuständig (vgl. Meyer 1996: 210-220). Dies erklärt das große Interesse auch der Bundesländer an einer Neuordnung der Finanzierungsstrukturen im Pflegesektor und die rege Gesetzentwurfstätigkeit einiger Länder (Baden-Württemberg, Bayern, Hessen, Rheinland-Pfalz) im Bundesrat insbesondere Mitte der 1980er Jahre.

30 Die Ausgaben im Rahmen der „Hilfe zur Pflege" stiegen zwischen 1970 und 1990 um das Zehnfache – von 1,1 auf 11,1 Mrd. DM (vgl. Meyer 1996: 79f.). Die demographischen Projektionen sowie die Preisentwicklung im Pflegesektor ließen im Übrigen einen weiter beschleunigten Anstieg der pflegebedingten Sozialhilfeleistungen als sicher erscheinen.

31 An dieser Stelle wird deutlich, dass eine säuberliche Trennung von sozial- und finanzpolitischen Argumentationsmustern an Grenzen stößt: Nicht nur, dass die sozialpolitischen Argumente z.T. explizit mit finanzpolitischen Erwägungen verknüpft wurden (wie im Falle des Vorrangs der häuslichen Pflege); umgekehrt war auch das finanzpolitische Argument in der geschilderten Weise an (im weiteren Sinne sozialpolitische) Überlegungen zur „Systemgerechtigkeit" des Ist-Zustandes gebunden.

Regelungs- und Gestaltungsbereich der Sozialversicherung überführt wurde.[32] Der wie gesehen mehrdimensionale und prinzipiell zweigleisig angelegte – sozial- und finanzpolitische – Begründungs- und Legitimationszusammenhang dieses Gesetzes kann dabei nicht darüber hinweg täuschen, dass die Problemdefinition der maßgeblichen Akteure letztlich eindeutig – und einseitig – finanzpolitisch bestimmt war und die sozialpolitische Problemdeutung effektiv in den Schatten stellte. Nur in der Schlussphase des Gesetzgebungsprozesses wurde „aus wahltaktischem Kalkül" (Haug und Rothgang 1994: 13) – die Bundestagswahl 1994 stand vor der Tür – der sozialpolitische Diskurs wiederbelebt und „parteipolitisch instrumentalisiert" (ebda.: 21). Das eigentliche Ziel des Gesetzes aber war die Neuordnung der Kostenträgerschaft im Pflegesektor – und seine Detailregelungen zeugen davon, dass hier „der Zwang zur Kostenbegrenzung die Feder geführt hat" (Paquet 1999: 34).[33] Die weitreichenden – und, so steht zu vermuten, über den engeren Regulierungsbereich der Pflegeversicherung hinaus wegweisenden – institutionellen Neuerungen, die aus diesem historisch-politischen Entstehungszusammenhang heraus erwachsen sind, gilt es im Folgenden zu analysieren.[34]

Zu Recht ist die Gesetzliche Pflegeversicherung (GPV) *insgesamt* als eine „institutionelle Innovation" (Hinrichs 1995), als eine „Sozialversicherung neuen Typs" (Pabst und Rothgang 2000: 373) bezeichnet worden, weil ihre Sicherungslogik weder dem in der Gesetzlichen Krankenversicherung realisierten Bedarfsprinzip (Leistung entsprechend des Bedarfs) noch dem in der Renten- und

---

32 Zu den konkurrierenden Modellen in der Debatte – reines Marktmodell, private Pflichtversicherung, Sozialversicherung, steuerfinanziertes Leistungsgesetz – vgl. Meyer 1996: 88-99, 311-342.

33 Zum „Vorrang finanzpolitischer Erwägungen vor sozialpolitischen Gesichtspunkten" (Haug und Rothgang 1994: 23) in den Debatten und dem Gesetzgebungsverfahren zur Pflegeversicherung vgl. des Weiteren auch Meyer 1996: 169 und Strünck 2000: 57-59. „Diese Dominanz finanzpolitischer gegenüber sozialpolitischen Argumenten scheint ein generelles Kennzeichen der derzeitigen politischen Rahmenbedingungen zu sein." (Haug und Rothgang 1994: 23)

34 Die Chronologie der Ereignisse, die (z.T. wechselnden) Positionen der maßgeblichen Akteure sowie der äußerst erratische Verlauf des Entscheidungsprozesses sind mittlerweile in zahlreichen Untersuchungen erschöpfend abgehandelt worden – die Dominanz des politikwissenschaftlichen Zugangs zu diesem Feld ist ebenso erdrückend und ermüdend wie erklärungsbedürftig –, jedoch für die hier verfolgten Belange allenfalls am Rande von Interesse; vgl. u.a. Götting und Hinrichs 1993: 54-68, Götting et al. 1994: 292-304, Haug und Rothgang 1994: 2-23, Schraa 1994, Pabst und Rothgang 2000: 348-353, Sebaldt 2000 sowie ausführlich Behning 1999: 133-211 und – ausführlichst – die erstaunlicherweise kaum rezipierte, aber grundlegende Studie von Meyer 1996 (insb.: 153-378).

Arbeitslosenversicherung maßgeblichen Äquivalenzprinzip (Leistung entsprechend der Vorleistung) entspricht. In diesem zentralen Punkt – und in weiteren, kaum weniger bedeutsamen Aspekten – stellt die Pflegeversicherung das Paradebeispiel für die Strukturwandlungen des bundesdeutschen Sozialstaates in den 1990er Jahren dar (vgl. Bönker und Wollmann 2000: 525-534).[35] Von der kampferprobten „Sozialstaatskoalition" aus Christ- und Sozialdemokraten[36] verfochten und durchgesetzt, konnten die mitregierenden Freidemokraten[37] im Verein mit den Interessenvertretern des Arbeitgeberlagers in langwierigen Verhandlungen sicherstellen, dass die institutionelle Ausgestaltung der neuen Sozialversicherungssäule Prinzipien einer strikten Ausgabenbegrenzung, einer selektiven Kostenentlastung sowie einer effektiven Wettbewerbsförderung Rechnung trug.[38]

Der *erste Bereich* institutioneller Innovation betrifft die eher „formalen" Konstruktionsprinzipien der – prinzipiell eigenständigen, aber unter dem Dach der Gesetzlichen Krankenversicherung operierenden – Pflegeversicherung: *Versicherungs-, Gliederungs- und Selbstverwaltungsprinzip*. In allen drei Fällen lassen sich bemerkenswerte Veränderungen gegenüber dem sozialversicherungsrechtlichen status quo ante konstatieren. So nimmt die Pflegeversicherung zunächst einmal eine nachdrückliche Stärkung des Versicherungsprinzips vor, indem sie nicht nur alle in der GKV pflichtversicherten Personen zugleich der Versicherungspflicht in der GPV unterwirft (§ 20 Abs. 1 SGB XI)[39], sondern

---

35 Bönker und Wollmann nennen einen neuen „Public-Private Mix", die Abschwächung der Lohnarbeitszentrierung, veränderte Finanzierungsstrukturen, die Pluralisierung und Vermarktlichung sozialer Dienste sowie die Abkehr von der Frühverrentungspraxis als die zentralen Merkmale dieses Strukturwandels. Die Einführung der Pflegeversicherung ist – bis auf die letztgenannte – für all diese Tendenzen von entscheidender Bedeutung gewesen.

36 Letztere hatten bis Ende der 80er Jahre ein steuerfinanziertes Leistungsgesetz favorisiert.

37 Die „heiße Phase" der Debatte um die Pflegeversicherung ist auch ein instruktives Beispiel für die Überlagerung, Verschränkung und Interaktion parteipolitischer Konfliktlinien im verflochtenen Exekutivföderalismus der Bundesrepublik (vgl. Kapitel 4.6.) – in diesem Fall dargestellt durch die föderale Konfliktlinie zwischen christdemokratisch geführter Bundesregierung und sozialdemokratisch dominiertem Bundesrat einerseits und die regierungsinterne Konfliktlinie zwischen CDU/CSU und ihrem Koalitionspartner FDP andererseits (vgl. Haug und Rothgang 1994: 18f., 22f.).

38 Vgl. zu den gesetzlichen Regelungen im einzelnen u.a. Hauschild 1994, Schellhorn 1994, Rothgang 1994: 169-183, Hinrichs 1995, Strünck 2000: 61-64, Pabst und Rothgang 2000: 353-360; umfassend Meyer 1996: 101-152.

39 Kinder und Familienangehörige mit einem Einkommen unterhalb der Geringfügigkeitsgrenze sind – wie in der GKV – beitragsfrei mitversichert. Freiwillige Mitglieder der GKV werden ebenfalls zu Pflichtmitgliedern der GPV erklärt, können sich aber bei Nachweis

darüber hinaus auch den privat Krankenversicherten die Verpflichtung zum Abschluss einer privaten Pflegeversicherung mit mindestens gleichwertigem Versicherungsschutz auferlegt (§ 23 SGB XI). Anders als im Falle des Krankheitsrisikos[40] ist der Versicherungszwang in diesem Falle damit universalisiert worden: Die Pflegeversicherung ist de facto eine „Volksversicherung". In deren Rahmen ist die Bedeutung des Gliederungsprinzips – also der Existenz unterschiedlicher, berufsständisch geprägter Kassenarten – stark relativiert. Zwar ist durch den Grundsatz „Pflegekasse folgt Krankenkasse" (zuständig für die Durchführung der Pflegeversicherung ist jeweils die Krankenkasse des Versicherten, § 48 SGB XI) die Reproduktion des in der GKV bestehenden, gegliederten Kassenwesens sichergestellt. Weil aber allen Pflegekassen gesetzlich ein einheitlicher Beitragssatz vorgegeben ist und zwischen ihnen zudem ein umfassender Finanzausgleich[41] stattfindet (§§ 55 Abs. 1 und 66 SGB XI), ist das Gliederungsprinzip hier, jedenfalls in finanzieller Hinsicht, weitgehend bedeutungslos; faktisch werden die Leistungen der Pflegeversicherung damit aus einer „Einheitskasse" gezahlt (vgl. Jacobs 1995: 249-252). Ebenso stark eingeschränkt ist schließlich das Selbstverwaltungsprinzip. Auch dieses ist durch die organisatorische Anbindung der Pflegekassen an die Krankenkassen und deren Selbstverwaltungsorgane formal gesichert. Doch ist der Selbstverwaltungsgrundsatz materialiter entwertet, denn den Pflegekassen ist die Satzungs- und Finanzhoheit weitgehend entzogen worden. Die Festsetzung von Beitragssätzen und Leistungshöhen obliegt nicht ihnen, sondern dem Verordnungs- bzw. Gesetzgeber (§§ 30 und 55 SGB XI). Dieser hat die Pflegeversicherung damit fest im Griff. Er hat hier seine aus dem Feld der GKV bekannten Eingriffe in das Selbstverwaltungsprinzip von vornherein festgeschrieben und sich selbst „mit einer im Bereich der Sozialversicherung bis dato unbekannten Machtfülle ausgestattet, um [...] von der Makroebene herab den [...] Grundsatz der Beitragssatzstabilität

---

eines mindestens gleichwertigen privaten Versicherungsschutzes von der Versicherungspflicht befreien lassen (§§ 20 Abs. 3 und 22 SGB XI). – Das Elfte Buch des Sozialgesetzbuches (SGB XI) ist übrigens nur teilidentisch mit dem (umfangreicheren) Pflegeversicherungsgesetz von 1994, bildet aber anerkanntermaßen „den Kern des Ganzen [...], d.h. die Pflegeversicherung im eigentlichen Sinne" (Meyer 1996: 101).

40 Die GKV wird hier und im Weiteren, der Argumentation Rothgangs folgend, als Referenzmaßstab für die Bewertung des Innovationsgehaltes der GPV herangezogen (vgl. Rothgang 1994: 169-171).

41 Dieser ist als effektiver Ausgabenausgleich konzipiert und geht damit weit über den in der GKV eingeführten Risikostrukturausgleich hinaus.

und damit das Prinzip einer strikt einnahmeorientierten Ausgabenpolitik durchzusetzen" (Meyer 1996: 135).

Damit ist bereits der *zweite Bereich* institutionellen Umbaus angesprochen, nämlich der unter dem hier besonders interessierenden Gesichtspunkt der politischen Restrukturierung sozialer Beziehungen zentrale Bereich der Leistungs- und Finanzierungsregeln. Deren sozialpolitischer Rekonfigurationsbeitrag lässt sich mit drei Schlagworten zusammenfassen: *Kostenverschiebung, Budgetprinzip und Grundversorgung.* Was die Finanzierungsseite anbelangt, so unterscheidet sich die Pflegeversicherung mit der Erhebung bis zur Beitragsbemessungsgrenze einkommensproportionaler Beiträge, die hälftig vom versicherten Arbeitnehmer und dessen Arbeitgeber bezahlt werden, formal zunächst nicht von den gängigen Sozialversicherungsstandards. Der Beitragssatz beträgt insgesamt 1,7%[42] der analog zur GKV ermittelten beitragspflichtigen Einnahmen des Versicherten. Faktisch aber wurde hier die Abkehr vom Prinzip der paritätischen Finanzierung vollzogen, als nach langen Debatten um eine Kompensation der Arbeitgeber für die ihnen zusätzlich erwachsenden Lohnnebenkosten letztendlich beschlossen wurde, bundesweit einen regelmäßig auf einen Arbeitstag fallenden Feiertag zu streichen.[43] Diese Regelung ist selbst dann innovativ – und wegweisend auch für die anderen Sozialversicherungszweige –, wenn man sich der Ansicht anschließt, dass es hinsichtlich der ökonomischen Bedeutung der Sozialversicherungsbeiträge zwischen der „Zahllast" und der „Traglast" derselben zu unterscheiden gilt. Aus dieser Perspektive stellt der „Arbeitgeberanteil" schlicht „eine verteilungspolitische Fiktion" (Rothgang 1994: 177) dar, weil er im Grunde nichts anderes als ein umgewidmeter Lohnbestandteil ist und als solcher tatsächlich (ebenfalls) vom Arbeitnehmer getragen wird (vgl. ebda.: 175-177, ähnlich Hinrichs 1995: 252 und Meyer 1996: 327f.; vgl. hierzu auch Lessenich 1999b: 160f.). Selbst – oder genauer: gerade – wenn dies aber so ist, muss die Kompensation einer fiktiven Belastung bzw. die gesetzlich verfügte Subventionierung von (als Sozialversicherungsbeiträge etikettierten) Lohnbestandteilen durch die Lohnarbeitenden selbst (in ihrer Rolle als Sozialversicherte) als eine bedeutsame Neuausrichtung der deutschen Sozial(versicherungs)politik gelten. Die im Sog der „Standortdebatte" beschlossene Neuregelung wurde seither zum obersten

---

42 Seit dem 1.7.1996, d.h. seit Einführung von Leistungen auch im Fall stationärer Pflege. Zunächst (seit dem 1.1.1995) hatte der Beitragssatz bei 1,0% gelegen.

43 Seither erarbeiten die Versicherten in allen Bundesländern, in deren Verantwortungsbereich der Vollzug dieser Regelung fiel, am Buß- und Bettag den Arbeitgeberbeitrag zur Pflegeversicherung – außer in Sachsen, wo man sich dafür entschied, auch formal die gesamte Beitragslast von 1,7% der Arbeitnehmerseite zuzuweisen.

Maßstab sozialpolitischer Reformmaßnahmen, „zur Conditio sine qua non jeglicher aktiven Sozialpolitik" (Haug und Rothgang 1994: 24), erhoben: „Ist vollständige Kostenneutralität nicht zu erzielen, so wird zumindest sichergestellt, daß die Arbeitgeber nicht belastet werden." (ebda.)[44]

Zum prototypischen Beispiel dafür, dass – und wie sehr – in der deutschen Sozialpolitik der 1990er Jahre „Finanzierungsinteressen [...] die Oberhand über Bedarfsdeckungsinteressen gewinnen" (Alber 1998: 214) konnten, wurde die Pflegeversicherung durch die zweite in der Finanzierungsdimension vorgenommene Innovation: durch die Einführung des so genannten Budgetprinzips (vgl. Rothgang 1994: 178-183; ders. 1996). Darunter ist die strikte Begrenzung der Ausgaben der Pflegeversicherung auf ein vorab festgelegtes Finanzvolumen zu verstehen, nämlich auf die aus dem gesetzlich fixierten Beitragssatz resultierenden Einnahmen. Die bereits seit den späten 1970er Jahren – angesichts der vermeintlichen „Kostenexplosion" im Gesundheitswesen – propagierte „einnahmeorientierte Ausgabenpolitik", die im Gesundheitsreformgesetz von 1988 ihren ersten formalisierten Ausdruck gefunden hatte, erhielt mit der Pflegeversicherung weiteren, entscheidenden Auftrieb.[45] Für die Ausgestaltung der Leistungsseite der Pflegeversicherung war das Budgetprinzip – gleichsam als „institutionalisierte[s] Prinzip der Beitragssatzstabilität" (Jochem 2001: 206) – in jeder Hinsicht strukturprägend. Der politisch dekretierte Finanzspielraum des neuen Sozialversicherungszweigs setzte der Bestimmung des leistungsberechtigten Personenkreises, der Breite des Leistungsspektrums sowie der Höhe des individuellen Leistungsbezuges quasi-natürliche Grenzen.[46] So wird der Begriff der „Pflege-

---

44 Man denke nur an die jüngste Reform der Gesetzlichen Rentenversicherung, die keine finanzielle Beteiligung der Arbeitgeberseite an der kapitalgedeckten Zusatzvorsorge („Riester-Rente"), welche die zukünftig sinkenden Lohnersatzraten des umlagefinanzierten Systems ausgleichen soll, vorsieht und im Zuge derer eher willkürlich ein „politischer" Beitragssatz von 22% als Obergrenze der Belastbarkeit der Beitragszahler (sprich: der Belastbarkeit „der Wirtschaft" mit Lohnnebenkosten) fixiert wurde. In der Diskussion über die Reform von Arbeitslosen- und Krankenversicherung ist die Einfrierung des Arbeitgeberanteils ebenfalls zunehmend prominent.

45 In § 71 SGB V (in der Fassung von 1989) hieß es dazu knapp: „Die Krankenkassen und die Leistungserbringer haben in den Vereinbarungen über die Vergütung der Leistungen den Grundsatz der Beitragssatzstabilität (§ 141 Abs. 2) zu beachten". In § 70 Abs. 2 SGB XI lautet die entsprechende Regelung: „Vereinbarungen über die Höhe der Vergütungen, die dem Grundsatz der Beitragssatzstabilität widersprechen, sind unwirksam" (zit. n. Rothgang 1994: 180, 182).

46 Der an der Einführung der Pflegeversicherung maßgeblich beteiligte Ministerialbeamte Jung äußert sich zur Strukturdominanz des Finanzierungsaspektes rückblickend wie folgt:

bedürftigkeit" selbst – anders als der Krankheitsbegriff in der GKV – im Gesetz abschließend definiert.[47] Der Leistungskatalog umfasst Leistungen bei häuslicher (§§ 36-38), teilstationärer (§ 41) und vollstationärer (§ 43 SGB XI) Pflege,[48] wobei letztere sich lediglich auf die im engeren Sinne pflegebedingten Aufwendungen[49] beziehen. Die Leistungsgewährung folgt zwar auf der einen Seite einer fallbezogenen Bedarfsfeststellung durch die Pflegekassen (auf der Grundlage unabhängiger Gutachten des Medizinischen Dienstes der Krankenkassen, §18 SGB XI), wird aber andererseits in Form der Einstufung der Betroffenen in eine von drei standardisierten Pflegestufen (§ 15 SGB XI)[50] vollzogen. Die Leistungshöhen in diesen drei Stufen sind pauschal festgeschrieben.[51] Ihre Dynamisierung

---

„Eine ganze Reihe der allseits beklagten Schwachstellen der Pflegeversicherung [...] waren [...] die zwangsläufige Folge der damaligen politischen Festschreibung des Beitragssatz [sic] zur Pflegeversicherung auf 1,7%, bezogen auf die Beitragsbemessungsgrenze der GKV. An dem danach zu erwartenden Finanzvolumen von rund 30 Mrd. DM jährlich hatte sich die Ausgestaltung der Pflegeversicherung zu orientieren." (Jung 2000: 201)

47 Als pflegebedürftig gilt demnach, wer aufgrund einer Krankheit oder Behinderung für die gewöhnlichen und regelmäßig wiederkehrenden Verrichtungen des täglichen Lebens auf Dauer, voraussichtlich aber für mindestens sechs Monate, in erheblichem Maße der Hilfe bedarf (§ 14 Abs. 1 SGB XI). Dieses Pflegebedürftigkeitskonzept bzw. dessen weitere Konkretisierung im Gesetzestext führte nicht nur zum Leistungsausschluss minder Pflegebedürftiger, sondern zunächst insbesondere auch zur mangelnden Berücksichtigung der besonderen Bedarfe von Demenzkranken sowie von vollstationär in Einrichtungen der Behindertenhilfe betreuten Pflegebedürftigen. – Im Gesundheitswesen hingegen entscheidet – noch – in erster Instanz der Arzt darüber, wer krank ist (und welche Leistungen erbracht werden sollen).
48 Daneben sind Leistungen zur Kurzzeit- und Urlaubspflege vorgesehen.
49 Die Pflegekassen beteiligen sich hingegen weder an den Kosten für Unterkunft und Verpflegung (den sog. „Hotelkosten") noch an den Investitionskosten. Der vom Gesetz eingeräumte Anspruch auf Rehabilitation wiederum richtet sich nicht gegen die Pflege-, sondern gegen die Krankenkassen.
50 Pflegestufe I: erheblich Pflegebedürftige; Pflegestufe II: Schwerpflegebedürftige; Pflegestufe III: Schwerstpflegebedürftige. Die Einstufung erfolgt nach Maßgabe der notwendigen Unterstützung im Bereich der Körperpflege, der Ernährung, der Mobilität und der hauswirtschaftlichen Versorgung (vgl. §§ 14 Abs. 3 und 4 SGB XI).
51 Die Staffelung der Leistungshöhen erfolgt nach Pflegestufen sowie nach Art der in Anspruch genommenen Leistungen. In der häuslichen Pflege wurden (jeweils für Pflegestufe I/II/III) 400/800/1.300 DM Pflegegeld (zwecks selbständiger Sicherstellung der Pflege) bzw. 750/1.800/2.800 DM – in Härtefällen bis zu 3.750 DM – bei Inanspruchnahme von Sachleistungen (d.h. ambulanter Pflegedienste) als Zahlgrößen angesetzt. Bei teilstationärer Pflege (also regelmäßigem, befristetem Aufenthalt in einer stationären Einrichtung der Tages- und Nachtpflege) wurden pauschal Kosten in Höhe von gleichfalls 750/1.800/2.800

entsprechend der allgemeinen oder sektoralen Preisentwicklung ist nicht automatisch vorgesehen, sondern erfolgt gegebenenfalls, im Rahmen des geltenden Beitragssatzes, auf dem Wege ministerieller Verordnung (§ 30 SGB XI).

Die strukturellen Unterversorgungseffekte, die sich aus dem Zusammenspiel dieser Einzelbestimmungen ergeben, liegen auf der Hand. Die Leistungen der Pflegeversicherung sind in vielen Fällen weit von einer Bedarfsdeckung entfernt – und dies nicht zufällig, sondern ganz bewusst. „Ihrem Wesen nach sind die Leistungen der Pflegeversicherung – trotz ihrer primären Ausgestaltung als Sachleistungen – als Grundsicherung, nicht als Vollsicherung im Einzelfall ausgestaltet" (Schellhorn 1994: 320f.). Sie stellen von ihrer Intention her einen „zweckgebundenen Pflegekostenzuschuß" (Meyer 1996: 120), gewissermaßen also eine Teilkasko-Versicherung, dar. Diese Abkehr vom Prinzip der Bedarfsdeckung, das dem Grundsatz nach (jedenfalls bislang noch[52]) die Leistungsgewährung in der GKV bestimmt, zeigt sich zum einen in dem partiellen Leistungsausschluss im Bereich der vollstationären Pflege,[53] zum anderen in der pauschalen – d.h.: *grundsätzlich* nicht dem konkreten individuellen Bedarf entsprechenden – und der Höhe nach begrenzten, „gedeckelten" Leistungsbemessung in den drei Pflegestufen.[54] Ein im Einzelfall höherer Pflegebedarf muss „durch den Einsatz eigenen Einkommens und Vermögens, durch Inanspruchnahme Unterhaltspflichtiger, durch private Zusatzversicherung oder letztlich durch die Sozialhilfe" (Schellhorn 1994: 321) – in jedem Fall also *außerhalb* der

---

DM, im Falle vollstationärer Betreuung schließlich in Höhe von 2.000/2.500/2.800 DM – bei Härtefällen bis zu 3.300 DM – veranschlagt.

52 Nicht nur nach Hinrichs' Meinung „kann in dem in der Pflegeversicherung verankerten *'Budgetprinzip'* eine bedeutsame Weichenstellung für die vor weiteren 'Strukturreformen' stehende gesetzliche Krankenversicherung gesehen werden" (Hinrichs 1995: 253): Auch dort geht die Entwicklung scheinbar unaufhaltsam in Richtung von Budgetierung und Fallpauschalen.

53 Durch die Nichtberücksichtigung der „Hotel"- und Investitionskosten sind die Leistungen der Pflegeversicherung hier a priori auf eine Zuschusslösung ausgelegt. Zwar werden die Investitionsaufwendungen – wie vom Gesetz vorgesehen (§ 9 SGB XI) – teilweise von den Ländern getragen, „in Westdeutschland in aller Regel aber nicht für Alteinrichtungen, die das Gros der Pflegeplätze zur Verfügung stellen" (Rothgang 2000: 432, Fn. 15).

54 Selbst eine vollständige Finanzierung der von der Pflegeversicherung angesetzten Mindestbedarfe ist „nur möglich, wenn die auf die Stunde umgerechneten Entgelte für ambulante Pflegedienste bei 20 DM bzw. noch darunter liegen. Realistischere Stundensätze von 40-50 DM führen dagegen zu Deckungsgraden von maximal 40-50%" (Rothgang 2000: 431, vgl. auch die diesbezüglich sehr instruktive Abbildung ebda.: 432; gleichlautend Pabst 1999: 239). Das Leistungsniveau der Pflegeversicherung ist nach Verabschiedung des Gesetzes nicht mehr angepasst worden.

Sozialversicherung – abgedeckt werden. Die Pflegeversicherung konstituiert damit einen im Kontext des Sozialversicherungssystems „neuen Public-Private Mix" (Bönker und Wollmann 2000: 526) monetärer Leistungen: Die zur Bedarfsdeckung notwendige, „versicherungsfremde" Ergänzung der als „Basissicherung" (Kreutz 2002: 464) konzipierten Sozialversicherungsleistungen wird hier zum festen und beabsichtigten Bestandteil der Leistungsprogrammatik.[55]

Ein neuartiger „Public-Private Mix" ist auch das prägende Merkmal des *dritten* (und letzten hier abzuhandelnden) *Bereichs* institutioneller Neuausrichtung der Sozialversicherung im Zeichen der Pflegeversicherung: Auch die Formen und Modalitäten sozialer Dienstleistungsproduktion werden durch die GPV in ebenso charakteristischer wie zukunftsträchtiger Weise umgestaltet. Erneut gilt es dabei auf drei zentrale Neuerungen hinzuweisen: auf die *Förderung des Wettbewerbs*, die *Betonung der Wahlfreiheit* und die *Aufwertung von Tätigkeiten außerhalb der Lohnarbeit*. Mit der Pflegeversicherung ist ein bedeutsamer Teil sozialer Dienste aus seiner Verankerung im Bereich der Fürsorge gelöst und „in die Institutionen der Sozialversicherung überführt" (Strünck 2000: 13) und dabei – gewissermaßen uno actu – in bis dahin ungekannter Weise Marktprinzipien und Wettbewerbsmechanismen unterworfen worden. Das Pflegeversicherungsgesetz öffnet den Markt für Pflegedienstleistungen und verfügt für diesen Sektor einen neuartigen Angebotspluralismus, um – so das erklärte Ziel – eine quantitative und qualitative Verbesserung der Pflegeinfrastruktur sowie, in Verbindung mit der erwähnten Einführung von Budgetrestriktionen, die Ausschöpfung von Rationalisierungsreserven anzureizen (vgl. Rothgang 2000: 429-435). Zu diesem Zweck werden die Pflegekassen gesetzlich verpflichtet, mit allen fachlich geeigneten, leistungsfähigen und wirtschaftlich arbeitenden Leistungsanbietern einen Versorgungsvertrag abzuschließen (Kontrahierungszwang nach § 72 Abs. 3 SGB XI). Anders als im Krankenhausbereich wird im Pflegesektor auf eine konkrete Bedarfsplanung verzichtet, kann eine Zulassung somit auch über den Versorgungsbedarf hinaus erfolgen. Und abweichend von dem im Rahmen des BSHG geltenden Vorrang der Träger der freien Wohlfahrtspflege werden frei-gemeinnützige (nicht profitorientierte) und privat-gewerbliche (kommerzielle) Anbieter

---

55 Bönker und Wollmann bewerten die Pflegeversicherung diesbezüglich als „Präzedenzfall" (2000: 529). Die jüngste Reform der Gesetzlichen Rentenversicherung – die darauf verweist, dass diese (bzw. deren umlagefinanzierter Teil) in Zukunft zunehmend nur noch Grundsicherungscharakter haben soll – ebenso wie die verbreitete Diskussion um eine Rückführung *sämtlicher* Sozialversicherungszweige auf eine Basissicherung zeigen in der Tat, wie wegweisend die Einführung von Pflegeversicherung in dieser Hinsicht de facto gewesen ist.

nunmehr gleichgestellt (§§ 11 Abs. 2 und 72 Abs. 3 SGB XI).[56] Das Nachrangigkeitsprinzip gilt im Bereich der Pflegeeinrichtungen allein noch für die öffentlichen Träger.[57] Um schließlich die aus dem Gesundheitswesen bekannte Problematik einer angebotsinduzierten Übernachfrage zu entschärfen, werden die Funktionen der Bedarfsfeststellung und der Leistungserbringung voneinander getrennt (vgl. Mager 1995): Die Feststellung des Leistungsfalls obliegt hier nicht den Leistungsanbietern selbst (wie in der GKV den Ärzten), sondern dem Kostenträger (in Gestalt des Medizinischen Dienstes der Krankenkassen).

Eine zweite Neuerung in diesem letzten Bereich bezieht sich auf die Ausgestaltung des Leistungskatalogs der Pflegeversicherung, der – jenseits der Entscheidung für ambulante oder stationäre Pflege – im Bereich der häuslichen Pflege die Möglichkeit der Wahl zwischen verschiedenen Leistungstypen eröffnet: zwischen dem Pflegegeld (zwecks Honorierung von selbst beschafften Pflegepersonen) und der Pflegesachleistung (zur Entgeltung professioneller Pflegedienste) bzw. einer Kombination beider Leistungsarten (§§ 36-38 SGB XI). Was sich auf der einen Seite als gesetzlicher Rahmen zur Optionsmaximierung der „Konsumenten" von Pflegedienstleistungen darstellt, erweist sich auf der anderen als ein System regulativer Verhaltenssteuerung, das einer eindeutigen pflegepolitischen Präferenzordnung folgt, nämlich dem gestuften Vorrang der häuslichen vor der Heimpflege, der innerfamilialen vor der professionellen Versorgung und schließlich – wie gesehen – der privaten, auch gewerbsmäßigen, vor der öffentlichen Leistungserbringung (vgl. §§ 3 und 4 Abs. 2 SGB XI). Die Logik der Pflegeversicherung setzt in dieser Hinsicht an einer in Deutschland weit verbreiteten – und funktional mit einem bestimmten Familienmodell verknüpften (vgl. Paquet 1999: 34) – „privatistischen Pflegekultur" (Evers 1997: 517; vgl. hingegen Blinkert und Klie 2000) an und sucht diese ihrerseits zu stabilisieren und zu stärken. Die strukturelle Bevorzugung der privaten, häus-

---

56 Obwohl sich erste Ansätze zur Pluralisierung der Anbieterstruktur zu Beginn der 1990er Jahre im Bereich des BSHG und des Kinder- und Jugendhilfegesetzes (KJHG) finden lassen, markiert die Pflegeversicherung auch hier „[d]en entscheidenden Durchbruch" (Bönker und Wollmann 2000: 533).

57 Zumindest im ambulanten Bereich haben diese Regelungen ihre Wirkung nicht verfehlt: Sowohl das Angebot als auch die Inanspruchnahme ambulanter Pflegedienste nahm nach 1995 rasant zu. Dabei sank der Marktanteil der Wohlfahrtsverbände in dem Maße, wie private gewerbliche Anbieter, die mittlerweile mehr oder weniger deutlich den größten Teil ambulanter Einrichtungen stellen, auf einem insgesamt wachsenden Markt expandieren konnten. Öffentliche Träger hingegen sind in diesem sozialen Versorgungsbereich praktisch bedeutungslos (vgl. Roth 2000: 187-190, mit Daten aus Nordrhein-Westfalen).

lichen, familialen Pflege entspricht zum einen einer sozialen Ordnungspolitik, die das Prinzip der Subsidiarität öffentlicher Leistungen und der „Hilfe zur Selbsthilfe" zentral stellt.[58] Sie hat zugleich aber auch einen nicht zu vernachlässigenden finanzpolitischen Hintergrund und steht insofern in enger logischer Beziehung zur Einführung des Budgetprinzips bzw. zur folgerichtigen Ausgestaltung der Pflegeversicherung als ein System der Teilbedarfssicherung: Durch die Einführung des Pflegegeldes soll die Pflegebereitschaft der Angehörigen *gefördert* werden; durch dessen systematisch unterhalb des tatsächlichen Bedarfs bleibende Höhe[59] soll sie zugleich *erforderlich* sein bzw. bleiben.[60] Mehrere Regelungen des Pflegeversicherungsgesetzes tragen dieser pflegepolitischen Gesamtstrategie Rechnung. So begann man beispielsweise erst 18 Monate nach Einführung der Pflegeversicherung – und 15 Monate nach dem Leistungsbeginn für die häusliche Pflege – damit, auch den stationär Betreuten den Zugang zu Sozialversicherungsleistungen zu eröffnen.[61] Die Leistungen bei teilstationärer Pflege wurden auf dieselbe (und damit noch weniger bedarfsdeckende) Höhe gesetzt wie jene bei häuslicher Pflege durch professionelle Pflegekräfte. Die ihrerseits durchweg geringeren Zuschüsse für selbst beschaffte Pflegehilfen in Form des so genannten „Pflegegeldes" lassen die Wahl der Geldleistung – ohne die Verwendung des Geldes für die Einwerbung außerfamilialer Pflegepersonen

---

58 Vgl. hierzu, im Kontext der Pflegeproblematik, Meyer 1996: 260-265, 270-278. Der „Fokus auf die Stärkung der informellen Hilfen" (ebda.: 260) auf Seiten der christdemokratisch geführten Bundesregierung hat maßgeblich dazu beigetragen, dass diese die gesamten 1980er Jahre hindurch eine finanzielle Neuregelung dieses Bereichs, schon gar „eine Lösung aus einem Guß unter Einschluß des Heimsektors" (ebda.: 262), stets weit von sich wies und allenfalls „eine behutsame Reform der existierenden sozialhilfegestützten Pflegefinanzierung" (ebda.: 261) in Aussicht zu stellen bereit war. Mit der später gewählten „Teilkasko-Lösung" im Rahmen der Sozialversicherung konnte dann dem nicht nachlassenden Reformdruck entsprochen werden, ohne die Präferenz für informelle Hilfen aufzugeben. Arbeitsminister Blüm bezeichnete die Pflegeversicherung denn auch in einer Bundestagsdebatte – mit dem ihm eigenen Sinn fürs Pathetische – als „die Tür zu einer neuen nachbarschaftlichen Gesellschaft" (zit. n. Sebaldt 2000: 184).

59 Selbst wenn die Pflegesachleistung in Anspruch genommen und also auf externe Dienstleister zurückgegriffen wird, bleibt grundsätzlich ein erheblicher zusätzlicher – letztlich nur durch Familienangehörige zu kompensierender – Versorgungsbedarf ungedeckt.

60 Hier findet sich also bereits eine frühe Variante der sozialpolitischen Strategie des „Forderns und Förderns", die zuletzt in der Arbeitsmarkt- und Sozialhilfepolitik so viele Anhänger gefunden hat (vgl. Trube und Wohlfahrt 2001, 2003).

61 Die verbreitete Befürchtung, durch die eigenständige sozialpolitische Absicherung des Pflegefallrisikos einen „Heimsog-Effekt" auszulösen, hat maßgeblich zur langjährigen Verschleppung der Diskussion um die Gesetzliche Pflegeversicherung beigetragen.

formal zu untersagen – faktisch zu einer Entscheidung für eine überwiegend und zumeist ausschließlich familieninterne Pflege werden (vgl. Evers 1997: 511). Schließlich sind als weitere Anreiz- oder Lenkungsinstrumente „pro domo" die für häuslich betreute Pflegebedürftige bestehende Möglichkeit einer kombinierten Inanspruchnahme von Geld- und Sachleistungen sowie die Einführung von Leistungen zur sozialen Absicherung nicht-professioneller Pflegepersonen anzuführen.[62]

Mit letztgenannter Regelung hat der Gesetzgeber den Schlussstein zum sozialpolitischen Innovationswerk namens Pflegeversicherung gelegt. Das Pflegeversicherungsgesetz gewährt den informellen (nicht berufsmäßigen) Pflegepersonen – d.h. in der sozialen Wirklichkeit: den Ehefrauen, Töchtern und Schwiegertöchtern der Pflegebedürftigen – eigenständige sozialversicherungsrechtliche Sicherungsansprüche. Sie sind zum einen für die Dauer ihrer pflegerischen Tätigkeit in den Versicherungsschutz der Gesetzlichen Unfallversicherung einbezogen. Zum anderen und insbesondere übernimmt die Pflegekasse (oder die private Pflegeversicherung) die Zahlung von Beiträgen zur Gesetzlichen Rentenversicherung unter der Bedingung, dass die betreffende Pflegeperson regelmäßig weniger als 30 Stunden wöchentlich erwerbstätig ist (§ 44 Abs. 1 SGB XI).[63] Ob dies nun eine Anhebung des „WohlfahrtsbürgerInnenstatus von pflegearbeitenden Frauen" (Behning 1999: 203) bedeutet, indem „die vormals private, nicht versicherungsrechtlich abgesicherte und unbezahlte Pflegearbeit teilöffentlich" (ebda.: 209) gemacht wird, oder ob hiermit nicht vielmehr eine „privat-defensive Pflegekultur, die vor allem Frauen belastet und benachteiligt" (Evers 1997: 517; vgl. Backes 1994), zementiert, folglich eine „konservative Modernisierung" des Geschlechterverhältnisses im Sinne einer zur (Kinder- und) Pflegearbeitsehe[64] aufgewerteten Hausfrauenehe (vgl. Kapitel 4.5.) betrieben

---

62 Man wird sagen können, dass mit diesem Maßnahmenbündel zumindest vorläufig das gesetzte Ziel erreicht worden ist: Der Anteil der häuslich bzw. ambulant versorgten Pflegebedürftigen lag nach der Einführungsphase der Pflegeversicherung bei rund 70% aller Leistungsempfänger (Daten von 1998; vgl. Roth 2000: 187). Allerdings sank der Tendenz nach der Anteil der reinen Pflegegeldbezieher (auf 1998 ca. 54% der Fälle) zugunsten der Sachleistungsbezieher, also des Rückgriffs auf professionelle Pflegedienste, und der kombinierten Inanspruchnahme beider Leistungstypen.

63 Ferner wurde Pflegepersonen, die nach der Pflegetätigkeit ins Erwerbsleben zurückkehren wollen, ein Anspruch auf Unterhaltsgeld eingeräumt.

64 Die rentenrechtliche Anerkennung von – allerdings begrenzten – Zeiten der Kindererziehung existiert, in seither mehrfach veränderter Ausgestaltung, bereits seit 1986. Vgl. zu beiden Aspekten Behning und Leitner 1998.

wird, darf einstweilen als unentschieden gelten.[65] Eindeutig ist immerhin, dass das Pflegeversicherungsgesetz ausdrücklich keine Entlohnung der häuslichen Pflegepersonen vorsieht – das Pflegegeld kommt ihnen nur indirekt, vermittelt über den pflegebedürftigen Leistungsempfänger, zu[66] – und dass der Umfang der sozialversicherungsrechtlichen Absicherung bei weitem nicht an die Sozialversicherungsansprüche heranreicht, die ein erwerbstätiger Durchschnittsverdiener erwirbt.[67] Aber wie auch immer: „Mit der sozialen Sicherung von Pflegepersonen [...] hat der Gesetzgeber eine in der Diskussion seit längerem unstrittige Forderung erfüllt" (Meyer 1996: 117) und, wie mit der Einführung der Pflegeversicherung im Ganzen, so auch im Detail zur förmlichen Revitalisierung des Sozialversicherungsprinzips beigetragen. Im Großen wie im Kleinen, bei der Sicherung der Pflegebedürftigen wie auch ihrer Pflegepersonen, wurde „auf das bekannte Lösungsrepertoire des Organisationsmodells der Sozialversicherung zurückgegriffen" (Kohl 2000: 133) – und insbesondere auch, wie sollte es anders sein, auf das bewährte Legitimationsrepertoire desselben.

5.2.3. „Sozialversicherung" als Legitimationsressource

Sowohl für die endgültige Forcierung der Reform der Pflegepolitik zu Beginn der 1990er Jahre als auch für den Rückgriff auf die Sozialversicherungslösung ist die konkrete wirtschafts-, sozial- und politikhistorische Konstellation jener Zeit,

---

65 Während z.B. Behning und Leitner die bundesdeutschen „Care-Policies" nach wie vor durch die Ausrichtung auf „ausschließlich eine familienarbeitende Person" (1998: 798) bzw. durch massive „Anreize zur Nicht-Erwerbstätigkeit der Familienarbeitenden" (ebda.: 797) geprägt sehen und daher „den sich ergänzenden Leitbildern 'male breadwinner – female homemaker'" (ebda.: 787) im deutschen Fall fortwährende Gültigkeit zusprechen (vgl. in diesem Sinne auch Behning 1997: 114), wertet Ostner (1998: 133) die „politics of care" im Deutschland der 1990er Jahre als „part and parcel of the ongoing transformation of one- into two-earner families".

66 Den „Pflegearbeitenden" wird dezidiert kein Lohnarbeiter- oder auch nur lohnarbeitsäquivalenter Status zugedacht: „Peinlichst wird darauf geachtet, daß Geldleistungen nicht als 'Lohnersatzleistungen' gewertet werden." (Behning 1999: 209) Konsequenterweise und systemlogisch sind die informellen Pflegepersonen deshalb auch nicht in die Arbeitslosenversicherung einbezogen worden. Insofern geht die Berechnung – im Ergebnis natürlich extrem niedriger – fiktiver „Stundenlöhne" auf der Grundlage der Pflegegeldleistungen (vgl. Behning 1997: 109f.; ähnlich Pabst 1999: 237) an der Logik des Gesetzes vorbei.

67 Die festgesetzten Beitragszahlungen liegen in aller Regel deutlich unterhalb jener eines durchschnittlichen Beitragszahlers; vgl. Pabst 1999: 238.

die maßgeblich durch den Zusammenbruch der DDR, die Vereinigungspolitik und die Diskussion um den „Wirtschaftsstandort Deutschland" bestimmt war, von einiger Erklärungskraft – und dies wenigstens in dreifacher Hinsicht. Zum einen konnte der von den beiden Sozialstaatsparteien CDU und SPD betriebene Ausbau des sozialen Sicherungssystems, in Gestalt der Verbesserung des sozialen Schutzes im Falle der Pflegebedürftigkeit, von den ostdeutschen Neubürgern und -bürgerinnen als nachträgliche Bestätigung der Anziehungskraft der westdeutschen Sozialen Marktwirtschaft gelesen werden (und diente auch ganz in diesem Sinne beiden Parteien zur Eigenwerbung im Wahlkampfjahr 1994). Zum zweiten rief die Wiedervereinigung, die zwangsläufig als „window of opportunity" für eine grundlegende Neugestaltung des bundesdeutschen Sozialstaatsmodells wahrgenommen werden musste, ordnungspolitische Verteidigungsreflexe der Sozialversicherungsadepten in beiden großen Parteien hervor – gegen das System der DDR-Sozialpolitik[68] wie auch gegen Andersdenkende „im eigenen Land", die in den 1980er Jahren einen Umbau des Sozialstaates in Richtung auf ein steuerfinanziertes Versorgungssystem propagiert hatten. Dieses Gelegenheitsfenster wurde mit der Durchsetzung der Pflege*versicherung* rasch und – wie es schien – (prinzipien-)fest geschlossen. An dieser Vorwärtsverteidigung des deutschen Sozialversicherungsstaates muss einer Einzelperson, Bundesarbeitsminister Norbert Blüm, maßgeblicher Anteil zugeschrieben werden.[69] Zunächst selbst kein Freund einer großen Lösung gewesen,[70] vollzog er im ersten gesamtdeutschen Wahlkampf 1990 – nachdem die vorsichtige Einbeziehung von Pflegeleistungen in die GKV im Zuge des Gesundheitsreformgesetzes 1988, die so genannte „kleine Pflegeversicherung", die erhoffte Wirkung einer „Befriedung

---

68 Im Pflegebereich wurde der westdeutsche Sozialstaat z.B. mit einem Modell konfrontiert, das systematisch auf Heim- statt Familienpflege gesetzt hatte (vgl. Behning 1999: 179f.).

69 „Auch wer in Systemkategorien zu denken gewohnt ist, wird zugeben müssen, daß das Agieren von Norbert Blüm an bestimmten benennbaren Punkten des Politikprozesses [...] ausschlaggebend gewesen ist. Die Summe dieser individuellen Spuren lassen [sic] es letztlich sehr unwahrscheinlich erscheinen, daß die soziale Pflegeversicherung ohne sein Zutun zu diesem Zeitpunkt hätte durchgesetzt werden können." (Meyer 1996: 275)

70 Wie erwähnt, widersetzte sich die Bundesregierung (und mit ihr Blüm) insbesondere einer Integration der stationären Pflege in die Sozialversicherung. In ihrem „Bericht zu Fragen der Pflegebedürftigkeit" von 1984 vertrat sie die Meinung, „daß eine *private Vorsorge* durch Abschluß einer Versicherung für den Fall der Pflegebedürftigkeit, die insbesondere die Kosten der stationären Versorgung abdeckt, eine sinnvolle Ergänzung der von ihr beabsichtigten Maßnahmen durch Eigeninitiative und in Eigenverantwortung darstellt" (zit. n. Meyer 1996: 261; Hervorhebung von mir, S.L.). Heute ist Ähnliches aus der „Rürup"-Kommission zur Reform der sozialen Sicherungssysteme zu hören.

der Pflegearena" (Meyer 1996: 265) verfehlt hatte – eine plötzliche Kehrtwende, indem er öffentlichkeitswirksam zu Protokoll gab: „Das sozialpolitische Thema der nächsten Legislaturperiode heißt Pflege. Wir brauchen nicht mehr nur vier, sondern künftig fünf Säulen im System der Sozialversicherung."[71]

Das „sozialpolitische Thema der nächsten Legislaturperiode" geriet freilich – womit wir beim dritten einigungsbedingten Erklärungsfaktor wären – in den Sog der immensen Finanzierungsprobleme, die der „Aufbau Ost" hervorrief und die von den regierenden politischen Eliten, nach ihrem anfänglichen Faible für wohlfeile Wirtschaftswunderillusionen, alsbald schon nicht mehr negiert werden konnten. Die Einführung der Pflegeversicherung stellte sich in diesem Kontext – oder genauer: stellt sich rückblickend, aus der Distanz der mittlerweile vergangenen Jahre – als *eine Expansion des Sozialversicherungssystems* dar, die zugleich *den Keim des Rückbaus* desselben in sich trug. Im Zeichen fiskalpolitischer Restriktionen, einer durch die Nachvereinigungsrezession 1993/94 angeheizten Standortdebatte sowie des in vielerlei Hinsicht entscheidenden Einflusses von FDP und Arbeitgeberverbänden, die dem Ausbau der Sozialversicherung nur unter der Bedingung strenger Kostenbegrenzung und -abwälzung zustimmten (vgl. Pabst und Rothgang 2000: 373), konnte sich jene einseitig finanzpolitische Zielorientierung der Reform durchsetzen, die der deutschen Sozialversicherung bleibende institutionelle Innovationen wie das Budgetprinzip, das Teilkaskoprinzip oder das Wettbewerbsprinzip beschert hat.[72]

Die Sozialversicherung erwies sich dabei – um eine Argumentationsfigur aus dem Kontext der neomarxistischen Kapitalismustheorie der 1970er Jahre zu bemühen – als „best possible shell" (vgl. Jessop 1978) für einen Strukturwandel des deutschen Sozialstaates. Die bemerkenswerte, konstitutive Flexibilität des Sozialversicherungsprinzips – seine „politische Offenheit" (Nullmeier und Rüb 1994: 63) und „Gestaltungsfähigkeit" (Hinrichs 1995: 253), seine „Mehrdeutig-

---

71 So Blüm am 26.9.1990 vor dem Ersatzkassentag (zit. n. Meyer 1996: 270).

72 Dass hier nicht die Prozesse der politischen Kompromissbildung in der Pflegearena interessieren, sondern die institutionellen Innovationen, die durch diese Kompromissbildungen hervorgebracht wurden, sowie deren gesellschaftlichen Struktureffekte, ist bereits wiederholt betont worden und muss an dieser Stelle nicht weiter ausgeführt werden. Dass diese institutionellen Innovationen nicht aus dem Nichts geboren wurden, sondern Vorformen derselben zum Teil bereits in den 1980er Jahren (im Bereich der GKV – dies das zentrale Argument bei Rothgang 1994) zu finden sind, stellt neben dem beschleunigenden Einfluss der deutschen Vereinigung eine weitere Parallele zum zweiten hier zu untersuchenden Fall institutionellen Wandels im deutschen Sozialmodell, der Dezentralisierung des Tarifvertragssystems, dar (vgl. Kapitel 5.3.).

keit gegenüber konkurrierenden Interpretationen" (Kohl 2000: 136) und variierenden Ausformungen – ist von der Sozialpolitikforschung wiederholt herausgestellt worden. Stabil, ja scheinbar „rigide in seiner basalen Logik" (Offe 1998: 361) und dabei doch „flexibel in seiner Operationsweise" (ebda.), konnte das Prinzip der Sozialversicherung in der Geschichte der deutschen und zumal bundesdeutschen Sozialpolitik „als konstantgehaltenes Etikett einer evoluierenden Wirklichkeit fungieren" (Leisering 2000: 103). Lutz Leisering hat „Sozialversicherung" und auch – damit verwandt, doch nicht identisch – „Soziale Marktwirtschaft" einleuchtend als dehnbare „Kompromiss- und Friedensformeln" beschrieben, „die eine flexible Anpassung an neue Gegebenheiten unter altem Etikett ermöglichten" (ebda.: 111). Im Falle der Sozialversicherung nennt er die Arbeitslosenversicherung von 1927 und eben die Pflegeversicherung von 1994 als markante Beispiele dafür, wie eine überlieferte institutionelle Form neuartigen sozialen Tatsachen Rechnung zu tragen in der Lage ist (vgl. ebda.: 93, 107), wie also institutionelles Beharrungsvermögen mit regulativer Flexibilität einher gehen kann. Wonach Leisering hingegen nicht konsequent fragt – und mit ihm die anderen Exegeten der offenen, gestaltungs- und interpretationsfähigen Formel „Sozialversicherung" –, ist jedoch, ob diese institutionelle Anpassungsfähigkeit, diese flexible Rigidität nicht womöglich auch selbst *ein Vehikel grundlegenden institutionellen und gesellschaftsstrukturellen Wandels* sein kann. Eben diese Frage soll uns im Weiteren beschäftigen.

Die gängige Sichtweise auf die flexible Stabilität des Sozialversicherungsparadigmas im deutschen Sozialstaat deutet die darin sich manifestierende „Orientierung am 'Bewährten'" (Hinrichs 1995: 236) als eine Methode, „um in durch große Unsicherheiten gekennzeichneten Situationen rational zu entscheiden" (Haug und Rothgang 1994: 25). Die vorherrschenden kognitiven Einstellungen der unter Unsicherheitsbedingungen agierenden sozialpolitischen Entscheidungsträger führen in dieser Perspektive quasi-automatisch zur Orientierung an bestehenden Sozialstaatsstrukturen (vgl. allgemein auch Heinemann 2001). Unter Rückgriff auf die handlungsanalytischen Kategorien der „Habits" und „Frames" und mit Blick auf den Entscheidungsprozess zur Einführung der Pflegeversicherung hat Karin Haug dieses Deutungsmuster näher zu explizieren versucht (Haug 1994; vgl. auch Rothgang und Haug 1993). Demnach sind es (je nach Interpretation) naheliegende oder notwendige Mechanismen einer doppelten Komplexitätsreduktion in der Ziel- und der Handlungsdimension, die hinter den „Verstetigungstendenzen in der Sozialpolitik" (Haug 1994: 24) stehen. Im hier konkret interessierenden Fall waren es Haug zufolge die „Fixierung auf Finanzierungsaspekte als Frame" (ebda.: 14) und der „Habit 'große Koalition'" (ebda.: 21), die gemeinsam die Entscheidung für die überkommene Sozialversicherungslösung motivierten: Sowohl die dem Tenor der politischen Problemdefinition entsprechende Zielvereinfachung (im Sinne des Vorrangs einer finanziellen Entlastung der Sozialhilfeträger) als auch die in der sozialpolitischen Arena etablierten Handlungsroutinen (wo sich die parteiübergreifende Verabschiedung größerer Reformvorhaben eingebürgert hatte) ließen den beteiligten Akteuren die Erweiterung des Sozialversicherungssystems um eine weitere, fünfte Säule als die gegenüber alternativen, systemfremden Lösungen eindeutig zu präferierende Gestaltungsoption erscheinen.

Diese ihrerseits, im Sinne einer Komplexitätsreduktion in der Erklärungsdimension, nahe liegende und hilfreiche Interpretation politischer Verhaltensmuster wird problematisch in dem Maße, wie sie mit Vermutungen bzw. Behauptungen bezüglich der Art und Qualität der *Resultate* dieser Verhaltensweisen, also über die „outcomes" zielvereinfachter und handlungsroutinisierter politischer Entscheidungen, verknüpft wird – was in aller Regel der Fall ist. Ebenso eindimensional und gewohnheitsmäßig wird dann nämlich davon ausgegangen, dass das „Festhalten an Bewährtem" mit institutionellem Immobilismus in eins zu setzen sei. Die (sozial-)politischen „Beharrungstendenzen" (Haug 1994: 24), seien sie nun maßgeblich durch risikoaverse Entscheidungsträger, überhohe Transaktionskosten, institutionelle Einigungszwänge, „vested interests" (Esping-Andersen 1996a: 6, 24), „vetospielerpenetrierte Entscheidungsprozesse" (Jochem und Siegel, s.o.) oder was auch immer sonst bestimmt, münden dann – so das gängige Bild – unmittelbar und notwendig in Unbeweglichkeit, Stillstand und Erstarrung, in die institutionelle Sklerose. Dass diese Deutung einem logischen Kurzschluss unterliegt und den Blick auf die *Dialektik* gesellschaftlicher Prozesse verstellt, ist eine Annahme, die durch die beiden Fallstudien in diesem und dem nachfolgenden Kapitel (5.3.) bestätigt wird. Sie belegen den in gängigen Analysen systematisch ausgeblendeten Zusammenhang, dass es der Rückgriff auf Bekanntes ist, der womöglich überhaupt erst substanzielle Neuerungen erlaubt – dass *institutionelle Kontinuität als Voraussetzung strukturellen Wandels fungiert* oder jedenfalls fungieren kann.

Wie das Beispiel der Einführung der Pflegeversicherung als fünfte Säule des deutschen Sozialversicherungssystems zeigt, ist die „Orientierung am Bestehenden" (Haug und Rothgang 1994: 25) *keineswegs* mit dem Handlungsziel oder dem Handlungsergebnis gleichzusetzen, „innovative Lösungen zu verhindern" (ebda.: 25f.), wie dies die Untersuchungen zum Thema fast durchgängig suggerieren. Im Gegenteil: Die Pflegeversicherung ist gerade in ihrem *Festhalten an Bewährtem* ein *Instrument zu dessen Veränderung.* Sie ist ein richtungsweisendes

Beispiel für den lautlosen Umbau des deutschen Sozialstaates, und paradoxer noch: ein Fanal seines *rückbauenden Ausbaus*. Die „Systemtreue" der Reform, der Verweis auf die „Systemgerechtigkeit"[73] der Problemlösung, war der Türöffner für ein ganzes Bündel sozialpolitischer Innovationen, die dazu angetan sind, das System grundlegend zu rekonfigurieren. Auf Reformprozesse im Bereich des Gesundheitswesens bezogen hat Marian Döhler festgestellt, dass deren Realisierungschancen mit dem rhetorisch-legitimatorischen Bezug auf die „Strukturprinzipien" der Gesetzlichen Krankenversicherung gestiegen seien (vgl. Döhler 1993: 137).[74] In einem ganz ähnlichen Sinne sozialpolitischer Legitimationsrhetorik spricht Leisering denn auch von der Bedeutung von „Kontinuitätssemantiken" (Leisering 2000) für die Entwicklung des deutschen Sozialstaates der Nachkriegszeit, von der „Kontinuität der Formen und Semantiken" als einem Medium, das Wandel „aus existierenden institutionellen Arrangements heraus" (ebda.: 108) ermöglichte – Wandel bis hin zu als systemkonform deklarierbaren, weil die Gestaltungsspielräume der Sozialversicherungslogik ausschöpfenden, *systemtreuen Systembrüchen*.[75] So wurde in der Diskussion um die Pflegeversicherung immer wieder auf die Tatsache hingewiesen, dass hier lediglich ein bewährtes, erfolgreiches, anerkanntes institutionelles Arrangement fortgeschrieben werde.

„Die Grundzüge des Blüm'schen Pflegeversicherungsmodells – von ihm selbst mit den Worten 'sofort', 'sozial', 'systemgerecht', 'einfach' und 'ortsnah' charakterisiert – waren populär, weil sie sich in dem Rahmen des Sozialversicherungsmodells bewegten; mithin eines Modells, daß

---

73 In entgegengesetzter Absicht – nämlich um die seines Erachtens erfolgreiche Abschottung des Systems der Sozialversicherung gegen Reformbestrebungen zu erklären – betont Rüb die Bedeutung dieses Konzeptes: „*Systemgerechtigkeit* ist ein neuer Typus von Gerechtigkeit im Sozialversicherungsstaat, der sich an der Selbststabilisierung des Systems gegenüber den Kontingenzen des politischen Systems orientiert und alle Anforderungen an die politische Gestaltbarkeit von politischem Risikoausgleich vor die Tür zu weisen versucht." (Rüb 1998: 346) Die zunehmende Selbstimmunisierung des Sozialversicherungssystems gegen gesellschaftliche Bedarfs- und Gestaltungsansprüche ist auch die zentrale These in Nullmeier und Rüb 1993.

74 So „war man von Regierungsseite [...] bemüht, Leistungsausgrenzungen und erhöhte Selbstbeteiligungen der Versicherten als 'Neubestimmung der Solidarität' oder 'Stärkung des Versicherungsprinzips' zu begründen" (Döhler 1993: 137f.). Dasselbe Muster lässt sich auch für andere Sozialversicherungszweige belegen.

75 Dem Urteil von Roth, wonach mit der Pflegeversicherung – man beachte die Formulierung – „*überwiegend kein völliger* sozialstaatlicher Systembruch vollzogen" (G. Roth 1999: 419; Hervorhebung von mir, S.L.) worden sei, steht diesbezüglich die Einschätzung von Kreutz gegenüber, diese stelle den „Prototyp eines post-sozialstaatlichen Systems" (Kreutz 2002: 464) dar.

[sic] allem Krisengerede zum Trotz weitgehend bewährt und legitimiert war" (Meyer 1996: 277; vgl. Pabst und Rothgang 2000: 351).

Das Ideensystem – und fast ist man geneigt zu sagen: der Gefühlskomplex[76] – „Sozialversicherung" wurde so zu einer Formel, die „einer Interpretation des Wandels als Umformung des Identischen Vorschub leistete" (Leisering 2000: 102). Die grundlegende Rekonfiguration der Sozialversicherungsprogrammatik wurde, nicht zuletzt aufgrund „einer identitätsstiftenden Semantik" (ebda.: 111), nicht als solche wahrgenommen – von der Öffentlichkeit ebensowenig wie von der interessierten Wissenschaft (und womöglich noch nicht einmal von einem Teil der an der Reform selbst beteiligten Akteure). Die argumentative „Bezugnahme auf ein normativ beladenes Ordnungskonzept" (Döhler 1993: 138) beförderte somit eine Neugestaltung der sozialen Absicherung des Pflegefallrisikos, die im Namen des Ordnungsmodells „Sozialversicherung" den Charakter desselben grundlegend veränderte. Die Pflegeversicherung, so lässt sich mit Abelshauser schließen, bediente sich der „'Bismarckschen' Camouflage" (Abelshauser 1996: 392)[77], um den guten alten Sozialversicherungsstaat umzugestalten.

5.2.4. Die Kontraktion sozialversicherungsförmiger Unterstützungsbeziehungen

Dass viele – wohl die allermeisten – institutionalistisch orientierten Wohlfahrtsstaatsforscher den Wandel in bzw. hinter der Kontinuität nicht mehr zu erkennen vermögen, ist ein Umstand, auf den jüngst Kees van Kersbergen aufmerksam gemacht hat:

„the institutionalist arguments tend to be biased so heavily towards conceptualising and theorising the institutional mechanisms of persistence and resistance (path dependency, lock-in,

---

76 Insofern traf die Kritik des damaligen Vorsitzenden der FDP-Bundestagsfraktion Solms an der quasi-religiöse Züge tragenden Verteidigung der Sozialversicherungslösung durch den Bundesarbeitsminister, geäußert im Zuge einer Bundestagsdebatte im November 1991, einen zentralen Punkt der regierungsoffiziellen Legitimationsstrategie (die sich unter umgekehrten Vorzeichen allerdings auch seine eigene Partei zunutze zu machen wusste): „Der Kollege Blüm führt seit einem Jahr eine Kampagne für ein bestimmtes Modell der Pflegeversicherung und unterstellt dabei, daß diejenigen, die für dieses Modell sind, die Guten seien, denen es um die Pflegebedürftigen ginge, und daß diejenigen, die ein anderes Modell vorschlagen, die Bösen, die Kaltherzigen seien." (Zit. n. Meyer 1996: 318.)

77 Abelshauser hat diesen Hinweis, der die hier vertretene These treffend auf den Punkt bringt, leider in einer Fußnote (Fn. 40) versteckt und nicht weiter ausgearbeitet.

electoral hazard, etc.) that evidence of institutional change and fundamental transformation is difficult to recognise" (Kersbergen 2000: 26).

Während in herkömmlicher institutionalistischer Sichtweise (vgl. dazu Kapitel 2.2.) radikale Veränderungen durch einen „großen Knall" signalisiert oder symbolisiert werden – durch das Aufbrechen verflochtener Entscheidungsstrukturen, durch den Übergang zu einem neuen politischen Paradigma, durch einen jähen Wechsel des bislang verfolgten Entwicklungspfades –, gibt Kersbergen ein entgegengesetztes Argument zu bedenken: „Radical transformation does not necessarily result from radical measures" (Kersbergen 2000: 28). Der „große Knall" kommt dann auf leisen Sohlen daher – so wie im hier betrachteten Fall. Kersbergens These lautet „that radical social policy reforms are most likely to result from institutional changes *within* the existing schemes" (Kersbergen 2000: 28) – und eben dies steckt hinter dem Fall der Expansion des bundesdeutschen Sozialversicherungssystems durch Einführung der Pflegeversicherung. Allerdings geht es in der Analyse dieses Falls nicht allein um das von Kersbergen thematisierte Phänomen der „accumulation of small measures" (ebda.: 29), also einer Vielzahl inkrementeller Veränderungen, die sich summieren und an einem bestimmten Punkt das Fass des Wandels zum Überlaufen bringen,[78] sondern vorrangig um das Argument des Strukturwandels *dank* Formstabilität, durch welches das klassische institutionalistische „resilience argument" (ebda.: 30) erst wirklich auf den Kopf (oder vom Kopf auf die Füße?) gestellt wird.

Die Metamorphose der Institution der Sozialversicherung[79] wird freilich sichtbar erst, wenn man diese als ein Instrument zur politischen Regulierung sozialer Beziehungen begreift und dementsprechend den *Strukturwandel gesellschaftlicher Relationierungsmuster* zum Maßstab der Bewertung erhebt. Die These, die sich in diesem Sinne aus der Analyse der Pflegeversicherung und ihrer institutionellen Innovationen ableiten lässt, ist die der *Erosion durch Über-*

---

78 Eine zweite „anti-institutionalistische" Wendung der von institutionalistischer Seite vielbeschworenen „Politik der Trippelschritte" (vgl. z.B. Schmidt 2000a: passim) bei Kersbergen bezieht sich weniger auf die Struktur als auf die Politik des Wohlfahrtstaates („the politics of welfare"): „The hypothesis is that over the longer term small adjustments gradually weaken vested interests, change ideas and approaches, alter public attitudes, transform the normative and political discourse on the welfare state, and cause instability and a greater susceptibility to fundamental change." (Kersbergen 2000: 29) Umfassend ausgearbeitet findet sich dieses Argument bereits bei Borchert 1995.
79 Vgl. in diesem Sinne auch Bönker und Wollmann (2000: 515), für die in den 1990er Jahren „eine nachhaltige, die überkommenden [sic] Grundstrukturen und -prämissen ergreifende Metamorphose des bundesdeutschen Sozialstaates in Gang gekommen ist".

dehnung:⁸⁰ Der Preis – im Doppelsinne – für die Ausdehnung des Sozialversicherungsmodells war dessen Umbau, war die Restrukturierung des sozialversicherungsförmigen Bedarfsausgleichs und der gesellschaftlichen Unterstützungsbeziehungen, die diesem zugrunde liegen. Mit der Pflegeversicherung „wird das, was unter 'Sozialversicherung' verstanden werden kann, endgültig *überdehnt*" (Leisering 1999: 189): Die Inklusion eines sozialen Risikos ohne Erwerbsarbeitsbezug bzw. des von ihm betroffenen Personenkreises in das Beziehungsgefüge der Institution Sozialversicherung durchkreuzt die in deren Rahmen praktizierte Relationierung von Erwerbsbürgern (vgl. Kapitel 4.4.), unterläuft deren nach dem Leitbild des begrenzten Ausgleichs organisierten Unterstützungsbeziehungen. Die sozialversicherungsförmige Bearbeitung eines allgemeinen Lebensrisikos, bei dem es eben *nicht* um das Prinzip des Lohnersatzes auf der Grundlage (begrenzt) solidarischen Bedarfsausgleichs unter Lohnempfängern geht – und bei dem auch weder die Rückkehr in ein Lohnarbeitsverhältnis noch die Abgeltung von Vorleistungen in der Lohnarbeit auf dem Programm steht⁸¹ –, stellt eindeutig einen Übergriff der Sozialversicherungslogik auf exterritoriales Gebiet dar. Aus dieser Grenzüberschreitung folgen alle hier genannten, im Rahmen der Pflegeversicherung vorgenommenen Veränderungen institutionalisierter Prinzipien der Sozialversicherung – die ihrerseits, nach der Logik des Dammbruchs, auch auf die anderen Sozialversicherungssäulen und deren Bedarfsausgleichsstrukturen ausstrahlen.

Soziologisch ist die Einführung der Pflegeversicherung damit als ein Akt der Einbeziehung eines außerhalb des gesellschaftlichen Kommodifizierungszusammenhanges stehenden sozialen Tatbestandes in die Systematik der lohnarbeitszentrierten Sozialversicherung zu deuten, der eine weitreichende *politische Neubestimmung gesellschaftlicher Unterstützungsbeziehungen*, eine *weitergehende Begrenzung* des solidarischen Bedarfsausgleichs, eine partielle Individualisierung und Reprivatisierung eines sozialen, vergesellschaften Risikos mit sich bringt.⁸² Es handelt sich um einen Prozess der Risikoverlagerung *in der* Sozialversicherung, zwischen Versichertem und Versichertengemeinschaft, der aus einer Risikoverlagerung *in die* Sozialversicherung, nämlich aus der Einbeziehung des Pflegefallrisikos in den Kreis der sozialversicherten Risiken, resultiert.

---

80 Man denke zur Versinnbildlichung des Gemeinten an einen alten, schon etwas morschen Gummiring, dessen Dehnbarkeit auf die Probe gestellt wird.
81 Wie dies in allen anderen Sozialversicherungszweigen – Unfall- und Kranken-, Arbeitslosen- wie Rentenversicherung – grundsätzlich der Fall ist.
82 Vgl. zum Zusammenhang von Heterogenisierung der Versichertenkollektive und Reindividualisierung sozialer Risiken auch Ullrich 1999: 10-12, 32f.

In dieser Hinsicht sind zwei Tendenzen von besonderer Bedeutung, die im Folgenden genauer beleuchtet werden sollen: die Vermarktlichungs- und die Grundsicherungstendenz, d.h. der Übergang zum *Wettbewerbsparadigma* auf der einen, zum *Teilkaskoparadigma* auf der anderen Seite.

Wollte man das Gemeinsame beider Tendenzen betonen, so ließe sich sagen, dass sie je auf ihre Weise Verschiebungen im „public-private mix" des bundesdeutschen Systems sozialer Sicherung darstellen. Dieses Mischungsverhältnis wird mit der Einführung der Pflegeversicherung zum einen im Bereich der sozialen Dienstleistungsproduktion neu bestimmt. Die Pflegeversicherung ist ja nicht zuletzt als eine Strategie zur Kostendämpfung und Kostenverschiebung im Pflegesektor zu verstehen,[83] und in der Logik des Gesetzgebers gehörten Kostendämpfung und Wettbewerbsprinzip, Budgetierung und Marktöffnung, unmittelbar zusammen: Die Zunahme der Anbieter von Pflegedienstleistungen sollte Druck auf die Preise ausüben, die Deckelung des Finanzvolumens eine effiziente Verwendung knapper Mittel anreizen.[84] Der politisch inszenierte und regulierte Wettbewerb (vgl. Strünck 2000: 205) sollte in diesem Fall allerdings kein Wettbewerb der Kassen um die Versicherten[85] oder der Leistungsanbieter um die Kassen[86], sondern einer der Leistungsanbieter um die Versicherten – sprich: der „Produzenten" um die „Konsumenten" – sein: „Wettbewerb findet in der Pflegeversicherung in der direkten Interaktion der Leistungsanbieter mit den Endverbrauchern, d.h. den Pflegebedürftigen und ihren Angehörigen, statt" (Rothgang 2000: 430; vgl. ebda.: 429-435).

Dieses Wettbewerbskonzept bzw. seine konkrete Ausgestaltung durch das Pflegeversicherungsgesetz hat erhebliche Konsequenzen für das System sozialer Dienstleistungsproduktion – und insbesondere für die Position der Pflegebedürftigen im pflegepolitischen Beziehungsgeflecht. So haben nicht nur die Länder

---

83 Strünck spricht von einem „'Sanierungsgesetz der Kommunalfinanzen' mit starker Betonung der Kosten-Stabilität" (2000: 58).

84 Vgl. hierzu Meyer (1996: 135-138), der darauf verweist, dass „die Stärkung des Wettbewerbs geradezu als Voraussetzung für das Erreichen der Zielsetzung 'Beitragssatzstabilität'" (ebda.: 136) galt, der aber auch das Widersprüchliche einer Verschränkung formal antagonistischer Prinzipien – staatliche Regulierung auf der Makro-, Marktsteuerung auf der Mikroebene – thematisiert.

85 Wie dies in der Gesetzlichen Krankenversicherung seit Inkrafttreten des Gesundheitsstrukturgesetzes von 1992 der Fall ist. In der Pflegeversicherung aber besteht, wie dargelegt, de facto eine Einheitskasse.

86 D.h. um den Abschluss von Versorgungsverträgen mit den Kassen. Durch den Verzicht auf eine Bedarfsplanung und die Verfügung des Kontrahierungszwanges für die Pflegekassen war dieses potentielle Wettbewerbsmoment ebenfalls effektiv ausgeschaltet.

und Kommunen einen erheblichen Teil ihrer Steuerungsinstrumente eingebüßt. Auch die Wohlfahrtsverbände, die zuvor – als gleichsam para-staatliche Akteure und Instanzen advokatorischer Interessenvertretung – auf der Anbieterseite von Pflegedienstleistungen eindeutig tonangebend waren, gerieten mit der Einführung der Pflegeversicherung unter starken ökonomischen wie politischen Druck (vgl. Strünck 2000, Weber 2001; anders G. Roth 1999). Dominant wird damit eine Markt- und Wettbewerbslogik, die Klienteninteressen und Qualitätsaspekte allenfalls mittelbar und im Zweifelsfall überhaupt nicht berücksichtigt. Im Zielkonflikt zwischen Rationalisierung und Qualitätssicherung der Pflege „wird der Klienten-Perspektive letztlich wenig Rechnung getragen" (Strünck 2000: 69, Fn. 39; vgl. Evers 1995: 27). Nicht nur, dass der dekretierte Wettbewerb um die Pflegebedürftigen diesen kein Forum zur eigenen Interessenvertretung bietet. Auch eine advokatorische Vertretung dieser Interessen hat in der Institution Pflegeversicherung kaum Platz.[87] Die Vermarktlichung der Dienstleistungsproduktion selbst aber führt nicht unbedingt und automatisch zur Verbesserung oder auch nur zur Sicherung der Qualität der Dienstleistung – die Erfahrungen im Zusammenhang mit der Pflegeversicherung, insbesondere im stationären Bereich, sprechen diesbezüglich eine deutliche Sprache (vgl. Klie 1995; Moldenhauer 2001a, b; Hauch-Fleck 2001a). Mittlerweile gilt „[a]ls Optimum des Erreichbaren [...] die früher als 'mangelhaft' kritisierte Versorgungsqualität" (Meyer 1996: 386); Qualitätssicherung verkommt zur funktionalen Floskel im anbieterseitigen Werbe- und Legitimationsgeschäft (vgl. Strünck 2000: 175-182). Die Rechnung hierfür aber zahlt der „Konsument": „Ausgerechnet den Pflegebedürftigen, deren Konsumentensouveränität erkennbar eingeschränkt ist, obliegt es damit gleichsam zu testen, ob ein direkter Wettbewerb im Bereich sozialer Dienstleistungen erfolgreich sein kann." (Rothgang 2000: 444)[88]

---

87 „Bei den Anbietern und ihren Verbänden dominiert die betriebliche Logik, die eine gleichzeitige Wahrnehmung von Klienteninteressen ökonomisch wie politisch fragwürdig erscheinen lässt [...]. Bei den Pflegekassen prägt aus politischen Gründen eine starke Kostenrationalität das Verhalten; Transparenz dient in erster Linie zur internen Steuerung der Vertragsbeziehungen, weniger zur systematischen Information der Versicherten. In diesem Geflecht kann sich der Medizinische Dienst als eine von den Pflegekassen finanzierte [...] Instanz kaum als unabhängige Beratungs- und Qualitätssicherungsorganisation emanzipieren." (Strünck 2000: 205)

88 Vgl. Evers 1997: 211. – „Man meint, Markt und Wettbewerb dekretieren zu können [...]. Der jetzige 'liberale' Zustand, nach dem ein formell unpolitischer Mechanismus – das Dreieck von Entscheidungen der Betroffenen, des professionellen Systems und der Finanziers (der Pflegekassen) – die Entwicklung im Pflegebereich weitgehend an jedweder Politik vorbei regelt, schafft eine wirklich besorgniserregende Situation. [...] Die Tatsache,

Der Pflegebedürftige zahlt aber noch eine zweite Rechnung, für eine zweite Gewichtsverschiebung im „public-private mix": nämlich dafür, dass mit der im Jahre 1994 vollzogenen, doppelten Expansion des Sozialversicherungssystems – seiner Erweiterung um die Pflegeversicherung und deren extensiver Ausgestaltung als Einheits- und Volksversicherung – zugleich der Schritt zum Grundversorgungssystem getan wurde. Mit der Einführung der Pflegeversicherung ist – wie so oft in diesem Fall: faktisch, wenngleich nicht formal – die Abkehr von dem in der Krankenversicherung seit jeher geltenden Sachleistungsprinzip verbunden gewesen. Die im Pflegeversicherungsgesetz aufrechterhaltene Unterscheidung nach Geldleistungen und Sachleistungen – womit hier familienexterne Leistungen durch ambulante Pflegedienste gemeint sind – verdeckt die tatsächliche Entsubstanzialisierung des Sachleistungsgrundsatzes, die darin besteht, dass sich der Sachleistungsbegriff im SGB XI deutlich von dem im Gesundheitswesen geprägten Begriffsverständnis unterscheidet, weil die dort weitgehend verwirklichte Gleichung „professionelle Versorgung = bedarfsdeckende Versorgung" (Meyer 1996: 119) hier aufgelöst wird.[89] Im Falle der Pflegeversicherung sind die gewährten professionellen Hilfen, ebenso wie die Höhe des Pflegegeldes, grundsätzlich nicht darauf ausgelegt, den jeweiligen Pflegebedarf der hypothetischen Fallpatienten zu decken, sondern eindeutig und explizit als Grundsicherungsleistungen konzipiert. Die in der Logik des Gesetzes liegende Verweigerung der individuellen Bedarfsdeckung ist, vor dem Hintergrund der Nachkriegsentwicklung des deutschen Sozialversicherungswesens gesehen, eine radikale Neuerung, „die die Substanz des Solidarprinzips angreift" (Rothgang 1994: 178), also des Prinzips bedarfsabhängiger Leistungsgewährung, wie man es aus der Gesetzlichen Krankenversicherung kennt.

Dass dieses Prinzip in der Gesetzlichen Pflegeversicherung keine Gültigkeit hat, muss in Verbindung mit dem fehlenden Erwerbsbezug des Risikos der Pflegebedürftigkeit gesehen werden (vgl. dazu Landenberger 1994: 326-328). Während in der GKV sowohl die Geldleistungen – das Krankengeld als echte Lohnersatzleistung – als auch die Sachleistungen – ärztliche Behandlung und

---

daß man mit dem Pflegeversicherungsgesetz eher die Erosion als die Stärkung politischer Verantwortlichkeit betrieben hat, ist eines seiner dunkelsten Kapitel." (Evers 1995: 26f.)

89 „Sachleistung im Sinne des SGB XI meint offensichtlich 'nur' noch das Dreiecksverhältnis von Finanzstrukturen und Verantwortlichkeiten zwischen Versicherten, Kassen und Leistungserbringern." (Meyer 1996: 119) In diesem formalistischen Sinne, der Sachleistungs- und Bedarfs- bzw. Solidarprinzip strikt voneinander trennt, argumentiert Rothgang, wenn er zu dem Ergebnis kommt, bezüglich der Geltung des Sachleistungsprinzips unterschieden sich GKV und GPV „letztlich nicht" (Rothgang 1994: 173).

Krankenhausaufenthalt – ihrer Logik nach der Wiedergewinnung der Arbeitskraft des Erkrankten und seiner baldestmöglichen Rückkehr ins Erwerbsleben dienen, fehlt der Leistungsprogrammatik der Pflegeversicherung eine derartige Erwerbsarbeitszentrierung. Sind die Leistungen der GKV entsprechend „großzügig" – d.h.: dem zur Wiederherstellung der Erwerbsfähigkeit medizinisch notwendigen Bedarf angemessen[90] –, bleibt die GPV in ihren Leistungshöhen weit unterhalb der Bedarfsdeckungsschwelle, und zwar, aus lohnarbeitszentrierter Perspektive, mit gutem Grund, geht es doch nicht darum, den Versicherten für den Arbeitsmarkt zurückzugewinnen.[91] „Fehlt der Erwerbsbezug, fallen sozialstaatliche Leistungen generell weniger generös aus" (Landenberger 1994: 327): Dieser Grundsatz markierte im deutschen Sozialstaat traditionell die Trennungslinie zwischen Sozialversicherung und Sozialfürsorge, zwischen „gehobenen" Sozialversicherungsansprüchen und nachrangigem Sozialhilfeanspruch. Mit der Pflegeversicherung wird diese Trennungslinie *in das Sozialversicherungssystem selbst* überführt: Pflegebedürftige Versicherte genießen, weil fernab der Lohnarbeiterrolle, einen Versicherungsschutz minderer Güte.

Diese „Rücknahme der Leistungsversprechen des Sozialstaates" (Haug und Rothgang 1994: 24) ist nicht *als solche* neu. Vielmehr gewinnt sie dadurch eine besondere, grundsätzliche Qualität, dass hier eine der fünf Sozialversicherungssäulen im deutschen Sozialstaat, gleichursprünglich mit dem Akt ihrer Einführung, auf ein bloßes Mindestversorgungssystem zurückgestutzt wird – womit die Pflegeversicherung gleichsam die Nachkriegsgeschichte des deutschen Sozialstaates unterläuft und auf die Frühgeschichte der Sozialversicherung als Basissicherung zurückverweist. Versicherungstechnisch betrachtet ist die Verordnung pauschalierter, nicht bedarfsdeckender Leistungssätze gleichbedeutend mit der Verpflichtung der Versicherten zu massiven Selbstbeteiligungen: „Sobald die Leistungsgrenzen der Pflegeversicherung überschritten werden, beträgt die Selbstbeteiligung 100%" (Rothgang 2000: 433). Unter dem Aspekt des politisch regulierten Bedarfsausgleichs spiegelt eine solche Selbstbeteiligungslösung eine radikal veränderte Risikozuordnung zwischen Sozialstaat und Individuum bzw. Versichertengemeinschaft und Versichertem wider (vgl. Paquet 1999: 33). Die Kostenverschiebung bedeutet eine Risikoverlagerung, die partielle Umwandlung

---

90 Angesichts der seit Einführung der Pflegeversicherung zu beobachtenden Entwicklungsdynamik in der deutschen Sozialpolitik und in Anbetracht der jüngsten Diskussion etwa um die Entfernung des Krankengeldes aus dem Leistungskatalog der GKV wird man diese und entsprechende Ausführungen mit einem einschränkenden „noch" im Subtext lesen müssen.

91 Bzw. seine Erwerbsarbeitsleistung zu honorieren, wie dies auf je spezifische Weise auch in der Unfall-, Arbeitslosen- und Rentenversicherung der Fall ist.

eines sozialen – vergesellschafteten, kollektivierten – Risikos in ein Individualrisiko, das auch individuell – privat – abzusichern ist. So betrachtet ist es kein Zufall, dass das Pflegeversicherungsgesetz seinen vornehmsten sozialpolitischen Zweck, die Befreiung der Pflegebedürftigen vom Makel der Sozialhilfeabhängigkeit, nur sehr bedingt erfüllt hat – wohingegen der Zielerreichungsgrad auf finanzpolitischer Seite, im Hinblick auf die Kostenentlastung der Sozialhilfeträger, deutlich höher zu veranschlagen ist (vgl. Roth 2000: 191).[92]

Was das Wesen der Pflegeversicherung somit maßgeblich ausmacht, ist die *Kontraktion sozialversicherungsförmiger Unterstützungsbeziehungen*, genauer: die *weitergehende Begrenzung* eines ohnehin schon begrenzten Ausgleichs – des nach Maßgabe der Leistungsgerechtigkeit geübten solidarischen Ausgleichs von Unterstützungsbedarfen der Erwerbsbürger – auf einen Teilkaskoschadensausgleich.[93] Schon früh wurde angesichts dieser Entwicklung in der sozialwissenschaftlichen Diskussion die Frage aufgeworfen, ob es sich bei der Pflegeversicherung um einen „Systembruch mit Pilotfunktion" (Landenberger 1994: 327) auch für die anderen Sozialversicherungssäulen handelt oder aber ihre institutionellen Regelungen „in der Kontinuität der bisherigen Sozialversicherungslösungen stehen" (Rothgang 1994: 164). Obwohl sich die meisten Kommentatoren Rothgangs Argument anschlossen, wonach sämtliche institutionellen Innovationen der Pflegeversicherung letzten Endes bloß anderweitig – nämlich in der Gesetzlichen Krankenversicherung – bereits angelegte Entwicklungstendenzen

---

92 Während die Ausgaben der Sozialhilfeträger zwischen 1994 und 1998 um mehr als zwei Drittel des Ausgangswertes – von ca. 17,7 Mrd. DM auf knapp 5,9 Mrd. DM – zurückgingen, konnte nur ein gutes Drittel der Pflegebedürftigen in Pflegeheimen aus dem Sozialhilfebezug herausgelöst werden; der Anteil der Bezieher von Sozialhilfeleistungen, der im Bereich der häuslichen Pflege mittlerweile auf etwa 5 % gesunken ist, liegt unter den Heimbewohnern immer noch bei über 40 % (vgl. Pabst und Rothgang 2000: 363, Roth 2000: 190; nach jüngsten Angaben für 2002 ist letzterer Wert mittlerweile auf 33% zurückgegangen, vgl. Meyer-Timpe 2003). – Für weitere Daten zur sozialen Lebenssituation Pflegebedürftiger im Zeichen der Pflegeversicherung vgl. Allemeyer 1995; Offermann 1996; Rückert 1999; Deutscher Bundestag 2001: 43-50.

93 Es gehört zu den Kapriolen der öffentlichen sozialpolitischen Diskussion, dass „Experten" wie der niedersächsische CDU-Vorsitzende (und mittlerweile Ministerpräsident) Wulff zwecks Forcierung dieser Tendenz zur Teilkaskoversicherung unwidersprochen argumentieren können, was bei Autos funktioniere, müsse auch bei Menschen möglich sein (vgl. „Wulff fordert Versicherungsschutz à la carte", FAZ vom 17.4.2001: 17). Im Übrigen geht die Begrenzung des sozialversicherungsförmigen Solidarausgleichs *nach innen* mit einer weiter verschärften Grenzziehung *nach außen*, zu den nachgeordneten Fürsorgesystemen, einher. Die bevorstehende Überführung der Arbeitslosenhilfe in eine reformierte Sozialhilfe kündet davon.

aufnähmen und fortführten, „ohne dabei einen Bruch mit den Regelungen der GKV zu vollziehen" (ebda.: 165; vgl. u.a. Hinrichs 1995: 253f., Meyer 1996: 388f., Strünck 2000: 60), erscheint die Einschätzung Landenbergers, die Pflegeversicherung sei „Vorbote eines anderen Sozialstaates" (Landenberger 1994; vgl. dies. 1995), rückblickend als äußerst hellsichtig. Und bei Lichte besehen stellte dieser Disput auch eher ein Scheingefecht dar, denn auf ihre Weise hatten beide Seiten recht: Tatsächlich finden sich erste Ansätze und Vorformen der zentralen Bestimmungen des Pflegeversicherungsgesetzes bereits im Kontext der zahlreichen „Gesundheitsreformen" der 1980er und frühen 90er Jahre, verfügte der „Vorbote" somit seinerseits über Vorboten.[94] Diese Ansätze werden – wie Rothgang selbst zumindest teilweise einräumt – „in der Pflegeversicherung aber entscheidend vorangetrieben" (Rothgang 1994: 183) und entfalteten von hier ausgehend eine Ausstrahlungswirkung, die den Charakter des deutschen Sozialversicherungsstaates in der Tat verändert hat.[95]

Die Pflegeversicherung war demnach nicht der „big bang", der plötzlich aus dem Nichts kommende Urknall des Sozialstaatsumbaus. Aber sie muss als entscheidende sozialpolitische Weichenstellung gelten – gewissermaßen als Laboratorium und Baukasten der weiteren Sozialstaatsreform, vereinigte sie doch auf einzigartige Weise bereits das gesamte Instrumentarium derselben in sich. Das „Gesetz zur sozialen Absicherung des Risikos der Pflegebedürftigkeit" stellt ausdrücklich die Frage, in welchem Maße und in welcher Weise die Betroffenen sich an den Aufgaben und den Kosten der Bewältigung einer Notlage beteiligen sollen, und gibt auf diese *Systemfrage* erstmals eine *systematische* Antwort: Die Sozialversicherung leistet nur noch einen „Grundbeitrag zur Risikoabdeckung"

---

94 Und sicherlich ist auch Rothgangs Kritik an Landenbergers Vorgehensweise berechtigt, die in der Tat „die Gesamtheit der Sozialversicherungen als Referenzpunkt heranzieht, die Pflegeversicherung im Einzelfall dann aber jeweils mit dem Zweig vergleicht, zu dem sich die größten Abweichungen ergeben, und diese Abweichungen schließlich als Unterschied zwischen Pflegeversicherung und 'Sozialversicherung'" (Rothgang 1994: 170, Fn. 6) wertet. Doch interessanterweise muss – wie hier darzulegen versucht wurde – auch das von Rothgang im Gegenzug vorgeschlagene Verfahren, das Innovationspotential der GPV allein an den entsprechenden Regulierungen der GKV zu messen, dazu führen, Landenbergers Diagnose zu bestätigen.

95 Vgl. in diesem Sinne – allerdings ohne systematischen Bezug auf die diesbezügliche Bedeutung der Pflegeversicherung – auch Bönker und Wollmann 2000. – Die Strukturbruch-These findet sich früh auch schon bei Evers (1995: 23), der „die neue Konstruktion gestufter und begrenzter Leistungen" als entschiedene Abkehr von „einigen für viele fast selbstverständlich gewordenen sozialversicherungsrechtlichen Traditionen der deutschen Sozialstaatsgeschichte" deutete – und prinzipiell guthieß.

(Evers 1995: 23). Damit hat das Gesetz, wie die weiteren Entwicklungen in anderen Bereichen zeigen, durchaus eine „Signalfunktion" (ebda.) für das Sozialversicherungssystem insgesamt gehabt.[96] Die Einführung der Pflegeversicherung stellt sich, so gesehen, als ein Akt des *traditionsbewehrten Traditionsbruchs* dar, als eine Rückkehr zu den grundsichernden Anfängen der Bismarckschen Sozialversicherung – als ein dialektischer Prozeß des *Rückbaus im Ausbau*, im Zuge dessen „das Sozialversicherungsprinzip von innen ausgehöhlt wird" (Rothgang 1994: 184).[97] All dies lässt nur einen Schluss zu – Kees van Kersbergen hat recht: „There may be far more radical or fundamental changes than we expexted or have so far observed" (Kersbergen 2000: 30).

5.3. Rekonfigurationen im deutschen Sozialmodell (2): Die Dezentralisierung des Tarifvertragssystems

5.3.1. Das Mehrebenensystem arbeitspolitischer Konfliktpartnerschaft

Das deutsche Modell der Arbeitsbeziehungen ist durch eine Doppelstruktur kollektiver Verhandlungssysteme – Tarif(vertrags)system und Mitbestimmungs-

---

96 Umgekehrt haben die Diskussionen um die vermeintliche oder tatsächliche Familien- bzw. Kinderfeindlichkeit des deutschen Sozialstaates auch auf die Pflegeversicherung zurückgestrahlt: So hat das Bundesverfassungsgericht, das sich selbst zunehmend als familienpolitischer Ersatzgesetzgeber versteht, verfügt, dass Eltern spätestens ab dem Jahr 2005 bei den Beiträgen zur Pflegeversicherung entlastet werden müssen, weil ihre Gleichbelastung gegenüber kinderlosen Versicherten nicht mit dem Grundgesetz zu vereinbaren sei. Damit wird die Pflegeversicherung erneut zum Ausgangspunkt eines sozialpolitischen Reformprozesses, der das Gesicht des deutschen Sozialstaates weiter verändern könnte.

97 Man könnte an dieser Stelle geneigt sein, personalisierende Geschichtsschreibung zu betreiben und den früheren Arbeitsminister Norbert Blüm zum tragischen Helden dieses historischen Unternehmens zu erklären: Blüm, der die Pflegeversicherung (nicht ganz zu Unrecht, s.o.) – als „sein Kind" sah, hatte in seiner Rede zur Verabschiedung des entsprechenden Gesetzes die Kolleginnen und Kollegen im Bundestag in pastoraler Manier aufgefordert: „Laßt uns gemeinsam freuen und dem Kind wünschen, daß es ein guter, ein starker Nothelfer für die Schwachen wird." (Zit. n. Asam und Altmann 1995: 13.) Betrachtet man das Ergebnis des von ihm immer wieder vorangetriebenen Gesetzgebungsverfahrens unter eben diesem Aspekt des „Nothelfers für die Schwachen", so erscheint die Pflegeversicherung als Fehlgeburt – und Blüm als Erlkönig der Sozialversicherung: *Erreicht den Hof mit Mühe und Not / In seinen Armen das Kind war tot* (vgl. Goethe 1987 [1782]: 304).

system – charakterisiert und weist dadurch gleichermaßen Elemente der Zentralität und Dezentralität auf (vgl. Seitel 1995: 108-116; vgl. auch Kapitel 4.3.). Während in überbetrieblichen Tarifverhandlungen zwischen Gewerkschaften und Arbeitgeberverbänden (oder gegebenenfalls auch einzelnen Arbeitgebern) die „Verkaufsbedingungen" der Arbeitskraft festgelegt werden, sind die „Anwendungsbedingungen" derselben Gegenstand von Aushandlungsprozessen zwischen Unternehmensleitungen und Betriebsräten im Rahmen des betrieblichen Mitbestimmungsregimes (vgl. Weber 1987: 134). Tarifvertragsgesetz (TVG) und Betriebsverfassungsgesetz (BetrVG) bilden die rechtlichen Pfeiler eines institutionellen und interessenpolitischen Arrangements, dessen primäres Ziel es ist, den Arbeits- bzw. Tarifkonflikt aus dem einzelbetrieblichen Zusammenhang in den überbetrieblichen Raum auszulagern – das Streikrecht ist den Gewerkschaften vorbehalten –, damit auf Betriebsebene eine gütliche Zusammenarbeit zwischen Management und Belegschaft (in Gestalt des Betriebsrates) möglich wird. Die „funktionale Differenzierung der Konfliktverarbeitung" (Müller-Jentsch 1979: 202) beruht dabei zwar auf der rechtlich-institutionellen Trennung von Tarifautonomie und Betriebsverfassung, ist jedoch nicht gleichbedeutend mit einer Entkoppelung beider Bereiche. Faktisch bestehen nämlich nicht nur zwischen den Vertretern von Kapital und Arbeit, sondern auch zwischen den betrieblichen und überbetrieblichen Akteuren auf beiden Seiten Kooperationsbeziehungen (und nicht zuletzt auch personelle Verflechtungen), die das deutsche System industrieller Beziehungen zu einem komplexen Mehrebenensystem arbeitsteiliger Koregulierung machen.[98]

Die komplementäre Institutionalisierung von Betriebsverfassung und Tarifautonomie entspricht der verfassungspolitischen Option der Bundesrepublik für ein „System ausgleichender Ordnung" (Huber 1953: 31) nicht nur im politischen, sondern auch im ökonomischen Bereich, der ordnungspolitischen Grundsatzentscheidung zugunsten „eines auf Ausgleich, Verständigung und Kooperation gerichteten wirtschaftsverfassungsrechtlichen Programms" (ebda.) sozialer Marktwirtschaft (vgl. Kapitel 4.2.). Insbesondere die Tarifautonomie als Kollektivverhandlungsinstitution zur Regelung der Austauschbeziehungen von Kapital und Arbeit steht im Schutze einer verfassungsrechtlichen Bestandsgarantie (Artikel 9 Absatz 3 GG). In den Grenzen staatlicher Rahmenregulierung (TVG) und arbeitsgerichtlicher Kontrolle wird den Tarif(vertrags)parteien eine weitgehende

---

98 Vgl. aus der unüberschaubaren einführenden Literatur zum Thema z.B. Endruweit et al. 1985, Müller-Jentsch 1997 oder Jacobi et al. 1998. Zur Geschichte der Tarifautonomie in Deutschland vgl. Klönne 1993, zu jener der Betriebsverfassung Engelhardt 1982.

Selbstregelungsbefugnis zugewiesen, die als „eine Verwirklichung des Subsidiaritätsgedankens im Bereich des Arbeitslebens" (Müller 1990: 350) – verstanden als „tunlichst weitgreifende Tätigkeit der Sachnahen im Strukturgefüge des Staates" (ebda.: 341; vgl. ebda.: 350-352) – gedeutet werden kann. Als spezifische Form kollektiv-selbsttätiger Arbeitgeber-Arbeitnehmer-Koordination, in der im Sinne einer „Konfliktpartnerschaft" (Müller-Jentsch 1991) beide Seiten „zueinander, aufeinander und gegeneinander bezogen" (Müller 1990: 22) sind, verkörpert die Institution der Tarifautonomie in geradezu prototypischer Weise die Eigenart des deutschen Sozialmodells. In zweifacher Hinsicht – mit Blick auf die „Konfliktkooperation" (Schroeder 2000: 389) der Tarifparteien ebenso wie auf die „kooperative Konfliktbearbeitung" (Weltz 1977) im Betrieb – lässt sich die bundesdeutsche Nachkriegsgesellschaft daher als „social partnership capitalism" (Turner 1997a: 3, 5) bezeichnen: Ihre institutionelle Architektur ist sowohl in der verbandlichen wie in der betrieblichen Handlungsarena des industriellen Konflikts „auf äußerst stabile kooperative Austauschbeziehungen von Kapital und Arbeit angelegt" (Hohn 1988: 169). *Kooperative Selbstkoordination der Arbeitsmarktparteien* ist, so gesehen, im deutschen Sozialmodell „ein Ordnungsprinzip der Gesellschaft und ein wichtiges Moment ihrer Strukturierung" (Müller 1990: 24)[99].

Die Tarifautonomie als das überbetrieblich-verbandliche Element arbeitspolitischer Selbstregulierung soll dabei nicht nur den Schutz der kollektiv-autonomen Regelungssphäre vor Eingriffen des Gesetzgebers – also „von oben" – gewährleisten. Sie stellt ebenso eine grundsätzliche regulative Schranke gegenüber der individuellen Vertragsfreiheit (Privatautonomie) und konkurrierenden Gestaltungen im Rahmen der betriebsverfassungsrechtlichen Mitbestimmungsordnung – also „nach unten" – dar (vgl. Seitel 1995: 125, 129f.). Diese prinzipielle Vorrangstellung tariflicher gegenüber individualrechtlichen und betrieblichen Vereinbarungen wird durch ein ganzes Bündel von Bestimmungen in TVG und BetrVG sichergestellt.[100] Tarifvertragsparteien („tariffähig") sind dem-

---

99 Für Müller ist die Tarifvertragsautonomie damit zugleich auch „ein hohes sozialethisches Gut" (Müller 1990: 127; vgl. ebda.: 332-334), denn es sei der tiefere Zweck dieser Institution, „das Arbeitsleben sinnvoll zu ordnen" (ebda.: 339). Solche Sinnfragen gilt es hier nicht zu beantworten. Müllers Credo – „[h]inter den soziologischen Größen befindet sich eine höhere Wirklichkeit" (ebda.: 7) – ist nicht das dieser Arbeit. Ihr geht es eher darum, hinter den soziologischen Größen eine *andere* als die gemeinhin behauptete Wirklichkeit zu entdecken: die Wirklichkeit der institutionellen Dynamik im deutschen Sozialmodell.

100 Zu den rechtlichen Grundlagen der Tarifautonomie vgl. u.a. Revel 1994: 60-65; Seitel 1995: 108-148; Fitzenberger und Franz 1999: 2-7; Lesch 2000: 10-13.

nach Gewerkschaften und Arbeitgeberverbände oder einzelne Arbeitgeber (§ 2 Abs. 1 TVG), nicht jedoch der einzelne Arbeitnehmer, womit der kollektive Regelungscharakter des Tarifvertrages festgelegt ist. Eine unmittelbare Tarifbindung besteht zwar nur für die Mitglieder der vertragsschließenden Parteien – Gewerkschaften und Arbeitgeberverbände (im Falle von Verbandstarifverträgen) bzw. jene Arbeitgeber, die einen Firmen- oder Haustarifvertrag vereinbart haben (§ 3 Abs. 1 TVG). In vielen Fällen wird jedoch unabhängig von der Tarifgebundenheit im Arbeitsvertrag auf die jeweils gültigen Tarifverträge verwiesen oder faktisch nach Tarif verfahren, weswegen die tatsächliche Tarifwirkung über die Tarifbindung im engeren Sinne hinausgeht.[101] Die Tarifgebundenheit beginnt mit einem Verbandseintritt und dauert auch nach einem Verbandsaustritt fort, bis die Laufzeit des Tarifvertrages endet (§ 3 Abs. 3 TVG). Im Übrigen gelten die Rechtsnormen eines Tarifvertrages auch nach dessen Ablauf weiter, bis sie durch eine andere Abmachung ersetzt werden (Nachwirkung gemäß § 4 Abs. 5 TVG).

Von besonderer Bedeutung für den Status des Tarifvertrages sind die gesetzlichen Regelungen zum so genannten Tarifvorrang, d.h. zur Verhinderung einer Aushöhlung tarifvertraglicher Normen durch konkurrierende (und diese Normen konterkarierende) Betriebsnormen. Die Tarifsperre gemäß § 77 Abs. 3 BetrVG (und Einleitungssatz zu § 87 BetrVG) schließt aus, dass Arbeitsentgelte und sonstige Arbeitsbedingungen, die tarifvertraglich geregelt sind oder aber üblicherweise durch Tarifvertrag geregelt werden, Gegenstand einer Betriebsvereinbarung zwischen Unternehmensleitung und Betriebsrat sein können. Das TVG wiederum schreibt die unmittelbare und zwingende Wirkung der Rechtsnormen eines Tarifvertrages im Sinne von (einzelvertraglich unabdingbaren) Mindestarbeitsbedingungen für die tarifgebundenen Arbeitnehmer fest (§ 4 Abs. 1 TVG).[102] Davon abweichende Vereinbarungen sind nach § 4 Abs. 3 TVG nur zulässig, wenn sie für den einzelnen Arbeitnehmer vorteilhafter sind (Günstigkeitsprinzip) oder aber der Abschluss ergänzender Betriebsvereinbarungen durch den Tarifvertrag ausdrücklich gestattet wird (Öffnungsklausel).

---

101 Im Übrigen können Tarifvertragsregelungen mit Zustimmung des paritätisch aus Arbeitgeber- und Arbeitnehmervertretern besetzten Tarifausschusses administrativ für allgemeinverbindlich erklärt werden (§ 5 TVG). 1998 bestand für 53% der Betriebe bzw. 76% der Beschäftigten in Westdeutschland (34% bzw. 64% in Ostdeutschland) Tarifbindung. Häufig orientieren sich aber auch nicht tarifgebundene Unternehmen an Branchentarifstandards (vgl. Fitzenberger und Franz 1999: 5f.; Bahnmüller 2000).

102 Dies macht den bereits von Hugo Sinzheimer, dem Gründervater des deutschen Arbeitsrechts, hervorgehobenen gesetzesähnlichen Charakter tarifvertraglicher Normen – den „Tarifvertrag als Substitut des Gesetzes" (Müller 1990: 342) – aus.

Tarifverträge können zentral (gesamtwirtschaftlich), sektoral (branchenbezogen) oder betrieblich (unternehmensspezifisch) abgeschlossen werden (vgl. Revel 1994: 24f.). In der Bundesrepublik dominiert seit jeher ein System branchenbezogener Verbandstarifverträge[103], für welches sich umgangssprachlich die (juristisch bedeutungslose) Bezeichnung „Flächentarifvertrag" eingebürgert hat. Das Verbandsprinzip bedeutet, dass Tarifverträge nicht für bestimmte Berufsgruppen, sondern für die Beschäftigten bestimmter Branchen (bzw. Unternehmen, Betriebe) einheitlich abgeschlossen werden.[104] Verbands- oder Flächentarifverträge werden meist auf regionaler Ebene, z.B. für einen Tarifbezirk oder ein Bundesland, vereinbart, häufig jedoch von anderen Tarifbezirken übernommen. Aufgrund der Pilotfunktion einzelner Tarifbezirke für ganze Branchen einerseits, der gesamtwirtschaftlichen „Lohnführerschaft" der Metallindustrie andererseits kann das deutsche Tarifvertragswesen im internationalen Vergleich als ein zwar dezentralisiertes, gleichwohl aber in hohem Maße koordiniertes System gelten (vgl. Traxler 1998; Lange et al. 1995: 92; Lehmbruch 2003: 260f.).[105] Dabei sind Verbandsprinzip und gesamtwirtschaftliche Koordination gleichermaßen an die organisationspolitische Voraussetzung mitgliederstarker Verbände mit hoher Verpflichtungsfähigkeit geknüpft. Insofern hat erst die nach

---

103 Die zuvor genannten Zahlen zur Tarifbindung (Stand 1998) sind folgendermaßen zu differenzieren: 48% der Betriebe und 68% der Beschäftigten im Westen (Osten: 26% bzw. 51%) sind durch einen Verbandstarifvertrag, 5% der Betriebe und 8% der Beschäftigten (Osten: 8% bzw. 13%) durch einen Firmentarifvertrag gebunden (vgl. Fitzenberger und Franz 1999: 5f.).

104 In einem Betrieb gelten daher stets – je nach Verbandszugehörigkeit des Arbeitgebers und der Branche – nur die Tarifverträge des entsprechenden fachlichen Geltungsbereiches. Selbst wenn mehrere Gewerkschaften ihre Zuständigkeit geltend machen sollten, kann in einem Betrieb immer nur ein Tarifvertrag gelten.

105 Die effektive Koordination von Tarifverhandlungen durch so genanntes „pattern bargaining" wird in der vergleichenden Literatur häufig als funktionales Äquivalent eines hohen Zentralisierungsgrades des Tarifsystems dargestellt (vgl. Traxler 1995; Soskice 1990). Eben hierauf beziehen sich Kritiker des deutschen Systems, wenn sie eine „uniformierende Tarifpolitik" (Lehmbruch 1996: 131) beklagen oder vor der „Entwicklung zum 'Bundeseinheitstarif'" (vgl. Rüthers 1980: 395-398) warnen bzw. die IG Metall als „heimliche gesamtwirtschaftliche Einheitsgewerkschaft" (Wolfgang Streeck laut FAZ vom 30.10.2000: 19) bezeichnen. Demgegenüber ist jedoch darauf zu verweisen, dass die einzelnen Branchengewerkschaften durchaus unterschiedliche tarifpolitische Strategien verfolgen und ihren regionalen Untergliederungen ein nicht unerhebliches Eigengewicht bei der Festlegung tarifpolitischer Ziele zukommt (vgl. Seitel 1995: 168). Insofern ist auch die deutsche Tarifpolitik eher durch eine Art „bündischen Unitarismus" (vgl. Kapitel 4.7.) gekennzeichnet denn durch Strukturen des demokratischen Zentralismus.

1945 erfolgte Rekonstitution der organisierten Arbeiterbewegung entlang der Prinzipien der Einheits- und Industriegewerkschaft das bundesdeutsche System sektoraler Tarifverträge mit gesetzesähnlichem Regulierungsanspruch möglich gemacht.[106]

Heute gilt das Flächentarifvertragssystem – Kritikern ebenso wie Befürwortern – als einer der „Grundpfeiler des [...] deutschen Sozialmodells" der Nachkriegszeit (Bispinck 1997a: 551; ähnlich Bispinck und Schulten 1998: 241). Es ist seine wirtschafts- und sozialpolitische Multifunktionalität, die den Flächentarifvertrag über Jahrzehnte hinweg für Arbeitgeberverbände und Gewerkschaften gleichermaßen unverzichtbar hat erscheinen lassen.[107] Aus Sicht der Gewerkschaften dienen Kollektivverhandlungsinstitutionen der Eindämmung des strukturellen Machtvorsprungs der Nachfrageseite am Arbeitsmarkt (Schutzfunktion; vgl. Offe und Hinrichs 1984) und der Mitbestimmung der Arbeitsanbieter über die Bedingungen der Vermarktung ihrer Arbeitskraft (Partizipationsfunktion). Die brancheneinheitliche, von der jeweiligen ökonomischen Leistungsfähigkeit des Unternehmens (in gewissen Grenzen) abstrahierende Festlegung von Entlohnungs- und sonstigen Arbeitsbedingungen sichert aus dieser Perspektive eine angemessene Teilhabe der gesamten Arbeitnehmerschaft am wirtschaftlichen Fortschritt (Verteilungsfunktion) und verhindert zugleich – durch die Verankerung von Mindestnormen – einen selbstzerstörerischen Unterbietungswettbewerb der Arbeitsanbieter (Solidarfunktion). Für die Arbeitgeberseite stellen sich die Vorteile branchenbezogener Verbandstarifverträge in weitgehend spiegelbildlicher Weise dar: Die Standardisierung von Lohnsätzen und Arbeitszeiten sorgt für relativ einheitliche Wettbewerbsbedingungen bei den Arbeitskosten und entschärft dadurch die Preiskonkurrenz auf der Nachfrageseite des Arbeitsmarktes (Kartellfunktion). Die damit gegebene Begrenzung der Niedriglohnkonkurrenz schafft institutionelle Anreize für eine Unternehmensstrategie, die auf Produktivitätssteigerung und Innovationswettbewerb gerichtet ist (Innovationsfunktion). Parallel dazu gewährleistet der Flächentarifvertrag die Herstellung kalkulierbarer, erwartungssicherer Lohnstrukturen und Arbeitsbedingungen (Ordnungsfunktion) und stellt zugleich die Kooperationsbereitschaft der abhän-

---

106 Ein System, welches, nicht zuletzt aufgrund des Einsatzes gewerkschaftlicher Primärmacht entstanden, seinerseits zu einem wesentlichen Element arbeitnehmerseitiger Sekundärmacht in der Bundesrepublik geworden ist (vgl. zur Terminologie „primärer" und „sekundärer" Machtpositionen der Arbeitnehmerschaft Jürgens 1984).
107 Zu den Funktionen des Flächentarifvertrags vgl. Müller-Jentsch 1993: 496; Bispinck und Schulten 1998: 241f.; Lesch 2000: 61-67.

gig Beschäftigten und ihrer überbetrieblichen wie betrieblichen Interessenvertreter sicher (Befriedungsfunktion).

Schon diese Aufzählung lässt deutlich werden, dass ganz unterschiedliche, ja konträre Perspektiven – der ökonomischen Zweckmäßigkeit oder aber der sozialen Effektivität – an die Institutionalisierung kollektiver Verhandlungssysteme im Bereich der Arbeitsbeziehungen angelegt werden können und auch tatsächlich werden. Stehen im einen Fall die Transaktionskostenvorteile und der soziale Befriedungseffekt im Zentrum einer positiven Beurteilung des Kollektivvertragswesens, so stellen im anderen Fall die Standardisierung sowie die Unabdingbarkeit von Standards – die überbetriebliche Verbindlichkeit einheitlicher Mindestnormen – das Gütekriterium verbandstarifvertraglicher Regulierung dar.[108] Beide tarifvertragliche Motivationssyndrome – das „ökonomische" und das „soziale" – können zwar, müssen jedoch in der Realität keineswegs zusammenfallen. Wird aber das primär ökonomische Motiv geschwächt, schwindet also unter veränderten Rahmenbedingungen der wirtschaftliche Wert des Flächentarifvertrags, so stehen damit zugleich auch seine sozialpolitischen Effekte, steht sein – wie auch immer einseitiger und unvollständiger[109] – universalistisch-egalitärer Gehalt in Frage. Der seit geraumer Zeit in Gang befindliche, in den 1990er Jahren beschleunigte Prozess der Dezentralisierung – oder genauer: der weitergehenden Dezentralisierung – des Tarifvertragssystems, den es im Folgenden darzustellen gilt, offenbart genau diesen Zusammenhang.

Jener Prozess ist in der Tat als eine Tendenz *weitergehender* Dezentralisierung zu sehen und zu diskutieren, denn der betrieblichen Ebene – dem Verhandlungssystem von Unternehmensleitungen und Betriebsräten – kam im bundes-

---

108 Beide Sichtweisen lassen sich auch auf ein und denselben Wirkeffekt des Flächentarifvertragssystems beziehen und diesen entsprechend in einem jeweils ganz unterschiedlichen Licht erscheinen: So mag die Verhinderung von Unterbietungswettbewerb auf dem Arbeitsmarkt wahlweise – je nach Perspektive – als Sicherung sozialer Mindeststandards zur Vermeidung von Lohndumping oder aber als Ausschaltung von Außenseiterkonkurrenz zwecks Erzielung einer „Kartellrente" (Lesch 2000: 78) interpretiert werden.

109 Dass die tarifvertragliche Egalisierungspolitik in der „alten" Bundesrepublik zwar zu sektoral bzw. *zwischenbetrieblich* relativ einheitlichen Arbeitsbedingungen geführt, die am unterschiedlichen Ausbildungsstatus ansetzenden, „berufsständischen" Hierarchien *innerhalb* der Betriebe hingegen in sehr viel geringerem Maße eingeebnet hat, betont Sengenberger (1987: 327): „Arbeitsmarktsegmentation im Sinne stabiler Ungleichheiten in den Lohn- und Beschäftigungschancen äußert sich [...] – international vergleichend gesehen – in der Bundesrepublik weniger durch eine Hierarchie von Betrieben, sondern stärker innerbetrieblich durch eine *Hierarchie von Arbeitsplätzen und Arbeitsplatzbereichen*, die jeweils ein bestimmtes berufliches Bildungsniveau erfordern."

Die Rekonfiguration des deutschen Sozialmodells

deutschen Modell der Arbeitsbeziehungen mit seiner Kombination sektoraler Standardisierung von Arbeitsbedingungen und unternehmensspezifischer Anpassung überbetrieblicher Vorgaben von jeher eine eigenständige arbeitspolitische Bedeutung zu. Dieser arbeitsteiligen Struktur[110] lässt sich ein nicht unerhebliches Flexibilitätspotenzial attestieren, welches nicht zuletzt durch die „flexible informelle Vernetzung zwischen betrieblicher und verbandlicher Ebene" (Schroeder 2000: 263) sichergestellt wird:

„Sie ist zentral genug ausgerichtet, um die Gewerkschaftsorganisation gegen Verselbständigungstendenzen der betrieblichen Säule hinreichend abzusichern [...], und sie ist gleichzeitig dezentral genug organisiert, um die Gefahr einer Entfremdung zwischen Funktionärsspitze und Mitgliederbasis weitgehend zu verhindern und zugleich eine beschränkte Flexibilisierung der Tarifnormen (allerdings nur oberhalb der Mindestbedingungen) zu erreichen." (Seitel 1995: 114)[111]

Was in den 1980er Jahren als Dezentralisierungs- oder Verbetrieblichungsprozess beginnt und sich in den 1990er Jahren beschleunigt fortsetzt, ist demnach keineswegs als die „ursprüngliche Flexibilisierung" einer starren, zentralisierten Regulierungsstruktur zu verstehen, sondern als die Fortentwicklung (und in gewissem Sinne Umpolung) jener inhärenten „*Flexibilitätsfunktion* des dualen Systems" (Müller-Jentsch 1979: 187), die „von den betrieblichen Verhandlungsparteien seit jeher wahrgenommen worden" (Seitel 1995: 133) war.[112] Dabei ist

---

110 Sengenberger spricht in diesem Zusammenhang von einer „Kombination von Berufszentrismus und Betriebszentrismus" in der deutschen Arbeitsmarktverfassung (vgl. Sengenberger 1987: 318-323, hier: 322).

111 „Im Rahmen innerbetrieblicher Tauschbeziehungen zwischen Management und Arbeitnehmervertretung können bestimmte Anpassungsleistungen der Arbeitskräfte gegen Verbesserung bei Löhnen, Lohnnebenleistungen oder anderen Vergütungen oder Risikominderungen gehandelt werden, die sich von den Lösungen in anderen Betrieben unterscheiden [...]. Der Universalismus und Egalitarismus, der durch tarifrechtliche oder gesetzliche Regelungen von Arbeits- und Beschäftigungsbedingungen überbetrieblich herbeigeführt wird, wird durch derlei betriebliche Vereinbarungen gelockert und das Prinzip betriebsinterner Märkte gestärkt." (Sengenberger 1987: 321) Selbst der Arbeitgeberseite nahe stehende Autoren betonen die betrieblichen Handlungsspielräume bei der Umsetzung von Tarifvorgaben: „Forderungen nach betriebsnahen Verhandlungen über die Arbeitsbedingungen können insofern auch bei der gegebenen Rechtslage und Tarifpraxis in vielerlei Hinsicht als bereits erfüllt angesehen werden." (Seitel 1995: 133; vgl. ebda.: 179f.) Zu den Flexibilitätsspielräumen des geltenden Tarifrechts vgl. auch Wendeling-Schröder 1997: 91-93.

112 Höland et al. (2000b: 641) sprechen in diesem Zusammenhang von einem „Interpretationsbündnis" auch zwischen Betriebsparteien und Gewerkschaft bezüglich der betrieblichen Anwendung des Tarifvertrags.

von besonderer Bedeutung, dass sich dieser Veränderungsprozess im Wesentlichen modellimmanent, also innerhalb der hergebrachten arbeitspolitischen Institutionenordnung, nach deren eigenen Regeln und mit ihren herkömmlichen Mitteln, vollzogen hat. Nicht zufällig optierten Arbeitgeberverbände und Gewerkschaften, als die maßgeblichen Träger des Wandels, mit einem wachsenden (teils ökonomisch-realen, teils politisch produzierten oder dramatisierten) Problemdruck konfrontiert, für systemkonforme Anpassungen: „Als funktionale Spezialisten für überbetriebliche Normierung können sie sich nicht vom Instrument des Flächentarifvertrages verabschieden" (Ettl und Wiesenthal 1994: 446). Was ihnen bleibt, ist dessen flexible Handhabung. Entsprechend beeinflusste der etablierte, gewachsene institutionelle Orientierungsrahmen die Akteure der Tarifautonomie – „ihre Situationsdefinitionen, ihr Selbstverständnis und ihre Handlungsprägungen" (ebda.: 441) – auch bei der Umgestaltung ihrer Austauschbeziehungen.[113] Das tarifliche Kollektivverhandlungssystem vollzog auf diese Weise eine eigenlogische, bruchlose Selbsttransformation, deren wichtigsten Etappen – der Arbeitszeitkompromiss Mitte der 1980er Jahre, der Institutionentransfer nach Ostdeutschland zu Beginn der 90er und die Verbetrieblichungstendenz im Westen insbesondere in der zweiten Hälfte des vergangenen Jahrzehnts – im Folgenden skizziert werden sollen.

5.3.2. Das Tarifvertragssystem im Wandel

Der Beginn der Politik weitergehender Dezentralisierung im Sinne einer tarifpolitischen Neujustierung des Verhältnisses von betrieblicher und überbetrieblicher Interessenvertretung lässt sich auf die tarifvertragliche Lösung des Arbeitszeitkonfliktes – nach dem größten Streik der bundesdeutschen Nachkriegsgeschichte – durch den so genannten „Leber-Kompromiss"[114] des Jahres 1984 datieren. Die Wurzeln der Rekonfiguration der Arbeitsbeziehungen im deutschen Sozialmodell der 1990er Jahre reichen somit bis weit in die 80er Jahre zurück (vgl.

---

113 Vgl. in diesem Sinne auch Wood (2001: 376-379, hier: 377), der im Hinblick auf die Unternehmensseite den Umstand betont, dass deren Handlungsstrategien maßgeblich durch Anreiz- und Opportunitätsstrukturen ihrer institutionellen Umwelt geprägt werden: „[C]ompanies [...] adjust their strategies to exploit the *comparative institutional advantage* of the market economy in which they find themselves."

114 Die Tarifauseinandersetzungen in der westdeutschen Druck- und Metallindustrie wurden durch einen Schiedsspruch des früheren Gewerkschaftsvorsitzenden und SPD-Bundesministers Georg Leber beendet.

Schroeder 2000: 37-39). Zu Beginn jenes Jahrzehnts stellten die sich verfestigende Massenarbeitslosigkeit, der wirtschaftspolitische Strategiewechsel von der Nachfrage- zur Angebotsorientierung sowie die zunehmende Verbreitung neuer Produktionskonzepte auch in der bundesdeutschen Wirtschaft die institutionelle Struktur der Arbeitgeber-Arbeitnehmer-Koordination auf eine neuartige Bewährungsprobe. Weniger die klassische Einkommenspolitik und konzertierte Lohnzurückhaltung wie noch in den 1970er Jahren (vgl. Armingeon 1983) als vielmehr die unternehmerische Arbeitseinsatzpolitik und Fragen verhandelter Flexibilität standen nunmehr im Zentrum des Tarifkonflikts. Mit dem Tarifkompromiss zur Arbeitszeitverkürzung 1984, der sowohl der arbeitgeberseitigen Forderung nach differenzierteren Bedingungen des betrieblichen Arbeitseinsatzes als auch gewerkschaftlichen Vorstellungen zur Arbeitsplatzerhaltung bzw. zur Schaffung zusätzlicher Beschäftigung Rechnung trug, erhoben die Tarifparteien das betriebliche Beschäftigungssystem zum expliziten Gegenstand tarifvertraglicher Regulierung. Dabei öffneten sie die Regelungen zur Arbeitszeitdauer für ergänzende Betriebsvereinbarungen, banden jedoch gleichzeitig die Betriebsparteien durch die Festlegung verbindlich einzuhaltender Rahmenvorgaben an den Tarifvertrag.

Im Arbeitszeitkompromiss entsprachen die Gewerkschaften in beschäftigungspolitischer Absicht und auf dem Wege *überbetrieblicher* Normierung dem unternehmerischen Druck in Richtung auf erhöhte *betriebliche* Dispositionsspielräume in Fragen des Arbeitskräfteeinsatzes.[115] Dem zunehmenden Flexibilisierungsdruck wurde somit im deutschen Fall – im Unterschied zu anderen Ländern (vgl. Traxler 1995; Lange et al. 1995; Katz 1993) – nicht mit der Abkehr vom Prinzip des Verbandstarifvertrages begegnet „but rather by incorporating flexibility into central contracts themselves" (Thelen 1991: 157). In der Arbeitszeitfrage legte der Tarifvertrag keine starren, einheitlichen Standards mehr fest, sondern nurmehr „the parameters for a second round of negotiations at the plant level" (ebda.: 156). An sich waren solche „zweiten Verhandlungsrunden" in den Betrieben nichts Neues, denn die konkrete Umsetzung und Anwendung von Tarifverträgen hatte auch zuvor schon den Betriebsparteien oblegen. Was sich nun allerdings zu ändern begann, waren die Qualität und der

---

115 Im Fall der IG Metall ist argumentiert worden, dass die tarifpolitische Hinwendung zur Arbeitszeitfrage nicht zuletzt auch mit dem Ziel erfolgte, den schon damals festzustellenden Machtzuwachs der Betriebsräte zu begrenzen und deren Aktivitäten stärker zu kontrollieren (vgl. z.B. Hohn 1988: 171; Katz 1993: 18). Vgl. zu den Handlungskalkülen der Kollektivakteure im Arbeitszeitkonflikt ausführlich Wiesenthal 1987 sowie Hinrichs und Wiesenthal 1987.

Charakter der betrieblichen Aushandlungsprozesse: „beginning with the 1984 agreement, plant negotiations moved not forward from the collective and universally binding minimum, but flexibly *within* centrally defined parameters" (ebda.: 176) – von der Aushandlung übertariflicher Leistungen und Ansprüche hin zur Verhandlung über tariflich vorgegebene Regelungsspielräume.[116]

Der Arbeitszeitkonflikt der frühen 1980er Jahre entwickelte sich vor dem Hintergrund eines betrieblichen Arbeitszeitregimes, das den Flexibilitätserfordernissen jener Zeit nicht mehr zu genügen schien, andererseits jedoch auch keineswegs als völlig rigide bezeichnet werden konnte. In der bundesdeutschen Nachkriegsökonomie hatte sich bis zu jenem Zeitpunkt ein Arbeitszeitstandard herausgebildet, in dessen Rahmen Schichtarbeit, Wochenendarbeit (in bestimmten Branchen), Kurzarbeit sowie Mehrarbeit (im Sinne des Auf- und Abbaus von Überstunden) die wesentlichen Flexibilitätselemente darstellten. Über dieses Instrumentarium „traditioneller Arbeitszeitflexibilisierung" (vgl. Herrmann et al. 1999: 31) hinaus richtete sich das Interesse der Arbeitgeberseite seit den späten 1970er Jahren zunehmend auf ein Arbeitszeitarrangement, das die möglichst passgenaue Synchronisierung des Arbeitskräfteeinsatzes mit betrieblichen Erfordernissen gewährleisten sollte. Differenzierung der Länge der Arbeitszeiten innerhalb der Belegschaft bzw. zwischen verschiedenen Beschäftigtengruppen einerseits, Variabilisierung der Verteilung des individuellen Arbeitszeitvolumens andererseits lauteten dementsprechend die zentralen arbeitszeitpolitischen Ziele, mit denen die Arbeitgebervertreter in die Tarifauseinandersetzung um die gewerkschaftliche Forderung nach Einführung der 35-Stunden-Woche gingen.

Beide Ziele konnten die Arbeitgeber im Tarifkompromiss von 1984 durchsetzen, und in beiden Dimensionen erzielten sie in den nachfolgenden Tarifrunden kontinuierliche Fortschritte (vgl. zum Folgenden Thelen 1991: 155-179; Herrmann et al. 1999: 35-41). Der 1984er Tarifabschluss in der Druck- und Metallindustrie lässt sich mit Fug und Recht als „Einstieg in ein neues Flexibilitätsregime" (Herrmann et al. 1999: 35) bezeichnen. Er fixierte die seither für die bundesdeutsche Tarifpolitik gültige „arbeitszeitpolitische Kompromißstruktur" (ebda.: 21f.): Generelle Arbeitszeitverkürzungen sind demnach nur im Tausch gegen erweiterte betriebliche Flexibilisierungsoptionen zu haben – und umgekehrt.[117] Die Einführung der 38,5-Stunden-Woche zum 1.4.1985 wurde von

---

116 Aus dieser Sicht erscheint der in den 1990er Jahren vollzogene Übergang zur betrieblichen Konkretisierung nicht über- oder „inner"-, sondern *unter*tariflicher Regulierungsspielräume als wenn nicht logischer, so doch konsequenter Entwicklungsschritt.

117 An der Tatsache, dass die Flexibilisierung der Arbeitszeit vornehmlich ein Projekt der Arbeitgeberseite ist, ändern alle Zeitsouveränitäts- und Wertewandelsdiskurse – innerhalb

IG Druck und IG Metall mit der Zustimmung zu einem Korridor von 37 bis 40 Stunden individueller regelmäßiger wöchentlicher Arbeitszeit (Differenzierungsdimension) und einem individuellen Ausgleichszeitraum von zwei Monaten (Variabilisierungsdimension) „erkauft". Die „38,5-Stunden-Woche" wurde damit im Grunde zu einer statistischen Größe, die sich – auf den Betrieb bezogen – nur im Durchschnitt der individuellen Arbeitszeit aller Vollzeitbeschäftigten bzw. – auf einzelne Beschäftigte bezogen – im Durchschnitt einer bestimmten Periode errechnen lassen musste.[118] Die nachfolgenden Arbeitszeittarifverträge in der Metallindustrie aus den Jahren 1987 und 1990 hielten an beiden Prinzipien fest und weiteten den Variabilisierungsspielraum schrittweise aus, während die Differenzierungsmöglichkeiten zunächst leicht beschnitten wurden.[119]

Was diese Rahmenregelungen im Gesamtkontext der Entwicklung der Arbeitsbeziehungen jedoch vor allen Dingen bedeutsam macht, ist der mit ihnen einher gehende Machtzuwachs der dezentralen Verhandlungsebene durch die weitgehende Verbetrieblichung der Aushandlungskompetenz in Sachen Arbeitszeit. Der Tarifkompromiss 1984 stellt insofern einen Wendepunkt (vgl. Thelen 1991: 167) in dieser Entwicklung dar, als er über den Umweg der Verkürzung und Flexibilisierung der Wochenarbeitszeiten „zu einer nicht unerheblichen Dezentralisierung im bundesdeutschen System industrieller Beziehungen" (Herrmann et al. 1999: 36) führte. Die verschiedenen Implementationsrunden der tarifvertraglichen Rahmenbeschlüsse boten Unternehmensleitungen und Betriebsräten die Gelegenheit zur Einübung in betriebliche Aushandlungspraktiken, die dann in den 1990er Jahren zunehmend intensiviert und auf andere Regelungsbereiche ausgedehnt wurden. Dabei wies der Tarifabschluss von 1990

---

wie außerhalb der Gewerkschaften – wenig (vgl. Weber 1987: 142). Vor allem aber zeigen empirische Analysen betrieblicher Arbeitszeitpolitik, dass „der reale Flexibilisierungsprozeß weitestgehend von den betrieblichen Interessen strukturiert wird" (vgl. dazu Herrmann et al. 1999, hier: 23).

118 Dies kontrastiert deutlich mit den Modalitäten der Arbeitszeitverkürzung im Rahmen des „traditionellen" Arbeitszeitregimes: „Beim Übergang der Metallindustrie von der 48- zur 40-Stunden-Woche von 1956 bis 1966 wurde noch brancheneinheitlich der Samstag verkürzt und fiel als Regelarbeitstag schließlich ganz weg." (Herrmann et al. 1999: 187)

119 1987 wurde die Einführung der 37,5-Stunden-Woche (mit einer Spanne zwischen 37 und 39,5 Stunden und einem Ausgleichszeitraum von 6 Monaten) zum 1.4.1988 und der 37-Stunden-Woche (bei einem Korridor von 36,5 bis 39 Stunden und unverändertem Ausgleichszeitraum) zum 1.4.1989 beschlossen. Der Tarifvertrag von 1990, der den Übergang zur 36-Stunden-Woche zum 1.4.1993 und schließlich zur 35-Stunden-Woche zum 1.10. 1995 beinhaltete, weitete den Ausgleichszeitraum auf 12 Monate aus (und zwar bereits ab 1991) und veränderte die Differenzierungsmodalitäten (s.u.).

in einem wichtigen Punkt sogar noch über die betriebliche Ebene hinaus bzw. hinter diese zurück, wurde den Betrieben doch im Rahmen des Stufenplans zur weiteren Arbeitszeitverkürzung ab 1993 die Möglichkeit eingeräumt, mit einem Teil (von bis zu 18%) ihrer Belegschaft in individuelle Arbeitszeitverhandlungen zu treten.[120] „The reason this was such a significant and controversial concession by the union is that the 18 percent rule breaks a fundamental principle of union bargaining, namely to secure uniform regulations covering all workers." (Thelen 1991: 174)[121]

Wurde der im Verlauf der 1980er Jahre per Tarifvertrag eingeräumte arbeitszeitpolitische Flexibilitätsspielraum von den Betrieben zunächst eher zögerlich genutzt[122], so kam es spätestens Mitte der 1990er Jahre, unter nochmals veränderten makroökonomischen Rahmenbedingungen (Rezession nach Auslaufen des Vereinigungsbooms, wachsender internationaler Wettbewerbsdruck, weiter zunehmende Arbeitslosigkeit), zu einer spürbaren Zäsur in der Flexibilisierungspolitik der Unternehmen (vgl. Herrmann et al. 1999: 39). Seither wird nicht nur die Umsetzung eines flexiblen Arbeitszeitregimes betrieblich forciert, sondern ist zunehmend auch – wie noch zu sehen sein wird – die Lohnfrage zum Gegenstand tariflicher und betrieblicher Flexibilisierungspolitik geworden (vgl. Locke und Thelen 1995: 348-352). Als tarifpolitisches Vermächtnis der 80er Jahre lässt sich indessen der Umstand festhalten, dass das institutionalisierte Gleichgewicht zwischen überbetrieblichem und betrieblichem Verhandlungssystem in Bewegung gekommen ist: „plant-level bargaining has become an increasingly important locus of conflict (and cooperation) between labor and capital in Germany" (Thelen 1991: xi; vgl. Katz 1993: 8).[123] Dabei ist es nicht anders als eine Ironie der (Tarif-)Geschichte zu bezeichnen, „daß ausgerechnet das Projekt 35-Stun-

---

120 Die mit Einführung der 36-Stunden-Woche geltende Differenzierungsregelung sieht vor, dass – je nach persönlichem Geltungsbereich der einschlägigen Tarifverträge – mit 13% bzw. 18% der Belegschaft eine individuelle regelmäßige Arbeitszeit von bis zu 40 Stunden pro Woche vereinbart werden kann (vgl. Herrmann et al. 1999: 110-112).

121 „The differentiation clauses in the previous two contracts had gone a step in this direction, but under those agreements employers still had to negotiate with the works council. The new clause in the 1990 agreement takes a further step toward individually rather than collectively negotiated flexibility by allowing employers to bargain directly with selected workers on this issue." (Thelen 1991: 174)

122 Herrmann et al. (1999: 35) sprechen in diesem Sinne von den 80er Jahren als flexibilisierungspolitische „Inkubationsphase".

123 „The balance within the dual system is shifting toward plant-level bargaining. This change, while significant, has been gradual." (Thelen 1991: 155) Und umgekehrt: *while gradual, it has been significant.*

den-Woche, mit dem die Gewerkschaften *kollektiv* für alle Beschäftigten einen neuen *einheitlichen* Arbeitszeitstandard setzen wollten, den Prozeß der Flexibilisierung und Differenzierung des tariflichen Regelungssystems in Gang gesetzt hat" (Bispinck 1997a: 553). Und ganz nebenbei, so wäre zu ergänzen, auch die weitergehende Dezentralisierung der Arbeitsbeziehungen, denn der seit den 1950er Jahren zwischen den Tarifparteien bestehende Konsens über Sinn und Zweck von Flächentarifvertrag und Tarifvorrang begann unter dem Druck der neuen Flexibilisierungspolitik zu bröckeln.

Zu diesem letztgenannten Prozess haben in nicht unerheblichem Maße die deutsche Vereinigung und der nach 1990 vollzogene Transfer des sozialpartnerschaftlichen Institutionenensembles in die neuen Bundesländer beigetragen (vgl. Keller 1996: 95-101). „Ging es in der Arbeitszeitdebatte noch um eine Flexibilisierung eines eingegrenzten tariflichen Regelungsbereichs, griff die Entwicklung in den neuen Ländern schon viel tiefer in die gewachsenen Strukturen des Tarifsystems insgesamt ein." (Bispinck 1997a: 553) Von Westdeutschland aus in den gänzlich anders gearteten sozioökonomischen und -kulturellen Kontext des so genannten Beitrittsgebiets verpflanzt, entwickelten die gewachsenen Institutionen der industriellen Beziehungen eine ungeahnte – und ungeplante –, eigenständige „Verbetrieblichungsdynamik" (Mense-Petermann 1996: 66; vgl. auch Martens 1996: 169-174), die sich in die im Westen bereits angelegte Dezentralisierungstendenz einfügte und dieser zusätzlichen Auftrieb gab.

Dabei war die Vereinigungspolitik auch in diesem Bereich von Beginn an gerade darauf angelegt gewesen, „Differenzen der Institutionengeltung" (Ettl und Heikenroth 1996: 135) zwischen Ost und West zu vermeiden: „The West German response to unification was above all designed to protect the West German social order from being modified by the event." (Streeck 1997: 47)[124] Mit extremer Handlungsunsicherheit angesichts einer noch nie dagewesenen Problemkonstellation sowie dem strategischen Dilemma konfrontiert, steigenden Lebenshaltungsansprüchen und steigenden Lohnstückkosten gleichermaßen ge-

---

124 „Der schnelle exogene Institutionentransfer war aus westlicher Sicht ein stabilitätsorientierter Reflex auf unkalkulierbare Rückwirkungen der neuen ostdeutschen Verhältnisse für Westdeutschland." (Schroeder 2000: 199) Dass ein planvoller, linearer Institutionentransfer aufgrund der Strukturdifferenzen zwischen Ursprungs- und Anwendungskontext allerdings unmöglich ist bzw. nicht-intendierte Konsequenzen im Sinne ungeplanten Institutionenwandels zeitigt, gehört mittlerweile zu den gesicherten Erkenntnissen der sozialwissenschaftlichen Transformationsforschung: „Ein wirkungsgleicher Transfer 'gewachsener' Institutionen ist unwahrscheinlich. Institutionentransfer ist nicht identisch mit Institutionalisierung." (Ettl und Wiesenthal 1994: 442)

recht werden zu müssen, optierten die aus dem Westen herbeigeeilten Akteure der arbeits- und sozialpolitischen Vereinigung für die Replikation nicht nur des ihnen vertrauten Institutionensystems, sondern zugleich auch der in Westdeutschland angestammten wirtschafts- und industriepolitischen Entwicklungsstrategie.[125] Bei dem von Arbeitgeberverbänden und Gewerkschaften zunächst konsensual verfolgten modernisierungsorientierten Transformationskonzept für Ostdeutschland (im Sinne einer Hochlohnstrategie mit arbeitsmarktpolitischem Flankenschutz) handelte es sich so gesehen „um nicht mehr und nicht weniger als um eine Reprise des westdeutschen Konzepts der Modernisierungskoalition" (Lehmbruch 1996: 134; vgl. ebda.: 133-137). Das seit Jahresbeginn 1991 eingesetzte tarifpolitische Instrument der Stufentarifverträge, welche die rasche Angleichung des ostdeutschen Lohnniveaus an westliche Standards vorsahen, sowie die im Frühjahr und Sommer 1991 zwischen den Spitzenverbänden der Arbeitsmarktparteien und der Treuhandanstalt geschlossenen Vereinbarungen über Sozialpläne und Beschäftigungsgesellschaften stellten „komplementäre Elemente einer vom Ansatz her kohärenten Strategie dar, die aus dem in Westdeutschland erprobten korporatistischen Steuerungsrepertoire entwickelt wurde" (ebda.: 133).[126] Der Treuhandanstalt, die ein Jahr zuvor nahezu die gesamte Wirtschaft des damals noch sozialistischen ostdeutschen Staates in Besitz genommen hatte,[127] kam in dieser Konstellation eine entscheidende Rolle zu, fungierte sie in den ersten Jahren nach der Vereinigung doch „als eine Art

---

125 Zur Deutung der Politik des Institutionentransfers als „Strategie der radikalen Problemvereinfachung in einer überkomplexen Entscheidungssituation" vgl. Lehmbruch 1996 (insb.: 128-143, hier: 129) und 1994 (insb.: 381-385).

126 „So orientierte sich der Aufbau Ost vor allem an dem Leitbild, das die Zukunft Ostdeutschlands in der Vergangenheit und Gegenwart Westdeutschlands verortete." (Schroeder 2000: 203) Zwar kann auch aus dieser Perspektive „nicht bestritten werden, daß die westdeutschen Verbände im Vereinigungsprozeß von Eigenintereressen geleitet wurden" (Lehmbruch 1996: 132). Doch ist das Eigeninteresse der Akteure nicht – wie dies von Seiten der neoliberalen Mainstream-Ökonomie in aller Regel geschieht – in dem unmittelbaren Sinne zu deuten, dass die von Beginn an verfolgte so genannte Hochlohnstrategie als „Beschäftigungsverbot" für ostdeutsche Niedriglohnkonkurrenz intendiert war (so z.B. Giersch und Sinn 2000; vgl. Sinn und Sinn 1993: 204-208). Vielmehr war die „Hochlohn-High-Tech-Strategie" (Sinn und Sinn 1993: 193) zentraler Bestandteil des bewährten Repertoires sozialpartnerschaftlicher Krisenpolitik im Westen gewesen (vgl. dazu kritisch Esser 1982) und wurde *als solcher* nach 1990 in den ostdeutschen Kontext transferiert.

127 Es handelte sich um ca. 45.000 Betriebsstätten in 8.000 Firmen mit insgesamt vier Millionen Beschäftigten, womit der deutsche Staat schlagartig zum Eigentümer des – in der Diktion der unmittelbaren Nachwendezeit – „größten Industrieimperiums der Welt" (Seibel 1992: 356) wurde.

branchenübergreifender Unternehmer- und Arbeitgeberverband, der als Träger staatlicher Hoheitsgewalt zugleich definitiv die materiellen Rahmenbedingungen des Verhandlungsprozesses von Tarif- und Betriebsparteien setzt[e]" (Gilles et al. 1994: 585). Insofern lässt sich die Restrukturierung der industriellen Beziehungen im Zuge des „Aufbaus Ost" als ein in hohem Maße „politisierter" Prozess bezeichnen: als ein Prozess, der, von „einer letztlich politischen Instanz [...] außerhalb der arbeitsrechtlich fixierten Regelungsmechanismen" (ebda.) maßgeblich bestimmt, zu einer nachhaltigen Veränderung der Kooperationsstrukturen zwischen den Interessenvertretern von Kapital und Arbeit führte.[128]

Die von einer politischen Angleichungslogik bestimmte, „stabilitätsorientierte Startprogrammierung" (Schroeder 2000: 203) der Tarifpolitik in Ostdeutschland[129] war zwar sicherlich ein wichtiger, ebenso gewiss aber nicht der einzige Bedingungsfaktor der massiven Beschäftigungsverluste[130] auf dem Gebiet der ehemaligen DDR in den Jahren nach 1990. Wie dem aber auch sei: Die anhaltende Beschäftigungskrise wiederum war, ob nun selbstproduziert oder nicht, von entscheidender Bedeutung für die weitere, „betriebsnahe" Ausgestaltung der tarifpolitischen Austauschbeziehungen in den neuen Bundesländern.[131] Begünstigt wurde die Verbetrieblichungstendenz durch aus der Vorwendezeit „ererbte Handlungs- und Beziehungsmuster" (Mense-Petermann 1996: 71) der ostdeutschen Akteure, sprich durch die spezifischen Strukturen der DDR-Ökono-

---

128 Schroeder verweist auf die „ubiquitäre Präsenz" (Schroeder 2000: 363; vgl. auch Czada 1993) der Treuhandanstalt in einem tarifpolitischen Ausnahmezustand, in dem „allein der staatliche Eigentümer Treuhand mit einem verbandlichen Trabantenfeld" (Seibel 1992: 357) verhandelte. Czada zufolge herrschte zwischen den Tarifvertragsparteien unmittelbar vor und nach der Vereinigung informelles Einvernehmen darüber, „daß in Treuhandunternehmen der Steuerzahler als der eigentliche Tarifpartner auftrat" (Czada 1998: 41; vgl. Sinn und Sinn 1993: 210-216, Seitel 1995: 215-227).

129 Gewerkschaftsnahe Autoren betonen die „Überforderung der Tarifautonomie" (Schroeder 2000: 365) durch diese Politisierung der Tarifpolitik sowie das gesellschaftspolitische Engagement der Gewerkschaftsseite zugunsten des vereinigungspolitischen „Kollektivguts" einer raschen Angleichung des Lebensstandards der ostdeutschen Bevölkerung an das westdeutsche Niveau (vgl. in diesem Sinne auch Schroeder 1996).

130 Allein in Treuhandunternehmen wurden zwischen 1990 und 1993 drei Millionen Arbeitnehmerinnen und Arbeitnehmer entlassen (vgl. Czada 1998: 30).

131 Ettl und Wiesenthal (1994: 441-447) sprechen in diesem Zusammenhang von den kontraintentionalen Effekten „dritter Ordnung" im Sinne der Auswirkung der volkswirtschaftlichen Primärfolgen des kontextindifferenten Institutionentransfers auf die tarifpolitischen Kollektivakteure. Als Effekte „zweiter Ordnung" bezeichnen sie hingegen die später abzuhandelnden Rückwirkungen auf den Ursprungskontext, d.h. auf den Zuschnitt des arbeits- und sozialpolitischen Institutionensystems in Westdeutschland.

mie, die Interessenregulierung auf der Betriebsebene und Kooperation zwischen den Betriebsleitungen und Belegschaften zu funktionalen Verhaltensstrategien hatten werden lassen (vgl. ebda.: 67-71; Schroeder 2000: 113-118; Liebold 1996: 214-224; Röbenack 1992). Die anhaltende Transformationskrise hat dieses kulturelle Kapital nachhaltig aufgewertet und die „betriebsorientierte Kooperation" (Mense-Petermann 1996: 67) fest in der ostdeutschen Wirtschaftskultur verankert. Die Dezentralisierung der Kollektivverhandlungsinstitutionen in Ostdeutschland zu Beginn der 1990er Jahre lag demnach zwar durchaus in dem seit Mitte der 80er Jahre auch in der Bundesrepublik zu beobachtenden Entwicklungstrend, hatte jedoch ganz eigene, spezifische Ursachen – und eine ganz eigene, neuartige Dynamik. Denn anders als bis dahin im Westen üblich waren nun „im Osten nicht übertarifliche Einkommensbestandteile und Sonderleistungen Gegenstand betrieblicher Verhandlungen, sondern Tarif*unterschreitungen*" (Ettl und Heikenroth 1996: 152; Hervorhebung von mir, S.L.).

Die ursprüngliche Politik tarifvertraglicher Standardisierung auf Westniveau, die im Laufe des Jahres 1991, beginnend mit dem Pilotabschluss der Metallindustrie in Mecklenburg-Vorpommern, zur Vereinbarung diverser Stufenabkommen (mit und ohne Revisionsklauseln) mit dem Ziel einer vollständigen Tariflohnangleichung geführt hatte, wurde bereits im Jahr darauf durch die Einführung von Öffnungsklauseln für die ostdeutsche Druck- bzw. Textil- und Bekleidungsindustrie konterkariert (vgl. Revel 1994: 88f.). Es war jedoch vor allem die nach erfolglosen Revisionsverhandlungen vollzogene Kündigung des Stufenplans in der ostdeutschen Metallindustrie, in welchem der Vollzug der Westangleichung zum 1.4.1994 vorgesehen gewesen war, durch den sächsischen Metallarbeitgeberverband im Jahre 1993, die einem „Dammbruch" (Bispinck 1997a: 553) in der ostdeutschen Tarifpolitik gleichkam (vgl. ders. 1995a: 18-21).[132] Mit dem so genannten Dresdner Kompromiss, durch den die auf die einseitige Vertragskündigung folgenden Streikaktionen der IG Metall beendet wurden, gewann die (ostdeutsch bestimmte) Mitgliedschaftslogik gegenüber der

---

132 Zu den Phasen der Tarifpolitik in den neuen Bundesländern vgl. Artus 1996: 79-95. Auch bei dieser Wende der Tarifpolitik in Ostdeutschland spielte die Treuhandanstalt eine tragende Rolle, denn der Eskalation im Tarifkonflikt 1993 war die Anweisung der Treuhand an ihre Unternehmen vorausgegangen, eine deutlich geringere als die in den Stufentarifverträgen vorgesehene Lohnsteigerung – in der Metallindustrie etwa hätte sie für das Jahr 1993 26% betragen sollen – einzuplanen (vgl. Czada 1998: 40f.). Vgl. dazu auch Lehmbruch (1996: 137): „Als 1992 die Finanzierungsprobleme der deutschen Einheit manifest wurden, begann die industriepolitische Modernisierungskoalition zu zerfallen."

(westdeutsch definierten) Organisationslogik der Tarifverbände die Oberhand.[133] Der Kompromiss sah neben der zeitlichen Streckung des Stufenplanes als entscheidende tarifpolitische Neuerung die konditionierte Öffnung des Flächentarifvertrages durch Einführung einer „Härtefallklausel" vor – „eine institutionelle Veränderung bei der Gestaltung der Lohn- und Arbeitsbedingungen, die es bislang in Westdeutschland in dieser ausformulierten Form nicht gegeben hatte" (Schroeder 2000: 369).[134] Den immer bedrohlichere Ausmaße annehmenden Phänomenen der Tarifflucht (in Form von Verbandsaustritten auf Arbeitgeberseite) und des Tarifbruchs (in Gestalt der informellen, meist in Absprache mit den Betriebsräten vollzogenen Unterschreitung tariflicher Standards) wurde mit dem Instrument der Tariföffnung begegnet, gleichsam einer tarifvertraglichen Lizenz zur begründeten, temporären Tarifvertragsabweichung, deren oberstes Ziel darin bestand, die Diversifizierung der Arbeits- und Entlohnungsbedingungen auf Betriebsebene in durch die Tarifparteien kontrollierte Bahnen lenken und dort auch halten zu können.

Die weitere Entwicklung der Tarifpolitik in Ostdeutschland hat gezeigt, dass die verbandlichen Akteure dieses Ziel nur sehr bedingt – und in einigen Branchen überhaupt nicht – erreicht haben. Insgesamt ist die Tariflandschaft im Osten überaus unübersichtlich, die regionalen und sektoralen Differenzen sind stark ausgeprägt (vgl. Bluhm 1996: 137-143), doch generell ist in den vergangenen Jahren eine – teils durch den Tarifvertrag gedeckte, teils denselben souverän ignorierende – „Zementierung betrieblicher Abkapselung" (Schroeder 2000: 264) gegenüber kollektiv ausgehandelten Standards festzustellen: „Insgesamt ist die Palette der betrieblichen Abweichungsformen außerordentlich umfangreich." (Artus et al. 2000: 190)[135] Dominiert in einer Branche wie der Metall- und Elektroindustrie die „normgeleitete Flexibilisierung" der Arbeitsbedingungen im Sinne verbandlich sanktionierter, fallspezifischer Abweichungen von den Vorgaben des Tarifvertrages, so bilden Sektoren wie beispielsweise die Bauindustrie, in denen sich eine durch die Tarifparteien kaum mehr zu kontrollierende, „wilde Flexibilisierung" vollzieht, das andere Ende des Spektrums tarifpolitischer Normalität in den neuen Ländern. Irgendwo zwischen diesen

---

133 Zur Unterscheidung von Einfluss- und Mitgliedschaftslogik vgl. z.B. Streeck 1987 und 1992: 105-108.
134 „For the first time in post-war history a German firm which is legally bound by a collective agreement was allowed to fall short of collective agreement standards in order to survive." (Hassel und Rehder 2000: 20)
135 Vgl. zur folgenden Unterscheidung branchenspezifischer Flexibilisierungsmuster die äußerst instruktive empirische Studie von Artus et al. 2000 (insb.: 189-195).

beiden Extremen ließe sich die Chemieindustrie verorten, in der sich ein praktisch flächendeckendes System von den spezifischen betrieblichen Gegebenheiten angepassten Haustarifverträgen entwickelt hat. Kommt letzteres im Endeffekt einer konzertierten Aufweichung der Allgemeinverbindlichkeit eines bestimmten Tarifniveaus gleich, „indem auch reduzierte Standards mit dem Signum der 'Tariflichkeit' und damit der Legitimität versehen werden" (ebda.: 188), so ist auch die in der Metallindustrie praktizierte befristete Unterschreitung des gültigen Tarifvertrages per Härtefallklausel ein in seiner „Tarifverträglichkeit" letztlich höchst ambivalentes Instrument. Immerhin ist „durchaus fraglich, wie lange Tarifnormen auf Härtefallniveau glaubwürdig als 'Ausnahme' gelten [dürfen] und insofern ein Spannungsverhältnis zum 'eigentlich gültigen' Tarifniveau aufrechterhalten werden kann" (ebda.: 88).[136]

Wie dem aber auch sei: Angesichts einer Situation, in der selbst neoliberale Ökonomen – zumindest die ortskundigen unter ihnen – mittlerweile die Meinung vertreten, „die Lohnpolitik stehe nach der Erosion des Flächentarifvertrages als Instrument der Anpassung in Ostdeutschland nicht mehr zur Verfügung" (Karl-Heinz Paqué laut FAZ vom 23.9.2000: 14),[137] wird man jedenfalls nur schwerlich von einer mangelnden Anpassungs- und Lernkapazität der Akteure der industriellen Beziehungen in Ostdeutschland sprechen können.[138] Vielmehr zeichnet sich deren Verhalten durch eine „Kombination aus Beharrlichkeit und flexibler Handhabung der vorhandenen Instrumente" (Schroeder 2000: 389) aus, die nach

---

136 „Je länger dieser Zustand andauert, desto unglaubwürdiger werden jedenfalls die offiziellen Tarifstandards und desto weniger Orientierungs- und Normierungskraft für die betriebliche Realität können sie noch entfalten." (Artus et al. 2000: 88f.) Zur Nutzungspraxis der Härtefallklausel vgl. Hickel und Kurtzke 1997.

137 Vgl. auch Paqué in einem Interview mit der Frankfurter Allgemeinen Zeitung: „Die Unternehmen zahlen also Löhne, die im Durchschnitt etwa 70 bis 75 Prozent des Westniveaus ausmachen – übrigens ohne Trend zur weiteren Angleichung. Sie tun dies nach marktwirtschaftlichen Gesichtspunkten, nicht nach Tarifrecht." (FAZ vom 28.9.2000: 19; ähnlich auch Burda 2000.) Das Niedriglohngebiet im Osten, das andere Vertreter der Zunft nach wie vor glauben einfordern zu müssen (vgl. z.B. Giersch und Sinn 2000), gibt es also bereits. Und auch jenseits von Entlohnungsfragen kann von mangelnder Flexibilität sinnvollerweise keine Rede sein: In der Baubranche z.B. ist die Flexibilisierung der Arbeitszeit inzwischen „tarifvertraglich so weitgehend sanktioniert, daß hier die Tarifabweichung [...] zur arbeitsorganisatorischen Herausforderung geworden ist" (Artus et al. 2000: 138).

138 Diese wird von Ettl und Wiesenthal jedenfalls den (westdeutschen) Akteuren des Institutionentransfers attestiert. Auch diesen könnte man jedoch zugute halten, dass sie aus ihrer „prekäre[n] Vermittlerrolle zwischen partikularen Mitgliederintereressen und 'öffentlichen' Regulierungsfunktionen" (Ettl und Wiesenthal 1994: 448) das Beste zu machen versucht haben (vgl. Schroeder 1996: 128-130).

zehn Jahren deutscher Einheit zu gleichermaßen doppeldeutigen, Beharrungsvermögen und Wandlungsfähigkeit in sich vereinenden Ergebnissen geführt hat. Denn zum einen ist das institutionelle Arrangement tarifpolitischer Normierung (bestehend aus Kollektivverhandlungen, Flächentarifverträgen und betrieblicher Implementationskooperation) in seiner Grundstruktur erhalten geblieben. Zum anderen aber sind die in der Geschichte des westdeutschen Nachkriegsmodells innerhalb dieser Grundstruktur etablierten Beziehungsmuster in Ostdeutschland gehörig durcheinander geraten. Zwar bleibt die Geltung der Sozialpartnerschaftslogik unangetastet, es dominiert weiterhin das Muster kooperativer Konfliktregulierung zwischen Kapital und Arbeit – doch die tarifpolitische „Pilotfunktion", die arbeitspolitische Definitionsmacht ist in weiten Bereichen der ostdeutschen industriellen Beziehungen von den Akteuren der verbandlichen Ebene auf jene der betrieblichen Arena übergegangen: „The picture of interest representation in the east is therefore very different from the one in the west." (Hancké 1999: 8) Im Zuge der Pluralisierung der Verhandlungsarenen bzw. der zunehmenden Verbetrieblichung der Austauschbeziehungen im Ostdeutschland der 1990er Jahre haben nicht nur die geltenden Tarifnormen ihren zuvor gesetzesähnlichen Charakter eingebüßt.[139] Zugleich sind auch die Beziehungen zwischen Arbeitgeberverbänden und Unternehmen bzw. zwischen Gewerkschaften und Betriebsräten problematisch geworden. Insbesondere auf Arbeitnehmerseite ist auf jenes informelle Beziehungsgeflecht, das entscheidend zur stabilen Flexibilität des dualen Systems der Interessenvertretung in der Bundesrepublik beigetragen hat, angesichts der Proliferation betrieblicher „Flexibilitätsgemeinschaften" (vgl. Schroeder 2000: 264) zusehends weniger Verlass. „As the works council gets closer to the core of strategic management, the gap between works council and the regional union inevitably widens." (Hancké 1999: 7; vgl. Mense-Petermann 1996: 72-76.)[140]

Zieht man eine vorläufige Bilanz der Institutionalisierung des bundesdeutschen Modells der Arbeitsbeziehungen in Ostdeutschland, so sind aus der Phänomenologie multipler tariflicher Erosionsprozesse, die sich dem interessier-

---

139 Ein Prozess, der im Übrigen auch durch den Gesetzgeber selbst begünstigt wurde. In den zahlreichen Beschäftigungsgesellschaften, die den massiven Arbeitsplatzverlust in den neuen Ländern auffangen sollten, wurden die Löhne zunächst auf 90, später auf 80 Prozent der jeweils geltenden Tarifentgelte abgesenkt. 1993 wurde die untertarifliche Förderung von Arbeitsbeschaffungsmaßnahmen in Ostdeutschland im Arbeitsförderungsgesetz verankert (§ 249h AFG; vgl. Czada 1998: 30, Schroeder 2000: 363).
140 Zum Phänomen betrieblicher Interessenkoalitionen in Ostdeutschland vgl. auch Liebold 1996; Röbenack 1996: 189-203; Kädtler und Kottwitz 1994: 21-32.

ten Beobachter hier in „bislang beispiellose[r] regionale[r] Verdichtung" (Schroeder 2000: 387) offenbaren, insbesondere jene Tendenzen eines systemimmanenten Wandels hervorzuheben, die in der tarifvertraglich konsentierten Zunahme tarifabweichender Betriebskooperation bestehen. Die Frage, inwiefern von diesem charakteristischen Merkmal des ostdeutschen Institutionalisierungsprozesses Rückwirkungen auf das bundesdeutsche System insgesamt ausgehen werden, ist in der Literatur bislang regelmäßig mit der Vermutung beantwortet worden, durch die Entwicklung im östlichen Teil Deutschlands werde „der im Westen schon vor 1989 begonnene Prozeß der Erosion zentraler Regelungen forciert und das System industrieller Beziehungen verstärkt unter Anpassungsdruck gesetzt" (Mense-Petermann 1996: 66; vgl. ähnlich z.B. Ettl und Heikenroth 1996: 152, Martens 1996: 176, Artus 1996: 97f.). So wahrscheinlich derartige Rückkopplungseffekte[141] auch sein mögen, so sehr ist zugleich jedoch auch auf die jeweilige Eigenlogik und die jeweils endogene Dynamik des Wandels der Arbeitsbeziehungen in den alten und den neuen Bundesländern zu verweisen. Der ostdeutsche Kontext bleibt in diesem Sinne „durch Besonderheiten charakterisiert, die den Verbänden auch künftig situationsspezifische Antworten abverlangen" (Ettl und Heikenroth 1996: 152) werden. Umgekehrt ist der Wandel des Kollektivverhandlungssystems keineswegs erst auf dem Umweg über den Osten auch im Westen angekommen, sondern er verfügt dort – wie gezeigt – über eine eigene Tradition in den 1980er Jahren sowie über spezifische Antriebsmomente und eine besondere Stoßrichtung in den 90ern. Insofern hat die insbesondere in den ersten Jahren nach der Vereinigung häufig gestellte „Frage nach der Eignung Ostdeutschlands als negatives Experimentierfeld für Neuregulierungsintentionen [...] über die entsprechend dynamische Entwicklung im Westen inzwischen an Bedeutung verloren" (Artus et al. 2000: 192).[142]

Wie gesehen hatte der Betrieb als Verhandlungsarena der Arbeitszeitverkürzung und -flexibilisierung in den alten Ländern bereits im Verlaufe der 1980er Jahre zunehmend an Bedeutung gewonnen. Diese Entwicklung setzte

---

141 In der oben referierten Terminologie von Ettl und Wiesenthal wären dies nicht-intendierte Effekte „zweiter Ordnung".

142 Ähnlich urteilt auch Schroeder (2000: 388): „Insgesamt kann festgestellt werden, daß neben betrieblichen Einzelfällen und einer diskursiven Instrumentalisierung keine weitergehenden ostdeutschen Einflüsse auf die westdeutsche Gesamtkonstellation nachzuweisen sind." Allerdings erscheint Schroeders Gesamteinschätzung des deutschen Modells industrieller Beziehungen und seiner Zukunft – zumal in Anbetracht der Ergebnisse seiner eigenen, luziden Analyse der Transformation in Ostdeutschland – unter dem Strich allzu stabilitätsorientiert (vgl. ebda.: 384-392).

sich in den 90er Jahren nicht nur fort, sondern weitete sich noch aus: „since the late 1980s, a new type of plant level bargaining has emerged which goes far beyond the traditional form of company level bargaining" (Hassel und Rehder 2000: 12). Im Streben nach Wahrung und Ausbau der Wettbewerbsfähigkeit auf sich zusehends internationalisierenden Märkten – und unter dem Eindruck der schwersten Nachkriegsrezession der deutschen Wirtschaft 1993/94 – suchte die Arbeitgeberseite insbesondere in großen Unternehmen auf dem Wege betrieblicher Aushandlungsprozesse zusätzliche Flexibilitätsreserven in Fragen des Einsatzes und der Entlohnung ihrer Belegschaften zu mobilisieren. Im Laufe der 1990er Jahre wurden, mit einem starken Schub insbesondere zur Mitte des Jahrzehnts, in knapp der Hälfte der 120 größten Unternehmen Deutschlands so genannte Standort- oder Beschäftigungssicherungsvereinbarungen abgeschlossen, deren Regelungen sich auf die Senkung der Arbeitskosten, vor allen Dingen aber auf die zeitliche, räumliche und fachliche Flexibilisierung des Arbeitsprozesses bezogen (vgl. ebda.: 11-19).[143] Mittlerweile stellt dieser neue arbeitspolitische Vereinbarungstyp „keine Ausnahme mehr dar, sondern [...] entwickelt sich zum neuen Standard" auch in prosperierenden Betrieben (Rehder 2000: 14; ebenso Mauer und Seifert 2001: 499).[144] Bewegte man sich mit der Praxis betrieblicher Pakte anfangs noch – solange es in den Verhandlungen nicht allein um das Abschmelzen außer- und übertariflicher Leistungen ging – am Rande oder auch schon jenseits der tarifpolitischen Legalität, so änderte sich dies, seitdem die Betriebsparteien zunehmend auf tarifvertraglich festgelegte Spielräume zur betrieblichen Regulierung der Arbeitsbedingungen Bezug nehmen konnten. Dass dies aber möglich wurde, lag wiederum maßgeblich am Aufstieg der Standortvereinbarungen selbst, die sich in gewisser Weise ihre tarifpolitische Legitimation erzwangen. Die Öffnungs-, Härtefall- und Beschäftigungssiche-

---

143 Der Abschluss von Vereinbarungen zur Standortsicherung fügt sich damit in den von Herrmann et al. (1999: 177-197) konstatierten ausgeprägten Flexibilisierungsschub seit 1992 ein. Vgl. zu der mittlerweile erdrückenden empirischen Evidenz dieses Phänomens auch Rehder 2000; Neumann 2000; Höland et al. 2000 a, b; Brecht und Höland 2001; Seifert 1999, 2000, 2002; Mauer und Seifert 2001; Bispinck 2002.
144 Vgl. zu der im Einzelfall von einer Tarifabweichung ausgehenden Dynamik am Beispiel des „Falls Holzmann" und der Baubranche Höland et al. 2000b: 643f. – Hinzuweisen ist allerdings auch auf den zeitlichen und logischen Zusammenhang zwischen der Zunahme betrieblicher Pakte zur Beschäftigungssicherung und der nachlassenden arbeitsmarktpolitischen Entlastungswirkung der öffentlichen Frühverrentungspolitik. „Only when the capacity of the state to finance these policies was exhausted and job losses could no longer be avoided, the first employment pacts were struck at the company level." (Hassel und Rehder 2000: 15)

rungsklauseln, die nach 1994 auch im Westen Eingang in die Tarifvertragspraxis fanden, trugen häufig nur den neuen betrieblichen Verhandlungspraktiken Rechnung und kleideten diese in den Mantel tarifpolitischer Rechtmäßigkeit.[145] Insofern lässt sich sagen, dass sich Standortvereinbarungen in den letzten Jahren nicht nur auf betrieblicher, sondern – davon ausgehend – auch auf tariflicher Ebene zu „einem zusätzlichen Element im Instrumentarium der deutschen Sozialpartnerschaft" (Streeck 2000b: 6; vgl. Hassel und Rehder 2000: 18f.) entwickelt haben.[146]

Die Tarifrunde des Jahres 1994 markiert diesbezüglich die „Trendwende" (Bispinck 1997a: 554) in der westdeutschen Tarifpolitik (vgl. zum Folgenden Bispinck 1997a, 1995a; Hassel 1999). Nachdem Arbeitsminister Blüm angesichts des ostdeutschen Tarifkonflikts des Vorjahres bereits mit der Einführung gesetzlicher Öffnungsklauseln gedroht hatte und der Diagnose einer tiefgreifenden Standortkrise nunmehr allgemeine Akzeptanz zukam, begann mit dem Tarifvertrag zur Beschäftigungssicherung in der Metallindustrie, der die Möglichkeit zur Absenkung der wöchentlichen Arbeitszeit auf bis zu 32 Stunden (ohne Lohnausgleich) für alle Beschäftigten oder einzelne Beschäftigtengruppen eines Betriebes vorsah, der tarifvertraglich organisierte Druck auf die Tarifnormen, welcher die tarifpolitische Praxis in der zweiten Hälfte der 90er Jahre bestimmen sollte. In dieser Zeit vereinbarten die Tarifvertragsparteien in zahlreichen Wirtschaftszweigen und Tarifbereichen unterschiedlichste Regelungen, „die im wesentlichen *ein* gemeinsames Charakteristikum aufweisen: Sie schaffen die Möglichkeit, von den *einheitlichen* und verbindlichen Standards des (Flächen-) Tarifvertrags *abzuweichen*" (Bispinck 1997a: 556). Dabei richten sich Öffnungsklauseln, etwa die Härtefallklausel in der westdeutschen Textil- und Bekleidungsindustrie oder die allgemeine Klausel zur Tarifabweichung in der Metall-

---

145 „In many cases, these clauses were an attempt to bring the regulations of collective agreements in line with reality since company level social pacts were being agreed at a rapid rate without bothering about the terms and conditions of the relevant collective agreement." (Hassel und Rehder 2000: 21)

146 In diesem Kontext gesehen war der Vorschlag des IG Metall-Vorsitzenden Klaus Zwickel für ein „Bündnis für Arbeit" zwischen den Spitzenverbänden der Arbeitsmarktparteien und der Bundesregierung vom Dezember 1995 nicht zuletzt darauf angelegt, die ungebremste Dynamik betrieblicher Pakte zu kanalisieren und kontrollieren. Allerdings ging diese Strategie nicht auf – im Gegenteil: „concertation at the political level encouraged firms to negotiate even more pacts as they could declare them as a contribution to fight unemployment" (Hassel und Rehder 2000: 22). Nicht zufällig stieg die Zahl der Standortvereinbarungen im Jahr 1996 besonders stark an – und bezeichnenderweise wurden diese Pakte nun des Öfteren zu „betrieblichen Bündnissen für Arbeit" erklärt.

industrie aus dem Jahre 1996, auf die Möglichkeit arbeitsplatzerhaltender Sonderregelungen für Unternehmen in akuten wirtschaftlichen Schwierigkeiten. Davon zu unterscheiden ist die Differenzierung bzw. Absenkung von Tarifstandards für bestimmte Beschäftigtengruppen (oder auch für Betriebe einer bestimmten Größe) mit dem Ziel der selektiven Beschäftigungsförderung, wie sie beispielsweise 1994 in der Chemischen Industrie mit der Einführung reduzierter Einstiegstarife für Langzeitarbeitslose und Berufsanfänger vollzogen wurde. Nach und nach haben viele tarifliche Flexibilisierungsmaßnahmen allerdings den unmittelbaren, direkten Bezug zur ursprünglich ausschlaggebenden Intention der Arbeitsplatzsicherung verloren und verweisen stattdessen pauschal auf das allgemeine Ziel der „Verbesserung der Wettbewerbsbedingungen" – so z.B. der 1998 für die Chemiebranche vereinbarte „Entgeltkorridor", der zu eben diesem Zweck den Betrieben die Möglichkeit einer maximal zehnprozentigen Absenkung der tariflichen Grundentgelte einräumt.[147]

Die Geschichte des Wandels im westdeutschen Tarifsystem ist also alles in allem – und deutlicher noch als jene des ostdeutschen Falles – weniger eine Geschichte anarchischer Tarifbrüche als vielmehr eine solche legalisierter Tarifabweichungen.

„Weit stärker als die Verletzung bestehender Tarife hat zum Flexibilisierungsschub der letzten Jahre [...] die zunehmende Bereitschaft der Betriebe beigetragen, extensiv die vorhandenen Spielräume der bestehenden Tarifabkommen auszuschöpfen." (Herrmann et al. 1999: 206)

Tarifvertragliche Spielräume, mit denen die beiden Tarifparteien den zunehmenden Tendenzen zur Verselbständigung betrieblicher Aushandlungsprozesse zu begegnen trachteten – eine Strategie, die zugleich aber, nach dem Prinzip des *fighting fire with fire*, bedeutsame Kompetenzverschiebungen von der tariflichen auf die betriebliche Ebene der Austauschbeziehungen zwischen Arbeitgebern und Arbeitnehmern beinhalten musste. Kompetenzverschiebungen, die ihrerseits faktisch gleichbedeutend waren mit Machtverschiebungen in der betrieblichen Arena, zwischen Unternehmensleitungen und Betriebsräten.[148] Wir stehen somit

---

147 „These clauses indicate that the instrument of opening clauses has already outlived its original rationale of job preservation and moved on to a new form of enabling cost cutting and productivity gains in the context of a still standardized framework." (Hassel und Rehder 2000: 25) – Zum Überblick über das Tariföffnungsgeschehen in den 1990er Jahren vgl. Bispinck und WSI-Tarifarchiv 1999.
148 Machtverschiebungen, die sich z.B. in einer weiteren Dezentralisierung des Prozesses der Arbeitszeitgestaltung dokumentieren – im Trend zur „Individualisierung des Arbeitszeitkonfliktes", den Herrmann et al. (1999, hier: 204) in ihrer wertvollen Studie zur betrieblichen Praxis der Arbeitszeitflexibilisierung ausmachen. Demzufolge „ist davon auszu-

vor dem zunächst paradox anmutenden Phänomen eines Wandels der sozialpartnerschaftlichen Konfliktregelung, im Zuge dessen *mit den Mitteln der Sozialpartnerschaft die Substanz derselben verändert* wird. Diesen Zusammenhang gilt es im Folgenden weiter zu erhellen.

5.3.3. „Sozialpartnerschaft" als Legitimationsressource

Die Akteure der deutschen Tarifpolitik haben auf den Wandel der ökonomischen Rahmenbedingungen und betrieblichen Realitäten in den 1980er und 90er Jahren mit einer schrittweisen Anpassung tariflicher Vergütungssysteme und Arbeitszeitregelungen sowie einer allmählichen „Neujustierung der überbetrieblichen Regulationsstrukturen" (Schroeder 2000: 35) reagiert.[149] Die bis heute verbreitete Kritik an einem von beiden Arbeitsmarktparteien zu verantwortenden „tariflichen Zwangskorsett" wird von der tarifpolitischen Wirklichkeit nicht gedeckt: „Die meisten Korsettstangen, wenn sie denn vorhanden sind, erweisen sich als überaus biegsam." (Bispinck 1997b: 61; vgl. ebda.: 51-62, ähnlich auch Hauch-Fleck 2001b.) Zutreffend ist hingegen die Einschätzung, dass die Tarifpartner den neuen produktionstechnischen, arbeitsorganisatorischen und betriebspolitischen Herausforderungen *innerhalb* des gewachsenen institutionellen Rahmens und nach Maßgabe der von diesem gesetzten kollektiven Handlungsrationalitäten zu begegnen versuchten. Dieser Aktionsrahmen, in dem – wie eingangs gezeigt – tarifliche Standardisierungslogik und betriebliche Differenzierungsdynamik gleichermaßen verankert und komplementär aufeinander bezogen sind, legte den Kollektivakteuren eine Reaktion nahe, die nicht auf den Übergang zu einer rein betrieblichen Tarifpolitik, sondern auf die Nutzung der betriebsbezogenen Flexibilitätsspielräume der sektoralen Tarifpolitik ausgerichtet war. In einem Wort: Die Sozialpartner wählten die „systemimmanente Option" (Schnabel 1997: 195) einer *koordinierten Dezentralisierung* des bundesdeutschen Tarifsystems.

Der springende Punkt einer Strategie koordinierter oder – in Traxlers Terminologie – „organisierter" Dezentralisierung[150] ist die systematische Verlagerung

---

gehen, daß Arbeitszeitpolitik in Zukunft nicht mehr nur auf der tariflichen und der betrieblichen Regelungsebene stattfinden wird, sondern zusätzlich und verstärkt auf der individuellen" (ebda.: 205).

149 Schroeder (2000: 32-36) datiert den Beginn dieses schleichenden Wandels des deutschen Modells industrieller Beziehungen auf die späten 1970er Jahre.

150 Traxler unterscheidet verschiedene nationale Systeme industrieller Beziehungen u.a. danach, ob diese in den 1980er Jahren Tendenzen von „disorganized" oder „organized

von Verhandlungsgegenständen auf nachgeordnete Aushandlungsebenen „in a way that does not eliminate coordinating control by the higher-order associations over the bargaining process at lower levels" (Traxler 1995: 7). Eben dies war der Grundtenor westdeutscher Tarifpolitik, nachdem die Phase einer quasi-korporatistischen Einkommenspolitik mit dem Scheitern der „Konzertierten Aktion" im Jahr 1976 beendet worden war und auf der anderen Seite betriebliche Flexibilisierungsbestrebungen immer offenkundiger zu werden begannen. In dieser Situation lautete die tarifpolitische Alternative nicht (einzelbetriebliche) „Freiheit" oder (kollektivvertraglicher) „Zentralismus", sondern die Strategie der Wahl war – der institutionellen Logik des dualen Systems entsprechend – eine des *„sowohl als auch"*:

„Pressures for decentralization were resolved not through the breakdown of central bargaining, but rather through the flexibilization of central contracts and a shift in the balance within the dual system toward the growing importance of works councils." (Thelen 1991: 179; vgl. dies. 2001: 82-85)[151]

Hinter dieser Strategiewahl stand die Interessenkoalition der Kollektivparteien am Arbeitsmarkt – Arbeitgeberverbände und Gewerkschaften –, denen beiden nicht allein aus organisationsegoistischen Gründen, sondern vor allem auch unter steuerungspolitischen Gesichtspunkten am Erhalt einer zentralen bzw. koordinierenden Regulierungsebene gelegen sein musste.[152] Allerdings handelte es sich dabei um eine durchaus asymmetrische Koalition, war die Flexibilisierung der Arbeitsbedingungen an sich doch zuallererst ein Anliegen der Arbeitgeberseite und erst in zweiter Instanz (und wesentlich davon abgeleitet) ein Ziel auch gewerkschaftlicher Tarifpolitik. Die Arbeitgeber aber waren in erster Linie an der Beibehaltung der friedenssichernden Funktion des Kollektivvertragssystems

---

decentralization" aufgewiesen haben; ersteres ist ihm zufolge z.B. in Großbritannien, Neuseeland und den Vereinigten Staaten der Fall gewesen, letzteres in der Bundesrepublik, Österreich und Dänemark (vgl. Traxler 1995). Die Geschichte des Wandels in den letztgenannten Ländern deutet er als Hinweis darauf, dass der Prozess der Dezentralisierung industrieller Beziehungen kein Nullsummenspiel darstellen und nicht zwangsläufig mit ihrer Desorganisierung, d.h. mit dem Einflussverlust verbandlicher Akteure, einhergehen muss.

151 „Indeed, strategic maneuvering by labor and capital and compromise *within* the dual system may in fact have helped avert an attack on it." (Thelen 1991: 179) Dasselbe galt, wie gesehen, auch für die flexible Verteidigung des Sozialversicherungssystems nach 1989/90 (vgl. Kapitel 5.2.).

152 Die Auflistung der Funktionen des Flächentarifvertrages aus Sicht der Tarifvertragsparteien (vgl. Abschnitt 5.3.1.) dürfte an dieser Stelle noch in Erinnerung sein.

interessiert: Der goldene Weg zur Stärkung der Anpassungsfähigkeit ihrer Mitgliedsunternehmen an sich verändernde Marktbedingungen lag für sie in der Kombination von betrieblicher Gestaltungsfreiheit und „sozialem Frieden" – in „the attempt to increase the right to manage without losing the peace keeping threshold of the system" (Hassel und Rehder 2000: 8).[153] *Tarifvertraglich eingebettete Verbetrieblichung* – „increasing the right to manage while preserving industrial peace" (ebda.: 22) – lautet die Formel des angestrebten Wandels, und die Vereinbarung tariflicher Öffnungsklauseln, die betriebliche Abweichungen vom Tarifstandard im Schutze der tarifvertraglichen Friedenspflicht ermöglichen (vgl. Rosdücher 1997: 463; Schnabel 1997: 195f.; Lesch 2000: 66), stellten das prototypische Instrument dieses Wandels dar.

Auf dem Wege nicht einer Strukturreform, sondern der flexiblen Handhabung der ordnungspolitischen Vorgaben wurde das (bundes-)deutsche Kollektivverhandlungssystem in den vergangenen beiden Jahrzehnten von innen heraus umgestaltet. Ob nun im Zuge des Arbeitszeitkonfliktes in der Zeit vor der Vereinigung,[154] im Rahmen der Transformation in Ostdeutschland nach 1990[155] oder im Zeichen der Standortkrise im Westen seit Mitte des Jahrzehnts:[156] Stets griffen die Akteure der industriellen Beziehungen auf die Flexibilitätsreserven des dualen Systems zurück, vollzog sich die Anpassung an neue Herausforderungen nach den Regeln der Institution: „The dual system, combining as it

---

153 Hassel und Rehder entwickeln dieses Argument einer „doppelten Logik" des institutionellen Wandels aus der Perspektive jener Großunternehmen, die in den Arbeitgeberverbänden in der Regel tonangebend sind: „big companies in Germany since the mid-1980s have sought plant level solutions for their right to manage and have prioritized the peace keeping function of the centralised wage bargaining system above all else" (2000: 11; vgl. dies. 2001). Das Interesse an der tarifvertraglichen Sicherung des Betriebsfriedens wird man jedoch grundsätzlich auch Klein- und Mittelunternehmen unterstellen können.

154 Bereits Ende der 1980er Jahre konstatierte Hohn (1988: 168-176) rückblickend eine „kontrollierte Dezentralisierung" der Interessenpolitik. Die Tarifvereinbarungen zur Arbeitszeitpolitik nach 1984 wiesen bereits alle Merkmale der arbeitgeberseitigen Doppelstrategie auf: Die grundsätzliche Zustimmung zur Arbeitszeitverkürzung sicherte den „sozialen Frieden" auf der kollektiven Verhandlungsebene, und die Abmachungen zur Arbeitszeitflexibilisierung erweiterten den Dispositionsspielraum der betrieblichen Akteure.

155 Wo sich der kollektive Tarifvertrag bereits weitgehend zur bloßen „Rahmennorm" betrieblicher Flexibilitätspolitik entwickelt hat und „die Tarifparteien seit Mitte der 90er Jahre primär mit der nachsorgenden Austarierung neuer betrieblicher Flexibilisierungsmuster beschäftigt" (Schroeder 2000: 379) sind.

156 Die z.B. für Bispinck die Tatsache belegt, „daß das Charakteristikum der Flächentarifvertragspolitik, die Verknüpfung einer Makroorientierung mit betriebsbezogener Differenzierung, nach wie vor funktioniert" (Bispinck 1997b: 64).

does strong centralized coordination with substantial decentralized labor powers, has given German unions [and employers, S.L.[157]] strategic flexibility to meet these new challenges." (Thelen 1991: 3) In der Tat mag eine Strategie koordinierter Dezentralisierung, welche die Vorteile überbetrieblicher Koordination und betrieblicher Differenzierung kombiniert, „the best compromise between divergent concerns" (Moene et al. 1993: 130) darstellen. Doch gilt dies tatsächlich nur unter der Bedingung, dass beide Tarifparteien auch zu effektiven Koordinationsleistungen in der Lage sind und im Rahmen des Dezentralisierungsprozesses nicht nur das Interesse der Arbeitgeber an der Wahrung des Betriebsfriedens, sondern auch das Interesse der Gewerkschaften am Grundsatz verbindlicher Beschäftigungsstandards gewahrt bleibt. All dies aber ist abhängig von den Machtressourcen der verschiedenen in den Prozess involvierten Akteure, von der relativen Machtposition der Gewerkschaften gegenüber den Arbeitgeberverbänden und insbesondere der verbandlichen gegenüber den betrieblichen Akteuren.[158]

Genau an dieser Stelle tritt die offene Flanke der Politik koordinierter Dezentralisierung zutage. Wo in immer geringerem Maße abschließende, materielle Regulierungen vorgegeben werden und stattdessen zunehmend Formen prozeduraler Rahmen- und Kontextsteuerung (vgl. Traxler 1998: 253) die Aktivitäten der Tarifparteien bestimmen, da ist für die systematische, nicht bloß punktuelle Aushöhlung substanzieller Tarifstandards eine Tür geschaffen,[159] die nur solange geschlossen bleiben wird, wie die Akteure der Verbandsebene die Akteure der Betriebsebene und deren Aushandlungsprozesse zu kontrollieren und im Zweifelsfall auch an organisationspolitische Vorgaben zu binden vermögen. Ist dies

---

157 Dasselbe Handlungsmuster attestiert Thelen (2001: 85) in einem neueren Beitrag auch der Arbeitgeberseite: „the most striking feature of recent development in Germany [...] is the lenghts to which most employers have been willing to go to manage new pressures for flexibility within traditional institutions".

158 In der Studie von Moene et al. etwa heißt es in diesem Sinne ausdrücklich: „*In the presence of strong, cohesive unions*, a mixed system of centralized bargaining over the basic wage and subsequent firm-level bargaining under a peace clause may be the best compromise between divergent concerns." (1993: 130; Hervorhebung von mir, S.L.).

159 Äußerst instruktiv ist es in diesem Zusammenhang, sozial- und wirtschaftswissenschaftliche Lesarten der Tendenz zur koordinierten Dezentralisierung der Tarifpolitik gegeneinander zu stellen: Wo etwa Höland et al. (2000a: 23-27) eine rechtssoziologische Vision von „Prozeduralisierung" entwerfen, die sich um Konzepte der rückgekoppelten Autonomie und der „Kommunikations- und Lernschleifen" rankt, formuliert die Arbeitsmarktökonomik in schlichten Worten, worum es im Grunde geht – nämlich um „einen Rahmenvertrag mit einer Option zur Nichtanwendung" (Fitzenberger und Franz 1999: 10).

hingegen nicht (mehr) möglich, so führt die Gewichtsverlagerung innerhalb des dualen Kollektivverhandlungssystems nolens volens zu einer Veränderung des Charakters der kollektiven Regulierung selbst, nämlich zu einer Abwertung verbindlicher Tarifstandards auf das Niveau von unverbindlichen Preisempfehlungen. Dann – und der Realitätsbezug dieses Szenarios ist für den deutschen Fall kaum von der Hand zu weisen – verändert das Kollektivverhandlungssystem womöglich nicht sein Gesicht, aber doch seinen Geist, stehen wir nicht vor dem Ende, aber doch vor einem Strukturwandel der Institution der Sozialpartnerschaft.

Entscheidend für die Interpretation dieses Prozesses ist der Sachverhalt, dass die Sozialpartnerschaft hier als Instrument ihrer Selbsttransformation auftritt: Der Wandel findet im Rahmen und im Namen der bestehenden Institution und der ihr zugrundeliegenden ordnungspolitischen Idee statt. Nicht „Abschaffung", sondern „Reform" des (Flächen-)Tarifvertrages lautete die Quintessenz einer seit den 1980er Jahren von den Akteuren der Sozialpartnerschaft verfolgten politischen Strategie, die gleichwohl der schleichenden Aushöhlung des Tarifvertragswesens Vorschub leistete. Eine Reformstrategie, die – ganz im Sinne des für andere Basisinstitutionen des deutschen Sozialmodells charakteristischen Subsidiaritätsprinzips (vgl. Kapitel 4.5. und 4.6.)[160] – darauf zielte, den manifesten Ansprüchen der Betriebsparteien nach eigenständigen und selbstverantworteten Regelungen Rechnung zu tragen. Eine Strategie, die strikt in dem durch Tarifautonomie, Kollektivverhandlungen und Flächentarifverträgen gekennzeichneten ordnungspolitischen Rahmen der deutschen Arbeitsbeziehungen verblieb, an das Leitbild kooperativer Konfliktregulierung anknüpfte und mit der koordinierten Dezentralisierung des Tarifsystems das „typisch deutsche" Regulierungsprinzip des „ja – aber" reproduzierte. Eine Strategie schließlich, deren gesellschaftsveränderndes Potenzial *gerade deshalb* nicht unmittelbar ersichtlich war – nicht einer interessierten Öffentlichkeit und womöglich nicht einmal den beteiligten Akteuren selbst.

Ohne wesentliche Eingriffe in die Struktur des dualen Systems der Interessenvertretung selbst[161] gelang es den Tarifparteien in den beiden vergangenen

---

160 Zum Rückgriff auf das Subsidiaritätsprinzip im arbeitspolitischen Reformdiskurs vgl. Schauer 1995: 34-40.

161 Katz' ländervergleichender Überblick zur Reform der Arbeitsbeziehungen in den 1980er Jahren zeigt, dass dies den besonderen Charakter des deutschen Falles ausmacht: „In contrast to the experience in the other five countries [Australien, Großbritannien, Italien, Schweden und die USA; S.L.] examined here, no change in the *formal* structure of bargaining has occurred in Germany in recent years. [...] In all countries except Germany,

Jahrzehnten, „nicht nur die betrieblichen Erfordernisse als relevanten Beurteilungsmaßstab für die Angemessenheit tariflicher Mindeststandards zu etablieren, sondern den Betrieb zugleich auch zum Ort der (Nach)Regulierung dieser Standards zu machen" (Bispinck 1997a: 559). Den Tarifpartnern, Arbeitgeberverbänden wie Gewerkschaften, ging es dabei vornehmlich darum, den stetig wachsenden Druck in Richtung auf eine Flexibilisierung der Arbeits- und Entlohnungsbedingungen aufzunehmen und nach Maßgabe ihres institutionalisierten Handlungsrahmens – das heißt: nach sozialpartnerschaftlicher Manier – zu verarbeiten. Sie agierten auf der Grundlage „gemeinsam geteilter Leitideen von Mitbestimmung, Sozialpartnerschaft und kooperativer Tarifpolitik" (Martens 1996: 167) – und es war die legitimatorische Bezugnahme auf diese sozialpartnerschaftlichen „Basisorientierungen" (ebda.: 168), die den Wandel der industriellen Beziehungen in Deutschland überhaupt erst möglich werden (und zugleich so lautlos vonstatten gehen) ließ.

Die Institution der Sozialpartnerschaft bzw. das Leitbild des sozialpartnerschaftlich geregelten Konflikts zwischen Kapital und Arbeit fungierte aus dieser Sicht als Konsensbildungsreserve und Legitimationsressource eines ebenso bruchlosen wie (dennoch) grundlegenden Wandels des deutschen Modells sozialpartnerschaftlicher Konfliktregulierung. Ein Wandel, als dessen treibende Kraft zunächst die organisierte Arbeitgeberschaft gelten muss, die mit ihren tarifpolitischen Strategiewechseln jeweils zur Mitte der 1980er und der 90er Jahre den Übergang zu einer neuen Form der „Rahmentarifpolitik" (Revel 1994: 130) – der Kombination zentraler und dezentraler Tarifverhandlungen – erzwang. Es entsprach zuallererst dem Interesse der Arbeitgeberverbände, die Vorgaben des Flächentarifvertrages den Wünschen und Forderungen ihrer Mitgliedschaft entsprechend zu flexibilisieren, ohne auf die eigene koordinierende Rolle (und auf dessen pazifizierende Funktion) verzichten zu müssen. Das Instrument der tariflichen Öffnungsklauseln bot sich ihnen dabei als systemkohärente Handhabe an, um betriebliche (individuelle), überbetriebliche (kollektive) und verbandliche (organisationspolitische) Interessen gleichermaßen zu bedienen. Nur als eine vor diesem interessenpolitischen Hintergrund entwickelte, vom Interessenstandpunkt der Arbeitgeber- bzw. Unternehmerseite abgeleitete Strategie lässt sich die Entscheidung der gewerkschaftlichen Akteure verstehen, der institutionalisierten Option zur betrieblich-kooperativen Konkretisierung

---

there has been a downward shift in the *formal* structure of bargaining and a consequent reduction in the frequency of multi-employer bargaining." (Katz 1993: 8, 12)

bzw. – in einem zweiten Schritt – Nichtanwendung tarifvertraglich ausgehandelter Standards zuzustimmen. Angesichts der in den letzten Jahren festzustellenden tarifpolitischen Tendenz zur Verbreitung – und einer von Seiten der Arbeitgeber sowie in weiten Teilen der ökonomischen Literatur (vgl. z.B. Lesch 2000: 76; Fitzenberger und Franz 1999: 10f.; Giersch und Sinn 2000: 15) postulierten Universalisierung – solcher Nichtanwendungsoptionen[162] ist es alles andere als eine bloße „Frage der Semantik, ob trotzdem noch von Flächentarifverträgen gesprochen werden kann" (Fitzenberger und Franz 1999: 26), oder aber eher – und realitätsgetreuer – von Rahmentarifverträgen die Rede sein sollte.[163] Die Frage der Semantik wird in dieser Konstellation vielmehr zu einer Frage der Legitimationsfähigkeit, denn gerade das Festhalten am Begriff – und damit zumindest nach außen hin auch am „Geist" – des Flächentarifvertrages erlaubt den faktischen Übergang zur neuen Realität betrieblich auszugestaltender Rahmentarifverträge.[164] Bezeichnenderweise vollzieht sich die *Veränderung* der sozialpartnerschaftlichen Austauschbeziehungen und ihrer gesellschaftsstrukturellen Prägekraft, über die im folgenden Abschnitt zu reden sein wird, nämlich in Form der *Beibehaltung* sozialpartnerschaftlicher Kooperationsbeziehungen bzw. im Zeichen der *Bestärkung* des sozialpartnerschaftlichen Leitbildes der Konfliktkooperation. Punktuelle ebenso wie systematische Abweichungen von den Regelungsstandards des Flächentarifvertrages werden – sei es aus ehrlicher Anteilnahme, sei es aus strategischer Rücksichtnahme – ausdrücklich im Namen seines Fortbestandes, seiner sozialpartnerschaftlich organisierten Rettung gefordert und gefördert.[165] Der

---

162 Deren ideale Formulierung lautet aus Sicht z.B. des Metallarbeitgeberverbands Gesamtmetall: „Die Betriebsparteien können Abweichungen vom Tarifvertrag vereinbaren." (Vgl. Bispinck 1997a: 560.)

163 Zu letzterem tendieren Fitzenberger und Franz (1999: 26): „Vielleicht dient es der Klarheit, wenn der Begriff 'Flächentarifvertrag' durch 'Rahmentarifvertrag' (RTV) ersetzt wird."

164 Die Vermutung von Fitzenberger und Franz, ein neuer Name könne vielleicht „der Konsensbildung" (1999: 2) dienen, muss in dieser Perspektive irrig erscheinen – das genaue Gegenteil, so lautet das hier zu vertretende Argument, ist der Fall.

165 Paradigmatisch in dieser Hinsicht sind Titel und Untertitel eines Zeitungsbeitrages des Arbeitgeberpräsidenten Hundt (vgl. Hundt 1997): „Der Flächentarif ist unverzichtbar. Aber der reformierte Vertrag darf nur die Rahmenbedingungen für die Betriebe setzen". Gleichlautend äußerte sich jüngst auch der Präsident des Bundesverbandes der Deutschen Industrie (BDI), Rogowski (vgl. FAZ vom 20.2.2003: 13): „Er [der Flächentarifvertrag, S.L.] soll nicht abgeschafft werden, aber er muß in einen Wettbewerb eintreten mit betrieblichen Lösungen."

Flächentarifvertrag mag auf diese Weise mit der Zeit zur Fiktion werden – doch er erfüllt, aus Sicht der beteiligten Akteure, selbst dann noch eine wichtige Funktion.[166] Die deutsche Tarifpolitik bleibt – wohl auch in absehbarer Zukunft – eine im Sinne des geregelten Konflikts organisierte Veranstaltung der verhandlungsförmigen Arbeitgeber-Arbeitnehmer-Koordination; doch sie verändert dabei in nachhaltiger Weise ihren Charakter.

5.3.4. Die Dezentrierung des sozialpartnerschaftlichen Beziehungsgefüges

Sind die Arbeitgeberverbände soeben als strategische Initiatoren der „Funktionsverschiebung des Tarifvertrags zum Rahmenvertrag" (Hohn 1988: 175) identifiziert worden, so waren sie in dieser den Wandel vorantreibenden Rolle des „institutional entrepreneur" selbst wiederum Getriebene. Der Mitte der 1980er Jahre einsetzende, in den 90er Jahren sich beschleunigende Übergang zu einer Politik dezentral-flexibel anzuwendender Rahmentarifvereinbarungen und der damit einher gehende tendenzielle Normierungsverzicht der Tarifparteien trug der wachsenden faktischen Bedeutung – jedenfalls gemessen an der gesetzlich verankerten Zielsetzung des strengen Tarifvorrangs – der Betriebsparteien Rechnung. Sowohl die Arbeitszeittarifverträge vor der Vereinigung als auch die weitergehende Öffnung tariflicher Freiräume in der Zeit danach stellten im Kern den Versuch dar, die faktische betriebliche Differenzierungspraxis tarifpolitisch einzuholen und an die verbandliche Verhandlungsebene rückzukoppeln. Unabhängig von der Plausibilität oder der Erfolgsträchtigkeit dieser Zielsetzung war die förmliche Anerkennung weitergehender Verhandlungs- und Ausgestaltungsspielräume[167] auf Betriebsebene ein Ausdruck sich verändernder Kräfteverhältnisse im sozialpartnerschaftlichen Beziehungsgefüge und trieb zugleich die Restrukturierung dieses Beziehungssystems weiter voran. Wenn daher (zumal auch auswärtige) Beobachter des deutschen Systems der Arbeitsbeziehungen

---

166 Zur „Tarifillusion" vgl. Daniels 1999; allgemeiner zur Problematik „funktionaler Fiktionen" vgl. Lessenich 1999b.

167 So oblag beispielsweise die Entscheidung über die Höhe des Effektivlohnes der Beschäftigten – jenseits der auf Verbandsebene festgelegten Mindestnorm der Bezahlung – immer schon in maßgeblicher Weise den betrieblichen Akteuren, ihren Verteilungsstrategien und ihrer relativen Durchsetzungskraft (vgl. Seitel 1995: 138). Mit der Option für tarifliche Öffnungsklauseln gaben die Tarifparteien nun aber zunehmend auch die normierende Gewalt hinsichtlich der Mindestarbeitsbedingungen – z.B. der nicht zu unterschreitenden Mindestlöhne – preis (vgl. dazu die weiteren Ausführungen in diesem Abschnitt).

dessen Robustheit und Unverwüstlichkeit konstatieren und insbesondere den Erhalt einer (quasi-)zentralisierten kollektiven Verhandlungsebene hervorheben, so tun sie dies einerseits sicherlich zu Recht. Doch ist dies – und war dies im Zeitverlauf zunehmend – eben nur die halbe Wahrheit. Auf der anderen Seite nämlich begannen sich nichtsdestotrotz – bzw. gleichsam unter der Oberfläche stabiler Systemstrukturen – die Akteurskonstellationen und Beziehungsmuster innerhalb des Systems zu verändern, wurden in den beiden vergangenen Jahrzehnten, im Rahmen des sozialpartnerschaftlichen Modells und im Geiste kooperativer Konfliktregulierung, die institutionalisierten Relationen der Sozialpartnerschaft neu konfiguriert (vgl. Hohn 1988: 168-176; Czada 1998; Mense-Petermann 1996). Ist das deutsche Modell der Arbeitsbeziehungen somit in der Vergangenheit durch „the resiliency of the dual system" (Thelen 1991: 4) *und* „a reshuffling of relations *within* the dual system" (ebda.; Hervorhebung von mir, S.L.) *gleichermaßen* charakterisiert gewesen, so ist es an der Zeit, nicht immer allein die Stabilität, sondern eben auch den Wandel desselben, und vor allen Dingen: die spezifische *Form* des Wandels bzw. den spezifischen *Zusammenhang* zwischen Stabilität und Wandel, zwischen „resiliency" und „reshuffling", in den Blick zu nehmen.

Den Wandel in der Dimension institutionalisierter Relationen der Sozialpartnerschaft kann man – vielleicht besser als mit dem gängigen Begriff der „Dezentralisierung" – als einen Prozeß der *Dezentrierung* fassen. Obgleich an der zentralisierten Verhandlungsarena verbandlicher Selbststeuerung festgehalten wird – und in der Form und dem Maße, wie dies getan wird –, verschieben sich unterschwellig die institutionalisierten Relationen nicht nur zwischen Arbeitgeberverbänden und Gewerkschaften, sondern ebenso zwischen Gewerkschaften und Betriebsräten (vgl. Thelen 1991: 159) und damit in der Konsequenz auch zwischen Unternehmensleitungen und Belegschaften. Das sozialpartnerschaftliche Leitbild, die verbandlichen Kooperationsbeziehungen und der Flächentarifvertrag als Referenzinstrument bleiben bestehen, verändern aber schrittweise ihre Funktion: Sie bieten zunehmend nur mehr institutionellen Flankenschutz für die Aushandlung der faktischen Arbeitsbedingungen zwischen den betrieblichen Repräsentanten der Unternehmens- und der Beschäftigtenseite. Dabei verlieren die verbandlichen Akteure – Arbeitgeberverbände wie Gewerkschaften – zunehmend die Kontrolle über diese Aushandlungsprozesse, „mit der Folge einer sozialpartnerschaftlichen Verselbständigung der Betriebspolitik" (Hohn 1988: 173), wie sie ansatzweise bereits vor 1989, spätestens seit Mitte der

1990er Jahre jedoch verstärkt nicht nur im „wilden Osten", sondern auch im wohlorganisierten Westen auszumachen gewesen ist.[168]

Es sind insbesondere die Gewerkschaften, die in diesem Prozess häufig nur noch auf Veränderungen reagieren können und einen guten Teil ihrer über zentralisierte Tarifverhandlungen verbürgten „Sekundärmacht" (vgl. Jürgens 1984) einbüßen. Die im Arbeitszeitkonflikt aufscheinende Strategie, durch tarifliche Rahmenvereinbarungen die gewerkschaftliche Kontrolle über die im dualen System an die Betriebsräte delegierte und von diesen zunehmend autonom genutzte Handlungsmacht zurückzugewinnen, ging letztlich nicht auf, sondern eröffnete eine tarifvertraglich sanktionierte Differenzierungsdynamik, die alsbald – unter den veränderten Bedingungen von Transformations- und Standortkrise – auch auf Regulierungstatbestände jenseits der Arbeitszeit überzugreifen begann. Was Hans-Willy Hohn noch vor der Vereinigung mit Blick auf die westdeutsche Situation konstatierte, gilt insofern ein gutes Jahrzehnt später um so mehr – und zwar für das westdeutsche wie für das ostdeutsche (Teil-)System industrieller Beziehungen gleichermaßen:

„Wenn die Gewerkschaften heute eine Strategie der 'kontrollierten Dezentralisierung' verfolgen, dann handelt es sich dabei kaum um ein 'gesellschaftspolitisches Zukunftsprojekt'. Es handelt sich weit eher um ein Konzept der 'inneren Schwäche', um eine defensive, organisationsstrukturellen Imperativen folgende Anpassung an eine zwar selbst initiierte, aber nicht intendierte Verselbständigung der Betriebspolitik." (Hohn 1988: 175)[169]

Die erweiterten Regulierungsbefugnisse, die im Zuge dieser nunmehr tarifvertraglich sanktionierten Entwicklung in Richtung auf einen „kooperativen Syndikalismus" (ebda.: 169)[170] den Betriebsparteien zufallen, stellen vor allem die

---

168 Esser (1998: 129) spricht in diesem Zusammenhang von einem Prozess, in dem „das deutsche System der industriellen Beziehungen von unten her ausgehöhlt wird". Vgl. ebenso Wendl 2002.

169 Hohn schildert eindrücklich das strategische Dilemma der Gewerkschaften, das aus der Tatsache entsteht, dass sie „einerseits höchst sensibel für die organisationspolitischen Folgen einer strategischen Orientierung auf die betriebliche Ebene sind, aber andererseits dem 'Basisdruck' auf Dezentralisierung nicht ausweichen können" (Hohn 1988: 175). Dieser Sachverhalt dürfte jedenfalls zum Teil auch die argumentativen Verrenkungen erklären, die gewerkschaftsnahe Autoren häufig bei der Bewertung der Strategie koordinierter Dezentralisierung vollziehen (vgl. exemplarisch hierfür Bahnmüller und Bispinck 1995: 145-152 oder Schroeder 2000: 384-392).

170 Vgl. in diesem Sinne auch das ebenfalls schon in den 1980er Jahren entwickelte Konzept betrieblicher „Produktivitätskoalitionen", die z.B. von Windolf 1989 als eine neue evolutionäre Stufe in der Entwicklung der industriellen Beziehungen bezeichnet und u.a. am Beispiel des Arbeitszeitkonfliktes in der Bundesrepublik untersucht werden.

Institution des Betriebsrates vor neuartige Herausforderungen. Ohnehin eine strukturell prekäre „Grenzinstitution" (Fürstenberg 1958) im interessenpolitischen Spannungsfeld von Belegschaft, Betriebsführung und Gewerkschaft, ist er mit der arbeitspolitischen Ordnungsfunktion, die ihm in zunehmendem Maße – gewollt oder ungewollt – von der verbandlichen Ebene übertragen wird, tendenziell überfordert. Denn der institutionelle Flankenschutz, den der Tarifvertrag für erweiterte betriebliche Ausgestaltungskompetenzen bietet, ist immer weniger mit einer aus der überbetrieblichen Verhandlungsarena hervorgehenden gewerkschaftlichen Machtposition verbunden, auf die sich ein in betrieblichen Aushandlungsprozessen unter Druck geratender, schwacher Betriebsrat im Zweifelsfall beziehen und verlassen könnte (vgl. Schauer 1995: 39).[171] Davon abgesehen sind Betriebsräte, ob stark oder schwach,[172] offensichtlich und gleichsam zwangsläufig keine Instanzen, die das arbeitnehmerseitige Kollektivinteresse an (branchen-)einheitlichen, in Grenzen dem Wettbewerb entzogenen Arbeitsbedingungen repräsentieren könnten – diese Funktion ist im Rahmen der arbeitspolitischen Institutionenordnung nicht umsonst der verbandlichen Interessenvertretung zugedacht.

„Eine wirksame 'Anti-Segmentationspolitik' mit dem Ziel 'für alle da' zu sein, konnten die Gewerkschaften nur betreiben, indem sie die Organisationspolitik von der betrieblichen Ebene abkoppelten und zu diesem Zweck Handlungsmacht an die Betriebsräte delegierten." (Hohn 1988: 173)

---

171 Hier liegt der systematische Ansatzpunkt der jüngsten Reform des Betriebsverfassungsgesetzes, die bereits die Logik koordinierter Dezentralisierung internalisiert hat. Vgl. dazu die Entgegnung Wolfgang Streecks, dem maßgeblicher Einfluß auf die Ausrichtung der Reform zukam, auf die massive Kritik der Arbeitgeberseite am Gesetzentwurf des damaligen Arbeitsministers Riester: „Im übrigen werden die Organe der Betriebsverfassung dringend zur Umsetzung flexiblerer Tarifverträge benötigt. Ohne Betriebsräte gibt es keine betrieblichen Beschäftigungsbündnisse, keine betrieblichen Öffnungsklauseln in Lohn- und Gehaltstarifen, keine ertragsabhängige Flexibilisierung von Lohnbestandteilen. [...] Die Arbeitgeberverbände müssen sich entscheiden: gleichzeitig Flexibilisierung des Flächentarifvertrages und kein Betriebsrat, das geht nicht." (Interview mit Wolfgang Streeck, FAZ vom 9.2.2001: 17; ähnlich Hassel 1999: 502.) Vgl. zum Zusammenhang von Dezentralisierung des Tarifsystems und Reform der Betriebsverfassung auch Wompel 2000.

172 Die starken Betriebsräte großer Unternehmen lassen sich – neben den Betrieben selbst – als Gewinner des hier beschriebenen Wandels bezeichnen: Sie sind es, „die die Position des zentralen Akteurs im System der industriellen Beziehungen einnehmen und die zwischen unterschiedlichen Koalitionen wählen können: die Solidaritätsgemeinschaft mit dem Management oder die kollektive Arbeitnehmervertretung mit den Gewerkschaften" (Rehder 2000: 16; vgl. ähnlich Müller-Jentsch 1995: 23).

In dem Maße jedoch, wie die Machtbasis der Gewerkschaften, die ihnen ja im deutschen Modell wesentlich gerade aus den Unabdingbarkeitsansprüchen tarifvertraglicher Normierung erwuchs, im Schwinden begriffen ist und sich die Handlungsmacht der betrieblichen Akteure verselbständigt, wird das Prinzip relativer Angleichung bzw. Vereinheitlichung der Arbeitsbedingungen – das Ziel einer Kontrolle zwischenbetrieblicher Segmentationsprozesse – gewissermaßen herrenlos. Wenn somit zutrifft, „daß erst in mittelfristiger Perspektive die ganze Tragweite der schrittweisen Veränderung für das komplizierte Beziehungsgefüge zwischen Tarif- und Betriebsparteien zutage treten wird" (Bispinck 1997a: 558), so sind doch andererseits die sozial-politischen Konsequenzen der dezentrierenden Verformung dieses Beziehungsgefüges, d.h. deren Folgen für den *gesellschaftsstrukturierenden Charakter* tarifpolitischer Regulierung, bereits heute durchaus abzusehen.

Die Tatsache, dass mit dem Übergang zu flexibilisierten Tarifverträgen weitergehenden betrieblichen Differenzierungsbedarfen auf systemkonforme Weise Rechnung getragen wurde, kann man in einem engen institutionalistischen Sinne als Zeichen der Stabilität des deutschen Modells der Arbeitsbeziehungen deuten oder unter dem Aspekt der ökonomischen Zweckmäßigkeit als problemangemessene Anpassungsleistung desselben bewerten. Aus einer politisch-soziologischen Perspektive hingegen, wie sie hier an den Untersuchungsgegenstand angelegt wird, sollte der Prozess der koordinierten Dezentralisierung des Tarifsystems – gleichsam als Ergänzung anderer Beobachtungspositionen (vgl. Huf 1998: 15-17) – an seinen gesellschaftsstrukturierenden Effekten, an seiner Bedeutung für die politische Regulierung sozialer Beziehungen, gemessen werden. Nimmt man diese Position ein, so geraten die Auswirkungen in den Blick, die der veränderte Charakter der Arbeitgeber-Arbeitnehmer-Koordination auf die im deutschen Modell der Nachkriegszeit institutionalisierten arbeitspolitischen Fundamentalnormen der relativen Standardisierung betrieblicher Arbeitsbedingungen und der prinzipiellen Unabdingbarkeit genereller Mindeststandards hat bzw. haben wird.

Wir erinnern uns: Das System branchenbezogener Verbandstarifverträge, wie es für das bundesdeutsche Sozialmodell charakteristisch ist, erfüllt u.a. eine gesellschaftliche Verteilungs- und Solidarfunktion (vgl. Kapitel 5.3.1.). Der so genannte Flächentarifvertrag ist eine „marktkorrigierende soziale Institution" (Streeck 1996: 90), die in der Bundesrepublik zu einer im internationalen Vergleich relativ flachen Lohnstruktur geführt hat, d.h. zu vergleichsweise geringen Lohndifferenzialen insbesondere innerhalb einer Branche, aber auch zwischen Branchen und zwischen verschiedenen Betriebsgrößen (vgl. ebda.: 87f.). Die tarifpolitische Normuniversalisierung hat sozial egalisierende Effekte, und die Aussage, Tarifpolitik in Deutschland sei „nicht nur sektorale Einkommenspolitik, sondern auch bundesweit wirksame Sozial- und Gesellschaftspolitik" (Artus et al. 2000: 11), erscheint insofern rückblickend nicht übertrieben.[173] Die Etablierung eines Kollektivvertragssystems zur nicht nur überindividuellen, sondern auch überbetrieblichen Regulierung der konkreten Arbeitsbedingungen folgte dem gesellschaftspolitischen Kalkül, auf der Grundlage gewerkschaftlicher Konfliktfähigkeit die inhärent asymmetrischen (Markt-)Machtpositionen von Kapital und Arbeit einander anzugleichen. Die Logik des Vorrangs und gesetzesähnlichen Charakters kollektiv-verbandlicher Regulierung bestand dabei im Kern darin, bei der Ausgestaltung der Arbeitsbedingungen im (kollektiven, aber letztlich auch individuellen) Interesse der Arbeitnehmer vom Einzelrisiko der jeweiligen Unternehmung wie des jeweiligen Beschäftigten zu abstrahieren, sprich: Individualrisiken zu vergesellschaften.[174]

An diesem politisch-sozialen Gestaltungsanspruch gemessen, muss die Politik der Flexibilisierung des Tarifvertrages und der Verbetrieblichung der Arbeitsbeziehungen als ein Prozess der *Risikoumverteilung* (in diesem Fall: der Umverteilung von Arbeitsmarktrisiken) erscheinen, wie er zuvor bereits für den im engeren Sinne sozialpolitischen Regulierungsbereich festgestellt worden ist.

„Die Forderung nach vermehrter Einführung tariflicher Öffnungsklauseln mit der Möglichkeit, unter bestimmten Bedingungen die tariflichen Mindestnormen unterschreiten zu können, zielt [...] im Kern auf die Ordnungs- und Kartellfunktion der bisherigen Flächentarifverträge." (Bahnmüller und Bispinck 1995: 149)

---

173 Als solche stellt sie einen Wert an sich dar, der sich nicht ohne Weiteres gegen andere, konkurrierende Egalitätsnormen ausspielen lässt, wie dies in der Debatte um den Flächentarifvertrag häufig geschieht: „Hohe Arbeitslosigkeit, insbesondere die für einen hochregulierten und sozial abgefederten Arbeitsmarkt wie den deutschen charakteristische Langzeitarbeitslosigkeit, führt zu *krassen sozialen Ungleichheiten* zwischen Arbeitslosen und 'Arbeitsplatzbesitzern', die die egalitäre Rechtfertigung des Flächentarifs untergraben und ihn im Gegenteil als gesellschaftsspaltend erscheinen lassen." (Streeck 1996: 90) Nur bei Bemühung einer bestimmten, keineswegs konkurrenzlosen Arbeitsmarkttheorie wird man aber zu dem Schluss kommen müssen, dass es die Egalität der „insider" ist, welche die Exklusion der „outsider" bedingt, und dass „die egalitäre Rechtfertigung des Flächentarifs" deswegen fragwürdig sei. – Zur Fragwürdigkeit der Entgegensetzung von Arbeitslosen und „Arbeitsplatzbesitzern" vgl. hingegen Hickel 1989: 88-90.
174 Zur historisch-zivilisatorischen Bedeutung der Entwicklung des Kollektivvertragswesens vgl. Stourzh 1986 (insb.: 22-25, hier: 22), für den diese „eine im Rückblick gar nicht zu überschätzende Zäsur in der Geschichte der Arbeitsbeziehungen in den Industriestaaten" darstellt.

Hinter der „Ordnungs- und Kartellfunktion" des Flächentarifvertrages aber verbirgt sich jener, ohnehin bloß halbierte – weil vornehmlich zwischen-, weniger innerbetrieblich wirksame – Egalitarismus der Arbeits- und Beschäftigungsbedingungen, der mit der „Öffnung" des Tarifvertragssystems zur Disposition gestellt wird.[175] Bislang – zumindest im deutschen Modell – unbekannte Prozesse der (auch zwischenbetrieblichen) Segmentierung des Arbeitsmarktes bzw. einer Spaltung der Tariflandschaft[176] in, je nach Regulierungsmacht bzw. -wille der gewerkschaftlichen Akteure, „nach unten" geschützte oder aber ungeschützte Beschäftigungsbereiche sind die logische Folge. Schon für die 1990er Jahre verweist Hassel jedenfalls auf „the growing gap between highly regulated sectors with strong industrial relations institutions and poorly regulated sectors with weak institutions. These differences are both sector-specific and firm-size-specific" (Hassel 1999: 503).

So gesehen, manifestiert sich in der Öffnung des Flächentarifvertrages für eine flexible, betriebsnahe Regelung der Arbeitsbedingungen bzw. in der Politik einer nicht mehr bloß punktuellen Abkehr von standardisierenden Regulierungen die Krise jener überbetrieblich-sektoralen (und damit auch regionalen) Umverteilungspolitik, die ein Charakteristikum des (bundes-)deutschen Tarifsystems der Nachkriegszeit[177] gewesen ist. Das tarifpolitische „Solidarbündnis des westdeutschen Modells ist offenkundig aufgekündigt" (Czada 1998: 52) – die Bezugseinheiten der Solidarität werden kleiner (vgl. Rehder 2000: 15). Die Zunahme von Härtefallklauseln, Options- und Menülösungen oder Tarifkorridoren im Rahmen von Verbandstarifverträgen (vgl. Rosdücher 1997: 462-469) einerseits, von Haustarifverträgen (insbesondere in Ostdeutschland; vgl. allge-

---

175 Die Behauptung, dass „systemkonforme Möglichkeiten von Lohndifferenzierung" (Streeck 1996: 93) tatsächlich die letzte Hoffnung der Vollbeschäftigungspolitik darstellen, weil flankierende Politiken der Innovationsförderung, Qualifizierung und Arbeitsstillegung an ihre beschäftigungspolitischen Grenzen gelangt sind und „auf absehbare Zeit eine Räumung des Arbeitsmarkts vor allem an seinem unteren Rand nicht sicherstellen können" (ebda.), wäre einer separaten, differenzierten Würdigung wert. An dieser Stelle sei nur darauf hingewiesen, dass es durchaus alternative Interpretationen der (Beschäftigungs-)Krise des deutschen Modells gibt, die z.B. gerade auf die systematischen Innovationsdefizite industrieller Produktion in Deutschland als Krisenursache verweisen. Vgl. zu diesem Strang der Diskussion u.a. Kern 1994: 33-37, Kern und Sabel 1994 oder Kern und Schumann 1998.
176 Auf diese Tendenz weist insbesondere Bispinck in seinen Beiträgen hin (vgl. Bispinck 1995a: 18-21, 1995b: 96, 1997b: 65).
177 Bzw., folgt man Streeck 2000a, ein hervorstechendes Merkmal des „Europäischen Sozialmodells" insgesamt.

mein auch Hensche 1997: 46-48, Höland et al. 2000b: 644) und so genannten betrieblichen Bündnissen für Arbeit andererseits ist symptomatisch für einen fortschreitenden „Umverteilungsschwund" (Mückenberger 1995: 31) in der deutschen Tarifpolitik. Nicht mehr das aus der Konfliktkooperation der Interessenverbände von Kapital und Arbeit resultierende Umverteilungspotential, das den materiellen Spielraum für die Angleichung arbeitspolitischer Standards zwischen Branchen und Betrieben[178] bot (vgl. Streeck 2000a), steht im Mittelpunkt des sozialpartnerschaftlichen Arrangements, sondern dieses kreist in zunehmendem Maße um betriebliche „Wettbewerbsgemeinschaften" (Streeck 2000b: 17), deren Umverteilungsradien deutlich enger gezogen sind und immer häufiger „entlang der Grenzen des Unternehmens oder sogar des Standortes" (Rehder 2000: 15) verlaufen. Es kommt auf diese Weise zu einer *Schrumpfung des Bezugsrahmens tarifpolitischer Egalitätsstandards*: „the groups of workers who are 'equal' become smaller and the notion of equality itself is undergoing a fundamental change" (Hassel und Rehder 2000: 27).[179]

Versucht man auf der Grundlage des bislang Gesagten den Wandel des deutschen Modells der Arbeitsbeziehungen zusammenfassend zu charakterisieren, so ist auf die „eigentümliche Mischung aus Beharrung und Veränderung" (Bispinck 1995b: 76) desselben zu verweisen: Die Sozialpartnerschaft in Deutschland ist „stabil und fragil zugleich" (ebda.: 95). Das oberste Gebot ihrer wissenschaftlichen Analyse liegt somit auf der Hand – nämlich „to be clear on what has and has not changed" (Thelen 1991: 176). Auf den *ersten* Blick sticht ins Auge, dass das System institutionalisierter Arbeitgeber-Arbeitnehmer-Beziehungen zur Regulierung der Arbeits- und Beschäftigungsbedingungen im Beobachtungszeitraum „rein äußerlich bemerkenswert stabil geblieben ist (v.a. im Vergleich zu anderen Ländern)" (Schnabel 1995: 67). Der andernorts zu konstatierende politische Frontalangriff auf Arbeitnehmerrechte und Gewerkschaften blieb aus, die grundgesetzlich geschützte Institution der Tarifautonomie

---

178 „Zur Blütezeit des 'Modells Deutschland' streikten Daimler-Beschäftigte für die Abschaffung von Niedriglohngruppen, die es in diesem Unternehmen überhaupt nicht mehr gab. Sie taten es aus Solidarität für [sic] die schlechter organisierten Arbeitnehmer in Klein- und Mittelbetrieben." (Czada 1998: 52)

179 Vgl. in diesem Sinne auch Streeck (2000a: 252-258), dessen für die europäischen Wohlfahrtsstaaten des ausgehenden 20. und beginnenden 21. Jahrhunderts konstatierter Übergang von der protektiven Umverteilungssolidarität zur produktivistischen Wettbewerbssolidarität sich gleichermaßen in Gleichheitsbegriffen fassen lässt: als Wechsel von einer *Solidarität der Angleichung* zu einer (in Durkheims Terminologie: mechanischen) *Solidarität der Gleichen*.

wurde von keiner Seite in Frage gestellt, der Geist kollektiv-verhandlungsförmiger Konfliktregelung blieb lebendig, die Systematik branchenbezogener Verbandstarifverträge mit partieller Leitfunktion des Metallsektors wurde nicht durchbrochen. Ein *zweiter* Blick auf dieses Arrangement zeigt allerdings, dass es „innerhalb des Systems Verschiebungen der Prioritäten und Gewichte gegeben hat" (ebda.), und zwar in Richtung auf flexible, von den Betriebsparteien auszugestaltende Rahmentarifvereinbarungen. „On certain key issues, those agreements no longer provide either specific stipulations or binding minima; rather, they define parameters for plant-level bargaining" (Katz 1993: 8). Mit dem schleichenden Bedeutungsverlust der verbandlichen und dem komplementären Bedeutungsgewinn der betrieblichen Regulierungsebene verflüchtigten sich jedoch zusehends die „sozialen" Effekte des Kollektivverhandlungssystems, die wesentlich in der zwischenbetrieblichen Angleichung der Arbeitsbedingungen und im Schutz vor arbeitnehmerseitigem Unterbietungswettbewerb bestehen. Mit Wolfgang Streeck lässt sich daher diagnostizieren, „daß die Institutionen, die die für Nachkriegsdeutschland charakteristische sozial ausgeglichene und ausgleichende Kooperation zwischen Kapital und Arbeit getragen haben und tragen, heute zunehmend *weniger universell und universalistisch* [...] geworden sind und weiter werden" (Streeck 2000b: 11). Auch das System der Sozialpartnerschaft bewegt sich also, was seine materialen Regelungsgehalte angeht (und ganz ähnlich wie dies bereits für das System der Sozialversicherung konstatiert wurde), Schritt für Schritt zurück auf seinem Weg in die Zukunft.[180]

Insofern lässt sich festhalten, dass die Entwicklung der Arbeitgeber-Arbeitnehmer-Koordination im deutschen Sozialmodell differenzierter Kategorien der Beschreibung bedarf – Kategorien des Wandels in der *Form* und in der *Substanz*, die es ermöglichen, die jüngere Geschichte der Sozialpartnerschaft in der Bundesrepublik (wie zuvor schon die der Sozialversicherung; vgl. Kapitel

---

180 Die stetige Ausweitung und zunehmende Normalisierung betrieblicher Beschäftigungsbündnisse weist in dieselbe Richtung einer Schrumpfung der Solidaritätshorizonte – und womöglich einer neuen Tendenz zur *Angleichung „nach unten"*: „In dem Maße, wie sich BBWs [Bündnisse für Beschäftigung und Wettbewerbsstärkung, S.L.] ausbreiten und auch in prosperierenden Betrieben Anwendung finden, verlieren sie ihren Ausnahmecharakter, der ursprünglich für existenz- und beschäftigungsbedrohende Krisensituationen gedacht war. BBWs drohen zu einer neuen regelungspolitischen 'Normalität' zu werden. Damit verlagern sich nicht nur immer mehr tarifliche Gestaltungselemente auf die betriebliche Aushandlungsebene und tarifliche Standards geraten zu bloßen Orientierungswerten. Die wettbewerbsbeeinflussende Wirkung von BBWs läßt [außerdem] einen Sog entstehen, der betriebliche Abstinenz schwer macht." (Mauer und Seifert 2001: 499)

5.2.4.) als eine Geschichte der *Formwahrung* bei schleichender *Substanzveränderung* zu rekonstruieren. Unterscheidet man zwischen Form und Substanz des arbeitspolitischen Regulierungsarrangements im deutschen Sozialmodell, so zeichnet sich dieses gewissermaßen durch seine *mobile Stabilität*[181] aus: „whereas the institutional setting has remained stable, the functions and effects of the German wage bargaining system have changed" (Hassel und Rehder 2000: 1).[182] Die Tarifparteien haben dem wirtschaftlichen Strukturwandel und veränderten sozioökonomischen Rahmenbedingungen – in erster Linie den Veränderungen von Firmenstrukturen, industriellen Produktionsprozessen und betrieblicher Arbeitsorganisation, in zweiter Instanz auch der Diversifizierung von Arbeitnehmerinteressen und der hohen strukturellen Arbeitslosigkeit[183] – Rechnung getragen, indem sie *innerhalb* der etablierten Verhandlungs- und Kompromissstrukturen des dualen Systems die Verlagerung der primären arbeitspolitischen Regelungskompetenz auf die Betriebsebene und damit die Aufwertung der betrieblichen Arbeitsbeziehungen betrieben (vgl. Thelen 1991: 178; Locke und Thelen 1995: 348; Müller-Jentsch 1995: 20). So graduell und allmählich dieser Prozess – beginnend mit den Tarifvereinbarungen zur Arbeitszeitverkürzung Mitte der 1980er Jahre – vonstatten ging und so zutreffend es ist, angesichts der Oberflächenstabilität des dualen Systems von einer Tendenz im Verborgenen (vgl. Schnabel 1995: 69), von einem „schleichenden Umbau" (Bahnmüller 2000: 20; ähnlich schon früh Streeck 1984: 305f.), zu sprechen, so real war die vollzogene Anpassungsleistung – und so kontrafaktischer Natur ist die gebetsmühlenartig wiederholte Rede von der Unangepasstheit des Tarifsystems bzw. der vermeintlichen Anpassungsverweigerung seiner Akteure.

„Die Frage, ob Regelungskompetenz auf die betriebliche Ebene verschoben werden soll oder nicht, ist [...] im Grundsatz längst nicht mehr offen. Sie wurde schon im Jahre 1984 durch die Kompromißformel: Arbeitszeitverkürzung gegen Flexibilisierung und erhöhte betriebliche Gestaltungsfreiheit entschieden. Es ist auch nicht anzunehmen, daß dieser Prozeß der Dezentra-

---

181 Bzw., wollte man Bezug nehmen auf die öffentliche Fundamentalkritik am vermeintlich starren Flächentarifvertragswesen, eben durch seinen „dynamischen Immobilismus"; vgl. hierzu das abschließende Kapitel 6.

182 „Within the framework of centralized collective bargaining institutions, there has been a profound transformation of the regulation of working conditions in the German system of industrial relations." (Hassel und Rehder 2000: 4) Von „important changes within still stable formal institutions" spricht auch Thelen 2001: 82.

183 Selbst überzeugte Verfechter einer Ausweitung tariflicher Öffnungsklauseln wie Fitzenberger und Franz (vgl. 1999: 27) schätzen deren Beschäftigungswirksamkeit allerdings als äußerst gering ein; vgl. dazu auch Rosdücher 1997.

lisierung und Verbetrieblichung angesichts der [...] machtpolitischen Verhältnisse in absehbarer Zeit aufgehalten oder gar umgekehrt werden könnte." (Bahnmüller und Bispinck 1995: 145)

Wir stehen somit vor einem – vermutlich dauerhaften – Gestaltwandel der deutschen Sozialpartnerschaft *von der Standardisierungs- zur Flexibilisierungskooperation*. Die verbandlichen Akteure werten diese Wandlungsfähigkeit zuallererst – und nicht zu Unrecht – als Stabilitätsbeweis der Institution selbst.[184] Doch im Windschatten der Kontinuität des sozialpartnerschaftlichen „Paradigmas" – und durch diese Kontinuität vermittelt – kündigt sich ein Wandel in der Regulierungsfunktion der Sozialpartnerschaft an. Die aufgrund veränderter Rahmenbedingungen und zum Zwecke der Akzeptanzsicherung vollzogene Flexibilisierung des Tarifverhandlungssystems geht mit der Abkehr von zu Zeiten des „golden age" institutionalisierten Prinzipien arbeitspolitischer Regulierung einher. Die Vereinheitlichungsprogrammatik und der Unabdingbarkeitsgrundsatz der bisherigen Tarifpolitik werden Zug um Zug durchbrochen – nicht zuletzt, um der beständigen Kritik am Instrument des Flächentarifvertrages Herr zu werden. Gerade dies aber erweist sich immer wieder neu als ein aussichtsloses Unterfangen, bietet doch selbst eine kollektivvertragliche Strategie der graduellen Aufweichung von Egalitätsstandards einer politischen Fundamentalkritik, die im Namen sozialer Gerechtigkeit die Legitimität kollektiver Regelungen *schlechthin* bestreitet, unverändert – und unausweichlich – substanzielle Angriffsflächen. Wie auch immer man aber diese Entwicklung bewerten mag: Im Ergebnis kommt es jedenfalls durch die Politik *regelkonformer Regelaufweichung* im deutschen Tarifsystem zu einer *Substanzveränderung ohne Stabilitätseinbußen*. Erst beide Tendenzen zusammengenommen – Stabilität *und* Veränderung, Kontinuität *und* Wandel – vermögen die tarifpolitische (und, wie gesehen, nicht nur die tarifpolitische) Realität des deutschen Sozialmodells in hinlänglicher Weise zu charakterisieren.

---

184 Zwei Einschätzungen verbandsnaher Autoren können diesbezüglich als durchaus repräsentativ gelten: Für Bahnmüller und Bispinck (1995: 169) ist in den vergangenen zehn Jahren „[d]ie Reformfähigkeit des dualen Systems der Interessenvertretung [...] unter Beweis gestellt worden, und diese Flexibilität hat die erstaunliche Stabilität des Gesamtsystems wesentlich gesichert". Schnabel (1995: 69) kommentiert die Tendenz zur Dezentralisierung der Arbeitsbeziehungen mit den Worten, dass „eine derartige Gewichtsverschiebung und Weiterentwicklung nicht unbedingt zu einer Verringerung der Stabilität des Gesamtsystems führen" müsse. Vgl. dazu auch Müller-Jentsch 1995: 23.

Kapitel 6
Dynamischer Immobilismus: Die Dialektik von Kontinuität und Wandel im deutschen Sozialmodell

> „Das wirkliche Verhältnis ist viel komplizierter, als es zunächst den Anschein hat."
>
> Troeltsch 1913: 31

Geschichte wiederholt sich doch. Alle Jahre wieder heißt es in Deutschland: „Es wird wieder 'geruckt'." (Blüm 2003: 22) „Reformstau" war das „Wort des Jahres" 1997? Dasselbe lässt sich für das Jahr 2002, in dem der Stillstand-Diskurs der späten Kohl-Ära unter rot-grünen Vorzeichen fröhliche Urständ feierte, nur deshalb nicht berichten, weil nach den Regularien der den Wettbewerb organisierenden „Gesellschaft für deutsche Sprache" eine Wiederwahl nicht möglich ist. Nichtsdestotrotz ist es frappierend, wie sich die Bilder von einst (vgl. Kapitel 1) und heute doch gleichen: Erneut ist es „The Economist", der mit seiner Diagnose deutscher Zustände – „sleepwalking into stagnation"[1] – den Tenor der Meinungsbildung in der deutschen Öffentlichkeit trefflich auf den Punkt bringt. Von der „deutschen Krankheit" und dem „deutschen Patienten" ist dort in Leitartikeln und Hintergrundberichten die Rede, von der „blockierten Republik" und von Deutschland als „einig Stillstandland", von der „deutschen Ideologie" des „Immer-so-weiter" – von einer „barrikadierte[n] Gesellschaft [...], die fast jede Modernisierung verhindert, fast jede Bewegung erstickt".[2] Doch damit nicht genug: Erneut fällt auch diesmal der gesammelte sozialwissenschaftliche Sach-

---

1 Vgl. „An uncertain giant", The Economist vom 7.12.2002: 3f. (hier: 4).
2 Vgl. – der Reihe nach – DER SPIEGEL Nr. 6 vom 4.2.2002: 82-90; DIE ZEIT Nr. 2 vom 3.1.2002: 1; DER SPIEGEL Nr. 39 vom 23.9.2002: 20-33; DIE ZEIT Nr. 5 vom 24.1.2002: 1; DIE ZEIT Nr. 11 vom 7.3.2002: 3; schließlich erneut DIE ZEIT Nr. 5 vom 24.1.2002: 1.

verstand in den medialen Abgesang auf das deutsche Modell mit ein. Fritz W. Scharpf (2002) beklagt die „gefesselte Republik", Ralf Dahrendorf (2002) fordert folgerichtig: „Gulliver muss entfesselt werden". Konservative Mahner hingegen gehen in ihrem skurrilen Alarmismus noch einen Schritt weiter: Meinhard Miegel (2002) psychoanalysiert Deutschland gar als eine „deformierte Gesellschaft", während Arnulf Baring (2002), für den das Vaterland „chronisch krank" und „auf dem Weg in eine 'DDR light'" ist, mit dem Mut der Verzweiflung eine vorrevolutionäre Stimmung beschwört und sich in später Widerstandsattitüde gefällt: „Bürger, auf die Barrikaden!"

Doch verlassen wir rasch die schwindelnden Höhen publizistischer Psychosen und begeben wir uns stattdessen zurück auf den sicheren Boden wissenschaftlicher Diagnose. In einem lesenswerten Essay kritisierte hier unlängst Klaus Naumann einen – wenn man so will – deutschen Immobilismus zweiter Ordnung: den unerschütterlichen „Stabilitätsglauben" der (älteren wie jüngeren) deutschen Zeithistoriker, ihr generationenübergreifendes „Institutionenvertrauen" und ihre selbstverordnete „Verblüffungsresistenz" (Naumann 2000: 59; vgl. auch ders. 2001). Intellektuell den Konstitutionsbedingungen des westdeutschen „Ancien régime" verhaftet, setzten sie alles daran, noch die gesellschaftspolitische Entwicklung der 1990er Jahre in all ihrer Krisenhaftigkeit der klassisch-bundesdeutschen „Modernisierungserzählung" (Naumann 2000: 65) zu unterwerfen.[3] Glaube man ihnen, dann gehe es mit dem großen und ganzen Deutschland im Großen und Ganzen – „wie hat sich nicht alles zum Guten gefügt!" (Ross 1999: 10) – alles weiter wie bisher. Anders aber als eine kontinuitätsfixierte Zeitgeschichtsschreibung, die sich erfolgreich „gegen die Problematisierung von Verschleiß und Erosion einer alternden Ordnung immunisiert" (Naumann 2000: 65) habe, dies wahrhaben wolle, stehe die „alte" Gesellschaft tatsächlich – so Naumann – vor dramatischen Herausforderungen: „Neue Akteure kündigen den alten Sozialvertrag, gesellschaftliche Konventionen laufen leer, Normen verlieren ihre Gültigkeit." (ebda.: 66) Die Geschichte des deutschen Sozialmodells nach der Vereinigung lasse sich deshalb nicht nach Art eines Fortsetzungsromans schreiben, sondern müsse als Gesellschaftsdrama geschildert werden, das den realitätstüchtigen Beobachter vor die Frage stelle: „Wird das Stück zur Hängepartie ausbleibender Verwandlungen oder treibt die Lösung des dramatischen Knotens auf einen Wandel des Gesellschaftsmodells zu?" (ebda.)

Die beiden soeben präsentierten Fallstudien zur institutionellen Rekonfiguration des deutschen Sozialmodells in den 1980er und 90er Jahren lassen sich lesen

---

3 Vgl. zum Kontext der Argumentation Naumanns auch Schildt 1999a, b.

als *Materialien zur Kritik* nicht nur von schlichten Stillstandsdiagnosen und konventionellen Kontinuitätserzählungen, sondern auch zur Kritik *einer falsch gestellten Frage*: eben der Frage Naumanns nämlich nach ausbleibenden *oder* eintretenden Verwandlungen, nach Stabilität *oder* Wandel des Gesellschaftsmodells. Nicht dies ist – so die hier zu vertretende Behauptung – die realitätsadäquate und analytisch weiterführende Fragestellung, sondern vielmehr jene nach Form und Richtung, Gestalt und Dynamik des Wandels, und insbesondere: nach der spezifischen Art der *Verschränkung* von Stabilität und Wandel. Nicht *ob* die deutsche Gesellschaft sich bewegt, nicht *ob* die zentralen Institutionen des deutschen Sozialmodells auf die neuen Herausforderungen mit Anpassungsbewegungen reagieren, sondern *wie* sie dies tun und getan haben, und mit welchen gesellschaftlichen Konsequenzen: *dies* ist die entscheidende Frage, die eine auf Gegenwartsdiagnose bedachte soziologische Analyse zu beantworten hat.

Die bloße Entgegensetzung von Kontinuität oder Wandel, von politischen „Hängepartien" und platzenden „Knoten", greift dagegen analytisch zu kurz. Das deutsche Sozialmodell befindet sich in der Tat inmitten eines Prozesses dramatischen Wandels – eines Wandels, der sich freilich (erstens) nicht erst seit der Wiedervereinigung und (zweitens) eben im Rahmen vielfältiger institutioneller Kontinuitätsverbürgungen vollzieht. In diesem Gesellschaftsdrama sind die Hauptdarsteller nicht etwa – wie es bei Naumann heißt – neue Akteure, die den alten Sozialvertrag kündigen, sondern vielmehr alte Bekannte, welche die allgemeinen Geschäftsbedingungen ökonomischen Austausches, gesellschaftlicher Unterstützung und politischer Kooperation reformulieren. Und das Stück dreht sich weniger um leerlaufende gesellschaftliche Konventionen und ihre Gültigkeit verlierende Normen (um nochmals Naumann zu paraphrasieren), sondern umgekehrt um tradierte Leitbilder gesellschaftlicher Ordnung und sozialen Handelns, in deren Geiste jene Akteure dem deutschen Sozialmodell – langsam, aber sicher – ein neues Gesicht zu geben im Begriffe sind. Diese Interpretation der Ereignisse und Entwicklungen soll im Folgenden, zum Abschluss der Untersuchung, näher erläutert werden. Es stimmt schon: „Reden wir endlich vom Ende!" (Naumann 2001) – vom Ende des deutschen Sozialmodells, wie wir es kannten, und von der Geburt eines „neuen" Sozialmodells *aus dem Geiste der Kontinuität*.

6.1. Rekonfigurationen im deutschen Sozialmodell: Eine Zusammenschau

Die Entwicklung im Bereich der sozialen Sicherung und der industriellen Beziehungen im Jahrzehnt vor und nach der Vereinigung bedient prima facie das Stereotyp des „deutschen Modells" als eines hyperstabilen, allen Anfechtungen und Umweltveränderungen stoisch trotzenden Systems arbeits- und sozialpolitischer Regulierung. War die Bundesrepublik schon über die gesamte Nachkriegszeit hinweg im internationalen Vergleich ein sozialpolitischer „high spender" (vgl. Bonoli 1997) gewesen, so festigte sie diese Position noch in den 1990er Jahren und etablierte sich auf diesem Feld als schärfster Konkurrent der skandinavischen Hochleistungswohlfahrtsstaaten.[4] Vor allen Dingen aber erweiterte Deutschland sein soziales Sicherungssystem noch 1994 um eine zusätzliche, fünfte Sozialversicherungssäule – zu einer Zeit, als alle Welt bereits seit längerem von „welfare retrenchment" (vgl. Pierson 1994) nicht nur redete, sondern auch entsprechend zu handeln begonnen hatte (vgl. Tálos und Falkner 1994; Daly 1997).[5] Was die Arbeitsbeziehungen anging, war die Bundesrepublik in den 1980er und 90er Jahren insofern ein Sonderfall, als hier das Tarifverhandlungssystem dem überall zunehmenden Dezentralisierungsdruck standhalten konnte und die formale Struktur branchenbezogener Verbandstarifverträge erhalten blieb (vgl. Katz 1993; Traxler 1997; Burgess 1997). Mehr noch: Die Bundesrepublik galt auswärtigen Beobachtern als das Land, in dem „labor has scored some significant gains (such as reduction of working hours) even under currently difficult political and economic conditions" (Thelen 1991: 1f.), und wo die hier beheimatete „mächtigste Einzelgewerkschaft der Welt" bis zuletzt in der Lage war, politische Angriffe auf soziale Besitzstände nachdrücklich abzuwehren.[6]

---

4   Praktisch gleichauf mit Frankreich lag Deutschland 1995, an den jeweiligen Sozialleistungsquoten gemessen, im OECD-Vergleich nur noch hinter Schweden, Dänemark und Finnland (vgl. Leibfried und Wagschal 2000: 11f.). Der weitere Anstieg der Sozialausgaben war weitgehend dem sozialpolitischen Engagement in den neuen Bundesländern geschuldet, wo die Sozialleistungsquote in den 1990er Jahren „Weltrekordniveau" (ebda.: 12) erreichte.

5   Selbst im Lichte der – gleichsam antizyklisch zur allgemeinen Rückbautendenz – international feststellbaren Expansionsbewegung im Bereich öffentlicher Pflegeleistungen war die deutsche Entscheidung „to elevate need for care to the status of social insurance risk" (Daly 1997: 141) eine sozialpolitische Besonderheit.

6   Man denke etwa an die politischen Auseinandersetzungen um die Lohnfortzahlung im Krankheitsfall und das tarifpolitische Nachspiel derselben 1996/97.

Ein genauerer Blick auf die Entwicklungstendenzen in beiden Bereichen zeigt jedoch, dass der stabile institutionelle Rahmen des Sozialversicherungs- und Tarifvertragssystems nicht über die Veränderungen hinwegtäuschen sollte, die sich seit geraumer Zeit, und verstärkt in den 1990er Jahren, *innerhalb* dieses Rahmens vollziehen. Ungeachtet der Strukturkontinuität beider Systeme lassen sich Lern-, Anpassungs- und Wandlungsprozesse konstatieren, in denen die Institutionen der Sozialversicherung und der Sozialpartnerschaft zu *Instrumenten ihrer evolutionären Selbsttransformation* geworden sind. Auf je unterschiedliche Weise zeigen die beiden untersuchten Fälle, dass (und wie) „eine alte Institution sich in neue Gestalten verwandeln kann" (Dahrendorf 1965: 339f.) – in Zeiten „permanenter Austerität", in denen die öffentlichen Hände ebenso verzweifelt um ihre Haushalte wie private Unternehmen um ihre Gewinnmargen ringen.[7]

Was das System sozialer Sicherung (vgl. Kapitel 5.2.) angeht, so standen die politischen Akteure der Bundesrepublik vor wie nach dem epochalen Jahr 1989 in Treue fest zum Prinzip sozialversicherungsförmigen Bedarfsausgleichs. Mehr noch: Der Geltungsbereich des Sozialversicherungsprinzips wurde Mitte der 1990er Jahre sogar um ein weiteres soziales Risiko, jenes der Pflegebedürftigkeit, erweitert. Mit der Ausdehnung – bzw. Überdehnung – kam allerdings auch der Wandel: Das inhärente Flexibilitätspotenzial des Sozialversicherungsmodells wurde für ein ganzes Bündel institutioneller Innovationen genutzt, die gleich in mehrfacher Hinsicht mit der traditionellen Sozialversicherungslogik brachen. Im Klima der „Standortdebatte" und unter hinhaltendem Widerstand der Arbeitgeber bzw. arbeitgebernaher Akteure eingeführt, kann die Pflegeversicherung in ihrer konkreten Ausgestaltung als erfolgreicher Versuch gewertet werden, dem Kostensenkungsparadigma auf strukturkonforme, systemimmanente Weise Geltung zu verschaffen. Deutschland hat auf diese Weise in den 1980er und 1990er Jahren seinen Ruf als „Sozialversicherungsstaat" (vgl. Riedmüller und Olk 1994) bestätigt und zuletzt sogar zementiert: einmal Sozialversicherungsstaat, immer Sozialversicherungsstaat. Und doch hat sich der Charakter desselben unterderhand grundlegend gewandelt. Mit der Pflegeversicherung sind die Grenzen des kollektiven Bedarfsausgleichs enger gezogen worden, hat eine Kontraktion des durch die Sozialversicherung abgesteckten gesellschaftlichen Solidaritätsraumes stattgefunden. Der Übergang von der Logik der Bedarfsdeckung zu einer Logik

---

7 Paul Pierson, von dem der Ausdruck der „permanent austerity" entliehen ist, paraphrasiert in diesem Zusammenhang die „klassische" Formulierung Esping-Andersens (1990: 21), wonach beim Aufbau des Wohlfahrtsstaates um gesellschaftspolitische Prinzipien und nicht um „spending *per se*" gekämpft worden sei, ironisch für die Gegenwart: „In the current climate, however, people do fight against spending per se." (Pierson 2001b: 423)

der Grundversorgung stellt eine Umkehr in der Geschichte des deutschen Sozialstaates dar, die durch das Festhalten an der bewährten Form und der legitimationsträchtigen Semantik der Sozialversicherung nicht nur überdeckt wurde, sondern vor allen Dingen dadurch überhaupt erst möglich geworden ist. Mit der Konzipierung der Pflegeversicherung als nach individuellem Vermögen aufzustockender „Grundbeitrag zur Risikoabsicherung" (Evers 1995: 23) ist die erste – historisch letzte – Säule des Systems gehobener Sicherungsansprüche namens Sozialversicherung auf das (gute alte) Prinzip der Basissicherung umgepolt worden.[8] Entsprechende Umbauten der anderen Sozialversicherungszweige sind bereits erfolgt (vgl. Ostner et al. 2001) und werden – *diese* Prognose darf man wohl wagen – auch weiterhin erfolgen.

Auch im Bereich der Arbeitsbeziehungen (vgl. Kapitel 5.3.) haben die Akteure der Sozialpartnerschaft über den gesamten Beobachtungszeitraum hinweg dem Prinzip kooperativer Konfliktregelung die Treue gehalten. Sie folgten den „bewährten" Regeln und Routinen der Sozialpartnerschaft – doch nicht auf geistlos-eingefahrene Weise, sondern in flexibler und kreativer Form: Davon kündete schon die arbeitszeitpolitische Kompromissstruktur der 1980er Jahre, und diesem Bild entsprach auch die Politik regelkonformer Regelaufweichungen in den 90ern. Das Ziel der Arbeitgeberseite, das Beschäftigungssystem als (betriebs-) individuell gestaltbaren Parameter unternehmerischer Wettbewerbsstrategie wiederzugewinnen, wurde im Rahmen des „alten" Tarifsystems verfolgt: mit arbeitszeitpolitischen Rahmenvereinbarungen, betrieblichen Beschäftigungsbündnissen und tariflichen Öffnungsklauseln, die als systemkompatible Instrumente dieser neuen Strategie nach und nach Eingang in die bundesdeutsche Tarifpolitik fanden. Deutschland ist somit auch in den 1980er und 90er Jahren ein „social partnership capitalism" (vgl. Turner 1997a) geblieben, der im Zuge des Vereinigungsprozesses sogar noch ausgedehnt – bzw. auch hier: überdehnt – wurde. Nicht die „leitbildgerechte", geregelte Konfliktordnung zwischen Kapital und Arbeit, nicht die Strukturen verbandlicher Arbeitgeber-Arbeitnehmer-Koordination *als solche* sind – auch nicht im wiedervereinigten Deutschland der „Globalisierungs"-Ära – in Frage und zur Disposition gestellt worden. Doch der Kooperationsbereich und der Wirkungsradius verbandlicher Tarifpolitik sind zusehends zusammengeschrumpft, der Tarifvertrag entwickelte sich tendenziell

---

8 Die Politik der Lebensstandardsicherung ist eine „Erfindung" der Nachkriegszeit, symbolisiert in der „Großen Rentenreform" von 1957. Insofern ist der Fluchtpunkt der gegenwärtig zu beobachtenden Neuausrichtung der Sozialversicherungspolitik weniger eine „postsozialstaatliche Konstruktion" (Kreutz 2002: 468) als vielmehr die Konstruktion des deutschen Sozialstaates vor der „Adenauerschen" Sozialreform der 1950er Jahre.

zu „einem subsidiären Regelwerk" (Bispinck und Schulten 1998: 248) betrieblicher Kooperationsbeziehungen, und die Koordinationsleistungen zwischen Tarif- und Betriebsparteien sind zunehmend problematisch geworden. Die Institution der Sozialpartnerschaft befindet sich inmitten eines Prozesses der Dezentrierung, im Zuge dessen sich der Charakter und die Qualität sozialpartnerschaftlicher Konfliktregulierung verändern: weg von der standardisierenden Branchensolidarität, hin zu einem flexibilitätsorientierten Betriebskorporatismus, welcher der in der Nachkriegszeit sozialpartnerschaftlich verfolgten „Unitarisierungsstrategie" (Lehmbruch 2003: 282) zuwiderläuft. Somit ist auch in diesem Fall „einer der Pfeiler, auf denen der 'mittlere Weg' errichtet wurde" (Schmidt 2000b: 504), erfolgreich umgestaltet worden – und zwar auf dem Wege einer „konzertierte[n] Aktion zur kontrollierten Aushöhlung des Tarifwesens" (Greffrath 1996: 1).

Letzteres verweist auf die generalisierenden Schlussfolgerungen, die sich aus der Zusammenschau der arbeits- und sozialpolitischen Entwicklungstendenzen der jüngeren Vergangenheit ziehen lassen: Die Veränderungen im deutschen Sozialmodell werden *leitbildgetreu* vollzogen, nach der charakteristischen Methode des „ja – aber" – und insofern auf „typisch deutsche" Weise (vgl. Kapitel 4.8.). Die Bilder gleichen sich: Das System der Arbeitgeber-Arbeitnehmer-Koordination wird „von unten" (Esser 1998: 129), das System solidarischer Unterstützungsbeziehungen „von innen" (Rothgang 1994: 184) her umgepolt. Die Abkehr von der unitarisierenden Tarifpolitik erfolgt in Deutschland gemäß den Regularien sozialpartnerschaftlicher Konfliktbewältigung, der Rückbau statussichernder Sozialpolitik wird im institutionellen Rahmen versicherungsförmigen Bedarfsausgleichs organisiert.[9] Der gemeinsame Nenner dieser Rekonfigurationen besteht in der *Restrukturierung sozialer Beziehungen* im Sinne einer *Politik der gesellschaftlichen Risikoumverteilung bzw. Solidaritätsschrumpfung*. In beiden hier untersuchten Fällen, im Sozialversicherungs- wie auch im Kollektivvertragssystem – beides Institutionen, die durchaus „keinen marginalen, sondern einen zentralen Lebensbereich annähernd aller Einwohner" (Stourzh 1986:

---

9 Schon Andrew Shonfield hatte im Zusammenhang mit der (pseudo-)keynesianischen Wende der westdeutschen Wirtschaftspolitik in den frühen 1960er Jahren ein ähnlich doppelbödiges Muster von „changing official attitudes, beneath the disguise of unchanging official slogans" (Shonfield 1965: 290), ausgemacht. – Man könnte im Übrigen gleich lautende Geschichten auch im Hinblick auf die anderen Basisinstitutionen des deutschen Sozialmodells erzählen: über die Modernisierung der Versorgerehe, die Flexibilisierung des föderalen Unitarismus oder den Wandel der „corporate governance"-Strukturen in der so genannten „Deutschland AG". Allein die Strukturen der Verhandlungsdemokratie bleiben in diesem Prozess unangetastet (vgl. dazu Kapitel 6.3.).

35) moderner demokratisch-kapitalistischer Gesellschaften regulieren – werden letztlich soziale Risiken entkollektiviert, gesellschaftliche Umverteilungsräume enger gezogen.

Dies ist eine Tendenz, die sich in vielen, wenn nicht gar in allen europäischen Wohlfahrtsstaaten feststellen lässt (vgl. Streeck 2000a; Lessenich 1999a). Das Spezifikum des *deutschen* Sozialmodells aber ist es, dass diese bedeutsame Umgestaltung gesellschaftlicher Beziehungsmuster hier, angesichts der bemerkenswerten Stabilität seiner Basisinstitutionen und der offensichtlichen Kontinuität sozialpartnerschaftlich bzw. sozialversicherungsstaatlich geprägter Handlungsstrategien seiner zentralen Akteure, gleichsam im Verborgenen geschieht. Die *Kontinuität* der institutionalisierten Sozialformen und ihrer institutionellen Repräsentationen muss also einem institutionell vermittelten *Wandel* gesellschaftlicher Austausch- und Unterstützungsbeziehungen keineswegs im Wege stehen – im Gegenteil. Weder stand die Persistenz von Formen und Idee kooperativer Regulierungspraxis im deutschen Modell der Arbeitsbeziehungen der allmählichen Entkollektivierung der Arbeitsbedingungen entgegen, noch die Fortschreibung der Idee sozialversicherungsförmigen Risikoausgleichs der gleichzeitigen Restrukturierung gesellschaftlicher Solidaritätsbezüge: Beides wurde vielmehr erst *durch* die institutionelle Stabilität von Sozialpartnerschaft und Sozialversicherung möglich. Im deutschen Sozialmodell gilt: „Change occurs within existing institutions rather than through their dismantling" (Katzenstein 1989: 329), „under the cover of the existing but functionally pre-empted institutional structure" (Streeck 1984: 306).[10] Statik und Dynamik des institutionellen Arrangements gehen hier Hand in Hand, sind wechselseitig aufeinander bezogen – „das eine impliziert das andere" (Adorno 1961: 228).[11] Der „Stillstandort" Deutschland beherbergt – wer hätte das gedacht – eine Gesellschaft im Übergang.

---

10 Angesichts dessen sieht sich Katzenstein (1989: 344) gar zu einer (auf den westdeutschen Fall beschränkten) Rehabilitation neo-marxistischer Krisentheoreme veranlasst: „West German neo-Marxists often point to the latent crisis of West German capitalism. To some extent this is the political credo of neo-Marxism everywhere. But in the case of West Germany, one might argue that neo-Marxists are correct in sensing movement and change underneath the secure institutional blanket that distinguishes West German politics."

11 Schelsky thematisiert dies im Anschluss an Gehlen unter dem Aspekt der strukturellen Entlastungsfunktion von Institutionen: „[S]olange ihre Leitideen leben, können die psychischen, biologischen, historischen, zweckrationalen Faktoren wechseln und ausgewechselt werden; das ist der sog. 'Funktionswandel der Institutionen', ein sekundäres Phänomen gegenüber ihrer primären Ideenbestimmtheit" (Schelsky 1970: 23). – Ein grundsätzlich ähnlich gelagertes, stärker intentionalistisch gefärbtes Argument findet sich auch bei Offe (1972: 97), der von „einer systematischen Nichtkongruenz zwischen den *Motiven*, die zum

6.2. Schleichwege aus der Pfadabhängigkeit: Ein Interpretationsangebot

Der Verweis auf die „typisch deutsche" Politik des „ja – aber" weckt Assoziationen mit jener These der „Pfadabhängigkeit" gesellschaftlicher Entwicklung, die seit geraumer Zeit Teil des Instrumentariums institutionalistischer Analyse in den Sozialwissenschaften und in den letzten Jahren auch (zumeist allerdings nicht unter dieser Bezeichnung) zum Allgemeingut gesellschaftspolitischer Debatten geworden ist (vgl. Kapitel 2.2. und 2.4.). Wird, wie zuletzt so häufig, die Unbeweglichkeit der deutschen Verhältnisse und ihrer politischen Protagonisten konstatiert, so darf der wahlweise entschuldigende oder anklagende, in jedem Fall aber den behaupteten gesellschaftlichen Immobilismus erklärende Hinweis auf den althergebrachten, gewohnten „deutschen Weg", auf den unüberwindbaren, allen Handelnden gleichsam zur zweiten Natur gewordenen *German way to do things*, nicht fehlen. „Nie wieder Wandel!", heißt es dann sinngemäß, sei zum offiziellen Credo deutscher Gesellschaftspolitik geworden – und Phänomene wie die Errichtung einer weiteren, fünften Säule des Sozialversicherungssystems oder die detailgetreue Übertragung der Institutionen der Sozialpartnerschaft auf die fünf neuen Länder (um nur die beiden für die vorliegende Untersuchung einschlägigen Beispiele zu nennen) werden damit, so scheint es, einerseits hinreichend verständlich und andererseits zum Ausweis der Kontinuität des deutschen Modells erklärt.

Gegen diese Deutung der jüngeren Vergangenheit des deutschen Sozialmodells soll hier für eine weniger deterministische, *zweideutigere Kontinuitätsthese* plädiert werden. Es geht um ein alternatives Deutungsmuster, das die einer simplen Kontinuitätsdiagnose zuwiderlaufenden empirischen Phänomene, z.B. die Restrukturierung ökonomischer Austausch- und gesellschaftlicher Unterstützungsbeziehungen im Zuge der beiden soeben erwähnten Prozesse, nicht gegen die offensichtliche institutionelle Strukturkonstanz des deutschen Sozialmodells (sprich: gegen den Fortbestand der institutionellen Rahmung dieser Austausch- und Unterstützungsbeziehungen) ausspielt, sondern *beiden* Sachverhalten gleichermaßen Rechnung trägt. Ein Deutungsmuster also, das die faktische Koinzidenz von institutioneller Strukturkonstanz *und* Strukturwandel gesellschaftlicher Beziehungen im deutschen Sozialmodell als Indiz der Möglichkeit einer

---

Zwecke der Konsensbildung politisch mobilisiert werden, und den *Funktionen* bzw. den auslösenden Funktionserfordernissen, deren Erfüllung die solchermaßen abgesicherte Politik dient", spricht.

pfadabhängigen Pfadabweichung begreift. Denn es ist schon richtig: „Vor deterministischen Untergangsszenarien [des deutschen Modells, S.L.] sei [...] gewarnt" (Bispinck und Schulten 1998: 248) – vor betriebsblinden Unveränderlichkeitsvisionen aber ebenso.

Beispiele für von der Pfadabhängigkeitsthese inspirierte, den gesellschaftlichen Strukturwandel entdramatisierende, bagatellisierende oder auch einfach nur ignorierende Kontinuitätserzählungen gibt es zuhauf, sei es nun mit Blick auf die Entwicklung des sozialen Sicherungssystems oder des Systems industrieller Beziehungen. Mit Bezug auf den deutschen Sozialstaat ist Gøsta Esping-Andersens Diktum von der „'frozen' welfare state landscape" (Esping-Andersen 1996a: 24) innerhalb kürzester Zeit zum geflügelten Wort und festen Bestandteil des sozialwissenschaftlichen Vorurteilsvorrats geworden. Eine Kumulation reformverhindernder Faktoren – „institutional legacies, inherited system characteristics, and the vested interests that these cultivate" (ebda.: 6) – sorge dafür, dass die deutsche Sozialpolitik unbeirrt in der Spur des paternalistischen, statusreproduzierenden, transferintensiven und dienstleistungsarmen Sozialversicherungsstaates bleibe, auf die sie einst durch Bismarcks Sozialreformen gesetzt worden sei. Die Ansicht, den deutschen Sozialstaat in seinem Lauf bringe „weder Ochs noch Esel" auf den Pfad der Reformtugend, wird aber keineswegs nur von wenig ortskundigen, weltweit operierenden Makrosoziologen vertreten. Auch in der deutschen Sozialpolitikforschung selbst gehören das Problem „der reduzierten Strukturreformfähigkeit hierzulande" (Schmidt 2000a: 165) und die Vorliebe des deutschen Sozialstaates für „'pfadtreue' Problemlösungen" (ebda.: 161) zum argumentativen Standardrepertoire. Die Überzeugung, dass dieser sich „mit großen Umbau- und Rückbauvorhaben [...] außerordentlich schwer" (ebda.: 162) tue, ist im Kollektivbewusstsein der Zunft fest verankert. Entsprechend wenig überraschend mutet es an, dass (auch) die Einführung der Pflegeversicherung reflexartig als „Zeugnis für die pfadabhängige Entwicklung" (Jochem 2001: 207) deutscher Sozialpolitik, „as another instance of 'path dependence' in welfare state development" (Götting et al. 1994: 306) interpretiert wurde. Die „hohe institutionelle Kontinuität des deutschen Sozialstaates in seinen tragenden Organisationsprinzipien" (Kohl 2000: 132) schien aufs Neue und Schönste bestätigt – die nachhaltigen Impulse institutioneller Innovation aber, die hier gesetzt wurden, blieben, mitsamt ihren gesellschaftsstrukturierenden Effekten, hinter dem Schleier der Kontinuität verborgen.

Ähnlich kontinuitätslastig bzw. „pfadfixiert" sind viele Interpretationen der Entwicklung des deutschen Systems der Arbeitsbeziehungen in den 1990er Jahren. So betont z.B. Müller-Jentsch die untrennbar an den Erhalt des vorhandenen institutionellen Arrangements gebundenen Interessen („vested interests") von Gewerkschaften, Arbeitgeberverbänden und Betriebsräten sowie deren impliziten Konsens, „nur durch intelligente Anpassungen des dualen Systems an die neuen Herausforderungen dessen Kontinuität sichern [zu] können" (Müller-Jentsch 1995: 23). Gesichert ist dadurch aber eben auch nur (und bestenfalls) *dessen* Kontinuität, die Kontinuität des dualen Systems als institutionelle Form, nicht jedoch die Fortdauer seiner bisherigen gesellschaftlichen Substanz – ein Aspekt, der bei Müller-Jentsch eindeutig in den Hintergrund rückt.[12] Expliziter noch am Fortbestand des bisherigen Instrumentariums geregelter Konfliktbewältigung orientiert ist Schroeders Analyse der Entwicklung der industriellen Beziehungen in den neuen Bundesländern:

„Aus der Perspektive pfadabhängiger Entwicklung ist es entscheidend, dass die Fähigkeit zu einer kooperativen Regulierungspraxis im sektoralen Mehrebenensystem besteht und die Verbände in einem arbeitsteiligen Aushandlungsprozess mit den betrieblichen Akteuren diesen Prozeß [sic] gestalten" (Schroeder 2000: 389).

Man muss schon eine solche, *im engeren Sinne* institutionenzentrierte Perspektive einnehmen, um von der materiellen Qualität und den substanziellen Effekten tarifpolitischer Regulierung abstrahieren und schlussfolgern zu können, das bundesdeutsche Modell sozialpartnerschaftlicher Arbeitsbeziehungen habe sich auch in der Transformation in Ostdeutschland erfolgreich behauptet (vgl. Schroeder 2000: 384-392). Eine Position, die unmissverständlicher noch von Turner vertreten wird, demzufolge das sozialpartnerschaftliche Arrangement erfolgreich nach Ostdeutschland transferiert worden ist. Immer wieder hebt er „the capacity for continuing negotiated problem solving" (Turner 1997a: 8) der ostdeutschen Akteure hervor und schließt daraus auf die Stabilität und Kontinuität der industriellen Beziehungen im Osten: „social partnership is alive and well in eastern Germany" (Turner 1997b: 131).

Doch nur wer die äußerst fragile Substanz der ostdeutschen Tarifrealität ausblendet und derart institutionalistisch verengte Erfolgskriterien anlegt, wird diese Einschätzung teilen können – statt die Übertragung der Strukturen des dualen Systems auf das Gebiet der ehemaligen DDR als einen Pyrrhus-Sieg

---

12 Interessanterweise setzt er in diesem Zusammenhang „die Traditionalisten im Gewerkschaftslager", die ihm zufolge „die Bemühungen um mehr Flexibilität als Generalangriff auf die kollektiven Regelungen denunzieren", in ihrer Feindschaft gegen „intelligente Anpassungen [...] an die neuen Herausforderungen" mit den „Marktradikalen auf Unternehmerseite" gleich, die „weiterhin die Fanfare der Deregulierung blasen" (Müller-Jentsch 1995: 23).

dieser Institution zu werten (vgl. in diesem Sinne Lehmbruch 2003: 282). Aus einer breiter angelegten, politisch-soziologischen Perspektive gesehen haben sich das Sozialpartnerschafts- wie das Sozialversicherungsparadigma hingegen gerade in ihrem und durch ihren (formalen) Erfolg erschöpft, ist die fortschreitende Erosion ihres materialen Gehalts zumindest *auch* die Folge einer je spezifischen Form der Überdehnung beider Institutionen. In beiden Fällen trug die Übertragung eines erprobten institutionellen Arrangements und seiner leitenden Ordnungsidee auf neuartige gesellschaftliche Problemzusammenhänge, die Ausweitung des sozialen Wirkungsraums der Institution, zur materialen Veränderung der institutionalisierten Muster sozialer Relationierung bei. So wurde in der Expansion des dualen Systems der Interessenvertretung nach Ostdeutschland die kollektivvertragliche Überformung der Unternehmer-Arbeitnehmer-Beziehung durch die faktische Delegation der arbeitspolitischen Regulierungsgewalt auf die Betriebsparteien unterlaufen und damit schrittweise ihres Mindeststandards setzenden Gehalts beraubt. Und mit der Inklusion von Pflegebedürftigen, also von Nicht-Erwerbspersonen, in das auf Lohnarbeitsrisiken zugeschnittene Geflecht sozialversicherungsförmig organisierter Unterstützungsbeziehungen wurde die Abwendung von institutionalisierten Prinzipien des solidarischen Bedarfsausgleichs vollzogen, die bis dahin allgemein als „soziale Errungenschaft" des erwerbs(bürger)bezogenen Sozialversicherungssystems der Nachkriegszeit anerkannt gewesen waren.[13]

Solch substanzieller Wandel in der sozialregulativen, beziehungsregulierenden Funktion von Institutionen muss Analysen aus dem Blick geraten, die hauptsächlich auf stabile institutionelle Formen und auf Kontinuitäten in der sozialnormativen, verhaltensorientierenden Funktion von Institutionen fixiert sind. Der Fortbestand der altbekannten, „typisch deutschen" Verfahrenssysteme sozialpartnerschaftlicher Konfliktregelung und sozialversicherungsförmigen Bedarfsausgleichs und ihrer symbolischen Repräsentationen sagt aber eben noch nichts über die – womöglich veränderten – gesellschaftlichen Regulierungseffekte dieser institutionellen Arrangements aus. Was daher not tut, ist eine differenziertere Sichtweise auf den Tatbestand „institutioneller Stabilität": eine Erweiterung der analytischen Perspektive, die Statik und Dynamik, Pfadabhängig-

---

13 An dieser Stelle sei nochmals darauf hingewiesen, dass beide Entwicklungen – die Aushöhlung von arbeitspolitischen Mindestnormen und der Rückbau sozialpolitischer Umverteilungsstandards – nicht erst in den 1990er Jahren einsetzen. Die Tarifpolitik in den neuen Bundesländern und die Einführung der Pflegeversicherung haben vielmehr Tendenzen verstärkt und beschleunigt, die sich – wie gezeigt – in die „Inkubationszeit" der 1980er Jahre zurückverfolgen lassen.

keit und Strukturwandel konzeptionell zusammen denkt. Als ein wichtiger Stichwortgeber in diesem Sinne kann Helmut Schelsky gelten (vgl. o., Kapitel 2.5.). Wenngleich seine Theorie der Institution selbst eindeutig dem Kontinuitätsparadigma verhaftet bleibt und den gesellschaftlichen Wert institutioneller Stabilitätsverbürgungen betont, so bildet seine grundsätzliche Offenheit für „die historische Dimension des Stabilitätsproblems, in der sich erst die eigentlich dynamischen Gesetzlichkeiten des stabilen oder unstabilen Institutionswandels offenbaren" (Schelsky 1949: 44), den zentralen konzeptionellen Ansatzpunkt für eine dynamische Institutionentheorie. In Schelskys Bild von modernen Institutionen als nur durch ihre kumulative Anreicherung und somit beständige Fortbildung stabile Synthesen gesellschaftlicher Bedürfniserfüllung nämlich sind *beide* Momente, Stabilität *und* Wandel, systematisch ineinander verschränkt und als prinzipiell *gemeinsam* sich realisierende Potenzialität institutioneller Entwicklung enthalten. Dieses Denkmuster gilt es aufzunehmen und dialektisch zu wenden, will man die jüngste Entwicklung des deutschen Sozialmodells, jenseits der gängigen Stabilitäts- und Immobilismusthesen, reinterpretieren: als Beispielfall einer *strukturkonservativen – formstabilen und ideentreuen – gesellschaftspolitischen Transformationsdynamik.*

Die im Rahmen der vorliegenden Untersuchung angebotene Reinterpretation[14] lässt sich in den folgenden fünf Argumentationsschritten zusammenfassen: (1) Die Basisinstitutionen des deutschen Modells zeichnen sich durch ihren *sozialen Kompromisscharakter* aus, durch eine Synthese von Gegensätzlichem, die der operativen Logik des „ja – aber" folgt. (2) Diese konstitutive Doppeldeutigkeit seiner Basisinstitutionen stellt eine *strukturelle Flexibilitätsressource* des Modells dar, das Einfallstor für seine unauffällige, „konservative Modernisierung". (3) Das in die Institutionen eingebaute Flexibilitätspotenzial wird (im doppelten Sinne des Wortes) wahrgenommen von *institutionellen Unternehmern*, die nach Maßgabe wechselnder politisch-ökonomischer Rahmenbedingungen und (darüber vermittelt) veränderter sozialer Machtverhältnisse Rekonfigurationen des Modells anstoßen bzw. selbst vornehmen. (4) Dieser *regulative Wandel* findet – so das zentrale Glied der Argumentationskette – unter Wahrung *symbolischer Kontinuität* statt, oder stärker noch: Die symbolische Repräsentation von institutioneller Stabilität öffnet einen legitimationsentlasteten und konfliktentladenen Möglichkeitsraum für die materiale Umgestaltung institutioneller Regulierungen. (5) Der hier als *dynamischer Immobilismus* bezeichnete, dialektische

---

14 „Not only is there a future history (yet) to tell, but the past is hardly as fixed as it (sometimes) seems." (Farr 1989: 39)

Modus der gesellschaftlich-politischen Reproduktion des deutschen Sozialmodells wird verdeckt durch politische Diskurse, in denen wahlweise – je nach Interesse – das Moment des Immobilismus oder aber jenes der Dynamik dramatisiert wird. Dass es diese Konstellation durch eine im wahrsten Sinne *politische* Soziologie zu überwinden gälte, wird Gegenstand eines kurzen Ausblicks zum Abschluss dieser Untersuchung sein (vgl. Kapitel 6.3.). Zuvor aber sollen die für die Politische *Soziologie* relevanten Erkenntnisse der hier präsentierten Analyse des deutschen Sozialmodells und seines Wandels in der Antwort auf die Frage gebündelt werden, inwiefern eben diese Analyse zu einer Dynamisierung des Pfadabhängigkeitstheorems beizutragen vermag.[15]

Die Beantwortung dieser Frage muss an der Figur des *„institutional entrepreneur"* ansetzen, der in der Lage ist, seine Einbettung in einen institutionellen Handlungsrahmen situativ zu überwinden (vgl. Beckert 1999; ausführlich Kapitel 2.4.). Mehr noch: Der „institutional entrepreneur" vermag das Wissen um diese Einbettung strategisch zum Zwecke der Überwindung von Handlungsbegrenzungen einzusetzen – in einem Akt der „mindful deviation" (vgl. Garud und Karnøe 2001) vom institutionell vorgezeichneten Handlungspfad. Die Prozesse des Wandels im deutschen Sozialmodell lassen die im eigentlichen Sinne *historisch*-institutionalistische Qualität solch „unternehmerischer" Handlungsmuster offenbar werden, und zwar in zweifacher Weise: in Form der symbolischen Anknüpfung an den überlieferten Ordnungssinn der Institution einerseits und in Gestalt des regulativen Rückgriffs auf die in der Institution bzw. in ihrer Geschichte enthaltenen Alternativen andererseits. Der Ausbruch aus der Einbettung kann somit durchaus „ausgetretenen Pfaden" (vgl. Borchert 1998) folgen, nämlich durch explizite Institutionentreue in der Orientierungsdimension und durch „entrepreneurial discovery of concealed, unacknowledged or surprising potentialities of the available institutional repertoire" (Crouch und Farrell 2002: 28) in der Regulierungsdimension.

Die ambivalente Konstruktionslogik der Basisinstitutionen des deutschen Modells bietet – das sollte hier gezeigt werden – einen geradezu idealen Anknüpfungspunkt für ein solches Muster institutionellen Unternehmertums. Als *integrative Kompromissinstitutionen*, die widersprüchliche Wertbezüge in sich aufnehmen und synthetisieren[16] und deren sinnstiftenden Leitbilder zu jedem Ord-

---

15 Vgl. zum Folgenden insbesondere die in eine ganz ähnliche Richtung weisenden Überlegungen bei Crouch 2003 bzw. Crouch und Farrell 2002.
16 Dies sollte allerdings nicht in entproblematisierender Weise gelesen werden. Es geht hier nicht um eine harmonisierende Interpretation wohlfahrtsstaatlicher „Kompromissinstitutionen" (vgl. etwa bei Rieger 1992a: 36-43). Immerhin bedarf es zur politischen Anerken-

nungsprinzip stets das einschränkende Gegenprinzip („ja – aber") enthalten, eröffnen sie kreativen institutionellen Akteuren die Möglichkeit, mit diesen konträren Elementen zu „spielen" (vgl. Crouch 2003: 86).[17] Veränderungen des institutionellen Arrangements stellen sich dann dementsprechend nicht als „Brüche" dar, sondern – wie gesehen – als *Rekonfigurationen* im Sinne der Rekombination (vgl. Stark 1995) der konträren Elemente, als neuartige Synthesen im Rahmen des vorhandenen institutionellen Repertoires. In den hier untersuchten Fällen manifestiert sich diese Rekonfiguration in Verschiebungen des institutionalisierten Gleichgewichts zwischen sozialem Ausgleich und (diesen begrenzender) individueller Eigenverantwortung bzw. zwischen branchenweiter Vereinheitlichung und betriebszentrierter Differenzierung (als deren Gegenpol). „Neu" sind dabei, gemessen an dem historisch erreichten status quo, die nun vorgenommenen Gewichtsverlagerungen in Richtung auf „mehr" Eigenverantwortung und „mehr" Differenzierung – nicht jedoch die Werte der „Eigenverantwortung" und „Differenzierung" *als solche*. Diese haben vielmehr, sowohl als in der institutionellen Selbstbeschreibung symbolisierte wie auch als in der institutionellen Entwicklung realisierte Ordnungsprinzipien, durchaus eine Eigengeschichte. Sie werden nunmehr „wiederentdeckt": als überkommene, gleichsam schlummernde, von der historischen (hier: Nachkriegs-)Entwicklung in dem jeweiligen institutionellen Feld verschüttete Gestaltungsalternativen.[18]

---

nung der Legitimität entgegengesetzter Interessenpositionen einer handlungsorientierenden – institutionell vermittelten – *Deutung* dieser Interessenlagen als jedenfalls nicht-antagonistische und somit institutionell kompatibilisierbare. Die *Durchsetzung* dieser Deutung wiederum ist aber erst Ergebnis eines vorgelagerten, für die Bildung von „Kompromissinstitutionen" notwendigen und notwendig machtbesetzten Prozesses (den Riegers Analyse ausblendet; vgl. auch ebda.: 46-50).

17 Geradezu idealtypisch formuliert findet sich diese „ja – aber"-Struktur sozialer Ordnungsdeutung in einem Text aus dem Referat „Gesellschaftspolitische Grundfragen" des (alten) Bundesarbeitsministeriums, das die „sozialpolitischen Leitbilder" der Bundesregierung resümiert: „Sozialpolitisches Handeln zeichnet sich aus durch eine Orientierung an gegensätzlichen Grundwerten und grundlegenden Ordnungselementen, [...] die sich einerseits wechselseitig bedingen, andererseits aber auch einander begrenzen. Genannt seien beispielsweise Freiheit und sozialer Ausgleich, Individualität und Solidarität, Solidarität und Eigenverantwortung, Leistungs- und Bedürfnisgerechtigkeit, Leistungsfähigkeit der Wirtschaft und soziale Sicherung, wirtschaftliche Freiheit und sozialer Friede, staatliche Zuständigkeit und Verantwortung der Einzelnen und Gruppen, Markt/Leistung und sozialer Ausgleich." (Hofmann und Grieswelle 2002: 33) Der Beitrag der beiden Ministerialen trägt konsequenterweise den Titel: „Konsequente Umsetzung der sozialpolitischen Leitbilder".

18 Bei Crouch und Farrell (2002: 7) werden diese „vergessenen" Elemente als „redundancies" bezeichnet.

Das deutsche Sozialmodell erweist sich somit als ideales Milieu für „*Mischstrategien*" regelgeleiteten und regelüberwindenden – oder, um die an die Kategorien Beckerts (1999: 785f.; vgl. Kapitel 2.4.) zu erinnern, „manageriellen" und „unternehmerischen" – Verhaltens von „embedded path creators" (Crouch und Farrell 2002: 30, im Anschluss an Garud und Karnøe 2001), also von institutionell eingebetteten und gleichwohl den Wandel des institutionellen Arrangements herbeiführenden Akteuren. Die Basisinstitutionen des deutschen Modells bieten ein Reizklima für Handlungsmuster sowohl eines wohlmeinenden, „konservativen" Unternehmertums wie auch eines subversiven, „progressiven" Managertums. Im ersten Fall handelt es sich um das von Albrecht Söllner (2000) beschriebene Handlungsmuster der „schmutzigen Hände" – um die Bereitschaft, legitimierte Pfade zu verlassen und sich „die Hände schmutzig" zu machen, um ein gegebenes Organisationsziel zu erreichen.[19] Die geltenden Regeln der Institution werden im Interesse „höherer" Ziele – zum Wohle der Institution selbst – gebrochen: Auf diese Formel lassen sich etwa, um nochmals an die hier untersuchten Fälle zu erinnern, das Handeln Norbert Blüms mit Bezug auf die Pflegeversicherung als Basissicherung oder der deutschen Gewerkschaften mit Blick auf die Öffnung des Flächentarifvertrags bringen. Beide Seiten nahmen Substanzveränderungen im Interesse der Sache in Kauf, nämlich der Ausweitung bzw. des Erhalts der Institutionen „Sozialversicherung" und „Sozialpartnerschaft". Der zweite Handlungstypus ließe sich spiegelbildlich – und erneut den deutschen Fall vor Augen – als Mechanismus der „sauberen Weste" rekonstruieren: Hier wird der Pfad ebenfalls verlassen, allerdings mit dem Ziel, die Konfiguration des herrschenden institutionellen Arrangements zu verändern und sich dabei gleichwohl „ein reines Hemd" zu bewahren. Die geltenden Regeln der Institution werden im Interesse veränderter Ziele – zur Umgestaltung der Institution – genutzt: Diese Formel umschreibt die Handlungsmuster beispielsweise der FDP im Fall der Pflegeversicherung oder der Arbeitgeberverbände im Falle des Flächentarifvertrages. Beide wussten sich jeweils die Regularien der „Sozialversicherung" bzw. der „Sozialpartnerschaft" zunutze zu machen, um die institutionalisierte Regulierung gesellschaftlicher Unterstützungs- und Austauschbeziehungen substanziell zu verändern. So oder so aber, ob nun im Falle der „unternehmerischen Manager" oder der „manageriellen Unternehmer", ob mit „schmutzigen Händen" oder „reiner Weste": *Beide* Male handelt es sich um eine aktive institutionelle Innovationstätigkeit, die auf ein Muster eingebetteter Pfadänderung im Sinne von „con-

---

[19] Söllner untersucht dieses Handlungsmuster am Beispiel der Koordination von Geschäftsbeziehungen zwischen Unternehmen.

sciousness of embeddedness and knowledge of when to use it and when to depart from it" (Crouch und Farrell 2002: 30) hinausläuft.[20] In beiden Fällen haben wir es insofern gewissermaßen mit Schleichwegen aus der Pfadabhängigkeit zu tun.

Von zentraler Bedeutung ist dabei jeweils – und damit komme ich zum Ende dieser Rekapitulation des analytischen Ertrags der Untersuchung –, dass die „institutional entrepreneurs" an den *institutionalisierten Ordnungssinn* der fraglichen Institution anzuschließen verstehen. Das Beispiel des deutschen Sozialmodells verweist nachdrücklich auf die Bedeutsamkeit verlässlicher *institutioneller Leitbilder*, im Sinne der für den jeweiligen Geltungsbereich einer Institution stabilisierten Vorstellungen gesellschaftlicher Ordnung, für eine Politik schleichenden Wandels. Den spezifischen Ordnungssinn repräsentierende Leitbilder unterliegen relativ hohen gesellschaftlichen Konsistenzanforderungen (vgl. Wiesenthal 2003: 65). Ist diesen aber genüge getan, dann spielen sie die Rolle institutioneller Kontinuitätsgaranten (vgl. Evers 1993: 359; Melville 1992: 21), jenseits derer – und durch die hindurch – sich Möglichkeiten gesellschaftlichen Wandels eröffnen.[21] Eine wirksame, leitbildbezogene „Kontinuitätssemantik" (Leisering 2000) von Institutionen vermag symbolisch das Alte zu bedienen und erlaubt es damit, „Neuerungen schrittweise zu prozessieren" (Luhmann 1980: 83f.) – faktisch also „die Umorientierung zu orientieren" (ebda.: 170)[22]. Die Leitbilder der Basisinstitutionen im deutschen Sozialmodell bieten diesbezüglich eine besonders günstige Gelegenheitsstruktur, weil in ihre Repräsentationen des Institutionellen immer schon das Gegenteil der jeweils realisierten ordnungspolitischen Gestaltungsoption mit eingelassen ist. Sie verleugnen nicht die in ihnen „spannungsreich verarbeiteten [...] konkurrierenden Sinnsetzungen und Ordnungsentwürfe" (Rehberg 1994: 68), sondern erheben die „Synthese von Widersprüchlichem" (ebda.) zu ihrem expliziten Prinzip: „ja – aber". Die Leitbilder geordneter Konkurrenz und geregelten Konflikts, begrenzten Ausgleichs

---

20 Bzw. genauer noch: „consciousness of embeddedness and knowledge of when to use it *in order* to depart from it".

21 Auf die Tatsache, dass diese institutionalisierten Ordnungsvorstellungen selbst nicht naturwüchsig entstehen, sondern ihrerseits Produkte menschlichen Handelns sind, ist in Kapitel 2.3.2. ausführlich hingewiesen worden. Vgl. dazu auch Berger und Luckmann (1969: 49-98, hier: 55): „Gesellschaftsordnung ist nicht Teil der 'Natur der Dinge' und kann nicht aus 'Naturgesetzen' abgeleitet werden. [...] Sowohl nach ihrer Genese (Gesellschaftsordnung ist das Resultat vergangenen menschlichen Tuns) als auch in ihrer Präsenz in jedem Augenblick (sie besteht nur und solange menschliche Aktivität nicht davon abläßt, sie zu produzieren) ist Gesellschaftsordnung als solche ein Produkt des Menschen."

22 „Praktisch gesehen dient dann die Herstellung von Kontinuität dem Diskontinuieren" (Luhmann 1980: 171f.).

und bedingter Unterstützung, bündischen Unitarismus' und kompetitiven Zentrismus' dienen gerade *in* und *wegen* ihrer offensiv zur Schau gestellten, konstitutiv unterbestimmten Kompromisshaftigkeit als Stabilitätschiffren mit ausgeprägtem Dynamisierungspotenzial. Sie lassen sich demgemäß – in Reformulierung einer Kategorie Helmut Schelskys[23] – als *stabile Dynamisierungsfaktoren* des deutschen Sozialmodells verstehen, als Vermittlungselemente institutioneller Kontinuität und gesellschaftlichen Wandels.[24]

6.3. Soziologie und Politik: Eine Grenzüberschreitung

Aus all dem können wir den Schluss ziehen, dass die in der öffentlichen Debatte gängigen Klagen über einen vermeintlich unüberwindbaren „Reformstau" ebenso wie allfällige Beschwörungen eines angeblich bevorstehenden „Modellwechsels", aus der Perspektive eines dynamisierten Institutionalismus gesehen, zu einfach gestrickt sind. Was vielmehr für die jüngere Vergangenheit konstatiert werden kann sind Rekonfigurationen im institutionellen Arrangement des deutschen Sozialmodells, die Verschiebungen in der relativen gesellschaftlichen Machtverteilung indizieren bzw. Ausdruck der seit den 1980er Jahren „veränderten Tauschverhältnisse zwischen Kapital, Arbeit und Staat" (Scharpf 1987: 335) sind. Insoweit gesellschaftliche Institutionen soziale Kompromissbildungen darstellen, ergibt sich daraus logischerweise auch „the possibility that the identity of dominant actors or parties to the compromise may change" (Crouch 2003: 85) – und damit die Eventualität entsprechender Versuche einer Umarbeitung der institutionalisierten Kompromisse. Eine solche – neuerliche – Rekonfigurationsphase in der zyklischen Institutionalisierung und Deinstitutionalisierung konkurrierender Prinzipien gesellschaftlicher Ordnung erleben wir gegenwärtig im deutschen Sozialmodell: „a partial renegotiation of the terms of coordination" (Thelen 2001: 84) im Bereich sozialpartnerschaftlich strukturierter Arbeitsbezie-

---

23 Schelsky (1949: 49) spricht im Zusammenhang gesellschaftlicher „Stabilität durch gegenseitige Entlastung der Institutionsformen" vom Recht als „dynamischer Stabilitätsfaktor".

24 In diesem Sinne kann es dann auch, anders als Peter Hall es in seiner vielzitierten Systematik von „first"-, „second"- und „third-order change" (vgl. Hall 1993) vorsieht, zu „radikalem" sozialen Wandel ohne „Paradigmenwechsel" – sprich: im Rahmen des alten, überkommenen politischen Paradigmas (hier: der „Sozialpartnerschaft" bzw. der „Sozialversicherung") – kommen.

hungen und eine fortschreitende „recalibration" (vgl. Pierson 2001b: 425-427)[25] des solidarischen Gehaltes sozialversicherungsförmig organisierter Unterstützungsbeziehungen.

Die Dramatisierung und Skandalisierung dieses Vorgangs als „Verrat an den Prinzipien des deutschen Modells" bzw. umgekehrt die Verharmlosung oder gar Verschleierung desselben in Gestalt der Rede von der „blockierten Gesellschaft" hat ihren Platz – und gewissermaßen auch ihre Legitimation – in der Arena politischer Auseinandersetzung.[26] Die Arena wissenschaftlicher Analyse hingegen sollte der Ort der Einsicht in die wechselseitige Vermittlung, in die *dialektische Beziehung* von Kontinuität und Wandel sein.[27] Das deutsche Sozialmodell ist weder unbeweglich und sklerotisch – noch werden „einstürzende Umbauten" das Modell als solches unter sich begraben. Nein: Das deutsche Sozialmodell wird *als gewandeltes* überleben und sich dabei treu bleiben, sprich in diesem Wandel sein Doppelgesicht wahren. Auch in Zukunft werden geordnete Konkurrenz in den Unternehmens- und geregelter Konflikt in den Arbeitsbeziehungen, begrenzter Ausgleich zwischen Erwerbstätigen und die bedingte Unterstützung von Nicht-Erwerbspersonen, ein bündischer Unitarismus in den föderalen und ein kompetitiver Zentrismus in den (partei-)politischen Beziehungen herrschen und als herrschend dargestellt werden – und dabei ausreichend institutionalisierte Rückfallpositionen für eine flexible Restrukturierung wirtschaftlicher Koordinations-, sozialer Solidaritäts- und politischer Kooperationsbeziehungen bieten. Der Wandel des deutschen Sozialmodells wird sich weiterhin als *Gestaltwandel des Identischen* vollziehen: Denn seine „Identität" liegt im Kompromisshaften – und damit immer auch Wechselhaften – begründet.[28] „Seit Hegel gehört zur Dialektik die Einsicht, [...] daß vom Wechsel reden immer zugleich ein Identisches erfordert, das in sich selbst den Wechsel einschließt und sein Maß." (Adorno 1961: 234; vgl. Ritsert 1997: 147-182.) Hinter dieser Erkenntnis, so sollte man

---

25 Vgl. für den deutschen Fall jetzt auch Siegel (2002: 291-335, hier: 331), der in vergleichender Perspektive die „Konsolidierungserfolge" und die „systemsichernde Reformelastizität der Sozialpolitik in den vergangenen 25 Jahren" betont.
26 Vgl. zum Vorschlag eines „discursive institutionalism" Schmidt 2003.
27 „Stabilität und Wandel [...] sind, so scheint es, zwei gleich gültige Aspekte jeder denkbaren Gesellschaft, dialektisch aneinandergekettet und nur in ihrer Kombination erschöpfend als Beschreibung des gesellschaftlichen Prozesses." (Dahrendorf 1958: 113)
28 Es liegt auf der Hand, dass eine derartige Analyse des Institutionellen unwillkürlich selbst zur Reproduktion von Institutionalität – als einer symbolischen Form, die „etwas an sich kontingent Erfahrbares nicht als kontingent, sondern als stabil, strukturierend und dauerhaft erfahr[bar]" macht – beiträgt; vgl. dazu Brodocz 2002: 220-223 (hier: 222).

mit Adorno auch heute noch meinen, „darf Soziologie nicht zurückbleiben" (Adorno 1961: 229).[29]

Was aber darf Soziologie, über die Dynamisierung „des als invariant Verkannten" (ebda.: 221) hinaus, noch? Sollte die Politische Soziologie nicht post festum, wenn alle Bücher geschrieben sind, tatsächlich zur „politischen" Soziologie werden? Immerhin kann man der Schrumpfung des institutionell gesicherten Bezugsrahmens gesellschaftlicher Solidarität, den Umpolungen im Verhältnis von kollektiver und individueller Risikobewältigung im deutschen Sozialmodell (vgl. Lessenich 2003c), die mit den hier analysierten – und weiter andauernden[30] – Rekonfigurationen sozialer Kompromissinstitutionen allenthalben einhergehen, *politisch* durchaus kritisch gegenüberstehen. Will man den grundsätzlich gleichgerichteten, kompetitiv-zentristischen „Reform"-Impuls der deutschen Parteipolitik, der Otto Kirchheimers (1967) Diagnose eines „Verfalls der Opposition" in der Bundesrepublik auf ein Neues bestätigt, auf der politischen Ebene konterkarieren, so bedarf es zu diesem Zwecke nicht allein eines entsprechenden politischen Impetus', sondern – so die Überzeugung des Wissenschaftlers – auch einer anspruchsvollen, gleichsam intellektuell wettbewerbsfähigen politisch-soziologischen Analyse. Ganz in diesem Sinne soll die hier präsentierte historisch-soziologische Rekonstruktion des deutschen Sozialmodells und die darauf aufbauende politisch-soziologische Reinterpretation seiner Entwicklungsdynamik verstanden werden: als ein Angebot auf dem akademischen Deutungsmarkt – und als Ansatzpunkt für die wissenschaftliche Grenzüberschreitung.

---

29 Ebendies tun institutionalistisch orientierte Analysen allerdings nicht selten – und bestätigen damit ein altes Urteil Norbert Elias' (1970: 73), wonach der soziologische Blick „häufig genug allein auf die Entwicklung der institutionellen Schale und weit weniger auf die der gesamtgesellschaftlichen Substanz" gerichtet werde.

30 „Letzte Meldungen" diesbezüglich: Was die Pflegeversicherung angeht, so wird in einem Thesenpapier der „Arbeitsgruppe Pflege" der so genannten „Rürup-Kommission" „die Absicherung des Pflegerisikos durch eine klassische Sozialversicherung als 'schwerwiegender Geburtsfehler' bezeichnet" und von Seiten der Bundessozialministerin Schmidt die Einführung von „Elemente[n] der Eigenvorsorge ähnlich der Riester-Rente" anvisiert („Mehr Eigenvorsorge für den Pflegefall", FAZ vom 1.3.2003: 11; vgl. Meyer-Timpe 2003). In der Tarifpolitik beginnt währenddessen nach einem Beschluss des Bundesrates zur – zunächst: begrenzten – Öffnung der Landesbeamtenbesoldung eben jenes „Modell der unitarisierten Besoldung im öffentlichen Sektor" zu erodieren, dem Gerhard Lehmbruch soeben noch zugetraut hatte, „auch in der überschaubaren Zukunft die beobachteten Veränderungstendenzen [den Dezentralisierungstrend in der Privatwirtschaft, S.L.] abbremsen" zu können (vgl. Lehmbruch 2003: 281-284, hier: 284; „Eine böse Überraschung", FAZ vom 2.4.2003: 12; zur „Vorgeschichte" der Tariföffnung im öffentlichen Dienst vgl. Wendl 2002: 547-550).

Man kann also jedenfalls nur dann über die Wissenschaft hinausgehen, wenn man sich auf sie stützt.

Emile Durkheim (1895)

Literatur

Abelshauser, Werner, 2001: „Umbruch und Persistenz: Das deutsche Produktionsregime in historischer Perspektive", in: *Geschichte und Gesellschaft* 27, 503-523.
Abelshauser, Werner, 1999: „Zwischen 'Welfare State' und Marktwirtschaft. Die Selbstbehauptung des Bismarckschen Sozialstaates", in: Jörg Calließ (Hg.): *Aufstieg und Fall des Sozialstaates oder: Wie der Sozialstaat zum Fall wurde.* Loccumer Protokolle 24/98. Loccum: Evangelische Akademie, 30-45.
Abelshauser, Werner, 1996: „Erhard oder Bismarck? Die Richtungsentscheidung der deutschen Sozialpolitik am Beispiel der Reform der Sozialversicherung in den Fünfziger Jahren", in: *Geschichte und Gesellschaft* 22, 376-392.
Abelshauser, Werner, 1994: „Wirtschaftliche Wechsellagen, Wirtschaftsordnung und Staat: Die deutschen Erfahrungen", in: Dieter Grimm (Hg.) unter Mitarbeit von Evelyn Hagenah: *Staatsaufgaben.* Baden-Baden: Nomos, 199-232.
Abelshauser, Werner, 1991: „Die ordnungspolitische Epochenbedeutung der Weltwirtschaftskrise in Deutschland: Ein Beitrag zur Entstehungsgeschichte der Sozialen Marktwirtschaft", in: Dietmar Petzina (Hg.): *Ordnungspolitische Weichenstellungen nach dem Zweiten Weltkrieg.* Berlin: Duncker & Humblot, 11-29.
Abelshauser, Werner, 1987a: „Die Weimarer Republik – ein Wohlfahrtsstaat?", in: Werner Abelshauser (Hg.): *Die Weimarer Republik als Wohlfahrtsstaat. Zum Verhältnis von Wirtschafts- und Sozialpolitik in der Industriegesellschaft.* Stuttgart: Steiner, 9-31.
Abelshauser, Werner, 1987b: „Freiheitlicher Korporatismus im Kaiserreich und in der Weimarer Republik", in: Werner Abelshauser (Hg.): *Die Weimarer Republik als Wohlfahrtsstaat. Zum Verhältnis von Wirtschafts- und Sozialpolitik in der Industriegesellschaft.* Stuttgart: Steiner, 147-170.
Abelshauser, Werner, 1984: „The First Post-liberal Nation: Stages in the Development of Modern Corporatism in Germany", in: *European History Quarterly* 14, 285-318.
Abelshauser, Werner, 1983: *Wirtschaftsgeschichte der Bundesrepublik Deutschland (1945-1980).* Frankfurt a. M.: Suhrkamp.
Abromeit, Heidrun, 1992: *Der verkappte Einheitsstaat.* Opladen: Leske + Budrich.
Abromeit, Heidrun, 1990: „Government-industry relations in West Germany", in: Martin Chick (Hg.): *Governments, Industries and Markets. Aspects of Government-Industry*

Relations in the UK, Japan, West Germany and the USA since 1945. Aldershot: Elgar, 61-83.

Abromeit, Heidrun, 1989: „Mehrheitsdemokratische und konkordanzdemokratische Elemente im politischen System der Bundesrepublik Deutschland", in: *Österreichische Zeitschrift für Politikwissenschaft* 18, 165-180.

Acham, Karl, 1992: „Struktur, Funktion und Genese von Institutionen aus sozialwissenschaftlicher Sicht", in: Gert Melville (Hg.): *Institutionen und Geschichte. Theoretische Aspekte und mittelalterliche Befunde.* Köln u.a.: Böhlau, 25-71.

Achinger, Hans, 1958: *Sozialpolitik als Gesellschaftspolitik. Von der Arbeiterfrage zum Wohlfahrtsstaat.* Hamburg: Rowohlt.

Achinger, Hans, 1955: „Zur Problematik der Einkommensumverteilung", in: Bernhard Külp; Wilfrid Schreiber (Hg.): *Soziale Sicherheit.* Köln/Berlin: Kiepenheuer & Witsch, 1971, 199-207.

Adams, Julia; Padamsee, Tasleem, 2001: „Signs and Regimes: Rereading Feminist Work on Welfare States", in: *Social Politics* 8, 1-23.

Adorno, Theodor W., 1961: „Über Statik und Dynamik als soziologische Kategorien", in: Theodor W. Adorno: *Gesammelte Schriften.* Band 8. Frankfurt a. M.: Suhrkamp, 1972, 217-237.

Alber, Jens, 2000: „Der deutsche Sozialstaat in der Ära Kohl: Diagnosen und Daten", in: Stephan Leibfried; Uwe Wagschal (Hg.): *Der deutsche Sozialstaat. Bilanzen – Reformen – Perspektiven.* Frankfurt/New York: Campus, 235-275.

Alber, Jens, 1998: „Der deutsche Sozialstaat im Licht international vergleichender Daten", in: *Leviathan* 26, 199-227.

Alber, Jens, 1990: „Ausmaß und Ursachen des Pflegenotstands in der Bundesrepublik", in: *Staatswissenschaften und Staatspraxis* 1, 335-362.

Alber, Jens, 1989: *Der Sozialstaat in der Bundesrepublik Deutschland 1950-1983.* Frankfurt/New York: Campus.

Alber, Jens, 1986: „Germany", in: Peter Flora (Hg.): *Growth to Limits. The Western European Welfare States Since World War II.* Volume 2: Germany, United Kingdom, Ireland, Italy. Berlin/New York: de Gruyter, 1-154.

Albert, Michel, 1998: „Die Zukunft der Sozialmodelle des europäischen Kontinents", in: Wolfgang Streeck (Hg.): *Internationale Wirtschaft, nationale Demokratie. Herausforderungen für die Demokratietheorie.* Frankfurt/New York: Campus, 195-209.

Albert, Michel, 1992: *Kapitalismus contra Kapitalismus.* Frankfurt/New York: Campus.

Albert, Michel, 1991: *Capitalisme contre capitalisme.* Paris: Editions du Seuil.

Allemeyer, Jürgen, 1995: „Die Pflegeversicherung und das System der Sozialhilfe: Auswirkungen für Pflegebedürftige und Einrichtungen", in: Uwe Fachinger; Heinz Rothgang (Hg.): *Die Wirkungen des Pflege-Versicherungsgesetzes.* Berlin: Duncker & Humblot, 177-195.

Allen, Christopher S., 1989: „The Underdevelopment of Keynesianism in the Federal Republic of Germany", in: Peter A. Hall (Hg.): *The Political Power of Economic Ideas: Keynesianism across Nations.* Princeton: Princeton University Press, 263-289.

Altvater, Elmar, 1991: „'Soziale Marktwirtschaft' 1949 und 1989. Zum Primat von Ökonomie oder Politik in der Vorgeschichte der neuen Bundesrepublik", in: Bernhard Blanke; Hellmut Wollmann (Hg.): *Die alte Bundesrepublik. Kontinuität und Wandel.* Leviathan, Sonderheft 12/1991. Opladen: Westdeutscher Verlag, 81-105.

Anttonen, Anneli; Sipilä, Jorma, 1996: „European social care services: is it possible to identify models?", in: *Journal of European Social Policy* 6, 87-100.

Arbeitsgruppe Sozialpolitik, 1986: „Sozialpolitische Regulierung und die Normalisierung des Arbeitsbürgers", in: *Neue Praxis* 16, 1-21 und 160-169.

Armingeon, Klaus, 1983: *Neokorporatistische Einkommenspolitik. Eine vergleichende Untersuchung von Einkommenspolitiken in westeuropäischen Ländern in den 70er Jahren.* Frankfurt a. M.: Haag + Herchen.

Artus, Ingrid, 1996: „Tarifpolitik in den neuen Bundesländern – Akteure, Strategien, Problemlagen", in: Joachim Bergmann; Rudi Schmidt (Hg.): *Industrielle Beziehungen. Institutionalisierung und Praxis unter Krisenbedingungen.* Opladen: Leske + Budrich, 71-100.

Artus, Ingrid; Schmidt, Rudi; Sterkel, Gabriele, 2000: *Brüchige Tarifrealität. Der schleichende Bedeutungsverlust tariflicher Normen in der ostdeutschen Industrie.* Berlin: edition sigma.

Asam, Walter H.; Altmann, Uwe, 1995: *Geld oder Pflege. Zur Ökonomie und Reorganisation der Pflegeabsicherung.* Freiburg i.Br.: Lambertus.

Aust, Andreas; Bieling, Hans-Jürgen, 1996: „Arbeitsmarkt- und Beschäftigungspolitik in Westeuropa – zwischen strategischer Konvergenz und institutioneller Vielfalt", in: *Zeitschrift für Sozialreform* 42, 141-166.

Aust, Andreas; Leitner, Sigrid; Lessenich, Stephan, 2002: „Konjunktur und Krise des Europäischen Sozialmodells. Ein Beitrag zur politischen Präexplantationsdiagnostik", in: *Politische Vierteljahresschrift* 43, 272-301.

Backes, Gertrud M., 1994: „Balancen pflegender Frauen – zwischen traditioneller Solidaritätsnorm und modernen Lebensformen", in: *Zeitschrift für Frauenforschung* 12, Heft 3, 113-128.

Bahnmüller, Reinhard, 2000: „Verbetrieblichung der Lohnpolitik? Traditionelle und neue Spielräume betrieblicher Lohn- und Gehaltsgestaltung". Manuskript für den Workshop „Institutioneller Wandel in den industriellen Beziehungen". Köln: Max-Planck-Institut für Gesellschaftsforschung.

Bahnmüller, Reinhard; Bispinck, Reinhard, 1995: „Vom Vorzeige- zum Auslaufmodell? Das deutsche Tarifsystem zwischen kollektiver Regulierung, betrieblicher Flexibilisierung und individuellen Interessen", in: Reinhard Bispinck (Hg.): *Tarifpolitik der Zukunft. Was wird aus dem Flächentarifvertrag?* Hamburg: VSA, 137-172.

Baldwin, Peter, 1996: „Can We Define a European Welfare State Model?", in: Bent Greve (Hg.): *Comparative Welfare Systems. The Scandinavian Model in a Period of Change.* Basingstoke/London: Macmillan, 29-44.

Baldwin, Peter, 1990a: *The Politics of Social Solidarity. Class Bases of the European Welfare State 1875-1975*. Cambridge: Cambridge University Press.

Baldwin, Peter 1990b: „Die sozialen Ursprünge des Wohlfahrtsstaates", in: *Zeitschrift für Sozialreform* 36, 677-692.

Baring, Arnulf, 2002: „Bürger, auf die Barrikaden!", in: *Frankfurter Allgemeine Zeitung* vom 19.11.2002: 33.

Bausinger, Hermann, 2000: *Typisch deutsch. Wie deutsch sind die Deutschen?* München: Beck.

Bechmann, Gotthard, 1993: „Risiko als Schlüsselkategorie der Gesellschaftstheorie", in: Gotthard Bechmann (Hg.): *Risiko und Gesellschaft. Grundlagen und Ergebnisse interdisziplinärer Risikoforschung*. Opladen: Westdeutscher Verlag, 237-276.

Beck, Ulrich, 1986: *Risikogesellschaft. Auf dem Weg in eine andere Moderne*. Frankfurt a. M.: Suhrkamp.

Becker, Uwe, 1986: *Kapitalistische Dynamik und politisches Kräftespiel. Zur Kritik des klassentheoretischen Ansatzes*. Frankfurt/New York: Campus.

Beckert, Jens, 1999: „Agency, Entrepreneurs, and Institutional Change. The Role of Strategic Choice and Institutionalized Practices in Organizations", in: *Organization Studies* 20, 777-799.

Beckert, Jens, 1996: „Was ist soziologisch an der Wirtschaftssoziologie? Ungewißheit und die Einbettung wirtschaftlichen Handelns", in: *Zeitschrift für Soziologie* 25, 125-146.

Behning, Ute, 1999: *Zum Wandel der Geschlechterrepräsentation in der Sozialpolitik, Ein policy-analytischer Vergleich der Politikprozesse zum österreichischen Bundespflegegeldgesetz und zum bundesdeutschen Pflege-Versicherungsgesetz*. Opladen: Leske + Budrich.

Behning, Ute, 1997: „Richtungswechsel in der Sozialversicherungspolitik? Zur Anerkennung von nicht-professionellen häuslichen Pflegeleistungen durch das Pflege-Versicherungsgesetz", in: Ute Behning (Hg.): *Das Private ist ökonomisch. Widersprüche der Ökonomisierung privater Familien- und Haushalts-Dienstleistungen*. Berlin: edition sigma, 103-117.

Behning, Ute; Leitner, Sigrid, 1998: „Zum Umbau der Sozialstaatssysteme Österreichs, der Bundesrepublik Deutschland und der Schweiz nach dem Care-Modell. Eine vergleichende Analyse der sozialstaatlichen Regelungen von Familienarbeit", in: *WSI-Mitteilungen* 51, 787-799.

Benz, Arthur, 1999: „Der deutsche Föderalismus", in: Thomas Ellwein; Everhard Holtmann (Hg.): *50 Jahre Bundesrepublik Deutschland. Rahmenbedingungen – Entwicklungen – Perspektiven*. Opladen/Wiesbaden: Westdeutscher Verlag, 135-153.

Benz, Arthur, 1985: *Föderalismus als dynamisches System. Zentralisierung und Dezentralisierung im föderativen Staat*. Opladen: Westdeutscher Verlag.

Berger, Peter L.; Luckmann, Thomas, 1969: *Die gesellschaftliche Konstruktion der Wirklichkeit. Eine Theorie der Wissenssoziologie*. Frankfurt a. M.: S. Fischer.

Berghahn, Sabine, 1999: „50 Jahre Gleichberechtigungsgebot. Erfolge und Enttäuschungen bei der Gleichstellung der Geschlechter", in: Max Kaase; Günther Schmid (Hg.): *Eine lernende Demokratie. 50 Jahre Bundesrepublik Deutschland.* WZB-Jahrbuch 1999. Berlin: edition sigma, 315-355.

Beyme, Klaus von, 1999: „Institutionelle Grundlagen der deutschen Demokratie", in: Max Kaase; Günther Schmid (Hg.): *Eine lernende Demokratie. 50 Jahre Bundesrepublik Deutschland.* WZB-Jahrbuch 1999. Berlin: edition sigma, 19-39.

Bieling, Hans-Jürgen, 1997: „Soziale Frage, sozialpolitische Regulation und Europäische Integration", in: Hans-Jürgen Bieling; Frank Deppe (Hg.): *Arbeitslosigkeit und Wohlfahrtsstaat in Westeuropa. Neun Länder im Vergleich.* Opladen: Leske + Budrich, 17-51.

Bispinck, Reinhard, 2002: „Tarifpolitik und Beschäftigungssicherung. Eine Bilanz der vergangenen 15 Jahre", in: Hartmut Seifert (Hg.): *Betriebliche Bündnisse für Arbeit. Rahmenbedingungen – Praxiserfahrungen – Zukunftsperspektiven.* Berlin: edition sigma, 13-38.

Bispinck, Reinhard, 1997a: „Deregulierung, Differenzierung und Dezentralisierung des Flächentarifvertrags. Eine Bestandsaufnahme neuerer Entwicklungstendenzen der Tarifpolitik", in: *WSI-Mitteilungen* 50, 551-561.

Bispinck, Reinhard, 1997b: „Überreguliert, undifferenziert, unbeweglich? Zum Flexibilitätspotential des Tarifvertragssystems und zu den Anforderungen an die künftige Tarifpolitik", in: *Das Arbeitsrecht der Gegenwart. Jahrbuch für das gesamte Arbeitsrecht und die Arbeitsgerichtsbarkeit. Nachschlagewerk für Wissenschaft und Praxis.* Band 34. Herausgegeben von Thomas Dieterich. Berlin: Erich Schmidt, 49-67.

Bispinck, Reinhard, 1995a: „Tarifpolitik in der ersten Hälfte der 90er Jahre. Eine zwiespältige Bilanz", in: Reinhard Bispinck (Hg.): *Tarifpolitik der Zukunft. Was wird aus dem Flächentarifvertrag?* Hamburg: VSA, 9-27.

Bispinck, Reinhard, 1995b: „Stabil oder fragil? Die bundesdeutschen Arbeitsbeziehungen im Umbruch", in: Michael Mesch (Hg.): *Sozialpartnerschaft und Arbeitsbeziehungen in Europa.* Wien: Manzsche Verlags- und Universitätsbuchhandlung, 75-100.

Bispinck, Reinhard; Schulten, Thorsten, 1998: „Globalisierung und das deutsche Kollektivvertragssystem", in: *WSI-Mitteilungen* 51, 241-248.

Bispinck, Reinhard; WSI-Tarifarchiv, 1999: *Das Märchen vom starren Flächentarifvertrag. Eine Analyse von tariflichen Öffnungsklauseln aus über 100 Tarifbereichen.* Düsseldorf: Hans-Böckler-Stiftung.

Blänkner, Reinhard, 1994: „Überlegungen zum Verhältnis von Geschichtswissenschaft und Theorie politischer Institutionen", in: Gerhard Göhler (Hg.): *Die Eigenart der Institutionen. Zum Profil politischer Institutionentheorie.* Baden-Baden: Nomos, 85-122.

Blänkner, Reinhard; Jussen, Bernhard, 1998: „Institutionen und Ereignis. Anfragen an zwei alt gewordene geschichtswissenschaftliche Kategorien", in: Reinhard Blänkner; Bernhard Jussen (Hg.): *Institutionen und Ereignis. Über historische Praktiken und Vorstellungen gesellschaftlichen Ordnens.* Göttingen: Vandenhoeck & Ruprecht, 9-16.

Blanke, Thomas, 1995: „75 Jahre Betriebsverfassung: Der Siegeszug eines historischen Kompromisses", in: *Kritische Justiz* 28, 12-25.

Blasius, Rainer, 2000: „Das erste Verbot einer rechtsextremen Partei", in: *Frankfurter Allgemeine Zeitung* vom 17.10.2000, 16.

Blinkert, Baldo; Klie, Thomas, 2000: „Pflegekulturelle Orientierungen und soziale Milieus. Ergebnisse einer Untersuchung über die sozialstrukturelle Verankerung von Solidarität", in: *Sozialer Fortschritt* 49, 237-245.

Bloch, Marc, 1928: „Für eine vergleichende Geschichtsbetrachtung der europäischen Gesellschaften", in: Matthias Middell; Steffen Sammler (Hg.): *Alles Gewordene hat Geschichte. Die Schule der ANNALES in ihren Texten 1929-1992.* Leipzig: Reclam, 1994, 121-167.

Blüm, Norbert, 2003: „Kraftmeierei oder Vernunft", in: *Frankfurter Allgemeine Zeitung* vom 14.3.2003, 12.

Bluhm, Katharina, 1996: „Regionale Strategien unter Handlungsdruck – ostdeutsche Arbeitgeberverbände im Dezentralisierungsprozeß der industriellen Beziehungen", in: Joachim Bergmann; Rudi Schmidt (Hg.): *Industrielle Beziehungen. Institutionalisierung und Praxis unter Krisenbedingungen.* Opladen: Leske + Budrich, 135-158.

Blum, Reinhard, 1969: *Soziale Marktwirtschaft. Wirtschaftspolitik zwischen Neoliberalismus und Ordoliberalismus.* Tübingen: Mohr.

Bode, Ingo, 1999: *Solidarität im Vorsorgestaat. Der französische Weg sozialer Sicherung und Gesundheitsversorgung.* Frankfurt/New York: Campus.

Böckenförde, Ernst-Wolfgang, 1976: „Lorenz von Stein als Theoretiker der Bewegung von Staat und Gesellschaft zum Sozialstaat", in: Ernst-Wolfgang Böckenförde (Hg.): *Staat und Gesellschaft.* Darmstadt: Wissenschaftliche Buchgesellschaft, 131-171.

Böckenförde, Ernst-Wolfgang, 1972: „Der Verfassungstyp der deutschen konstitutionellen Monarchie im 19. Jahrhundert", in: Ernst-Wolfgang Böckenförde (Hg.): *Moderne deutsche Verfassungsgeschichte (1815-1918).* Unter Mitarbeit von Rainer Wahl. Köln: Kiepenheuer & Witsch, 146-170.

Bönker, Frank; Wollmann, Hellmut, 2000: „Sozialstaatlichkeit im Übergang: Entwicklungslinien der bundesdeutschen Sozialpolitik in den Neunzigerjahren", in: Roland Czada; Hellmut Wollmann (Hg.): *Von der Bonner zur Berliner Republik. 10 Jahre Deutsche Einheit.* Leviathan, Sonderheft 19/1999. Wiesbaden: Westdeutscher Verlag, 514-538.

Bogs, Harald, 1973: *Die Sozialversicherung im Staat der Gegenwart. Öffentlich-rechtliche Untersuchungen über die Stellung der Sozialversicherung im Verbändestaat und im Versicherungswesen.* Berlin: Duncker & Humblot.

Boje, Thomas, 1996: „Welfare State Models in Comparative Research: Do the Models Describe the Reality?", in: Bent Greve (Hg.): *Comparative Welfare Systems. The Scandinavian Model in a Period of Change.* Basingstoke/London: Macmillan, 13-27.

Bonoli, Giuliano, 1997: „Classifying Welfare States: a Two-Dimensional Approach", in: *Journal of Social Policy* 26, 351-372.

Borchardt, Knut, 1983: „Die Bundesrepublik in den säkularen Trends der wirtschaftlichen Entwicklung", in: Werner Conze; M. Rainer Lepsius (Hg.): *Sozialgeschichte der Bundesrepublik Deutschland. Beiträge zum Kontinuitätsproblem.* Stuttgart: Klett-Cotta, 20-45.

Borchert, Jens, 2000: „The Political Class and Its Self-Interested Theory of Democracy: Historical Developments and Institutional Consequences". ECPR Joint Session of Workshops 2000, Workshop 1: Competing Conceptions of Democracy in the Practice of Politics. Copenhagen, April 14-19, 2000.

Borchert, Jens, 1998: „Ausgetretene Pfade? Zur Statik und Dynamik wohlfahrtsstaatlicher Regime", in: Stephan Lessenich; Ilona Ostner (Hg.): *Welten des Wohlfahrtskapitalismus. Der Sozialstaat in vergleichender Perspektive.* Frankfurt/New York: Campus, 137-176.

Borchert, Jens, 1996: „Alte Träume und neue Realitäten: Das Ende der Sozialdemokratie", in: Jens Borchert; Lutz Golsch; Uwe Jun; Peter Lösche (Hg.): *Das sozialdemokratische Modell. Organisationsstrukturen und Politikinhalte im Wandel.* Opladen: Leske + Budrich, 39-80.

Borchert, Jens, 1995: *Die konservative Transformation des Wohlfahrtsstaates. Großbritannien, Kanada, die USA und Deutschland im Vergleich.* Frankfurt/New York: Campus.

Bourdieu, Pierre, 1970: „Strukturalismus und soziologische Wissenschaftstheorie. Die Unerläßlichkeit der Objektivierung und die Gefahr des Objektivismus", in: Pierre Bourdieu: *Zur Soziologie der symbolischen Formen.* 5. Auflage. Frankfurt a. M.: Suhrkamp, 1994, 7-41.

Bräutigam, Martin; Schmid, Josef, 1996: „Pflege im modernen Wohlfahrtsstaat. Der deutsche Fall in vergleichender Perspektive", in: *Staatswissenschaften und Staatspraxis* 7, 261-289.

Braig, Marianne, 1991: „Von der Hausfrau zur doppeltbelasteten Halbverdienerin – Familienformen, Frauenarbeit und Sozialstaat", in: Klaus Voy; Werner Polster; Claus Thomasberger (Hg.): *Marktwirtschaft und politische Regulierung. Beiträge zur Wirtschafts- und Gesellschaftsgeschichte der Bundesrepublik Deutschland (1949-1989).* Band 2. Marburg: Metropolis, 127-192.

Brecht, Holger; Höland, Armin, 2001: „Gewerkschaften und politische Bündnisse", in: *WSI-Mitteilungen* 54, 501-507.

Brodocz, André, 2002: „Institution als symbolische Form", in: *Berliner Journal für Soziologie* 12, 211-226.

Brush, Lisa D., 2002: „Changing the Subject: Gender and Welfare Regime Studies", in: *Social Politics* 9, 161-186.

Bude, Heinz, 1999: *Die ironische Nation. Soziologie als Zeitdiagnose.* Hamburg: Hamburger Edition.

Bürgin, Alfred; Maissen, Thomas, 1999: „Zum Begriff der politischen Ökonomie heute", in: *Geschichte und Gesellschaft* 25, 177-200.

Burda, Michael, 2000: „Ein titanischer Konflikt zwischen der gerechten Verteilung und der Effizienz", in: *Frankfurter Allgemeine Zeitung* vom 2.10.2000, 21.

Burg, Peter, 1992: „Der Föderalismus im Kaiserreich. Politische Strukturen und Prozesse", in: Jochen Huhn; Peter-Christian Witt (Hg.): *Föderalismus in Deutschland. Traditionen und gegenwärtige Probleme*. Symposion an der Universität Kassel 10. bis 12. April 1991. Baden-Baden: Nomos, 55-73.

Burgess, Pete, 1997: „Branchentarifverhandlungen in Europa: Flächentarif à la carte?", in: *WSI-Mitteilungen* 50, 112-118.

Burke, Peter, 1989: *Soziologie und Geschichte*. Hamburg: Junius.

Castles, Francis G., 1995: „Welfare state development in Southern Europe", in: *West European Politics* 18, 291-313.

Castles, Francis G., 1993: „Introduction", in: Francis G. Castles (Hg.): *Families of Nations. Patterns of Public Policy in Western Democracies*. Aldershot u.a.: Dartmouth, xiii-xxiii.

Castles, Francis G.; Mitchell, Deborah, 1993: „Worlds of Welfare and Families of Nations", in: Francis G. Castles (Hg.): *Families of Nations. Patterns of Public Policy in Western Democracies*. Aldershot u.a.: Dartmouth, 93-128.

Chandler, Alfred D. Jr., 1990: *Scale and Scope. The Dynamics of Industrial Capitalism*. With the assistance of Takashi Hikino. Cambridge/London: The Belknap Press of Harvard University Press.

Chartier, Roger, 1989: „Kulturgeschichte zwischen Repräsentation und Praktiken", in: Roger Chartier: *Die unvollendete Vergangenheit. Geschichte und die Macht der Weltauslegung*. Berlin: Wagenbach, 7-20.

Clasen, Jochen, 1997: *Social Insurance in Europe*. Bristol: The Policy Press.

Colomer, Josep M., 1996: „Introduction", in: Josep M. Colomer (Hg.): *Political Institutions in Europe*. London/New York: Routledge, 1-17.

Conze, Werner, 1983: „Staats- und Nationalpolitik. Kontinuität und Neubeginn", in: Werner Conze; M. Rainer Lepsius (Hg.): *Sozialgeschichte der Bundesrepublik Deutschland. Beiträge zum Kontinuitätsproblem*. Stuttgart: Klett-Cotta, 441-467.

Crouch, Colin, 2003: „Institutions Whithin Which Real Actors Innovate", in: Renate Mayntz; Wolfgang Streeck (Hg.): *Die Reformierbarkeit der Demokratie. Innovationen und Blockaden*. Frankfurt/New York: Campus, 71-98.

Crouch, Colin, 2000: „Die europäische(n) Gesellschaft(en) unter dem Druck der Globalisierung", in: Andreas Aust; Sigrid Leitner; Stephan Lessenich (Red.): *Sozialmodell Europa. Konturen eines Phänomens*. Jahrbuch für Europa- und Nordamerika-Studien 4/2000. Opladen: Leske + Budrich, 77-99.

Crouch, Colin, 1999: *Social Change in Western Europe*. Oxford: Oxford University Press.

Crouch, Colin, 1998: „Esiste una società europea?", in: Stato e Mercato, n°53, 167-201.

Crouch, Colin, 1993a: *Industrial Relations and European State Traditions*. Oxford: Clarendon.

Crouch, Colin, 1993b: „Co-operation and Competition in an Institutionalized Economy: the Case of Germany", in: Colin Crouch; David Marquand (Hg.): *Ethics and Markets. Co-operation and Competition within Capitalist Economies.* Oxford: Blackwell, 80-98.

Crouch, Colin, 1986: „Sharing Public Space: States and Organized Interests in Western Europe", in: John A. Hall (Hg.): *States in History.* Oxford: Blackwell, 177-210.

Crouch, Colin; Farrell, Henry, 2002: *Breaking the Path of Institutional Development? Alternatives to the New Determinism.* MPIfG Discussion Paper 02/5, Max-Planck-Institut für Gesellschaftsforschung, Köln.

Crouch, Colin; Streeck, Wolfgang, 1997: „Introduction: The Future of Capitalist Diversity", in: Colin Crouch; Wolfgang Streeck (Hg.): *Political Economy of Modern Capitalism. Mapping Convergence and Diversity.* London u.a.: Sage, 1-18.

Czada, Roland, 2003: „Der Begriff der Verhandlungsdemokratie und die vergleichende Policy-Forschung", in: Renate Mayntz; Wolfgang Streeck (Hg.): *Die Reformierbarkeit der Demokratie. Innovationen und Blockaden.* Frankfurt/New York: Campus, 173-204.

Czada, Roland, 1999a: „Welten der Wohlfahrt. Probleme der Sozialpolitik in einer entgrenzten Welt", in: Jörg Calließ (Hg.): *Aufstieg und Fall des Sozialstaates. Oder: Wie der Sozialstaat zum Fall wurde.* Loccumer Protokolle 24/98. Loccum: Evangelische Akademie, 77-87.

Czada, Roland, 1999b: „Reformloser Wandel. Stabilität und Anpassung im politischen Akteursystem der Bundesrepublik", in: Thomas Ellwein; Everhard Holtmann (Hg.): *50 Jahre Bundesrepublik Deutschland. Rahmenbedingungen – Entwicklungen – Perspektiven.* Opladen/Wiesbaden: Westdeutscher Verlag, 397-412.

Czada, Roland, 1998: „Vereinigungskrise und Standortdebatte. Der Beitrag der Wiedervereinigung zur Krise des westdeutschen Modells", in: *Leviathan* 26, 24-59.

Czada, Roland, 1994: „Schleichweg in die 'Dritte Republik'. Politik der Vereinigung und politischer Wandel in Deutschland", in: *Politische Vierteljahresschrift* 35, 245-270.

Czada, Roland, 1993: „Die Treuhandanstalt im Umfeld von Politik und Verbänden", in: Wolfram Fischer; Herbert Hax; Hans Karl Schneider (Hg.): *Treuhandanstalt. Das Unmögliche wagen.* Forschungsberichte. Berlin: Akademie, 148-173.

Dahrendorf, Ralf, 2002: „'Gulliver muss entfesselt werden' [Interview]", in: *DER SPIEGEL* Nr. 39 vom 23.9.2002: 34-36.

Dahrendorf, Ralf, 1997: „Politik. Eine Kolumne. Englisches Tempo, deutsche Behäbigkeit", in: *Merkur* 51, Heft 581, 717-720.

Dahrendorf, Ralf, 1965: *Gesellschaft und Demokratie in Deutschland.* München: Piper.

Dahrendorf, Ralf, 1958: „Zu einer Theorie des sozialen Konflikts", in: Wolfgang Zapf (Hg.): *Theorien des sozialen Wandels.* Köln/Berlin: Kiepenheuer & Witsch, 1969, 108-123.

Daly, Mary, 1997: „Welfare states under pressure: cash benefits in European welfare states over the last ten years", in: *Journal of European Social Policy* 7, 129-146.

Daniels, Arne, 1999: „Der Tarifvertrag ist pleite", in: *DIE ZEIT* Nr. 51 vom 16.12.1999, 34.

David, Paul A., 1994: „Why are Institutions the 'Carriers of History'?: Path Dependence and the Evolution of Conventions, Organizations and Institutions", in: *Structural Change and Economic Dynamics* 5, 205-220.

De Jong, Hendrik W., 1995: „European Capitalism: Between Freedom and Social Justice", in: *Review of Industrial Organization* 10, 399-419.

Denzau, Arthur D.; North, Douglass C., 1993: „Shared Mental Models: Ideologies and Institutions", in: *Kyklos* 47, 3-31.

Deuerlein, Ernst, 1972: *Föderalismus. Die historischen und philosophischen Grundlagen des föderativen Prinzips*. München: List.

Deutscher Bundestag, 2001: *Zweiter Bericht über die Entwicklung der Pflegeversicherung*. Unterrichtung durch die Bundesregierung. Bundestags-Drucksache 14/5590 vom 15.3.2001.

Dierkes, Meinolf; Zimmermann, Klaus (Hg.), 1996: *Sozialstaat in der Krise: Hat die Soziale Marktwirtschaft noch eine Chance?* Frankfurt a. M.: Frankfurter Allgemeine Zeitung.

DiMaggio, Paul J., 1988: „Interest and agency in institutional theory", in: Lynne G. Zucker (Hg.): *Institutional Patterns and Organizations. Culture and Environment*. Cambridge, MA: Ballinger, 3-32.

DiMaggio, Paul J.; Powell, Walter W., 1991a: „Introduction", in: Walter W. Powell; Paul J. DiMaggio (Hg.): *The New Institutionalism in Organizational Analysis*. Chicago/London: The University of Chicago Press, 1-38.

DiMaggio, Paul J.; Powell, Walter W., 1991b: „The Iron Cage Revisited: Institutional Isomorphism and Collective Rationality in Organizational Fields", in: Walter W. Powell; Paul J. DiMaggio (Hg.): *The New Institutionalism in Organizational Analysis*. Chicago/London: The University of Chicago Press, 63-82.

Döhler, Marian, 1993: „Ordnungspolitische Ideen und sozialpolitische Institutionen", in: Roland Czada; Manfred G. Schmidt (Hg.): *Verhandlungsdemokratie, Interessenvermittlung, Regierbarkeit*. Festschrift für Gerhard Lehmbruch. Opladen: Westdeutscher Verlag, 123-141.

Döhler, Marian; Manow, Philip, 1997: *Strukturbildung von Politikfeldern. Das Beispiel bundesdeutscher Gesundheitspolitik seit den fünfziger Jahren*. Opladen: Leske + Budrich.

Döhler, Marian; Manow-Borgwardt, Philip, 1992: „Korporatisierung als gesundheitspolitische Strategie", in: *Staatswissenschaften und Staatspraxis* 3, 64-106.

Doering-Manteuffel, Anselm, 2001: „Eine politische Nationalgeschichte für die Berliner Republik. Überlegungen zu Heinrich August Winklers 'Der lange Weg nach Westen'", in: *Geschichte und Gesellschaft* 27, 446-462.

Dore, Ronald, 1983: „Goodwill and the spirit of market capitalism", in: *The British Journal of Sociology* 34, 459-482.

Dose, Nicolai, 1999: „Der deutsche Rechtsstaat", in: Thomas Ellwein; Everhard Holtmann (Hg.): *50 Jahre Bundesrepublik Deutschland. Rahmenbedingungen – Entwicklungen – Perspektiven*. Opladen/Wiesbaden: Westdeutscher Verlag, 118-134.

Drewke, Daniel, 1999: *Von der Risiko- zur Gefahrengesellschaft? Zur Logik der Sozialversicherung und ihrer Geschichte.* Hausarbeit im Rahmen der Ersten Staatsprüfung für das Lehramt an Gymnasien. Georg-August-Universität Göttingen.

Duncan, Simon, 1995: „Theorizing European Gender Systems", in: *Journal of European Social Policy* 5, 263-284.

Durkheim, Emile, 1912: *Die elementaren Formen des religiösen Lebens.* Frankfurt a. M.: Suhrkamp, 1981.

Durkheim, Emile, 1895: *Die Regeln der soziologischen Methode.* Herausgegeben und eingeleitet von René König. 4. Auflage. Frankfurt a. M.: Suhrkamp, 1999.

Durkheim, Emile, 1893: *Über soziale Arbeitsteilung. Studie über die Organisation höherer Gesellschaften.* Frankfurt a. M.: Suhrkamp, 1988.

Dyson, Kenneth, 1992: „Theories of Regulation and the Case of Germany: A Model of Regulatory Change", in: Kenneth Dyson (Hg.): *The Politics of German Regulation.* Aldershot: Dartmouth, 1-28.

Dyson, Kenneth, 1986: „The State, Banks and Industry: The West German Case", in: Andrew Cox (Hg.): *State, Finance and Industry. A Comparative Analysis of Post-War Trends in Six Advanced Industrial Economies.* New York: St. Martin's Press, 118-141.

Ebbinghaus, Bernhard, 1998: „European Labor Relations and Welfare-State Regimes: A Comparative Analysis of their 'Elective Affinities'". Background Paper for the Conference on Varieties of Capitalism in Europe, North America and Japan. Max Planck Institute for the Study of Societies, Cologne, June 11-13, 1998.

Ebbinghaus, Bernhard; Manow, Philip, 2001a: *Comparing Welfare Capitalism. Social policy and political economy in Europe, Japan and the USA.* London/New York: Routledge.

Ebbinghaus, Bernhard; Manow, Philip, 2001b: „Introduction: studying varieties of welfare capitalism", in: Bernhard Ebbinghaus; Philip Manow (Hg.): *Comparing Welfare Capitalism. Social policy and political economy in Europe, Japan and the USA.* London/New York: Routledge, 1-24.

Eisenstadt, Shmuel N., 1968: „Social Institutions", in: David L. Sills (Hg.): *International Encyclopedia of the Social Sciences.* Volume 14. New York: Macmillan & Free Press, 409-429.

Eisenstadt, Shmuel N., 1964: „Institutionalization and Change", in: *American Sociological Review* 29, 235-247.

Elias, Norbert, 1970: *Was ist Soziologie?* München: Juventa.

Ellerkamp, Marlene, 2000: „Die Frage der Witwen und Waisen. Vorläufiger Ausschluß aus dem Rentensystem und graduelle Inklusion (1889 – 1911)", in: Stefan Fisch; Ulrike Haerendel (Hg.): *Geschichte und Gegenwart der Rentenversicherung in Deutschland. Beiträge zur Entstehung, Entwicklung und vergleichenden Einordnung der Alterssicherung im Sozialstaat.* Berlin: Duncker & Humblot, 189-208.

Endruweit, Günter; Gaugler, Eduard; Staehle, Wolfgang H.; Wilpert, Bernhard (Hg.), 1985: *Handbuch der Arbeitsbeziehungen. Deutschland – Österreich – Schweiz.* Unter Mitarbeit von Gerhard Berger. Berlin/New York: de Gruyter.

Engelhardt, Ulrich, 1982: „Strukturelemente der Bundesrepublik. Überlegungen zum Problem historischer Kontinuität am Beispiel der Betriebsverfassung", in: *Vierteljahresschrift für Sozial- und Wirtschaftsgeschichte* 69, 373-392.

Engels, Friedrich, 1878: „Herrn Eugen Dührings Umwälzung der Wissenschaft ('Anti-Dühring')", in: Karl Marx; Friedrich Engels: *Werke.* Band 20. Berlin: Dietz, 1971, 1-303.

Esping-Andersen, Gøsta, 1999: *Social Foundations of Postindustrial Economies.* Oxford/ New York: Oxford University Press.

Esping-Andersen, Gøsta, 1996a: „After the Golden Age? Welfare State Dilemmas in a Global Economy", in: Gøsta Esping-Andersen (Hg.): *Welfare States in Transition. National Adaptations in Global Economies.* London u.a.: Sage, 1-31.

Esping-Andersen, Gøsta, 1996b: „Welfare States without Work: the Impasse of Labour Shedding and Familialism in Continental European Social Policy", in: Gøsta Esping-Andersen (Hg.): *Welfare States in Transition. National Adaptations in Global Economies.* London u.a.: Sage, 66-87.

Esping-Andersen, Gøsta, 1996c: „Positive-Sum Solutions in a World of Trade-Offs?", in: Gøsta Esping-Andersen (Hg.): *Welfare States in Transition. National Adaptations in Global Economies.* London u.a.: Sage, 256-267.

Esping-Andersen, Gøsta, 1990: *The Three Worlds of Welfare Capitalism.* Cambridge: Polity.

Esping-Andersen, Gøsta, 1987: „The Comparison of Policy Regimes: An Introduction", in: Martin Rein; Gøsta Esping-Andersen; Lee Rainwater (Hg.): *Stagnation and Renewal in Social Policy. The Rise and Fall of Policy Regimes*, Armonk: M. E. Sharpe, 3-12.

Esping-Andersen, Gøsta, 1985: *Politics against Markets. The Social Democratic Road to Power.* Princeton: Princeton University Press.

Esser, Josef, 1998: „Das Modell Deutschland in den 90er Jahren – Wie stabil ist der soziale Konsens?", in: Georg Simonis (Hg.): *Deutschland nach der Wende. Neue Politikstrukturen.* Opladen: Leske + Budrich, 119-140.

Esser, Josef, 1982: *Gewerkschaften in der Krise. Die Anpassung der deutschen Gewerkschaften an neue Weltmarktbedingungen.* Frankfurt a. M.: Suhrkamp.

Esser, Josef; Fach, Wolfgang, 1981: „Korporatistische Krisenregulierung im MODELL DEUTSCHLAND", in: Ulrich von Alemann (Hg.): Neokorporatismus, Frankfurt/New York: Campus, 158-179.

Esser, Josef; Fach, Wolfgang; Junne, Gerd; Schlupp, Frieder; Simonis, Georg, 1979: „Das 'Modell Deutschland' und seine Konstruktionsschwächen", in: *Leviathan* 7, 1-11.

Esser, Josef; Fach, Wolfgang; Simonis, Georg, 1980: „Grenzprobleme des 'Modells Deutschland'", in: *Prokla* 10, Heft 40, 40-63.

Ettl, Wilfried; Heikenroth, André, 1996: „Strukturwandel, Verbandsabstinenz, Tariffflucht: Zur Lage der Unternehmen und Arbeitgeberverbände im ostdeutschen verarbeitenden Gewerbe", in: *Industrielle Beziehungen* 3, 134-153.

Ettl, Wilfried; Wiesenthal, Helmut, 1994: „Tarifautonomie in de-industrialisertem Gelände. Analyse eines Institutionentransfers im Prozeß der deutschen Einheit", in: *Kölner Zeitschrift für Soziologie und Sozialpsychologie* 46, 425-452.

Evers, Adalbert, 1997: „Geld oder Dienste? Zur Wahl und Verwendung von Geldleistungen im Rahmen der Pflegeversicherung", in: *WSI-Mitteilungen* 50, 510-518.

Evers, Adalbert, 1995: „Die Pflegeversicherung. Ein mixtum compositum im Prozeß der politischen Umsetzung", in: *Sozialer Fortschritt* 44, 23-28.

Evers, Adalbert, 1993: „Umgang mit Unsicherheit. Zur sozialwissenschaftlichen Problematisierung einer sozialen Herausforderung", in: Gotthard Bechmann (Hg.): *Risiko und Gesellschaft. Grundlagen und Ergebnisse interdisziplinärer Risikoforschung.* Opladen: Westdeutscher Verlag, 339-374.

Ewald, François, 1993 [frz. 1986]: *Der Vorsorgestaat.* Frankfurt a. M.: Suhrkamp.

Ewald, François, 1989: „Die Versicherungs-Gesellschaft", in: *Kritische Justiz* 22, 385-399.

Farr, James, 1989: „Understanding conceptual change politically", in: Terence Ball; James Farr; Russell L. Hanson (Hg.): *Political Innovation and Conceptual Change.* Cambridge: Cambridge University Press, 24-49.

Faulenbach, Bernd, 1980: *Ideologie des deutschen Weges. Die deutsche Geschichte in der Historiographie zwischen Kaiserreich und Nationalsozialismus.* München: Beck.

Feldman, Gerald D., 1974: „Der deutsche organisierte Kapitalismus während der Kriegs- und Inflationsjahre 1914-1923", in: Heinrich August Winkler (Hg.): *Organisierter Kapitalismus. Voraussetzungen und Anfänge.* Göttingen: Vandenhoeck & Ruprecht, 150-171.

Ferrera, Maurizio, 1998: „The Four 'Social Europes': Between Universalism and Selectivity", in: Martin Rhodes; Yves Mény (Hg.): *The Future of European Welfare. A New Social Contract?* Basingstoke/London: Macmillan, 81-96.

Ferrera, Maurizio, 1996: „The 'Southern Model' of Welfare in Social Europe", in: *Journal of European Social Policy* 6, 17-37.

Ferrera, Maurizio, 1993: *Modelli di solidarietà. Politica e riforme sociali nelle democrazie.* Bologna: Il Mulino.

Fitzenberger, Bernd; Franz, Wolfgang, 1999: „Der Flächentarifvertrag: Eine kritische Würdigung aus ökonomischer Sicht". Discussion Paper No. 99-57. Mannheim: Zentrum für Europäische Wirtschaftsforschung (ZEW).

Flora, Peter, 1999: „Introduction and Interpretation", in: Peter Flora; Stein Kuhnle; Derek Urwin (Hg.): *State Formation, Nation-Building, and Mass Politics in Europe. The Theory of Stein Rokkan.* Based on his collected works. Oxford: Oxford University Press, 1-91.

Flora, Peter, 1981: „Stein Rokkans Makro-Modell der politischen Entwicklung Europas: Ein Rekonstruktionsversuch", in: *Kölner Zeitschrift für Soziologie und Sozialpsychologie* 33, 397-436.

Forsthoff, Ernst (Hg.), 1968: *Rechtsstaatlichkeit und Sozialstaatlichkeit. Aufsätze und Essays*. Darmstadt: Wissenschaftliche Buchgesellschaft.

Frei, Norbert, 1993: „Wie modern war der Nationalsozialismus?", in: *Geschichte und Gesellschaft* 19, 367-387.

Friedrich, Carl J.; Brzezinski, Zbigniew K., 1956: *Totalitarian Dictatorship and Autocracy*. Cambridge: Harvard University Press.

Friedrichs, Jürgen; Lepsius, M. Rainer; Mayer, Karl Ulrich, 1998: „Diagnose und Prognose in der Soziologie", in: Jürgen Friedrichs; M. Rainer Lepsius; Karl Ulrich Mayer (Hg.): *Die Diagnosefähigkeit der Soziologie*. Kölner Zeitschrift für Soziologie und Sozialpsychologie, Sonderheft 38/1998. Opladen: Westdeutscher Verlag, 9-31.

Fuchs, Dieter, 2000: „Typen und Indizes demokratischer Regime. Eine Analyse des Präsidentialismus- und des Veto-Spieler-Ansatzes", in: Hans-Joachim Lauth; Gert Pickel; Christian Welzel (Hg.): *Demokratiemessung. Konzepte und Befunde im internationalen Vergleich*. Westdeutscher Verlag: 27-48.

Fürstenberg, Friedrich, 1988: „Kooperative Tarifpolitik", in: Franz Gamillscheg; Bernd Rüthers; Eugen Stahlhacke (Hg.): *Sozialpartnerschaft in der Bewährung*. Festschrift für Karl Molitor zum 60. Geburtstag. München: Beck, 119-131.

Fürstenberg, Friedrich, 1958: „Der Betriebsrat – Strukturanalyse einer Grenzinstitution", in: *Kölner Zeitschrift für Soziologie und Sozialpsychologie* 10, 418-429.

Fux, Beat, 1994: *Der familienpolitische Diskurs. Eine theoretische und empirische Untersuchung über das Zusammenwirken und den Wandel von Familienpolitik, Fertilität und Familie*. Berlin: Duncker & Humblot.

Gall, Lothar, 1995: „Vom Stand zur Klasse? Zu Entstehung und Struktur der modernen Gesellschaft", in: *Historische Zeitschrift* 261, 1-21.

Ganßmann, Heiner, 1998: „Ein Stachel bleibt. Das 'Kommunistische Manifest', die 'materialistische Geschichtsauffassung' und die Soziologie", in: *Berliner Journal für Soziologie* 8, 317-327.

Garud, Raghu; Karnøe, Peter, 2001: „Path Creation as a Process of Mindful Deviation", in: Raghu Garud; Peter Karnøe (Hg.): *Path Dependence and Creation*. Mahwah: Lawrence Elbaum, 1-38.

Geiger, Theodor, 1949: *Die Klassengesellschaft im Schmelztiegel*. Köln u.a..: Kiepenheuer.

Genschel, Philipp, 1997: „The Dynamics of Inertia: Institutional Persistence and Institutional Change in Telecommunications and Health Care", in: *Governance* 10, 43-66.

Genschel, Philipp, 1996: „Variationen des Wandels. Institutionelle Evolution in der Telekommunikation und im Gesundheitssystem", in: *Politische Vierteljahresschrift* 37, 56-79.

Gerken, Lüder; Schick, Gerhard (Hg.), 2000: *Grüne Ordnungsökonomik. Eine Option moderner Wirtschaftspolitik?* Marburg: Metropolis.

Gerlach, Irene, 1996: *Familie und staatliches Handeln. Ideologie und politische Praxis in Deutschland.* Opladen: Leske + Budrich.

Gerschenkron, Alexander, 1962: *Economic Backwardness in Historical Perspective. A Book of Essays.* Cambridge: The Belknap Press of Harvard University Press.

Geyer, Christian, 1999: „Fromme Fiktionen", in: *Frankfurter Allgemeine Zeitung* vom 17.5.1999, 49.

Giersch, Herbert; Paqué, Karl-Heinz; Schmieding, Holger, 1992: *The fading miracle. Four decades of market economy in Germany.* Cambridge: Cambridge University Press.

Giersch, Herbert; Sinn, Hans-Werner, 2000: „Zusammenwachsen heißt zusammen wachsen", in: *Frankfurter Allgemeine Zeitung* vom 29.9.2000, 15.

Gilles, Franz-Otto; Hertle, Hans-Hermann; Kädtler, Jürgen, 1994: „'Wie Phönix aus der Asche?' Zur Restrukturierung der industriellen Beziehungen in der chemischen Industrie auf dem Gebiet der ehemaligen DDR", in: Niels Beckenbach; Werner van Treeck (Hg.): *Umbrüche gesellschaftlicher Arbeit. Soziale Welt,* Sonderband 9. Göttingen: Schwartz, 585-604.

Göhler, Gerhard, 1997a: „Der Zusammenhang von Institution, Macht und Repräsentation", in: Gerhard Göhler u.a.: *Institution – Macht – Repräsentation. Wofür politische Institutionen stehen und wie sie wirken.* Baden-Baden: Nomos, 11-62.

Göhler, Gerhard, 1997b: „Zusammenfassung und Folgerungen: die institutionelle Konfiguration", in: Gerhard Göhler u.a.: *Institution – Macht – Repräsentation. Wofür politische Institutionen stehen und wie sie wirken.* Baden-Baden: Nomos, 579-599.

Göhler, Gerhard, 1997c: „Wie verändern sich Institutionen? Revolutionärer und schleichender Institutionenwandel", in: Gerhard Göhler (Hg.): *Institutionenwandel.* Leviathan, Sonderheft 16/1996. Opladen: Westdeutscher Verlag, 21-56.

Göhler, Gerhard, 1994: „Politische Institutionen und ihr Kontext. Begriffliche und konzeptionelle Überlegungen zur Theorie politischer Institutionen", in: Gerhard Göhler (Hg.): *Die Eigenart der Institutionen. Zum Profil politischer Institutionentheorie.* Baden-Baden: Nomos, 19-46.

Göhler, Gerhard; Kühn, Rainer, 1999: „Institutionenökonomie, Neo-Institutionalismus und die Theorie politischer Institutionen", in: Thomas Edeling; Werner Jann; Dieter Wagner (Hg.): *Institutionenökonomie und Neuer Institutionalismus. Überlegungen zur Organisationstheorie.* Opladen: Leske + Budrich, 17-42.

Görtemaker, Manfred, 1999: *Geschichte der Bundesrepublik Deutschland. Von der Gründung bis zur Gegenwart.* München: Beck.

Goethe, Johann Wolfgang, 1987: *Gedichte 1756-1799.* Sämtliche Werke, I. Abteilung, Band 1. Herausgegeben von Karl Eibl. Frankfurt a. M.: Deutscher Klassiker Verlag.

Götting, Ulrike; Haug, Karin; Hinrichs, Karl, 1994: „The Long Road to Long-Term Care Insurance in Germany", in: *Journal of Public Policy* 14, 285-309.

Götting, Ulrike; Hinrichs, Karl, 1993: „Probleme der politischen Kompromißbildung bei der gesetzlichen Absicherung des Pflegefallrisikos – Eine vorläufige Bilanz", in: *Politische Vierteljahresschrift* 34, 47-71.

Götting, Ulrike; Lessenich, Stephan, 1998: „Sphären sozialer Sicherheit. Wohlfahrtsstaatliche Regimeforschung und gesellschaftliche Transformation", in: Stephan Lessenich; Ilona Ostner (Hg.): *Welten des Wohlfahrtskapitalismus. Der Sozialstaat in vergleichender Perspektive.* Frankfurt/New York: Campus, 271-319.

Goettle, Gabriele, 1991: *Deutsche Sitten. Erkundungen in Ost und West.* Frankfurt a. M.: Eichborn.

Götz, Klaus H., 1995: „National Governance and European Integration: Intergovernmental Relations in Germany", in: *Journal of Common Market Studies* 33, 91-116.

Goldthorpe, John H. (Hg.), 1984a: *Order and Conflict in Contemporary Capitalism. Studies in the Political Economy of Western European Nations.* Oxford: Clarendon.

Goldthorpe, John H., 1984b: „The End of Convergence: Corporatist and Dualist Tendencies in Modern Western Societies", in: John H. Goldthorpe (Hg.): *Order and Conflict in Contemporary Capitalism. Studies in the Political Economy of Western European Nations.* Oxford: Clarendon, 315-343.

Goodin, Robert E., 1996: „Institutions and Their Design", in: Robert E. Goodin (Hg.): *The Theory of Institutional Design.* Cambridge: Cambridge University Press, 1-53.

Gourevitch, Peter A., 1996: „The Macropolitics of Microinstitutional Differences in the Analysis of Comparative Capitalism", in: Suzanne Berger; Ronald Dore (Hg.): *National Diversity and Global Capitalism.* Ithaca/London: Cornell University Press, 239-259.

Graf, Friedrich Wilhelm, 1999a: „'In God we trust': Über mögliche Zusammenhänge von Sozialkapital und kapitalistischer Wohlfahrtsökonomie", in: Friedrich Wilhelm Graf; Andreas Platthaus; Stephan Schleissing (Hg.): *Soziales Kapital in der Bürgergesellschaft.* Stuttgart u.a.: Kohlhammer, 93-130.

Graf, Friedrich Wilhelm, 1999b: „Die ganze Schöpfung ist ein Quiz", in: *Frankfurter Allgemeine Zeitung* vom 27.7.1999, 46.

Granovetter, Mark, 1985: „Economic Action and Social Structure: The Problem of Embeddedness", in: *American Journal of Sociology* 91, 481-510.

Greffrath, Mathias, 1996: „Modell Deutschland", in: *Le Monde Diplomatique* vom 13.12.1996, 1 u. 11.

Greiner, Bernd, 1997: „'Test the West'. Über die 'Amerikanisierung' der Bundesrepublik Deutschland", in: *Mittelweg 36* 6, Heft 5, 4-40.

Greven, Michael Th., 1999: *Die politische Gesellschaft. Kontingenz und Dezision als Probleme des Regierens und der Demokratie.* Opladen: Leske + Budrich.

Gutmann, Gernot, 1998: „Ideengeschichtliche Wurzeln der Konzeption der Sozialen Marktwirtschaft", in: Dieter Cassel (Hg.): *50 Jahre Soziale Marktwirtschaft. Ordnungstheoretische Grundlagen, Realisierungsprobleme und Zukunftsperspektiven einer wirtschaftspolitischen Konzeption.* Stuttgart: Lucius & Lucius, 49-65.

Hachtmann, Rüdiger, 1998: „Arbeitsverfassung", in: Hans Günter Hockerts (Hg.): *Drei Wege deutscher Sozialstaatlichkeit. NS-Diktatur, Bundesrepublik und DDR im Vergleich*. München: Oldenbourg, 27-54.

Haffner, Sebastian, 1940: „Deutschlands Talente, Deutschlands Mission", in: *Frankfurter Allgemeine Zeitung* vom 8.9.2001: 9-10.

Haipeter, Thomas, 2001: „5000 mal 5000", in: *Mitbestimmung* 47, Heft 9, 34-37.

Hall, Peter A., 1999: „The Political Economy of Europe in an Era of Interdependence", in: Herbert Kitschelt; Peter Lange; Gary Marks; John D. Stephens (Hg.): *Continuity and Change in Contemporary Capitalism*. Cambridge: Cambridge University Press, 135-163.

Hall, Peter A., 1997a: „The Role of Interests, Institutions, and Ideas in the Comparative Political Economy of the Industrialized Nations", in: Mark Irving Lichbach; Alan S. Zuckerman (Hg.): *Comparative Politics. Rationality, Culture, and Structure*. Cambridge: Cambridge University Press, 174-207.

Hall, Peter A., 1997b: „The Political Economy of Adjustment in Germany", in: Frieder Naschold; David Soskice; Bob Hancké; Ulrich Jürgens (Hg.): *Ökonomische Leistungsfähigkeit und institutionelle Innovation. Das deutsche Produktions- und Politikregime im globalen Wettbewerb*. WZB-Jahrbuch 1997. Berlin: edition sigma, 293-317.

Hall, Peter A., 1993: „Policy Paradigms, Social Learning, and the State. The Case of Economic Policymaking in Britain", in: *Comparative Politics* 25, 275-296.

Hall, Peter A., 1989: „Conclusion: The Politics of Keynesian Ideas", in: Peter A. Hall (Hg.): *The Political Power of Economic Ideas: Keynesianism across Nations*. Princeton: Princeton University Press, 361-391.

Hall, Peter A., 1986: *Governing the Economy. The Politics of State Intervention in Britain and France*. Cambridge: Polity.

Hall, Peter A.; Soskice, David (Hg.), 2001a: *Varieties of Capitalism. The Institutional Foundations of Comparative Advantage*. Oxford: Oxford University Press.

Hall, Peter A.; Soskice, David, 2001b: „An Introduction to Varieties of Capitalism", in: Peter A. Hall; David Soskice (Hg.): *Varieties of Capitalism. The Institutional Foundations of Comparative Advantage*. Oxford: Oxford University Press, 1-68.

Hall, Peter A.; Taylor, Rosemary C. R., 1996: „Political Science and the Three New Institutionalisms", in: *Political Studies* 44, 936-957.

Hancké, Bob, 1999: „Problems of Transition: Industrial relations and industrial restructuring in Eastern Germany". Unveröffentlichtes Manuskript. Berlin: Wissenschaftszentrum Berlin für Sozialforschung.

Hartwich, Hans-Hermann, 1978: *Sozialstaatspostulat und gesellschaftlicher status quo*. 3. Auflage. Opladen: Westdeutscher Verlag.

Haselbach, Dieter, 1991: *Autoritärer Liberalismus und Soziale Marktwirtschaft. Gesellschaft und Politik im Ordoliberalismus*. Baden-Baden: Nomos.

Hassel, Anke, 1999: „The Erosion of the German System of Industrial Relations", in: *British Journal of Industrial Relations* 37, 483-505.

Hassel, Anke; Rehder, Britta, 2001: „Warum Großunternehmen das deutsche Tarifsystem mögen", in: *Mitbestimmung* 47, Heft 10, 10-15.

Hassel, Anke; Rehder, Britta, 2000: „The role of big companies in the institutional change of the German wage bargaining system". Paper prepared for the workshop on Institutional Change in German Industrial Relations. Max-Planck Institute for the Study of Societies, Cologne, December 8th and 9th 2000 [erschienen als: „Institutional Change in the German Wage Bargaining System – The Role of Big Companies". MPIfG Working Paper 01/9. Köln: Max-Planck-Institut für Gesellschaftsforschung].

Hauch-Fleck, Marie-Luise, 2001a: „Martyrium ohne Not", in: *DIE ZEIT* Nr. 31 vom 26.7.2001, 17-18.

Hauch-Fleck, Marie-Luise, 2001b: „Die neue Geschmeidigkeit", in: *DIE ZEIT* Nr. 49 vom 29.11.2001, 40.

Haug, Karin, 1994: „Habits und Frames in der Pflegeversicherung". ZeS-Arbeitspapier Nr. 6/94. Zentrum für Sozialpolitik. Universität Bremen.

Haug, Karin; Rothgang, Heinz, 1994: „Das Ringen um die Pflegeversicherung – ein vorläufiger sozialpolitischer Rückblick", in: *Beiträge zum Recht der sozialen Dienste und Einrichtungen*, Heft 24, 1-30.

Haupt, Heinz-Gerhard; Kocka, Jürgen, 1996: „Historischer Vergleich: Methoden, Aufgaben, Probleme. Eine Einleitung", in: Heinz-Gerhard Haupt; Jürgen Kocka (Hg.): *Geschichte und Vergleich. Ansätze und Ergebnisse international vergleichender Geschichtsschreibung*. Frankfurt/New York: Campus, 9-45.

Hauriou, Maurice, 1925: „Die Theorie der Institution und der Gründung (Essay über den sozialen Vitalismus)", in: Maurice Hauriou: *Die Theorie der Institution und zwei andere Aufsätze*. Herausgegeben von Roman Schnur. Berlin: Duncker & Humblot, 1965, 27-66.

Hauschild, Reinhard, 1994: „Vorschläge und Konzeptionen", in: *Bundesarbeitsblatt*, Heft 8-9/1994, 12-21.

Heidenheimer, Arnold J., 1991: „Zeitliche und räumliche Bezugsrahmen der Entwicklung der Bundesrepublik", in: Bernhard Blanke; Hellmut Wollmann (Hg.): *Die alte Bundesrepublik. Kontinuität und Wandel*. Leviathan, Sonderheft 12/1991. Opladen: Westdeutscher Verlag, 33-44.

Heimann, Eduard, 1929: *Soziale Theorie des Kapitalismus. Theorie der Sozialpolitik*. Frankfurt a. M.: Suhrkamp, 1980.

Heinemann, Friedrich, 2001: „Da weiß man, was man hat. Status-quo-Präferenz, Besitzeffekt, Verlust-Aversion: Die Psychologie der Reformblockaden", in: *Frankfurter Allgemeine Zeitung* vom 2.6.2001: 15.

Heinze, Rolf G., 1998: *Die blockierte Gesellschaft. Sozioökonomischer Wandel und die Krise des „Modell Deutschland"*. Opladen: Westdeutscher Verlag.

Heller, Hermann, 1933: „Autoritärer Liberalismus", in: Hermann Heller: *Gesammelte Schriften*. Zweiter Band: Recht, Staat, Macht. Herausgegeben von Martin Drath u.a.. Leiden: A.W. Sijthoff, 1971, 643-653.

Hennis, Wilhelm, 1997a: „Deutschland ist mehr als ein Standort", in: *DIE ZEIT* Nr. 50 vom 5.12.1997, 6.

Hennis, Wilhelm, 1997b: „Totenrede des Perikles auf ein blühendes Land", in: *Frankfurter Allgemeine Zeitung* vom 27.9.1997, 36.

Hensche, Detlef, 1997: „Tarifpolitik in der Krise", in: *Das Arbeitsrecht der Gegenwart. Jahrbuch für das gesamte Arbeitsrecht und die Arbeitsgerichtsbarkeit.* Nachschlagewerk für Wissenschaft und Praxis. Band 34. Herausgegeben von Thomas Dieterich. Berlin: Erich Schmidt, 35-48.

Herbst, Ludolf, 1982: *Der Totale Krieg und die Ordnung der Wirtschaft. Die Kriegswirtschaft im Spannungsfeld von Politik, Ideologie und Propaganda 1939-1945.* Stuttgart: DVA.

Herrmann, Christa; Promberger, Markus; Singer, Susanne; Trinczek, Rainer, 1999: *Forcierte Arbeitszeitflexibilisierung. Die 35-Stunden-Woche in der betrieblichen und gewerkschaftlichen Praxis.* Berlin: edition sigma.

Herzog, Roman, 1997: „Aufbruch ins 21. Jahrhundert. 'Berliner Rede' vom 26. April 1997", in: Manfred Bissinger (Hg.): *Stimmen gegen den Stillstand. Roman Herzogs „Berliner Rede" und 33 Antworten.* Hamburg: Hoffmann und Campe, 13-30.

Hesse, Joachim Jens, 1999: „50 Jahre Bundesrepublik Deutschland: Staat und Politik zwischen Hoffnungen und Befürchtungen", in: Thomas Ellwein; Everhard Holtmann (Hg.): *50 Jahre Bundesrepublik Deutschland. Rahmenbedingungen – Entwicklungen – Perspektiven.* Opladen/Wiesbaden: Westdeutscher Verlag, 643-660.

Hesse, Joachim Jens; Ellwein, Thomas, 1997: *Das Regierungssystem der Bundesrepublik Deutschland.* Band 1: Text. 8., völlig neubearbeitete und erweiterte Auflage. Opladen: Westdeutscher Verlag.

Hesse, Joachim Jens; Renzsch, Wolfgang, 2000: „Föderalismus in den Händen der Exekutive. Die bundesstaatliche Ordnung zwischen Status quo und Fundamentalreform", in: *Frankfurter Allgemeine Zeitung* vom 21.10.2000, 11.

Hesse, Konrad, 1962: *Der unitarische Bundesstaat.* Karlsruhe: Müller.

Hickel, Rudolf, 1989: „Deregulierung der Arbeitsmärkte: Grundlagen, Wirkungen und Kritik", in: *Gewerkschaftliche Monatshefte* 40, 85-96.

Hickel, Rudolf; Kurtzke, Wilfried, 1997: „Tarifliche Lohnpolitik unter Nutzung der Härtefallregelung. Ergebnisse einer Untersuchung zur Praxis in der ostdeutschen Metall- und Elektroindustrie", in: *WSI-Mitteilungen* 50, 98-111.

Hilferding, Rudolf, 1910: *Das Finanzkapital. Eine Studie über die jüngste Entwicklung des Kapitalismus.* Frankfurt a. M.: EVA, 1968.

Hinrichs, Karl, 1996: „Das Normalarbeitsverhältnis und der männliche Familienernährer als Leitbilder der Sozialpolitik", in: *Sozialer Fortschritt* 45, 101-107.

Hinrichs, Karl, 1995: „Die Soziale Pflegeversicherung – eine institutionelle Innovation in der deutschen Sozialpolitik", in: *Staatswissenschaften und Staatspraxis* 6, 227-259.

Hinrichs, Karl; Wiesenthal, Helmut, 1987: „Bestandsrationalität versus Kollektivinteresse. Gewerkschaftliche Handlungsprobleme im Arbeitszeitkonflikt 1984", in: Heidrun

Abromeit; Bernhard Blanke (Hg.): *Arbeitsmarkt, Arbeitsbeziehungen und Politik in den 80er Jahren.* Leviathan, Sonderheft 8/1987. Opladen: Westdeutscher Verlag, 118-132.

Hintze, Otto, 1929: „Soziologische und geschichtliche Staatsauffassung. Zu Franz Oppenheimers System der Soziologie", in: Otto Hintze: *Soziologie und Geschichte. Gesammelte Abhandlungen zur Soziologie, Politik und Theorie der Geschichte.* Herausgegeben und eingeleitet von Gerhard Oestreich. 2., erweiterte Auflage. Göttingen: Vandenhoeck & Ruprecht, 1964, 239-305.

Hintze, Otto, 1914: „Das Verfassungsleben der heutigen Kulturstaaten", in: Otto Hintze: *Staat und Verfassung. Gesammelte Abhandlungen zur Verfassungsgeschichte.* Herausgegeben von Gerhard Oestreich. 2., erweiterte Auflage. Göttingen: Vandenhoeck & Ruprecht, 1962, 390-423.

Hintze, Otto, 1911: „Das monarchische Prinzip und die konstitutionelle Verfassung", in: Otto Hintze: *Staat und Verfassung. Gesammelte Abhandlungen zur Verfassungsgeschichte.* Herausgegeben von Gerhard Oestreich. 2., erweiterte Auflage. Göttingen: Vandenhoeck & Ruprecht, 1962, 359-389.

Hirsch, Joachim, 1980: *Der Sicherheitsstaat. Das „Modell Deutschland", seine Krise und die neuen sozialen Bewegungen.* Frankfurt a. M.: EVA.

Hockerts, Hans Günter (Hg.), 1998a: *Drei Wege deutscher Sozialstaatlichkeit. NS-Diktatur, Bundesrepublik und DDR im Vergleich.* München: Oldenbourg.

Hockerts, Hans Günter, 1998b: „Einführung", in: Hans Günter Hockerts (Hg.): *Drei Wege deutscher Sozialstaatlichkeit. NS-Diktatur, Bundesrepublik und DDR im Vergleich.* München: Oldenbourg, 7-25.

Hockerts, Hans Günter, 1986: „Integration der Gesellschaft: Gründungskrise und Sozialpolitik in der frühen Bundesrepublik", in: *Zeitschrift für Sozialreform* 32, 25-41.

Hockerts, Hans Günter, 1980: *Sozialpolitische Entscheidungen im Nachkriegsdeutschland. Alliierte und deutsche Sozialversicherungspolitik 1945 bis 1957.* Stuttgart: Klett-Cotta.

Höland, Armin; Reim, Uwe; Brecht, Holger, 2000a: „Flächentarifvertrag und Günstigkeitsprinzip. Zusammenfassung einer empirischen und rechtlichen Untersuchung der Anwendung von Flächentarifverträgen in den Betrieben". ZERP-Diskussionspapier 1/2000. Bremen: Zentrum für Europäische Rechtspolitik.

Höland, Armin; Brecht, Holger; Reim, Uwe, 2000b: „Flächentarifverträge und betriebliche Bündnisse für Arbeit. Forschungserkenntnisse und ihre Lehren", in: *WSI-Mitteilungen* 53, 639-646.

Hoffmann, Jürgen, 2003: „Der kleine Unterschied: Varieties of Capitalism", in: *WSI-Mitteilungen* 56, 124-130.

Hofmann, Claus F.; Grieswelle, Detlef, 2002: „Konsequente Umsetzung der sozialpolitischen Leitbilder", in: *Bundesarbeitsblatt*, Heft 7-8/2002, 32-40.

Hohn, Hans-Willy, 1988: *Von der Einheitsgewerkschaft zum Betriebssyndikalismus. Soziale Schließung im dualen System der Interessenvertretung.* Berlin: edition sigma.

Hollingsworth, J. Rogers, 1997: „Continuities and Changes in Social Systems of Production: The Cases of Japan, Germany, and the United States", in: J. Rogers

Hollingsworth; Robert Boyer (Hg.): *Contemporary Capitalism. The Embeddedness of Institutions.* Cambridge: Cambridge University Press, 265-310.

Hollingsworth, J. Rogers; Boyer, Robert, 1997: „Coordination of Economic Actors and Social Systems of Production", in: J. Rogers Hollingsworth; Robert Boyer (Hg.): *Contemporary Capitalism. The Embeddedness of Institutions.* Cambridge: Cambridge University Press, 1-47.

Hollingsworth, J. Rogers; Schmitter, Philippe C.; Streeck, Wolfgang, 1994: „Capitalism, Sectors, Institutions, and Performance", in: J. Rogers Hollingsworth; Philippe C. Schmitter; Wolfgang Streeck (Hg.): *Governing Capitalist Economies. Performance and Control of Economic Sectors.* New York/Oxford: Oxford University Press, 3-16.

Honneth, Axel; McCarthy, Thomas; Offe, Claus; Wellmer, Albrecht (Hg.), 1989: *Zwischenbetrachtungen. Im Prozeß der Aufklärung.* Jürgen Habermas zum 60. Geburtstag. Frankfurt a. M.: Suhrkamp.

Horn, Norbert, 1983: „Arbeitsrecht und soziale Beziehungen in der Bundesrepublik: in historischer Sicht", in: Werner Conze; M. Rainer Lepsius (Hg.): *Sozialgeschichte der Bundesrepublik Deutschland. Beiträge zum Kontinuitätsproblem.* Stuttgart: Klett-Cotta, 324-338.

Huber, Ernst Rudolf, 1953: *Wirtschaftsverwaltungsrecht.* Zweite, neubearbeitete und erweiterte Auflage. Erster Band. Tübingen: Mohr.

Huber, Evelyne; Ragin, Charles; Stephens, John D., 1993: „Social Democracy, Christian Democracy, Constitutional Structure, and the Welfare State", in: *American Journal of Sociology* 99, 711-749.

Huf, Stefan, 1999: „Die sozialstaatliche Einbettung der Marktökonomie", in: *Zeitschrift für Sozialreform* 45, 221-241.

Huf, Stefan, 1998: *Sozialstaat und Moderne. Modernisierungseffekte staatlicher Sozialpolitik.* Berlin: Duncker & Humblot.

Hundt, Dieter, 1997: „Der Flächentarif ist unverzichtbar", in: *Frankfurter Allgemeine Zeitung* vom 31.12.1997, 13.

Immergut, Ellen M., 1998: „The Theoretical Core of the New Institutionalism", in: *Politics & Society* 26, 5-34.

Jacobi, Otto; Keller, Berndt; Müller-Jentsch, Walther, 1998: „Germany: Facing New Challenges", in: Anthony Ferner; Richard Hyman (Hg.): *Changing Industrial Relations in Europe.* Oxford: Blackwell, 190-238.

Jacobi, Otto; Müller-Jentsch, Walther, 1990: „West Germany: Continuity and Structural Change", in: Guido Baglioni; Colin Crouch (Hg.): *European Industrial Relations. The Challenge of Flexibility.* London u.a.: Sage, 127-153.

Jacobs, Klaus, 1995: „Zur Kohärenz von gesetzlicher Pflegeversicherung und anderen Zweigen der Sozialversicherung", in: Uwe Fachinger; Heinz Rothgang (Hg.): *Die Wirkungen des Pflege-Versicherungsgesetzes.* Berlin: Duncker & Humblot, 245-262.

Jaeger, Hans, 1988: *Geschichte der Wirtschaftsordnung in Deutschland*. Frankfurt a. M.: Suhrkamp.

Janoski, Thomas; Hicks, Alexander M., 1994: „Methodological innovations in comparative political economy: an introduction", in: Thomas Janoski; Alexander M. Hicks (Hg.): *The Comparative Political Economy of the Welfare State*. Cambridge: Cambridge University Press, 1-27.

Jessop, Bob, 1994: „The transition to post-Fordism and the Schumpeterian Workfare State", in: Roger Burrows; Brian Loader (Hg.): *Towards a Post-Fordist Welfare State?* London: Routledge, 13-37.

Jessop, Bob, 1978: „Capitalism and Democracy: the Best Possible Political Shell?", in: Gary Littlejohn; Barry Smart; John Wakeford; Nira Yuval-Davis (Hg.): *Power and the State*. London: Croom Helm, 10-51.

Joas, Hans, 1988: „Das Risiko der Gegenwartsdiagnose", in: *Soziologische Revue* 11, 1-6.

Jochem, Sven, 2001: „Reformpolitik im deutschen Sozialversicherungsstaat", in: Manfred G. Schmidt (Hg.): *Wohlfahrtsstaatliche Politik. Institutionen, politischer Prozess und Leistungsprofil*. Opladen: Leske + Budrich, 193-226.

Jochem, Sven; Siegel, Nico A., 2000: „Wohlfahrtskapitalismen und Beschäftigungsperformanz – Das 'Modell Deutschland' im Vergleich", in: *Zeitschrift für Sozialreform* 46, 38-64.

John, Jürgen, 1992: „Die Reichsreformdiskussion in der Weimarer Republik", in: Jochen Huhn; Peter-Christian Witt (Hg.): *Föderalismus in Deutschland. Traditionen und gegenwärtige Probleme*. Symposion an der Universität Kassel 10. bis 12. April 1991. Baden-Baden: Nomos, 101-126.

Jürgens, Ulrich, 1984: „Die Entwicklung von Macht, Herrschaft und Kontrolle im Betrieb als politischer Prozeß – Eine Problemskizze zur Arbeitspolitik", in: Ulrich Jürgens; Frieder Naschold (Hg.): *Arbeitspolitik. Materialien zum Zusammenhang von politischer Macht, Kontrolle und betrieblicher Organisation der Arbeit*. Leviathan, Sonderheft 5/1983. Opladen: Westdeutscher Verlag, 58-91.

Jürgens, Ulrich; Naschold, Frieder, 1994: „Arbeits- und industriepolitische Entwicklungsengpässe der deutschen Industrie in den neunziger Jahren", in: Wolfgang Zapf; Meinolf Dierkes (Hg.): *Institutionenvergleich und Institutionendynamik*. WZB-Jahrbuch 1994. Berlin: edition sigma, 239-270.

Jürgens, Ulrich; Naumann, Katrin; Rupp, Joachim, 2000: „Shareholder value in an adverse environment: the German case", in: *Economy and Society* 29, 54-79.

Jung, Karl, 2000: „Bisherige und künftige Entwicklung der Sozialen Pflegeversicherung – Fünf-Jahres-Bilanz, Finanzsituation, Reformbedarf", in: *Die Krankenversicherung* 52, 199-208.

Kaase, Max; Schmid, Günther, 1999: „Einleitung", in: Max Kaase; Günther Schmid (Hg.): *Eine lernende Demokratie. 50 Jahre Bundesrepublik Deutschland*. WZB-Jahrbuch 1999. Berlin: edition sigma, 11-15.

Kädtler, Jürgen; Kottwitz, Gisela, 1994: „Industrielle Beziehungen in Ostdeutschland. Durch Kooperation zum Gegensatz von Kapital und Arbeit?", in: *Industrielle Beziehungen* 1, 13-38.

Kaelble, Hartmut, 1999: „Der historische Zivilisationsvergleich", in: Hartmut Kaelble; Jürgen Schriewer (Hg.): *Diskurse und Entwicklungspfade. Der Gesellschaftsvergleich in den Geistes- und Sozialwissenschaften.* Frankfurt/New York: Campus, 29-52.

Kaelble, Hartmut, 1997: „Europäische Vielfalt und der Weg zu einer europäischen Gesellschaft", in: Stefan Hradil; Stefan Immerfall (Hg.): *Die westeuropäischen Gesellschaften im Vergleich.* Opladen: Leske + Budrich, 27-68.

Kaelble, Hartmut, 1987: *Auf dem Weg zu einer europäischen Gesellschaft. Eine Sozialgeschichte Westeuropas 1880-1980.* München: Beck.

Kaiser, André, 1999: „Die politische Theorie des Neo-Institutionalismus: James March und Johan Olsen", in: André Brodocz; Gary S. Schaal (Hg.): *Politische Theorien der Gegenwart. Eine Einführung.* Opladen: Leske + Budrich, 189-211.

Kaiser, André, 1998a: „Vetopunkte der Demokratie. Eine Kritik neuerer Ansätze der Demokratietypologie und ein Alternativvorschlag", in: *Zeitschrift für Parlamentsfragen* 29, 525-541.

Kaiser, André, 1998b: „Institutional regimes", in: Jan W. van Deth (Hg.): *Comparative Politics. The problem of equivalence.* London/New York: Routledge, 205-221.

Kaiser, André, 1997: „Types of Democracy: From Classical to New Institutionalism", in: *Journal of Theoretical Politics* 9, 419-444.

Karpen, Ulrich, 1990: *Soziale Marktwirtschaft und Grundgesetz. Eine Einführung in die rechtlichen Grundlagen der Sozialen Marktwirtschaft.* Baden-Baden: Nomos.

Katterle, Siegfried, 2000: „Alfred Müller-Armacks Soziale Marktwirtschaft als Wirtschaftsordnung des Dritten Weges", in: Uwe Jens; Hajo Romahn (Hg.): *Sozialpolitik und Sozialökonomik. Soziale Ökonomie im Zeichen der Globalisierung.* Festschrift für Lothar F. Neumann. Marburg: Metropolis, 217-245.

Katz, Harry C., 1993: „The Decentralization of Collective Bargaining: A Literature Review and Comparative Analysis", in: *Industrial and Labor Relations Review* 47, 3-22.

Katzenstein, Peter J., 1999: „Ein Blick auf Deutschland von draußen", in: Max Kaase; Günther Schmid (Hg.): *Eine lernende Demokratie. 50 Jahre Bundesrepublik Deutschland.* WZB-Jahrbuch 1999. Berlin: edition sigma, 563-581.

Katzenstein, Peter J., 1989: „Stability and Change in the Emerging Third Republic", in: Peter J. Katzenstein (Hg.): *Industry and Politics in West Germany. Toward the Third Republic.* Ithaca/London: Cornell University Press, 307-353.

Katzenstein, Peter J., 1987: *Policy and Politics in West Germany. The Growth of a Semisovereign State.* Philadelphia: Temple University Press.

Kaufmann, Franz-Xaver, 2001: „Der deutsche Sozialstaat im internationalen Vergleich", in: *Geschichte der Sozialpolitik in Deutschland seit 1945.* Band 1: Grundlagen der Sozialpolitik. Herausgegeben vom Bundesministerium für Arbeit und Sozialordnung und dem Bundesarchiv. Baden-Baden: Nomos, 799-989.

Kaufmann, Franz-Xaver, 2000: „Towards a theory of the welfare state", in: *European Review* 8, 291-312.

Kaufmann, Franz-Xaver, 1997a: *Herausforderungen des Sozialstaates*. Frankfurt a. M.: Suhrkamp.

Kaufmann, Franz-Xaver, 1997b: „Normative Konflikte in Deutschland: Basiskonsens, Wertewandel und soziale Bewegungen", in: Peter L. Berger (Hg.): *Die Grenzen der Gemeinschaft: Konflikt und Vermittlung in pluralistischen Gesellschaften. Ein Bericht der Bertelsmann Stiftung an den Club of Rome*. Gütersloh: Bertelsmann Stiftung, 155-197.

Kaufmann, Franz-Xaver, 1995: *Zukunft der Familie im vereinten Deutschland. Gesellschaftliche und politische Bedingungen*. München: Beck.

Kaufmann, Franz-Xaver, 1994: „Diskurse über Staatsaufgaben", in: Dieter Grimm (Hg.) unter Mitarbeit von Evelyn Hagenah: *Staatsaufgaben*. Baden-Baden: Nomos, 15-41.

Kaufmann, Franz-Xaver, 1989: „Familie", in: Blüm, Norbert; Zacher, Hans F. (Hg.): *40 Jahre Sozialstaat Bundesrepublik Deutschland*. Baden-Baden: Nomos, 547-560.

Kaufmann, Franz-Xaver, 1988: „Christentum und Wohlfahrtsstaat", in: *Zeitschrift für Sozialreform* 34, 65-89.

Keller, Berndt, 1996: „Arbeitspolitik in den neuen Bundesländern. Eine Zwischenbilanz der Transformationsprozesse", in: *Sozialer Fortschritt* 45, 88-102.

Kern, Horst, 1994: „Intelligente Regulierung. Gewerkschaftliche Beiträge in Ost und West zur Erneuerung des deutschen Produktionsmodells", in: *Soziale Welt* 45, 33-59.

Kern, Horst; Sabel, Charles F., 1994: „Verblaßte Tugenden. Zur Krise des deutschen Produktionsmodells", in: Niels Beckenbach; Werner van Treeck (Hg.): *Umbrüche gesellschaftlicher Arbeit*. Soziale Welt, Sonderband 9. Göttingen: Schwartz, 605-624.

Kern, Horst; Schumann, Michael, 1998: „Kontinuität oder Pfadwechsel? Das deutsche Produktionsmodell am Scheideweg", in: Bruno Cattero (Hg.): *Modell Deutschland – Modell Europa. Probleme, Perspektiven*. Opladen: Leske + Budrich, 85-97.

Kersbergen, Kees van, 2000: „The declining resistance of welfare states to change?", in: Stein Kuhnle (Hg.): *Survival of the European Welfare State*. London/New York: Routledge, 19-36.

Kersbergen, Kees van, 1995: *Social Capitalism. A study of Christian democracy and the welfare state*. London/New York: Routledge.

Kielmansegg, Peter Graf, 2000: *Nach der Katastrophe. Eine Geschichte des geteilten Deutschland*. Berlin: Siedler.

Kirchheimer, Otto, 1967: „Deutschland oder Der Verfall der Opposition", in: Otto Kirchheimer: *Politische Herrschaft. Fünf Beiträge zur Lehre vom Staat*. Frankfurt a. M.: Suhrkamp, 58-91.

Kirchheimer, Otto, 1965: „Der Wandel des westeuropäischen Parteiensystems", in: *Politische Vierteljahresschrift* 6, 20-41.

Kirsch, Martin, 1999: *Monarch und Parlament im 19. Jahrhundert. Der monarchische Konstitutionalismus als europäischer Verfassungstyp: Frankreich im Vergleich*. Göttingen: Vandenhoeck & Ruprecht.

Kitschelt, Herbert; Lange, Peter; Marks, Gary; Stephens, John D., 1999a: „Introduction", in: Herbert Kitschelt; Peter Lange; Gary Marks; John D. Stephens (Hg.): *Continuity and Change in Contemporary Capitalism*. Cambridge: Cambridge University Press, 1-8.

Kitschelt, Herbert; Lange, Peter; Marks, Gary; Stephens, John D., 1999b: „Convergence and Divergence in Advanced Capitalist Democracies", in: Herbert Kitschelt; Peter Lange; Gary Marks; John D. Stephens (Hg.): *Continuity and Change in Contemporary Capitalism*. Cambridge: Cambridge University Press, 427-460.

Kleßmann, Christoph, 1991: *Die doppelte Staatsgründung. Deutsche Geschichte 1945-1955*. 5. Auflage. Göttingen: Vandenhoeck & Ruprecht.

Klie, Thomas, 1995: „Auswirkungen des SGB XI auf die Qualität der Pflegeleistungen", in: Uwe Fachinger; Heinz Rothgang (Hg.): *Die Wirkungen des Pflege-Versicherungsgesetzes*. Berlin: Duncker & Humblot, 55-67.

Klönne, Arno, 1993: „Tarif-'Autonomie' in Deutschland – historisch betrachtet", in: *WSI-Mitteilungen* 46, 488-495.

Kogut, Bruce, 1997: „Identity, Procedural Knowledge, and Institutions: Functional and Historical Explanations for Institutional Change", in: Frieder Naschold; David Soskice; Bob Hancké; Ulrich Jürgens (Hg.): *Ökonomische Leistungsfähigkeit und institutionelle Innovation. Das deutsche Produktions- und Politikregime im globalen Wettbewerb*. WZB-Jahrbuch 1997. Berlin: edition sigma, 349-365.

Kohl, Jürgen, 2000: „Der Sozialstaat: Die deutsche Version des Wohlfahrtsstaates – Überlegungen zu seiner typologischen Verortung", in: Stephan Leibfried; Uwe Wagschal (Hg.): *Der deutsche Sozialstaat. Bilanzen – Reformen – Perspektiven*. Frankfurt/New York: Campus, 115-152.

Kohl, Jürgen, 1993: „Der Wohlfahrtsstaat in vergleichender Perspektive. Anmerkungen zu Esping-Andersen's 'The Three Worlds of Welfare Capitalism'", in: *Zeitschrift für Sozialreform* 39, 67-82.

Korpi, Walter, 1983: *The Democratic Class Struggle*. London: Routledge and Kegan Paul.

Korpi, Walter; Palme, Joakim, 1998: „The Paradox of Redistribution and Strategies of Equality: Welfare State Institutions, Inequality, and Poverty in the Western Countries", in: *American Sociological Review* 63, 661-687.

Koselleck, Reinhart, 1968: „Der Zufall als Motivationsrest in der Geschichtsschreibung", in: Reinhart Koselleck: *Vergangene Zukunft. Zur Semantik geschichtlicher Zeiten*. Frankfurt a. M.: Suhrkamp, 1979, 158-175.

Krasner, Stephen D., 1983a: „Structural causes and regime consequences: regimes as intervening variables", in: Stephen D. Krasner (Hg.): *International Regimes*. Ithaca/London: Cornell University Press, 1-21.

Krasner, Stephen D., 1983b: „Regimes and the limits of realism: regimes as autonomous variables", in: Stephen D. Krasner (Hg.): *International Regimes*. Ithaca/London: Cornell University Press, 355-368.

Kreutz, Daniel, 2002: „Neue Mitte im Wettbewerbsstaat. Zur sozialpolitischen Bilanz von Rot-Grün", in: *Blätter für deutsche und internationale Politik*, Heft 4, 463-472.

Kulawik, Teresa, 1999: *Wohlfahrtsstaat und Mutterschaft. Schweden und Deutschland 1870-1912*. Frankfurt/New York: Campus.

Kulawik, Teresa, 1998: „Arbeiterinnenschutz und soziale Staatsbürgerschaft in Schweden und Deutschland 1870-1910", in: *Zeitschrift für Frauenforschung*, Sonderheft 1, 115-139.

Kvist, Jon; Torfing, Jacob, 1996: „Changing Welfare State Models". Working Paper 5, 1996. Copenhagen: Centre for Welfare State Research.

Laforet, Georg, 1947: *Föderalismus und Gesellschaftsordnung. Umrisse einer Philosophie des Föderalismus.* Augsburg: Naumann.

Lampert, Heinz, 1998: *Lehrbuch der Sozialpolitik.* Fünfte, überarbeitete und erweiterte Auflage. Berlin u.a.: Springer.

Lampert, Heinz, 1997: *Die Wirtschafts- und Sozialordnung der Bundesrepublik Deutschland.* 13. überarbeitete Auflage. München/Landsberg am Lech: Olzog.

Lampert, Heinz, 1996: *Priorität für die Familie. Plädoyer für eine rationale Familienpolitik.* Berlin: Duncker & Humblot.

Lampert, Heinz; Bossert, Albrecht, 1992: *Sozialstaat Deutschland. Entwicklung – Gestalt – Probleme.* München: Vahlen.

Landenberger, Margarete, 1995: „Pflegeversicherung – Modell für sozialstaatlichen Wandel", in: *Gegenwartskunde* 45, 19-31.

Landenberger, Margarete, 1994: „Pflegeversicherung als Vorbote eines anderen Sozialstaates", in: *Zeitschrift für Sozialreform* 40, 314-342.

Lane, Jan-Erik; Ersson, Svante, 1999: *Politics and Society in Western Europe.* Fourth edition. London u.a.: Sage.

Lane, Jan-Erik; Ersson, Svante, 1994: *Comparative Politics. An Introduction and New Approach.* Cambridge: Polity.

Langan, Mary; Ostner, Ilona, 1991: „Geschlechterpolitik im Wohlfahrtsstaat: Aspekte im internationalen Vergleich", in: *Kritische Justiz* 24, 302-317.

Lange, Peter; Meadwell, Hudson, 1985: „Typologies of Democratic Systems: From Political Inputs to Political Economy", in: Howard J. Wiarda (Hg.): *New Directions in Comparative Politics.* Boulder/London: Westview, 80-112.

Lange, Peter; Wallerstein, Michael; Golden, Miriam, 1995: „The End of Corporatism? Wage Setting in the Nordic and Germanic Countries", in: Sanford M. Jacoby (Hg.): *The Workers of Nations. Industrial Relations in a Global Economy.* New York/Oxford: Oxford University Press, 76-100.

Langner, Albrecht, 1980: „Wirtschaftliche Ordnungsvorstellungen im deutschen Katholizismus 1945-1963", in: Albrecht Langner (Hg.): *Katholizismus, Wirtschaftsordnung und Sozialpolitik.* Paderborn u.a.: Schöningh, 27-108.

Laufer, Heinz; Münch, Ursula, 1998: *Das föderative System der Bundesrepublik Deutschland.* Opladen: Leske + Budrich.

Lehmbruch, Gerhard, 2003: „Das deutsche Verbändesystem zwischen Unitarismus und Föderalismus", in: Renate Mayntz; Wolfgang Streeck (Hg.): *Die Reformierbarkeit der Demokratie. Innovationen und Blockaden*. Frankfurt/New York: Campus, 259-288.

Lehmbruch, Gerhard, 2002: „Der unitarische Bundesstaat in Deutschland: Pfadabhängigkeit und Wandel". MPIfG Discussion Paper 02/2. Max-Planck-Institut für Gesellschaftsforschung, Köln [erschienen in: Arthur Benz; Gerhard Lehmbruch (Hg.): *Föderalismus. Analysen in entwicklungsgeschichtlicher und vergleichender Perspektive*. Wiesbaden: Westdeutscher Verlag, 2002, 53-110].

Lehmbruch, Gerhard, 1999: „Die Große Koalition und die Institutionalisierung der Verhandlungsdemokratie", in: Max Kaase; Günther Schmid (Hg.): *Eine lernende Demokratie. 50 Jahre Bundesrepublik Deutschland*. WZB-Jahrbuch 1999. Berlin: edition sigma, 41-61.

Lehmbruch, Gerhard, 1998 [1976]: *Parteienwettbewerb im Bundesstaat. Regelsysteme und Spannungslagen im Institutionengefüge der Bundesrepublik Deutschland*. 2., erweiterte Auflage. Opladen: Westdeutscher Verlag.

Lehmbruch, Gerhard, 1996: „Die Rolle der Spitzenverbände im Transformationsprozeß: Eine neo-institutionalistische Perspektive", in: Raj Kollmorgen; Rolf Reißig; Johannes Weiß (Hg.): *Sozialer Wandel und Akteure in Ostdeutschland. Empirische Befunde und theoretische Ansätze*. Opladen: Leske + Budrich, 117-145.

Lehmbruch, Gerhard, 1994: „Dilemmata verbandlicher Einflußlogik im Prozeß der deutschen Vereinigung", in: Wolfgang Streeck (Hg.): *Staat und Verbände*. Politische Vierteljahresschrift, Sonderheft 25/1994. Opladen: Westdeutscher Verlag, 370-392.

Lehmbruch, Gerhard, 1992: „The Institutional Framework of German Regulation", in: Kenneth Dyson (Hg.): *The Politics of German Regulation*. Aldershot: Dartmouth, 29-52.

Lehmbruch, Gerhard; Schmitter, Philippe C. (Hg.), 1982: *Patterns of Corporatist Policy-Making*. London/Beverly Hills: Sage.

Leibfried, Stephan, 1992: „Towards a European Welfare State? On Integrating Poverty Regimes into the European Community", in: Zsuzsa Ferge; Jon Eivind Kolberg (Hg.): *Social Policy in a Changing Europe*. Frankfurt/Boulder: Campus/Westview, 245-279.

Leibfried, Stephan; Tennstedt, Florian (Hg.), 1985: „Die Spaltung des Sozialstaats und die Politik der Armut", in: Stephan Leibfried; Florian Tennstedt (Hg.): *Politik der Armut und Die Spaltung des Sozialstaats*. Frankfurt a. M.: Suhrkamp, 13-38.

Leibfried, Stephan; Wagschal, Uwe, 2000: „Der deutsche Sozialstaat: Bilanzen – Reformen – Perspektiven", in: Stephan Leibfried; Uwe Wagschal (Hg.): *Der deutsche Sozialstaat. Bilanzen – Reformen – Perspektiven*. Frankfurt/New York: Campus, 8-50.

Leisering, Lutz, 2001: „Germany: Reform from Within", in: Pete Alcock; Gary Craig (Hg.): *International Social Policy. Welfare Regimes in the Developed World*. Basingstoke/New York: Palgrave, 161-182.

Leisering, Lutz, 2000: „Kontinuitätssemantiken: Die evolutionäre Transformation des Sozialstaates im Nachkriegsdeutschland", in: Stephan Leibfried; Uwe Wagschal (Hg.):

Der deutsche Sozialstaat. Bilanzen – Reformen – Perspektiven. Frankfurt/New York: Campus, 91-114.

Leisering, Lutz, 1999: „Der deutsche Sozialstaat", in: Thomas Ellwein; Everhard Holtmann (Hg.): *50 Jahre Bundesrepublik Deutschland. Rahmenbedingungen – Entwicklungen – Perspektiven*. Opladen/Wiesbaden: Westdeutscher Verlag, 181-192.

Leisering, Lutz, 1995: „Grenzen des Sozialversicherungsstaats? Sozialer Wandel als Herausforderung staatlicher Einkommenssicherung", in: *Zeitschrift für Sozialreform* 41, 860-880.

Leisering, Lutz, 1993: „Zwischen Verdrängung und Dramatisierung. Zur Wissenssoziologie der Armut in der bundesrepublikanischen Gesellschaft", in: *Soziale Welt* 44, 486-511.

Leitner, Sigrid, 1999: *Frauen und Männer im Wohlfahrtsstaat. Zur strukturellen Umsetzung von Geschlechterkonstruktionen in sozialen Sicherungssystemen*. Frankfurt a. M. u.a.: Peter Lang.

Lenhardt, Gero; Offe, Claus, 1977: „Staatstheorie und Sozialpolitik. Politisch-soziologische Erklärungsansätze für Funktionen und Innovationsprozesse der Sozialpolitik", in: Christian von Ferber; Franz-Xaver Kaufmann (Hg.): *Soziologie und Sozialpolitik*. Sonderheft 19/1977 der Kölner Zeitschrift für Soziologie und Sozialpsychologie. Opladen: Westdeutscher Verlag, 98-127.

Lenk, Kurt, 1986 [1972]: *Marx in der Wissenssoziologie. Studien zur Rezeption der Marxschen Ideologiekritik*. Zweite, verbesserte Auflage. Lüneburg: zu Klampen.

Lepsius, M. Rainer, 1997: „Institutionalisierung und Deinstitutionalisierung von Rationalitätskriterien", in: Gerhard Göhler (Hg.): *Institutionenwandel*. Leviathan, Sonderheft 16/1996. Opladen: Westdeutscher Verlag, 57-69.

Lepsius, M. Rainer, 1995: „Institutionenanalyse und Institutionenpolitik", in: Birgitta Nedelmann (Hg.): *Politische Institutionen im Wandel*. Kölner Zeitschrift für Soziologie und Sozialpsychologie, Sonderheft 35. Opladen: Westdeutscher Verlag, 392-403.

Lepsius, M. Rainer, 1990a: *Interessen, Ideen und Institutionen*. Opladen: Westdeutscher Verlag.

Lepsius, M. Rainer, 1990b: „Die Prägung der politischen Kultur der Bundesrepublik durch institutionelle Ordnungen", in: M. Rainer Lepsius: *Interessen, Ideen und Institutionen*. Opladen: Westdeutscher Verlag, 63-84.

Lepsius, M. Rainer, 1989: „Das Erbe des Nationalsozialismus und die politische Kultur der Nachfolgestaaten des 'Großdeutschen Reiches'", in: M. Rainer Lepsius: *Demokratie in Deutschland: Soziologisch-historische Konstellationsanalysen. Ausgewählte Aufsätze*. Göttingen: Vandenhoeck & Ruprecht, 1993, 229-245.

Lepsius, M. Rainer, 1986: „Interessen und Ideen. Die Zurechnungsproblematik bei Max Weber", in: Friedhelm Neidhardt; M. Rainer Lepsius; Johannes Weiß (Hg.): *Kultur und Gesellschaft*. Kölner Zeitschrift für Soziologie und Sozialpsychologie, Sonderheft 27. Opladen: Westdeutscher Verlag, 20-31.

Lepsius, M. Rainer, 1983: „Die Bundesrepublik Deutschland in der Kontinuität und Diskontinuität historischer Entwicklungen: Einige methodische Vorüberlegungen", in:

M. Rainer Lepsius: *Demokratie in Deutschland: Soziologisch-historische Konstellationsanalysen. Ausgewählte Aufsätze.* Göttingen: Vandenhoeck & Ruprecht, 1993, 135-144.

Lepsius, M. Rainer, 1981: „Die Teilung Deutschlands und die deutsche Nation", in: M. Rainer Lepsius: *Demokratie in Deutschland: Soziologisch-historische Konstellationsanalysen. Ausgewählte Aufsätze.* Göttingen: Vandenhoeck & Ruprecht, 1993, 196-228.

Lepsius, M. Rainer, 1980: „Stein Rokkans Beitrag zur vergleichenden Strukturforschung Westeuropas", in: *Zeitschrift für Soziologie* 9, 115-117.

Lepsius, M. Rainer, 1979a: „Zur Entwicklung der Bundesrepublik Deutschland 1972-1977", in: M. Rainer Lepsius: *Demokratie in Deutschland: Soziologisch-historische Konstellationsanalysen. Ausgewählte Aufsätze.* Göttingen: Vandenhoeck & Ruprecht, 1993, 175-195.

Lepsius, M. Rainer, 1979b: „Soziale Ungleichheit und Klassenstrukturen in der Bundesrepublik Deutschland", in: Hans-Ulrich Wehler (Hg.): *Klassen in der europäischen Sozialgeschichte.* Göttingen: Vandenhoeck & Ruprecht, 166-209.

Lepsius, M. Rainer, 1977: „Modernisierungspolitik als Institutionenbildung: Kriterien institutioneller Differenzierung", in: Wolfgang Zapf (Hg.): *Probleme der Modernisierungspolitik.* Meisenheim am Glan: Hain, 17-28.

Lepsius, M. Rainer, 1974: „Sozialstruktur und soziale Schichtung in der Bundesrepublik Deutschland (bis 1970)", in: M. Rainer Lepsius: *Demokratie in Deutschland: Soziologisch-historische Konstellationsanalysen. Ausgewählte Aufsätze.* Göttingen: Vandenhoeck & Ruprecht, 1993, 145-174.

Lepsius, M. Rainer, 1969: „Demokratie in Deutschland als historisch-soziologisches Problem", in: M. Rainer Lepsius: *Demokratie in Deutschland: Soziologisch-historische Konstellationsanalysen. Ausgewählte Aufsätze.* Göttingen: Vandenhoeck & Ruprecht, 1993, 11-24.

Lepsius, M. Rainer, 1966: „Parteiensystem und Sozialstruktur. Zum Problem der Demokratisierung der deutschen Gesellschaft", in: M. Rainer Lepsius: *Demokratie in Deutschland: Soziologisch-historische Konstellationsanalysen. Ausgewählte Aufsätze.* Göttingen: Vandenhoeck & Ruprecht, 1993, 25-50.

Lesch, Hagen, 2000: *Währungsunion und Flächentarifvertrag – Anpassungserfordernisse für das deutsche Tarifvertragssystem?* IFSt-Schrift Nr. 379. Bonn: Institut „Finanzen und Steuern".

Lessenich, Stephan, 2003a: „Nach der Sintflut: Zwischenbilanzen der Gesellschaftstransformation in Mittel- und Osteuropa", in: Stefanie Dittmer; Inka Jörs; Undine Ruge (Red.): *EU-Beitritt: Verheißung oder Bedrohung? Die Perspektive der mittel- und osteuropäischen Kandidatenländer.* Jahrbuch für Europa- und Nordamerika-Studien 6. Opladen: Leske + Budrich, 15-33.

Lessenich, Stephan, 2003b: „Institutionelle Einbettung, strategisches Handeln und die routinisierte Zerstörung von Institutionen", in: Martin Held; Andrea Maurer; Michael Schmid (Hg.): *Soziologischer und ökonomischer Institutionalismus. Chancen einer interdisziplinären Annäherung.* Marburg: Metropolis, 277-290.

Lessenich, Stephan, 2003c: „Der Arme in der Aktivgesellschaft. Zum sozialen Sinn des 'Förderns und Forderns'", in: *WSI-Mitteilungen* 56, 214-220.

Lessenich, Stephan, 2001: „Wohlfahrtsstaatliche Traditionen im 'Europäischen Sozialmodell'", in: Barbara Krause; Rainer Krockauer; Andreas Reiners (Hg.): *Auf der Suche nach einem sozialen und gerechten Europa*. Freiburg: Lambertus, 14-25.

Lessenich, Stephan, 2000: „Soziologische Erklärungsansätze zu Entstehung und Funktion des Sozialstaats", in: Jutta Allmendinger; Wolfgang Ludwig-Mayerhofer (Hg.): *Soziologie des Sozialstaats. Gesellschaftliche Grundlagen, historische Zusammenhänge und aktuelle Entwicklungstendenzen*. Weinheim/München: Juventa, 39-78.

Lessenich, Stephan, 1999a: „'Back to Basics': Vielfalt und Verfall wohlfahrtsstaatlich organisierter Solidarität in Europa", in: *Zeitschrift für Sozialreform* 45, 24-38.

Lessenich, Stephan, 1999b: „Ein (un)moralisches Angebot: Reziprozitätsfiktionen im modernen Wohlfahrtsstaat", in: Claudia Honegger; Stefan Hradil; Franz Traxler (Hg.): *Grenzenlose Gesellschaft?* Verhandlungen des 29. Kongresses der Deutschen Gesellschaft für Soziologie, des 16. Kongresses der Österreichischen Gesellschaft für Soziologie, des 11. Kongresses der Schweizerischen Gesellschaft für Soziologie in Freiburg i.Br. 1998. Teil 1. Opladen: Leske + Budrich, 153-168.

Lessenich, Stephan, 1998: „'Relations matter': De-Kommodifizierung als Verteilungsproblem", in: Stephan Lessenich; Ilona Ostner (Hg.): *Welten des Wohlfahrtskapitalismus. Der Sozialstaat in vergleichender Perspektive*. Frankfurt/New York: Campus, 91-108.

Lessenich, Stephan, 1996a: „Umbau, Abbau, Neubau? Der deutsche Sozialstaat im Wandel", in: *Leviathan* 24, 208-221.

Lessenich, Stephan 1996b: „Flexible Individuen, dynamische Solidaritäten: Arbeit und Familie im 'Umbau des Sozialstaats'", in: *Neue Praxis* 26, 239-245.

Lessenich, Stephan, 1995a: *Wohlfahrtsstaat, Arbeitsmarkt und Sozialpolitik in Spanien. Eine exemplarische Analyse postautoritären Wandels*. Opladen: Leske + Budrich.

Lessenich, Stephan, 1995b: „Wohlfahrtsstaatliche Regulierung und die Strukturierung von Lebensläufen. Zur Selektivität sozialpolitischer Interventionen", in: *Soziale Welt* 46, 51-69.

Lessenich, Stephan, 1994: „'Three Worlds of Welfare Capitalism' – oder vier? Strukturwandel arbeits- und sozialpolitischer Regulierungsmuster in Spanien", in: *Politische Vierteljahresschrift* 35, 224-244.

Lessenich, Stephan; Ostner, Ilona, 1998: „Welten des Wohlfahrtskapitalismus – Wandel der Wohlfahrtsstaatsforschung: Beiträge aus der 'dritten Welt'", in: Stephan Lessenich; Ilona Ostner (Hg.): *Welten des Wohlfahrtskapitalismus. Der Sozialstaat in vergleichender Perspektive*. Frankfurt/New York: Campus, 9-17.

Lessenich, Stephan; Ostner, Ilona, 1995: „Die institutionelle Dynamik 'dritter Wege' – Zur Entwicklung der Familienpolitik in 'katholischen' Wohlfahrtsstaaten am Beispiel Deutschlands und Frankreichs", in: *Zeitschrift für Sozialreform* 41, 780-803.

Lewis, Jane, 1997: „Gender and Welfare Regimes: Further Thoughts", in: *Social Politics* 4, 160-177.

Lewis, Jane, 1992: „Gender and the Development of Welfare Regimes", in: *Journal of European Social Policy* 2, 159-173.

Liebold, Renate, 1996: „Innerbetriebliche Beziehungen in ostdeutschen Industriebetrieben: Die (ost)deutsche Einheit zwischen Management und Betriebsrat", in: Joachim Bergmann; Rudi Schmidt (Hg.): *Industrielle Beziehungen. Institutionalisierung und Praxis unter Krisenbedingungen*. Opladen: Leske + Budrich, 213-235.

Lijphart, Arend, 1999: *Patterns of Democracy. Government Forms and Performance in Thirty-Six Countries*. New Haven/London: Yale University Press.

Lijphart, Arend, 1989: „Democratic Political Systems. Types, Cases, Causes, and Consequences", in: *Journal of Theoretical Politics* 1, 33-48.

Lijphart, Arend, 1984: *Democracies. Patterns of Majoritarian and Consensus Government in Twenty-One Countries*. New Haven/London: Yale University Press.

Lijphart, Arend, 1977: *Democracy in Plural Societies. A Comparative Exploration*. New Haven: Yale University Press.

Lijphart, Arend, 1968: „Typologies of Democratic Systems", in: *Comparative Political Studies* 1, 3-44.

Lijphart, Arend; Bruneau, Thomas C.; Diamandouros, P. Nikiforos; Gunther, Richard, 1988: „A Mediterranean Model of Democracy? The Southern European Democracies in Comparative Perspective", in: *West European Politics* 11, 7-25.

Lijphart, Arend; Crepaz, Markus M., 1991: „Corporatism and Consensus Democracy in Eighteen Countries: Conceptual and Empirical Linkages", in: *British Journal of Political Science* 21, 235-256.

Limbach, Jutta, 1988: „Die Entwicklung des Familienrechts seit 1949", in: Rosemarie Nave-Herz (Hg.): *Wandel und Kontinuität der Familie in der Bundesrepublik Deutschland*. Stuttgart: Enke, 11-35.

Locke, Richard M.; Thelen, Kathleen, 1995: „Apples and Oranges Revisited: Contextualized Comparisons and the Study of Comparative Labor Politics", in: *Politics & Society* 23, 337-367.

Lübbe, Hermann, 1975: „Was heißt 'Das kann man nur historisch erklären'? Zur Analyse der Struktur historischer Prozesse", in: Hermann Lübbe: *Fortschritt als Orientierungsproblem. Aufklärung in der Gegenwart*. Freiburg: Rombach, 154-168.

Luhmann, Niklas, 1981: „Wie ist soziale Ordnung möglich?", in: Niklas Luhmann: *Gesellschaftsstruktur und Semantik. Studien zur Wissenssoziologie der modernen Gesellschaft*. Band 2. Frankfurt a. M.: Suhrkamp, 195-285.

Luhmann, Niklas, 1980: „Interaktion in Oberschichten: Zur Transformation ihrer Semantik im 17. und 18. Jahrhundert", in: Niklas Luhmann: *Gesellschaftsstruktur und Semantik. Studien zur Wissenssoziologie der modernen Gesellschaft*. Band 1. Frankfurt a. M.: Suhrkamp, 72-161.

Luhmann, Niklas, 1975: „Formen des Helfens im Wandel gesellschaftlicher Bedingungen", in: Niklas Luhmann: *Soziologische Aufklärung 2. Aufsätze zur Theorie der Gesellschaft*. Opladen: Westdeutscher Verlag, 134-149.

Luhmann, Niklas, 1968: „Status quo als Argument", in: Horst Baier (Hg.): *Studenten in Opposition. Beiträge zur Soziologie der deutschen Hochschule.* Bielefeld: Bertelsmann Universitätsverlag, 73-82.

Lyotard, Jean-François, 1986 [frz. 1979]: *Das postmoderne Wissen. Ein Bericht.* Herausgegeben von Peter Engelmann. Graz/Wien: Böhlau (Edition Passagen).

Mackenroth, Gerhard, 1952: „Die Reform der Sozialpolitik durch einen deutschen Sozialplan", in: Bernhard Külp; Wilfrid Schreiber (Hg.): *Soziale Sicherheit.* Köln/Berlin: Kiepenheuer & Witsch, 1971, 265-275.

Mager, Hans-Christian, 1995: „Moral hazard in der (sozialen) Pflegeversicherung?", in: Uwe Fachinger; Heinz Rothgang (Hg.): *Die Wirkungen des Pflege-Versicherungsgesetzes.* Berlin: Duncker & Humblot, 115-135.

Mahon, Rianne, 2001: „Theorizing Welfare Regimes: Toward a Dialogue?", in: *Social Politics* 8, 24-35.

Mahoney, James, 2000: „Path dependence in historical sociology", in: *Theory and Society* 29, 507-548.

Maier, Hans, 1966: *Die ältere deutsche Staats- und Verwaltungslehre (Polizeiwissenschaft). Ein Beitrag zur Geschichte der politischen Wissenschaft in Deutschland.* Neuwied/Berlin: Luchterhand.

Mannheim, Karl, 1932: *Die Gegenwartsaufgaben der Soziologie. Ihre Lehrgestalt.* Tübingen: J.C.B. Mohr (Paul Siebeck).

Mannheim, Karl, 1929: *Ideologie und Utopie.* 3., vermehrte Auflage 1952. Frankfurt a. M.: Schulte-Bulmke.

Mannheim, Karl, 1927: „Das konservative Denken. Soziologische Beiträge zum Werden des politisch-historischen Denkens in Deutschland", in: Hans-Gerd Schumann (Hg.): *Konservativismus.* Köln: Kiepenheuer & Witsch, 1974, 24-75.

Manow, Philip, 2002: „'The Good, the Bad, and the Ugly'. Esping-Andersens Sozialstaats-Typologie und die konfessionellen Wurzeln des westlichen Wohlfahrtsstaats", in: *Kölner Zeitschrift für Soziologie und Sozialpsychologie* 54, 203-225.

Manow, Philip, 2001: „Ordoliberalismus als ökonomische Ordnungstheologie", in: *Leviathan* 29, 179-198.

Manow, Philip, 2000: „Kapitaldeckung oder Umlage. Zur Geschichte einer anhaltenden Debatte", in: Stefan Fisch; Ulrike Haerendel (Hg.): *Geschichte und Gegenwart der Rentenversicherung in Deutschland. Beiträge zur Entstehung, Entwicklung und vergleichenden Einordnung der Alterssicherung im Sozialstaat.* Berlin: Duncker & Humblot, 145-168.

Manow, Philip, 1999: „Liberalism's and Corporatism's uneasy Compromise in postwar Germany". Paper presented at the Workshop „Liberalism and Change: Political Rights and Economic Capacities in Germany and the United States". Center for German and European Studies, Berkeley, University of California, January 22-24, 1999.

Manow, Philip, 1998: „Individuelle Zeit, institutionelle Zeit, soziale Zeit. Das Vertrauen in die Sicherheit der Rente und die Debatte um Kapitaldeckung und Umlage in Deutschland", in: *Zeitschrift für Soziologie* 27, 193-211.

Manow, Philip, 1997: „Social Insurance and the German Political Economy". MPIfG Discussion Paper 97/2. Köln: Max-Planck-Institut für Gesellschaftsforschung.

Manow, Philip; Seils, Eric, 2000: „The Employment Crisis of the German Welfare State", in: Ferrera, Maurizio; Rhodes, Martin (Hg.): *Recasting European Welfare States*. London: Frank Cass, 137-160.

March, James G.; Olsen, Johan P., 1989: *Rediscovering Institutions. The Organizational Basis of Politics*. New York: Free Press.

Mares, Isabela, 1997: „Is Unemployment Insurable? Employers and the Development of Unemployment Insurance", in: *Journal of Public Policy* 17, 299-328.

Markovits, Andrei S., 1982: „Introduction: Model Germany – a Cursory Overview of a Complex Construct", in: Andrei S. Markovits (Hg.): *The Political Economy of West Germany. Modell Deutschland*. New York: Praeger, 1-11.

Martens, Helmut, 1996: „Zur Institutionalisierung von Mitbestimmung in Ostdeutschland im Kontext der Modernisierung der industriellen Beziehungen in der Bundesrepublik Deutschland", in: Raj Kollmorgen; Rolf Reißig; Johannes Weiß (Hg.): *Sozialer Wandel und Akteure in Ostdeutschland. Empirische Befunde und theoretische Ansätze*. Opladen: Leske + Budrich, 165-178.

Marx, Karl, 1847: *Das Elend der Philosophie. Antwort auf Proudhons „Philosophie des Elends"*, in: Karl Marx; Friedrich Engels: *Werke*. Band 4. Berlin: Dietz, 1972, 63-182.

Marx, Karl; Engels, Friedrich, 1848: „Manifest der Kommunistischen Partei", in: Karl Marx; Friedrich Engels: *Werke*. Band 4. Berlin: Dietz, 1972, 459-493.

Mauer, Andreas; Seifert, Hartmut, 2001: „Betriebliche Beschäftigungs- und Wettbewerbsbündnisse – Strategie für Krisenbetriebe oder neue regelungspolitische Normalität?", in: *WSI-Mitteilungen* 54, 490-500.

Mayer, Karl Ulrich; Allmendinger, Jutta; Huinink, Johannes (Hg.), 1991: *Vom Regen in die Traufe: Frauen zwischen Beruf und Familie*. Frankfurt/New York: Campus.

Mayntz, Renate, 2002: „Zur Theoriefähigkeit makro-sozialer Analysen", in: Renate Mayntz (Hg.): *Akteure – Mechanismen – Modelle. Zur Theoriefähigkeit makro-sozialer Analysen*, Frankfurt/New York: Campus, 7-43.

Mayntz, Renate; Scharpf, Fritz W., 1995: „Der Ansatz des akteurzentrierten Institutionalismus", in: Renate Mayntz; Fritz W. Scharpf (Hg.): *Gesellschaftliche Selbstregelung und politische Steuerung*. Frankfurt/New York: Campus, 39-72.

Meier, Christian, 1997: „Zustände wie im alten Rom? Überlegungen anhand einer anderen Epoche des Übergangs und der Ratlosigkeit", in: *Merkur* 51, Heft 580, 569-580.

Meinhold, Helmut, 1985: „Die ordnungspolitische Bedeutung des Versicherungsprinzips in der deutschen Sozialpolitik", in: Winfried Schmähl (Hg.): *Versicherungsprinzip und soziale Sicherung*. Tübingen: Mohr, 13-26.

Melville, Gert, 1992: „Institutionen als geschichtswissenschaftliches Thema. Eine Einleitung", in: Gert Melville (Hg.): *Institutionen und Geschichte. Theoretische Aspekte und mittelalterliche Befunde.* Köln u.a.: Böhlau, 1-24.

Mense-Petermann, Ursula, 1996: „Die Verbetrieblichung der industriellen Beziehungen in Ostdeutschland als Herausforderung für das duale System", in: *Industrielle Beziehungen* 3, 65-79.

Meyer, Jörg Alexander, 1996: *Der Weg zur Pflegeversicherung. Positionen – Akteure – Politikprozesse.* Frankfurt a. M.: Mabuse.

Meyer, Traute, 1994: „Kinder, Kirche, Kapitalismus. Warum es im deutschen Sozialstaat einen Kindergartennotstand gibt". Discussion Paper FS I 94-210. Wissenschaftszentrum Berlin für Sozialforschung.

Meyer-Timpe, Ulrike, 2003: „So jung und schon ein Pflegefall", in: *DIE ZEIT* Nr. 14 vom 27.3.2003, 29.

Miegel, Meinhard, 2002: *Die deformierte Gesellschaft. Wie die Deutschen ihre Wirklichkeit verdrängen.* München: Propyläen.

Moeller, Robert G., 1995: „Equality, Difference, and the 'Grundgesetz': Women, Families, and the Federal Republic's Basic Law", in: Reiner Pommerin (Hg.): *The American Impact on Postwar Germany.* Providence/Oxford: Berghahn, 149-163.

Moeller, Robert G., 1993: *Protecting Motherhood. Women and the Family in the Politics of Postwar West Germany.* Berkeley u.a.: University of California Press.

Moene, Karl O.; Wallerstein, Michael; Hoel, Michael, 1993: „Bargaining Structure and Economic Performance", in: Robert J. Flanagan; Karl O. Moene; Michael Wallerstein (Hg.): *Trade Union Behaviour, Pay-bargaining, and Economic Performance.* Oxford: Clarendon, 62-154.

Moldenhauer, Meinolf, 2001a: „Herausforderungen und Reformbedarf der Pflegeversicherung", in: *Arbeit und Sozialpolitik* 55, Heft 3/4, 30-36.

Moldenhauer, Meinolf, 2001b: „Zum Stand der Qualitätssicherung in der Altenpflege seit der Einführung der Pflegeversicherung – unter Berücksichtigung aktueller Reformbestrebungen", in: *Sozialer Fortschritt* 50, 130-134.

Mommsen, Wolfgang, 1974a: „Soziologische Geschichte und historische Soziologie", in: Wolfgang Mommsen: *Max Weber. Gesellschaft, Politik und Geschichte.* Frankfurt a. M.: Suhrkamp, 182-207.

Mommsen, Wolfgang, 1974b: „'Verstehen' und 'Idealtypus'. Zur Methodologie einer historischen Sozialwissenschaft", in: Wolfgang Mommsen: *Max Weber. Gesellschaft, Politik und Geschichte.* Frankfurt a. M.: Suhrkamp, 208-232.

Mooser, Josef, 1983: „Abschied von der 'Proletarität'. Sozialstruktur und Lage der Arbeiterschaft in der Bundesrepublik in historischer Perspektive", in: Werner Conze; M. Rainer Lepsius (Hg.): *Sozialgeschichte der Bundesrepublik Deutschland. Beiträge zum Kontinuitätsproblem.* Stuttgart: Klett-Cotta, 143-186.

Mückenberger, Ulrich, 1995: „Aktuelle Herausforderungen an das Tarifwesen", in: *Kritische Justiz* 28, 26-44.

Mückenberger, Ulrich, 1990: „Normalarbeitsverhältnis: Lohnarbeit als normativer Horizont sozialer Sicherheit", in: Christoph Sachße; H. Tristram Engelhardt (Hg.): *Sicherheit und Freiheit. Zur Ethik des Wohlfahrtsstaates.* Frankfurt a. M.: Suhrkamp, 158-179.

Müller, Gerhard, 1990: *Die Tarifautonomie in der Bundesrepublik Deutschland. Rechtliche und ethische Grundlagen.* Berlin: Duncker & Humblot.

Müller, Hans-Peter; Schmid, Michael, 1995: „Paradigm Lost? Von der Theorie sozialen Wandels zur Theorie dynamischer Systeme", in: Hans-Peter Müller; Michael Schmid (Hg.): *Sozialer Wandel. Modellbildung und theoretische Ansätze.* Frankfurt a. M.: Suhrkamp, 9-55.

Müller-Armack, Alfred, 1946: „Wirtschaftslenkung und Marktwirtschaft", in: Alfred Müller-Armack: *Wirtschaftsordnung und Wirtschaftspolitik. Studien und Konzepte zur Sozialen Marktwirtschaft und zur Europäischen Integration.* Zweite, unveränderte Auflage. Bern/Stuttgart: Haupt, 1976, 19-170.

Müller-Jentsch, Walther, 1997: *Soziologie der industriellen Beziehungen. Eine Einführung.* Zweite, überarbeitete und erweiterte Auflage. Frankfurt/New York: Campus.

Müller-Jentsch, Walther, 1995: „Auf dem Prüfstand: Das deutsche Modell der industriellen Beziehungen", in: *Industrielle Beziehungen* 2, 11-24.

Müller-Jentsch, Walther, 1993: „Das (Des-)Interesse der Arbeitgeber am Tarifvertragssystem", in: *WSI-Mitteilungen* 46, 496-502.

Müller-Jentsch, Walther (Hg.), 1991: *Konfliktpartnerschaft. Akteure und Institutionen der industriellen Beziehungen.* München/Mering: Hampp.

Müller-Jentsch, Walther, 1979: „Neue Konfliktpotentiale und institutionelle Stabilität. Die Austauschbeziehungen zwischen Kapital und Arbeit in der Bundesrepublik seit dem Ende der sechziger Jahre", in: Joachim Matthes (Hg.): *Sozialer Wandel in Westeuropa.* Verhandlungen des 19. Deutschen Soziologentages Berlin 1979. Frankfurt/New York: Campus, 185-205.

Naschold, Frieder, 1997: „Ökonomische Leistungsfähigkeit und institutionelle Innovation. Das deutsche Produktions- und Politikregime im globalen Wettbewerb", in: Frieder Naschold; David Soskice; Bob Hancké; Ulrich Jürgens (Hg.): *Ökonomische Leistungsfähigkeit und institutionelle Innovation. Das deutsche Produktions- und Politikregime im globalen Wettbewerb.* WZB-Jahrbuch 1997. Berlin: edition sigma, 19-62.

Naumann, Klaus, 2001: „Reden wir endlich vom Ende!", in: *Frankfurter Allgemeine Zeitung* vom 30.8.2001, 44.

Naumann, Klaus, 2000: „Die Historisierung der Bonner Republik. Zeitgeschichtsschreibung in zeitdiagnostischer Absicht", in: *Mittelweg 36* 9, Heft 3, 53-66.

Nedelmann, Birgitta, 1999: „Georg Simmel (1858-1918)", in: Dirk Kaesler (Hg.), *Klassiker der Soziologie.* Band 1. München: Beck, 127-149.

Nedelmann, Birgitta, 1995: „Gegensätze und Dynamik politischer Institutionen", in: Birgitta Nedelmann (Hg.): *Politische Institutionen im Wandel.* Kölner Zeitschrift für Soziologie und Sozialpsychologie, Sonderheft 35. Opladen: Westdeutscher Verlag, 15-40.

Nell-Breuning, Oswald von, 1957: „Solidarität und Subsidiarität im Raume von Sozialpolitik und Sozialreform", in: Erik Boettcher (Hg.): *Sozialpolitik und Sozialreform. Ein einführendes Lehr- und Handbuch der Sozialpolitik.* Tübingen: Mohr, 213-226.

Neumann, Godehard, 2000: „Bündnisse für Arbeit in Deutschland. Ein Überblick", in: *WSI-Mitteilungen* 53, 419-429.

Nicholls, A. J., 1994: *Freedom with Responsibility. The Social Market Economy in Germany, 1918-1963.* Oxford: Clarendon.

Niclauß, Karlheinz, 1998: *Der Weg zum Grundgesetz. Demokratiegründung in Westdeutschland 1945-1949.* Paderborn u.a.: Schöningh.

Nipperdey, Thomas, 1986 [1980]: „Der Föderalismus in der deutschen Geschichte", in: Thomas Nipperdey: *Nachdenken über die deutsche Geschichte. Essays.* 2. Auflage. München: Beck, 60-109.

Nolte, Paul, 2002: „Einführung: Die Bundesrepublik in der deutschen Geschichte des 20. Jahrhunderts", in: *Geschichte und Gesellschaft* 28, 175-182.

Nolte, Paul, 2000: *Die Ordnung der deutschen Gesellschaft. Selbstentwurf und Selbstbeschreibung im 20. Jahrhundert.* München: Beck.

Nolte, Paul, 1998: „Georg Simmels Historische Anthropologie der Moderne. Rekonstruktion eines Forschungsprogramms", in: *Geschichte und Gesellschaft* 24, 225-247.

North, Douglass C., 1990: *Institutions, Institutional Change and Economic Performance.* Cambridge: Cambridge University Press.

North, Douglass C., 1981: *Structure and Change in Economic History.* New York: Norton.

Nullmeier, Frank; Rüb, Friedbert W., 1994: „Erschöpfung des Sozialversicherungsprinzips? Gesetzliche Rentenversicherung und sozialstaatlicher Republikanismus", in: Barbara Riedmüller; Thomas Olk (Hg.): *Grenzen des Sozialversicherungsstaates.* Leviathan, Sonderheft 14/1994. Opladen: Westdeutscher Verlag, 59-80.

Nullmeier, Frank; Rüb, Friedbert W., 1993: *Die Transformation der Sozialpolitik. Vom Sozialstaat zum Sicherungsstaat.* Frankfurt/New York: Campus.

Nutzinger, Hans G.; Müller, Eckart, 1997: „Die protestantischen Wurzeln der Sozialen Marktwirtschaft", in: Sylke Behrends (Hg.): *Ordnungskonforme Wirtschaftspolitik in der Marktwirtschaft. Festschrift für Prof. Dr. Hans-Rudolf Peters zum 65. Geburtstag.* Berlin: Duncker & Humblot, 27-64.

Obinger, Herbert; Wagschal, Uwe, 1998: „Drei Welten des Wohlfahrtsstaates? Das Stratifizierungskonzept in der clusteranalytischen Überprüfung", in: Stephan Lessenich; Ilona Ostner (Hg.): *Welten des Wohlfahrtskapitalismus. Der Sozialstaat in vergleichender Perspektive.* Frankfurt/New York: Campus, 109-135.

O'Connor, Julia S., 1996: „From Women in the Welfare State to Gendering Welfare State Regimes", in: *Current Sociology* 44, N.° 2, 1-124.

Offe, Claus, 1998: „Der deutsche Wohlfahrtsstaat: Prinzipien, Leistungen, Zukunftsaussichten", in: *Berliner Journal für Soziologie* 8, 359-380.

Offe, Claus, 1990: „Akzeptanz und Legitimität strategischer Optionen in der Sozialpolitik", in: Christoph Sachße; H. Tristram Engelhardt (Hg.): *Sicherheit und Freiheit. Zur Ethik des Wohlfahrtsstaates.* Frankfurt a. M.: Suhrkamp, 179-202.

Offe, Claus, 1981: „The attribution of public status to interest groups: observations on the West German case", in: Suzanne Berger (Hg.): *Organizing interests in Western Europe. Pluralism, corporatism, and the transformation of politics.* Cambridge: Cambridge University Press, 123-158.

Offe, Claus, 1975: *Berufsbildungsreform. Eine Fallstudie über Reformpolitik.* Frankfurt a. M.: Suhrkamp.

Offe, Claus, 1972: „Klassenherrschaft und politisches System. Die Selektivität politischer Institutionen", in: Claus Offe: *Strukturprobleme des kapitalistischen Staates. Aufsätze zur Politischen Soziologie.* Frankfurt a. M.: Suhrkamp, 65-105.

Offe, Claus; Hinrichs, Karl, 1984: „Sozialökonomie des Arbeitsmarktes: primäres und sekundäres Machtgefälle", in: Claus Offe: *„Arbeitsgesellschaft": Strukturprobleme und Zukunftsperspektiven.* Frankfurt/New York: Campus, 44-86.

Offermann, Volker, 1996: „Pflegeversicherung und Lebenslage", in: *Sozialer Fortschritt* 45, 65-72.

Orloff, Ann Shola, 1996: „Gender in the Welfare State", in: *Annual Review of Sociology* 22, 51-78.

Orloff, Ann Shola, 1993: „Gender and the Social Rights of Citizenship: The Comparative Analysis of Gender Relations and Welfare States", in: *American Sociological Review* 58, 303-328.

Ostner, Ilona, 1998: „The Politics of Care Policies in Germany", in: Jane Lewis (Hg.): *Gender, Social Care and Welfare State Restructuring in Europe.* Aldershot u.a.: Ashgate, 111-137.

Ostner, Ilona, 1995: „Arm ohne Ehemann? Sozialpolitische Regulierung von Lebenschancen für Frauen im internationalen Vergleich", in: *Aus Politik und Zeitgeschichte*, B 36-37, 3-12.

Ostner, Ilona, 1993: „Slow motion: Women, work and the family in Germany", in: Jane Lewis (Hg.): *Women and Social Policies in Europe. Work, Family and the State.* Aldershot: Elgar, 92-115.

Ostner, Ilona, 1990: „Der partikularistische Sozialstaat – das Beispiel der Frauen", in: Werner Dressel; Walter R. Heinz; Gerd Peters; Karen Schober (Hg.): *Lebenslauf, Arbeitsmarkt und Sozialpolitik.* Beiträge zur Arbeitsmarkt- und Berufsforschung 133. Nürnberg: IAB, 19-40.

Ostner, Ilona; Leitner, Sigrid; Lessenich, Stephan, 2001: *Sozialpolitische Herausforderungen. Zukunft und Perspektiven des Wohlfahrtsstaats in der Bundesrepublik.* Literaturbericht gefördert durch die Hans-Böckler-Stiftung. Göttingen.

o.V. [Prokla-Redaktion], 1980: „'Modell Deutschland' – Anatomie und Alternativen", in: *Prokla* 10, Heft 40, 1-13.

Pabst, Stefan, 1999: „Mehr Arbeitsplätze für Geringqualifizierte nch Einführung der Pflegeversicherung? Beschäftigungswirkungen des SGB XI im ambulanten Bereich", in: *WSI-Mitteilungen* 52, 234-240.

Pabst, Stefan; Rothgang, Heinz, 2000: „Reformfähigkeit und Reformblockaden: Kontinuität und Wandel bei Einführung der Pflegeversicherung", in: Stephan Leibfried; Uwe Wagschal (Hg.): *Der deutsche Sozialstaat. Bilanzen – Reformen – Perspektiven*. Frankfurt/New York: Campus, 340-377.

Pankoke, Eckart, 1970: *Sociale Bewegung – Sociale Frage – Sociale Politik. Grundfragen der deutschen „Sozialwissenschaft" im 19. Jahrhundert*. Stuttgart: Klett.

Paquet, Robert, 1999: „Risikozuweisung und Risikoverlagerung im Bereich der Pflegeversicherung", in: *Sozialer Fortschritt* 48, 33-38.

Parsons, Talcott, 1964: „Evolutionary Universals in Society", in: *American Sociological Review* 19, 339-357.

Parsons, Talcott, 1960: „Authority, Legitimation, and Political Action", in: Talcott Parsons: *Structure and Process in Modern Societies*. Glencoe, Ill.: Free Press, 170-198.

Parsons, Talcott, 1951: *The Social System*. Glencoe, Ill.: Free Press.

Parsons, Talcott, 1949 [1937]: *The Structure of Social Action. A Study in Social Theory with Special Reference to a Group of Recent European Writers*. Second edition. Glencoe: The Free Press.

Parsons, Talcott, 1940: „The Motivation of Economic Activities", in: Talcott Parsons: *Essays in Sociological Theory*. Glencoe: Free Press, 1954, 50-68.

Peters, B. Guy, 1999: *Institutional Theory in Political Science. The 'New Institutionalism'*. London/New York: Pinter.

Peters, B. Guy, 1996: „Political Institutions, Old and New", in: Robert E. Goodin; Hans-Dieter Klingemann (Hg.): *A New Handbook of Political Science*. Oxford/New York: Oxford University Press, 205-220.

Pfau-Effinger, Birgit, 1995: „Geschlechterkontrakt, Familienmodell und Erwerbsbeteiligung von Frauen in europäischen Industrieländern", in: Uta Gerhardt; Stefan Hradil; Doris Lucke; Bernhard Nauck (Hg.): *Familie der Zukunft. Lebensbedingungen und Lebensformen*. Opladen: Leske + Budrich, 171-187.

Pierson, Paul, 2001a: „Post-Industrial Pressures on the Mature Welfare States", in: Paul Pierson (Hg.): *The New Politics of the Welfare State*. Oxford: Oxford University Press, 80-104.

Pierson, Paul, 2001b: „Coping with Permanent Austerity. Welfare State Restructuring in Affluent Democracies", in: Paul Pierson (Hg.): *The New Politics of the Welfare State*. Oxford: Oxford University Press, 410-456.

Pierson, Paul, 2000: „Increasing Returns, Path Dependence, and the Study of Politics", in: *American Political Science Review* 94, 251-267.

Pierson, Paul, 1994: *Dismantling the Welfare State? Reagan, Thatcher and the Politics of Retrenchment*. Cambridge: Cambridge University Press.

Pilz, Frank; Ortwein, Heike, 1995: *Das politische System Deutschlands. Systemintegrierende Einführung in das Regierungs-, Wirtschafts- und Sozialsystem.* München/Wien: Oldenbourg.

Plumpe, Werner, 1999: „Gustav von Schmoller und der Institutionalismus. Zur Bedeutung der Historischen Schule der Nationalökonomie für die moderne Wirtschaftsgeschichtsschreibung", in: *Geschichte und Gesellschaft* 25, 252-275.

Polanyi, Karl, 1957a: „Die Wirtschaft als eingerichteter Prozeß", in: Karl Polanyi: *Ökonomie und Gesellschaft*. Mit einer Einleitung von S. C. Humphreys. Frankfurt a. M.: Suhrkamp, 1979, 219-244.

Polanyi, Karl, 1957b: „Die zwei Bedeutungen von 'wirtschaftlich'", in: Karl Polanyi: *Ökonomie und Gesellschaft*. Mit einer Einleitung von S. C. Humphreys. Frankfurt a. M.: Suhrkamp, 1979, 209-218.

Polster, Werner; Voy, Klaus, 1991: „Von der politischen Regulierung zur Selbstregulierung der Märkte – Die Entwicklung von Wirtschafts- und Ordnungspolitik in der Bundesrepublik", in: Klaus Voy; Werner Polster; Claus Thomasberger (Hg.): *Marktwirtschaft und politische Regulierung. Beiträge zur Wirtschafts- und Gesellschaftsgeschichte der Bundesrepublik Deutschland (1949-1989).* Band 1. Marburg: Metropolis, 169-226.

Preller, Ludwig, 1949: *Sozialpolitik in der Weimarer Republik.* Stuttgart: Franz Mittelbach.

Priddat, Birger P., 1995: „Ökonomie und Geschichte: Zur Theorie der Institutionen bei D.C. North", in: Eberhard K. Seifert; Birger P. Priddat (Hg.): *Neuorientierungen in der ökonomischen Theorie. Zur moralischen, institutionellen und evolutorischen Dimension des Wirtschaftens.* Marburg: Metropolis, 205-239.

Quante, Peter, 1957: „Grundsätze der Versorgung, Versicherung und Fürsorge", in: Erik Boettcher (Hg.): *Sozialpolitik und Sozialreform. Ein einführendes Lehr- und Handbuch der Sozialpolitik.* Tübingen: Mohr, 227-244.

Reese-Schäfer, Walter, 1996: „Zeitdiagnose als wissenschaftliche Aufgabe", in: *Berliner Journal für Soziologie* 6, 377-390.

Rehberg, Karl-Siegbert, 1998: „Die stabilisierende 'Fiktionalität' von Präsenz und Dauer. Institutionelle Analyse und historische Forschung", in: Reinhard Blänkner; Bernhard Jussen (Hg.): *Institutionen und Ereignis. Über historische Praktiken und Vorstellungen gesellschaftlichen Ordnens.* Göttingen: Vandenhoeck & Ruprecht, 381-407.

Rehberg, Karl-Siegbert, 1997: „Institutionenwandel und die Funktionsveränderung des Symbolischen", in: Gerhard Göhler (Hg.): *Institutionenwandel.* Leviathan, Sonderheft 16/1996. Opladen: Westdeutscher Verlag, 94-118.

Rehberg, Karl-Siegbert, 1995: „Die 'Öffentlichkeit' der Institutionen. Grundbegriffliche Überlegungen im Rahmen der Theorie und Analyse institutioneller Mechanismen", in: Gerhard Göhler (Hg.): *Macht der Öffentlichkeit – Öffentlichkeit der Macht.* Baden-Baden: Nomos, 181-211.

Rehberg, Karl-Siegbert, 1994: „Institutionen als symbolische Ordnungen. Leitfragen und Grundkategorien zur Theorie und Analyse institutioneller Mechanismen", in: Gerhard Göhler (Hg.): *Die Eigenart der Institutionen. Zum Profil politischer Institutionentheorie.* Baden-Baden: Nomos, 47-84.

Rehberg, Karl-Siegbert, 1990: „Eine Grundlagentheorie der Institutionen: Arnold Gehlen. Mit systematischen Schlußfolgerungen für eine kritische Institutionentheorie", in: Gerhard Göhler; Kurt Lenk; Rainer Schmalz-Bruns (Hg.): *Die Rationalität politischer Institutionen. Interdisziplinäre Perspektiven.* Baden-Baden: Nomos, 115-144.

Rehder, Britta, 2000: „Abweichung als Regel?", in: *Die Mitbestimmung* 46, Heft 4, 12-16.

Reidegeld, Eckart, 1996: *Staatliche Sozialpolitik in Deutschland. Historische Entwicklung und theoretische Analyse von den Ursprüngen bis 1918.* Opladen: Westdeutscher Verlag.

Rein, Martin, 1987: „Frame-Reflective Policy Discourse", in: *Österreichische Zeitschrift für Soziologie* 12, Heft 2, 27-45.

Reulecke, Jürgen, 1999: „Auf dem Wege zum modernen Sozialstaat – Vorläufer und Vorüberlegungen vom 19. Jahrhundert bis zum Beginn der Weimarer Republik", in: Jörg Calließ (Hg.): *Aufstieg und Fall des Sozialstaates oder: Wie der Sozialstaat zum Fall wurde.* Loccumer Protokolle 24/98. Loccum: Evangelische Akademie, 10-29.

Reulecke, Jürgen, 1986: „Frieden zwischen Kapital und Arbeit. Entwicklungsstufen der bürgerlichen Sozialreform im 19. Jahrhundert", in: Gerald Stourzh; Margarete Grandner (Hg.): *Historische Wurzeln der Sozialpartnerschaft.* München: Oldenbourg, 38-52.

Reuter, Hans-Georg, 1998: „Genese der Konzeption der Sozialen Marktwirtschaft", in: Dieter Cassel (Hg.): *50 Jahre Soziale Marktwirtschaft. Ordnungstheoretische Grundlagen, Realisierungsprobleme und Zukunftsperspektiven einer wirtschaftspolitischen Konzeption.* Stuttgart: Lucius & Lucius, 67-95.

Revel, Saul W., 1994: *Tarifverhandlungen in der Bundesrepublik Deutschland. Eine Untersuchung der Bedeutung verschiedener Verhandlungsebenen für die sozialökonomische Entwicklung.* Baden-Baden: Nomos.

Rhodes, Martin; van Apeldoorn, Bastiaan, 1997: „Capitalism versus Capitalism in Western Europe", in Martin Rhodes; Paul Heywood; Vincent Wright (Hg.): *Developments in West European Politics.* Basingstoke/London: Macmillan, 171-189.

Riedmüller, Barbara; Olk, Thomas (Hg.): *Grenzen des Sozialversicherungsstaates.* Leviathan, Sonderheft 14/1994. Opladen: Westdeutscher Verlag.

Rieger, Elmar, 1998: „Soziologische Theorie und Sozialpolitik im entwickelten Wohlfahrtsstaat", in: Stephan Lessenich; Ilona Ostner (Hg.): *Welten des Wohlfahrtskapitalismus. Der Sozialstaat in vergleichender Perspektive.* Frankfurt/New York: Campus, 59-89.

Rieger, Elmar, 1992a: *Die Institutionalisierung des Wohlfahrtsstaates.* Opladen: Westdeutscher Verlag.

Rieger, Elmar, 1992b: „Strategien der Institutionenbildung. Über die Bedeutung von Wahlverwandtschaften im Prozeß der Entstehung des Wohlfahrtsstaates", in: *Journal für Sozialforschung* 32, 157-175.

Ritsert, Jürgen, 1997: *Kleines Lehrbuch der Dialektik*. Darmstadt: Wissenschaftliche Buchgesellschaft.

Ritter, Ernst-Hasso, 1979: „Der kooperative Staat. Bemerkungen zum Verhältnis von Staat und Wirtschaft", in: *Archiv des öffentlichen Rechts* 104, 389-413.

Ritter, Gerhard A., 1998a: *Über Deutschland. Die Bundesrepublik in der deutschen Geschichte.* München: Beck.

Ritter, Gerhard A., 1998b: *Soziale Frage und Sozialpolitik in Deutschland seit Beginn des 19. Jahrhunderts.* Opladen: Leske + Budrich.

Ritter, Gerhard A., 1996: „Zur Geschichte der sozialen Ideen im 19. und frühen 20. Jahrhundert", in: Gerhard A. Ritter: *Arbeiter, Arbeiterbewegung und soziale Ideen in Deutschland. Beiträge zur Geschichte des 19. und 20. Jahrhunderts.* München: Beck, 11-66.

Ritter, Gerhard A., 1989: *Der Sozialstaat. Entstehung und Entwicklung im internationalen Vergleich.* München: Oldenbourg.

Ritter, Gerhard A., 1983: *Sozialversicherung in Deutschland und England. Entstehung und Grundzüge im Vergleich.* München: Beck.

Röbenack, Silke, 1996: „„Betriebe und Belegschaftsvertretungen", in: Joachim Bergmann; Rudi Schmidt (Hg.): *Industrielle Beziehungen. Institutionalisierung und Praxis unter Krisenbedingungen.* Opladen: Leske + Budrich, 161-212.

Röbenack, Silke, 1992: „Institutionalisierung industrieller Beziehungen im betrieblichen Umstrukturierungsprozeß in Ostdeutschland", in: Volker Eichener; Ralf Kleinfeld; Detlef Pollack; Josef Schmid; Klaus Schubert; Helmut Voelzkow (Hg.): *Organisierte Interessen in Ostdeutschland.* 1. Halbband. Marburg: Metropolis, 195-210.

Rösner, Hans Jürgen, 1990: *Grundlagen der markwirtschaftlichen Orientierung in der Bundesrepublik Deutschland und ihre Bedeutung für Sozialpartnerschaft und Gemeinwohlbindung.* Berlin: Duncker & Humblot.

Rokkan, Stein, 1980: „Eine Familie von Modellen für die vergleichende Geschichte Europas", in: *Zeitschrift für Soziologie* 9, 118-128.

Rosdücher, Jörg, 1997: „Beschäftigungsorientierte Tarifpolitik: Firmentarifverträge oder Verbandstarifverträge mit Öffnungsklauseln?", in: *WSI-Mitteilungen* 50, 459-470.

Rosenberg, Arthur, 1928: *Entstehung der Weimarer Republik.* Herausgegeben von Kurt Kersten. Frankfurt a. M.: EVA, 1961.

Rosenberg, Hans, 1967: *Grosse Depression und Bismarckzeit. Wirtschaftsablauf, Gesellschaft und Politik in Mitteleuropa.* Berlin: de Gruyter.

Ross, Jan, 1999: „Die große Sehnsucht nach Harmonie", in: *DIE ZEIT* Nr. 22 vom 27.5.1999, 10.

Roth, Günter, 2000: „Fünf Jahre Pflegeversicherung in Deutschland: Funktionsweise und Wirkungen", in: *Sozialer Fortschritt* 49, 184-192.

Roth, Günter, 1999: „Auflösung oder Konsolidierung korporatistischer Strukturen durch die Pflegeversicherung?", in: *Zeitschrift für Sozialreform* 45, 418-446.

Roth, Karl Heinz, 1999: *Geschichtsrevisionismus. Die Wiedergeburt der Totalitarismustheorie.* Hamburg: Konkret.

Roth, Karl Heinz, 1998: „Das Ende eines Mythos. Ludwig Erhard und der Übergang der deutschen Wirtschaft von der Annexions- zur Nachkriegsplanung (1939 bis 1945). Teil II: 1943 bis 1945", in: *1999. Zeitschrift für Sozialgeschichte des 20. und 21. Jahrhunderts* 13, Heft 1, 92-123.

Roth, Karl Heinz, 1995: „Das Ende eines Mythos. Ludwig Erhard und der Übergang der deutschen Wirtschaft von der Annexions- zur Nachkriegsplanung (1939 bis 1945). I. Teil: 1939 bis 1943", in: *1999. Zeitschrift für Sozialgeschichte des 20. und 21. Jahrhunderts* 10, Heft 4, 53-93.

Rothfels, Hans, 1953: „Einleitung", in: *Bismarck und der Staat. Ausgewählte Dokumente.* Eingeleitet von Hans Rothfels. Stuttgart: Kohlhammer, XV-XLVIII.

Rothgang, Heinz, 2000: „Wettbewerb in der Pflegeversicherung", in: *Zeitschrift für Sozialreform* 46, 423-448.

Rothgang, Heinz, 1996: „Vom Bedarfs- zum Budgetprinzip? Die Einführung der gesetzlichen Pflegeversicherung und ihre Rückwirkung auf die gesetzliche Krankenversicherung", in: Lars Clausen (Hg.): *Gesellschaften im Umbruch.* Verhandlungen des 27. Kongresses der Deutschen Gesellschaft für Soziologie in Halle an der Saale 1995. Frankfurt/New York: Campus, 930-946.

Rothgang, Heinz, 1994: „Die Einführung der Pflegeversicherung – Ist das Sozialversicherungsprinzip am Ende?", in: Barbara Riedmüller; Thomas Olk (Hg.): *Grenzen des Sozialversicherungsstaates.* Leviathan, Sonderheft 14/1994. Opladen: Westdeutscher Verlag, 164-187.

Rothgang, Heinz; Haug, Karin, 1993: „Habits und Frames in der Sozialpolitik". ZeS-Arbeitspapier Nr. 9/93. Zentrum für Sozialpolitik. Universität Bremen.

Rothstein, Bo, 1996: „Political Institutions: An Overview", in: Robert E. Goodin; Hans-Dieter Klingemann (Hg.): *A New Handbook of Political Science.* Oxford/New York: Oxford University Press, 133-166.

Rudzio, Kolja, 2000: „Rau, aber rheinisch", in: *DIE ZEIT* Nr. 7 vom 10.2.2000, 40.

Rüb, Friedbert W., 1998: „Versicherungsprinzip und soziale Gerechtigkeit" in: Siegfried Blasche; Diether Döring (Hg.): *Sozialpolitik und Gerechtigkeit.* Frankfurt/New York: Campus, 314-355.

Rüb, Friedbert W.; Nullmeier, Frank, 1991: „Alterssicherungspolitik in der Bundesrepublik Deutschland", in: Bernhard Blanke; Hellmut Wollmann (Hg.): *Die alte Bundesrepublik. Kontinuität und Wandel.* Leviathan, Sonderheft 12/1991. Opladen: Westdeutscher Verlag, 437-462.

Rückert, Willi, 1999: „Die pflegerische Versorgung nach dem SGB XI – eine erste Bestandsaufnahme", in: Gerhard Naegele; Rudolf-M. Schütz (Hg.): *Soziale Gerontologie und Sozialpolitik für ältere Menschen.* Gedenkschrift für Margret Dick. Opladen/Wiesbaden: Westdeutscher Verlag, 333-345.

Rüschemeyer, Dietrich, 1969: „Partielle Modernisierung", in: Wolfgang Zapf (Hg.): *Theorien des sozialen Wandels.* Köln/Berlin: Kiepenheuer & Witsch, 382-396.

Rüthers, Bernd, 1980: „Kollektives Arbeitsrecht und Wettbewerbsordnung. Zu Mißbrauchsgefahren in der Tarifautonomie und in der erweiterten Mitbestimmung", in: *Wirtschaft und Wettbewerb* 30, 392-400.

Ruggie, John Gerard, 1998: „Globalization and the Embedded Liberalism Compromise: The End of an Era?", in: Wolfgang Streeck (Hg.): *Internationale Wirtschaft, nationale Demokratie. Herausforderungen für die Demokratietheorie*. Frankfurt/New York: Campus, 79-97.

Ruggie, John Gerard, 1983: „International regimes, transactions, and change: embedded liberalism in the postwar economic order", in: Stephen D. Krasner (Hg.): *International Regimes*. Ithaca/London: Cornell University Press, 195-231.

Ruhl, Klaus-Jörg, 1994: *Verordnete Unterordnung. Berufstätige Frauen zwischen Wirtschaftswachstum und konservativer Ideologie in der Nachkriegszeit (1945-1963)*. München: Oldenbourg.

Ruhl, Klaus-Jörg, 1993: „Familie und Beruf. Weibliche Erwerbstätigkeit und katholische Kirche in den fünfziger Jahren", in: *Aus Politik und Zeitgeschichte,* B 17, 30-38.

Ruhl, Klaus-Jörg, 1992: „Hierarchie oder Anarchie? Der Streit um die Familienrechtsreform in den fünfziger Jahren", in: *Aus Politik und Zeitgeschichte,* B 45, 31-42.

Sachße, Christoph, 1994: „Subsidiarität: Zur Karriere eines sozialpolitischen Ordnungsbegriffs", in: *Zeitschrift für Sozialreform* 40, 717-738.

Sachße, Christoph; Tennstedt, Florian, 1982: „Familienpolitik durch Gesetzgebung", in: Franz-Xaver Kaufmann (Hg.): *Staatliche Sozialpolitik und Familie*. München/Wien: Oldenbourg, 87-130.

Sainsbury, Diane (Hg.), 1994: *Gendering Welfare States*. London u.a.: Sage.

Sartori, Giovanni, 1976: *Parties and Party Systems. A Framework for Analysis*. Cambridge: Cambridge University Press.

Schäfers, Bernhard, 1985: „Helmut Schelskys Theorie der Institution – Ein vergessenes Paradigma der soziologischen Theoriebildung?", in: Bernhard Schäfers: *Soziologie und Gesellschaftsentwicklung. Aufsätze 1966-1996*. Opladen: Leske + Budrich, 1996, 145-165.

Scharpf, Fritz W., 2002: „Die gefesselte Republik", in: *DIE ZEIT* Nr. 35 vom 22.8.2002, 9.

Scharpf, Fritz W., 2000a: *Interaktionsformen. Akteurzentrierter Institutionalismus in der Politikforschung*. Opladen: Leske + Budrich.

Scharpf, Fritz W., 2000b: „Economic Changes, Vulnerabilities, and Institutional Capabilities", in: ders.; Vivien A. Schmidt (Hg.): *Welfare and Work in the Open Economy*. Vol. 1: From Vulnerability to Competitiveness. Oxford: Oxford University Press, 21-124.

Scharpf, Fritz W., 1997: „Nötig, aber ausgeschlossen. Die Malaise der deutschen Politik", in: *Frankfurter Allgemeine Zeitung* vom 5.6.1997, 35.

Scharpf, Fritz W., 1993: „Versuch über Demokratie im verhandelnden Staat", in: Roland Czada; Manfred G. Schmidt (Hg.): *Verhandlungsdemokratie, Interessenvermittlung,*

Regierbarkeit. Festschrift für Gerhard Lehmbruch. Opladen: Westdeutscher Verlag, 25-50.

Scharpf, Fritz W., 1991: „Entwicklungslinien des bundesdeutschen Föderalismus", in: Bernhard Blanke; Hellmut Wollmann (Hg.): *Die alte Bundesrepublik. Kontinuität und Wandel.* Leviathan, Sonderheft 12/1991. Opladen: Westdeutscher Verlag, 146-159.

Scharpf, Fritz W., 1989: „Decision Rules, Decision Styles, and Policy Choices", in: *Journal of Theoretical Politics* 1, 149-176.

Scharpf, Fritz W., 1987: *Sozialdemokratische Krisenpolitik in Europa.* Frankfurt/New York: Campus.

Scharpf, Fritz W., 1985: „Die Politikverflechtungs-Falle: Europäische Integration und deutscher Föderalismus im Vergleich", in: *Politische Vierteljahresschrift* 26, 323-356.

Scharpf, Fritz W., 1976: „Theorie der Politikverflechtung", in: Fritz W. Scharpf; Bernd Reissert; Fritz Schnabel: *Politikverflechtung: Theorie und Empirie des kooperativen Föderalismus in der Bundesrepublik.* Kronberg/Ts.: Scriptor, 13-70.

Schauer, Helmut, 1999: „Tarifpolitik und Sozialreform. Stationen bundesdeutscher Tarifgeschichte", in: *WSI-Mitteilungen* 52, 426-436.

Schauer, Helmut, 1995: „Erosion und 'Reform' des Flächentarifvertrages", in: Reinhard Bispinck (Hg.): *Tarifpolitik der Zukunft. Was wird aus dem Flächentarifvertrag?* Hamburg: VSA, 28-43.

Schellhorn, Walter, 1994: „Die soziale Pflegeversicherung tritt in Kraft", in: *Familie und Recht* 5, 317-327.

Schelsky, Helmut, 1970: „Zur soziologischen Theorie der Institution", in: Helmut Schelsky (Hg.): *Zur Theorie der Institution.* Düsseldorf: Bertelsmann Universitätsverlag, 9-26.

Schelsky, Helmut, 1953: „Die Bedeutung des Schichtungsbegriffs für die Analyse der gegenwärtigen deutschen Gesellschaft", in: Helmut Schelsky: *Auf der Suche nach Wirklichkeit. Gesammelte Aufsätze.* Düsseldorf/Köln: Diederichs, 1965, 331-336.

Schelsky, Helmut, 1949: „Über die Stabilität von Institutionen, besonders Verfassungen. Kulturanthropologische Gedanken zu einem rechtssoziologischen Thema", in: Helmut Schelsky: *Auf der Suche nach Wirklichkeit. Gesammelte Aufsätze.* Düsseldorf/Köln: Diederichs, 1965, 33-55.

Schewe, Dieter, 2000: „Die Kontinuität der Sozialgesetzgebung in den letzten 50 Jahren in Deutschland", in: *Sozialer Fortschritt* 49, 1-6.

Schildt, Axel, 1999a: *Ankunft im Westen. Ein Essay zur Erfolgsgeschichte der Bundesrepublik.* Frankfurt a. M.: S. Fischer.

Schildt, Axel, 1999b: „Fünf Möglichkeiten, die Geschichte der Bundesrepublik zu erzählen", in: *Blätter für deutsche und internationale Politik*, Heft 10, 1234-1244.

Schirmer, Dietmar, 1997: „Ist Bonn Weimar ist Berlin? Die Weimarer Republik als symbolisches Dispositiv der deutschen Nachkriegsdemokratien", in: Friedrich Balke; Benno Wagner (Hg.): *Vom Nutzen und Nachteil historischer Vergleiche. Der Fall Bonn – Weimar.* Frankfurt/New York: Campus, 125-146.

Schirrmacher, Frank, 2000: „Der Westen ist frei", in: *Frankfurter Allgemeine Zeitung* vom 30.9.2000, I (Beilage „Bilder und Zeiten").

Schissler, Hanna, 1993: „Rebuilding West German Society: A Gendered View", in: *Central European History* 26, 326-334.

Schlecht, Otto, 2001: „Ein anpassungsfähiges Wirtschaftssystem", in: *Frankfurter Allgemeine Zeitung* vom 7.8.2001, 16.

Schmähl, Winfried, 1999: „Rentenversicherung in der Bewährung: Von der Nachkriegszeit bis an die Schwelle zum neuen Jahrhundert. Stationen und Weichenstellungen", in: Max Kaase; Günther Schmid (Hg.): *Eine lernende Demokratie. 50 Jahre Bundesrepublik Deutschland.* WZB-Jahrbuch 1999. Berlin: edition sigma, 397-423.

Schmähl, Winfried, 1985: „Versicherungsgedanke und Sozialversicherung – Konzept und politische Bedeutung", in: Winfried Schmähl (Hg.): *Versicherungsprinzip und soziale Sicherung.* Tübingen: Mohr, 1-12.

Schmid, Günther; Wiebe, Nicola, 1999: „Die Politik der Vollbeschäftigung im Wandel. Von der passiven zur interaktiven Arbeitsmarktpolitik", in: Max Kaase; Günther Schmid (Hg.): *Eine lernende Demokratie. 50 Jahre Bundesrepublik Deutschland.* WZB-Jahrbuch 1999. Berlin: edition sigma, 357-396.

Schmid, Josef (unter Mitarbeit von Martin Bräutigam u.a.), 1996: *Wohlfahrtsstaaten im Vergleich. Soziale Sicherungssysteme in Europa: Organisation, Finanzierung, Leistungen und Probleme.* Opladen: Leske + Budrich.

Schmidt, Eberhard, 1971: *Ordnungsfaktor oder Gegenmacht. Die politische Rolle der Gewerkschaften.* Frankfurt a. M.: Suhrkamp.

Schmidt, Manfred G., 2000a: „Reformen der Sozialpolitik in Deutschland: Lehren des historischen und internationalen Vergleichs", in: Stephan Leibfried; Uwe Wagschal (Hg.): *Der deutsche Sozialstaat. Bilanzen – Reformen – Perspektiven.* Frankfurt/New York: Campus, 153-170.

Schmidt, Manfred G., 2000b: „Immer noch auf dem 'mittleren Weg'? Deutschlands Politische Ökonomie am Ende des 20. Jahrhunderts", in: Roland Czada; Hellmut Wollmann (Hg.): *Von der Bonner zur Berliner Republik. 10 Jahre Deutsche Einheit.* Leviathan, Sonderheft 19/1999. Wiesbaden: Westdeutscher Verlag, 491-513.

Schmidt, Manfred G., 1998: *Sozialpolitik in Deutschland. Historische Entwicklung und internationaler Vergleich.* 2., vollständig überarbeitete und erweiterte Auflage. Opladen: Leske + Budrich.

Schmidt, Manfred G., 1997: „Parteien und Staatstätigkeit", in: Oscar W. Gabriel; Oskar Niedermayer; Richard Stöss (Hg.): *Parteiendemokratie in Deutschland.* Bonn: Bundeszentrale für politische Bildung, 537-558.

Schmidt, Manfred G., 1996: „Germany: The Grand Coalition State", in: Josep M. Colomer (Hg.): *Political Institutions in Europe.* London: Routledge, 62-98.

Schmidt, Manfred G., 1995: *Demokratietheorien. Eine Einführung.* Opladen: Leske + Budrich.

Schmidt, Manfred G., 1991: „Machtwechsel in der Bundesrepublik (1949-1990). Ein Kommentar aus der Perspektive der vergleichenden Politikforschung", in: Bernhard

Blanke; Hellmut Wollmann (Hg.): *Die alte Bundesrepublik. Kontinuität und Wandel.* Leviathan, Sonderheft 12/1991. Opladen: Westdeutscher Verlag, 179-203.

Schmidt, Manfred G., 1990: „Die Politik des mittleren Weges. Besonderheiten der Staatstätigkeit in der Bundesrepublik Deutschland", in: *Aus Politik und Zeitgeschichte*, B 9-10, 23-31.

Schmidt, Manfred G., 1989: „Learning from Catastrophes. West Germany's Public Policy", in: Francis G. Castles (Hg.): *The Comparative History of Public Policy*. Cambridge: Polity, 56-99.

Schmidt, Manfred G., 1985: „Allerweltsparteien in Westeuropa?", in: *Leviathan* 13, 376-397.

Schmidt, Rudi; Trinczek, Rainer, 1991: „Duales System: Tarifliche und betriebliche Interessenvertretung", in: Walther Müller-Jentsch (Hg.): *Konfliktpartnerschaft. Akteure und Institutionen der industriellen Beziehungen*. München/Mering: Hampp, 167-199.

Schmidt, Vivien A., 2003: „The Boundaries of 'Bounded Generalizations': Discourse as the Missing Factor in Actor-Centered Institutionalism", in: Renate Mayntz; Wolfgang Streeck (Hg.): *Die Reformierbarkeit der Demokratie. Innovationen und Blockaden*. Frankfurt/New York: Campus, 318-350.

Schmitter, Philippe C., 1977: „Modes of Interest Intermediation and Models of Societal Change in Western Europe", in: *Comparative Political Studies* 10, 7-38.

Schmitter, Philippe C.; Lehmbruch, Gerhard (Hg.), 1979: *Trends toward Corporatist Intermediation*. Beverly Hills/London: Sage.

Schmitter, Philippe C.; Streeck, Wolfgang, 1999: „The Organization of Business Interests. Studying the Associative Action of Business in Advanced Industrial Societies". Discussion Paper 99/1. Max-Planck-Institut für Gesellschaftsforschung, Köln.

Schmitter, Philippe C.; Streeck, Wolfgang, 1981: „The Organization of Business Interests. A Research Design to Study the Associative Action of Business in the Advanced Industrial Societies of Western Europe". Discussion Paper IIM-LMP 81-13. Internationales Institut für Management und Verwaltung, Wissenschaftszentrum Berlin für Sozialforschung.

Schmoller, Gustav von, 1900: *Grundriß der Allgemeinen Volkswirtschaftslehre*. Erster Teil. Unveränderter Nachdruck der 2. Auflage von 1923. Berlin: Duncker & Humblot, 1978.

Schnabel, Claus, 1997: *Tariflohnpolitik und Effektivlohnfindung. Eine empirische und wirtschaftspolitische Analyse für die alten Bundesländer*. Frankfurt a. M. u.a.: Peter Lang.

Schnabel, Claus, 1995: „Entwicklungstendenzen der Arbeitsbeziehungen in der Bundesrepublik Deutschland seit Beginn der achtziger Jahre. Eine Analyse unter besonderer Berücksichtigung der Arbeitgeberseite", in: Michael Mesch (Hg.): *Sozialpartnerschaft und Arbeitsbeziehungen in Europa*. Wien: Manzsche Verlags- und Universitätsbuchhandlung, 53-74.

Schölkopf, Martin, 1998: „Die Altenpflege und die Daten: Zur quantitativen Entwicklung der Versorgung pflegebedürftiger älterer Menschen", in: *Sozialer Fortschritt* 47, 1-9.

Schraa, Joachim, 1994: „Die lange Geschichte", in: *Bundesarbeitsblatt*, Heft 8-9/1994, 5-11.

Schrader, Einhard, 1966: „Handlung und Wertsystem. Zum Begriff der Institutionalisierung in Talcott Parsons' soziologischem System", in: *Soziale Welt* 17, 111-135.

Schreiber, Wilfrid, 1957: „Existenzsicherheit in der industriellen Gesellschaft", in: Erik Boettcher (Hg.): *Sozialpolitik und Sozialreform. Ein einführendes Lehr- und Handbuch der Sozialpolitik*. Tübingen: Mohr, 75-114.

Schriewer, Jürgen, 1999: „Vergleich und Erklärung zwischen Kausalität und Komplexität", in: Hartmut Kaelble; Jürgen Schriewer (Hg.): *Diskurse und Entwicklungspfade. Der Gesellschaftsvergleich in den Geistes- und Sozialwissenschaften*. Frankfurt/New York: Campus, 53-102.

Schroeder, Wolfgang, 2000: *Das Modell Deutschland auf dem Prüfstand. Zur Entwicklung der industriellen Beziehungen in Ostdeutschland (1990-2000)*. Wiesbaden: Westdeutscher Verlag.

Schroeder, Wolfgang, 1996: „Industrielle Beziehungen in Ostdeutschland: Zwischen Transformation und Standortdebatte", in: *Aus Politik und Zeitgeschichte*, B 40/96, 25-34.

Schroeder, Wolfgang; Esser, Josef, 1999: „Modell Deutschland. Von der Konzertierten Aktion zum Bündnis für Arbeit", in: *Aus Politik und Zeitgeschichte*, B 37, 3-12.

Schülein, Johann August, 1987: *Theorie der Institution. Eine dogmengeschichtliche und konzeptionelle Analyse*. Opladen: Westdeutscher Verlag.

Schultheis, Franz, 1995: „Die Familie: Eine Kategorie des Sozialrechts? Ein deutschfranzösischer Vergleich", in: *Zeitschrift für Sozialreform* 41, 764-779.

Schulz, Günther, 1998: „Soziale Sicherung von Frauen und Familien", in: Hans Günter Hockerts (Hg.): *Drei Wege deutscher Sozialstaatlichkeit. NS-Diktatur, Bundesrepublik und DDR im Vergleich*. München: Oldenbourg, 117-149.

Schumpeter, Joseph, 1911: *Theorie der wirtschaftlichen Entwicklung. Eine Untersuchung über Unternehmergewinn, Kapital, Kredit, Zins und den Konjunkturzyklus*. Fünfte Auflage. Berlin: Duncker & Humblot, 1952.

Schwartz, Herman, 2001: „Round Up the Usual Suspects! Globalization, Domestic Politics, and Welfare State Change", in: Paul Pierson (Hg.): *The New Politics of the Welfare State*. Oxford: Oxford University Press, 17-44.

Sebaldt, Martin, 2000: „'Pflege' als Streitobjekt: Die parteipolitische Kontroverse um die Pflegeversicherung und die Entstehung des Pflegeversicherungsgesetzes von 1994", in: *Zeitschrift für Sozialreform* 46, 173-187.

Seibel, Wolfgang, 1992: „Notwendige Illusionen: Der Wandel des Regierungssystems im vereinten Deutschland", in: *Journal für Sozialforschung* 32, 337-361.

Seibt, Gustav, 2000: „Kein schöner Land", in: *DIE ZEIT* Nr. 45 vom 2.11.2000, 57.

Seifert, Hartmut (Hg.), 2002: *Betriebliche Bündnisse für Arbeit. Rahmenbedingungen – Praxiserfahrungen – Zukunftsperspektiven*. Berlin: edition sigma.

Seifert, Hartmut, 2000: „Betriebliche Bündnisse für Arbeit – Ein neuer beschäftigungspolitischer Ansatz", in: *WSI-Mitteilungen* 53, 437-443.

Seifert, Hartmut, 1999: „Betriebliche Vereinbarungen zur Beschäftigungssicherung", in: *WSI-Mitteilungen* 52, 156-164.

Seifert, Jürgen, 1991: „Der Grundkonsens über die doppelte innerstaatliche Feinderklärung. Zur Entwicklung der 'freiheitlichen demokratischen Grundordnung'", in: Bernhard Blanke; Hellmut Wollmann (Hg.): *Die alte Bundesrepublik. Kontinuität und Wandel.* Leviathan, Sonderheft 12/1991. Opladen: Westdeutscher Verlag, 354-366.

Seitel, Hans Peter, 1995: *Öffnungsklauseln in Tarifverträgen. Eine ökonomische Analyse für Löhne und Arbeitszeiten.* Berlin: Duncker & Humblot.

Sengenberger, Werner, 1987: *Struktur und Funktionsweise von Arbeitsmärkten. Die Bundesrepublik Deutschland im internationalen Vergleich.* Frankfurt/New York: Campus.

Shalev, Michael, 2001: „The politics of elective affinities: a commentary", in: Bernhard Ebbinghaus; Philip Manow (Hg.): *Comparing Welfare Capitalism. Social policy and political economy in Europe, Japan and the USA.* London/New York: Routledge, 287-303.

Shonfield, Andrew, 1965: *Modern Capitalism. The Changing Balance of Public and Private.* Theories of the Mixed Economy, Vol. IX. Edited by David Reisman. London: William Pickering, 1994.

Siegel, Nico A., 2002: *Baustelle Sozialpolitik. Konsolidierung und Rückbau im internationalen Vergleich.* Frankfurt/New York: Campus.

Simmel, Georg, 1917: „Das Gebiet der Soziologie", in: Georg Simmel: *Schriften zur Soziologie. Eine Auswahl.* Herausgegeben und eingeleitet von Heinz-Jürgen Dahme und Otthein Rammstedt. Frankfurt a. M.: Suhrkamp, 1983, 37-50.

Simmel, Georg, 1908: *Soziologie. Untersuchungen über die Formen der Vergesellschaftung.* Georg-Simmel-Gesamtausgabe, Band 11. Herausgegeben von Otthein Rammstedt. Frankfurt a. M.: Suhrkamp, 1992.

Simmel, Georg, 1894: „Das Problem der Soziologie", in: Georg Simmel: *Aufsätze und Abhandlungen 1894 bis 1900.* Georg-Simmel-Gesamtausgabe, Band 5. Herausgegeben von Heinz-Jürgen Dahme und David P. Frisby. Frankfurt a. M.: Suhrkamp, 1992, 52-61.

Simonis, Georg, 1998a: *Deutschland nach der Wende. Neue Politikstrukturen.* Opladen: Leske + Budrich.

Simonis, Georg, 1998b: „Einleitung", in: Georg Simonis (Hg.): *Deutschland nach der Wende. Neue Politikstrukturen.* Opladen: Leske + Budrich, 11-20.

Simonis, Georg, 1998c: „Das Modell Deutschland – Strukturmerkmale und Entwicklungslinien eines theoretischen Ansatzes", in: Georg Simonis (Hg.): *Deutschland nach der Wende. Neue Politikstrukturen.* Opladen: Leske + Budrich, 257-284.

Sinn, Gerlinde; Sinn, Hans-Werner, 1993: *Kaltstart. Volkswirtschaftliche Aspekte der deutschen Vereinigung.* 3., überarbeitete Auflage. München: dtv.

Smelser, Neil J.; Swedberg, Richard, 1994: „The Sociological Perspective on the Economy", in: Neil J. Smelser; Richard Swedberg (Hg.): *The Handbook of Economic Sociology.* Princeton/New York: Princeton University Press/Russell Sage Foundation, 3-26.

Smith, Adam, 1776: *Der Wohlstand der Nationen. Eine Untersuchung seiner Natur und seiner Ursachen*. Mit einer Würdigung von Horst Claus Recktenwald. München: Beck, 1974.

Sombart, Werner, 1925: *Die Ordnung des Wirtschaftslebens*. Berlin: Springer.

Söllner, Albrecht, 2000: *Die schmutzigen Hände. Individuelles Verhalten in Fällen von institutionellen Misfits*. Tübingen: Mohr Siebeck.

Soskice, David, 1999a: „Divergent Production Regimes: Coordinated and Uncoordinated Market Economies in the 1980s and 1990s", in: Herbert Kitschelt; Peter Lange; Gary Marks; John D. Stephens (Hg.): *Continuity and Change in Contemporary Capitalism*. Cambridge: Cambridge University Press, 101-134.

Soskice, David, 1999b: „Globalisierung und institutionelle Divergenz: Die USA und Deutschland im Vergleich", in: *Geschichte und Gesellschaft* 25, 201-225.

Soskice, David, 1990: „Reinterpreting Corporatism and Explaining Unemployment: Coordinated and Non-co-ordinated Market Economies", in: Renato Brunetta; Carlo Dell'Aringa (Hg.): *Labour Relations and Economic Performance*. Proceedings of a conference held by the International Economic Association in Venice, Italy. Basingstoke/London: Macmillan, 170-211.

Stark, David, 1995: „Das Alte im Neuen. Institutionenwandel in Osteuropa", in: *Transit. Europäische Revue*, Heft 9, 65-77.

Stark, David, 1994: „Nicht nach Design: Rekombiniertes Eigentum im osteuropäischen Kapitalismus", in: *PROKLA. Zeitschrift für kritische Sozialwissenschaft* 24, Heft 94, 127-142.

Steglich, Philipp, 2002: „Nationaler Masterplan", in: *jungle world* Nr. 35 vom 21.8.2002, 7.

Steinbach, Peter, 1994: „Die Weimarer Republik – Kontrastfolie deutscher Demokratiegeschichte und politischer Integration. Zur neuen Gesamtdarstellung der deutschen Zwischenkriegszeit", in: *Politische Vierteljahresschrift* 35, 702-714.

Stolleis, Michael, 2001: „Historische Grundlagen. Sozialpolitik in Deutschland bis 1945", in: *Geschichte der Sozialpolitik in Deutschland seit 1945*. Band 1: Grundlagen der Sozialpolitik. Herausgegeben vom Bundesministerium für Arbeit und Sozialordnung und dem Bundesarchiv. Baden-Baden: Nomos, 199-332.

Stolleis, Michael, 1979: „Die Sozialversicherung Bismarcks. Politisch-institutionelle Bedingungen ihrer Entstehung", in: Hans F. Zacher (Hg.): *Bedingungen für die Entstehung und Entwicklung von Sozialversicherung*. Berlin: Duncker & Humblot, 387-411.

Stourzh, Gerald, 1986: „Zur Institutionengeschichte der Arbeitsbeziehungen und der sozialen Sicherung – Eine Einführung", in: Gerald Stourzh; Margarete Grandner (Hg.): *Historische Wurzeln der Sozialpartnerschaft*. München: Oldenbourg, 13-37.

Streeck, Wolfgang, 2000a: „Competitive Solidarity: Rethinking the 'European Social Model'", in: Karl Hinrichs; Herbert Kitschelt; Helmut Wiesenthal (Hg.): *Kontingenz und Krise. Institutionenpolitik in kapitalistischen und postsozialistischen Gesellschaften*. Claus Offe zu seinem 60. Geburtstag. Frankfurt/New York: Campus, 245-261.

Streeck, Wolfgang, 2000b: „Institutioneller Wandel im deutschen System der industriellen Beziehungen: Offene Fragen". Thesen zur Diskussion bei einem Workshop zum Thema „Institutioneller Wandel in den industriellen Beziehungen", Max-Planck-Institut für Gesellschaftsforschung Köln, 8. und 9. Dezember 2000.

Streeck, Wolfgang, 1997: „German Capitalism: Does it Exist? Can it Survive?", in: Colin Crouch; Wolfgang Streeck (Hg.): *Political Economy of Modern Capitalism. Mapping Convergence and Diversity.* London: Sage, 33-54.

Streeck, Wolfgang, 1996: „Anmerkungen zum Flächentarif und seiner Krise", in: *Gewerkschaftliche Monatshefte* 47, 86-97.

Streeck, Wolfgang, 1993: „The Federal Republic of Germany", in: Miriam Rothman; Dennis R. Briscoe; Raoul C. D. Nacamulli (Hg.): *Industrial Relations Around the World. Labor Relations for Multinational Companies.* Berlin/New York: de Gruyter, 127-149.

Streeck, Wolfgang, 1992: *Social Institutions and Economic Performance. Studies of Industrial Relations in Advanced Capitalist Economies.* London u.a.: Sage.

Streeck, Wolfgang, 1991: „On the Institutional Conditions of Diversified Quality Production", in: Egon Matzner; Wolfgang Streeck (Hg.): *Beyond Keynesianism. The Socio-Economics of Production and Full Employment.* Aldershot: Elgar, 21-61.

Streeck, Wolfgang, 1988: „Status und Vertrag als Grundkategorien einer soziologischen Theorie der industriellen Beziehungen". Discussion Paper FS I 88-3. Wissenschaftszentrum Berlin für Sozialforschung.

Streeck, Wolfgang, 1987: „Vielfalt und Interdependenz. Überlegungen zur Rolle von intermediären Organisationen in sich ändernden Umwelten", in: *Kölner Zeitschrift für Soziologie und Sozialpsychologie* 39, 471-495.

Streeck, Wolfgang, 1984: „Neo-Corporatist Industrial Relations and the Economic Crisis in West Germany", in: John H. Goldthorpe (Hg.): *Order and Conflict in Contemporary Capitalism.* Oxford: Clarendon, 291-314.

Streeck, Wolfgang, 1983: „Between Pluralism and Corporatism: German Business Associations and the State", in: *Journal of Public Policy* 3, 265-283.

Streeck, Wolfgang; Schmitter, Philippe C. (Hg.), 1985: *Private Interest Government. Beyond Market and State.* London: Sage.

Swedberg, Richard, 1997: „New Economic Sociology: What Has Been Accomplished, What Is Ahead?", in: *Acta Sociologica* 40, 161-182.

Strünck, Christoph, 2000: *Pflegeversicherung – Barmherzigkeit mit beschränkter Haftung. Institutioneller Wandel, Machtbeziehungen und organisatorische Anpassungsprozesse.* Opladen: Leske + Budrich.

Sturm, Roland, 1999: „Staat und Wirtschaft", in: Thomas Ellwein; Everhard Holtmann (Hg.): *50 Jahre Bundesrepublik Deutschland. Rahmenbedingungen – Entwicklungen – Perspektiven.* Opladen/Wiesbaden: Westdeutscher Verlag, 193-207.

Tálos, Emmerich; Falkner, Gerda, 1994: „Sozialpolitik auf dem Rückzug? Tendenzen in westeuropäischen Sozialstaaten", in: *Wirtschaft und Gesellschaft* 20, 247-279.

Tenbruck, Friedrich H., 1990: „Repräsentative Kultur", in: Hans Haferkamp (Hg.): *Sozialstruktur und Kultur*. Frankfurt a. M.: Suhrkamp, 20-53.

Tenbruck, Friedrich H., 1981: „Emile Durkheim oder die Geburt der Gesellschaft aus dem Geist der Soziologie", in: *Zeitschrift für Soziologie* 10, 333-350.

Tennstedt, Florian, 2001: „Private Vorsorge und sozialstaatliche Intervention – Ein Rückblick auf die historischen Diskussionen zur Begründung des deutschen Sozialstaats", in: *WSI-Mitteilungen* 54, 478-483.

Tennstedt, Florian, 1997: „Peitsche und Zuckerbrot oder ein Reich mit Zuckerbrot? Der Deutsche Weg zum Wohlfahrtsstaat 1871-1881", in: *Zeitschrift für Sozialreform* 43, 88-101.

Tennstedt, Florian, 1996: „Geschichte des Sozialrechts", in: Bernd Baron von Maydell; Franz Ruland (Hg.): *Sozialrechts-Handbuch (SRH)*. 2. Auflage. Neuwied u.a.: Luchterhand, 25-71.

Teppe, Karl, 1977: „Zur Sozialpolitik des Dritten Reiches am Beispiel der Sozialversicherung", in: *Archiv für Sozialgeschichte* 17, 195-250.

Terentius Afer, Publius, 1994 [161 v. Chr.]: *Eunuchus*. Einführung, kritischer Text und Kommentar von Leonidas Tromaras. Hildesheim: Weidmannsche Verlagsbuchhandlung.

Thelen, Kathleen, 2001: „Varieties of Labor Politics in the Developed Democracies", in: Peter A. Hall; David Soskice (Hg.): *Varieties of Capitalism. The Institutional Foundations of Comparative Advantage*. Oxford: Oxford University Press, 71-103.

Thelen, Kathleen A., 1991: *Union of Parts. Labor Politics in Postwar Germany*. Ithaca/ London: Cornell University Press.

Thelen, Kathleen; Steinmo, Sven, 1992: „Historical institutionalism in comparative politics", in: Sven Steinmo; Kathleen Thelen; Frank Longstreth (Hg.): *Structuring politics. Historical institutionalism in comparative analysis*. Cambridge: Cambridge University Press, 1-32.

Therborn, Göran, 1997a: „Europe in the Twenty-first Century: The World's Scandinavia?", in: Peter Gowan; Perry Anderson (Hg.): *The Question of Europe*. London: Verso, 357-384.

Therborn, Göran, 1997b: „Europas künftige Stellung – Das Skandinavien der Welt?", in: Stefan Hradil; Stefan Immerfall (Hg.): *Die westeuropäischen Gesellschaften im Vergleich*. Opladen: Leske + Budrich, 573-600.

Titmuss, Richard M., 1974: *Social Policy. An Introduction*. Edited by Brian Abel-Smith and Kay Titmuss. London: Allen and Unwin.

Torfing, Jacob, 1999: „Towards a Schumpeterian workfare postnational regime: path-shaping and path-dependency in Danish welfare state reform", in: *Economy and Society* 28, 369-402.

Tragl, Torsten, 2000: *Solidarität und Sozialstaat. Theoretische Grundlagen, Probleme und Perspektiven des modernen sozialpolitischen Solidaritätskonzeptes*. München/Mering: Rainer Hampp.

Traxler, Franz, 1998: „Nationale Tarifsysteme und wirtschaftliche Internationalisierung. Zur Positionierung des 'Modell Deutschland' im internationalen Vergleich", in: *WSI-Mitteilungen* 51, 249-255.

Traxler, Franz, 1997: „Der Flächentarifvertrag in der OECD. Entwicklung, Bestandsbedingungen und Effekte", in: *Industrielle Beziehungen* 4, 101-124.

Traxler, Franz, 1995: „Farewell to labour market associations? Organized versus disorganized decentralization as a map for industrial relations", in: Colin Crouch; Franz Traxler (Hg.): *Organized Industrial Relations in Europe: What Future?* Aldershot u.a.: Avebury, 3-19.

Tribe, Keith, 1995: *Strategies of Economic Order. German economic discourse, 1750-1950*. Cambridge: Cambridge University Press.

Troeltsch, Ernst, 1913: „Religion, Wirtschaft und Gesellschaft", in: Ernst Troeltsch: *Aufsätze zur Geistesgeschichte und Religionssoziologie*. Gesammelte Schriften, Vierter Band. Herausgegeben von Hans Baron. Tübingen: Mohr, 1925, 21-33.

Trube, Achim; Wohlfahrt, Norbert, 2003: „Prämissen und Folgen des Hartz-Konzeptes", in: *WSI-Mitteilungen* 56, 118-123.

Trube, Achim; Wohlfahrt, Norbert, 2001: „'Der aktivierende Sozialstaat' – Sozialpolitik zwischen Individualisierung und einer neuen politischen Ökonomie der inneren Sicherheit", in: *WSI-Mitteilungen* 54, 27-35.

Turner, Lowell, 1997a: „Introduction. Up Against the Fallen Wall: The Crisis of Social Partnership in Unified Germany", in: Lowell Turner (Hg.): *Negotiating the New Germany. Can Social Partnership Survive?* Ithaca/London: ILR Press, 1-11.

Turner, Lowell, 1997b: „Unifying Germany: Crisis, Conflict, and Social Partnership in the East", in: Lowell Turner (Hg.): *Negotiating the New Germany. Can Social Partnership Survive?* Ithaca/London: ILR Press, 113-136.

Ullrich, Carsten G., 2000: *Solidarität im Sozialversicherungsstaat. Die Akzeptanz des Solidarprinzips in der gesetzlichen Krankenversicherung*. Frankfurt/New York: Campus.

Ullrich, Carsten G., 1999: „Reziprozität und die soziale Akzeptanz des 'Sozialversicherungsstaates'", in: *Soziale Welt* 50, 7-34.

Unruh, Klaus, 2001: „Minivans aus der atmenden Fabrik", in: *jungle world* Nr. 37 vom 5.9.2001, 8.

Visser, Jelle; Van Ruysseveldt, Joris, 1996: „Robust corporatism, still? Industrial relations in Germany", in: Joris Van Ruysseveldt; Jelle Visser (Hg.): *Industrial Relations in Europe. Traditions and Transitions*. London u.a.: Sage, 124-174.

Vobruba, Georg, 1992: „Autonomiegewinne. Konsequenzen von Verrechtlichung und Deregulierung", in: *Soziale Welt* 43, 168-181.

Vobruba, Georg, 1991: *Jenseits der sozialen Fragen. Modernisierung und Transformation von Gesellschaftssystemen*. Frankfurt a. M.: Suhrkamp.

Vobruba, Georg, 1990: „Lohnarbeitszentrierte Sozialpolitik in der Krise der Lohnarbeit", in: Georg Vobruba (Hg.): *Strukturwandel der Sozialpolitik. Lohnarbeitszentrierte Sozialpolitik und soziale Grundsicherung.* Frankfurt a. M.: Suhrkamp, 11-81.

Vobruba, Georg (Hg.), 1989: *Der wirtschaftliche Wert der Sozialpolitik.* Berlin: Duncker & Humblot.

Vobruba, Georg, 1983: *Politik mit dem Wohlfahrtsstaat.* Frankfurt a. M.: Suhrkamp.

von Below, Georg, 1925 [1914]: *Der deutsche Staat des Mittelalters. Eine Grundlegung der deutschen Verfassungsgeschichte.* 1.Band: Die allgemeinen Fragen. 2. Auflage. Leipzig: Quelle & Meyer.

Wachendorfer-Schmidt, Ute, 1999: „Der Preis des Föderalismus in Deutschland", in: *Politische Vierteljahresschrift* 40, 3-39.

Wahl, Rainer; Rottmann, Frank, 1983: „Die Bedeutung der Verfassung und der Verfassungsgerichtsbarkeit in der Bundesrepublik – im Vergleich zum 19. Jahrhundert und zu Weimar", in: Werner Conze; M. Rainer Lepsius (Hg.): *Sozialgeschichte der Bundesrepublik Deutschland. Beiträge zum Kontinuitätsproblem.* Stuttgart: Klett-Cotta, 339-386.

Walter, Wolfgang, 1995: „Familienberichterstattung und familienpolitischer Diskurs", in: Uta Gerhardt; Stefan Hradil; Doris Lucke; Bernhard Nauck (Hg.): *Familie der Zukunft. Lebensbedingungen und Lebensformen.* Opladen: Leske + Budrich, 81-97.

Webber, Douglas, 1997: „The Second Coming of the Bonn Republic", in: Lowell Turner (Hg.): *Negotiating the New Germany. Can Social Partnership Survive?* Ithaca/London: ILR Press, 227-253.

Weber, Hajo, 1987: „Desynchronisation, Dezentralisierung – und Dekomposition? Die Wirkungsdynamik des Tarifkonfliktes '84 und ihre Effekte auf das System industrieller Beziehungen", in: Heidrun Abromeit; Bernhard Blanke (Hg.): *Arbeitsmarkt, Arbeitsbeziehungen und Politik in den 80er Jahren.* Leviathan, Sonderheft 8/1987. Opladen: Westdeutscher Verlag, 133-146.

Weber, Jan, 2001: *Wie frei ist die freie Wohlfahrtspflege? Zur Soziologie sozialer Dienstleistungsproduktion im bundesdeutschen Sozialstaat.* Hausarbeit im Rahmen der Ersten Staatsprüfung für das Lehramt an Gymnasien. Georg-August-Universität Göttingen.

Weber, Max, 1922: *Wirtschaft und Gesellschaft. Grundriss der verstehenden Soziologie.* Fünfte, revidierte Auflage, besorgt von Johannes Winckelmann. Studienausgabe. Tübingen: Mohr, 1980.

Weber, Max, 1919: „Wissenschaft als Beruf", in: Max Weber: *Gesammelte Aufsätze zur Wissenschaftslehre.* Herausgegeben von Johannes Winckelmann. 7. Auflage. Tübingen: Mohr, 1988, 582-613.

Weber, Max, 1917: „Der Sinn der 'Wertfreiheit' der soziologischen und ökonomischen Wissenschaften", in: Max Weber: *Gesammelte Aufsätze zur Wissenschaftslehre.* Herausgegeben von Johannes Winckelmann. 7. Auflage. Tübingen: Mohr, 1988, 489-540.

Weber, Max, 1915/19: „Die Wirtschaftsethik der Weltreligionen. Vergleichende religionssoziologische Versuche", in: Max Weber: *Gesammelte Aufsätze zur Religionssoziologie.* Band I. 9. Auflage. Tübingen: Mohr, 1988, 237-573.

Weber, Max, 1906: „Objektive Möglichkeit und adäquate Verursachung in der historischen Kausalbetrachtung", in: Max Weber: *Gesammelte Aufsätze zur Wissenschaftslehre.* Herausgegeben von Johannes Winckelmann. 7. Auflage. Tübingen: Mohr, 1988, 266-290.

Weber, Max, 1905: „Die protestantische Ethik und der Geist des Kapitalismus", in: Max Weber: *Gesammelte Aufsätze zur Religionssoziologie.* Band I. 9. Auflage. Tübingen: Mohr, 1988, 17-206.

Weber, Max, 1904: „Die Objektivität sozialwissenschaftlicher und sozialpolitischer Erkenntnis", in: Max Weber: *Gesammelte Aufsätze zur Wissenschaftslehre.* Herausgegeben von Johannes Winckelmann. 7. Auflage. Tübingen: Mohr, 1988, 146-214.

Wehler, Hans-Ulrich, 1975: *Modernisierungstheorie und Geschichte.* Göttingen: Vandenhoeck & Ruprecht.

Wehler, Hans-Ulrich, 1974: „Der Aufstieg des Organisierten Kapitalismus und Interventionsstaates in Deutschland", in: Heinrich August Winkler (Hg.): *Organisierter Kapitalismus. Voraussetzungen und Anfänge.* Göttingen: Vandenhoeck & Ruprecht, 36-57.

Weiss, Linda, 1998: *The Myth of the Powerless State. Governing the Economy in a Global Era.* Cambridge: Polity.

Weltz, Friedrich, 1977: „Kooperative Konfliktverarbeitung. Ein Stil industrieller Beziehungen in deutschen Unternehmen", in: *Gewerkschaftliche Monatshefte* 28, 291-301.

Wendeling-Schröder, Ulrike, 1997: „Die Zukunftsfähigkeit des Tarifvorranges. Sollen die Regelungskompetenzen der Tarif- und Betriebsparteien neu aufgeteilt werden?", in: *WSI-Mitteilungen* 50, 90-98.

Wendl, Michael, 2002: „Jenseits des 'Tarifgitters'. Krise und Erosion des Flächentarifvertrages in Deutschland", in: *PROKLA. Zeitschrift für kritische Sozialwissenschaft* 32, Heft 129, 537-555.

Weßels, Bernhard, 2000: „Die Entwicklung des deutschen Korporatismus", in: *Aus Politik und Zeitgeschichte*, B 26-27, 16-21.

Weßels, Bernhard, 1999: „Die deutsche Variante des Korporatismus", in: Max Kaase; Günther Schmid (Hg.): *Eine lernende Demokratie. 50 Jahre Bundesrepublik Deutschland.* WZB-Jahrbuch 1999. Berlin: edition sigma, 87-113.

Wever, Kirsten S.; Allen, Christopher, 1993: „The Financial System and Corporate Governance in Germany: Institutions and the Diffusion of Innovations", in: *Journal of Public Policy* 13, 183-202.

Wiesenthal, Helmut, 2003: „Beyond Incrementalism: Sozialpolitische Basisinnovationen im Lichte der politiktheoretischen Skepsis", in: Renate Mayntz; Wolfgang Streeck (Hg.): *Die Reformierbarkeit der Demokratie. Innovationen und Blockaden.* Frankfurt/ New York: Campus, 31-70.

Wiesenthal, Helmut, 1987: *Strategie und Illusion. Rationalitätsgrenzen kollektiver Akteure am Beispiel der Arbeitszeitpolitik 1980-1985.* Frankfurt/New York: Campus.

Wilensky, Harold L., 1975: *The Welfare State and Equality. Structural and Ideological Roots of Public Expenditures.* Berkeley: University of California Press.

Wilensky, Harold L.; Lebeaux, Charles N., 1965 [1958]: *Industrial Society and Social Welfare. The impact of industrialization on the supply and organization of social welfare services in the United States.* New York: Free Press.

Williamson, Oliver E., 1975: *Markets and Hierarchies – Analysis and Antitrust Implications. A Study in the Economics of Internal Organization.* New York: Free Press.

Windolf, Paul, 1989: „Productivity Coalitions and the Future of European Corporatism", in: *Industrial Relations* 28, 1-20.

Windolf, Paul; Beyer, Jürgen, 1996: „Co-operative capitalism: corporate networks in Germany and Britain", in: *The British Journal of Sociology* 47, 205-231.

Windolf, Paul; Beyer, Jürgen, 1995: „Kooperativer Kapitalismus. Unternehmensverflechtungen im internationalen Vergleich", in: *Kölner Zeitschrift für Soziologie und Sozialpsychologie* 47, 1-36.

Wingen, Max, 1997: *Familienpolitik. Grundlagen und aktuelle Probleme.* Stuttgart: Lucius & Lucius.

Winkler, Heinrich August (Hg.), 1974a: *Organisierter Kapitalismus. Voraussetzungen und Anfänge.* Göttingen: Vandenhoeck & Ruprecht.

Winkler, Heinrich August, 1974b: „Einleitende Bemerkungen zu Hilferdings Theorie des Organisierten Kapitalismus", in: Heinrich August Winkler (Hg.): *Organisierter Kapitalismus. Voraussetzungen und Anfänge.* Göttingen: Vandenhoeck & Ruprecht, 9-18.

Wirth, Dieter, 1979: „Die Familie in der Nachkriegszeit. Desorganisation oder Stabilität?", in: Josef Becker; Theo Stammen; Peter Waldmann (Hg.): *Vorgeschichte der Bundesrepublik Deutschland. Zwischen Kapitulation und Grundgesetz.* München: Fink, 193-216.

Witt, Peter-Christian, 1992: „Finanzen und Politik im Bundesstaat – Deutschland 1871-1933", in: Jochen Huhn; Peter-Christian Witt (Hg.): *Föderalismus in Deutschland. Traditionen und gegenwärtige Probleme.* Symposion an der Universität Kassel 10. bis 12. April 1991. Baden-Baden: Nomos, 75-99.

Wollmann, Hellmut, 1991: „Vierzig Jahre alte Bundesrepublik zwischen gesellschaftlich-politischem Status quo und Veränderung. Zwischenbilanz einer politikwissenschaftlichen Diskussion", in: Bernhard Blanke; Hellmut Wollmann (Hg.): *Die alte Bundesrepublik. Kontinuität und Wandel.* Leviathan, Sonderheft 12/1991. Opladen: Westdeutscher Verlag, 547-576.

Wompel, Mag, 2000: „Mitbestimmung für den Standort", in: *jungle world* Nr. 38/39 vom 13./20.9.2000, 21.

Wood, Stewart, 2001: „Labour Market Regimes under Threat? Sources of Continuity in Germany, Britain, and Sweden", in: Paul Pierson (Hg.): *The New Politics of the Welfare State.* Oxford/New York: Oxford University Press, 368-409.

Zacher, Hans F., 2000: „Der deutsche Sozialstaat am Ende des Jahrhunderts", in: Stephan Leibfried; Uwe Wagschal (Hg.): *Der deutsche Sozialstaat. Bilanzen – Reformen – Perspektiven.* Frankfurt/New York: Campus, 53-90.

Zacher, Hans F., 1987: „Das soziale Staatsziel", in: Josef Isensee; Paul Kirchhof (Hg.): *Handbuch des Staatsrechts der Bundesrepublik Deutschland.* Band I: Grundlagen von Staat und Verfassung. Heidelberg: Müller, 1045-1111.

Zapf, Wolfgang, 1991: „Modernisierung und Modernisierungstheorien", in: Wolfgang Zapf (Hg.): *Die Modernisierung moderner Gesellschaften.* Verhandlungen des 25. Deutschen Soziologentages in Frankfurt am Main 1990. Frankfurt/New York: Campus, 23-29.

Zapf, Wolfgang; Habich, Roland, 1999: „Die Wohlfahrtsentwicklung in der Bundesrepublik Deutschland 1949 bis 1999", in: Max Kaase; Günther Schmid (Hg.): *Eine lernende Demokratie. 50 Jahre Bundesrepublik Deutschland.* WZB-Jahrbuch 1999. Berlin: edition sigma, 285-314.

Ziegler, J. Nicholas, 2000: „Corporate Governance and the Politics of Property Rights in Germany", in: *Politics & Society* 28, 195-221.

Zimmer, Annette, 1999: „Staatsfunktionen und öffentliche Aufgaben", in: Thomas Ellwein; Everhard Holtmann (Hg.): *50 Jahre Bundesrepublik Deutschland. Rahmenbedingungen – Entwicklungen – Perspektiven.* Opladen/Wiesbaden: Westdeutscher Verlag, 211-228.

Zinn, Karl Georg, 1998: „Systemstabilität und ordnungspolitischer Wandel des Kapitalismus – Die Soziale Marktwirtschaft als politisches Kabinettstückchen", in: Wolfram Elsner; Werner Wilhelm Engelhardt; Werner Glastetter (Hg.): *Ökonomie in gesellschaftlicher Verantwortung. Sozialökonomik und Gesellschaftsreform heute.* Festschrift zum 65. Geburtstag von Siegfried Katterle. Berlin: Duncker & Humblot, 163-192.

Zinn, Karl Georg, 1992: *Soziale Marktwirtschaft. Idee, Entwicklung und Politik der bundesdeutschen Wirtschaftsordnung.* Mannheim u.a.: B.I.-Taschenbuchverlag.

Zintl, Reinhard, 1999: „Politikverflechtung und Machtverteilung in Deutschland", in: Thomas Ellwein; Everhard Holtmann (Hg.): *50 Jahre Bundesrepublik Deutschland. Rahmenbedingungen – Entwicklungen – Perspektiven.* Opladen/Wiesbaden: Westdeutscher Verlag, 471-481.

Zöllner, Detlev, 1981: „Landesbericht Deutschland", in: Peter A. Köhler; Hans F. Zacher (Hg.): *Ein Jahrhundert Sozialversicherung in der Bundesrepublik Deutschland, Frankreich, Großbritannien, Österreich und der Schweiz.* Berlin: Duncker & Humblot, 45-179.